JACQUES LACAN

ELISABETH ROUDINESCO

JACQUES LACAN

*Esboço de uma vida, história
de um sistema de pensamento*

Tradução
Paulo Neves

3ª reimpressão

Copyright © 1993 by Librairie Arthème Fayard

A publicação desta obra contou com o apoio do Ministério da Cultura do governo francês

Título original
Jacques Lacan
Esquisse d'une vie, histoire d'un système de pensée

Capa
Jeff Fisher

Consultoria editorial
Marco Antônio Coutinho

Preparação
Touché! Editorial

Revisão
Renato Potenza Rodrigues
Diana Passy

Índice remissivo
Verba Editorial

Dados Internacionais de Catalogação na Publicação (CIP)
(Câmara Brasileira do Livro, SP, Brasil)

Roudinesco, Elisabeth
  Jacques Lacan : esboço de uma vida, história de um sistema de
pensamento / Elisabeth Roudinesco ; tradução Paulo Neves. — 1ª ed.
— São Paulo : Companhia das Letras, 2008.

  Título original: Jacques Lacan : esquisse d'une vie,
histoire d'un système de pensée.
  Bibliografia
  ISBN 978-85-359-1259-3

  1. Lacan, Jacques, 1901-1981 2. Psicanalistas — Biografia I. Título.

08-04671   CDD-150.195092

Índice para catálogo sistemático:
1. Psicanalistas : Biografia e obra 150.195092

Todos os direitos desta edição reservados à
EDITORA SCHWARCZ LTDA.
Rua Bandeira Paulista, 702, cj. 32
04532-002 — São Paulo — SP
Telefone: (11) 3707-3500
www.companhiadasletras.com.br
www.blogdacompanhia.com.br

A Olivier Bétourné, que quis este livro.

Robespierristas, anti-robespierristas, nós vos imploramos: por miseri-córdia, dizei-nos, simplesmente, quem foi Robespierre.

MARC BLOCH

SUMÁRIO

Prefácio *11*

I. FIGURAS DE PAIS
1. Negociantes de vinagre *14*
2. Perfis da sala de plantão *30*
3. Mestres em psiquiatria *38*

II. LOUCURAS FEMININAS
1. História de Marguerite *50*
2. Elogio da paranóia *68*
3. Leitura de Spinoza *78*
4. As irmãs Papin *91*

III. A IDADE VIRIL
1. Vida privada, vida pública *98*
2. O fascismo: derrocada da saga vienense *116*
3. A escola da filosofia: em torno de Alexandre Koyré *123*
4. Marienbad *152*

IV. HISTÓRIAS DE FAMÍLIAS
1. Georges Bataille e Cia. *170*
2. Entre Lucien Febvre e Édouard Pichon *196*

V. A GUERRA, A PAZ
1. Marselha, Vichy, Paris *212*
2. Reflexão sobre a liberdade humana *237*
3. Dupla vida *248*
4. Encontro faltoso com Melanie Klein *264*

VI. ELEMENTOS DE UM SISTEMA DE PENSAMENTO
1. Teoria da análise, estruturas do parentesco *274*
2. Vibrante homenagem a Martin Heidegger *298*
3. Destinos cruzados: Jacques Lacan e Françoise Dolto *316*
4. O banquete, a tempestade *333*
5. A *estrutura*, o *nome-do-pai* *355*

VII. O PODER E A GLÓRIA
1. Diálogo com Louis Althusser *398*
2. "Eu fundo": Kant com Sade *420*
3. Os *Escritos*: retrato de um editor *434*
4. Da revolução: Jean-Paul Sartre e Jacques Lacan,
     contemporâneos alternados *451*

VIII. A BUSCA DO ABSOLUTO
1. Desejos de Oriente, lutos sucessivos *474*
2. Matemas e nós borromeanos *483*
3. Psicanálise, grau zero *520*
4. Túmulo para um faraó *540*

IX. HERANÇAS
1. História do Seminário *556*
2. França freudiana: Estado dos lugares *577*

Abreviações *598*
Notas *601*
Bibliografia geral dos trabalhos de Jacques Lacan *648*
Anexos *690*
Agradecimentos *702*
Índice remissivo *706*

Sobre a autora *725*

PREFÁCIO

Jacques Lacan procurou introduzir a peste, a subversão e a desordem no âmago de um freudismo moderado do qual era contemporâneo: freudismo que, após ter sobrevivido ao fascismo, soubera adaptar-se à democracia a ponto de não mais reconhecer a violência de suas origens. A história de Jacques Lacan é a história de uma paixão francesa, balzaquiana. É a história da juventude de Louis Lambert, da maturidade de Horace Bianchon, da velhice de Balthazar Claës. Mas é também a história de um pensamento que, depois do de Freud, quis arrancar o homem do universo da religião, do oculto e do sonho, com o risco de evidenciar a impotência permanente da razão, da luz e da verdade ao efetuar essa operação.

Os dois volumes anteriores da *Histoire de la psychanalyse en France* [História da psicanálise na França] cobriam cem anos de história freudiana: do encontro entre Freud e Charcot na Salpêtrière (1885) até a instauração de um freudismo à francesa cindido entre um legitimismo internacionalista e um lacanismo plural e explodido (1985). Para este terceiro volume, que pode ser lido independentemente dos outros dois, o pano de fundo permanece o mesmo, e o método também. Trata-se da história já exumada dos conflitos, das filiações, das gerações, dos conceitos, dos mestres, dos discípulos, dos grupos, das análises e da perpétua migração de leste a oeste.

Sempre que necessário, indiquei em nota ou no corpo do texto a qual acontecimento já relatado eu fazia referência. Às vezes, tomei a decisão de escrever de novo a mesma história, porque novas fontes forneciam-lhe outra perspectiva, outro enfoque. O que mudou é o modo de narração: o presente para os volumes anteriores, o passado para este.

Se efetuei uma volta atrás, não foi para reconstruir a biografia de um mestre, que seria reconhecido como o criador de uma doutrina na qual viria se refletir o impulso de uma subjetividade, mas para compreender de que maneira, através da história intelectual de uma época, um homem se quis, em plena consciência, o fundador de um sistema de pensamento cuja particularidade foi considerar que o mundo moderno posterior a Auschwitz havia recalcado, recoberto e rompido a essência da revolução freudiana.

I
FIGURAS DE PAIS

1. NEGOCIANTES DE VINAGRE

NO CORAÇÃO DE ORLÉANS, desde o reinado dos primeiros capetos, os segredos de fabricação eram tão bem guardados que mesmo os entendidos do final do século XIX ainda acreditavam na lenda negra de um vinagre feito à base de excrementos humanos. Era assim que o respeitadíssimo Domachy relatava que empresários haviam imaginado transformar barris de vinho em privadas nas quais os operários tinham ordens de satisfazer suas necessidades. Em alguns dias, o líquido era convertido em requintado vinagre, que não conservava o menor vestígio da substância que servira para a fermentação.

De pai para filho, os donos de restaurantes, os cozinheiros especialistas em molhos, os mestres vinagreiros e os mostardeiros haviam feito de tudo para contestar esse rumor: ele desacreditava uma tradição artesanal que remontava à noite dos tempos. E, para vencer o desafio, a grande confraria invocava os gloriosos antepassados de uma época heróica. Recordava que Aníbal havia aberto o caminho dos Alpes aos seus elefantes despejando grande quantidade do precioso líquido sobre a neve, ou ainda que Cristo saciara sua sede no Gólgota ao pousar os lábios numa esponja embebida que lhe estendia um soldado bêbado. Tão antigo quanto a vinha, o vinagre era o vinho dos pobres, dos mendigos e dos legionários.

Por muito tempo os engarrafadores e os vinhateiros coabitaram com os fabricantes. Uns reparavam os vasilhames nas oficinas, outros abrigavam dezenas de recipientes nas adegas. A corporação administrava as trocas, protegendo os artesãos do domínio dos empresários. Essas tradições do Antigo Regime foram suprimidas pela Revolução em proveito de uma expansão do liberalismo econômico.

Em 1824, um empregado da casa Greffier-Hazon, Charles-Prosper Dessaux, aproveitou o vasto movimento de industrialização das vinagrerias para fundar sua própria casa. Com a idade de 34 anos, ele se tornou assim o principal concorrente de seu antigo patrão. Todavia, dois anos mais tarde, por questão de eficiência, os dois decidiram associar-se. E, para selar a união econômica, arranjaram um casamento entre seus herdeiros. Foi assim que Charles-Laurent Dessaux, mal saído da infância, foi convidado a desposar a jovem Marie-Thérèse Aimée Greffier-Vandais. As duas empresas fundiram-se e a direção do novo reino foi confiada à família Dessaux. Pai e filho entenderam-se às maravilhas e os negócios prosperaram.

Desde o início do século, os vinagreiros da região de Orléans haviam adotado os métodos de Chaptal, que, depois de Lavoisier, descrevera o processo de acetificação. Graças a essa escolha, e à qualidade particular dos vinhos brancos das encostas do Loire, eles garantiram à sua produção renome universal. O famoso procedimento orleanês, admirado no mundo inteiro, consistia em fazer trabalhar a bactéria *Mycoderma aceti*, responsável pela oxidação do álcool no vinho.

A partir de 1821, a confraria, que agrupava o conjunto das casas orleanesas, adquiriu o hábito de celebrar a festa do vinagre no dia da Assunção. Entre Joana d'Arc e a Virgem Maria, a boa e velha cidade às margens do Loire exibia orgulhosamente sua plena e absoluta adesão à fé católica. Entretanto, o fervor e a unanimidade não impediam que as famílias fossem dilaceradas por disputas políticas. Quando Charles-Prosper atingiu a idade de aposentar-se, ficou aflito por ver que os dois filhos jamais chegariam a se entender. O mais velho, Charles-Laurent, era bonapartista, e o segundo, Jules, tinha convicções republicanas. Para a empresa, essa divisão era um desastre. Apesar de múltiplas tentativas de conciliação, o pai fundador não pôde evitar que a dinastia se cindisse em dois ramos. Em 1850, Jules abriu uma casa concorrente, deixando ao irmão mais velho a tarefa de se ocupar sozinho dos negócios Dessaux filho. Este acolheu de forma triunfal o golpe de Estado do príncipe Napoleão e se afeiçoou à maneira de viver do Segundo Império. Violento e preguiçoso, preferia a caça, a libertinagem e os prazeres da mesa à gestão da empresa. Após dezesseis anos de um reinado que por pouco não o levou à ruína, ele conduziu o primeiro filho, Paul Dessaux, à direção dos negócios.

A devastação da vinha pela filoxera começou no momento em que as experiências de Pasteur transformavam as técnicas de fabricação do vinagre. Na célebre conferência sobre a fermentação acética, o cientista forneceu a prova da ação oxidante do micoderma, ao mesmo tempo que abria o caminho para pesquisas sobre a maneira de destruir, por aquecimento rápido, os fermentos responsáveis pelas numerosas doenças que impediam o processo normal de acetificação.

Enquanto os vinhateiros reconstituíam com dificuldade as plantações e os vinagreiros se beneficiavam das invenções da ciência pasteuriana, um temível concorrente irrompeu no mercado: o vinagre de álcool. Travou-se uma luta encarniçada, e numerosas fábricas ligadas à tradição do vinagre de vinho tiveram de fechar as portas.

É nessa época que Ludovic Dessaux assume a direção da ilustre casa, após a morte prematura do irmão mais velho. O homem tinha talento: durante trinta anos de trabalho obstinado, fez da vinagreria paterna uma fábrica moderna. Situadas na rua Tour-Neuve, 17, as instalações formavam uma espécie de quarteirão que reunia numa imensa área os escuros edifícios de pedra destinados à fabricação e ao armazenamento dos barris do precioso "vinho fino". O dono das instalações vivia com a família entre os muros austeros da empresa, onde trabalhava, noite e dia, uma população operária que chegará a 180 pessoas em 1900.

Para lutar contra a concorrência, Ludovic teve a grande idéia de fabricar em suas próprias cubas vinagre de álcool. Assim pôde ao mesmo tempo sobreviver e salvar a tradição: o vinagre de álcool era utilizado para as conservas de pepinos, e o vinagre de vinho, para o consumo de mesa. A fim de tornar mais eficaz a comercialização de seus produtos, fez-se o campeão de um novo modo de comunicação de massa: a publicidade. Graças a um rótulo que afirmava que a casa Dessaux filho fora fundada em 1789, impôs a marca em todas as mercearias da França e de Navarra, empreendendo a seguir a conquista do mercado colonial. A circulação do rótulo tendia a abonar a lenda segundo a qual Charles-Prosper havia fundado a casa no ano da Revolução. Ora, ele nascera em 1790. Portanto, era investido, segundo uma cronologia no mínimo fantasiosa, de um papel que não fora o seu. Será que se tratava, logo após a instauração da República, de lembrar que a empresa Dessaux filho havia nascido da antiga casa Greffier-Hazon, com a qual se fundira em seguida?

Consciente do perigo que representavam a formação do movimento sindical e a progressão das idéias socialistas, Ludovic Dessaux haveria de ajustar-se a elas adotando um programa de reformas preventivas. Graças aos progressos da mecanização, apenas uma dezena de homens podia fazer funcionar, noite e dia, a tanoaria mecânica e produzir 40 mil litros de vinagre em 24 horas.

Os outros empregados, em número quinze vezes superior, ocupavam-se das tarefas de limpeza, intendência e administração.

Para controlá-los e evitar que fossem influenciados pelo "messianismo revolucionário", cuja expansão era temida desde a Comuna de Paris, Ludovic propôs um modelo de organização fundado no paternalismo, no culto da ordem moral e na obediência à religião. Foi assim que em 1880 ele promulgou um regulamento interno composto de treze pontos, no qual eram expostas as virtudes cardinais julgadas indispensáveis ao bom funcionamento da firma: devoção, limpeza, pontualidade. Os empregados deviam trabalhar onze horas por dia e seis dias por semana, recitar uma oração a cada manhã e jamais tagarelar em serviço. O consumo de vinho, de álcool e de tabaco era proibido, e o vestuário, submetido a uma severa censura. Eram proscritas as roupas extravagantes, as cores vivas e as meias de mulher não remendadas.[1] Monotonia, silêncio, obscurantismo: tal era o universo cinzento e tedioso em que se achava mergulhada a casa Dessaux filho na aurora do século XX.

Marie Julie Dessaux, irmã mais velha de Ludovic, conheceu Émile Lacan em 1865, com a idade de 21 anos. Ele era originário de Château-Thierry, onde sua família se dedicava ao comércio de tecidos e gêneros alimentícios havia várias gerações. Como gostasse de viajar, Émile fora recrutado pela Dessaux filho para difundir e representar seus produtos. Trabalhador, econômico e autoritário, ele logo compreendeu que, ao desposar a irmã do patrão, escolhia não apenas a prosperidade, mas também a integração a uma das famílias mais distintas de Orléans. Para um filho de dono de mercearia, uma promoção como essa não era negligenciável.

Quanto a Ludovic, ficou contente em saber que poderia incluir os três filhos, Paul, Charles e Marcel, na direção dos negócios, sem contrariar os projetos de uma irmã que, permanecendo estreitamente ligada aos interesses familiares, teria a preocupação de um dia conduzir a eles sua progenitura. Assim, o casamento foi celebrado em 15 de janeiro de 1866, e um filho nasceu nove meses mais tarde, ao qual se deu o nome de René. (Ele irá morrer aos 28 anos.) Após essa primeira gravidez, Marie Julie pôs no mundo três outras crianças. Duas meninas e um menino: Marie, Eugénie e Alfred.

Nascido em 12 de abril de 1873, na casa burguesa da rua Porte-Saint-Jean, 17, onde o casal havia se instalado, Charles Marie Alfred Lacan levava o nome de um tio paterno morto prematuramente. Acrescentaram-lhe o do avô materno, que por sua vez o devia ao fundador da dinastia, e o de Maria, mãe de Jesus e santa protetora do vinagre orleanês.

Antes do final do século, Ludovic conseguira abrir escritórios de representação nas colônias. Vendia pepinos em conserva, mostardas, aguardentes e vinagres nas Antilhas, ao mesmo tempo que importava rum da Martinica e café de Guadalupe. Tornara-se assim um grande negociante no ramo da indústria alimentar. Quanto a Émile Lacan, embora continuasse a viajar e a representar a firma, havia escolhido deixar Orléans para instalar-se no centro de Paris, num suntuoso imóvel construído em 1853 e situado no bulevar Beaumarchais, 95.

18

No térreo, uma loja especializada em registro de patentes simbolizava perfeitamente o conformismo desse bairro tranqüilo onde viviam notários, capitalistas e representantes comerciais. Um pouco mais adiante, na esquina da rua Saint-Claude, podia-se ver o antigo palacete particular de Cagliostro, *alias* Joseph Balsamo, aventureiro de triste renome.[2]

Por volta de 1860, erguiam-se no bairro, até o bulevar do crime, teatros de feira onde palhaços executavam piruetas e caretas, competindo com o pequeno mundo dos anões, dos homens-esqueletos, dos cães calculadores e dos ventríloquos. Paul de Kock, romancista populista, havia morado a dois passos dali. Ídolo das costureirinhas, ele reinava no bulevar, sempre com uma roupa de flanela azul, um monóculo na mão e um barrete de veludo na cabeça. Após a guerra e a Comuna, o bulevar mudara de estilo. Em nome da ordem pública, a burguesia triunfante esmagara o proletariado da periferia, esperando com isso aniquilar seus sonhos de igualdade. Expulsara teatros de feira e ventríloquos a fim de viver no gozo de uma felicidade calculada, confiante em sua indústria e em sua arte oficial.

Embora autoritário e temperamental, Émile Lacan era submisso à esposa, e esta obedecia de maneira rígida a todos os dogmas da Igreja Católica. Assim, Alfred foi enviado como interno ao pequeno seminário de Notre-Dame-des-Champs. Sairá de lá cheio de rancor em relação aos pais, culpando-os por tê-lo privado do calor de um lar.[3]

Tão logo atingiu a idade de trabalhar, foi integrado às atividades florescentes da casa Dessaux. Rapidamente, revelou-se um perfeito representante dos ideais da firma. Manifestava pouco gosto pela cultura, e mostrava-se tão preocupado com as próprias economias quanto com os interesses financeiros da vinagreria. Gorducho e bigodudo, tinha os traços banais de um pequeno comerciante da Belle Époque, esmagado pela onipotência paterna.

Por volta de 1898, conheceu Émilie Philippine Marie Baudry, cujo pai fora funileiro antes de se tornar proprietário e viver de rendas. A jovem morava num imóvel idêntico ao dos Lacan, si-

19

tuado no bulevar Beaumarchais, 88. Educada numa escola religiosa, ela sofrera a influência jansenista de sua amiga de infância Cécile Gazier. O pai, Charles Baudry, era um homem amável e sem história, e a mãe, Marie-Anne Favier, uma mulher cheia de devoção. Com 23 anos de idade, Émilie tinha gosto pela austeridade. Sempre vestida de preto, era magra, de olhos tristes, e parecia habitada por um ideal cristão que contrastava com a religiosidade simples e provinciana da família Dessaux.

Émilie desposou Alfred em 23 de junho de 1900. O casamento foi abençoado na igreja Saint-Paul-Saint-Louis. Dez meses mais tarde, em 13 de abril de 1901, às duas e meia da tarde, nascia o primeiro filho, que recebeu os prenomes de Jacques, Marie, Émile. Ele foi apresentado pelo pai e os dois avós ao cartório civil do III distrito de Paris, e depois batizado na igreja Saint-Denis-du-Sacrement.

Logo que se recuperou do parto, Émilie Baudry-Lacan voltou a ficar grávida. Em 1902, pôs no mundo um segundo filho, chamado Raymond, que morreu dois anos depois vítima de hepatite. Mas no mês de abril de 1903 sobreveio outra gravidez, e uma menina chamada Madeleine Marie Emmanuelle nasceu em 25 de dezembro à uma e meia da madrugada. Na manhã do dia 27, ela foi levada pelo pai ao cartório em presença de duas testemunhas: uma gerente de loja do bulevar Sébastopol e o avô materno. Émilie estava então com 27 anos. Irá esperar o ano de 1907 para dar à luz o quarto filho, Marc-Marie (que adotará mais tarde o nome de Marc-François), também nascido em 25 de dezembro, dez minutos depois da meia-noite. Esgotada por essa última gravidez, Émilie foi acometida de dores abdominais que a obrigaram a uma operação e, posteriormente, a renunciar a ter outros filhos.

Desde o nascimento de Jacques, ela contratara o serviço de uma jovem governanta de nome Pauline, que se apegou às três crianças mas logo demonstrou nítida preferência pelo pequeno "Marco". Jacques, que era chamado de "Jacquot", ficou com ciúmes, embora fosse o preferido da mãe. Muito cedo, mostrou-se caprichoso e tirânico, reivindicando sempre a condição de mais velho por meio de pedidos incessantes de alimento, dinheiro e presentes. Sempre foi muito paternal em relação a Marco, como que para suprir a falta de Alfred.

Aparentemente, as três crianças viveram num lar unido pela devoção e os ritos religiosos. Mas, na realidade, ásperos conflitos viriam perturbar as relações entre as duas famílias que habitavam o mesmo imóvel do bulevar Beaumarchais. Émilie não se entendia com a sogra, Marie Julie, que julgava demasiado autoritária em relação a Alfred, e não suportava as cunhadas, Marie e Eugénie, às quais acusava de mesquinhez. Além disso, Alfred se indispôs com o pai, que resolveu então se aposentar e voltar a viver em Orléans. O filho sucedeu ao pai nos negócios. Em vez de percorrer a França, permaneceu na cidade, convertendo-se rapidamente no representante-geral da firma Dessaux para a capital. Afável e diplomata, soube manter com a clientela excelentes relações e mostrar-se fino conhecedor das regras do comércio parisiense.[4]

Dos anos de infância no seio de uma família normal e conformista, Jacques guardou uma lembrança terrível. Educado num clima de religiosidade sufocante e de perpétuos conflitos domésticos, também ele não cessava de altercar com o avô, que desprezava e de quem fará publicamente um retrato de violência inusitada, um ano após a morte do pai:

> Aquilo de que se trata em "Meu avô é meu avô" quer dizer o seguinte: que esse execrável pequeno-burguês que era o dito sujeito, essa horrível personagem graças à qual cheguei numa idade precoce a essa função fundamental que é maldizer a Deus, essa personagem é exatamente a mesma que consta no meu registro civil como tendo demonstrado pelos laços de casamento ser o pai de meu pai, enquanto é justamente do nascimento deste que se trata no ato em questão.[5]

Ele não perdoou ao avô um exercício da paternidade que rebaixara a condição paterna: "Jacques", escreve Marc-François, "recebeu o nome de Émile por causa do avô paterno, que, mais do que Alfred, desempenhou um papel importante na descoberta do *nome-do-pai*". E ainda: "Quando Émile o enviava 'para o canto' de castigo, em vez de educá-lo paternalmente, [ele dizia:] se isso é um Pai, eu o maldigo! Entretanto, seu pai imediato (Alfred) era amoroso e amado".[6]

Quando Émile retornou a Orléans, Alfred deixou também o bulevar Beaumarchais para instalar a família na rua du Montparnasse. Fora tomada a decisão de colocar Jacques como externo no colégio Stanislas, onde eram admitidos os melhores rebentos das famílias da alta e média burguesia católica. Tal escolha refletia o estado de espírito dos Lacan-Dessaux-Baudry alguns anos após a separação entre Igreja e Estado: clericalismo e hostilidade aos valores da República e da laicidade.

Por muito tempo, Alfred permaneceu zangado com o pai, e foi junto à família da esposa que passou seus melhores momentos de lazer antes da Grande Guerra. Em Jouy-en-Josas, alugou uma confortável casa batizada de Villa Marco, em homenagem ao filho caçula. Émilie ali reencontrava, para alegres passeios pelo campo, o irmão Joseph, a irmã Marie e o cunhado Marcel Langlais, cujos quatro filhos, Roger, Anne-Marie, Jean e Robert, gostavam de jogar boliche com o tio Alfred. Quanto a Jacquot, ficou encantado ao ver o pai comprar um belo automóvel. Já apaixonado pela velocidade, não hesitava em pegar o volante, para fingir que dirigia, ou em sentar-se orgulhosamente ao lado de Gaston, o motorista a serviço de Alfred.[7]

O grande renascimento do colégio Stanislas começara logo após as barricadas de 1848. Com efeito, o impacto dos levantes populares havia incitado a classe dominante, até recentemente voltairiana e anticlerical, a confiar a educação de seus filhos a escolas confessionais. Nos anos que se seguiram, o número de alunos ultrapassou o milhar. Por volta do final do século, os padres maristas, que dirigiam o estabelecimento, mandaram construir novos prédios onde instalaram anfiteatros, laboratórios e uma sala de armas.

Sólidas tradições passaram então a vigorar. Fundou-se uma academia de ciências e letras, cujos membros vestiam nas cerimônias um cinto verde bordado de ouro, e adotou-se o hábito de celebrar a festa de Carlos Magno [28 de janeiro] com um banquete que reunia as melhores classes. Nesse dia, os alunos mais brilhantes pronunciavam um discurso, filosófico ou literário, diante dos colegas.

Em julho de 1901, a lei sobre as associações transformou a situação do colégio, obrigando a congregação dos maristas a solicitar uma autorização de ensino, que não foi concedida. Imediatamente, uma vasta campanha de assinaturas foi lançada para contornar a interdição. Antigos alunos formaram uma sociedade imobiliária encarregada de comprar de novo os prédios, os móveis e a razão social do colégio, que se tornou então uma escola livre cujo ensino foi confiado ao clero secular e a professores leigos.[8]

Marc Sangnier, fundador da revista *Le Sillon* [O Sulco] e pai da democracia cristã à francesa, mobilizou-se e foi eleito primeiro presidente do novo conselho de administração. Assim, um dos estabelecimentos religiosos mais conservadores de Paris foi salvo pela intervenção de um filho espiritual de Lamennais que haveria de ser condenado em 1910 pelo Vaticano por ter tentado introduzir o espírito das Luzes no seio de um catolicismo reacionário e conservador.[9]

Em 1903, Sangnier deixou a presidência do colégio ao mesmo tempo que o abade Pautonnier assumia as funções de diretor. O reinado deste homem haveria de durar dezessete anos e deixaria uma lembrança inesquecível na memória dos alunos da turma do jovem Lacan. Formado em matemática e mais habituado às equações do que à gestão de um estabelecimento, o abade entregou-se de corpo e alma ao pequeno mundo sob sua responsabilidade. Chamava cada um pelo prenome, preocupava-se tanto com a saúde dos alunos quanto com seus estudos, e continuava a acompanhar a evolução deles após a saída do colégio. Não apenas ajudava os pais desfavorecidos com dinheiro do próprio bolso como também modificou o regulamento interno para permitir que alunos de origem modesta fossem monitores no primeiro ano do segundo ciclo do segundo grau ao mesmo tempo que se preparavam para as provas de admissão à faculdade de letras. Entre os jovens que freqüentaram o estabelecimento antes da Primeira Guerra Mundial, alguns se tornariam célebres. Charles de Gaulle estudou ali de 1908 a 1909, o tempo de se preparar para o ingresso na Escola de Saint-Cyr, e [o futuro aviador] Georges Guynemer, mais jovem que ele, destacou-se pela audácia.[10]

Em 1908, o abade Jean Calvet foi nomeado diretor de estudos literários para o primeiro ano do segundo ciclo do segundo grau. No grande seminário de Cahors, ele tivera por mestre Fernand Dalbus, um professor de moral que empreendera reconciliar a Igreja Anglicana e a Igreja Ortodoxa. Calvet falava à maneira de Bossuet e fazia pensar em Confúcio. Formado na Sorbonne por Lanson e Émile Faguet, havia se tornado um especialista em classicismo francês. Sob seu reinado, o ensino de letras amoldou-se perfeitamente a um espírito clerical ao mesmo tempo racionalista e tacanho. Os autores do Grande Século [XVII] eram os mais privilegiados: Pascal e Bossuet vinham à frente, seguidos de Racine, Malherbe e La Fontaine. O século XVIII era negligenciado, assim como as obras de Ernest Renan. Quanto à poesia moderna, era representada por Sully Prudhomme e Edmond Rostand, em detrimento de Baudelaire, qualificado de "poeta mórbido", e de Mallarmé, que nem era citado. O abade Beaussart, censor do colégio, mostrava-se sempre inquieto e pronto a lutar contra as pretensas seduções da literatura: "Não deixem que a dúvida, a neurastenia da inteligência os invadam", dizia aos alunos que sonhavam tornar-se Rimbaud.[11]

Em filosofia, Descartes ocupava o lugar de honra. No centro dessa velha fortaleza cristã, portanto, o jovem Lacan recebeu, durante toda a sua vida escolar, uma formação clássica, pouco aberta ao espírito das Luzes, fechada à modernidade e centrada num cartesianismo cristão que correspondia à divisa dos brasões da casa: "Francês sem medo, cristão sem mácula". Entre seus colegas de turma figuraram Louis Leprince-Ringuet, futuro acadêmico, Jacques Morane, futuro prefeito, Paul de Sèze, que escolherá a carreira médica, e Robert de Saint Jean, futuro escritor e amigo íntimo de Julien Green.

A partir de 1915, a guerra irrompe na vida monótona da família Lacan. Mobilizado com o grau de sargento de cavalaria, Alfred foi incumbido do serviço de provisões alimentares do Exército, enquanto Émilie o substituía em suas funções de representante da firma Dessaux.[12] No pátio do colégio Stanislas, transformado em hospital, foram alojados soldados feridos de volta do *front*. O espetáculo dos membros amputados e dos olhares hebetados talvez tenha despertado no filho de Alfred o desejo de uma carreira médica. No entanto, nessa época, ele parecia preocupado sobretudo com sua própria pessoa, empenhando-se em obter em toda parte os primeiros lugares: "Lacan intimidava até os professores", escreve Robert de Saint Jean. "Primeiro em tudo. Belos olhos, seriedade e malícia. Sem que parecesse, mantinha a distância conveniente em relação aos colegas; durante o recreio, jamais participava de nossas perseguições de índios. Apenas uma vez, em dissertação francesa, foi suplantado por um rival a quem declarou com desprendimento: 'Está certo, ganhaste, escreves como madame de Sévigné!'."[13]

A arrogância era o traço principal desse adolescente que jamais se interessou pelas brincadeiras da infância, mas, ao contrário do que afirma Robert de Saint Jean, ela não lhe proporcionou nem o primeiro lugar, sempre obtido por Jacques Morane, nem prêmios de distinção. Lacan foi um aluno brilhante especialmente nos trabalhos de instrução religiosa e nas versões latinas, mas em relação às outras matérias teve de se contentar com um satisfatório. Suas notas no primeiro ano do segundo ciclo do segundo grau se distribuem entre nove e dezenove, com a média culminando em torno de quinze. Quanto aos comentários dos professores referentes ao ano 1916-7, revelam que Jacques-Marie era dado a caprichos de imaginação, um pouco vaidoso, às vezes importuno, e sobretudo incapaz de organizar seu tempo e de se comportar como os outros. Seguidamente ausente por razões de saúde, também fugia diversas vezes das aulas e padecia de uma espécie de tédio em que se misturavam langor e deleitação melancólica.[14]

Com o irmão caçula, mostrava-se paternal. Protegia-o, fingia ser seu mentor e fazia-o recitar lições de latim: "Desde 1915, tendo ele catorze anos e eu sete, Jacques me ajudava no estudo de latim. Revejo as cartas dele com uma grafia muito bela, falando-me dos casos e dos modos dos verbos".[15] Por essa época, ele descobre a obra de Spinoza. Na parede do quarto, pendura uma épura que representa o plano da *Ética*, com flechas de várias cores.[16] Esse ato de subversão, num mundo de pequenos comerciantes, teve como efeito levar o jovem a uma afirmação do próprio desejo, em face de um pai cuja única ambição, conforme sempre pensou, era tê-lo ao lado para desenvolver o comércio de mostardas.

Entre 1917 e 1918, Lacan teve a sorte de ter como professor um homem excepcional com quem, a seguir, estabeleceria laços de amizade. Nascido em 1881, Jean Baruzi lecionava filosofia no colégio Stanislas ao mesmo tempo que redigia uma tese de doutorado sobre a vida e a obra de são João da Cruz.[17]

Os trabalhos desse pensador católico e racionalista, próximo de Étienne Gilson, de Alexandre Koyré e de Henry Corbin, inscrevem-se numa corrente do pensamento francês resultante da criação, em 1886, da seção de ciências religiosas da École Pratique des Hautes Études (EPHE). Dezoito anos depois de instalada a IV Seção, centrada nas ciências filológicas e históricas, a V Seção vinha substituir as antigas faculdades de teologia, que não mais faziam parte da universidade desde 1885. No quadro da separação entre Igreja e Estado, tratava-se de conservar as matérias outrora ensinadas sob a designação de teologia. As religiões deviam portanto ser objeto de estudo científico, histórico e comparativo. A iniciativa foi atacada tanto pelos católicos, que se recusavam a separar o estudo dos textos sagrados da questão da fé e da origem divina dos cultos, quanto pela esquerda anticlerical, para a qual a religião era uma superstição a ser banida da universidade.[18] Ora, os criadores da seção tinham outra posição. Não travavam nenhuma luta "a favor ou contra o catolicismo", mas julgavam necessário estudar os fenômenos religiosos com as ferramentas do saber positivo e com espírito crítico: "Na realidade", escreve Koyré em 1931, "havia entre os professores da seção — e continua havendo — tanto eruditos católicos quanto protestantes, livres-pensadores, judeus crentes, e até mesmo homens da Igreja e rabinos".[19]

É a essa concepção do estudo das religiões que se ligariam os trabalhos de Jean Baruzi. Contra uma tradição estritamente leiga e anticlerical, ele afirmava, com efeito, que "jamais compreende um místico cristão quem não procura viver com ele no mundo da graça";[20] mas, contra os teólogos, recusava-se a adotar como tal o dogma da graça.

Associado a uma descoberta precoce de Spinoza, o ensino filosófico de Baruzi acabou por operar, no itinerário de Lacan, uma espécie de transição entre um catolicismo devoto — o do meio familiar — e um catolicismo erudito e aristocrático que podia servir de substrato cultural ou de instrumento crítico na compreensão do domínio religioso. Sob esse aspecto, Cécile Gazier, a amiga de infância de Émilie Baudry, também desempenhou papel importante. Lacan devotava-lhe enorme admiração, e ela o iniciou nos trabalhos que seu pai, Augustin Gazier, dedicara à história do jansenismo.[21]

Aos dezessete anos, Jacques teve pela primeira vez relações sexuais com uma cliente de seu pai, por ocasião de um casamento no qual o irmão era pajem. Quanto a este, desde a tenra infância havia manifestado o desejo de ser padre, o que não o impediu de apaixonar-se por uma de suas primas e planejar desposá-la. Na adolescência, optou por uma vida monacal que o afastou definitivamente da sexualidade e da conjugalidade: "Minha mãe foi a única mulher que admirei de A a Z", diz ele. "Era uma verdadeira cristã, o que meu pai não era. Ela não desempenhou nenhum papel em minha evolução para o sacerdócio, no entanto ficou muito feliz com minha decisão, ao passo que meu pai mostrou-se hostil a ela."[22]

Foi com Francis Goullin e Robert de Saint Jean que Lacan começou a freqüentar a livraria de Adrienne Monnier na rua do Odéon. Rosto redondo e liso, saia larga e plissada, ela recebia os clientes para leituras públicas das quais participavam escritores já célebres: André Gide, Jules Romains, Paul Claudel. Lacan interessava-se também pelo dadaísmo e logo descobriu o espírito novo e o primeiro surrealismo por intermédio da revista *Littérature*. Conheceu André Breton e Philippe Soupault, e assistiu maravilhado à primeira leitura do *Ulisses*, de James Joyce, na livraria Shakespeare and Co. Nessa época, durante uma grave crise melancólica, rejeitou violentamente o universo familiar e os valores cristãos nos quais fora educado.[23] Por volta de 1923, ouviu falar pela primeira vez das teorias de Freud, mas foram as idéias de Charles Maurras que lhe chamaram a atenção. Sem aderir aos princípios do anti-semitismo, esteve com Maurras várias vezes e participou das reuniões da Action Française,[24] encontrando aí um radicalismo e um culto das elites que contribuíram para afastá-lo ainda mais do meio familiar, odiado sem descanso.

Alfred e Émilie começaram a inquietar-se com as atitudes do filho, que desprezava suas origens, vestia-se como um dândi e imaginava-se um Rastignac [herói de Balzac]. Um dia, Robert de Saint Jean cruzou com Lacan diante dos portões do parque Monceau e constatou que ele ainda hesitava: "A medicina, talvez, mas por que não uma carreira política?". De fato, Lacan pensava seriamente em ser o secretário de um homem de poder.[25]

O abandono da religião e da fé se concretizaram ainda mais quando Lacan se pôs a ler em alemão a obra de Nietzsche. Em 1925, redigiu um esplêndido elogio do pensamento do filósofo, destinado a ser pronunciado pelo irmão na festa de Carlos Magno. O texto era uma verdadeira provocação às autoridades do colégio Stanislas. Qualificava de nula a filosofia inglesa e valorizava a grande tradição alemã. Quando o jovem Marc-Marie acabou de ler o discurso preparado pelo irmão, Beaussart se levantou, furioso, e disse, em forma de anátema: "Nietzsche era louco!".[26]

Em 1926, enquanto Jacques escandalizava a família com o gosto pela libertinagem e a adesão às teses do Anticristo, Marc-

Marie tomou a decisão definitiva de tornar-se monge. No dia 13 de maio, foi arrebatado pela vocação ao ler a regra de são Bento. Em determinado momento, escreveu num papel a palavra "beneditino", e a visão dessas dez letras teve para ele o efeito de uma revelação. Entretanto, por recomendação do irmão, furioso com tal escolha, prosseguiu por mais um ano os estudos de direito. Depois passou seis meses na Escola de Saint-Cyr e fez seu serviço militar como oficial da reserva.

No inverno de 1929, partiu para a abadia de Hautecombe, monumento de outra época plantado no centro do lago de Lamartine, e sede da ordem dos beneditinos. Na plataforma da estação ferroviária, Jacques-Marie, transtornado, via afastar-se toda a memória de sua infância. Ele se quisera o protetor do irmão caçula e havia feito de tudo para evitar tal enclausuramento. Censurava-se por não ter sabido convencer o jovem a empreender uma carreira de inspetor de finanças. Em 8 de setembro de 1831, Marc-Marie pronunciou os votos e substituiu seu segundo prenome pelo de François, em homenagem a são Francisco de Assis. Quatro anos mais tarde, em 1º de maio de 1935, foi celebrada a ordenação em presença de Jacques, que nunca mais voltou a Hautecombe. Nesse meio-tempo, Alfred e Émilie haviam deixado o apartamento da rua du Montparnasse para morar em Boulogne, onde haviam construído uma casa burguesa, na rua Gambetta, 33.

Quanto a Madeleine, desposou, em 20 de janeiro [de 1925], Jacques Houlon, um descendente do outro ramo da família Lacan. Homem de negócios, ele viverá com a esposa por longos anos na Indochina. Os três filhos de Alfred, portanto, romperam, cada um à sua maneira, os laços que os uniam à família: o primeiro por uma ruptura intelectual, a segunda pela permanência prolongada em um país distante, e o terceiro pelo sacerdócio. No final de 1928, Madeleine ficou doente, vítima de tuberculose. Enviada ao sanatório, devia ser submetida a um pneumotórax artificial, quando o irmão foi visitá-la. Furioso, ele impediu o tratamento, afirmando que a irmã se curaria sozinha. Ele não se enganava.[27]

2. PERFIS DA SALA DE PLANTÃO

NO MOMENTO EM QUE Lacan iniciava a carreira médica, o interesse pelo freudismo ganhava um impulso considerável em todos os setores do pensamento francês. Duas modalidades de introdução da psicanálise na França conviviam de maneira contraditória. De um lado, a via médica, cujos pioneiros criavam em 1925 o grupo da Evolução Psiquiátrica, e a seguir, em 1926, a Sociedade Psicanalítica de Paris.[1] De outro, a via intelectual, a das vanguardas literárias e filosóficas, cujas representações da descoberta vienense eram muito divergentes de um grupo a outro. Na realidade, nenhuma das duas vias competia com a outra: os dois processos de implantação se cruzavam e se contradiziam, mas avançavam com o mesmo vigor.

No campo da medicina, as idéias freudianas se introduziam num terreno balizado por três domínios do saber: a psiquiatria dinâmica, nascida da filosofia das Luzes, depois repensada no início do século XX pela escola de Zurique,[2] a psicologia elaborada por Pierre Janet, grande rival de Freud e ex-aluno de Charcot, e enfim a filosofia de Henri Bergson, cujas noções serviam de crivo ao conjunto da conceitualidade freudiana.[3] Esses três domínios formavam uma configuração dominada por um ideal de francidade: com efeito, invocava-se uma hipotética superioridade da *civilização* dita latina e naturalmente universalista, opondo-a a uma pretensa *Kultur* germânica, inferior, bárbara ou regionalista. Essa reivindicação de uma superioridade francesa, que ganhara corpo com o pensamento de Taine, e crescera com a germanofobia ligada à Grande Guerra, atacava duramente a doutrina freudiana da sexualidade, na qual se julgava reconhecer o duplo propósito de um pangermanismo e de um pansexualismo.

Paradoxo da história, essa doutrina nascera na Salpêtrière, em 1885, do encontro de Freud e Charcot, e depois se constituíra por etapas em Viena. Num primeiro momento, Charcot havia utilizado a hipnose para demonstrar que a histeria era uma doença nervosa e funcional sem relação com o órgão uterino. Aliás, ele impusera sua autoridade eliminando toda idéia de etiologia sexual e mostrando que a histeria acometia tanto os homens quanto as mulheres. Num segundo momento, Freud reintroduzira essa etiologia, deslocando-a do órgão uterino para a psique humana. Em seguida, teorizara a existência da transferência, que possibilitava o abandono da hipnose e a invenção, em 1896, da psicanálise. Por fim, revelara, em 1905, a organização de uma sexualidade infantil. Daí a idéia, para os adversários do freudismo, de um "imperialismo do sexo" e, conseqüentemente, o emprego do termo "pansexualismo".[4]

Desse modo, os primeiros artífices do movimento psicanalítico francês reivindicavam o princípio de um freudismo nativo, mais adaptado à psicologia de Janet que à doutrina vienense, e mais submetido a um ideal de latinidade que a uma verdadeira teoria do inconsciente. Entretanto, como nenhuma implantação jamais toma a estrada régia da verdade pura, não havia boa assimilação, mas apenas falsos reconhecimentos, tecidos a partir de representações deformadas da realidade. Por mais que a psicanálise pudesse ter uma visada terapêutica válida para qualquer comunidade e a descoberta do inconsciente fosse de natureza universal, nada impedia que cada país compreendesse o freudismo segundo condições específicas.

Do lado da via intelectual, foram certos escritores e revistas literárias que desempenharam na França um papel de contrapeso ideológico face à via médica. De Romain Rolland a Pierre Jean Jouve passando por André Breton, dos surrealistas à *Nouvelle Revue Française*, foi uma outra imagem do freudismo que se expôs na cena parisiense.[5] Enquanto o meio médico adotou o chauvinismo e aderiu a uma visão estritamente terapêutica da psicanálise, o meio literário aceitou a doutrina ampla da sexualidade, recusou-se a considerar o freudismo como uma "cultura germânica" e defendeu de bom grado o caráter profano da psicanálise. Desse lado, juntando todas as tendências, viu-se o sonho como a grande aventura do século, buscou-se transformar o homem por meio da onipotência do desejo, inventou-se a utopia de um inconsciente enfim aberto às liberdades e admirou-se acima de tudo a coragem com que um austero cientista havia ousado pôr-se à escuta das pulsões mais íntimas do ser, desafiando o conformismo burguês e correndo o risco do escândalo e da solidão.

É na Sociedade Neurológica, em 4 de novembro de 1926, que Jacques Lacan faz sua primeira apresentação de doente sob a direção do grande neurologista Théophile Alajouanine, amigo de Édouard Pichon e membro da Action Française. Era um caso de fixidez do olhar por hipertonia, associada a uma síndrome extrapiramidal com distúrbios pseudobulbares. Tratava-se da história banal de um pobre-diabo de 65 anos, hospitalizado na Salpêtrière devido a problemas surgidos durante um passeio de bicicleta. O homem tinha o olhar fixo, um tique respiratório e um sulco nasogeniano mais acentuado à esquerda. Toda vez que flexionava as pernas, erguia-se acima do assento, e em seguida deixava-se cair como um bloco. A observação clínica feita por Lacan era longa, minuciosa, estritamente técnica e desprovida de afetos: a rotina comum da miséria hospitalar.[6]

O espantoso é que a apresentação do caso ocorreu no mesmo dia em que era fundada a Sociedade Psicanalítica de Paris, com dez membros: Angelo Hesnard, René Laforgue, Marie Bonaparte, Eugénie Sokolnicka, René Allendy, Georges Parcheminey, Rudolph Loewenstein, Adrien Borel, Édouard Pichon e Henri Codet, aos quais virão juntar-se Genevois Charles Odier e Raymond de Saussure.[7]

Assim, o nome de Lacan se inscreve pela primeira vez na história francesa da psicanálise na data em que se criava nesse país a primeira associação freudiana. Até ingressar nessa honrosa instituição, a mais duradoura e a mais poderosa hoje, nosso herói, então com 25 anos, tinha ainda um longo caminho a percorrer: oito anos se passarão até que se torne membro da associação, e mais quatro até ser considerado titular. Nesse meio-tempo, faz um percurso clássico, passando da neurologia à psiquiatria. Entre 1927 e 1931, estudou a clínica das doenças mentais e do encéfalo no hospital Sainte-Anne, centro do universo manicomial, e estagiou na enfermaria especial da Chefatura de Polícia, para onde eram levados com urgência os indivíduos "perigosos". A seguir passou dois anos no hospital Henri-Rousselle, o setor mais avançado da pesquisa psiquiátrica, e obteve seu diploma de médico-legista. Em agosto de 1930, partiu para um estágio de dois meses na célebre clínica de Burghözli, ligada à cátedra da Universidade de Zurique, onde Auguste Forel, Carl Gustav Jung e Eugen Bleuler haviam inventado, no início do século, uma nova abordagem da loucura, fundada ao mesmo tempo numa nosografia coerente e na escuta da fala dos doentes. Nesse lugar já mítico da psiquiatria dinâmica, Lacan trabalhou sob a orientação de Hans Maïer, sucessor de Bleuler.

No ano seguinte, retornou como interno ao hospital Sainte-Anne. Na sala de plantão, conviveu com os homens de sua geração: Henri Ey, Pierre Mâle, Pierre Mareschal, seus melhores companheiros, mas também Henri Frédéric Ellenberger.[8]

Nascido na África do Sul em 1905, numa família de missionários protestantes, Ellenberger sonhava desde a infância tornar-se historiador. O pai o obrigou, porém, a estudar medicina, enviando-o à França, primeiro a Estrasburgo e depois a Paris, onde conheceu Lacan durante o internato: "Mantive distância em relação a ele", diz Ellenberger. "Via-o na sala de plantão onde ele fazia piadas como os demais, embora fossem de um nível superior às dos farristas comuns. Eram mordazes e incômodas. Cultivava uma espécie de soberba aristocrática. Tinha uma arte infalível de dizer maldades que atingiam o alvo em cheio, inclusive em suas relações com os doentes. Lembro-me deste comentário: 'Ele tem a estima de seu porteiro'. Afora isso, Jacques Lacan era, na intimidade, um homem encantador."

A verdade é que ele participava, na cantina da sala de plantão, junto com alguns colegas, da aristocracia dos candidatos à chefia da clínica. Fazia suas refeições à "mesinha" animada por Henri Ey, onde se empregava o vocabulário elegante da fenomenologia e se via com desprezo o velho organicismo de Édouard Toulouse. A geração jovem sonhava com a Revolução de Outubro, invocava o surrealismo e se pretendia absolutamente moderna. Segundo Paul Sivadon:

> Lacan usava uma linguagem preciosa e tinha tendência a "sadizar" algumas vítimas escolhidas [...]. O acaso quis que Henri Ey me tomasse por tesoureiro em várias de suas atividades [...]. Naturalmente, era preciso recolher contribuições. O único de quem jamais consegui obter um centavo foi Lacan [...]. O enfermo da sala de plantão, Colombe, fornecia cigarros aos internos, mediante uma pequena remuneração. Lacan geralmente estava em dívida com ele. São pequenos detalhes que mostram bem o caráter "anal" da personagem. Ele era excelente clínico, e isso desde o início da carreira.[9]

Apesar da transformação da nosologia psiquiátrica, ocasionada pelos trabalhos de Freud e Breuer, o manicômio dos anos 1930 assemelhava-se ainda a esse universo carcerário herdado do Grande Encerramento. O uniforme era obrigatório para os doentes, a correspondência aberta, os objetos pessoais confiscados. Quanto às mulheres, eram inscritas com o nome de solteira e perdiam assim a identidade a que estavam acostumadas. Os agitados corriam o risco da camisa-de-força, humilhação temível e corriqueira, ou da banheira com golilhas, sinistro instrumento de suores e vertigens.

Os decrépitos ofereciam um espetáculo lastimável nos leitos especiais de onde saía um canal de dejetos. Para os "crônicos", a mordaça estava sempre em vigor. Era introduzida entre os dentes e presa firmemente para abrir a mandíbula e proceder a uma alimentação forçada. E para repugnar os que eventualmente gostassem de tal tortura, generosas porções de óleo de rícino eram despejadas por funis. Os menos loucos trabalhavam na cozinha ou na lavanderia, descascando legumes num ritmo bizarro ou empurrando fardos como galés. Quando eram destacados para o serviço dos internos, tornavam-se seus companheiros na sala de plantão e os serviam como estranhos saltimbancos.[10]

Se o conformismo burguês da sociedade vienense do fim do século XIX se exprimia claramente nas páginas dos *Estudos sobre a histeria*,[11] de Freud e Breuer, a loucura das classes trabalhadoras dos anos 1930 transparecia da mesma forma em todos os casos publicados pela jovem geração psiquiátrica: psicose alucinatória crônica, mal de Parkinson, síndrome de automatismo mental, sífilis hereditária, tais eram os termos empregados para designar essa triste humanidade sofredora que o jovem Lacan observava no hospital Sainte-Anne. Até 1932, é com colegas ou professores que redige suas histórias de doentes: Adolphe Courtois, em psiquiatria biológica, Georges Heuyer, em neuropsiquiatria infantil, Jean Lévy-Valensi, em clínica moderna.[12]

O caso mais interessante desse período foi o que ele relatou com seu amigo Maurice Trénel à Sociedade Neurológica, em 2 de novembro de 1928: "Abasia em uma traumatizada de guerra".[13] Tratava-se de uma bretã histérica cuja casa fora destruída por um obus em junho de 1915. Com seu andar burlesco e um aspecto de dervixe contorcionista, ela se tornara uma figura pitoresca dos serviços hospitalares parisienses. Quando as paredes de sua casa desabaram, não conseguira levantar-se: sua perna ficara presa num buraco do soalho. Ela sofria de chagas superficiais no couro cabeludo, no nariz e nas costas. No hospital Saint-Paul de Béthune, o cirurgião ordenara-lhe que se mantivesse ereta, e desde então ela passou a se projetar para a frente, bamboleando e inventando trejeitos como as crianças. Posteriormente, acrescentou uma nova figura à sua inverossímil sarabanda: o cruzamento sucessivo das pernas.

A história dessa singular bretã foi o único caso de histeria ao qual Lacan associou seu nome durante o período de formação psiquiátrica. Ele o rememorou distintamente em 1933, na exposição geral de seus trabalhos científicos, quando observou que essa modesta contribuição ao "problema da histeria"[14] marcava a transição para suas recentes pesquisas sobre a psiquiatria. Nessa data, portanto, ele considerava que o relato de um caso "que não apresentava nenhum sinal neurológico de organicidade" lhe havia permitido passar da neurologia à psiquiatria. E, ao mesmo tempo, via o caso como uma histeria no sentido freudiano. Em 1932, Lacan compreendera os trabalhos de Freud, e portanto havia uma contradição entre a maneira como falava do caso retrospectivamente em 1933 e a maneira como a apresentação desse caso se desenrolara na realidade. Pois, em 1928, os dois autores não faziam a menor alusão à noção de histeria e utilizavam apenas a terminologia de Babinski. Empregavam o termo *pitiatismo*, que remetia ao desmantelamento da doutrina de Charcot efetuado por Babinski. A operação, como se sabe,[15] havia permitido fundar a neurologia moderna, mas tivera por conseqüência considerar a histeria como uma espécie de simulação, curável pela sugestão.

A partir de 1925, porém, a terminologia de Babinski começou a cair em desuso na medida em que a neurologia, afirmando-se como verdadeira ciência, tinha menos necessidade do bode expiatório da histeria para apresentar suas provas. Paralelamente, a tradução em 1928 do "Caso Dora", por Marie Bonaparte e Rudolph Loewenstein,[16] tornava a dar vigor a uma verdadeira concepção da histeria. Mas, como se percebe na exposição de Trénel e Lacan, o pitiatismo ainda se mantinha firme, nessa época, no discurso psiquiátrico. Por outro lado, os pioneiros do movimento psicanalítico francês, notadamente os psiquiatras, vacilavam nesse ponto, já que em 1925, por ocasião da celebração do centenário de nascimento de Charcot, Henri Codet e René Laforgue haviam publicado em *Le Progrès Medical* um artigo intitulado "A influência de Charcot sobre Freud", no qual não chegavam a fazer uma escolha entre as três posições que dominavam a abordagem clínica da histeria na época: a psicofilosofia de Janet, a neurologia de Babinski e a doutrina freudiana.[17]

Na realidade, foram os surrealistas, mais do que os psicanalistas, que reivindicaram a herança de Charcot ao homenagear, em 1928, não o neurologista da Salpêtrière, mas Augustine, sua célebre paciente:

Nós, surrealistas, fazemos questão de celebrar aqui o cinqüentenário da histeria, a maior descoberta poética do fim do século XIX, e isso no momento em que o desmembramento do conceito de histeria parece fato consumado [...]. Assim, propomos, em 1928, uma nova definição da histeria: a histeria é um estado mental mais ou menos irredutível, caracterizado pela subversão das relações que se estabelecem entre o sujeito e o mundo moral do qual ele acredita praticamente depender, fora de todo sistema delirante. [...] A histeria não é um fenômeno patológico e, em muitos aspectos, pode ser considerada como um meio supremo de expressão.[18]

Lacan ainda demorará dois anos para levar em conta, em seus trabalhos, a atitude surrealista, e depois operar, a partir daí, uma síntese entre a descoberta freudiana e o saber psiquiátrico.

3. MESTRES EM PSIQUIATRIA

DURANTE ESSES ANOS DE APRENDIZAGEM, três mestres muito diferentes deixaram em Lacan uma marca importante: Georges Dumas, Henri Claude, Gaëtan Gatian de Clérambault.

Titular da cadeira de psicopatologia da Sorbonne, amigo de Pierre Janet e de Charles Blondel, Georges Dumas era um temível adversário da psicanálise. Não cessava de ridicularizá-la, debochando de seus estereótipos, de sua concepção da sexualidade, e até mesmo de sua germanidade. No anfiteatro do hospital Sainte-Anne, onde aos domingos de manhã tinha lugar sua famosa apresentação de doentes, amontoavam-se estudantes de filosofia e internos em psiquiatria que não resistiam ao charme de sua fala e de seu estilo. Claude Lévi-Strauss fará dele um retrato inesquecível:

> Sobre um estrado, Dumas instalava o corpo robusto, grosseiramente talhado, encimado por uma cabeça achatada que parecia um grande tubérculo branco e descascado pela permanência no fundo do mar [...]. Seus cursos não ensinavam grande coisa; ele jamais os preparava, consciente do encanto físico que exerciam sobre o auditório o jogo expressivo de seus lábios deformados por um ricto inconstante e sobretudo sua voz, rouca e melodiosa: verdadeira voz de sereia cujas estranhas inflexões não remetiam apenas a seu Languedoc natal, porém, mais ainda do que a particularidades regionais, a modos muito arcaicos da música do francês falado, de tal forma que voz e rosto evocavam, em duas ordens sensíveis, um único estilo, ao mesmo tempo rústico e incisivo: o dos humanistas do século XIV, médicos e filósofos cuja estirpe ele parecia perpetuar através do corpo e do

espírito. A segunda hora e às vezes a terceira eram dedicadas a apresentações de doentes; assistia-se então a extraordinários números entre o prático astuto e indivíduos treinados por anos de manicômio em todos os exercícios desse tipo; sabendo perfeitamente o que se esperava deles, produziam perturbações ao sinal indicado ou resistiam ao domador o tempo suficiente para proporcionar-lhe a ocasião de uma cena de bravura. Sem ser tolo, o auditório deixava-se de bom grado fascinar por tais demonstrações de virtuosismo.[1]

Grande rival de Georges Dumas, de quem rejeitava o antifreudismo primário, Henri Claude era o chefe indiscutível da clínica de doenças mentais no território do Sainte-Anne. Nascido em 1865, havia se tornado em 1905, na Salpêtrière, o assistente de Fulgence Raymond, por sua vez sucessor de Charcot. Em 1922, o desaparecimento de Ernest Dupré permitiu-lhe ocupar a cátedra do hospital, onde se fez o defensor oficial de uma psicanálise adaptada ao "gênio latino". Encarregou então René Laforgue de uma junta médica que reunia Adrien Borel, Henri Codet, Angelo Hesnard e Eugénie Sokolnicka. Em torno de Claude se concretizaram assim os trabalhos da escola dinâmica e organicista francesa, cujo herdeiro será Henri Ey.[2]

Para favorecer sua nova orientação clínica, Claude apoiou-se na doutrina freudiana, desejando que ela tomasse o caminho de uma imaginária "latinidade": "A psicanálise", escrevia ele, "ainda não se adaptou à exploração da mentalidade francesa. Alguns procedimentos de investigação ferem a delicadeza dos sentimentos íntimos, e certas generalizações de um simbolismo excessivo, talvez aplicáveis a indivíduos de outras raças, não me parecem aceitáveis em clínica latina".[3]

Em tal contexto, René Laforgue havia escolhido, contra Dumas, a proteção de Claude, com o risco de aceitar o chauvinismo. Mas diante de Freud, que se mostrava intransigente, sua posição era insustentável. O conflito veio à tona em 1927, no momento da criação da *Revue Française de Psychanalyse* (*RFP*), que haveria de tornar-se o órgão de difusão da SPP, por sua vez filiada à International Psychoanalytical Association (IPA). Esta fora fundada por Freud em 1910 e agrupava o conjunto das sociedades psicanalíticas oriundas do movimento freudiano. Inicialmente, a revista deveria ter em Sigmund Freud seu maior patrono. Mas, para não ofender o professor Claude, "protetor" da psicanálise, Laforgue pediu a Freud que retirasse seu nome.

Uma terceira figura de mestre marcou o itinerário do jovem Lacan. Nem hostil à psicanálise, da qual ignorava as descobertas, nem envolvido num combate pela latinidade que não lhe importava, Gaëtan Gatian de Clérambault foi certamente a personagem mais flamejante e paradoxal dessa saga das origens.

Misógino convicto, recusava-se a admitir mulheres entre seus alunos e cercava-se de adeptos dos quais exigia adoração e submissão. Ciumento do poder de Henri Claude, considerava-o um simples neurologista e dizia com desprezo: "Eis um senhor que quer fazer um nome com dois prenomes".

Trinta anos antes de Lacan, ele havia vestido o uniforme dos alunos do colégio Stanislas e seguido estudos de direito, para depois escolher a carreira médica. Engajado no exército do Marrocos, apaixonou-se pela vestimenta árabe, descrevendo com minúcia a arte das mulheres do Magreb de prender os tecidos e fazê-los deslizar ao longo do corpo. Assim, passou os anos da Grande Guerra a fabricar figurinhas de cera ornamentadas com tecidos, que iria conservar até o fim da vida.[4]

Ao retornar, Clérambault foi nomeado médico-chefe da enfermaria especial dos alienados da Chefatura de Polícia, onde reinou com brilho até 1934, ano em que se suicidou. Formalista, esteta, adepto de uma espécie de vidência da loucura, construiu, nos anos 1920, o belíssimo edifício da *síndrome de automatismo mental*, numa época em que o grupo de Claude se orientava na direção oposta. Com efeito, o dinamismo supunha a renúncia à idéia de que a psicose em geral pudesse ser de natureza constitutiva, ou seja, de substrato hereditário. Ora, buscando dar coerência à classificação das doenças mentais, Clérambault as definia a partir de um elemento comum: o automatismo mental. Para ele, a síndrome era de origem orgânica e as perturbações se impunham ao sujeito de maneira externa e brutal: como um "automatismo".

Nesse sentido, sua posição não estava distante daquela, estrutural, de Freud. No entanto, ele rejeitava qualquer reforma em matéria de cuidados. A seu ver, a missão do psiquiatra ia de par com uma doutrina do encerramento e da repressão. Grande mestre da enfermaria da Chefatura, Clérambault não cessará de aperfeiçoar seu olhar, sem a menor preocupação pelo sofrimento do paciente, sem julgá-lo nem lamentá-lo, mas com uma vontade feroz de extorquir-lhe confissões.

Com seus três mestres em psiquiatria, Lacan adotou atitudes bem diferentes. Com Henri Claude, grande burguês sem talento mas chefe cujo renome lhe podia ser útil, conduziu-se como aluno submisso. Adulou seu narcisismo, dando-lhe sempre razão do alto de uma superioridade zombeteira. Com Georges Dumas, mostrou-se muito respeitoso: admirava-lhe o gênio clínico e procurava constantemente seduzi-lo. Com Clérambault, enfim, manteve uma conflituosa relação de amor e de ódio.[5]

A paixão pelos tecidos, pelos debruns e as pregas, a atração pelo corpo vestido da mulher árabe eram acompanhadas, em Clérambault, por uma outra paixão: a da erotomania. Baseando-se na síndrome de automatismo mental, ele separou as psicoses alucinatórias dos delírios passionais e classificou entre estes essa loucura do amor casto chamada erotomania, cuja fonte principal reside num formidável orgulho sexual. A história era sempre a mesma e centenas de vezes servia para ilustrar o destino melancólico das heroínas da literatura romanesca. Eis o tema: o herói se julga amado por alguém que ele deseja castamente e que em geral é uma personagem célebre — ator, rei ou acadêmico. Assim, a sra. Dupont é persuadida de que o príncipe de Gales está interessado nela, persegue-a, marca encontros aos quais não comparece. Ela se zanga, acusa-o de enganá-la e atravessa o canal da Mancha para surpreendê-lo em flagrante delito de traição. De volta a Paris, agride na rua um policial, que a conduz à chefia da enfermaria especial para internação.

Na descrição de Clérambault, a erotomania era vista como uma representação da realidade que, mesmo sendo louca, não deixava de ser "lógica". Não obstante seu conservadorismo doutrinal, Clérambault partilhava com Freud e os surrealistas a idéia de que a loucura era vizinha da verdade, a razão da desrazão, a coerência do desregramento.

A força do ensino de Clérambault transparece claramente no primeiro texto doutrinal redigido por Lacan e publicado em julho de 1931 na *Semaine des Hôpitaux de Paris*.[6] O título era promissor: "Structures des psychoses paranoïaques" [Estruturas das psicoses paranóicas]; e o estilo, perfeitamente identificável: já anunciava o da tese de 1932.

Lacan começava prestando homenagem a Emil Kraepelin, Paul Sérieux e Joseph Capgras, cujos trabalhos haviam permitido isolar a paranóia.[7] Mas, em seguida, criticava essa herança para propor uma noção de "estrutura", no sentido fenomenológico. Graças a ela, seria possível marcar uma série de descontinuidades: entre a psicologia normal, de um lado, e a patologia, de outro, e depois entre os diferentes estados delirantes. Lacan delimitava a seguir o ponto de vista clínico e o ponto de vista médico-legal, dividindo em três tipos o domínio das psicoses paranóicas: a constituição paranóica, o delírio de interpretação, os delírios passionais.

Para a descrição do primeiro tipo, ele expunha, sem criticá-las, as teses clássicas. Descrevia assim os quatro temas em torno dos quais se ordena a constituição paranóica: superestima patológica de si, desconfiança, falsidade de julgamento, inadaptabilidade social. Acrescentava a esses o tema do "bovarismo", citando duas obras: uma do filósofo Jules de Gaultier, e outra do psiquiatra Genil-Perrin.[8]

O termo "bovarismo" havia feito sua aparição filosófica em 1902 sob a pena nietzschiana de Jules de Gaultier. O autor descrevia sob essa categoria todas as formas de ilusão do eu e de insatisfação, desde a fantasia de ser um outro até a crença no livre-arbítrio. No quadro da luta travada pelos alienistas para arrancar os loucos criminosos à Justiça penal e à guilhotina, o termo era utilizado para conotar a irresponsabilidade do louco perante seu crime. E em 1925 Genil-Perrin apoderou-se da terminologia inventada por Gaultier para estabelecer um vínculo entre paranóia e bovarismo. Ele instituiu uma passagem progressiva entre estado normal e estado mórbido, a fim de mostrar que a constituição paranóica representava o grau superior do bovarismo patológico.

Assim como, em 1928, Lacan examinava a histeria com os instrumentos teóricos de Babinski, assim também, em 1931, reivindicava, para descrever a estrutura paranóica, uma doutrina conservadora com a qual estaria em completo desacordo um ano mais tarde. O paranóico era então descrito por ele como um "mau soldado", um aluno sempre punido, um autodidata admirado pelos porteiros ou um pobre revoltado cuja vontade de "liberação panteística" (*sic*) era apenas a expressão de um delírio: "Ele pode tornar-se", escrevia Lacan, "se a fortuna o colocar na direção certa dos acontecimentos, um reformador da sociedade, da sensibilidade, um 'grande intelectual'".[9]

Na última parte do artigo aparecia pela primeira vez, sob a pena de Lacan, uma referência à descoberta freudiana. Mas se o autor evocava a teoria dos estádios, era para justificar em seguida a sacrossanta doutrina das constituições, e se falava dos "técnicos do inconsciente", era para logo demonstrar a incapacidade deles, se não de explicar, pelo menos de curar a paranóia. No limiar dos anos 1930, Lacan nada fizera com a teoria freudiana. E ao mesmo tempo que pregava, por meio da apologia de Clérambault, uma tese que não tardaria a desmantelar, aderia à doutrina de Claude e freqüentava os surrealistas, que combatiam a instituição manicomial e viam na linguagem da loucura a expressão sublime de uma poesia involuntária. Situação desconfortável: Lacan sabia que Clérambault era um homem tirânico que exigia dos seus uma fidelidade irrestrita. Conhecia o temor que ele tinha de ver sua doutrina pilhada ou imitada. Por isso, ao citá-lo, teve o cuidado de anotar ao pé da página: "Essa imagem é tomada do ensino verbal de nosso mestre, sr. G. de Clérambault, a quem devemos tanto em matéria e em método que precisaríamos, para não correr o risco de plágio, homenageá-lo a cada um de nossos termos".[10]

Chocado com a ambivalência dessa homenagem exagerada, o chefe da enfermaria especial não tardou a renegar seu aluno. Após a publicação do artigo, foi tomado de violenta cólera e irrompeu numa reunião da Sociedade Médico-Psicológica para lançar ao rosto de Lacan exemplares com dedicatória de suas obras e acusá-lo de plágio. Eis a lembrança que guarda desse acontecimento Henri Ellenberger: "Ele acusou Lacan de plágio. Com incrível desplante, Lacan voltou a acusação contra Clérambault, afirmando que o velho psiquiatra o havia plagiado. O caso deu muito o que falar. Lacan, aliás, tinha um notável senso de publicidade".[11]

Embora fazendo o elogio de Clérambault, Lacan prosseguia seu itinerário psiquiátrico sob os auspícios de Claude. Foi com ele e Pierre Mignault que apresentou, em 21 de maio de 1931, à Sociedade Médico-Psicológica, dois casos de "loucuras simultâneas". Na doutrina clássica, havia para esse tipo de situação um delírio indutor e um delírio induzido. Este último desaparecia quando afastado do precedente. Ora, nesse caso, nenhuma indução existia entre os delírios de cada parceiro. Tratava-se de dois pares mãe-filha, nos quais predominava um delírio paranóico. O de Blanche, com 44 anos de idade, era fabuloso:

Sobre seu próprio corpo: ela é o quadrucéfalo de olho verde. O que a pôs no caminho é que seu sangue é perfumado. A pele se metaliza e endurece a altas temperaturas, então ela é de pérolas e faz nascer as jóias. As partes genitais são únicas, pois há um pistilo, é como uma flor. O cérebro é quatro vezes mais forte que os outros, os ovários são os mais resistentes. Ela é a única mulher no mundo que não tem necessidade de fazer a toalete [...]. A doente confessa práticas estranhas, faz um caldo com o sangue de suas regras: "Bebo um pouco diariamente, é um alimento fortificante". Ela chegou no serviço com frascos hermeticamente fechados, um contendo matérias fecais, outro urina, e envolvidos em tecidos bizarramente bordados.[12]

Depois das *loucuras simultâneas*, Lacan se interessou pelos distúrbios da linguagem escrita ao apresentar ainda um caso de paranóia feminina, em novembro de 1931, juntamente com Lévy-Valensi e Mignault.[13] Tratava-se de uma certa Marcelle, professora erotômana de 34 anos de idade, que se considerava Joana d'Arc e queria regenerar a França. Ela julgava que seus escritos tinham um valor revolucionário: "Faço evoluir a língua", dizia, "é preciso sacudir todas essas velhas formas". O delírio passional dirigia-se a um de seus superiores hierárquicos, morto no ano anterior. Clérambault havia enviado Marcelle ao Sainte-Anne, no momento em que ela reclamava do Estado 20 milhões de francos de indenização por privações e insatisfações sexuais e intelectuais. Eis uma amostra de seus "escritos inspirados":

Paris, aos 14 de maio de 1931.

Senhor Presidente da República P. Doumer em vilegiatura nos pães-de-mel e nos trovadoces,

Senhor Presidente da República invadida de zelo,

Gostaria de tudo saber para vos fazer o mas camundongo logo poltrão e canhão de prova mas estou demasiado longe para adivinhar. Maldades que se fazem aos outros convém adivinhar que meus cinco gansos de Vals são descompostura e que sois o bobão da Santa Virgem e de perdão literário. Mas é preciso tudo reduzir da nomenclatura de Auvergne pois sem lavar as mãos em água de rocha se faz mijadura em leito seco e madalana é sem trair a putinha de todos esses de fresca barba por ser o melhor de suas oraies na voz é doce e a pele fresca. Gostaria de ter amaldiçoado tougnate sem causar o prejuízo de vida plenária e sem custo se faz polícia judiciária. Mas é preciso espantar o mundo por ser o velhaco maldito de barbaranela e sem leito se faz tougnate.

Os autores preservavam-se de qualquer interpretação dos escritos de Marcelle e definiam a estrutura paranóica a partir dos distúrbios semânticos, estilísticos e gramaticais. Inspiravam-se menos no modelo da psiquiatria clássica do que na experiência surrealista. Segundo eles, a síndrome de automatismo mental não se devia aqui a uma constituição, mas a um jogo semelhante às criações poéticas de Breton, Éluard, Péret e Desnos, que tinham uma parte de automatismo e uma parte de intencionalidade.[14]

Comparando esse texto com o que havia sido publicado na *Semaine des Hôpitaux de Paris*, vê-se que Lacan decidia-se simultaneamente por duas orientações antagônicas do saber psiquiátrico de sua época. De um lado, ligava a noção de "estrutura paranóica" a uma concepção constitucionalista da psicose, estabelecendo uma norma e uma necessidade repressiva; de outro, aderia à idéia de que a loucura pudesse ter parentesco com um ato de criação linguageira, em parte resultante de uma "outra cena", em parte intencional. Daí um curioso movimento pendular: do ensino de Clérambault e da leitura dos clássicos alemães e franceses, ele retinha a noção de estrutura, talvez conservando ainda a de constituição; e do dinamismo tomava o estudo da linguagem da loucura que supunha o abandono do constitucionalismo.

Os apresentadores do caso Marcelle citavam também os trabalhos de Pfersdorff e de Guilhem Teulié sobre a esquizofrenia, de Head sobre a afasia e de Henri Delacroix sobre a linguagem e o pensamento. No primeiro quarto do século, esses outros autores haviam estudado todas as anomalias de fala, de linguagem e de língua associadas à existência de psicoses.[15] Em 1913, Kraepelin introduziu o termo *esquizofasia* para designar um estado esquizofrênico no qual a perturbação da linguagem era o sintoma precursor. Daí a palavra *esquizografia* empregada por Lacan e seus colegas para traduzir uma situação idêntica a propósito de uma escrita "inspirada". A referência ao livro de Delacroix,[16] publicado em 1930, era a mais interessante: fornece, com efeito, uma indicação preciosa sobre as leituras do jovem Lacan na época. Para fundamentar sua argumentação sobre a afasia, Delacroix, que foi professor de filosofia de Sartre, baseava-se no *Curso de lingüística geral* de Ferdinand de Saussure, publicado em Genebra em 1915.[17]

Não resta qualquer dúvida, portanto, de que foi sob a pena desse autor, hoje esquecido, que Lacan descobriu pela primeira vez a teoria saussuriana da língua, da qual fará um uso tão fecundo duas décadas mais tarde.

II
LOUCURAS FEMININAS

1. HISTÓRIA DE MARGUERITE

NESSE MOMENTO DE SUA EVOLUÇÃO, Lacan tomou conhecimento, no primeiro número de *Surréalisme au Service de la Révolution*, publicado em julho de 1930, de um texto de Salvador Dalí que lhe permitiria ao mesmo tempo romper com a doutrina das constituições e passar a uma nova apreensão da linguagem no domínio das psicoses. "L'âne pourri" [O asno podre]:[1] esse era o título do artigo em que Dalí sustentava uma tese original sobre a paranóia. Nessa data, o período do primeiro surrealismo havia findado e a publicação por André Breton do *Segundo Manifesto* anunciava a busca de um "ponto do espírito" que permitisse resolver a contradição entre o sonho e a vida material. Longe da experiência dos sonos artificiais e da escrita automática, tratava-se agora de descobrir as novas terras da ação política. O sonho de transformar o homem devia tomar uma forma concreta: inventar um modo criativo de conhecimento da realidade.[2]

É nesse quadro que Salvador Dalí põe a serviço do movimento sua famosa técnica da paranóia-crítica: "Foi por um processo nitidamente paranóico", escrevia ele, "que se tornou possível obter uma imagem dupla: ou seja, a representação de um objeto que, sem a menor modificação figurativa ou anatômica, fosse ao mesmo tempo a representação de um outro objeto absolutamente diferente, também ela despida de qualquer tipo de deformação ou anormalidade que pudesse revelar algum arranjo".[3]

Para Dalí, a paranóia funcionava como uma alucinação, ou seja, como uma interpretação delirante da realidade. Nesse sentido, era um fenômeno do tipo pseudo-alucinatório que servia para o aparecimento de imagens duplas: a imagem de um cavalo, por exemplo, podia ser a imagem de uma mulher, e a existên-

50

cia dessa imagem dupla tornava caduca a concepção psiquiátrica da paranóia como "erro" de julgamento e delírio "racional". Dito de outro modo, todo delírio *já* é uma interpretação da realidade, e toda paranóia, uma atividade criadora lógica.

No momento em que Lacan lia a obra de Freud, ele encontrava na posição daliniana o instrumento que faltava à teorização de sua experiência clínica em matéria de paranóia.[4] Assim, solicitou um encontro com o pintor, que o recebeu em seu quarto de hotel, com um pedaço de esparadrapo colado na ponta do nariz. Dalí contava com uma reação de espanto da parte do visitante, mas Lacan permaneceu impassível. Atentamente, ouviu seu anfitrião expor-lhe a doutrina.[5]

Enquanto isso, ele traduzia para a *Revue Française de Psychanalyse* um texto de Freud publicado em 1922 e intitulado "Acerca de alguns mecanismos neuróticos no ciúme, na paranóia e na homossexualidade".[6] O tema relacionava-se com sua busca de uma nova concepção da paranóia e fazia parte de um *corpus* freudiano em via de tradução na SPP.[7]

Embora Lacan não soubesse falar alemão, tinha desse idioma excelente conhecimento teórico. Aprendera-o no colégio Stanislas. Sua tradução era notável. Seguia de perto a sintaxe de Freud, não se afastava do sentido e respeitava a forma. Mostrava igualmente o quanto o autor aceitava a terminologia em vigor na época no movimento psicanalítico francês. Como seus contemporâneos, traduzia *Trieb* (pulsão) por *instinto*, *Trauer* (luto) por *tristeza*, e *Regung* (moção) por *tendência*. Ele também chegou a traduzir, para a *RFP*, um capítulo do livro de Otto Fenichel consagrado às esquizofrenias.[8] Mas esse trabalho jamais foi publicado.

O ano de 1931 foi portanto uma época de transição para Lacan. Ele começou a efetuar uma síntese, a partir da paranóia, de três domínios do saber: a clínica psiquiátrica, a doutrina freudiana e o segundo surrealismo. Essa síntese, que se apoiava sobre um notável conhecimento de filosofia — Spinoza, Jaspers, Nietzsche, Husserl e Bergson, em particular —, lhe permitirá elaborar a tese de medicina, que será sua grande obra da juventude. *De la psychose paranoïaque dans ses rapports avec la personnalité* [Da psicose paranóica em suas relações com a personalidade] virá à luz no inverno de 1932 e fará de seu autor um chefe de escola.

A história do encontro entre o filho de Alfred e aquela que ele chamará Aimée começou às oito e meia da noite em 18 de abril de 1931. Nessa noite, Marguerite Pantaine, de 38 anos, tirou da bolsa uma faca de cozinha e tentou assassinar a atriz Huguette Duflos quando esta chegava ao teatro Saint-Georges, onde devia interpretar o papel principal de uma peça de Henri Jeanson cuja estréia ocorrera três dias antes. Tratava-se de uma comédia burguesa intitulada *Tout va bien*, que punha em cena uma dama lacrimosa, seu amante, pobre mas indiferente, e um rico financista, extremamente tedioso. Essa peça insípida queria significar que na França dos anos 1930, às voltas com a crise econômica e a escalada dos grupos de extrema-direita, tudo ia bem no melhor dos mundos.

No corredor da entrada dos artistas onde era esperada por sua assassina, Huguette Duflos não perdeu o sangue-frio. Segurando a faca pela lâmina, desviou o golpe e sofreu apenas um corte profundo no dedo mínimo da mão direita. Nesse meio-tempo, Marguerite era dominada e conduzida à delegacia. De lá foi enviada à enfermaria especial e à prisão de mulheres de Saint-Lazare, onde mergulhou no delírio durante vinte dias. Em 3 de junho de 1931, foi internada na clínica do asilo Sainte-Anne a pedido do dr. Truelle, cujo parecer concluía por um "delírio sistemático de perseguição à base de interpretação com tendências megalomaníacas e substrato erotomaníaco".[9]

No dia seguinte ao atentado, diversos jornais relatavam a triste história de Marguerite Pantaine, camponesa deslocada que perdera a cabeça à força de ler romances e de querer publicar os seus. Assim escreveu o articulista do *Journal*:

É uma obstinada filha do Auvergne, de traços duros, com um colarinho engomado debaixo da blusa que acentua seu aspecto masculino [...]. Ela trabalha no serviço de cheques postais, central Louvre, e ganha um bom ordenado, 18 mil francos por ano, segundo ela. Recebe poucos amigos: apenas duas professoras com quem prepara provas e pratica música. É uma pessoa um tanto esquisita, mas não dava a impressão de sentir-se perseguida.[10]

Interrogado sobre o ato de Marguerite, Édouard Toulouse emitiu uma opinião no jornal *Le Temps*, recorrendo, como de costume, à velha terminologia da hereditariedade-degenerescência:

A meu ver, trata-se de um caso nítido de loucura de perseguição, que provavelmente se manifestou anteriormente por irregularidades de conduta ou por extravagâncias que as pessoas do convívio imediato devem ter percebido. Aliás, todo criminoso, em minha opinião, é tarado em maior ou menor grau: sua anomalia se manifesta em geral por extravagâncias, por gestos ou palavras estranhos que chamam a atenção dos parentes ou dos vizinhos. A esse respeito, torno a insistir no que digo diariamente: a facilidade que teriam tais doentes em nos fazer notar seu caso. A profilaxia criminal não é apenas possível: é fácil.[11]

Quanto a Pierre Benoit, declarou ter conhecido Marguerite em circunstâncias pouco comuns:

A criminosa procurou-me várias vezes no escritório de meu editor [...] aonde ia regularmente na esperança de encontrar-me. Cheguei até mesmo a vê-la um dia. Trata-se certamente de uma exaltada. A infeliz dizia ser visada em várias de minhas obras, cujo assunto me fora sugerido, ela não cansava de afirmar, por madame Huguette Duflos. Talvez os golpes dirigidos à simpática atriz fossem destinados a mim.[12]

Fora com a publicação de *Koenigsmark* que Pierre Benoit, escritor da direita conservadora, tornara-se conhecido em 1918. Baseando seu método romanesco na fabricação em série de intrigas conformistas situadas em lugares exóticos ou em províncias francesas ditas "atrasadas", ele mantinha para cada livro uma situação idêntica e o mesmo número de páginas, e para cada heroína um prenome iniciado pela letra A.

Em 1919, ele atualizara, com *L'Atlantide* [A Atlântida], o famoso mito platônico, situando a intriga de seu romance no contexto da África colonial: queria mostrar que a busca fantasística de um deserto ilusório não era senão a ilustração do drama do homem moderno, incapaz de renunciar ao demônio corruptor encarnado pela *mulher* em todos os seus estados.[13] Assim, o virtuoso oficial do exército colonial sucumbia aos encantamentos de uma oriental satânica de nome Antinéia, verdadeira "Atlântida" de um Ocidente em perdição. Atraindo os viajantes perdidos a seu palácio de Hoggar, ela os cercava de malefícios e depois os transformava em múmias. Este era, pois, o escritor contra o qual Marguerite Pantaine dirigia suas acusações.

Quanto a Huguette Duflos, cujo verdadeiro nome era Hermance Hert, assemelhava-se fisicamente a Antinéia. Nascida em Túnis em 1891, e tendo estudado no Conservatório de Paris, era ao mesmo tempo integrante da Comédie-Française e célebre atriz do cinema mudo, no qual representava com perfeição o melodrama, dando a imagem de uma mulher altaneira, misteriosa, vulnerável e sensível. Vítima de sua celebridade, dois processos que moveu, um contra a Comédie-Française, outro contra o marido, deram o que falar à crônica social.

Durante toda a duração de seu delírio, Marguerite continuou a exprimir seu ódio contra a atriz. Pediu aos jornalistas que retificassem o julgamento feito a respeito dela própria, porque poderia prejudicar sua "futura carreira de escritora".[14] Também escreveu ao gerente de seu hotel e ao príncipe de Gales para queixar-se das atrizes e dos escritores que a perseguiam. Depois, quando o delírio cessou, chorou e tomou uma atitude contrária: disse então que Huguette Duflos não lhe queria mal e que ninguém a perseguia. A atriz não apresentou queixa, e todos demonstraram indulgência para com a desafortunada funcionária dos Correios.

Em 18 de junho de 1931, Jacques Lacan encontrou-a pela primeira vez. Logo se interessou pelo caso e redigiu uma nota no prontuário que imitava o grande estilo de Clérambault:

Psicose paranóica. Delírio recente que culminou em tentativa de homicídio. Temas aparentemente resolvidos após o ato. Estado oniróide. Interpretações significativas, extensivas e concêntricas, agrupadas em torno de uma idéia prevalente: ameaças a seu filho. Sistema passional: dever a cumprir em relação a este. Impulsos polimorfos ditados pela angústia: diligências junto a um escritor, junto à sua futura vítima. Execução urgente de escritos. Envio destes à Corte da Inglaterra. Escritos panfletários e bucólicos. Cafeinismo. Irregularidades de regime etc.[15]

A partir desse dia e durante um ano, Jacques Lacan e Marguerite Pantaine não mais se deixaram. Ao cabo de uma incrível investigação, o brilhante psiquiatra apropriou-se do destino dessa mulher para construir um "caso", no qual projetou não apenas sua própria representação da loucura feminina, mas também suas obsessões familiares e fantasísticas. Tomou de Marguerite os textos, as fotografias e toda a história de sua vida, com avidez feroz e sem jamais lhe restituir nada. Nesse sentido, houve entre eles uma distorção constante, uma frieza, uma hostilidade que nada pôde amenizar. Pois, se Lacan só se interessava por essa mulher para ilustrar sua doutrina da paranóia e redigir uma obra teórica que haveria de fazer dele o fundador de uma nova discursividade freudiana, ela sempre recusou o papel que ele queria fazê-la desempenhar. Mostrou-se rebelde em relação a ele e por toda a vida acusou-o de ter feito dela o objeto de um saber psiquiátrico cujo caráter repressivo ela rejeitava.[16]

A história dessa aventura incomum pode hoje ser contada graças aos testemunhos e aos documentos de que dispomos.

Uma primeira Marguerite Pantaine viera à luz em Mauriac, no Cantal, em 19 de outubro de 1885. Era filha de Jean-Baptiste Pantaine e de Jeanne Anna Donnadieu, casados em Chalvignac oito meses antes. Depois dessa Marguerite, Jeanne trouxera ao mundo duas outras filhas: Élise, em setembro de 1887, apelidada de Eugénie, ou Nène, e Maria, onze meses mais tarde. Em dezembro de 1890, uma tragédia se abateu sobre essa família camponesa: num domingo antes da missa, Marguerite ardeu como uma tocha diante dos olhos de sua irmã mais moça. Ela pusera um belo vestido de organdi e se aproximara demais do fogo da lareira. Logo após essa morte, Jeanne ficou grávida de novo. Em 12 de agosto de 1891, pariu uma criança natimorta. Onze meses mais tarde, em 4 de julho de 1892, nascia uma segunda Marguerite Pantaine, quinta da fratria, a mesma que conhecerá Lacan 39 anos mais tarde: ela levava o nome da irmã morta. "Não é por acaso", escreverá seu filho, "que minha mãe passou sua vida a multiplicar os meios de escapar ao fogo do inferno... Isto se chama padecer seu destino, um destino trágico."[17] Depois de Marguerite, Jeanne Donnadieu terá três filhos homens.

A infância de Marguerite transcorreu num ambiente campestre, segundo o ritmo das estações, dos trabalhos e dos dias. A vida rural favoreceu nela o gosto pelo devaneio e a solidão. Jeanne Donnadieu, a mãe, era tida um pouco por louca. Em suas relações com a comunidade aldeã, demonstrava grande vulnerabilidade. Suas inquietações tendiam a se transformar em suspeitas. Bastava, por exemplo, que uma vizinha a fizesse pensar na morte próxima de um animal doente para que se persuadisse de que a vizinha queria envenenar o animal. Tinha com freqüência a sensação de ser vigiada ou perseguida, interpretando cada sinal como uma vontade de prejudicar sua pessoa. Sendo a filha preferida, Marguerite obtinha vários privilégios e suscitava o ciúme das irmãs. Diante do pai e dos irmãos, ela adotava uma atitude viril e refratária para melhor contestar uma autoridade considerada tirânica.

Élise Pantaine, irmã de Marguerite, adquiriu o hábito de assumir os encargos domésticos à medida que a mãe se debilitava.

Contudo, em 1901, aos catorze anos, deixou a aldeia para tornar-se empregada de seu tio Guillaume, dono de uma mercearia na cidade. Em 1906, ele a tomou por esposa.

Como recebia excelentes notas na escola, Marguerite foi enviada pelos pais a cursar o ginásio. Queriam que se tornasse professora primária. Mas, longe de suas paisagens, ela sofreu uma decepção e acusou os professores leigos de abandonar os alunos. Marguerite aspirava à grandeza de uma moral religiosa.

Em 1910, foi morar na casa da irmã. Era então uma jovem de dezoito anos, de porte vigoroso, voluntariosa, inteligente, sensível e bela. Tinha acabado de interromper os estudos para ingressar na administração dos Correios, renunciando assim à carreira de professora. Na cidade, logo foi seduzida por um dom-juan local. "Essa aventura", escreve Lacan, "que contém os traços clássicos do entusiasmo e das cegueiras próprios da inocência, irá determinar seus afetos durante dois anos."[18] Apesar da transferência para uma aldeia distante, Marguerite continuou a amar o sedutor, que se tornou o único objeto de seus pensamentos. Enviou-lhe uma correspondência secreta, embora ocultasse das colegas seus estados de alma. A paixão durou três anos, até o amor converter-se em ódio. O sedutor passou a ser visto então como um homem que não merecia consideração.

Transferida para Melun, onde permanecerá até 1917, Marguerite teve uma nova paixão, feminina dessa vez, por uma funcionária dos Correios: a srta. C. de N. "Intrigante refinada", segundo Lacan, essa jovem provinha de família nobre, obrigada a trabalhar para sobreviver. Considerava com desprezo o ofício nos Correios e ditava a elegância entre as colegas.

Marguerite foi presa fácil para essa mulher que a encantava com histórias saídas diretamente de um imaginário bovariano. Foi de sua boca que ela ouviu falar pela primeira vez de Huguette Duflos e de Sarah Bernhardt: a primeira teria sido vizinha de uma das tias da elegante funcionária postal, a segunda teria conhecido a mãe desta num convento. Ao ouvir tais histórias, Marguerite começava a desprezar o universo feminino das funcionárias postais. Sonhava em ter acesso a um mundo superior povoado de idéias platônicas, de essência viril e porte romanesco. Quando decidiu intempestivamente desposar um colega dos Correios, a amiga incitou-a a despesas suntuárias. A influência dessa mulher durou quatro anos consecutivos. Depois, devido a um deslocamento administrativo, a "intrigante refinada" desapareceu da existência de Marguerite. As duas continuaram mantendo, porém, uma relação epistolar.

René Anzieu era filho de um padeiro de Sète. Órfão de pai e mãe aos doze anos de idade, rapidamente escalara os postos da administração dos Correios. Designado inspetor, gostava de andar de bicicleta e de reencontrar em toda parte a grande geografia das comunicações: mapas-múndi coloridos, vias marítimas e ferroviárias. Esportista e ponderado, pragmático e simples, oferecia as garantias de um belo equilíbrio moral: exatamente o contrário de Marguerite. Quando decidiu casar-se com ele, pensando ter chegado o momento em que a vida lhe impunha tal escolha, ela deparou com as prudentes objeções da família: sua comprovada lentidão, seu gosto extremo pelo devaneio, sua propensão à leitura tornavam-na, diziam, inapta para a vida conjugal. Apesar das advertências, os noivos seguiram em frente: fizeram-se confissões mútuas sobre o passado, e o casamento foi celebrado em 30 de outubro de 1917.

A despeito dos esforços de Marguerite para desincumbir-se das tarefas domésticas, o desentendimento não tardou a acontecer. René detestava toda atitude especulativa e suportava mal que a esposa passasse o tempo lendo livros e aprendendo línguas estrangeiras. Por seu lado, Marguerite acusava-o de não se interessar por ela. Utilizando as famosas confissões, cada um brandia contra o outro as armas de um ciúme de projeção. A frigidez sexual da mulher chocava-se contra a agressividade do marido, e a degradação logo se instalou no coração desse casal desarmônico. O comportamento de Marguerite tornava-se inquietante: ela ria de maneira intempestiva, caminhava de forma impulsiva e a toda hora lavava as mãos por receio de sujar-se.

Por essa época, Guillaume Pantaine morreu em conseqüência de um ferimento de guerra. Élise ficou viúva sem nenhuma esperança de maternidade: quatro anos antes, ela sofrera uma histerectomia total. Desocupada, refugiou-se na casa da irmã em Melun onde passou a dirigir as atividades domésticas, ocupando assim o lugar que deveria ser o de Marguerite junto a René. Despojada de um papel que não soubera desempenhar, Marguerite afastou-se ainda mais do marido e perdeu os meios de defender-se contra a própria patologia. Embora humilhada por essa irmã intrusa que vivia a censurá-la, deixou-se dominar por ela como já o fora pela intrigante dos Correios. Donde uma atitude ambivalente: ora media as qualidades de Élise pelo parâmetro da própria impotência, ora travava uma luta em silêncio contra a opressão da irmã. O resultado era desastroso.

Em julho de 1921, ela ficou grávida; mas o "feliz" acontecimento fez surgir em seu comportamento a mania de perseguição, acompanhada de estados melancólicos: "As conversas que suas colegas mantêm entre si", escreve Lacan, "parecem então visá-la, criticam suas ações de forma descortês, caluniam sua conduta e anunciam-lhe infortúnios. Na rua, os passantes cochicham contra ela e lhe fazem sinais de desprezo. Ela reconhece nos jornais alusões dirigidas contra ela".[19] A confusão acentuou-se gradativamente com o desenrolar da gravidez. Às perseguições diurnas vieram acrescentar-se agitações noturnas. De vez em quando, Marguerite sonhava com ataúdes; às vezes, levantava-se com a intenção de jogar um ferro de passar na cabeça de René. Um dia, furou a golpes de faca os pneus da bicicleta de um colega.

Em março de 1922, deu à luz uma criança do sexo feminino, morta ao nascer, asfixiada pelo cordão umbilical. Imediatamente, imputou esse acidente aos seus inimigos. E, como a antiga colega, a "intrigante refinada", se manifestasse ao telefone para saber das novidades, Marguerite acusou-a brutalmente de ser a responsável por sua infelicidade. Durante dias e dias, ela se fechou em si mesma, mergulhou no mutismo e rompeu com seus hábitos religiosos.

Grávida pela segunda vez, atravessou de novo um estado depressivo, mas, quando a criança afinal nasceu, em julho de 1923, demonstrou por ela um ardor apaixonado. Era um menino, a que se deu o nome de Didier. Assim como Marguerite viera ao mundo após uma criança natimorta, ela mesma concebida para substituir uma primeira Marguerite, assim também o filho da heroína via a luz após uma irmã morta ao nascer. Mais tarde, ele dirá:

> Essa irmã desaparecida, que havia marcado o primeiro fracasso de meus pais, permaneceu por muito tempo presente nos pensamentos e nas palavras deles. Eu era o segundo, que precisava ser vigiado e cuidado ainda mais para ficar protegido do destino infeliz que atingira a mais velha. Sofri com esse temor da repetição. Era preciso que eu sobrevivesse a qualquer custo, para que meus pais se sentissem justificados. Mas minha sobrevivência era, para eles, aleatória. A menor indigestão, a menor corrente de ar me ameaçavam. Isso me colocava numa situação difícil, bastante particular. Eu tinha de substituir uma morta.[20]

Durante meses, Marguerite fez do filho o único objeto de sua paixão, não deixando que nenhuma outra pessoa se aproximasse dele ou o amamentasse até os catorze meses. Ora o empanturrava de alimentos demasiado ricos, que ele era obrigado a vomitar, ora esquecia a hora da mamadeira. Para evitar que tivesse qualquer contato com o ar exterior, cobria-o com várias camadas de roupas, a ponto de ele guardar a impressão, quando adulto, de ter sido sufocado como um miolo de cebola sob inúmeras peles. Em relação às pessoas em volta, ela tornou-se briguenta e interpretativa, sempre suspeitando de ameaças. Um dia, durante um passeio, acusou motoristas de passarem demasiado perto do carrinho em que levava o menino, e um outro dia, esquecendo a presença dele, deixou que sorvesse o óleo sujo acumulado na roda do carrinho. Foi então que Élise, que se tornara a madrinha de Didier, resolveu tomar conta dele, encontrando na função materna uma compensação à impossível realização de seu próprio desejo de maternidade.

A partir daí, Marguerite sentiu-se estranha a seu próprio meio. Sonhando em viajar para a América, providenciou um passaporte com o nome de Peyrols e afastou-se da administração dos Correios.[21] Imaginava fazer fortuna em terras desconhecidas e tornar-se romancista. Apesar das imprecações de Élise e de René, recusou-se a renunciar a tais extravagâncias. Foi tomada então a decisão de interná-la numa clínica em Épinay.

Do fundo de seu enclausuramento, ela lançou um vigoroso protesto: "[...] Acabo me divertindo de verdade por ser sempre uma eterna vítima, uma eterna desconhecida, Virgem Santa, que história a minha! Vós a conheceis, todos a conhecem mais ou menos, caluniam-me tanto, e como sei por vossos livros que não amais a injustiça, peço-vos para fazerdes algo por mim".[22]

Durante a internação, Marguerite perdeu o contato com a realidade e mergulhou numa atitude megalomaníaca. Diagnosticada a princípio como delirante, com "fundo de debilidade mental, alucinações e delírio de perseguição", foi liberada ao cabo de seis meses a pedido da família. Repousou então por algum tempo, voltou a cuidar do filho e fez uma visita à srta. C. de N. com o objetivo de reparar, em seu foro interior, todo o mal que acreditava ter-lhe feito. Obviamente, a intrigante ignorava que havia desempenhado junto à colega o papel de perseguidora. Em agosto de 1925, Marguerite abandonou Melun e a família. Havia solicitado uma transferência para Paris a fim de ir ao encalço daqueles que, segundo ela, queriam destruir seu filho.

Logo adotou uma estranha maneira de viver: de um lado, o universo cotidiano das atividades de funcionária postal, no qual prevalecia a adaptação à realidade; de outro, uma existência imaginária, tecida de sonhos e delírios. Margem direita do Sena, Marguerite trabalhava na agência central da rua do Louvre; margem esquerda, morava na rua Saint-André-des-Arts, no hotel de la Nouvelle France. Assim que deixava o serviço, tornava-se uma intelectual, tomava aulas particulares, freqüentava as bibliotecas e os cafés. Apesar de toda essa energia, fracassará em várias provas.

Foi ao longo dessa existência, fundada sobre uma clivagem, que se elaborou seu delírio. Ouvindo falar um dia de Huguette

Duflos, Marguerite lembrou-se de uma antiga conversa com a "intrigante refinada": "Eu falei mal dela. Todos achavam que ela era nobre, distinta [...]. Protestei dizendo que era uma puta. Foi por isso que ela passou a me querer mal".[23]

Marguerite começou assim a imaginar que a atriz a estava perseguindo. E, como os jornais parisienses davam uma grande cobertura às disputas entre Huguette Duflos e a Comédie-Française, ela se indignou com a importância concedida pela imprensa à gente de teatro. Por duas vezes, foi contemplar a imagem de sua futura vítima: primeiro no teatro, onde esta interpretava o papel da grã-duquesa Aurora, numa versão de *Koenigsmark* adaptada do romance de Pierre Benoit, depois no cinema, no filme de Léonce Perret. Tratava-se de um lúgubre caso de assassinato ambientado num palácio gótico, com um cenário de brocados e lambris e corredores em *trompe-l'oeil*. O nome do escritor estava aqui associado ao da atriz.

Duas outras personalidades da cena parisiense foram tomadas por Marguerite como perseguidoras: Sarah Bernhardt e Colette. Ambas eram mulheres aduladas, reconhecidas e de vida luxuosa. Também eram a encarnação dolorosa de um ideal de liberdade duramente conquistado. Ideal com que Marguerite não cessava de identificar-se, sem que ela mesma obtivesse o menor êxito concreto: nem social, nem intelectual. A grande Sarah morrera em 1923. Juntamente com Zola, fora apaixonadamente dreyfusista e, no palco, estivera mil vezes sublime como o príncipe tuberculoso em *L'Aiglon* [drama de Edmond Rostand], ou como a heroína melancólica em *Théroigne de Méricourt* [de P. Hervieu]. Colette ainda vivia: estava no apogeu de sua carreira, havia publicado *Le blé en herbe* [O trigo ainda verde], pela primeira vez com sua assinatura. Aos 53 anos, causava escândalo por viver com um homem dezesseis anos mais moço, negociante de pérolas.

O delírio surgia ao acaso das leituras. Bastava que Marguerite abrisse um jornal para ver publicadas "alusões" à sua vida privada. Um triste caso, ocorrido em 1923, veio alimentar todas as suas fantasias de assassinatos e vingança. Philippe Daudet, o filho do escritor Pierre Benoit, havia disparado uma bala na cabeça após ter tentado persuadir amigos anarquistas a cometer um atentado contra seu pai. Não aceitando o suicídio do filho, o escritor acusara os anarquistas de tê-lo assassinado. Transpondo a seu modo a polêmica, Marguerite acreditava que a morte de seu filho Didier estava sendo tramada por agentes da GPU [polícia secreta soviética].[24]

Já no primeiro ano de sua estada em Paris, Marguerite fez de tudo para obter uma entrevista com Pierre Benoit, chegando até mesmo a se apresentar várias vezes à porta de uma livraria que ele freqüentava. Quando o abordou para criticá-lo por expor em público sua vida privada, ele a tomou por uma mulher misteriosa e impertinente. Impressionado, levou-a a passear pelo Bois enquanto ela lhe contava ter se reconhecido em Alberte, a heroína de seu último livro. Convém dizer que a literatura desse acadêmico parecia feita sob medida para alimentar a loucura dessa leitora fora do comum. *Alberte* narrava a história de uma mãe que se amasiara com o genro, o qual havia matado a mulher por meio de um atentado. Após dez anos de vida agitada, a mãe indigna descobre o crime e se entrega à Justiça, denunciando o assassino da filha. Nesse caso escabroso, Marguerite acreditava contemplar a gênese de seu próprio destino: "Eu era ao mesmo tempo essa mãe e essa filha", dirá a Lacan.[25]

Neste trecho do relato, como não pensar na história de Marie-Félicité Lefebvre, comentada por Marie Bonaparte no primeiro número da *RFP*?[26] Lacan não esquecerá de mencionar o caso com admiração.

Em agosto de 1923, Marie-Félicité havia disparado um tiro de pistola contra a nora grávida. Julgada responsável por seus atos pelo tribunal de Douai, onde quase foi linchada pela multidão, foi condenada à morte. Em nome da psicanálise, Marie Bonaparte interveio corajosamente para mostrar a significação delirante desse crime, que atualizava, inconscientemente, um desejo de morte que a assassina tivera outrora em relação à própria mãe.

No romance de Pierre Benoit, o marido criminoso deitava-se com a sogra e, no caso da sra. Lefebvre, a mãe tornava-se criminosa por ódio à própria mãe e para impedir que seu filho trouxesse ao mundo um novo descendente. As duas histórias punham em cena um trio infernal em que o lugar das mães e das filhas era intercambiável, em que a filha era sempre vítima, em que o filho era ou um marido assassino, ou um esposo passivo.

Marguerite não fazia alusão à história de Marie-Félicité Lefebvre, da qual a imprensa se ocupava naqueles anos. A leitura de *Alberte*, o encontro com Benoit, as maneiras de viver de Colette e as disputas de Huguette Duflos na Justiça eram suficientes para alimentar seu delírio. Ela chamava o acadêmico de Robespierre, personagem detestada, e cumulava de injúrias jornalistas, artistas e poetas, responsáveis, segundo Marguerite, pelo bolchevismo, a guerra, a miséria e a corrupção. Contra eles, partia em cruzada para restaurar um ideal de fraternidade entre os povos, reclamando também a proteção do príncipe de Gales, a quem enviava poemas e cartas anônimas. Aconselhava-o a precaver-se dos complôs fomentados contra ele pelos revolucionários e "impressos em itálico" nos jornais. As paredes de seu quarto eram cobertas de recortes de imprensa que contavam a vida e as viagens do príncipe, objeto de sua erotomania.

Seu antibolchevismo não a impediu de assediar um jornalista comunista para obter a publicação de artigos contra Colette, em que seriam expostos publicamente suas reivindicações e seus agravos. Ao mesmo tempo, apresentou queixa na delegacia do bairro contra Pierre Benoit e a editora Flammarion. Depois, para dedicar-se melhor à carreira de escritora, renunciou a passar férias com a família. Julgando-se investida de uma missão, passou a abordar ao acaso transeuntes na rua para contar-lhes histórias extravagantes. Muitas vezes esteve em quartos de hotel com indivíduos pouco escrupulosos, dos quais conseguia escapar na hora exata.

Em agosto de 1930, oito meses antes do atentado, redigiu dois romances, um após o outro, e mandou datilografá-los. O primeiro, intitulado *Le détracteur* [O detrator], era dedicado ao príncipe de Gales e narrava um idílio campestre cuja cronologia baseava-se na sucessão das estações. Usando um vocabulário regionalista, Marguerite deixava-se arrebatar por efusões rousseaunísticas sobre os benefícios do estado de natureza. A vida do campo era idealizada em detrimento da existência urbana, fonte de corrupção e decadência. O herói, de nome David, era um jovem camponês cuja mãe morrera após ter ingerido "água turva". Ele era apaixonado por uma certa Aimée, que é assim descrita:

> Aimée trabalha como uma verdadeira colona. Sabe *desfiar* velhos tecidos, *desamarrotar* uma montanha de roupa suja após a colheita, conhece o melhor queijo do *cincho*, não pega uma galinha poedeira para matar, pesa os *punhados* de grãos, faz feixes de ramagem para os animais delicados no inverno, prepara o frango desfiado para as crianças, confecciona para elas figuras de miçangas, de papelão, de massas, crocantes ou tufadas, serve uma refeição fina nas ocasiões solenes, trutas de torrente ao molho branco, castanhas no frumento e carne ao molho de vinho e cebolas.[27]

Durante o verão chegam à aldeia uma cortesã e um desconhecido, que semeiam a discórdia na família de Aimée. A mulher "tinha o rosto pintado como uma roseira de outono com rosas demasiado vivas para seus ramos negros e desfolhados". Calçava "sapatos que não serviam para caminhar", e parecia "um museu, uma coleção de modelos inéditos ou excêntricos em que o grotesco domina". O casal infernal logo espalha seus malefícios pela aldeia por meio de fuxicos, complôs e alianças. No outono, o infortúnio invade o lar da jovem Aimée. Os irmãos e irmãs definham, a mãe adoece, e os sarcasmos se abatem sobre ela, que se refugia então no sonho. Na estrada, vê passar, com inveja, uma família feliz: o marido altivo, a mulher com uma criança no colo, que lhe sorri. Quando chega o inverno, os estranhos vão embora. O romance termina com a morte de Aimée e o desespero de sua mãe.

Essa história punha em cena as personagens significantes da loucura de Marguerite: uma heroína com mania de amor e com um prenome característico das histórias de Pierre Benoit, uma cortesã em quem se reconhecia a mulher célebre, infame e adulada, um detrator que conspirava e uma família destruída pelo casal maldito.

O segundo romance, intitulado *Sauf votre respect* [Com o devido respeito], era igualmente dedicado ao príncipe de Gales. Contava a mesma história de maneira invertida. Dessa vez, a heroína não permanecia no campo para ali morrer vítima dos invasores da cidade. Pegava seu punhal e sua capa, montava num cavalo e partia à conquista de Paris e da Academia. Como um índio, assistia aos espetáculos de uma civilização corrompida, depois enfrentava o Flibusteiro, seu principal perseguidor, cognominado de "Durão, o incorruptível", que controlava a guilhotina: "Ele não bebe, não come, não tem mulheres, matou milhares de pessoas como um covarde, o sangue corre desde a praça do Trono até a Bastilha. Foi preciso Bonaparte apontar seus canhões contra Paris para deter a carnificina".[28] Após percorrer as ruelas escuras desse inferno urbano, povoado de comunistas e de guilhotinadores, a heroína passava a atacar a República, os escritores e os saltimbancos, acusados de querer "matá-la em efígie". Contra eles, fazia a apologia da Monarquia, criticava a religião e explicava os milagres em termos de sugestão:

> Os milagres não acontecem com todos os cristãos. Mas é difícil explicar-vos esta verdade evidente que a medicina reconhece; certamente ides com tal emoção a vosso ídolo, que ela vos influencia a ponto de vos fazer esquecer os sofrimentos e vos dar um novo vigor [...]. Certamente já vos aconteceu ficar curado de uma enxaqueca porque uma amiga vos conta uma história engraçada, e, se medis a extensão das emoções pela grandeza do sentimento, estais em presença do milagre..."[29]

No final da narrativa, a jovem camponesa retornava a suas fontes e a seu aprisco, em meio a uma família idílica.

Em 13 de setembro de 1930, Marguerite entregou um manuscrito na sede da editora Flammarion, assinado com seu nome de solteira. Dois meses mais tarde, a comissão de leitura deu um parecer desfavorável à publicação da obra. Quando Marguerite recebeu a notícia, exigiu um encontro com o secretário-geral da editora. Ocupado com outras tarefas, este pediu ao diretor literário que recebesse a autora. Marguerite brandiu então a carta da comissão, exigindo que lhe revelassem o nome da pessoa responsável. Como seu interlocutor se esquivasse, investiu contra ele tentando estrangulá-lo aos gritos de "bando de assassinos, bando de acadêmicos!".[30]

Expulsa com escarcéu, ela não suportou que todas as suas esperanças fossem achincalhadas. Durante o longo período de errância que culminará no gesto criminoso de abril de 1931, sentiu crescer dentro de si um violento desejo de vingança. Pediu ao gerente de seu hotel que lhe emprestasse um revólver e, diante da recusa, solicitou uma bengala para "assustar aquela gente" (os editores). Numa última tentativa, buscou a proteção do príncipe de Gales, enviando-lhe os dois romances e cartas assinadas com seu nome.

Todos os dias voltava a Melun para vigiar o filho, temendo um atentado. No mês de janeiro, anunciou à irmã a intenção de divorciar-se. Acusou o marido de maltratá-la e de bater no filho. Em março, comprou um facão na fábrica de armas de Saint-Étienne, situada na praça Coquillière. No dia 17 de abril, o secretário particular do palácio de Buckingham devolveu-lhe as cartas e os romances, acompanhados da fórmula protocolar, que ela lerá no fundo de sua cela da prisão de mulheres: "The Private Secretary is returning the typed manuscripts which Madame A. has been good enough to send, as it is contrary to Their Majesties' rule to accept presents from those with whom their are not personally acquainted" [A Secretaria Particular está devolvendo os manuscritos datilografados gentilmente enviados por madame A., por ser contrário ao protocolo de Suas Majestades aceitar presentes de pessoas que não conheçam pessoalmente].[31]

2. ELOGIO DA PARANÓIA

No hospital sainte-anne, durante um ano, Lacan utilizou todos os meios à disposição para construir um caso de paranóia de autopunição, mais próximo de suas preocupações doutrinais que do verdadeiro destino de Marguerite Pantaine. Essa mulher, que malograra em seu crime, apresentava sinais reais de paranóia e, sem dúvida nenhuma, era ao mesmo tempo perseguida, megalômana e mística. Nada prova, porém, que essa paranóia tenha sido tão elaborada e organizada como afirma Lacan. No entanto, ele é que acabará por impor à posteridade a história de um caso que se tornou mais verdadeiro que o destino de uma mulher caída no anonimato da psiquiatria asilar e cuja própria personagem permanecerá letra morta.

Diante de Marguerite, Lacan passou facilmente da clínica psiquiátrica à pesquisa sociológica e da investigação psicanalítica ao exame médico, sem jamais buscar escutar outra verdade senão a que confirmava suas hipóteses. Dissimulou a identidade da paciente sob o nome de Aimée, inspirando-se assim no romance que ela não havia conseguido publicar; fez dela uma funcionária dos serviços ferroviários e designou por iniciais as pessoas e os lugares que diziam respeito à sua vida. Enfim, modificou certos acontecimentos ao ponto de ser difícil, ainda hoje, separar as deformações intencionais dos erros reais. Foi ao amigo Guillaume de Tarde, filho do sociólogo, que ele solicitou um parecer grafológico da escrita da paciente. Tarde notou o senso artístico, a cultura, o infantilismo, a angústia, a agitação e a reivindicação. Em nenhum instante assinalou a presença de psicose.[1]

Para definir a natureza do fenômeno paranóico, Lacan propunha cinco noções: a personalidade, a psicogenia, o processo, a discordância, o paralelismo. Sem citar o nome de Georges Politzer, inspirava-se nos trabalhos dele sobre a psicologia concreta e especialmente em *La critique des fondements de la psychologie* [Crítica dos fundamentos da psicologia], publicada em 1928.[2] Mas era de Ramón Fernandez que tomava o termo *personalidade*,[3] para fazê-lo funcionar segundo três eixos. O *desenvolvimento biográfico* traduzia a maneira pela qual o sujeito vivia sua história; a *concepção de si mesmo* assinalava a forma como ele levava à consciência imagens de si próprio; a *tensão das relações sociais* exprimia o valor representativo pelo qual se sentia afetado em relação a outrem.[4]

Por essa definição, Lacan inaugurava, à maneira de Freud, um modo de pensamento tópico que se manifestará ao longo de toda a sua trajetória intelectual. Em 1932, o sujeito, para ele, não era senão a soma das representações conscientes e inconscientes empregadas dialeticamente numa relação com outrem e com a sociedade: um sujeito, no sentido da fenomenologia psiquiátrica. Quanto à personalidade, era dotada de uma organização específica que corrigia o ponto de vista fenomenológico. Referindo-se ao trabalho crítico de Henri Ey a respeito do automatismo mental, Lacan chamava de *psicogenia* essa organização. O emprego desse termo não era anódino. Se preferia *psicogenia* em vez de *psicogênese* era porque a palavra afastava-se ainda mais do constitucionalismo: com efeito, não remetia a nenhuma organogênese, não supunha nenhum funcionamento estático e integrava a idéia do dinamismo.

Para que o sintoma fosse de natureza "psicogênica", três condições eram necessárias: o *acontecimento causal* devia ser determinado em função da história do sujeito; o *sintoma* devia refletir um estado da história psíquica do referido sujeito; o *tratamento* devia depender de uma modificação da situação vital desse mesmo sujeito. Sem rejeitar a causalidade orgânica, Lacan sublinhava que esta se dispunha fora das categorias da psicogenia. Assim, ele recusava ao mesmo tempo a tese de Sérieux e Capgras segundo a qual haveria um *núcleo* da convicção delirante, a de Clérambault sobre a síndrome de automatismo mental, e a de Ernest Dupré sobre os quatro pontos cardeais da construção paranóica. Dessa perspectiva, a etiologia da paranóia e da psicose em geral dependia de uma história concreta do sujeito em suas relações com o mundo, mesmo quando interviesse, eventualmente, uma sintomatologia de origem orgânica.

Essa abordagem situava-se na linha dos trabalhos de Eugène Minkowski, elogiosamente citado por Lacan. Membro fundador do grupo da Evolução Psiquiátrica,[5] ele havia introduzido, no saber psiquiátrico francês pós-Primeira Guerra, as concepções fenomenológicas oriundas das pesquisas de Edmund Husserl e de Ludwig Binswanger. Já em 1923, a propósito de um caso de melancolia, recorrera a uma doutrina totalizante da doença mental centrada na história existencial do sujeito em sua relação com o tempo, com o espaço e com outrem, pondo em cena uma noção de alteração da relação do homem com o mundo, na qual a estrutura era identificada não a uma construção de tipo estático, mas a um dinamismo.

Lacan convocava portanto essa terminologia para dela se afastar em seguida, preferindo a de Karl Jaspers, da qual tomava a noção de *processo*. A tradução de *Psicopatologia geral* fora muito comentada em 1928. Paul Nizan e Jean-Paul Sartre, ambos alunos da Escola Normal Superior da rua d'Ulm, haviam participado da preparação do texto em francês.[6]

Nessa importante obra, publicada em Heidelberg em 1913, Jaspers construía um instrumento capaz de ordenar o pensamento psiquiátrico a partir de uma clínica diferencial das psicoses. Para tanto, distinguia as *práticas do sentido* e as *ciências da causa*. As primeiras são do domínio da simples compreensão (*Verstehen*), as segundas pertencem ao campo do explicável (*Erklärung*). No primeiro caso, um estado depende de um outro ao qual sucede: o amante torna-se ciumento por reação, se foi enganado; um candidato se entristece se não passar no exame e, ao contrário, se alegra se for aprovado. Já no segundo caso, há algo *incompreensível*. E, para compreender, é preciso recorrer a uma outra lógica que não a da evidência reativa. As vozes ouvidas por um alucinado, as perseguições imaginadas por um paranóico pertencem, pois, ao domínio do explicável por encadeamento causal. Donde a noção de *processo*: ela implica uma mudança na vida psíquica, ela escapa à relação de compreensão na medida em que explica de maneira racional o não-senso específico do delírio.[7]

É fácil imaginar o benefício tirado por Lacan de tal noção em sua construção de uma ciência da personalidade. Graças a ela, estava em condições de privilegiar uma lógica formal da causalidade em detrimento de uma simples compreensão do sentido. No entanto, como assinala François Leguil, ele propunha uma "utilização enviesada" da obra de Jaspers.[8] Tendo já assimilado os grandes princípios da descoberta freudiana, não tinha necessidade de estabelecer dicotomia entre o compreensível e o explicável. Sabia que ambos estavam em parte ligados. Por isso elaborava uma teoria das "três causas" que, sem ser estritamente freudiana, mesmo assim distanciava-se bastante da ótica jaspersiana. Em todo o caso, ela transgredia a questão da dicotomia. Voltaremos a esse ponto.

Resta saber então por que Lacan mobilizava com tanta energia trabalhos sobre os quais pretendia apoiar-se, no momento mesmo em que deles se afastava para conservar-lhes apenas um esqueleto.

De fato, Lacan agia com Jaspers da mesma forma que agia com a maior parte dos autores nos quais se inspirava. Cada empréstimo conceitual, cada referência a uma noção, cada olhar sobre uma doutrina serviam sempre para que se deslocasse a outra parte, para que desempenhasse ao mesmo tempo o papel de destruidor de valores antigos, de herdeiro de uma longa tradição de antepassados e de iniciador solitário de uma nova ciência. Inapreensível fênix, mobilizava sempre o classicismo contra o modernismo, a subversão contra a genealogia, para logo metamorfosear-se em adversário de suas próprias teses, ao sabor de um estilo barroco em que a dialética da presença e da ausência encadeava-se à lógica do deslocamento e do contorno.

Nesse aspecto, a fascinação por Marguerite tinha a ver, ela também, com um jogo de esconde-esconde. Descendente de uma longa linhagem de negociantes de tecidos, vinagres e condimentos, Lacan havia rejeitado o comércio, sonhando com a glória e o poder intelectual. Com isso, a vontade de ser bem-sucedido foi, para ele, o significante maior de um desejo bovariano de mudar de identidade.

E Marguerite era como um duplo dele mesmo: menos rica e mais ligada à terra, originava-se no entanto da mesma França profunda. Ela aspirava ao mesmo êxito intelectual, à mesma celebridade. E se, em 1931, Lacan fustigava os homens paranóicos para melhor devolvê-los ao inferno da desrazão, dava meia-volta um ano mais tarde ao contato de uma mulher autodidata e solitária cujo destino poderia ter sido o seu se, em vez de seguir uma carreira médica, tivesse se entregado à errância e ao delírio. Certamente era preciso que a paranóia fosse feminina para que o filho de Alfred pudesse contemplar, no espelho que Aimée lhe estendia, uma imagem invertida de seu próprio universo familiar: um universo de normalidade em que não obstante reinava, sob o emblema do amor cotidiano, o desmesurado dissimulado em uma loucura de longa duração. E será pensando tanto na paixão criminosa de Aimée quanto no enclausuramento de seu irmão que Lacan escreverá estas linhas:

> A sociedade moderna deixa o indivíduo num isolamento moral cruel e muito particularmente sensível nessas funções das quais a situação intermediária e ambígua pode ser, por ela mesma, a fonte de conflitos internos permanentes. Outros além de nós sublinharam o importante contingente trazido à paranóia por aqueles chamados, com um nome injustamente pejorativo, de primários: professores e professoras primárias, governantas, mulheres realizando tarefas intelectuais subalternas, autodidatas de toda espécie [...]. Por isso parece-nos que esse tipo de sujeito deve encontrar o maior benefício na integração, conforme a suas capacidades intelectuais, em uma comunidade de natureza religiosa. Aí ele encontrará também uma satisfação, submetida a regras, de suas tendências autopunitivas. Na falta dessa solução ideal, qualquer comunidade que tenda a satisfazer mais ou menos

completamente as mesmas condições — exército, comunidades políticas e sociais, militantes, sociedades de beneficência, de emulação moral, ou sociedades de pensamento — se beneficiará das mesmas indicações. Sabe-se, por outro lado, que as tendências homossexuais recalcadas encontram nessas expansões sociais uma satisfação que será tanto mais perfeita quanto mais sublimada e mais garantida, ao mesmo tempo, contra qualquer revelação consciente.[9]

A exposição do caso Aimée servia de pivô e de ilustração ao conjunto doutrinal enunciado na primeira parte da tese. Ao abordá-lo, Lacan passava do domínio da psiquiatria para o da psicanálise. A partir de então, era a Freud e a seus discípulos que ele solicitava conceitos clínicos, e era à filosofia que se referia para a base teórica de seu procedimento. Mostrava, primeiro, que a significação inconsciente do motivo paranóico aparecia num mecanismo de delírio a dois, no qual a irmã mais velha substituía a mãe; depois, que a paranóia de Marguerite surgia no momento da perda do primeiro filho; e, por fim, que a erotomania estava ligada à homossexualidade.

Por um lado, Aimée interessava-se pelas mulheres célebres porque estas representavam seu ideal do eu; por outro, apaixonava-se ao mesmo tempo pelo príncipe de Gales para satisfazer sua rejeição das relações heterossexuais e para desconhecer as pulsões experimentadas em relação a seu próprio sexo. Ao atacar a atriz, ela atacava portanto seu próprio ideal. Segundo Lacan:

Mas o objeto que ela ataca só tem um valor de puro símbolo, e com esse gesto ela não experimenta nenhum alívio. Entretanto, com o mesmo golpe que a torna culpada perante a lei, Aimée feriu a si mesma e, quando compreende isso, experimenta então a satisfação do desejo realizado: o desejo, tornado inútil, se desvanece. A natureza da cura demonstra, ao que nos parece, a natureza da doença.[10]

Se Aimée fere a si mesma e realiza assim seu próprio castigo é porque transforma sua reivindicação paranóica em uma paranóia de *autopunição*. E Lacan fazia desse mecanismo um verdadeiro protótipo, a ponto de querer acrescentar "uma entidade nova à nosologia já tão carregada da psiquiatria".[11]

Aplicando esse procedimento à história de Marguerite, Lacan retomava a teoria das "três causas". A *causa eficiente* da psicose de Aimée residia, a seu ver, no conflito moral com a irmã. Ela determinava a estrutura e a permanência do sintoma e traduzia-se por uma fixação da personalidade no estádio do complexo fraterno. A isso acrescentavam-se a *causa ocasional*, que provocava uma modificação na organização do sujeito, e a *causa específica*, que era a tendência concreta e reativa. No caso de Aimée, tratava-se da pulsão autopunitiva. Com a teoria das três causas, Lacan recusava toda idéia de que houvesse uma origem única da psicose. Acentuava, ao contrário, a noção de determinação múltipla.[12]

Se não há causa única, também não há essência da doença, já que a natureza desta é demonstrada pela natureza da cura. Dito de outro modo, a loucura depende de uma existência e portanto de um materialismo, inclusive de um "materialismo histórico". Lacan privilegiava assim a história da personalidade: nesse quadro, a paranóia aparecia como um remanejamento desta, como uma mutação do eu ou ainda como um *hiato* entre uma situação anterior e a eclosão do delírio. Quanto à paranóia de autopunição, ela apresentava a particularidade de ser tratável: em conseqüência, se essa forma de psicose era suscetível de cura, por que não reatualizar a grande idéia da tratabilidade e da prevenção da loucura, proposta às vésperas da Revolução Francesa por Philippe Pinel e depois abandonada por seus herdeiros com a gradativa consolidação do manicômio e a crença na organicidade?

Lacan não avançava nesse terreno. Hostil aos enciclopedistas e ao espírito das Luzes, jamais elogiava os méritos do tratamento moral. Achava que a loucura inscrevia-se no coração do homem como uma rede de causas múltiplas, mas não acreditava na idéia de que haveria nela um resto de razão e, nesse resto, um progresso sempre possível de uma em relação à outra. Na realidade, abordava o continente da loucura a partir da revolução freudiana e do primado do inconsciente. E, como essa revolução resolvia a questão contraditória da relação entre liberdade e alienação — o homem é livre mas não é senhor em sua própria casa —, ele recusava o conjunto dos preconceitos filosóficos que, a seu ver, dominavam a história da medicina. Assim não dava ganho de causa nem ao *vitalismo*, que teorizava um princípio "vital" entre o corpo e a alma, nem ao *mecanicismo*, que reduzia a vida a um jogo de forças em movimento. Para além de Pinel, Asclepíades, Galeno e sobretudo Esquirol, que ele via como o "padrasto" (mau pai) da psiquiatria, Lacan invocava Hipócrates como o verdadeiro iniciador da observação psiquiátrica.[13]

E, para insultar veladamente os psicólogos e os organicistas de todos os matizes, não hesitava em saltar por cima de 23 séculos e fazer-se o herdeiro direto e legítimo do "deus" da medicina: deus grego, de preferência. Mas, como era preciso deixar o Olimpo pela arena do mundo inferior e comum, preconizava um tratamento adaptado à natureza da doença. Prudentemente, abandonava portanto a posição repressiva que adotara quando era ainda o adepto de Clérambault, e fazia o elogio do tratamento psicanalítico, da profilaxia e da tolerância. Em suma, voltava a juntar-se, contra sua vontade, à grande corrente do alienismo das Luzes e da psiquiatria dinâmica, representada na França pela escola de Claude e pelos fundadores do grupo da EP e da SPP.

Entretanto, não se colocava no mesmo terreno epistemológico. Antes dele, a primeira geração psiquiátrico-psicanalítica francesa havia introduzido a doutrina vienense no quadro de um saber psiquiátrico resultante da refundição da teoria da hereditariedade-degenerescência; portanto, ela havia modificado esse saber pela *integração* daquela a este. Ora, pela primeira vez na história do movimento francês, Lacan invertia esse processo e fazia emergir um encontro inédito entre o dinamismo e o freudismo: um encontro de segundo tipo.[14] Ele não apenas se recusava a integrar a psicanálise à psiquiatria, como também mostrava a necessidade absoluta de fazer sobressair o inconsciente freudiano em toda elaboração nosográfica oriunda da psiquiatria.

Além disso, não hesitava em valorizar o pensamento filosófico e psiquiátrico alemão em detrimento do francês. Tornava-se portanto o porta-voz dos homens de sua geração para os quais o chauvinismo dos mais velhos e sua reivindicação de uma pretensa latinidade deviam ser varridos em benefício de um procedimento realmente científico. Com essa dupla perspectiva — primado do inconsciente freudiano e antichauvinismo —, Lacan juntava-se às posições adotadas pelos surrealistas em sua apreensão da doutrina vienense. Assim, ele era o primeiro pensador da segunda geração psiquiátrico-psicanalítica francesa a operar uma síntese entre as duas grandes vias de penetração do freudismo nesse país.

Todavia, no momento mesmo em que procedia a essa inversão inaugural que faria dele um mestre fundador, Lacan utilizava uma terminologia freudiana conforme à ortodoxia reinante:

O problema terapêutico das psicoses parece-nos tornar mais necessária uma *psicanálise do eu* do que uma psicanálise do inconsciente; vale dizer que é num melhor estudo das *resistências* do sujeito e numa experiência nova de sua *manobra* que ele deverá encontrar soluções técnicas. Essas soluções, não faremos queixa de sua demora em uma técnica que está apenas no começo. Nossa impotência profunda em qualquer outra psicoterapia dirigida não nos dá nenhum direito a isso.[15]

Se Lacan concedia aqui tal privilégio à análise do eu e das resistências em detrimento da exploração do inconsciente, é porque continuava tributário, nessa época, de uma representação do freudismo centrada numa certa leitura da segunda tópica. Duas interpretações desta eram possíveis a partir de 1920: uma visava reatualizar o primado da determinação inconsciente sobre o sujeito (o *isso* mais "forte" que o *eu*), a outra tendia, ao contrário, a atribuir um lugar preponderante ao eu. Ora, no entreguerras, essa segunda leitura se impôs no interior da IPA, na medida em que facilitava o estabelecimento de regras técnicas chamadas "standard", necessárias à formação dos psicanalistas.[16] E é por intermédio dela que Lacan descobre, se não a doutrina freudiana, pelo menos a prática psicanalítica.

Havia, pois, uma defasagem entre o avanço teórico que ele efetuava no terreno do saber psiquiátrico e a terminologia que empregava para pensar esse avanço. Tudo se passava nessa época como se Lacan não conseguisse conciliar sua refundição freudiana do campo da psiquiatria com uma leitura adequada da segunda tópica. Sua entrada em análise no divã de Loewenstein, em junho de 1932, certamente não era alheia à existência de tal defasagem.

A verdade é que Lacan sentiu um grande mal-estar por não ter podido praticar com Aimée uma análise freudiana: "Notemos, para encerrar", escrevia ele, "que, se a psicanálise não foi praticada com nossa doente, essa omissão, que não se deve à nossa vontade, delimita ao mesmo tempo o alcance e o valor de nosso trabalho".[17] Lacan havia começado a ocupar-se de Marguerite em junho de 1931, ou seja, um ano antes de sua própria entrada em análise. Que ele tenha sentido necessidade de fazer constar essa omissão e de sublinhar que não era responsável por ela, mostra bem o lugar que ocupa a tese em seu itinerário: ela é *ainda* uma obra de psiquiatria, embora sendo *já* um texto psicanalítico. Sabemos hoje, graças ao posfácio redigido por Didier Anzieu ao livro de Jean Allouch sobre a história de Marguerite, que foi ela que se recusou a ser analisada por Lacan: "Quando a examinou", escreve Anzieu, "ao longo de uma série de entrevistas, Lacan ainda não era formado em psicanálise e não empreendeu com sua doente um trabalho psicoterápico que minha mãe, aliás, teria recusado: diversas vezes ela repetiu à minha mulher e a mim mesmo que achava Lacan demasiado sedutor e demasiado bufão para confiar nele".[18]

3. LEITURA DE SPINOZA

NA PRIMEIRA PÁGINA DE SUA TESE, Lacan cuidava de citar em latim a proposição 57 do livro III da *Ética* de Spinoza: "Quilibet unius cujusque individui affectus ab affectu alterius tantum discrepat, quantum essentia unius ab essentia alterius differt". Retornava a ela no final da obra para traduzi-la e comentá-la a seu modo. "Tudo se passa, portanto", escreve Robert Misrahi, "como se a tese de Lacan estivesse inteiramente colocada sob o signo de Spinoza e como se a doutrina proposta por Lacan fosse inspirada pelo mesmo espírito que a obra de Spinoza."[1]

Lacan, de fato, apresentava o spinozismo como a única doutrina suscetível de justificar uma ciência da personalidade, e por isso invocava a noção de *paralelismo* que aparece no livro II da *Ética*: "A ordem e o encadeamento das idéias é o mesmo que a ordem e o encadeamento das coisas [...] e assim, quer concebamos a natureza sob o atributo da Extensão ou sob o atributo do Pensamento, ou sob qualquer outro atributo, encontraremos uma mesma e única ordem, dito de outro modo, um mesmo e único encadeamento das causas, isto é, as mesmas coisas seguindo-se uma à outra". Será que Lacan se lembrava aqui dos mapas e das setas coloridas que afixava na parede de seu quarto no apartamento do bulevar Beaumarchais? Em 1932, a noção spinoziana servia-lhe para combater uma outra concepção do paralelismo que se impusera na França desde os trabalhos de Hippolyte Taine sobre a inteligência e ao longo da grande saga da hereditariedade-degenerescência. Para explicar a união da alma e do corpo, Spinoza propunha a idéia de que só há realmente paralelismo se houver, não correspondência entre corpos e processos somáticos, mas *união* entre o mental e o físico segundo uma relação de *tradução*. Esse verdadeiro paralelismo nada tinha a ver com o paralelismo psicofísico em vigor no campo psiquiátrico, o qual estabelecia uma relação de determinação entre fenômenos físicos e fatos psíquicos. Tal paralelismo levava a considerar a personalidade seja sob o ângulo de um automatismo mental (hereditarismo, constitucionalismo), seja sob o aspecto de um dualismo (fenomenologia). Segundo a ótica lacaniana, a personalidade não era "paralela aos processos da neuraxe, nem mesmo apenas ao conjunto dos processos somáticos do indivíduo, ela era *na totalidade constituída pelo indivíduo e por seu meio ambiente próprio*. Tal concepção do paralelismo deve aliás ser reconhecida como a única digna desse nome, se não esquecermos que essa é sua forma primitiva e que ela foi expressa primeiramente pela doutrina spinoziana".[2]

Em referência à proposição 7 do livro II da *Ética*, Lacan pensava portanto a personalidade como o atributo de uma substância única, que seria a existência do indivíduo enquanto existência social constituída por uma rede de comportamentos múltiplos. O fenômeno mental não seria senão um elemento entre outros.[3] Nem fenomenológica, nem ontológica, nem constitucionalista: tal era, pela negativa, a concepção spinozista de Lacan em 1932. Ela se ligava a um monismo, a um materialismo e a uma antropologia histórica que seria acolhida com tanto maior fervor pela jovem guarda psiquiátrica, pelos surrealistas e pelos comunistas, na medida que situava a paranóia — e a loucura em geral — não mais como um fenômeno deficitário decorrente de uma anomalia, mas como uma diferença ou uma *discordância* em relação a uma personalidade normal.[4]

Introduzido na França pelo grande alienista Philippe Chaslin, o termo *discordância* designava uma desarmonia entre sintomas que pareciam independentes uns dos outros antes de serem reunidos numa demência confirmada. Chaslin classificava entre as loucuras ditas "discordantes" a hebefrenia, a loucura paranóide e a loucura discordante verbal.[5] De fato, a palavra traduzia uma idéia de *esquize* e de *dissociação* presente, na mesma época, na terminologia alemã: em Bleuler, de um lado, e em Freud, de outro. Essa idéia estava na origem da criação, em 1911, da palavra *esquizofrenia*. Em grego, *esquize* quer dizer ruptura; em alemão, dissociação se traduz por *Spaltung*. Nos trabalhos do final do século XIX já se colocava o problema da coexistência, no interior do psiquismo, de dois grupos de fenômenos, e até mesmo de duas personalidades que convivem ignorando-se mutuamente: donde as noções de dupla consciência, de desdobramento da personalidade, de impressão de estranheza.

A partir desse solo fértil, os conceitos psicanalíticos foram construídos paralelamente aos da psiquiatria, às vezes ao preço de um perigoso imbróglio. Para Bleuler, a *Spaltung* era um distúrbio das associações que regem o curso do pensamento: donde a denominação de *esquizofrenia*, que testemunhava a existência primeira desse distúrbio. O sintoma primário era a expressão direta do processo mórbido, enquanto o sintoma secundário era a reação da alma enferma a essa patogenia. Quanto à *Zerspaltung*, ela designava não mais um distúrbio, mas uma verdadeira desagregação da personalidade. Tanto na terminologia bleuleriana como na dissociação ou na *discordância* no sentido francês, a psicose tinha como origem um déficit.

Bem diferente era a posição de Freud, que propunha o termo *Ichspaltung* (clivagem do eu) para designar uma divisão intrapsíquica na qual o sujeito era separado de uma parte de suas representações. Nessa perspectiva, havia o abandono da idéia de déficit e de desdobramento, em favor de uma teoria "tópica" do psiquismo. A partir de 1920, o conceito transforma-se no quadro da segunda tópica. A *Ichspaltung* atravessava tanto a psicose como a neurose e a perversão. Traduzia a coexistência de duas posições do eu, uma que levava em conta a realidade, outra que produzia uma nova realidade, tão "verdadeira" quanto a primeira.[6]

Lacan dava a chave de seu spinozismo ao traduzir, ele próprio, a proposição 57 do livro III da *Ética*, colocada como epígrafe de sua tese. Introduzia a *discordância* lá onde Spinoza havia escolhido o verbo *discrepat*: "Uma afecção qualquer de um indivíduo qualquer mostra com a afecção de um outro tanto mais discordância quanto mais a essência de um difere da essência do outro".[7] Lacan afastava-se aqui da tradução de Charles

Appuhn realizada em 1906 e ainda em vigor no ensino em 1932, antes da revisão que será feita em 1934 a partir do estabelecimento por Carl Gebhardt do texto latino. De fato, Spinoza empregava dois verbos, *discrepat* (afastar-se) e *differt* (diferir), enquanto Appuhn utilizava apenas um. Donde esta tradução: "Uma afecção qualquer de cada indivíduo difere de outra tanto quanto a essência de uma difere da essência da outra".[8]

Vê-se portanto que Lacan corrigia Appuhn para dar uma tradução que respeitasse melhor a diferença desejada por Spinoza. Mas não era ao acaso que escolhia a palavra *discordância*. Atribuía-lhe um valor de interpretação: tratava-se, com efeito, de tomá-la do discurso psiquiátrico, em seguida de desviá-la de seu sentido, para enfim reintroduzi-la no campo de uma concepção da loucura repensada em termos de paralelismo: "Queremos com isso dizer que os *conflitos determinantes*, os *sintomas intencionais* e as *reações pulsionais* de uma psicose *discordam* das *relações de compreensão* que definem o desenvolvimento, as estruturas conceituais e as tensões sociais da personalidade normal, segundo uma medida que a história das afecções do sujeito determina".[9]

Dito de outro modo, as afecções ditas "patológicas" e as afecções ditas "normais" fazem parte de uma mesma essência que define sua discordância. Não há para umas um *pathos* e para as outras uma norma. A discordância pode tanto atravessar o sujeito definindo a relação entre sua personalidade comum e um acidente psicótico, quanto marcar a oposição entre um indivíduo psicótico e uma personalidade normal. Lacan efetuava portanto uma *valorização* da noção de discordância, no texto de Spinoza, aproximando-a da concepção freudiana da *Ichspaltung*.

Em sua transcrição francesa da *Ética*, Appuhn havia hesitado em introduzir o termo *affect* [afeto] para exprimir *affectus*, considerando que tal palavra não existia em francês. Não queria recorrer a um equivalente do alemão *Affekt*. Assim, traduzira *affectus* por *affection* [afecção]. Ora, em 1932, Lacan não pensou em retificar Appuhn, quando teria podido, referindo-se a Freud, empregar o termo *affect* [afeto]. Este, na época, já fora introduzido na terminologia psicanalítica para designar seja uma ressonância emocional, seja a expressão subjetiva da quantidade de energia pulsional. Vê-se portanto, aqui também, que Lacan não dominava o vocabulário conceitual da psicanálise, ainda que já tivesse captado o essencial da descoberta freudiana. Precisará de vinte anos para tornar adequada sua valorização teórica do freudismo e sua releitura dos conceitos freudianos.

Notemos, de passagem, que também será preciso esperar o ano de 1988 para que apareça, de autoria do filósofo Bernard Pautrat, uma tradução francesa da *Ética* que leve em conta ao mesmo tempo o *Affekt* freudiano e o *discord* lacaniano. Donde a nova versão da proposição 57 do livro III: "Qualquer afeto de cada indivíduo discorda do afeto de outro tanto quanto a essência de um difere da essência do outro".[10]

Essa utilização da filosofia de Spinoza fornece uma indicação preciosa sobre a maneira como procedia Lacan em sua leitura dos textos. Com a *Ética*, ele entregava-se a um comentário que consistia não em tomar emprestados conceitos, mas em "traduzi-los", isto é, em dar-lhes uma significação nova. Lacan preferia já um sistema de incorporação a um sistema de distanciamento. Em vez de inspirar-se num modelo ou decifrá-lo, atribuía-lhe uma interpretação, a sua, e fazia dela a única possível. Assim, pensava que todo texto contém uma verdade à espera de uma *única* interpretação. Nesse aspecto, Lacan recusava todo método de história das ciências baseado no olhar crítico, e toda historização dos textos. Para ele, um *corpus* não podia tornar-se, com o passar do tempo, a soma de todas as suas leituras possíveis. Ao contrário, pensava que toda leitura que não fosse adequada à verdade suposta do texto devia ser rejeitada como desvio ou interpretação errônea. Por isso atribuía-se, em face do *corpus* que utilizava, uma posição de legislador e de tradutor da verdadeira verdade. Comentava os textos segundo um modo de conhecimento que *simulava* o modo de conhecimento paranóico. Não é de espantar, portanto, que tenha podido, com o impulso do surrealismo, reabilitar a paranóia a ponto de fazer dela um equivalente "discordante" da personalidade dita normal.

Em 1931, em seu estudo sobre a esquizofrenia, Lacan levava em conta as experiências da *Imaculada Concepção*, embora permanecendo tributário de uma concepção clássica do automatismo. Mas, no mesmo ano, o encontro com Dalí começava a dar frutos. Esse encontro logo o levará a rejeitar o automatismo e a inscrever, no cerne da alma humana, a plena significação antropológica da loucura. Terminada no outono de 1932, a tese sobre a paranóia era portanto atravessada por um movimento de reapropriação das posições surrealistas. Ora, Lacan não dizia uma palavra acerca dessa influência maior. Omitia cuidadosamente suas fontes nesse domínio, não mencionava nenhum dos grandes textos surrealistas que o haviam inspirado e guardava silêncio sobre os nomes de Dalí, de Breton e de Éluard. Preocupado com sua carreira, não queria desagradar nem seus mestres em psiquiatria, que rejeitavam a vanguarda literária, nem os defensores da ortodoxia freudiana, dos quais ainda era aluno. Cálculo errado: os primeiros a prestar-lhe homenagem serão aqueles cuja importância ele encobria, e os primeiros a execrá-lo, aqueles a quem queria agradar.

Interno no hospital Sainte-Anne, Lacan habitava um quarto modesto, feio e escuro, situado no térreo de um imóvel da rua de la Pompe, a dois passos do Bois de Boulogne. Nessa época, era amante de Marie-Thérèse Bergerot, uma viúva austera, quinze anos mais velha que ele. Com ela, descobriu as obras de Platão e fez várias viagens de estudo. No Marrocos, em 1928, levou-a a visitar os túmulos da dinastia saadiana, anotando escrupulosamente o encadeamento das genealogias. Foi a primeira manifestação de um grande desejo de Oriente que o levará posteriormente ao Egito e ao Japão.[11]

Por volta de 1929, Jacques-Marie apaixona-se por Olesia Sienkiewicz, a segunda mulher de seu amigo Pierre Drieu la Rochelle, que acabava de deixá-la para conquistar a brilhante Victoria Ocampo. Nascida em 1904, Olesia era filha de um banqueiro católico de origem polonesa. Sua avó havia desposado Hetzel, o famoso editor dos romances ilustrados de Júlio Verne.

Sua madrinha, por sua vez, havia sido a mulher de Alexandre Dumas filho. Com as duas irmãs, Olesia fora portanto educada numa atmosfera sensível e refinada, dividindo seu tempo entre o apartamento familiar da rua Plaine-Monceau, o castelo de Dumas, em Marly, e a casa de Bellevue herdada de Hetzel.

Drieu apaixonara-se pelo espírito rebelde e a aparência andrógina dessa mulher que despertava nele uma forte pulsão homossexual.[12] Por causa de um amor infeliz, Olesia havia renunciado a toda relação carnal com os homens, até o dia em que sucumbiu ao charme desse grande sedutor.

Durante vários meses, Drieu sentiu-se plenamente satisfeito com essa segunda experiência conjugal. Olesia ajudava-o, escutava-o durante horas e datilografava seus manuscritos.[13] Quando a ruptura foi consumada, Drieu sentiu-se tão culpado que ficou feliz ao saber que Lacan a cortejava. Este enviou ao amigo longas cartas obscuras em que explicava as razões de tal paixão. Desde o início da ligação, que haveria de durar até o outono de 1933, passou a viver numa situação de segredo, de vida dupla e de clandestinidade. Oficialmente, residia na rua de la Pompe, mas, nas cartas, continuava a indicar o endereço dos pais, em Boulogne. Na maior parte do tempo, dormia no hospital, onde Olesia ia encontrá-lo, ainda que mantivesse com Marie-Thérèse uma relação da qual apenas seu irmão estava realmente informado.

Em pouco tempo, Lacan arrastou Olesia em uma paixão desenfreada, de Paris a Madri passando pela Córsega e a costa normanda. Como já adorava automóveis embora ainda não soubesse dirigir, sentia um prazer enorme em acompanhar a amiga em alta velocidade pelas estradas da França, em férias sempre improvisadas. Juntos, visitaram a Île-aux-Moines e o Mont-Saint-Michel, depois foram de avião a Ajácio [Córsega] para dar uma volta pela ilha.

Em junho de 1932, Lacan pediu a Olesia que datilografasse sua tese. Várias vezes por semana, ele se habituou a escalar, de quatro em quatro degraus, a encantadora água-furtada da rua Garancière onde ela se instalara em fevereiro. Trazia-lhe as folhas que rabiscara às pressas em seu triste quarto de solteiro. No dia 7 de setembro, o trabalho de redação foi concluído. Olesia datilografou então as últimas páginas para que Lacan pudesse entregar o manuscrito a Le François, editor especializado na publicação de obras médicas. Marie-Thérèse, por seu lado, deu uma importante contribuição financeira para a impressão do texto. Mencionada pelas iniciais, M. T. B., ela figurava como destinatária da obra e como figura emblemática de uma *Bildung* [formação] privada. A tese era-lhe dedicada em página inteira juntamente com uma citação redigida em grego: "Eu não teria me tornado o que sou sem sua assistência".

A defesa da tese para a obtenção do doutorado em medicina transcorreu sem incidentes, numa tarde de novembro, numa das salas da faculdade de medicina. Durante uma hora, Lacan foi argüido por uma banca presidida por Henri Claude. Ele estava de costas para um público de cerca de oitenta pessoas, entre as quais Olesia e Marie-Thérèse. Elas jamais haviam se encontrado e ignoravam cada uma a presença da outra. No entanto, ambas haviam conhecido os colegas do Sainte-Anne que lá estavam para ouvir a defesa de tese daquele que encarnava a vanguarda da nova psiquiatria. Várias vezes eles tinham visto Olesia chegar à noite, na sala de plantão, e haviam-na apelidado de "água fresca", em referência a uma peça de Drieu la Rochelle montada por Louis Jouvet, com Pierre Renoir e Valentine Tessier. Quanto a Marie-Thérèse, chamavam-na de "Princesa". Ela jamais dormia no hospital, mas às vezes mandava entregar a seu protegido uma garrafa de leite fresco para as manhãs difíceis. Entre murmúrios e ansiedade, o tempo da defesa transcorreu, como num palco de teatro em que o cenário em *trompe-l'oeil* sugerisse que cada um se olhasse sem se reconhecer, à maneira de lacaios transformados em senhores ou mulheres disfarçadas de homens.[14] Apenas Marguerite Pantaine estava ausente da cerimônia.

Lacan conservará dessa defesa de tese uma lembrança bastante ruim. Em agosto de 1933, numa carta a Olesia, já esbravejava contra esses anos de clínica que, dizia ele, o haviam feito perder um tempo precioso. Após a guerra, durante um colóquio em Bonneval, terá um rompante de mau-humor retrospectivo contra um dos membros do júri, a quem censurará por ter tido em relação a ele um gesto de firmeza. Enfim, mais tarde ainda, irá se mostrar reticente quanto à reedição da obra, então esgotada. Essa atitude de rejeição progressiva é compreensível quando se sabe a que ponto a orientação de Lacan irá em sentido contrário do que era anunciado na tese. Não apenas nenhuma ciência da personalidade surgirá, como também nenhuma entidade autopunitiva de tipo lacaniano virá enriquecer a nosologia psiquiátrica. Lacan não fará carreira em psiquiatria, a não ser a partir da psicanálise. E esquecerá que a tese marcava sua primeira intervenção no campo do freudismo, tanto assim que ele próprio irá datá-la de 1936.[15]

No momento, a obra foi ignorada pela primeira geração psicanalítica francesa: nem um só comentário na *RFP*. Nem sequer Édouard Pichon fez alguma alusão ao acontecimento. Lacan sentiu-se ofendido. Mas estava tão certo de ter conseguido ingressar no campo da psicanálise que não hesitou em enviar a tese a Sigmund Freud, mostrando assim que buscava obter o reconhecimento do chefe supremo, para além do de seus discípulos franceses. Terrível decepção! Em janeiro de 1933, recebe uma resposta lacônica de Viena: "Obrigado pelo envio de vossa tese". O grande homem nem mesmo dignara-se abrir o manuscrito que esse jovem desconhecido lhe havia certamente dedicado com fervor. Domiciliado em Boulogne e morando na rua de la Pompe, Lacan não tinha indicado com clareza suficiente seu verdadeiro lugar de residência. E Freud, sem pestanejar, pôs os dois endereços no cartão-postal.[16]

O meio psiquiátrico foi o primeiro a reagir, na pessoa do fiel companheiro Henri Ey. Este não esperou a publicação do texto para redigir um belo artigo para *L'Encéphale*.

Não é sem escrúpulo que analisamos uma obra cuja "história interior" e cujo esforço de criação nos foram dados a conhecer por intermédio da confidência amiga de uma visão comum dos problemas — quando não das soluções — psiquiátricos. A objetividade dessa análise nada perderá com isso. Ela até mesmo irá ganhar com a compreensão mais atenta dessa tese longamente refletida, cuja forma abstrata e difícil — porque condensada e elaborada — poderia afastar mais de um leitor, ocultando-lhe tudo o que ela contém de vivo e de concreto.[17]

Quatro personalidades do meio literário contribuíram, nesse ano de 1933, para fazer de Lacan o mestre pensador de um futuro movimento psicanalítico francês, capaz de romper com o ideal chauvinista e conservador dos mais velhos. Assim ele foi propelido à cena política da extrema-esquerda intelectual, na qual se alinhavam confusamente comunistas ortodoxos ou dissidentes e surrealistas, eles próprios vivendo os conflitos ligados a um comprometimento marxista. Em suma, esse fervoroso admirador de Maurras, leitor dos romances de Léon Bloy e indiferente a toda tomada de posição política real, viu-se tomado como o vate de uma doutrina *materialista* no domínio das doenças da alma.

O primeiro a exprimir-se a respeito foi Paul Nizan, no *L'Humanité* de 10 de fevereiro de 1933:

É uma tese de doutorado em medicina, e o gênero pode parecer bastante estranho a nossas notas de leitura. Mas é preciso assinalar um livro que, contra as principais correntes da ciência oficial, e apesar das precauções que deve tomar o autor de uma tese universitária, traduz uma influência muito certa e muito consciente do materialismo dialético. O doutor Lacan ainda não clarificou todas as suas posições teóricas, mas reage contra os diversos idealismos que corrompem atualmente todas as pesquisas de psicologia e de psiquiatria. O materialismo triunfará sobre a ignorância dos sábios professores; e se revelará como o verdadeiro método do progresso científico".[18]

Em maio de 1933, é a vez de René Crevel fazer o elogio dessa tese num artigo de *Surréalisme au Service de la Révolution*. Mais implicado que Nizan na batalha contra a psicanálise oficial, Crevel vivia dilacerado por sua adesão ao Partido, por sua homossexualidade e por sua dupla amizade por Breton e por Aragon, tornados inimigos. Mas buscava também acertar suas contas com a prática da análise. Analisado por René Allendy, acabava de publicar em *Le clavecin de Diderot* [O cravo de Diderot] um retrato corrosivo deste: chamava-o de Ubu* e de "belo barbudo dotado de sólida suficiência". Em face dessa psicanálise julgada corrupta e atolada no ideal burguês, Lacan era visto por ele como o porta-voz de um novo espírito: seu "materialismo" permitia ligar os aspectos individuais e sociais de todo sujeito humano. Para Crevel, *materialismo* era sinônimo de *análise concreta*. Mas o poeta interessava-se sobretudo pelo triste destino de Aimée, a propósito da qual escreveu linhas menos frias e menos clínicas que as de Lacan, fazendo dela uma revoltada homossexual, verdadeira encarnação histérica de um proletariado feminino: "Aimée não se detém, não se acomoda no caminho. Chega até um admirável estado convulsivo enlouquecido enlouquecedor. Seus impulsos chocam-se contra um bloco de abominável incompreensão. Suas necessidades de solidariedade moral, intelectual, foram achincalhadas em todas as esquinas. Ela acreditou 'dever ir aos homens'".

Após essa grande homenagem ao duplo feminino de si mesmo, Crevel anunciava que Freud havia cometido o erro de recusar o comunismo, a URSS e a análise marxista, e que portanto havia fracassado em revolucionar o mundo: "Ele está bastante fatigado por cuidar de seus bibelôs. Escusemo-lo. Mas que jovem psicanalista tomará a palavra?".[19]

Posto na linha de frente de um freudismo realçado de marxismo e prometido à grande reviravolta da Revolução futura,

---

* Referência ao *père* Ubu da peça de Alfred Jarry, símbolo de uma burguesia egoísta e estúpida. (N. T.)

Lacan foi igualmente saudado, em junho de 1933, por Salvador Dalí no primeiro número de *Minotaure*. Retomando idéias que lhe eram familiares, o pintor exprimia admiração pela tese de Lacan: "É a ela que devemos o fato de, pela primeira vez, termos uma idéia homogênea e total do fenômeno, longe das misérias mecanicistas nas quais chafurda a psiquiatria corrente".[20]

Esse era também o ponto de vista de Jean Bernier, que redigiu para *La Critique Sociale* um artigo documentado no qual reintegrava a obra de Lacan no campo da história da psiquiatria.

Escritor, jornalista e amante dos esportes, Bernier pertencia à mesma geração intelectual que Breton e Aragon. Como eles, havia atravessado os horrores da Grande Guerra para em seguida empenhar-se no caminho da contestação radical da sociedade burguesa. Juntamente com Boris Souvarine, primeiro fundador do PCF, dera seu apoio a Trotski em 1924, por ocasião do XIII Congresso do Partido Comunista soviético. Dois anos mais tarde, conhecera Colette Peignot, mulher tuberculosa e apaixonada que se lançara às cegas na aventura da Revolução, a ponto de viver num colcós junto aos camponeses mais pobres. Desse amor louco pelo bolchevismo, ela regressara enferma, e da paixão por Bernier escapará com uma tentativa de suicídio: uma bala a poucos centímetros do coração. Em Leningrado, tivera um caso tempestuoso com Boris Pilniak e, em Berlim, junto de Édouard Trautner, mestre em escatologia, levara uma vida de mulher espancada e de heroína sadiana.

Em 1931, ela conheceu Boris Souvarine, com quem fundou *La Critique Sociale*, primeira grande revista comunista situada à esquerda do comunismo, sem se enquadrar numa corrente de oposição precisa. O casal reuniu ao seu redor ex-integrantes do PCF e escritores como Raymond Queneau, Jacques Baron, Michel Leiris e Jean Piel. Georges Bataille, que acabava de pôr fim à experiência da revista *Documents*, juntou-se ao grupo ao mesmo tempo que decidia, naquele ano, assistir às apresentações de doentes de Georges Dumas no hospital Sainte-Anne. Foi dessa perspectiva, em que a leitura de Marx acompanhava a de Freud, que Jean Bernier participou das atividades de *La Critique*

Sociale. Amigo íntimo de Drieu la Rochelle, conheceu Lacan por intermédio de Olesia Sienkiewicz no momento em que este publicava sua tese.[21]

Ao contrário de Nizan, de Dalí e de Crevel, Bernier fazia algumas críticas a Lacan. Embora reconhecesse nele um futuro mestre e concordasse com a maior parte de suas conclusões, censurava-lhe um estilo obscuro, uma ausência de reflexão sobre a sexualidade infantil de Aimée, e uma verdadeira indigência no domínio terapêutico. Exprimia assim uma posição "esquerdista" em relação à psicanálise e à psiquiatria, acusadas de negligenciar a dimensão social da psicose e de não denunciar suficientemente a ação patogênica exercida pela sociedade burguesa sobre os indivíduos.[22]

4. AS IRMÃS PAPIN

A MANEIRA COMO FOI RECEBIDO e comentado o caso Aimée pelo meio intelectual francês teve algumas conseqüências sobre a evolução ulterior do jovem Lacan. Até a publicação de sua tese, ele tomava como principal referência filosófica a fenomenologia de Husserl e de Jaspers. A isso juntava-se uma leitura pessoal de Spinoza que lhe permitia elaborar sua teoria da personalidade. Mas, a partir de 1932, ele teve acesso a um novo horizonte filosófico, num momento em que a celebração de sua tese pela vanguarda efetuava-se sobretudo sob o signo do surrealismo e do comunismo, os quais reivindicavam, apesar de divergências, a mesma filiação a uma filosofia dita "materialista", representada, segundo eles, pelas obras de Hegel, Marx e Freud.

À grande miséria da filosofia francesa, totalmente mergulhada no espiritualismo bergsoniano, no neokantismo universitário ou num cartesianismo desviado de sua potência original, a vanguarda materialista opunha naturalmente o esplendor de um pensamento alemão que ela pretendia ao mesmo tempo hegeliano e marxista, e ao qual juntava a voz inovadora dos grandes contemporâneos: Husserl, é claro, mas também Nietzsche e Heidegger, que acabara de publicar seu famoso *Sein und Zeit* [Ser e tempo].

Consagrado materialista em tal contexto, Lacan aceitou assim o espelho que lhe estendia a vanguarda. Abandonou sua teoria "spinozista" da personalidade — ainda que conservasse a referência a Spinoza para outros expedientes — e renunciou à fenomenologia, tal como era veiculada pelo discurso psiquiátrico, para converter-se a Husserl e a um materialismo hegeliano-marxista. Levará quatro anos para iniciar-se, num mesmo movimento, na *Fenomenologia do espírito* e no pensamento heideggeriano, por meio do ensino de Kojève e de Koyré.

A evolução para esse novo horizonte transparece já no primeiro artigo de Lacan publicado em *Minotaure*, dedicado ao problema do estilo e à concepção psiquiátrica das formas paranóicas da experiência. Embora esse texto não diferisse, por seu conteúdo, das posições expressas no caso Aimée, estava impregnado de uma terminologia que não era a do Lacan anterior. Para além da simples contestação de uma tradição psiquiátrica julgada errônea, encontrava-se ali um ideal de revolta que se traduzia pelo emprego de um vocabulário marxista: pela primeira vez, Lacan falava de "revolução teórica", de "civilização burguesa", de "superestrutura ideológica", de "necessidades materiais" e de "antropologia". Em suma, pusera-se à escuta da mensagem endereçada por Nizan, Crevel, Dalí e Bernier.[1]

Foi a partir dessa perspectiva que ele se interessou, no início de 1933, pelo famoso crime das irmãs Papin, que encheu de estupor o público, a imprensa e a intelectualidade, tanto pela exemplaridade de sua significação social quanto por seu caráter enigmático.

No dia 2 de fevereiro, na cidade de Mans, Christine e Léa Papin, duas domésticas originárias do campesinato pobre e educadas no orfanato do Bom Pastor, massacraram selvagemente suas patroas: a sra. Lancelin e sua filha Geneviève. Uma pane no fornecimento de eletricidade havia impedido Christine de terminar de passar a roupa, e logo em seguida ela arrastou a irmã mais moça para a carnificina. Ambas arrancaram os olhos das vítimas, depois retalharam os corpos com utensílios de cozinha, inundando a casa de sangue e miolos. Em seguida trancaram a porta de entrada e ficaram encolhidas em suas camas, vestidas com um simples penhoar, esperando a chegada da polícia.

O crime parecia mais assombroso porque as jovens eram empregadas exemplares, muito bem tratadas pelos patrões e perfeitamente integradas ao ideal de servidão ao qual haviam devotado seu destino. Entretanto, essa normalidade aparente servia para mascarar uma realidade mais inquietante. O pai de Christine e de Léa havia sido, outrora, amante da filha mais velha, o avô morrera epilético, um primo ficara louco e um tio fora encontrado enforcado em sua granja. Algum tempo antes do assassinato, as duas empregadas haviam se queixado à polícia de estarem sendo "perseguidas".

Convocados como peritos, três psiquiatras examinaram as culpadas e as declararam sãs de corpo e de espírito, ou seja, plenamente responsáveis por seus atos. Elas logo foram incriminadas de assassinato sem premeditação, uma sujeita à pena de morte e a outra à prisão perpétua. Cinco meses após ser encarcerada, Christine foi acometida de síncopes e alucinações. Tentava arrancar os próprios olhos, estendia os braços em cruz e entregava-se a exibições sexuais. Ora anunciava que numa vida futura seria o marido da irmã, ora via esta em sonho, com as pernas cortadas, suspensa de uma árvore. Ficava furiosa porque lhe colocavam a camisa-de-força e porque a isolavam numa cela. Quando lhe perguntaram por que havia despido a srta. Lancelin, respondeu feroz: "Queria uma coisa cuja posse me teria tornado mais forte". Apesar dessas declarações, o perito psiquiatra considerou-a simuladora e enviou-a ao banco dos réus. Foi então que Benjamin Logre partiu em socorro da defesa. Sem ter o direito de examinar as duas irmãs, apresentou um diagnóstico de anomalia mental, engendrada por uma histero-epilepsia com perversão sexual e idéias de perseguição.

Em 29 de setembro de 1933, perante o tribunal de primeira instância da Sarthe, várias opiniões se defrontaram. Para o queixoso e a promotoria pública, as irmãs Papin eram monstros sanguinários, despidas de qualquer humanidade. Para os outros, apareciam como vítimas expiatórias da ferocidade burguesa. Péret e Éluard celebraram as heroínas invocando os *Cantos de Maldoror* [de Lautréamont], enquanto Sartre pensava sobretudo em denunciar a hipocrisia da sociedade conservadora.

O advogado da família Lancelin defendeu a tese da responsabilidade das irmãs e tentou até mesmo fazer com que se admitisse uma "semipremeditação". Frente a ele, a advogada Germaine Brière baseou-se no diagnóstico de Logre para demonstrar a loucura das acusadas. Como outrora no processo de Joseph Vacher, e como mais recentemente no da sra. Lefebvre, os partidários da psiquiatria dinâmica se opuseram aos teóricos da hereditariedade, da constituição e da simulação. No meio desse campo de batalha, as duas irmãs confessaram que nada tinham a reclamar de suas vítimas. Exprimiam assim a significação oculta de um ato cujo sentido lhes escapava. Christine recebeu de joelhos a sentença de morte, mas a pena logo foi comutada em prisão perpétua. Um ano mais tarde, sujeita a novas crises delirantes, seria internada no hospital psiquiátrico de Mans, onde iria morrer de caquexia vesânica, punindo-se assim por seu crime segundo um processo paranóico de autopunição. Quanto a Léa, voltaria para junto da mãe após vários anos de reclusão.[2]

Eis portanto um crime que se integrava perfeitamente ao quadro teórico estabelecido por Lacan em 1932. Nele reconhecia-se a homossexualidade feminina, o delírio a dois, o gesto assassino aparentemente não motivado, a tensão social, a paranóia e a autopunição. Por isso, embora homenageasse a coragem de Benjamin Logre, Lacan começou por rejeitar o diagnóstico de histero-epilepsia. Depois mostrou que somente a referência à paranóia permitia resolver o enigma da passagem ao ato. O delírio, disse ele, parece surgir ao acaso de um incidente banal: a pane no fornecimento de eletricidade. Ora, esse incidente certamente não era tão anódino quanto parecia ser, se nele for buscada uma significação inconsciente. E Lacan irá propor que essa "pane" vinha materializar o silêncio que de longa data havia se instalado entre patroas e empregadas: de um grupo a outro, com efeito, "a corrente não passava", pois não se falava. Com isso, o crime, desencadeado pela pane elétrica, era a atualização, pela violência, desse não-dito cuja significação escapava às protagonistas do drama.

Se Aimée tinha agredido a atriz que, segundo Lacan, encarnava seu ideal do eu, as empregadas Papin haviam massacrado as senhoras Lancelin por um motivo equivalente: o verdadeiro móbil do crime não era o ódio de classe, mas a estrutura paranóica por intermédio da qual o assassino atacava o ideal do senhor que trazia dentro de si. Lacan analisava portanto da mesma maneira o crime malogrado de Marguerite e o crime bem-sucedido das irmãs Papin: nos dois casos, estabelecia um diagnóstico de paranóia e de autopunição. Entretanto, as duas histórias eram diferentes, e ele não o ignorava. No caso das domésticas, não havia nem bovarismo nem erotomania. Além disso, não se tratava de uma mulher anônima atacando uma mulher célebre, mas de um extermínio selvagem que se desenrolava na intimidade de um lar comum, entre mulheres comuns que se conheciam de longa data. O crime de Mans só podia terminar numa ordem de matar radical, isto é, num processo de aniquilação total do ser. Daí seu caráter estupefaciente: ele dava a ilusão de responder a uma realidade social (o ódio de classe), quando na verdade traduzia uma outra realidade, a da alienação paranóica. Se a história de Marguerite Pantaine parecia sair diretamente da grande tradição romanesca do século XIX francês, a aventura das irmãs Papin colocava-se sob o signo da tragédia grega, ilustrando toda a ferocidade de um mundo exposto à escalada dos ódios sociais, raciais e nacionais. Se Aimée era uma personagem de Flaubert que terminava sua vida num melodrama de Pierre Benoit, Christine era uma heroína da raça dos atridas, perdida nas matas do Maine, mas projetada no universo moderno da luta de classes e da busca assassina do extermínio do outro.

E tudo se passava como se Lacan levasse em conta, em sua escrita, a diferença entre as duas histórias. Ao abordar o crime de Mans, ele descrevia, em algumas frases, um grande teatro da crueldade surgido de um tempo imemorial: tempo do mito, tempo da lenda, tempo do inconsciente. Mas, se mudança havia na escrita, é que esta era induzida pela entrada em cena de uma nova referência filosófica. Até o caso Aimée, Lacan jamais havia efetuado uma leitura fecunda da obra hegeliana. O nome do filósofo estava ausente, aliás, da tese de 1932, e a fenomenologia que aí se exprimia era a dos psiquiatras. Ela não provinha de nenhuma leitura em primeira mão de Hegel, de Husserl ou de Heidegger.

A partir de outubro-novembro de 1933, quando teve início o seminário de Alexandre Kojève, Lacan, embora ainda não freqüentasse esse seminário, começava a descobrir a "verdadeira" fenomenologia hegeliana, seja por intermédio dos artigos de Koyré, seja por meio de outras fontes. Assim, apareciam sinais disso no artigo dedicado às irmãs Papin, o crime sendo interpretado segundo os termos da dialética do senhor e do escravo própria à experiência da luta das consciências. Quanto à loucura, era definida a partir de uma noção de "consciência encadeada": a alienação mental tornara-se uma "consciência" alienada.[3]

De um crime a outro, de Marguerite a Christine, Lacan havia passado portanto de um monismo spinoziano, no qual pensava a personalidade como uma totalidade que incluía a norma e a patologia, a um monismo hegeliano, que o fazia abandonar a idéia mesma de personalidade em favor da idéia de consciência de si. Mas será preciso esperar o ano de 1936 para que o encontro com o sistema hegeliano traga realmente seus frutos, a partir da dupla experiência do divã de Loewenstein e do seminário de Kojève.

III
A IDADE VIRIL

1. VIDA PRIVADA, VIDA PÚBLICA

QUARENTA ANOS APÓS A PUBLICAÇÃO de sua tese, Lacan afirmava que o caso Aimée o havia levado à psicanálise, e que nele aplicava o freudismo "sem que o soubesse".[1] Sabe-se hoje que a realidade foi mais complexa. O julgamento feito por Lacan sobre seu passado não estava imune a essa fragilidade própria a todo testemunho humano. Na verdade, no momento em que redigia a história de Marguerite, ele não aplicava "sem que o soubesse" os princípios da doutrina freudiana. Muito pelo contrário, já possuía, nessa época, um sólido conhecimento da teoria vienense, que utilizava de maneira consciente. E se, no limiar da velhice, teve a impressão de não ter sido conscientemente freudiano quarenta anos antes, foi porque não percebeu, de uma época à outra, o que havia se modificado em sua concepção do que era ou não era freudiano. Que Lacan não seja freudiano do mesmo modo nos anos 1930 e nos anos 1970 não implica, como ele acredita, que não tenha sido conscientemente freudiano em 1932.

Não há nenhuma dúvida possível a este respeito: o ingresso no freudismo foi contemporâneo do primeiro encontro com Marguerite. Em conseqüência, a escrita do caso Aimée efetuou-se sob o signo de uma apropriação geral da doutrina da psicanálise. Em 1972-5, Lacan enganava-se portanto sobre a data de sua adesão real a um freudismo coerente e concertado. Em contrapartida, tinha razão em dizer que o estudo do caso Aimée o havia levado à experiência da psicanálise... Em junho de 1932, começou a freqüentar o divã de Rudolph Loewenstein. Ora, como foi assinalado, esse início de análise ocorreu no momento mesmo em que terminava as entrevistas com Marguerite para empreender a redação final do manuscrito. Compreende-se, aliás, que ele pudesse lamentar o fato de não ter tido acesso, nesse caso, à técnica da análise. Estando ele próprio em análise enquanto terminava de redigir sua tese, apercebia-se, *a posteriori*, do quanto essa experiência lhe havia faltado na compreensão do caso. Sob esse aspecto, a hipótese que avançamos na *História da psicanálise na França*,[2] segundo a qual Aimée teria ocupado junto a Lacan a dupla posição de Wilhelm Fliess e de Anna O., continua sendo válida, apesar das reflexões novas que podem ser feitas hoje sobre a história dessa formação didática no quadro da SPP.

Junto a Marguerite, Lacan fez a prova de uma espécie de "análise original" durante a qual tornou-se freudiano, ao mesmo tempo por uma leitura teórica dos textos e por uma escuta clínica da psicose. Por essa razão, permanecerá sempre ligado não apenas a essa mulher em particular, cuja história lhe possibilitaria fundar uma nova introdução do freudismo na França, mas à paranóia feminina em geral. Essa prova o conduziu à experiência de uma análise didática junto a um homem a respeito do qual o mínimo que se pode dizer é que não será jamais seu mestre, no sentido em que Freud foi o mestre e o analista de seus principais discípulos; quando muito será para ele um didata decepcionante no mais puro estilo da IPA dos anos 1930.

Nascido em Lodz em 1898, quando a Polônia ainda fazia parte do império russo, Rudolph Loewenstein era um representante exemplar dessa famosa psicanálise judaica e errante, sempre em busca de uma terra prometida, sempre expulsa de leste a oeste pelo anti-semitismo e os pogrons. Tendo fugido de seu país de origem, o homem que analisará Lacan foi obrigado, por três vezes, a refazer seus estudos médicos: primeiro em Zurique, onde descobriu a nova psiquiatria; depois em Berlim, onde se formou junto a Hanns Sachs no serralho mais avançado do freudismo moderno; afinal em Paris, onde se instalou em 1925 graças à ajuda material de Laforgue e ao apoio de Marie Bonaparte, que se tornou sua amante ao mesmo tempo que obtinha para ele uma rápida naturalização. Em pouco tempo, esse médico brilhante, cheio de humor e de charme, ocupava um lugar preeminente na SPP para a formação dos terapeutas da primeira e da segunda geração.[3]

Embora Loewenstein e Lacan tenham guardado silêncio sobre o conteúdo real dessa análise, sabe-se hoje o quanto ela foi tumultuada. Quando o filho de Alfred foi pela primeira vez ao consultório da avenida de Versailles, 127, ele tinha uma elevada opinião acerca de si mesmo, sabia cercar-se da melhor intelectualidade parisiense e havia efetuado os mais brilhantes estudos. Além disso, sabia-se superior a seus companheiros de turma e a seus mestres em psiquiatria. Quanto aos pioneiros do movimento psicanalítico francês, ignorava-os soberbamente, salvo por interesse de carreira. Com exceção de Édouard Pichon, a quem recorria com fervor, não tinha muita simpatia pelos outros mais velhos, que, verdade seja dita, não eram verdadeiros inovadores.

Em suma, quando "Loew" viu entrar em seu consultório esse magnífico sedutor de cabeça inclinada, orelhas demasiado grandes, sorriso inimitável e aparência falsamente desleixada, manifestou sua inquietação: Lacan não era um analisando comum. Criador de gênio, havia se iniciado no freudismo fora dos caminhos traçados pela psicanálise oficial. Tal personagem não podia submeter-se muito a regras ou a coerções, ainda que fossem necessárias a suas ambições. Por temperamento, Lacan era um homem livre, e essa liberdade transbordava de todos os lados. Não conhecia entraves, nem limites, nem censura, como se, conquistada à força dos punhos, no cerne da grande mutação do século industrial, ela se tivesse tornado, para esse último rebento das classes ascendentes, uma espécie de segunda natureza. Lacan não aceitava nenhuma sombra de autoridade nem sobre seu ser, nem sobre a ordenação de seus desejos. Não tendo tido de reconhecer a supremacia de um pai e não tendo sabido renunciar ao menor de seus caprichos, era animado, em 1932, de uma feroz vontade de poder que a leitura inteira e fecunda do *Zaratustra* de Nietzsche — ela própria alimentada pela paixão por Spinoza — só podia tornar mais intensa... Tanto mais que era acompanhada de um soberano desprezo pelas tolices ordinárias.

Chegando à idade viril, Lacan não tivera, portanto, senão sofrimentos burgueses: sofrimento da insatisfação perpétua, sofrimento da impaciência exacerbada, sofrimento de não saber ainda dominar o universo. Em suma, sofrimento imaginário ligado ao desdobramento das neuroses cotidianas. Ele não havia conhecido a privação, a fome, a miséria, a ausência de liberdade, a perseguição. Demasiado jovem para que fosse obrigado a perder seus mais belos anos sob o fogo de Verdun, havia atravessado a guerra nos jardins do colégio Stanislas, recolhendo os furores da louca epopéia no encontro casual com membros decepados ou olhares à espera da morte. Jamais sentira o impacto agudo do cheiro de sangue num campo de batalha; jamais tivera de lutar contra uma opressão verdadeira. Acarinhado desde o berço por gerações de comerciantes tranqüilos, recebera como herança apenas a violência das servidões familiares que haviam feito dele o contrário de um herói. Mas essa inaptidão ao heroísmo ia de par com uma recusa acentuada de todos os conformismos. Assim, Lacan era uma espécie de anti-herói, inapto à normalidade, prometido à extravagância e incapaz de obedecer à multidão de comportamentos comuns. Donde seu apego excessivo a um discurso da loucura que era o único a permitir interrogar a desrazão do mundo.

Nada a ver com Rudolph Loewenstein, cujo itinerário estava totalmente inscrito na história do exílio, do ódio, da humilhação. Ao contrário de Lacan, esse homem havia conhecido todas as vicissitudes da opressão real. Como judeu, em primeiro lugar, num império onde era aplicado o *numerus clausus*;* como emigrado, a seguir, sem pátria nem fronteira. Condenado à errância, obrigado a aprender várias línguas, ele sabia o preço da liberdade. Assim, não tinha necessidade de fazer mau uso dela ou de usá-la com demasiada abundância. A cada etapa da grande viagem, fora obrigado a encarar sem ilusão os perigos por vir, tendo por único companheiro um passaporte meio amassado.

Quando se instalou na França, acreditou que se mudava pela última vez. A França por ele sonhada era um lugar de espe-

---

* Número limitado de estudantes judeus (três para cada cem) que podiam freqüentar a universidade na Polônia, Hungria, Romênia e Rússia czarista. (N. T.)

rança. Pátria dos direitos do homem, mãe que alimentara uma República igualitária, ela reinava sobre a Europa do alto de sua suntuosa elegância e de sua orgulhosa inteligência. Que importava então a outra França, a de Maurras e de Rivarol, a do anti-semitismo e das ligas? Essa França, Loewenstein não se dignava vê-la. E no entanto, quinze anos mais tarde, ela irá obrigá-lo a um novo exílio para a América das liberdades.

Como teria ele podido vislumbrar essa França, quando em 1925 era acolhido em Paris por uma princesa republicana, por um alsaciano de cultura alemã e por um gramático genial, ao mesmo tempo dreyfusista e membro da Action Française? Cercado da benevolência de Marie Bonaparte, de René Laforgue e de Édouard Pichon, Rudolph Loewenstein tornou-se francês para o que desse e viesse. Mas então, por que o desentendimento e a rivalidade instalaram-se entre Lacan e ele desde o primeiro ano da análise?

Entre esses dois homens tão diferentes, havia um ponto em comum: ambos eram materialistas, ambos tinham aceito a grande lição freudiana do universalismo, da morte de Deus e da crítica às ilusões religiosas. Entre o cristão de origem, tornado estranho à própria genealogia à força de injuriar seus antepassados vinagreiros, e o judeu assimilado, adepto do abade Grégoire,* uma paz dos bravos poderia ter sido negociada. Mas não o foi.

Lacan não havia hesitado em sua escolha. Não somente porque Loewenstein tornara-se, sete anos após instalar-se na França, o melhor didata da SPP e o mais representativo daquele belo horizonte freudiano ao qual ele aspirava, mas também em razão desse materialismo cujos valores partilhava. E, quando tiver de fazer uma supervisão, irá procurar outro didata da mesma linha: Charles Odier, suíço e protestante, formado em Berlim por dois homens prestigiosos da saga freudiana, Karl Abraham e Franz Alexander. Assim, Lacan, o católico do Aisne e do Loire, foi iniciado na prática da análise por um judeu em

---

* Bispo que teve participação ativa em favor da Revolução Francesa. (N. T.)

102

exílio permanente e por um protestante cujos antepassados haviam fugido da França após a revogação do edito de Nantes. Era preciso que ele passasse por isso para efetuar sua última ruptura com a carolice do bulevar Beaumarchais?

E ademais, ao orientar-se na direção desses dois técnicos de linha puramente ortodoxa, Lacan dava-se por mestres, por geração interposta, três ilustres discípulos de Freud: Hanns Sachs, analista de seu analista, vienense de origem, grande organizador dos princípios da padronização na IPA; Karl Abraham, primeiro analista de seu supervisor, especialista em psicoses e fundador da sociedade psicanalítica de Berlim; e Franz Alexander, segundo analista de seu supervisor, ele próprio analisado por Sachs e futuro inventor de uma técnica de redução do tempo das análises.

Curiosamente, Lacan sempre guardará segredo de sua passagem pela supervisão, a ponto de seu genro e seus familiares jamais terem ouvido falar do fato antes que nos fosse revelado com certeza, em junho de 1982, por Germaine Guex, a qual estava aliás convencida de que Lacan havia feito com Odier um segmento de análise. Seguidamente cruzou com ele em hora fixa, e durante vários meses, na casa daquele de quem ela havia se tornado a companheira. Isso fora em 1935 ou em 1937? Germaine não se lembrava mais do ano com precisão.[4] Tudo leva a crer, hoje, que se tratava não de uma análise — esta se desenrolava com Loewenstein —, mas de uma supervisão, que passara a ser quase obrigatória para os candidatos a analista, a partir da criação em 1934 de um instituto semelhante aos que já estavam em atividade nas sociedades participantes da IPA.

O fato de Lacan não ter achado conveniente, posteriormente, registrar sua passagem pela supervisão não significa que esta não tenha ocorrido. Certamente bastava-lhe ter sido ouvido no mínimo por uma orelha para indicar a seus contemporâneos que sua situação de fundador não era a mesma que a de Freud: *ele* havia sido analisado; e não sobre um divã qualquer: um divã ortodoxo e regulamentar. Sabia, porém, que algum dia, após sua morte, um historiador curioso haveria de descobrir, seja por dedução lógica, seja no depoimento de um veterano da saga freudiana, esse pequeno fragmento de verdade enterrado no passado. A memória chega sempre ao destino.

Um abismo separava, pois, os dois homens que se encontraram no apartamento da avenida de Versailles, várias vezes por semana, durante seis anos, de junho de 1932 a dezembro de 1938. Se Lacan concebia a liberdade sob o aspecto de um longo desdobramento do desejo, Loewenstein via-a de maneira oposta. Para ele, a conquista da liberdade não era senão a aquisição de um direito, uma necessária vitória obtida sobre a intolerância. Conhecendo o preço que se paga por ela e tendo sentido sua falta, não estava disposto a sacrificá-la ao exercício do desejo. Mais valia poupá-la sabendo designar-lhe limites mediante regras a que todo sujeito devia obedecer. E as regras, no itinerário desse homem que, a cada emigração, não fez senão perder o que acreditava ter ganho, eram aquelas fixadas pela IPA para o "livre" exercício da psicanálise. Elas tiravam sua força, aliás, de seu caráter supranacional, do fato de terem sido impostas, a partir de 1925, a *todas* as sociedades participantes.

Composto essencialmente de judeus da Europa Central, o império freudiano do entreguerras formava uma espécie de nação em que o uso de regras ou de costumes conduzia à instauração de um igualitarismo unificador. E, se as regras foram constantemente transgredidas, mesmo assim permaneceram constitutivas de uma arquitetura moral que permitiu à comunidade psicanalítica existir mediante um vínculo social e segundo um fundamento ético. Puro técnico da grande pátria da IPA, Loewenstein submetia-se portanto à fé comum sem renunciar a suas paixões. Amante de uma princesa da qual será a seguir o analista, após ter sido o de seu filho, ele transgredia as regras das quais se dizia o defensor. E nisto se assemelhava a Lacan, seu mais perigoso rival. Mas, ao contrário deste, acreditava intransigentemente que a submissão às regras servia ao livre exercício da psicanálise freudiana, da qual a IPA tornara-se a terra prometida. E ainda que estivesse ligado à França, a ponto de identificar-se com a maior parte de seus valores republicanos, guardava a certeza de que a SPP devia integrar-se, custasse o que custasse, ao grande movimento de padronização da IPA.

Nada disso importava ao filho de Alfred. Sonhando com viagens e internacionalismo apenas para satisfazer sua imensa curiosidade, não sentia nenhuma necessidade de obedecer à menor regra. Para ele, a IPA não era nem uma pátria nem uma terra prometida, mas uma instituição que dava a cada um de seus membros a garantia de uma legitimidade freudiana. Sem ela, nenhuma carreira era possível no movimento psicanalítico francês.

Pode-se avaliar o que foi "tecnicamente" essa análise lendo os dois textos principais redigidos por Loewenstein a propósito da prática psicanalítica. O primeiro é um relatório apresentado à III Conferência dos Psicanalistas de Língua Francesa, realizada em Paris em 20 de junho de 1928, e o segundo uma conferência pronunciada na SPP em 1930, intitulada "O tato na técnica psicanalítica".[5] O autor definia aí a regra fundamental ao privilegiar a posição do inconsciente. Depois enunciava as diferentes regras a partir das quais se funda a investigação analítica: obrigação para o terapeuta de confiar em sua memória sem precisar tomar notas, necessidade de analisar as resistências antes de partir em busca do recalcado, proibição para o paciente de ler obras psicanalíticas durante o período da análise, conselhos enfim sobre a duração das sessões, seu número ou os atrasos...

A questão da transferência era vista sob o ângulo de seus pólos positivo e negativo. O fim da análise ocorria quando a transferência positiva podia ser interpretada, liberando assim o paciente da influência do analista. Quanto às regras "morais", Loewenstein abordava-as para sublinhar que o tratamento devia desenrolar-se fora dos laços de amizade entre os protagonistas. Foi portanto essa técnica comedida, racional, padronizada, que ele aplicou à análise de Lacan, e já tivemos a oportunidade de sublinhar a que ponto irá impacientar-se diante desse homem que oscilava permanentemente entre o frenesi de agir e conhecer e a lentidão para construir e elaborar.

Loewenstein fez alusão apenas uma vez, por escrito, e de forma negativa, ao problema da análise de Lacan. Mas, em várias ocasiões, manifestou sua opinião aos mais chegados: segundo ele, o homem era inanalisável. Por certo, Lacan era inanalisável em tais condições transferenciais. E Loewenstein não se mostrou capaz de inovações suficientes para analisar tal homem assim. Como teria sido capaz?

Por seu lado, Lacan confiou um dia a Catherine Millot o que pensava de sua análise: segundo ele, Loewenstein não era inteligente o bastante para analisá-lo. Cruel verdade! Foi em seu seminário, acrescentou, que teve a impressão de fazer uma análise. A esse respeito, ele jamais percebeu o papel fundamental que Marguerite havia desempenhado. Para ilustrar a significação essencial desse momento de sua história, contou uma anedota: um dia, atravessando um túnel ao volante de seu pequeno automóvel, viu um caminhão vindo de encontro a ele. Decidiu então permanecer na pista em que estava: o caminhão cedeu o lugar. Ele relatou o incidente a Loewenstein, buscando fazê-lo tomar consciência do que era a relação transferencial deles. Silêncio. A luta de morte, para a qual Lacan aprendia a se fortalecer no seminário de Kojève, terminou de forma guerreira. Não apenas o analisando tornou-se membro efetivo da SPP contra a opinião de seu analista, e com o apoio de Pichon, como também abandonou o divã assim que pôde, após ter prometido continuar. Enfim, tornou-se, para a França, o mestre de pensar que Loewenstein não havia sido.[6]

Durante toda a duração da análise, Lacan prosseguiu com seu trabalho teórico fora do meio psicanalítico. Claro que participava dos debates internos da SPP e freqüentava os colegas, mas nutria-se de um saber que escapava à comunidade freudiana da época. Permanecia portanto um marginal cuja evolução era observada com desconfiança, e com a idéia a todo momento afirmada de que esse homem não se assemelhava a um psicanalista comum. Depois de construir sua tese entre spinozismo, fenomenologia, surrealismo e psiquiatria dinâmica, lançaria ainda mais longe sua investigação filosófica da obra freudiana, o que o levou a enunciar suas primeiras hipóteses sobre o desejo, o estatuto do sujeito e o lugar do imaginário. Fato digno de nota: entre o final de 1932 e a metade de 1936, isto é, durante os quatro primeiros anos de sua análise, Lacan não produziu nenhum texto importante. Tudo se passou, portanto, como se esse estado de não-produção fosse o sintoma de uma grande mutação durante a qual se deu a passagem da psiquiatria e da descoberta freudiana a uma interpretação do freudismo que se abria a um verdadeiro sistema filosófico. E, do mesmo modo, esse período "vazio" funcionou como um "período de latência" rico em acontecimentos privados, a partir dos quais se forjou sua personalidade.

No final do mês de agosto de 1933, Lacan abandonou Olesia em Paris para passar uma quinzena de férias com Marie-Thérèse. A viagem foi de trem, de Saint-Jean-de-Luz a Madri, passando por Salamanca, Burgos e Valladolid. Louco de paixão, Lacan escreveu à amante cartas inflamadas. Leituras abundantes. Sua velha curiosidade por tudo reanimava-se após aqueles "malditos anos" de correria (grotesca) na "clínica". Ele dizia a Olesia que tinha nela um amigo devotado, talvez além do que ele merecesse.[7]

Após dirigir-se à mulher amada no masculino, Lacan contava-lhe, em nova carta, o quanto a viagem o apaixonava. Dizia-se capaz das loucuras mais "quixotescas". Afirmava seu anticristianismo ao mesmo tempo que falava de seu desejo de visitar seu "santo padroeiro", são Tiago [Jacques] de Compostela.

Descrevia os encantos da estrada de ferro espanhola, depois relatava uma visita ao mosteiro de San Domingo de Silos. Em Valladolid, ficou em êxtase diante de uma escultura policroma, "gritante, pungente, que nos retorce a alma". Em Madri, por fim, visitou o museu do Prado e constatou que não sentia mais, diante da pintura de Velásquez, a mesma emoção de antes. Em contrapartida, a inteligência de Goya levou-o às lágrimas. Ele reencontrava ali a paleta daqueles pintores que "outrora o haviam feito ouvir o apelo de Veneza".

Após esse arrebatamento lírico, Lacan evocava o passado e entregava-se à paixão por Olesia. Prometia-lhe sempre uma felicidade por vir. As palavras de amor eram acompanhadas de manifestações de ternura. Lacan falava de beijos ardentes, de momentos de febre e de seu desejo ofegante. Pedia à amante para esperá-lo, ficar bela para ele, perdoar as fugas e as hesitações incessantes. Garantia que o inverno seria caloroso e repleto de felicidade.[8]

Assim que voltou a Paris, retomou o caminho do divã e a exaltação cedeu o lugar à melancolia. Entre Marie-Thérèse, que ele não queria deixar, e Olesia, que ele amava mais quando separado dela, Lacan não conseguia nem se apossar de uma felicidade que lhe escapava, nem dominar uma impaciência que o tornava incapaz de gozar o tempo presente. No início do mês de outubro, viajou a Prangins para assistir à assembléia da sociedade suíça de psiquiatria e debater o problema das alucinações. Foi nessa ocasião que encontrou pela primeira vez Carl Gustav Jung, que falou de sua experiência junto às tribos africanas. Com Henri Ey, Lacan reafirmou o princípio de uma doutrina fundada sobre a psicogênese: a alucinação, disse, não procede de fato nem do automatismo, nem de uma "constituição", mas de uma perturbação do sentimento de integração da personalidade do doente.[9]

Em 24 de outubro, pouco antes de uma sessão de análise, ele escreveu a Olesia uma carta que contrastava singularmente com as do mês de agosto. Os amantes estavam à beira de uma ruptura, e Lacan entregava-se a seu humor melancólico. Queixava-se de estar sempre em atraso com a felicidade e reprovava sua atitude passada, embora confiasse, sem crer nisso, poder resgatar o tempo perdido. Almoçando no Auberge Alsacienne, na avenida de Versailles, lembrava-se de um mau momento no ano anterior, de sua angústia. Falava de seu tédio profundo e sublinhava que talvez Olesia estivesse em atraso, ela também, em relação a um frenesi, a um abandono. Queria mais uma vez e sempre resgatar o tempo perdido.[10] Apesar do sonho e do desejo, nada será reconstruído entre os dois amantes. No momento mesmo em que buscava exorcizar seu tédio, Lacan foi despertado por um novo amor: Marie-Louise Blondin. Ela ia fazer 27 anos e tinha o apelido de "Malou".

Lacan já a conhecia de muito antes: com efeito, era irmã de seu velho colega de externato Sylvain Blondin. Nascido em 24 de julho de 1901, este pertencia a uma honorável família republicana da alta burguesia parisiense, originária da Charente pelo lado materno e da Lorena pelo lado paterno. Após brilhantes estudos no liceu Carnot, Blondin decidira tornar-se médico como seu pai. Em 1924, classificado em segundo lugar no concurso do internato, escolhera a carreira de cirurgião. Iniciou suas atividades como chefe de clínica da Santa Casa onde permaneceu até 1935, data de sua nomeação após o concurso dos hospitais.

O homem era extremamente sedutor. Alto, magro, ágil, esperto, gostava de gravatas-borboletas e tinha uma cabeleira loira e ondulada que se comprazia em dissimular, com requintada elegância, sob um chapéu jogado para trás. Grande colecionador, dedicou seus primeiros honorários à compra de quadros modernos: Braque, Léger, Picasso. Operava com a mão esquerda, escrevia com a direita e desenhava com ambas ao mesmo tempo. Durante toda a vida recusou submeter-se ao exame de motorista, preferindo recorrer a limusines com chofer ou táxis.[11]

Lacan entendia-se perfeitamente com ele, e a relação dos dois, baseada numa espécie de fascinação recíproca, não foi alheia ao amor que lhe inspirou Malou. Esta tinha uma adoração sem limites pelo irmão. Estava pronta, por causa da amizade que unia os dois homens, a reencontrar em Jacques todas as qualidades que admirava em Sylvain: talento, beleza, originalidade, inteligência. E, como era narcísica e obstinada, tendo de si mesma uma imagem simultaneamente sublime e desfalecida, soube reconhecer o gênio sob a máscara da extravagância. Assim, preferiu Lacan a todos os outros. Viu nele um ser à altura de seu ideal de superioridade e quis conquistá-lo. Sylvain Blondin, que não tinha nenhuma simpatia pela doutrina freudiana e achava que seu colega faria uma brilhante carreira de psiquiatra, ficou maravilhado em ver a irmã que ele queria bem apaixonar-se por um homem que considerava idêntico a si mesmo.

Quadris estreitos, corpo alongado de admirável magreza, Malou era uma mulher de beleza surpreendente. Não possuía o charme masculino da pequena Olesia que tanto havia seduzido Drieu, mas pertencia a essa raça de mulheres cuja frágil feminilidade deixa entrever uma espécie de langor melancólico: entre Greta Garbo e Virginia Woolf. Malou poderia ter se contentado em ser a filha de sua mãe, ou a irmã de seu irmão que ela amou ternamente. Poderia ter se conformado com o ideal que lhe haviam transmitido: ser uma burguesa esclarecida que acompanha com retidão e nobreza o destino de um esposo tranqüilo, de preferência médico, colecionador ou mecenas, confortavelmente instalado num imóvel em pedra de cantaria do bairro Saint-Germain. Ela não fez essa escolha. Ainda muito jovem, já se impunha na família por seu talento de pintora, pela maneira original de disfarçar-se ou de fabricar ela mesma suas roupas, pelo jeito de rir de tudo com humor inimitável, ou ainda de espantar os amigos com seu conhecimento dos grandes clássicos da canção francesa. Todas essas qualidades, que designavam a verdadeira natureza de um temperamento artístico, impediram-na portanto de restringir-se ao papel de uma esposa comum. Mas, como o anticonformismo não a conduziu a uma verdadeira independência intelectual, permaneceu tributária do ideal de conjugalidade que ainda regia a condição feminina na época. Assim, foi ao mesmo tempo moderna por seus gostos e suas aspirações, e presa de forma rígida à ordem antiga por sua concepção do amor e da família.

Tal era a mulher pela qual Lacan se enamorou no outono de 1933, quando ainda pensava em reconquistar Olesia. E, para possuir a irmã desse amigo que ele admirava como um duplo de si mesmo, estava disposto a tudo. Não ignorava que tal mulher, sem nenhuma experiência do amor carnal, não era daquelas de que se fazem uma amante. Portanto, logo se colocou a questão do casamento.

No final de 1933, Lacan optou por uma união como manda o figurino, sancionada pela Igreja Católica Romana. Esquecia que, alguns meses antes, enviara da Espanha à amante parisiense um fervoroso testemunho de seu anticristianismo?

O fato é que o casamento de Marie-Louise Blondin e Jacques Lacan foi celebrado em 29 de janeiro de 1934, às onze e meia da manhã, no cartório do XVII distrito, na presença de testemunhas prestigiosas: de um lado, o professor Henri Claude, que, a pedido de seu aluno, viera trazer a caução de uma psiquiatria bem francesa àquele cujo nome não tardaria a suplantar o

110

seu; de outro, Henri Duclaux, cirurgião da Câmara dos Deputados e velho amigo da família Blondin. Este já estivera presente, no mesmo cartório, por ocasião do nascimento de Malou, em 16 de novembro de 1906. Demonstração de ternura paterna pela noiva, presença mundana e culto das honrarias pelo noivo.

Se o casamento civil realizou-se sob os auspícios de um ideal médico em que se cruzavam os valores humanistas da psiquiatria e da cirurgia, o casamento religioso respondeu aos desejos da família Lacan. Decidido a não romper com as aparências de um catolicismo cuja pompa o fascinava, desejoso também de não decepcionar uma mãe que jamais teria admitido que as núpcias do filho não fossem religiosas, Jacques Lacan pediu a dom Laure, abademor da abadia de Hautecombe, que abençoasse a união na igreja de Saint-François-de-Sales.

Jacques e Malou fizeram a tradicional viagem à Itália. Foram até a Sicília. Pela primeira vez, Lacan avistou com deslumbramento a cidade de Roma, pela qual se apaixonou. Desde sua chegada, portou-se como conquistador: "Sou o doutor Lacan", declarou ao porteiro do hotel que, não tendo jamais ouvido esse nome, olhou-o com espanto. Em Roma, contemplou os êxtases de Bernini e a arquitetura das fontes, cujos impulsos barrocos seduziram-no ao ponto de despertar-lhe culpa. No dia 10 de fevereiro, em plena lua-de-mel, recriminou-se por ter abandonado Olesia e enviou-lhe um telegrama: "Inquieto minha amiga. Telegrafe posta-restante. Roma. Jacques".[12]

Por certo Malou não havia percebido a que ponto esse homem era profundamente estranho a seu ideal de amor e de fidelidade. E por certo Lacan, sempre impaciente, em seu ardor, de se apoderar do objeto desejado, não havia compreendido que jamais uma tal mulher aceitaria partilhá-lo. Esse casal, cuja felicidade parecia evidente, lançava-se assim no caminho do desastre. Ao mesmo tempo polígamo e ligado a uma conjugalidade que lhe era necessária, Lacan era tão incapaz de abandonar uma mulher quanto de permanecer-lhe fiel. Decidido a não dissimular a realidade de seu temperamento, ele pôs em prática, na própria vida, essa dialética do impossível e da verdade da qual um dia se

111

tornaria o mais famoso teórico. Quanto a Malou, compreendeu demasiado tarde que o homem que venerava não podia corresponder a suas aspirações. Manteve no entanto seu ideal, ao preço do desespero.

Até então, a passagem à idade viril parecia um êxito. Os esposos instalaram-se num rico apartamento do bulevar Malesherbes, a dois passos do de Henri Claude. A elegância, o gosto pelo vestuário e a maneira de viver de Malou tiveram um efeito favorável sobre o comportamento de Lacan: ele passou a vestir-se no melhor estilo da época, com mais esmero que outrora, e adquiriu o hábito de um conforto comedido.

A ruptura com Olesia jamais se consumou, nenhuma palavra foi pronunciada. Simplesmente, os dois amantes deixaram de se freqüentar. A jovem, portanto, foi mais uma vez abandonada. Embora tivesse vivido com Lacan uma verdadeira história de amor, jamais teve por ele a mesma paixão que por Drieu. Aos olhos dela, um era o notável teórico de quem admirava a inteligência, o ímpeto e a sedução, mas o outro continuava sendo o objeto vibrante de uma fixação maciça, cuja perda ela cultivava para não renunciar à dor de saborear uma decepção. Olesia havia portanto preferido a infelicidade de amar um homem que não a aceitava à felicidade de ser amada por aquele que sempre adiava o momento de amá-la. Lacan não ignorava que sua amante estava ligada para o resto da vida ao culto de outro homem. E como deixava à espera quem teria podido possuir a fim de melhor desejar o que lhe escapava, não permaneceu insensível à maneira pela qual ela buscava o abandono. À força de boemia, improvisos, encontros faltosos e erotismo, os dois tinham vivido sua história secreta num estilo maravilhosamente afetado. Com o passar dos anos, a aventura que os havia unido conservou para ambos essa auréola de febre e de emoção que a lembrança atribui aos amores da juventude irremediavelmente perdidos. E quando voltaram a se ver, 43 anos mais tarde, num jantar a dois no La Petite Cour, ansiosos por imaginar o encanto inesperado desse tempo redescoberto, nada tinham a dizer um ao outro. A história deles, porém, havia deixado vestígios na memória de Victoria Ocampo. Por volta da mesma época, de passagem por Paris, esta pediu a amigos que lhe arranjassem um encontro com Lacan. Diante do espanto causado pela idéia extravagante de que ela pudesse interessar-se pelo grande mestre do pensamento freudiano, Victoria pronunciou estas palavras magníficas: "Era el amantito de la mujer de Drieu".[13]

Em maio de 1934, Lacan participou do concurso destinado ao recrutamento de médicos-chefes dos manicômios. Diante do júri, ostentou com arrogância seu saber fenomenológico e por pouco não foi reprovado: "Esse rapaz nos aborrece", disseram os examinadores.[14] Ele obteve a décima primeira colocação entre treze classificados, após um desempenho extraordinário na prova dita "exame do doente". Esta consistia em apresentar um caso em vinte minutos sem conhecer nem o dossiê nem o paciente. Apesar da nomeação, Lacan esquivou-se da obrigação de assumir o cargo hospitalar que lhe incumbia. Já estava envolvido no exercício privado da psicanálise, cujo caminho lhe haveria de ser oficialmente aberto com sua admissão como membro aderente da SPP, em 20 de novembro do mesmo ano.[15] Essa renúncia à carreira hospitalar não significava um afastamento da loucura. Muito pelo contrário, não cessará de voltar a ela, a ponto de jamais separar sua leitura do freudismo de uma clínica da psicose, nem esta de seu fundamento paranóico.

Foi no café da praça Blanche que Lacan cruzou com o homem que haveria de ser, durante vários anos, seu primeiro e único analisando de longa duração, fora do circuito manicomial. Chamava-se Georges Bernier e era originário de uma família judaica proveniente da Rússia.[16] Estudava então filosofia e interessava-se pela pintura moderna, pelas vanguardas, pelas idéias novas. Ele viu Lacan sentado à mesa de André Breton, depois tornou a encontrá-lo no inverno de 1933 nos bancos de um anfiteatro da Sorbonne, onde ele próprio se preparava para se formar em psicologia, ao mesmo tempo que seguia os cursos de Georges Dumas.

Enquanto Lacan queria cursar filosofia, Bernier pensava em fazer psiquiatria, sentindo também a necessidade de uma análise freudiana. Assim, foi procurar Allendy para algumas sessões. Não o achando muito inteligente, decidiu empreender uma análise com Lacan. O tratamento durou até 1939. Após essa data, os dois reencontraram-se em Marselha, ligados, em plena *débâcle*, por uma cumplicidade sobre a qual voltaremos a falar longamente.

As primeiras sessões desenrolaram-se na rua de la Pompe, da forma mais clássica. Prosseguiram depois no bulevar Malesherbes. Duravam uma hora, no ritmo de três por semana. A cada duas ou três semanas, Lacan propunha uma espécie de síntese. Intervinha longamente para explicar o que se havia passado e ajudar o paciente a prosseguir. Nessa análise original, já se manifestavam algumas das características próprias ao estilo do futuro Lacan: uma maneira, ao mesmo tempo, de fundir-se com o paciente, de não analisar a transferência, ou de trocar com ele livros, objetos, idéias, e também de separar radicalmente o domínio do divã do da amizade.

Durante os anos de gestação que o levaram da publicação de sua tese à apropriação do grande impulso filosófico de sua época, Lacan freqüentou as fileiras da SPP. Diante dos homens da primeira geração, afirmou-se como um teórico de peso. E foi com Loewenstein, Paul Schiff, Charles Odier e Édouard Pichon que manteve o diálogo mais seguido. As relações com Marie Bonaparte permaneciam, de parte a parte, de extrema frieza. Entre a representante oficial da poderosa orelha vienense, que reinava soberana na SPP, e o fundador de uma verdadeira renovação freudiana, o silêncio estava na ordem do dia. Aliás, a princesa parecia não ter ainda suspeitado a importância desse homem tão estranho a seu universo. Ao longo de seu diário íntimo, onde contava em detalhe os problemas cotidianos do movimento psicanalítico, não mencionou uma vez sequer o nome de Lacan.[17]

As intervenções feitas por Lacan durante esse período não foram muito interessantes. Testemunhavam sua presença constante nas fileiras da SPP. Até 1936, não fez senão repetir o que já havia afirmado a propósito da paranóia.

A partir de 1936, ele se interessou pela questão do *estádio do espelho*. Apoiando-se em Henri Wallon, Alexandre Kojève e Alexandre Koyré, inventou uma teoria do sujeito que, embora ligada à revolução freudiana, dava-lhe um novo conteúdo. Os traços dessa evolução são perceptíveis em 1937 e 1938 nas réplicas a Marie Bonaparte, a Loewenstein e a Daniel Lagache. Elas têm por objeto o corpo espedaçado, o narcisismo e a pulsão de morte. São mais nítidos ainda na apresentação de 25 de outubro de 1938, intitulada "Do impulso ao complexo", na qual Lacan traça as linhas principais de seu trabalho doutrinal diante de Odier, que lhe censurava a duração excessiva de sua comunicação.[18]

Convém dizer que nessa época a análise de Lacan colocava um sério problema no quadro dos titulares da SPP. Nenhuma dificuldade havia surgido para sua nomeação como membro aderente em 1934. Mas, após a criação do Instituto de Psicanálise e o estabelecimento de regras mais rígidas para o acesso ao título de efetivo, as coisas começaram a se complicar. Pioraram de vez em 1936 quando Lacan encetou sua obra teórica, cuja tonalidade escapava ao meio psicanalítico. Não podendo ser compreendido por suas inovações intelectuais, ele será rejeitado por sua incapacidade de submeter-se às regras.

Não somente a duração desse tratamento era excessiva em relação à norma aceita na época, como ele também parecia querer eternizar-se segundo um processo de chantagem e desafio recíprocos. Loewenstein, com efeito, achava que Lacan devia continuar sua formação, ao passo que este a continuava apenas para ter acesso ao nível de titular. Será preciso a intervenção de Pichon para pôr fim ao drama.[19]

2. O FASCISMO: DERROCADA DA SAGA VIENENSE

Enquanto a spp era atravessada cotidianamente por essas pequenas tragédias íntimas, o movimento psicanalítico era atropelado pelo trem da história. Em março de 1938, a chegada dos nazistas a Viena tornou iminente a partida de Freud e de seus últimos companheiros. Importunado várias vezes pela Gestapo, o velho homem, amputado da mandíbula, conservou a calma e o humor. Jamais havia deixado a cidade onde fez suas principais descobertas. Queria permanecer em seu posto até o derradeiro instante.

Ao mesmo tempo que organizava a partida do mestre com a ajuda de Max Schur, William Bullitt e Marie Bonaparte, Ernest Jones tentava recorrer, pela segunda vez, à política que havia aplicado na Alemanha alguns anos antes. Sabe-se, com efeito, o que foi nesse país o programa de arianização aceito por ele e pregado, desde 1933, por Mathias Heinrich Göring, nazista convicto, anti-semita ardoroso e antigo aluno de Emil Kraepelin: construir um movimento de psicoterapia do qual seriam excluídos os judeus e banido o vocabulário freudiano. Dentre os membros da Deutsche Psychoanalytische Gesellschaft (DPG), fundada por Karl Abraham, dois homens se destacaram nesse empreendimento: Felix Boehm e Carl Müller-Braunschweig. Nem ideólogos, nem adeptos do nazismo, eles eram simplesmente ciumentos dos prestigiosos colegas judeus que haviam sido os pioneiros do pensamento freudiano na Alemanha. O advento do nacional-socialismo foi portanto para eles uma oportunidade de sorte: permitiu-lhes fazer carreira. Sentindo-se inferiores a seus mestres judeus, esses homens tornaram-se os lacaios da vergonha, enquanto os membros judeus da DPG tomavam o caminho do exílio. Em 1935, de 47 deles, não restavam mais que nove. Boehm e Müller-Braunschweig basearam seu colaboracionismo na seguinte tese: para não dar aos nazistas nenhum pretexto para proibir a psicanálise, bastava antecipar-se às ordens deles e excluir os últimos membros judeus da DPG, mascarando essa exclusão como partida voluntária.

Apoiada por Jones, essa operação de "salvamento" levou à demissão forçada dos últimos membros judeus da DPG. Um único não-judeu recusou essa infâmia: chamava-se Bernard Kamm e exilou-se voluntariamente em solidariedade aos excluídos. Göring pôde então realizar seu sonho e criar um instituto de psicoterapia no qual se reagruparam os freudianos, os junguianos e os independentes. Freud não aprovou essa política, e quando Boehm foi a Viena para convencê-lo da legitimidade da tese do "salvamento", levantou-se e, furioso, deixou o aposento. Ele reprovava tais baixezas, mas, como havia muito cessara de comandar os assuntos da IPA, deixou Jones sustentar o empreendimento. O que foi interpretado como uma aprovação implícita.[1]

Jones haveria de perseverar em sua política de compromisso. Em Viena, no dia 13 de março de 1938, Freud e seus companheiros se reuniram para encerrar as atividades da sociedade, cuja nova sede havia sido inaugurada apenas dois anos antes. Anna Freud presidia a sessão. Nessas horas sombrias, todos se lembravam do grande dia de festa de maio de 1936, em que Thomas Mann pronunciara sua célebre conferência sobre o futuro da psicanálise, na qual dissera:

> Sigmund Freud, o fundador da psicanálise como terapêutica e método geral de investigação, percorreu o duro caminho de sua busca completamente só, em total independência, unicamente como médico e observador da natureza, sem conhecer os consolos e o reconforto que as belas-letras teriam colocado à sua disposição. Ele não conheceu Nietzsche, em quem, por toda parte, clareando a obra como relâmpagos, visões freudianas se acham antecipadas; não conheceu Novalis, cuja biologia romântica, muitas vezes, em devaneios inspirados, aproxima-se tão espantosamente das

idéias psicanalíticas; não conheceu Kierkegaard, cuja coragem cristã, que jamais recua diante das revelações mais trágicas da psicologia, não teria deixado de impressioná-lo e de agir profundamente sobre ele como um estimulante; e decerto também não conheceu Schopenhauer, que orquestrava em sua filosofia desencantada uma sinfonia dos instintos cujo curso ele se empenha em desviar para libertar a humanidade. Certamente tinha de ser assim. Era-lhe preciso fazer unicamente por seus próprios meios a conquista metódica de seu sistema, ignorando as antecipações intuitivas: esse rigor do destino provavelmente intensificou o mordente de sua busca.

No momento de dissolver a sociedade, Anna perguntou a Richard Sterba quais eram suas intenções. Único não-judeu do grupo, ele podia, como desejava Jones, assumir a direção de uma política de "salvamento" da psicanálise em Viena. Ele recusou. E Freud pronunciou estas palavras: "Após a destruição por Tito do templo de Jerusalém, o rabino Hochanaan ben Sakkaï pediu autorização para abrir em Jahné uma escola consagrada ao estudo da Torá. Vamos fazer a mesma coisa. Estamos habituados a ser perseguidos por nossa história, nossas tradições". Depois, voltando-se para Sterba, acrescentou: "Com uma exceção".[2]

Em 3 de junho de 1938, Freud deixava Viena pelo Orient Express, para nunca mais retornar. Deixava atrás de si quatro irmãs, Rosa, Mitzi, Dolfi e Paula. Elas serão lançadas nas trevas da solução final: Theresienstadt, Treblinka. No julgamento de Nuremberg, uma testemunha contou como uma delas foi acolhida pelo Obersturmbannführer do campo de concentração:

Uma mulher já idosa aproximou-se de Franz Kurt, apresentou um *Ausweis* [documento de identidade] e disse ser a irmã de Sigmund Freud. Rogou que a empregassem num trabalho de escritório fácil. Franz examinou com cuidado o *Ausweis* e disse que se tratava provavelmente de um erro. Conduziu-a a um indicador da ferrovia e disse que em duas horas um trem retornaria a Viena. Ela podia deixar ali seus objetos de valor e seus documentos, para ir tomar uma ducha. A mulher entrou no local, de onde não retornou jamais.[3]

Na plataforma da estação do Leste, em 5 de junho de 1938, às quinze para as dez da manhã, Marie Bonaparte e William Bullitt acolheram Freud para uma estada de doze horas em Paris. No final da tarde, este recebeu alguns psicanalistas franceses nos salões da mansão particular da princesa, na rua Adolphe-Yvon. Lacan não estava presente. Dirá mais tarde que preferiu não ir para evitar "render homenagens" a Marie.[4] Certamente a verdade era outra. Lacan, de fato, não foi convidado a esse encontro, que transcorreu na intimidade. Nessa época, aliás, ele nada tinha a esperar de uma entrevista com o mestre vienense.

Em agosto, quando toda a Europa temia a guerra, o congresso da IPA teve lugar em Paris num salão da avenida d'Ièna, sob um calor tórrido. No discurso de abertura, Jones prestou homenagem à França:

Podemos considerar a França como sendo o país que forneceu o quadro necessário à psicologia moderna. Foram os psicólogos franceses que descobriram pela primeira vez, por uma intuição natural ao país, a importância das observações clínicas e terapêuticas para a psicologia em geral [...]. O terreno foi assim preparado para a descoberta capital da inconsciência normal, mas essa descoberta foi feita em outra parte. Para empregar uma comparação com a agricultura, a terra francesa, que havia sido incessantemente cultivada durante cem anos, estava, no final do século passado, totalmente esgotada; os sinais de infertilidade tornavam-se evidentes e sobreveio um período em que ela precisou permanecer em pousio.

Durante quatro dias, psicanalistas franceses e estrangeiros argüiram sobre diversos assuntos. Loewenstein, Pichon, Allendy, Lagache, Sophie Morgenstern e Marie Bonaparte sucederam-se na tribuna. Um homem brilhou por sua ausência: Jacques Lacan. No discurso de encerramento, Jones fez o balanço da própria atuação como presidente para o conjunto de países onde existiam sociedades freudianas. A propósito da Alemanha, anunciou a vitória da política de "salvamento". Sem mencionar o nome de Göring, o processo de nazificação, a demissão forçada dos judeus ou o êxodo da fina flor da intelectualidade psicanalítica, felicitou-se pela "autonomia considerável" de que gozava a nova DPG submetida ao instituto de psicoterapia, e pelo "aumento constante do número de candidatos formados". Depois, abordando a questão austríaca, lamentou a sorte da sociedade vienense: "Eu ignorava", disse ele em síntese, "ao participar há 32 anos das primeiras reuniões dessa sociedade que deu origem a todas as outras, que um dia teria de pronunciar sua dissolução [...]. O professor Freud aceitou minha recomendação de que essa sociedade passe ao controle de sua homóloga alemã".[5]

Após esse sinistro discurso, os participantes do congresso tomaram o caminho de Saint-Cloud, para uma recepção nos jardins da suntuosa vila da princesa. A caminho da América, os exilados vienenses sonharam uma última vez, antes do apocalipse, com essa Europa encantada cujo brilho eles jamais veriam outra vez. A grande Yvette Guilbert, tão admirada por Freud, cantou "Dites-moi que je suis belle" [Diga-me que sou bela] diante de uma multidão subjugada por sua força vocal e seus oitenta anos.[6]

Talvez Lacan estivesse lá, no meio do banquete: um entre outros...

A assinatura dos tratados de Munique, que prefigurava a derrocada da França, teve um papel importante na maneira pela qual Lacan livrou-se, com a ajuda de Pichon, de uma análise interminável. Consciente de haver perdido a batalha contra a francidade da psicanálise e preocupado, naqueles dias sombrios, em preservar a SPP da dominação exclusiva da corrente ortodoxa, o gramático decidiu "negociar" a nomeação de Lacan como titular em troca do apoio à de Heinz Hartmann, refugiado em Paris após a ocupação de Viena pelos nazistas. Portanto, foi preciso a decidida intervenção de um membro da Action Française

120

para que o filho de Alfred fosse enfim aceito num grupo que lhe recusava seu verdadeiro lugar. Em 15 de novembro de 1938, ele apresentou sua candidatura a membro titular e, em 20 de dezembro, o assunto estava regulamentado.

Ao agir desse modo, Pichon não se contentava, às vésperas da morte, em designar um possível herdeiro dessa tradição francesa pela qual tanto havia militado, ele reparava também uma injustiça. Com efeito, não havia nenhuma razão válida para que Lacan não fosse nomeado titular, depois de passar seis anos no divã de Loewenstein. Que as condições nas quais terminou essa análise tenham sido para o analista uma dura humilhação, é o que se verá pelo rancor expresso numa carta que ele escreverá a Marie Bonaparte, em 22 de fevereiro de 1953:

O que você me diz sobre Lacan é doloroso. Ele sempre representou para mim uma fonte de conflito: de um lado por sua falta de qualidades de caráter, de outro por seu valor intelectual, que tenho em alta estima, não sem violento desacordo. Mas o lastimável é que, embora tivéssemos combinado que ele continuaria a análise após sua eleição, ele não voltou. Não se trapaceia impunemente num ponto tão importante assim (isso, cá entre nós). Espero realmente que seus potros, analisados às pressas, ou seja, não analisados em absoluto, não sejam admitidos.[7]

Numa outra carta a Jean Piel, datada de 12 de setembro de 1967, ele fazia ainda algumas confidências sobre as condições dessa nomeação e sobre a opinião que tinha de seu ex-analisando: "Lacan foi nomeado em 1937-8, e eu tive uma influência determinante nessa época para superar as objeções manifestadas por nossos colegas". E, a propósito da cisão de 1953, ele acrescentava:

Quando ficou claro que o "training" de Lacan era inadmissível, ele prometeu emendar-se e obedecer às regras padrão. Mas logo recomendou a adesão de um número não habitual de candidatos analisados por ele. Assim foi obrigado a reconhecer que de novo havia formado candidatos de forma heterodoxa, abreviando o tempo [...]. No que concerne às idéias de Lacan, penso que ele manifesta uma imaginação muito pertinente na pesquisa do significante e se desinteressa do significado. Ora, um discurso científico, enquanto ramo do saber, não pode permitir-se isso sem ficar mutilado. Eis por quê, quando leio os textos dele, não consigo deixar de pensar: palavras, palavras, palavras. E, no entanto, amo e admiro Mallarmé.[8]

3. A ESCOLA DA FILOSOFIA: EM TORNO DE ALEXANDRE KOYRÉ

AO MESMO TEMPO QUE COLABORAVA em *Minotaure*, Lacan, exasperado pelos estudos médicos, continuava a se interessar pelas questões da filosofia de seu tempo. Foi levado assim a entrar em contato com Pierre Verret, um estudante comunista pouco mais jovem que ele e desejoso de reforçar suas mesadas por meio de aulas particulares. Lacan pediu-lhe para iniciá-lo nas grandes correntes do saber filosófico. Queria obter um certificado de lógica e de filosofia geral na Sorbonne. Durante cerca de quatro meses, de setembro de 1933 a janeiro de 1934, no momento mesmo em que conhecia Georges Bernier, fez vir seu "professor" à rua de la Pompe duas vezes por semana, das sete e meia à meia-noite. Às vezes, uma boa refeição era servida, preparada de antemão pela governanta. Segundo Verret:

> Não se tratava de aulas ordenadas segundo uma progressão preestabelecida que permitisse uma preparação rigorosa. Era antes um bombardeio de questões inesperadas, perguntas de detalhes suplementares que seguidamente desarmavam o neófito que eu era. Lacan tinha curiosidade por tudo e era de fato ele quem conduzia a "aula". Esta se parecia mais — se ouso permitir-me a comparação — com um diálogo platônico em que as respostas às interrogações suscitavam novas questões: nessa maiêutica, eu com freqüência não passava de um pobre Sócrates [...]. O doutor pagava meus honorários sem o menor desconto pelo excelente jantar que acompanhava muitas vezes nossas disputas verbais.[1]

Pelo convívio com Jean Bernier e os surrealistas, bem como pela publicação de sua tese, Lacan achava-se portanto mergulhado no centro do debate acerca do comunismo que atravessava a intelectualidade francesa. Nessa conjuntura, e embora pessoalmente não tivesse a menor preocupação com um engajamento político, ele não se desinteressou da batalha sobre o freudo-marxismo que opunha em 1933 os comunistas, os surrealistas e os amigos de Boris Souvarine. Por ocasião de uma conferência na Mutualité, um jovem filósofo chamado Jean Audard foi atacado por Georges Politzer com uma violência inusitada. O confronto descambou em pugilato. Lacan não estava presente, mas a leitura da conferência de Audard despertou-lhe a vontade de encontrá-lo, e ele manifestou esse desejo a Verret: "Gostaria, se puder ir à AEAR [Associação dos Escritores e dos Artistas Revolucionários] (o que direi a você amanhã), de beber um trago com Audard, antes do jantar, por exemplo, junto com você".[2]

O texto de Audard era original para a época. Em vez de tomar partido pelo antifreudismo ou pelo freudo-marxismo, o autor mostrava, de um lado, que a psicanálise era mais "materialista" que o marxismo, cujo idealismo ela podia corrigir, e, de outro, que os comunistas russos não defendiam o mesmo marxismo que os de Paris.[3]

Entretanto, não foi pelo lado dos debates sobre o caráter materialista da psicanálise que Lacan orientou suas pesquisas durante o longo período de gestação que o levou da publicação do artigo sobre as irmãs Papin à elaboração das primeiras teses sobre as ilusões do eu. E, de fato, após o encontro com a epopéia surrealista, foi o convívio com Alexandre Koyré, Henry Corbin, Alexandre Kojève e Georges Bataille que lhe permitiu iniciar-se numa modernidade filosófica que passava pela leitura de Husserl, Nietzsche, Hegel e Heidegger. Sem essa iniciação, a obra de Lacan teria permanecido para sempre prisioneira do saber psiquiátrico ou de uma apreensão acadêmica dos conceitos freudianos.

Filho de um importador de produtos coloniais, Alexandre Koyré nascera em 1892 em Tanganrog, na Rússia. Após a revolução de 1905, tomou parte, muito jovem, de atividades políticas que o levaram à prisão. Foi com a idade de dezessete anos que ele se tornou aluno de Husserl e de Hilbert na universidade de Göttingen. De lá, foi a Paris, onde seguiu os cursos de Bergson e de Brunschvicg. Retornando à Rússia, participou da revolução de fevereiro de 1917, mas se opôs à de outubro. Socialista convicto, não partilhava as opções do leninismo. Em 1919, emigrou definitivamente para a França, não sem haver participado, no *front* russo, dos combates da Grande Guerra.

Já em 1914, ele havia preparado, sob a orientação de François Picavet, livre-pensador e especialista em teologia medieval, uma dissertação sobre "A idéia de Deus na filosofia de santo Anselmo". Esse mestre transmitiu-lhe ao mesmo tempo a paixão que nutria pelo neoplatonismo[4] e um espírito de laicidade na abordagem da história da filosofia religiosa. Isso não impediu Koyré de seguir, em 1921, o ensino de Étienne Gilson, cuja orientação era bem diferente da de Picavet. Esse filósofo cristão, autor de uma obra imensa, havia renovado inteiramente o estudo da filosofia medieval ao inaugurar um método de leitura dos textos inteiramente novo. Os alunos vinham vê-lo e escutá-lo, primeiro na Sorbonne, depois na V Seção da EPHE: "Gilson", escreve Corbin, "lia os textos latinos, traduzia-os ele próprio, e então extraía deles todo o conteúdo explícito ou latente num comentário magistral que ia ao âmago das coisas".[5]

Esse método permitia recolocar a abordagem de um autor ou de uma obra num contexto histórico em que a fé e a filosofia se conciliavam. Assim, em face da tradição representada por Émile Bréhier, Gilson convertia toda uma geração de pesquisadores à idéia de que os livros santos podiam ser os suportes de um verdadeiro pensamento filosófico. Já foi visto que o procedimento de Jean Baruzi, que fora professor de Lacan no colégio Stanislas, ligava-se a essa orientação gilsoniana do ensino da história das doutrinas religiosas.

Com a morte de Picavet, Koyré foi designado para a V Seção como professor conferencista temporário, após ter obtido seu diploma com "A idéia de Deus e as provas de sua existência em Descartes". Em 1929, defendeu sua tese de filosofia sobre Jacob Boehme e, dois anos mais tarde, passou a ocupar, como diretor de estudos da V Seção, a cadeira de história das idéias religiosas na Europa moderna.

Foi assim que esse homem generoso, cuja distinção e a magnífica inteligência faziam esquecer uma elocução difícil, inaugurou um ensino que faria dele um dos maiores historiadores das ciências do século XX. Na linha direta de Paul Tannery, Koyré defendia a tese de que era preciso renunciar a uma história das ciências puramente interna, e mostrar que o conhecimento humano não evolui, como se crê, no sentido da busca de um modelo cada vez mais conforme a uma realidade cuja existência bastaria descobrir para provar que o espírito humano dele se aproxima por uma série de progressos sucessivos. A esse tipo de estudo, fundado na cronologia das origens e das filiações, Koyré opunha uma história filosófica das ciências não redutível ao encadeamento interno dos fatos científicos, mas que englobava todas as concepções religiosas ou mentais de uma época. Assim, ele queria integrar à história das ciências a maneira pela qual a ciência compreende o que a precede e o que a acompanha: "No início de minhas pesquisas", escreverá ele em 1951, "fui inspirado pela convicção da unidade do pensamento humano, particularmente em suas formas mais elevadas; pareceu-me impossível separar em compartimentos estanques a história do pensamento filosófico e a do pensamento religioso, no qual o primeiro está sempre mergulhado, seja para inspirar-se nele, seja para opor-se a ele".[6]

Em seus estudos sobre Galileu, iniciados por volta de 1935, Koyré servia-se magnificamente de sua concepção da história das ciências. Mostrava que o movimento de renovação científica, que levou à destruição do cosmos medieval, era a princípio inspirado por uma oposição entre o platonismo e o aristotelismo a propósito do papel desempenhado pelas matemáticas para a compreensão do mundo. Para os platônicos, dos quais Galileu fazia parte, as matemáticas comandavam o universo, ao passo que para os aristotélicos, que representavam a antiga escolástica, era a física, como ciência do real, que ocupava esse lugar superior, independentemente das matemáticas ocupadas com objetos abstratos.

Ora, a ciência galileana, por seu platonismo, supunha o abandono de toda explicação finalista do universo e a afirmação de seu caráter infinito. Assim, era proposta a destruição de um cosmos hierarquicamente ordenado tal como o havia pensado a escolástica medieval de inspiração aristotélica. A concepção de um universo infinito e autônomo derrubava as provas tradicionais da existência de Deus ao desalojar o sujeito de seu lugar central no mundo, no qual, doravante, ele era obrigado a buscar Deus em si mesmo. Se o homem medieval vivia num espaço em que a verdade era dada como religião revelada, antes de qualquer exercício do pensamento filosófico, o homem da nova ordem galileana, a quem Descartes propunha "filosofar como se ninguém o tivesse feito antes dele", tornava-se o móbil de uma grande reviravolta: nele residia a soberania de um pensamento que não mais podia recorrer a uma verdade "revelada" anterior a ele. Ao mundo fechado, finito e hierarquizado do cosmos medieval, sucedia um universo sem limites em que o sujeito, abandonado a si mesmo, era devolvido à sua razão, à sua incerteza, à sua confusão.[7]

Esse sujeito da ciência moderna teorizado por Koyré encontrava assim na fundação do *cogito* cartesiano uma tradução filosófica orientada em torno dos dois pólos da verdade e da liberdade. Se o sujeito é livre, sem apoio exterior a si mesmo, ele é forçado à experiência de uma verdade jamais limitada por uma autoridade preexistente qualquer.[8]

Essas interrogações sobre o nascimento da ciência moderna e o estatuto do *cogito* haviam nascido da grande reelaboração filosófica efetuada por Husserl, de quem Koyré fora aluno. As teses de Husserl começaram a ser conhecidas na França a partir dos anos 1920 e sobretudo depois de fevereiro de 1929, data em que Husserl pronunciou na Sociedade Francesa de Filosofia suas famosas conferências: as *Meditações cartesianas*. Tomando por ponto de partida o *cogito* cartesiano, a fenomenologia husserliana afirmava que nenhum conhecimento era certo fora da *minha* existência de ser pensante. No estádio do *cogito*, o ser devia reduzir-se ao *eu* que pensa, isto é, ao ser do *ego*. Donde a noção de *redução fenomenológica*, que consistia em estabelecer o primado do *ego* e do pensamento, e que ultrapassava a experiência natural por uma visada da existência como consciência do mundo. Se a existência do mundo pressupõe a do *ego*, a redução fenomenológica visa *minha* existência como consciência do mundo. O eu torna-se então *transcendental*, e a consciência, *intencional*, já que ela visa alguma coisa. Quanto à ontologia, ela é uma *egologia* na qual é suficiente que a idéia que tenho do objeto seja verdadeira para que o próprio objeto o seja. Desse modo, forma-se para o *ego* o sentido do *outro* ou do *alter ego*, segundo uma série de experiências que definem a intersubjetividade transcendental como realidade a partir da qual se separa o *ego* de cada um.

Em 1935, em *A crise das ciências européias e a fenomenologia transcendental* (Krisis), Husserl mostrava que a busca dessa intersubjetividade devia preservar as ciências do homem da inumanidade. Dito de outro modo, a fenomenologia transcendental, ao preservar o *ego* do formalismo científico, salvava uma ciência possível do homem na qual o *ego* podia ser descoberto como vida. Assim, face à escalada da barbárie e das ditaduras que ameaçava a paz ocidental, a fenomenologia husserliana apelava a uma consciência filosófica européia herdada da Antiguidade, e que correspondia a uma humanidade desejosa de viver na livre construção de sua existência: "A crise da existência européia só pode ter duas saídas: ou o declínio da Europa, tornada estranha a seu próprio sentido racional da vida, com a queda no ódio espiritual e na barbárie; ou o renascimento da Europa a partir do espírito da filosofia, graças a um heroísmo da razão que supera definitivamente o naturalismo. O maior perigo da Europa é a lassidão".[9]

O imenso fascínio que exerceu a obra husserliana sobre a intelectualidade francesa do entreguerras traduziu-se de várias maneiras. Lida com Heidegger, e especialmente à luz de *Sein und Zeit*, publicado em 1929, ela permitia situar no âmago do sujeito humano a questão do patético da existência e das fendas do ser, desferindo assim um golpe decisivo no *élan* de uma plenitude bergsoniana do *ego*. Donde uma crítica à idéia de progresso que podia desembocar seja numa rejeição dos valores da democracia, em nome de um retorno às raízes originais do ser, seja no surgimento de um *nada*, símbolo trágico de uma finitude mortal da existência humana, despojada de toda transcendência. Mas ela abria também dois caminhos ao salvamento possível da razão moderna. Um podia propor-se a centrar de novo a espiritualidade ocidental numa filosofia da experiência e do sujeito, como o farão na França Jean-Paul Sartre e Maurice Merleau-Ponty; o outro podia formar o projeto de construir uma filosofia do saber e da racionalidade: foi o que fizeram Alexandre Koyré, Jean Cavaillès e Georges Canguilhem. O procedimento lacaniano escolherá situar-se a meio caminho dessas duas orientações, ao mesmo tempo como nova experiência do sujeito e como tentativa de fazer valer uma forma de racionalidade humana fundada na determinação de um inconsciente freudiano.[10]

A concepção da história das ciências defendida por Koyré coincidia com as preocupações dos historiadores que, sob o impulso de Marc Bloch e de Lucien Febvre, acabavam de criar, em 1929, a revista dos *Annales d'Histoire Économique et Sociale*. Em 1903, na *Revue de Synthèse* fundada por Henri Berr, François Simiand já contestava os métodos positivistas representados por Ernest Lavisse e Charles Seignobos, propondo dessacralizar os três ídolos da tradição historicizante: o *ídolo político*, que pretendia reduzir todo acontecimento social às decisões, às ações e aos gestos conscientes dos príncipes deste mundo; o *ídolo individual*, que encerrava a história coletiva dos homens na de uma série de personagens ilustres; e o *ídolo cronológico*, que privilegiava um tipo de narração baseado no simples encadeamento dos fatos verificados pelo sacrossanto "documento".

Não por acaso a criação dos *Annales*, que haveria de dar origem a uma nova escola histórica, ocorreu no ano da grande crise de Wall Street, e no momento em que a revolução husserliana lançava as bases de uma reelaboração filosófica da questão da existência humana. No cerne das duas atitudes desenhava-se uma interrogação angustiante sobre a noção de progresso herdada da filosofia do século XVIII. Não apenas o modelo de uma história fundada sobre os gloriosos relatos de batalha ou a hagiografia dos combatentes tornara-se caduco após os horrores de Verdun, mas também toda construção teórica que visasse imprimir na história uma significação unívoca era sentida como contrária à complexidade da "verdadeira" história viva. Assim, Bloch, Febvre e seus amigos opunham a um esquema maniqueísta e centrado nos eventos o grande projeto de uma vasta história plural em que seriam estudados conjuntamente os modos de vida, as paisagens, as mentalidades, os sentimentos, as subjetividades coletivas e os grupos sociais, com o auxílio de uma narração épica capaz de fazer reviver o imaginário de uma época inteira. E, para realizar esse programa de descentramento radical do olhar histórico, eles se inspiravam nos ensinamentos de Vidal de La Blache, que soubera emancipar a geografia do culto das divisões administrativas para fazer dela uma ciência visual sobre o espaço, na sociologia de Émile Durkheim, que impusera o estudo das regularidades estruturais contra o do colecionamento de fatos, e finalmente na história econômica.

A revolução dos *Annales* ia no sentido de uma desconstrução temporal e espacial do sujeito que não era estranha à ruminação husserliana, nem à teoria da relatividade inventada por Einstein. Imerso no tempo infinito da longa duração, o homem dessa nova história estava despojado do domínio de seu destino. Esquartejado entre um tempo social e um tempo geográfico que não mais correspondiam às dimensões de sua pessoa, ele também estava excluído de toda forma de universalidade da natureza, já que afirmavam que esta é "relativa": ela variava conforme as culturas e conforme as épocas.

Em sua adesão ao relativismo cultural e em sua condenação de uma história historicizante, patriótica ou nacional, os "annalistas" questionavam a pretensão da civilização ocidental de pensar sua história em termos de progresso, por colonização das culturas ditas minoritárias. Entretanto, não recusavam a herança da filosofia das Luzes: apenas deslocavam seus móbeis. Para eles, com efeito, tratava-se menos de revalorizar formas de organização social "passadistas", "primitivas", "bárbaras" ou impregnadas de preconceitos arcaicos do que de inventar uma nova maneira de pensar a diferença e a identidade, o mesmo e o outro, a razão e a desrazão, a ciência e a religião, o erro e a verdade, o oculto e o racional. Assim, a reivindicação de um relativismo e de um abandono de toda idéia de primado de uma civilização sobre outra podia desembocar num novo universalismo, universalismo capaz de construir a enciclopédia viva das sociedades humanas anexando ao domínio da história os trabalhos das outras ciências em plena expansão: psicologia, sociologia, etnologia.[11]

O encontro entre Febvre e Koyré foi favorecido pelo ensino deste sobre o hermetismo do Renascimento e sobre Paracelso. Em 1931, criou-se um grupo francês de historiadores das ciências e, um ano depois, Abel Rey fundava na rua du Four o Instituto de História e de Filosofia das Ciências. Koyré fazia parte do comitê de direção. Estava assim consumada a junção entre a concepção da história do grupo dos "Annales" e uma reflexão sobre a história das ciências e da filosofia, que consistia em perceber como se encaminhava a história do pensamento no movimento mesmo de sua atividade criadora.

Quanto a Febvre, é num artigo de 1937, dedicado a um livro de Georges Friedmann sobre a crise da idéia de progresso, que ele indicava melhor sua posição em relação a uma possível história da filosofia:

Eu acreditava dever opor a história da filosofia, tal como a escrevem os filósofos, à nossa história de historiadores, que trata ocasionalmente das idéias — e eu assinalava nossa confusão diante dessas criações de conceitos em estado puro que, com tanta freqüência, os historiadores contentam-se em descrever-nos complacentemente, sem nenhuma referência ao estado econômico, político ou social das diversas épocas: conceitos que se poderia acreditar oriundos de inteligências desencarnadas e levando uma vida totalmente irreal na esfera das idéias puras.[12]

A isso Febvre opunha uma história das idéias que, em vez de mostrar maníacos solitários secretando sistemas de pensamento atemporais, faria viver homens reais, que inventam seus objetos de reflexão, de maneira consciente ou inconsciente, conforme a *aparelhagem mental* de uma época.

Reatualizada pelos trabalhos de Lucien Lévy-Bruhl, essa noção de *mentalidade* serviu primeiramente para comparar os sistemas de pensamento pré-lógicos dos povos ditos "primitivos", aos quais eram associadas as crianças, àqueles, mais abstratos, da modernidade dita ocidental. Mas, durante os anos 1930, a utilização do termo *aparelhagem mental* deu uma coloração nitidamente estrutural à noção. Seja em Marc Bloch, no interesse voltado às "representações simbólicas", seja em Lucien Febvre, no privilégio concedido a um "universo psíquico", seja ainda em Alexandre Koyré, na apreensão de uma "estrutura conceitual", tratava-se sempre de definir o modelo do que era pensável para uma determinada época a partir das categorias de percepção, de conceitualização e de expressão encarregadas de organizar a experiência coletiva e individual dos homens.[13]

Aqui estava antecipada uma certa concepção francesa da análise estrutural das sociedades humanas cujos traços se encontrarão em Lacan já em 1938, e que será retomada vinte anos mais tarde por uma nova geração intelectual, à luz dos trabalhos da lingüística saussuriana.

"Quando eu tinha vinte anos, em 1925", escreve Jean-Paul Sartre, "não havia cadeira de marxismo na universidade, e os estudantes comunistas evitavam referir-se ao marxismo ou mesmo nomeá-lo em suas dissertações; eles teriam sido reprovados em todos os exames. O horror à dialética era tal que o próprio Hegel nos era desconhecido."[14] Sartre evocava aqui o estado de espírito de uma geração que, às vésperas dos anos 1930, achava-se em completa discordância entre o que lhe era ensinado na universidade e o que ela descobria por si mesma ao começar a ler Husserl e logo Heidegger.

Após 1870, a filosofia kantiana havia se tornado uma espécie de ideologia oficial para os professores da República, os quais, amalgamando-a a um cartesianismo acadêmico, construíram uma doutrina do dever moral destinada a normalizar o ensino leigo sobre a base de uma sólida teoria racional do conhecimento. Aliado ao élan vital, este parecia capaz de resolver todos os problemas de consciência colocados ao homem moderno e todas as antinomias do sujeito em sua relação com o mundo. Assim, a filosofia de Hegel era rejeitada ou desconhecida em nome de seu idealismo, de seu antimatematismo, e também por ser tachada de ateísmo, imoralismo e fatalismo. Recriminavam-na por cultivar o nada do ser, e o nada do devir, para chegar à certeza do nada da morte. Portanto ela era vista como uma doutrina patológica, e até mesmo obscurantista. A isso juntava-se a acusação clássica de pangermanismo. Julgava-se o protestantismo de Hegel inadaptado às categorias do "pensamento latino", e sua filosofia do direito uma apologia do Estado prussiano.

Ora, para todos os que descobriam nessa época a grandeza da reelaboração husserliana ao acrescentar-lhe a luz heideggeriana, fazia-se necessário retornar às fontes originais dessa moderna ciência da experiência da consciência, ou seja, à obra de seu principal fundador: Georg Wilhelm Friedrich Hegel.

Desde a tentativa de Victor Cousin de adaptar à França um hegelianismo conforme à política da Restauração — e portanto descartado das duas noções fundamentais de racionalidade absoluta e de negatividade —, o pensamento do filósofo alemão havia aberto um caminho no solo nacional de maneira clandestina ou marginal, seja por meio do ensino de universitários não

133

conformistas como Lucien Herr, seja por meio de autodidatas como Proudhon, seja ainda pela voz de poetas como Mallarmé ou Breton. E foi exatamente na continuidade direta dessa penetração difusa que a situação francesa do hegelianismo adquiriu uma feição radicalmente nova sob o impulso de Jean Wahl, Alexandre Koyré, Éric Weil e Alexandre Kojève, que foram os iniciadores, nos anos 1930, de uma "geração dos três H" (Hegel, Husserl e Heidegger).[15]

Aqui também, portanto, Koyré desempenhou um papel de primeiro plano nessa fecunda virada. Durante o ano universitário de 1926-7, em seu seminário sobre o misticismo especulativo na Alemanha, ele abordou pela primeira vez a obra hegeliana mostrando que a *consciência infeliz*, ou seja, essa figura da consciência tornada livre mas presa da dúvida e do dilaceramento, não era senão um sucedâneo da consciência do pecado numa etapa negativa da evolução do espírito, da qual a idéia religiosa havia desaparecido. Ele qualificou a doutrina de "personalismo otimista".[16]

Nos anos seguintes Koyré prosseguiu seu ensino, falando de Jan Amos Comenius, de Jan Hus e de Nicolau de Cusa. Foi então que seu seminário passou a ser freqüentado regularmente primeiro por Alexandre Kojève, instalado em Paris em 1926, depois por Henry Corbin, que se especializava no estudo do orientalismo e se tornara amigo íntimo de Jean Baruzi, e finalmente por Georges Bataille, que acabava de juntar-se a Boris Souvarine na revista *La Critique Sociale* entabulando uma polêmica com Jean Bernier a propósito do livro de Krafft-Ebing, *Psychopathia sexualis*.[17]

A celebração do centenário da morte de Hegel em 1931 deu ensejo a uma reatualização importante de seu pensamento, ainda que os surrealistas, e sobretudo André Breton, já houvessem efetuado uma leitura fecunda de sua filosofia associando-a à doutrina de Freud.[18] Frente a eles, Georges Bataille havia assumido, nos primeiros números da revista *Documents*, uma posição hostil ao hegelianismo, tachado de "panlogismo". A seu ver, a verdadeira revolta do homem não consistia em superar mesqui-

134

nhas contradições abstratas para inventar uma "outra vida", mas em escapar aos parâmetros mesmos de toda razão e de toda filosofia. Assim ele criticava o sistema hegeliano e sua dupla leitura marxista e surrealista. Contra esse hegelianismo, Bataille ressuscitava a teologia gnóstica, cujo gosto pelas trevas e o culto de uma matéria "baixa", estranha a todo ideal racional, enaltecia.[19] Seu anti-hegelianismo apoiava-se portanto numa temática anticristã que haveria de desembocar posteriormente numa apologia da filosofia de Nietzsche. Mas, a partir de 1930, o confronto com as teses de Jean Wahl, a leitura das *Meditações cartesianas* de Husserl, a descoberta do artigo "O que é a metafísica?" de Heidegger e a discussão com Raymond Queneau a propósito de um estudo de Nicolaï Hartmann transformaram o modo como até então vira a obra hegeliana.[20]

Em 6 de agosto de 1930, regressando de uma viagem a Berlim, Henry Corbin anotava em seus papéis: "Heidegger lido".[21] Aquele que foi o primeiro a introduzir na França a filosofia iraniana islâmica foi também o primeiro tradutor francês do autor de *Sein und Zeit*, e, quando sua tradução de "O que é a metafísica?" apareceu na revista *Bifur* em 1931, foi acompanhada de uma bela apresentação de Koyré:

Ele [Heidegger] foi o primeiro a ousar, nessa época de pósguerra, trazer a filosofia do céu para a terra, falar-nos de nós mesmos; falar-nos — como filósofo — de coisas muito "banais" e muito "simples": da existência e da morte; do ser e do nada; [...] ele soube recolocar, com um frescor e uma força incomparáveis, o duplo problema eterno de toda filosofia verdadeira, problema do eu e problema do ser: que sou eu? e o que quer dizer: ser? [...] o empreendimento de M. Heidegger — e é nisto que consiste sobretudo seu valor e sua importância — é um formidável empreendimento de demolição. As análises de *O ser e o tempo* são uma forma de catarse liberadora e destrutiva. Elas tomam o homem em seu estado natural (estar no mundo). Têm por objeto sua percepção das coisas, as coisas mesmas, a linguagem, o pensamento, o devir, o tempo. Mostram-nos a obra do "a gente" [*on*]. Guiam-nos para a fogueira final do Nada onde desaparecem todos os falsos valores, todas as convenções, toda mentira, e na qual o homem está inteiramente só, na grandeza trágica de sua existência solitária: "em verdade" e "frente à morte".[22]

Esse empreendimento de destruição e de nadificação ia em sentido oposto a toda teologia, mesmo negativa, pois, como assinalava Koyré, o nada heideggeriano não era nem Deus nem o absoluto: apenas um nada que tornava trágica a grandeza da finitude humana.

A referência a um trágico humano de inspiração heideggeriana estava presente no artigo redigido por Bataille sobre "A crítica dos fundamentos da dialética hegeliana".[23] Mas a virada em relação a Hegel ligava-se aqui sobretudo a um reconhecimento marxista da noção de negatividade, que permitia antropologizar a obra do filósofo e ver nela uma história genealógica da condição humana. Donde já uma fascinação, que se verá em Kojève, pela luta do senhor e do escravo, desembocando numa apologia do proletariado votado a uma existência negativa. Com essa antropologização, Bataille pretendia enriquecer a dialética dos trabalhos da psicanálise freudiana e da sociologia de Durkheim.

Koyré participou da celebração do centenário da morte de Hegel redigindo três artigos importantes e dedicando uma nova conferência à obra do filósofo alemão, em seu seminário de 1932-3 sobre "A história das idéias religiosas na Europa moderna". No primeiro artigo, fazia um balanço histórico da situação dos estudos hegelianos na França; no segundo, mostrava que a dificuldade de leitura do *corpus* hegeliano residia, paradoxalmente, no emprego de uma terminologia nova da qual era banida a linguagem artificial da filosofia acadêmica em proveito de uma linguagem viva feita de palavras cotidianas; no terceiro, entregava-se a uma longa meditação sobre os cursos da época de Iena (1802-7), período situado entre a redação do *Fragmento de um sistema* (1801) e da *Fenomenologia do espírito* (1807).[24]

Koyré procurava mostrar que o período dito dos "cursos de Iena" representava uma etapa crucial na elaboração do sistema hegeliano: etapa dialética marcada ao mesmo tempo pela tomada de consciência da necessidade de explicar o mundo em vez de querer reformá-lo, e pela teorização dessa noção de "tomada de consciência" como motor dialético da aventura do espírito. Daí nascia a idéia de destruir todas as noções tradicionais do entendimento e de inventar um sistema no qual a *inquietude* seria o fundo do ser: ontologia dialética do ser e do não-ser, do infinito móvel e da eternidade imóvel, do aniquilamento e do engendramento. E se a inquietude é o fundo do ser, é porque a dialética se define como um tempo humano: "é em *nós*, é em *nossa vida* que se realiza o *presente* do espírito", um presente sempre projetado no futuro e vitorioso do passado.

Mas esse tempo dialético constrói-se a partir do futuro, embora permaneça inacabado. Donde, segundo Koyré, a contradição do sistema hegeliano: o tempo humano deve chegar a uma forma de acabamento sem o qual a filosofia da história não é pensável. No entanto, tal acabamento pressupõe a anulação do primado do futuro e do motor da dialética da história. Em conseqüência, para que possa existir uma filosofia hegeliana, é preciso que exista um possível acabamento da história: "Pode ser que Hegel tenha acreditado nisso. Pode ser até que tenha acreditado ser essa não apenas a condição essencial do sistema — é somente à noite que as corujas de Atena empreendem seu vôo —, mas também que essa condição essencial estava *já* realizada, que a história estava efetivamente acabada e que por isso, justamente, ele podia — tinha podido — realizá-la".[25]

É portanto com a hipótese de um *fim da história*, isto é, de uma visão do sistema hegeliano como tomada de consciência, em Iena, da derrocada do mundo antigo e da necessidade, para a filosofia, de encarnar-se na "coruja de Minerva", que Koyré concluía em 1933 seu ensino sobre a filosofia hegeliana: a hipótese fará sucesso. Ao seminário daquele ano compareceram os fiéis amigos: Corbin, Kojève, Bataille, Queneau. As discussões eram intensas e prosseguiam depois em proveitosas trocas de idéias no café d'Harcourt, na esquina da praça da Sorbonne e do bulevar Saint-Michel. Escreve Corbin:

> Quem nos trará de volta o d'Harcourt, que vi transformado, após a guerra, numa biblioteca edificante e que é agora uma loja de confecções e calçados? Foi no d'Harcourt que se elaborou uma parte da filosofia francesa da época. Hegel e a renovação dos estudos hegelianos ocupavam ali um lugar importante. Em torno de Koyré, havia Alexandre Kojève, Raymond Queneau, eu mesmo, filósofos como Fritz Heinemann, muitos de nossos colegas israelitas que tinham escolhido o exílio e cujos preocupantes relatos nos punham a par do que se passava na Alemanha. Às vezes o tom da conversa exaltava-se. Kojève e Heinemann estavam em total desacordo quanto à interpretação da fenomenologia do espírito. Os confrontos entre a fenomenologia de Husserl e a de Heidegger ocorriam freqüentemente.[26]

Foi nesse clima de renovação filosófica que Corbin e Koyré criaram, em 1931, a revista *Recherches Philosophiques*. Seis números aparecerão até 1937. Henri-Charles Puech era a cavilha mestra e o delicioso Albert Spaïer ocupou, até sua morte prematura em 1934, as funções de secretário de redação. Nascido em Jassy, na Romênia, em 1883, Spaïer havia se engajado como voluntário no exército francês em 1914, antes de classificar-se em primeiro lugar no exame de admissão ao curso de filosofia. Professor conferencista em Caen, apaixonado pela descoberta freudiana, atraiu para a revista todos os que, do lado do saber psiquiátrico e do movimento psicanalítico, interessavam-se pela fenomenologia: Eugène Minkowski, Édouard Pichon, Henri Ey. Quanto a Jacques Lacan, ele participou das reuniões do grupo a partir de 1933-4, quando começou a freqüentar o seminário de Kojève. Dentre os colaboradores da revista, estavam Georges Bataille, Georges Dumézil, Emmanuel Lévinas, Pierre Klossowski, Roger Caillois e Jean-Paul Sartre, que nela publicou, em 1936, seu primeiro grande texto filosófico, "La transcendance de l'égo: esquisse d'une description phénomenologique" [A transcendência do ego: esboço de uma descrição fenomenológica].[27]

Numa sessão de seu seminário do ano acadêmico de 1960-1 consagrado ao *Banquete* de Platão, Lacan relatou uma de suas conversas com Alexandre Kojève. Embora este tivesse se tornado, nessa ocasião, um alto funcionário da política internacional, reservava uma parte do tempo para redigir, por partes, sua história da filosofia pagã em três volumes. Dois anos antes ele havia terminado o primeiro e trabalhava desde então no segundo. Por isso Lacan foi procurá-lo. Kojève falou-lhe de suas descobertas sobre Platão, afirmando não ter nada a dizer a propósito do *Banquete*: há muito não relia o texto. Não obstante sublinhou que toda a arte de Platão residia em seu modo de ocultar o que pensava, como também no modo de o revelar. Ele evocava assim, diante do interlocutor, seu próprio procedimento filosófico: um texto não é jamais senão a história de sua interpretação. E Kojève irá acrescentar num tom enigmático: "Você jamais interpretará o *Banquete* se não souber por que Aristófanes estava com soluços". Lacan apressou-se a relatar a conversa a seus ouvintes, sem deixar de lembrá-los, como o faria várias vezes, que devia a Kojève o fato de tê-lo introduzido a Hegel. Depois, acatando a sugestão, dispôs-se a comentar os soluços de Aristófanes.[28]

Ele não era o único que havia sido cativado durante seis anos pela fala infatigável desse homem fora do comum que dominava perfeitamente o francês e o alemão, com um sotaque meio eslavo, meio borgonhês. A cada sessão do seminário, lia algumas linhas da *Fenomenologia do espírito*, depois traduzia-as à maneira de um mágico, buscando sempre, para além do enunciado, a significação quase oculta do texto, a fim de torná-lo compatível com uma absoluta modernidade. Insolente e bem-humorado, narcísico e misterioso, ele arrebatava o auditório pelo tom irreverente da voz que parecia penetrar o cerne das

139

coisas com uma segurança de si e uma força retórica da qual ninguém jamais se cansava. Georges Bataille sentia-se "arrebentado, arrasado, pregado no lugar", e Queneau, "sufocado".[29]

Nascido em Moscou em 1902, Alexandre Kojevnikov era sobrinho de Vassili Kandinsky: o avô paterno desposara a mãe do pintor. Quanto a Vladimir, seu pai, meio-irmão de Vassili, morrera em 1905 num campo de batalha da Manchúria, durante a guerra russo-japonesa em que foi derrotado o Exército czarista. De volta a Moscou, sua mãe tornou a casar com o melhor companheiro de armas do ex-marido, que será para o jovem um excelente pai. Em meio à distinta burguesia moscovita, cosmopolita, liberal e culta, o adolescente Kojève teve o privilégio de fazer excelentes estudos no liceu Medvenikov e de residir no bairro do Arbat. Em janeiro de 1917, a poucos meses da Revolução, registrou em seu *Diário filosófico* pensamentos sobre "A batalha das ilhas Arginusas".[30]

Tratava-se de uma reflexão sobre um dos episódios famosos da guerra do Peloponeso, que opôs Esparta, potência terrestre, a Atenas, potência marítima. A batalha foi em 406 a.C. e viu o triunfo dos generais atenienses. De volta à pátria, estes tiveram de enfrentar uma terrível tempestade que os obrigou a lançar ao mar os cadáveres dos guerreiros reconduzidos a bordo para serem enterrados no solo natal, conforme exigiam as leis gregas. Livres desse peso, os generais puderam vencer a tempestade, mas no retorno foram julgados e condenados por crime de sacrilégio, já que os heróis mortos no campo de honra tinham ficado sem sepultura. Assim, o exército ateniense foi decapitado em nome das leis da cidade, o que ocasionou a queda da democracia e a instauração, até 403, da tirania dos Trinta. Apenas Sócrates se opôs à condenação dos generais, sublinhando que estes tiveram de escolher entre salvar a frota sacrificando os mortos ou fazer naufragar a frota junto com os mortos: em ambos os casos, o crime de não-respeito à sepultura não podia ser evitado.

Em suas reflexões, o jovem Kojève tomava o partido de Sócrates sem aderir ao raciocínio socrático, mas em nome de uma ética da existência humana fundada no reconhecimento da não-culpabilidade do sujeito diante de si mesmo: os generais não haviam agido em favor do crime por desejar o crime, mas cometido um crime para o bem coletivo; conseqüentemente, era preciso absolvê-los.[31]

Na vida desse adolescente, as batalhas, os crimes, a morte e o nada não eram somente temas de reflexão filosófica. Foram também os significantes marcantes de uma experiência. Doze anos após ter perdido o pai num campo de batalha, Kojève viu morrer o padrasto, assassinado por um bando de saqueadores em julho de 1917 em sua casa de campo. Um ano mais tarde, em Moscou, era preso pelo poder bolchevista por praticar o mercado negro com colegas do liceu. Na cela, tomou então consciência do advento de "algo de essencial" para a história da humanidade, e aderiu ao comunismo. No entanto, como as origens burguesas impediam-no de prosseguir os estudos, exilou-se na Polônia com seu amigo Georges Witt e algumas jóias no bolso, sentindo uma grande tristeza por deixar a mãe querida.

Em 1920, durante uma noite de trabalho na biblioteca de Varsóvia, teve uma "revelação" idêntica à de Nietzsche em Sils-Maria. No momento em que refletia sobre as duas culturas, a do Oriente e a do Ocidente, viu oporem-se Buda e Descartes, um aparecendo frente ao outro como "a ironia do *cogito*", isto é, como o desafio do *inexistente* lançado à ontologia do *ego*. Kojève fazia aí sua primeira experiência da negatividade: "Penso, logo 'eu' não existo", concluiu.[32] Indo para a Alemanha, inscreveu-se na universidade de Heidelberg, preferiu os cursos de Jaspers aos de Husserl, iniciou-se no sânscrito, no tibetano e no chinês, e começou a ler Hegel, sem êxito: "Li quatro vezes e de ponta a ponta a *Fenomenologia do espírito*. Eu me obstinava, não compreendi nada".[33]

Em 1926, definitivamente instalado em Paris, tornou-se amigo do compatriota Alexandre Koyré em circunstâncias bastante engraçadas. Como ele era amante de Cécile Shoutak, mulher do irmão mais moço de Koyré, este último, a pedido da esposa, foi enviado atrás do culpado com a missão de repreendê-lo severamente. Ora, ao voltar para casa, Koyré trazia nos lábios um de-

141

licioso sorriso: "Esse homem, disse ele à mulher, é muito melhor que meu irmão, e Cécile tem razão".[34]

Aluno apaixonado dos cursos de Koyré, Kojève foi assim iniciado na redescoberta de Hegel ao freqüentar com Corbin e Bataille o famoso café d'Harcourt e o grupo da revista *Recherches Philosophiques*. E, quando Koyré foi obrigado a ausentar-se no final do ano de 1933, ele propôs ao amigo substituí-lo na EPHE, levando adiante seu ensino sobre a filosofia religiosa de Hegel. A nomeação foi aceita pelo Ministério, e Kojève passou o verão de 1933 relendo a *Fenomenologia do espírito* e preparando o famoso seminário que haveria de se estender por seis anos, todas as segundas-feiras às sete e meia da noite, não sem se prolongar a cada sessão com discussões no café d'Harcourt onde se reuniam os ouvintes dos "dois K". A partir de 1934-5 e até 1936-7, Lacan esteve inscrito nesse seminário na lista dos "ouvintes assíduos".[35]

Kojève não tinha nem o gênio filosófico, nem a capacidade teórica de Koyré, mas possuía um dom inimitável para traduzir o discurso filosófico em uma pitoresca epopéia da aventura humana. Com ele, cada conceito deixava o panteão da pura abstração para encarnar-se em personagens alegóricos saídos diretamente dos romances de Dostoiévski ou de Gogol, e referia-se à trama comum de uma atualidade concreta. Ao mesmo tempo que o orador identificava-se ora com Sócrates, ora com um general ateniense, a conceitualidade hegeliana descia sobre os campos de batalha da história contemporânea. Pois, ao falar do espírito, da consciência de si, do saber absoluto, do reconhecimento, do desejo, da satisfação, da consciência infeliz ou da dialética do senhor e do escravo, Kojève falava em realidade dos acontecimentos que haviam marcado sua adolescência e a de seu auditório, acontecimentos sobre os quais esses homens reunidos nas segundas-feiras à tarde interrogavam-se juntos para avaliar suas conseqüências, prolongando as discussões por uma parte da noite. Assim, o comentário socrático da *Fenomenologia do espírito* servia para exprimir, numa espécie de linguagem de folhetim literário, a angústia de toda uma geração, atormentada com o crescimento das ditaduras, com a perspectiva de uma guerra, seduzida enfim pelo retorno do niilismo, seja sob a forma de uma apologia nietzschiana do super-homem ou de um culto heideggeriano do "ser-para-a-morte", grande negatividade de todo progresso humano.

Koyré já havia proposto a idéia de que a língua hegeliana rompia com a tradição acadêmica ao utilizar vocábulos correntes, e lançara a hipótese do fim da história como "possível existência de uma filosofia hegeliana". Seguindo esse impulso, Kojève praticou, em seu comentário, essa transmutação da filosofia em língua concreta e tomou ao pé da letra a hipótese de Koyré.

Por duas vezes, em outubro de 1806 e em maio de 1807, Hegel havia expressado admiração pela epopéia napoleônica: "Vi o imperador, essa alma do mundo, sair da cidade em missão de reconhecimento" e "Minha obra foi por fim concluída na noite que precedeu a batalha de Iena". Baseando-se nessas duas anotações, Kojève teve a "revelação" da significação profunda da posição hegeliana: a obra tinha sido escrita em circunstâncias que eram as do fim da história.

> Reli a *Fenomenologia do espírito* e, quando cheguei ao capítulo 6, compreendi então que se tratava de Napoleão. Comecei meus cursos sem preparar nada, eu lia e comentava, e tudo o que Hegel dizia me parecia luminoso [...]. Tudo aquilo está ligado ao fim da história. É engraçado. Hegel disse-o. De minha parte, expliquei que Hegel o havia dito, mas ninguém quer admitir, ninguém digere que a história é fechada. Para falar a verdade, também eu a princípio pensei que se tratasse de uma frivolidade, mas depois refleti e vi que era genial.[36]

Essa certeza do fim da história, Kojève a completou numa conferência dada em dezembro de 1937 no Colégio de Sociologia, quando declarou que Hegel tinha visto corretamente, mas que se enganara de um século: o homem do fim da história não era Napoleão, mas Stálin. Após a Segunda Guerra Mundial, Kojève tornaria a mudar de opinião: "Não, Hegel não se enganara, ele realmente dera a data precisa do fim da história: 1806".[37]

Hegel mostrava que o itinerário da consciência era um movimento: para que esta se tornasse espírito, era preciso que aceitasse desaparecer como sujeito de certeza, a fim de ceder lugar ao trabalho do espírito enquanto verdade sem sujeito. Desse movimento, Kojève dava uma interpretação antropológica, marcada pela dupla leitura de Marx e de Heidegger. Para ele, tratava-se de pôr em cena uma teoria do homem histórico como sujeito nadificador, exercendo sua negatividade através das formas conjuntas da luta e do trabalho, e de defini-lo como sujeito de um desejo que sua natureza mesma condenaria a permanecer insatisfeito: "Aí está toda a astúcia do procedimento de Kojève", sublinha Pierre Macherey, "ele conseguiu vender sob o nome de Hegel o filho que Marx poderia ter feito com Heidegger".[38]

Essa leitura de Hegel levando em consideração um fim da história através de um comentário alegórico da famosa dialética do senhor e do escravo — cuja formulação será inteiramente retomada por Lacan — desembocava na idéia de uma possível abolição do próprio homem. Pois, depois de haver definido este na categoria da insatisfação e da negatividade, Kojève negava ao mesmo tempo essa insatisfação e essa negatividade, a fim de fazer o homem chegar a um estatuto de "Sábio" ou de "vadio ocioso". Assim, cumpria-se de fato o verdadeiro fim da história, o homem tendo retornado ao nada de sua animalidade e tendo aceito a ordem do mundo como tal, com seus príncipes e seus tiranos. Nessa perspectiva, toda revolução tornava-se impossível e o intelectual-filósofo (o Sábio) não tinha senão a escolha entre duas atitudes: ou entrar no anonimato e passar a trabalhar a serviço do Estado — o que fará Kojève —, ou continuar a sonhar, como a bela alma romântica, com uma revolução já passada.

Georges Bataille recusará o dilema, censurando Kojève por condenar os intelectuais a uma "negatividade sem função". Em outras palavras: à animalidade do Sábio, ele irá opor a força extrema de uma loucura nietzschiana e de um terror sagrado capazes de subverter mais uma vez a ordem social: será o Colégio de Sociologia.[39]

Já mostramos a que ponto o ensino de Kojève foi determinante para a evolução de Lacan, e especialmente para sua saída da relação transferencial negativa em relação a Loewenstein.[40] Esse ensino não apenas o conduziu a uma leitura da obra hegeliana que sempre permanecerá nele de inspiração kojèviana, como também o iniciou num modo oral de transmissão do saber que ele tomará por modelo para o resto da vida. Também Lacan reinará sobre uma geração intelectual por meio da fala dispensada no interior de um seminário centrado no comentário do texto freudiano. Também ele se valerá da ajuda de um escriba para transcrever seu verbo, e também ele ocupará um lugar paradoxal na universidade francesa: ao mesmo tempo marginal e perfeitamente integrado.

Mas esse ensino irá também fortalecer nele esse niilismo cujos valores já havia adotado durante sua adolescência maurrassiana. Nesse ponto, Lacan será a uma só vez mais conformista e mais terrorista que o Sábio kojèviano, que, em sua aceitação do mundo, jamais deixará de crer num possível heroísmo do homem, ainda que a serviço do estado de coisas. Ora, Lacan, ao contrário, cultivou no mais alto grau os ideais desse niilismo da Belle Époque que, acalentando seus anos de juventude, lhe havia permitido escapar ao nada de seu universo familiar, sem no entanto inculcar-lhe um verdadeiro desejo de mudar a ordem social ou de opor a esta uma resistência qualquer, quando a ocasião se apresentou.

Donde uma formidável propensão a reivindicar a onipotência do eu contra a de Deus, da coletividade ou do Estado, embora querendo em seguida romper sua estrutura; donde também a arte soberana de cultivar o pessimismo, o tédio, a decadência ou o ódio a todo heroísmo, em nome de uma constatação lúcida do rebaixamento, até a abjeção, da função ocidental da paternidade; donde, enfim, a vontade de dotar a subjetividade humana de uma modernidade capaz de rivalizar com o avanço da ciência, em sua forma mais totalizadora. E não é um acaso se a admiração votada a Maurras foi em Lacan apenas a aparência de uma outra espécie de apego literário que o inclinava para Léon Bloy, profeta por excelência do exagero verbal e da desmesura prometéica, estigmatizando as luzes da Revolução e da liberdade para opor-lhes um catolicismo fanático, alimentado pelas ardentes inspirações da tradição exegética.

Na imagem dessa grande figura da literatura parecia condensar-se, como em espelho, toda a ambivalência do novo mestre do freudismo francês, a todo momento tomado pela exaltação de um eu que o reconduzia ora à negatividade de seu ser, ora à ilusão de uma satisfação afinal conquistada. Não nos surpreenderemos que o culto do excesso em Lacan, ou a identificação sempre requerida a um modo paranóico do conhecimento — mediante o qual ele reencontrava a fascinação de Bloy pela loucura feminina —, tivesse por contrapartida constante um apego visceral e quase fetichista ao dinheiro e à posse de objetos: livros preciosos ou obras de arte. Tal era, pois, no impulso de uma apreensão da filosofia por seu contrário — a alienação e o fetichismo —, o modo de ser lacaniano de uma "negatividade sem emprego" que, à força de derrisão, correrá o risco de beirar a vigarice, mas servirá também de armação a um verdadeiro sistema de pensamento.

O primeiro traço da evolução intelectual de Lacan consecutiva à sua freqüentação dos filósofos e do seminário de Kojève encontra-se na resenha que ele fez em 1935 do livro de Eugène Minkowski, *Le temps vécu. Études phénoménologiques et psychologiques* [O tempo vivido. Estudos fenomenológicos e psicológicos], para a revista *Recherches Philosophiques*.[41] Embora homenageando esse mestre da psiquiatria fenomenológica, cuja obra tanto havia contado para sua formação, ele aplicava uma formidável sova de vara verde ao conjunto do saber psiquiátrico da época:

O conjunto das comunicações feitas nas sociedades científicas oficiais não oferece nada mais, com efeito, para aquele cuja profissão submete já há muitos anos a uma tão desesperante informação, do que a imagem mais miserável das es-

146

tagnações intelectuais [...]. Sua inanidade é garantida pela terminologia, que basta aos observadores assinalar. Essa terminologia procede integralmente daquela psicologia das faculdades que, fixada no academismo cousiniano [de Victor Cousin], não foi reduzida pelo atomismo associacionista em nenhuma de suas abstrações para sempre escolásticas: donde esse palavrório sobre a imagem, a sensação, as alucinações; sobre o julgamento, a interpretação, a inteligência etc.; sobre a afetividade, enfim, a última a chegar, a fórmula vazia hoje de uma psiquiatria avançada, que nela encontrou o termo mais propício a um certo número de escamoteações.[42]

Lacan sublinhava em seguida a que ponto Minkowski tinha razão ao demonstrar a fecundidade dos trabalhos de Clérambault, o que lhe permitia situar-se ele próprio, na continuação da obra desse mestre, como o verdadeiro renovador do saber psiquiátrico de sua época. Ele recordava portanto que havia trazido a esse campo uma noção nova, a de *conhecimento paranóico*. Enfim, dando meia-volta, explicava quais eram os limites da concepção fenomenológica em psiquiatria, para opor a esta uma nova leitura da "verdadeira" fenomenologia, aquela que, de Hegel a Husserl e Heidegger, havia transformado a história da filosofia. Lacan dispensava assim a fenomenologia psiquiátrica, da qual se nutrira até 1932, substituindo-a por uma outra fenomenologia oriunda de sua freqüentação direta da escola francesa dos historiadores das ciências e das religiões. Nessa ocasião, ele mencionava pela primeira vez o nome de Heidegger, mostrando com isso que estava em via de descobrir sua obra, ao contato da leitura kojèviana da *Fenomenologia do espírito*:

Fazemos aqui alusão a uma das referências familiares da filosofia do sr. Heidegger, e certamente os dados já respiráveis dessa filosofia, através do filtro de uma língua abstrusa e da censura internacional, nos deram exigências que se acham aqui mal satisfeitas. O sr. Minkowski, numa nota à página 16, testemunha que ignorava o pensamento desse autor quando o dele já havia tomado uma forma decisiva. Pode-se lamentar, em razão da situação excepcional decorrente de sua dupla cultura (já que ele escreveu, e insiste aqui nesse ponto, seus primeiros trabalhos em alemão), não dever a ele a introdução no pensamento francês do enorme trabalho de elaboração realizado nesses últimos anos pelo pensamento alemão.[43]

Desse modo, Lacan afastava-se do meio psiquiátrico, que não obstante havia reconhecido seu valor, para entrar num novo círculo intelectual do qual já retirava a conceitualidade necessária para a reelaboração que sucederá seus anos de silêncio. Uma carta de 4 de maio de 1935, enviada a Henri Ey, mostra aliás que as relações que ele mantinha com seu melhor amigo em psiquiatria não foram exatamente as mesmas desde então: "Seguramente, meu caro amigo", escrevia Lacan, "me seria agradável rever florirem os sinais de um entendimento que permaneceu atual: nossa reunião periódica a quatro me parece mesmo cada vez mais oportuna".[44]

Em 20 de julho de 1936, enquanto Lacan preparava a intervenção sobre o *estádio do espelho* a ser feita no início do mês de agosto em Marienbad, em sua primeira participação num congresso da IPA, Kojève redigia em russo uma nota estranha, provavelmente destinada a seu amigo Koyré:

Hegel e Freud: ensaio de uma confrontação interpretativa. 1) A gênese da consciência de si. O início é urgente pois deve ser escrito [por] você em colaboração com o doutor Lacan e publicado em *Recherches Philosophiques*. (Somente uma parte da "introdução" está escrita, seis parágrafos, dando uma comparação entre Hegel e Descartes.) Não terminado. (Há uma espécie de resumo de quinze páginas mais uma.) Começado em 20/VII/36.[45]

Essa nota manuscrita não foi enviada a Koyré: permaneceu nos papéis de Kojève. Graças aos documentos exumados por

Dominique Auffret, o biógrafo do filósofo, é possível compreender sua significação. Naquele ano, Kojève e Lacan decidiram escrever juntos um estudo que deveria chamar-se *Hegel e Freud: ensaio de uma confrontação interpretativa*. Esse estudo se dividiria em três partes: 1) "Gênese da consciência de si"; 2) "A origem da loucura"; 3) "A essência da família". A isso se juntaria um capítulo intitulado "Perspectivas". O conjunto era provavelmente destinado a uma publicação na revista *Recherches Philosophiques*, sob a autoridade de Koyré: este deveria simplesmente rever o texto, ou estava previsto que acrescentaria seu ponto de vista.

A verdade é que o empreendimento permaneceu em estado embrionário. Somente Kojève redigiu quinze páginas manuscritas da primeira parte, apresentada como uma introdução inacabada, com seis parágrafos e mais uma página de notas, nas quais comparava o *cogito* cartesiano à consciência de si hegeliana, para mostrar que a filosofia nada mais é que o desejo de filosofar: "É em Hegel", escrevia Kojève, "que o primeiro *eu penso* de Descartes torna-se o *eu desejo...* do qual nascerá finalmente o *eu desejo filosofar*, que revelará, ao satisfazer-se, o ser verdadeiro do desejo primordial...". E mais adiante:

> Quero simplesmente indicar a tendência geral dessa Introdução à filosofia propriamente dita que é a *Fenomenologia do espírito* de Hegel, e creio que essa tendência se manifesta de uma maneira particularmente clara na substituição do *eu penso* de Descartes pelo *eu desejo...* Convém não esquecer, porém, que no sistema da filosofia cartesiana o eu não é reduzido ao pensamento, isto é, à revelação adequada do ser pela consciência. O eu é também vontade, e é precisamente a vontade que é a fonte do erro, ou seja, é a existência do eu-vontade que implica a imperfeição necessária à transformação da filosofia em "filosofar" e que desempenha assim um papel análogo ao desempenhado pelo eu-desejo no sistema hegeliano. Para confrontar os dois sistemas, são portanto esses dois conceitos análogos e não obstante diferentes que deveriam antes de tudo ser confrontados.[46]

149

Kojève comentava assim a passagem de uma filosofia do *eu penso* a uma filosofia do *eu desejo*, embora efetuando uma cisão entre o *eu* [*je*], lugar do pensamento ou do desejo, e o *eu* [*moi*], fonte de erro. Ora, Lacan, durante o trabalho em comum, muito certamente deveria ter por missão completar esse texto situando a posição freudiana numa perspectiva análoga àquela em que Kojève havia situado a posição de Descartes e a de Hegel. Quanto às duas outras partes do ensaio, consagradas à "origem da loucura" e à "essência da família", deveriam ser objeto de uma redação do mesmo tipo: confrontação a partir de Freud e de Hegel.

Lacan nada escreveu e Kojève não foi mais adiante. Mas, nas quinze páginas manuscritas que redigiu para servir de introdução a essa "Gênese da consciência de si", destacam-se três conceitos maiores que serão utilizados por Lacan a partir de 1938: o *eu* [*je*] como sujeito do desejo, o *desejo* como revelação da verdade do ser, o *eu* [*moi*] como lugar de ilusão e fonte de erro. Esses três conceitos reaparecerão, aliás, mesclados aos dois temas da origem da loucura e da essência da família, em todos os textos publicados por Lacan sobre o assunto entre 1936 e 1949: tanto em "Para além do princípio de realidade" quanto em "Os complexos familiares", tanto em "Considerações sobre a causalidade psíquica" quanto na segunda versão do "Estádio do espelho".

Não é anódino portanto saber que a segunda grande reelaboração teórica efetuada por Lacan, que o conduziu de uma leitura já freudiana da psiquiatria a uma leitura filosófica da obra freudiana, teve por matriz original um projeto de obra a dois no qual o "mestre hegeliano" de toda uma geração integrava o saber de seu "discípulo" a um vasto conjunto fenomenológico centrado em torno de uma série de interrogações "hegeliano-freudianas" sobre o desejo, o *Cogito*, a consciência de si, a loucura, a família e as ilusões do eu.[47] Certamente nunca será demais repetir o quanto a relação transferencial que levou Lacan ao duplo estatuto de analista e de mestre pensador desenrolou-se *ao lado* do divã da avenida de Versailles, e até mesmo na "negatividade" desse divã, ou seja, num alhures radical onde se processava o trabalho de uma dialética da consciência de si que tornava impossível qualquer integração à positividade normativa das instituições oficiais do freudismo.

4. MARIENBAD

MUNIDO DESSE ENSINO, LACAN DIRIGIU-SE portanto pela primeira vez a um congresso da IPA, no momento em que Jones, seu presidente, estava acabando de liquidar a psicanálise na Alemanha, ao aceitar a subordinação da DPG ao Instituto Göring. Freud, doente, ficara em Viena, e a cidade de Marienbad, próxima da Áustria, fora escolhida para que Anna pudesse reunir-se ao pai em caso de urgência. Esse bastião da legitimidade freudiana, ao qual Lacan trazia sua exposição sobre "O estádio do espelho", debatia-se em violentos conflitos que opunham os defensores de Melanie Klein aos de Anna Freud a propósito da psicanálise de crianças. Os primeiros, apoiados por Jones, defendiam a necessidade de instaurar um verdadeiro domínio da psicanálise de crianças, fundado em técnicas específicas — o jogo, a modelagem, o desenho, o recorte de figuras —, enquanto os segundos queriam manter essa prática no campo da pedagogia e sob o controle dos pais, como fizera Freud com o "pequeno Hans".[1]

Como todos os grandes inovadores, Melanie Klein havia experimentado suas descobertas e invenções em sua própria família, analisando os dois filhos e a filha de tenra idade.[2] Ela não fazia, aliás, senão repetir o gesto de Freud, que foi o analista de Anna quando esta decidiu, aos 25 anos, iniciar uma carreira de terapeuta e de didata. Sobre um fundo de debate teórico, a comunidade freudiana entregava-se assim a batalhas internas entre famílias que muito se assemelhavam a tragédias shakespearianas. E os congressos da IPA, no entreguerras, funcionavam como o palco de um teatro antigo onde os príncipes do império freudiano vinham exprimir suas paixões ante a platéia das diversas sociedades filiadas. Nesse contexto, Edward Glover, o homem mais poderoso da

British Psychoanalytical Society (BPS) depois de Jones, revelou-se um ator particularmente temível da batalha entre Anna Freud e Melanie Klein, que posteriormente desembocaria nas famosas Grandes Controvérsias londrinas dos anos da guerra.

Nascido em 1888 numa família de severos presbiterianos e analisado no divã de Karl Abraham, Edward Glover tornou-se membro da BPS ao retornar da Alemanha. Quando seu irmão morreu em 1926, pediu autorização a Jones para assumir as funções dele no grupo. James Glover, com efeito, já havia integrado a sociedade como didata e secretário executivo. Edward sucedeu-lhe, para depois ser nomeado presidente do comitê científico e chegar em 1934 ao prestigioso cargo de secretário do comitê de formação da IPA. Seu caráter mordaz e seus talentos de sedutor não conseguiam ocultar a grande tragédia que ofuscara sua vida após o nascimento, em 1926, de uma filha mongolóide, cuja anomalia ele se recusava a admitir. Onde quer que fosse, levava-a consigo, em viagem ou aos congressos da IPA, nos quais ela assistiu no entreguerras às disputas relativas ao tratamento psicanalítico das crianças.[3]

Quando Melanie Klein publicou seu ensaio sobre a análise de crianças, Glover logo destacou a importância das inovações da grande dama: "Não hesito em dizer", escreveu, "que ele marcará época na literatura analítica e merece ser colocado no mesmo nível que certas contribuições do próprio Freud".[4] Tinha razão. Melanie Klein foi de fato a primeira, no interior do freudismo, a pensar a questão da análise de crianças. Antes dela, Freud, Hermine von Hug-Hellmuth e Anna Freud não haviam imaginado que se pudesse abordar diretamente a criança pela análise.[5] Ou se remontava à infância de um sujeito por intermédio do tratamento desse sujeito adulto, como fez Freud com o homem dos lobos, ou se utilizava a mediação dos pais para chegar à criança. Os tabus ligados à pretensa "inocência infantil" eram tais que, apesar das descobertas de Freud sobre a sexualidade infantil, acreditava-se que analisar crianças de tenra idade, sem proteção parental, acabaria agravando seus problemas e deteriorando mais ainda sua personalidade. Tanto mais que se tinha a certeza de que as crianças não eram conscientes dos próprios distúrbios e de que com elas nenhuma transferência era possível em razão do apego que tinham aos pais.[6]

O lance genial de Melanie Klein foi portanto levantar todas as interdições e romper todas as barreiras teóricas e práticas que impediam fundar o domínio da psicanálise de crianças sobre o modelo das análises de adultos. O gesto kleiniano situava-se no prolongamento do de Freud, e compreende-se por que Melanie foi "forçada" a analisar seus próprios filhos: ela não tinha outro campo de experiência possível, já que ninguém ainda havia "ousado" pôr crianças em análise. Se Freud foi o primeiro a descobrir no adulto a criança recalcada, e depois a empreender a primeira análise infantil sob supervisão paterna, Melanie Klein foi a primeira a assinalar na criança o que já estava recalcado, isto é, o bebê. Prontamente, ela propôs não só uma doutrina, mas um quadro necessário ao exercício de análises especificamente infantis. Como colocou Hanna Segal:

Ela fornece à criança um quadro analítico apropriado, isto é, os horários das sessões são fixados de forma estrita — 55 minutos, cinco vezes por semana. O aposento é especialmente adaptado para receber uma criança. Contém apenas móveis simples e robustos, uma mesinha e uma cadeira para a criança, uma cadeira para o analista, um pequeno divã. O soalho e as paredes são laváveis. Cada criança deve ter sua caixa de jogos unicamente reservada ao tratamento. Os brinquedos são cuidadosamente escolhidos. Há casinhas, bonequinhos homens e mulheres, de preferência de dois tamanhos diferentes, animais de granja e animais selvagens, cubos, bolas, bolinhas de gude e material de trabalho: tesoura, cordão, lápis, papéis, massa de modelar. Além disso, a sala deve ter uma pia, já que a água desempenha um papel importante em certas fases da análise.[7]

As inovações kleinianas tiveram como ponto de partida a grande reelaboração freudiana dos anos 1920, marcada pela introdução de um novo dualismo pulsional (pulsões de vida/pulsões de morte) e de uma segunda tópica (o eu, o isso e o supereu). A seguir, encontraram apoio na análise de Melanie com Ferenczi, que muito cedo a incentivou a analisar crianças, e depois no ensino de Abraham, seu segundo analista, que, trabalhando sobre as psicoses, e particularmente sobre a melancolia, havia localizado a origem destas em estádios muito precoces da infância. Foi assim que a consideração da noção de pulsão de morte e de uma tópica em que o inconsciente tornava-se preponderante, aliada a um estudo da origem das psicoses no adulto, podia abrir o caminho ao estudo dessas mesmas psicoses na criança de tenra idade. Daí a virada efetuada por Melanie Klein em 1935. Depois de partir das psicoses para estudar a importância dos primeiros anos de vida sobre o desenvolvimento do psiquismo da criança, ela foi ainda mais fundo na busca das origens, graças à reelaboração freudiana, a fim de descrever nos bebês as primeiríssimas relações de objeto.

Tratava-se de mostrar que os mecanismos próprios à psicose existem em todo ser humano em fases diferentes de sua evolução. Segundo Melanie Klein, a dualidade das pulsões induz na origem da vida de um sujeito uma clivagem do objeto que está no princípio de um jogo entre o *bom objeto* e o *mau objeto*. Quer seja parcial como o seio, os excrementos ou o pênis, quer seja total, quando se confunde com uma pessoa, o objeto é sempre uma *imago*, isto é, a imagem de um objeto real que o sujeito integrou a seu eu, segundo um mecanismo de introjeção, para fazê-lo chegar ao estatuto de fantasia.[8]

Durante os quatro primeiros meses de vida, o bebê mantém com sua mãe uma relação que é intermediada pelo seio, que é vivido como um objeto destruidor. Melanie Klein deu o nome de *posição paranóide* (e não de estádio) a esse momento da evolução humana, substituído a seguir, durante cerca de oito meses, por uma posição dita "depressiva" ao longo da qual a clivagem se atenua. Depois dessa etapa, a criança é capaz de representar sua mãe para si como um objeto total. Quanto à sua angústia, em vez de ser vivida de um modo persecutório, ela toma a forma de uma obsessão fantástica de destruir e de perder a mãe.

Nessa teoria, o reino do normal era portanto idêntico ao reino do patológico, e um diferenciava-se do outro por uma simples variação organizacional. Se a posição paranóide não fosse "normalmente" superada, ela se manifestaria na infância do sujeito e depois se perpetuaria ou retornaria na idade adulta, revelando assim um estado paranóico ou esquizofrênico. Se, do mesmo modo, a posição depressiva não fosse ultrapassada, poderia ser reativada na infância, e depois na idade adulta, ocasionando estados melancólicos.

Desse modo, Melanie Klein começava a construir, já no entreguerras, uma doutrina da estrutura do sujeito e de seu imaginário que respondia às interrogações de toda uma época. E, é claro, essas interrogações eram também as de Lacan e da segunda geração psiquiátrico-psicanalítica francesa. Como Melanie, mas por vias diferentes, Lacan havia questionado a doutrina das constituições que separava artificialmente o normal e o patológico; como ela, havia recolocado a história da loucura na do sujeito humano, ao escolher trabalhar no terreno da psicose; como ela, buscava resolver o enigma da condição imaginária do homem explorando os elementos mais arcaicos da relação de objeto; como ela, enfim, abordava a doutrina freudiana enquanto *corpus* constituído ao qual era preciso insuflar um novo impulso. Mas, enquanto Melanie Klein efetuava sua reelaboração no próprio interior do pensamento freudiano — e com a aparelhagem conceitual forjada por Freud —, Lacan buscava sempre apoio num saber exterior ao freudismo: psiquiatria, surrealismo, filosofia. E sabe-se que, sem esse recurso constante a uma exterioridade, ele certamente não poderia ter lido Freud como o fará a partir de 1936. Pois o Freud ao qual tivera inicialmente acesso era um Freud acadêmico: era o Freud da França freudiana, um Freud ora à la Pichon, ora à la Loewenstein, mas sempre o Freud do eu, das resistências e dos mecanismos de defesa, ou seja, o Freud de Anna Freud e da futura *ego psychology*.

É porque, em 1932, permanecia tributário desse Freud que

Lacan privilegiava em sua tese, para o tratamento das psicoses, uma psicanálise do eu centrada nas resistências. Também por essa razão, ele se mostrou impermeável, antes de 1937, aos avanços kleinianos. Dito de outro modo, foi preciso que Lacan primeiro efetuasse, a partir de 1936, sua segunda leitura de Freud para que pudesse, no ano seguinte, levar em conta os trabalhos de Melanie Klein e aperceber-se de que, por vias ao mesmo tempo paralelas e heterogêneas às suas, a grande dama colocava-se as mesmas questões que ele: estatuto do sujeito, estruturação das relações de objeto, papel arcaico da ligação edipiana, posição paranóica do conhecimento humano, lugar do imaginário etc.

Nesse aspecto, o empréstimo da noção de *estádio do espelho*,[9] oriunda dos trabalhos de Henri Wallon, foi decisivo. E pode-se avaliar sua importância pela extensão das declarações feitas por Lacan para apagar o nome do psicólogo e apresentar-se ele próprio como o único introdutor do termo. A história das diversas definições que ele deu a esse famoso estádio desdobra-se como um verdadeiro romance de folhetim. Uma boa dezena de vezes, fez a respeito dele um comentário apaixonado, e, quando publicou seus *Escritos*, em 1966, afirmou ainda com força que o termo sempre serviria de pivô para a elaboração de seu sistema de pensamento:

> Não havíamos esperado aquele momento para meditar sobre as fantasias das quais se apreende a idéia do *eu*, e, se o "estádio do espelho" foi por nós produzido em 1936, ainda às portas da titularização de praxe, no primeiro congresso internacional em que tivemos a experiência de uma associação que haveria de nos dar muitas outras, não era sem mérito que estávamos ali.

E ele acrescentava em nota:

> Foi no congresso de Marienbad (31 de julho de 1936) que se colocou esse primeiro pivô de nossa intervenção na teoria psicanalítica. Encontrar-se-á uma referência irônica a

isso nas páginas 184-5 desta coletânea, com a indicação do tomo da *Encyclopédie française* que atesta a data dessas teses (1938). Com efeito, negligenciáramos entregar o texto delas para as atas do congresso.[10]

Antes de reconstituir o itinerário tumultuoso desse texto esquecido, perdido, fundido num outro, depois inteiramente reinventado em 1949 para um novo congresso da IPA, é necessário dar uma primeira definição dessa noção de *estádio do espelho*, tal como ela aparece no enunciado lacaniano entre 1936 e 1938.

A freqüentação do seminário de Kojève havia levado Lacan a interrogar-se sobre a gênese do eu por intermédio de uma reflexão filosófica acerca da consciência de si. Assim ele foi conduzido, como Melanie Klein, a uma leitura da segunda tópica que ia em sentido oposto a toda psicologia do eu. Duas opções eram, com efeito, possíveis a partir da reelaboração freudiana de 1920. Uma consistia em fazer do eu o produto de uma diferenciação progressiva do isso, agindo como representante da realidade e tendo a cargo manter as pulsões (*ego psychology*); a outra, ao contrário, voltava as costas a toda idéia de autonomização do eu para estudar sua gênese em termos de identificação. Em outras palavras: na primeira opção buscava-se tirar o eu do isso a fim de fazer dele o instrumento de uma adaptação do indivíduo à realidade externa, enquanto na segunda ele era reconduzido de volta ao isso a fim de mostrar que se estruturava por etapas em função de imagos emprestadas do outro. Essa segunda escolha foi a de Melanie Klein, mas também de Jacques Lacan quando se apropriou da noção walloniana de *estádio do espelho* para transformá-la de cima a baixo.

Wallon aderia à idéia darwiniana segundo a qual a transformação de um indivíduo em sujeito passa pelos desfiladeiros de uma dialética natural. No quadro dessa transformação, que para a criança consiste em resolver seus conflitos, a experiência dita do espelho é um rito de passagem que ocorre entre seis e oito meses de vida. Ela permite à criança reconhecer-se e unificar seu eu no espaço. A experiência especifica assim a passagem do especular ao imaginário, e posteriormente do imaginário ao simbólico.[11]

Lacan transforma essa experiência em estádio, ou seja, numa "posição" no sentido kleiniano, na qual desaparece toda referência a uma dialética natural qualquer (maturação psicológica ou progresso do conhecimento) que permita ao sujeito unificar suas funções. A partir de então, o *estádio do espelho* nada mais tem a ver com um verdadeiro estádio, nem com um verdadeiro espelho, nem sequer com uma experiência concreta qualquer. Torna-se uma operação psíquica, ou mesmo ontológica, pela qual se constitui o ser humano numa identificação com seu semelhante quando percebe, em criança, sua própria imagem no espelho. O *estádio do espelho* no sentido lacaniano seria assim a matriz, por antecipação, do devir imaginário do eu. É em 1937, num comentário de uma conferência de Marie Bonaparte, que Lacan oferece a melhor definição dessa noção, um ano antes de incluí-la no texto sobre "Os complexos familiares": "Trata-se", escreve ele, "dessa representação narcísica que tentei expor no congresso internacional ao falar do 'estádio do espelho'. Essa representação explica a unidade do corpo humano; por que essa unidade deve afirmar-se? Precisamente porque o homem sente da maneira mais penosa a ameaça desse despedaçamento. É nos seis primeiros meses de prematuração biológica que vem fixar-se a angústia".[12]

Enquanto Lacan estava em via de elaborar sua primeiríssima teoria do imaginário e de conceber, com Kojève, um programa de confrontação entre Freud e Hegel, os conflitos na BPS tornavam-se cada vez mais violentos. Melitta Schmideberg, a filha de Melanie Klein, chegou a Londres em 1932, no momento em que as teses de sua mãe começavam a fazer escola. Edward Glover, que havia elogiado essas teses, considerava porém que sua validação baseava-se apenas na possibilidade de serem utilizadas na análise dos adultos psicóticos. É verdade que essa reserva tinha um objetivo preciso: tratava-se de reservar o domínio das psicoses aos analistas médicos e de barrar assim o caminho à influência que Melanie Klein, que não tinha formação médica, pudesse ter sobre a sociedade por meio de seus alunos. Todavia, para além dessa rivalidade, colocava-se sempre o mesmo problema fundamental: qual é a especificidade da intervenção psicanalítica no campo do tratamento das psicoses? Essa questão, como foi visto, era também a de Lacan após o estudo do caso Aimée.[13]

Da controvérsia, logo se passou à briga quando Melitta, após uma análise com Ella Sharpe, empreendeu uma segunda análise no divã de Glover, desencadeando com a ajuda deste uma ofensiva generalizada contra o ensino da mãe.

Eleita membro da sociedade em outubro de 1933, Melitta recebeu o prêmio de ensaio clínico por sua dissertação de candidatura dedicada à análise, por meio do jogo, de uma menina de três anos. Durante certo tempo, ela foi bastante popular entre seus colegas, mas a virulência de suas posições despertou um mal-estar, tanto maior pelo fato de a jovem acusar sua mãe de todo tipo de infâmias. Ora dizia que esta "roubava-lhe" a clientela, ora dava a entender que ela havia ousado analisar crianças com menos de dois anos, o que constituía um verdadeiro escândalo.

Nesse meio-tempo, o conflito entre a escola vienense, dominada por Anna Freud, e a escola inglesa, conquistada pelo kleinismo, adquiriu um aspecto particularmente intenso. Quando William Gillespie voltou de Viena em 1932 após sua análise com Eduard Hitschmann, ficou impressionado pelo clima de ostracismo que reinava no interior de cada grupo. Com efeito, jamais ouvira seus colegas vienenses falarem da obra de Melanie, quando esta se tornara uma bíblia para os analistas londrinos. Buscando sossegar Freud, que defendia a filha, Jones tentou fazer com que esta se desviasse da luta contra a rival e tomasse Melitta como bode expiatório. Pensava assim poder salvar a unidade da sociedade inglesa desvencilhando-se de uma oponente que se tornara incômoda, e assegurar a coesão da IPA em torno de Freud evitando o confronto direto entre Viena e Londres.

Anna recusou prestar-se a esse jogo e, de qualquer modo, a escalada do nazismo na Alemanha impediu que Jones levasse a bom termo tal política. A partir de 1934, os vienenses começaram a se exilar, alguns com a firme intenção de se estabelecer na Inglaterra. Depois do *Anschluss* e da deflagração da guerra, o conflito se tornará uma questão interna à British Psychoanalytical Society.[14]

No congresso de Marienbad, por ocasião do simpósio sobre os resultados terapêuticos da psicanálise, o confronto entre todas as posições foi dos mais temíveis. Enquanto os annafreudianos lançavam-se a um ataque em regra contra os kleinianos, Edward Glover dissociava-se publicamente das teses de Melanie, apoiado por Melitta. Os vienenses, aliás, não compreenderam de imediato o móbil dessa batalha familiar e continuaram, durante certo tempo, a classificar Glover entre os kleinianos.

Foi nesse clima que Lacan tomou a palavra, no dia 3 de agosto às três e quarenta da tarde, na segunda sessão científica do congresso. Dez minutos mais tarde, foi instado por Jones a interromper seu discurso no meio de uma frase. Nas palavras de Lacan:

Fiz uma comunicação em norma ao congresso de Marienbad em 1936, pelo menos ao ponto de coincidir exatamente com o quarto aviso do décimo minuto, quando me interrompeu Jones, que presidia o congresso enquanto presidente da sociedade psicanalítica de Londres, posição para a qual o qualificava certamente o fato de eu jamais ter podido encontrar um de seus colegas ingleses que não tivesse a me informar sobre algum traço desagradável de seu caráter. Não obstante, os membros do grupo vienense lá reunidos como pássaros antes da migração iminente deram uma acolhida bastante calorosa à minha exposição. Não entreguei meu texto às atas do congresso, e vocês poderão encontrar o essencial dele em poucas linhas no meu artigo sobre a família publicado em 1938 na *Encyclopédie française*— tomo "La vie mentale" [A vida mental].[15]

No dia seguinte, abandonou o congresso para ir a Berlim, após ter ouvido Kris dizer-lhe: "Isso não se faz".[16]

Hoje se conhece o conteúdo dessa famosa conferência perdida. Antes de ir a Marienbad, Lacan expusera o conteúdo dela à SPP. Naquele dia, Françoise Dolto tomou notas fiéis e abundantes que confirmam que, de fato, Lacan retomou a seguir os termos de sua exposição no artigo sobre a família. A conferência era dividida em numerosas partes: o sujeito e o eu [*je*], o corpo próprio, a expressividade da forma humana, a libido, a imagem do corpo, a imagem do duplo e a imagem especular, a libido do desmame, o instinto de morte, a destruição do objeto vital, o narcisismo e seu vínculo com o simbolismo fundamental do conhecimento humano, o objeto reencontrado no Édipo, os gêmeos.

A discussão entre Loewenstein, Odier, Parcheminey, Paul Schiff, Lagache e Marie Bonaparte tinha por objeto a compreensão da segunda tópica e a noção de adaptação. Lacan já afirmava com força esta posição central de seu futuro sistema de pensamento: "O homem não se adapta à realidade, ele a adapta a si. O eu cria a nova adaptação à realidade e nós buscamos manter a coesão com esse duplo".[17]

Compreende-se o furor de Lacan e a humilhação que sentiu quando Jones deu-lhe a ordem de interromper. Trinta anos mais tarde, sua cólera ainda estava tão viva que, para a publicação dos *Escritos*, não deixou de anotar com exatidão a hora, o dia e o lugar em que haviam ousado cortar-lhe a palavra. Depois de não ter sido reconhecido por Freud por ocasião do envio de sua tese, eis que recebia uma verdadeira afronta em sua primeira entrada em cena num congresso da IPA. Aos olhos dos grandes discípulos freudianos que, em Marienbad, entregavam-se a turbulências shakespearianas, o francesinho não passava de um desconhecido. Ninguém sabia ainda quem ele era, ninguém havia lido uma linha sequer de suas publicações, e todos ignoravam que uma parte da intelectualidade parisiense via nele um futuro mestre da psicanálise à francesa. Por mais que o rumo tomado por Lacan com seu *estádio do espelho* fosse no sentido da revolução kleiniana, ninguém estava em condições de dar-se conta disso: nem os kleinianos, nem os annafreudianos. E o próprio Lacan, pouco informado das lutas que travavam os membros da família ipeísta, não era o mais bem situado para perceber os verdadeiros móbeis de sua própria via doutrinal. A prova está no fato de que ele teve a impressão — perfeitamente autêntica — de receber uma acolhida favorável da parte do grupo vienense. Ora, se tal foi o caso — e não há razão para duvidar —, o mal-entendido só podia ser completo, uma vez que suas teses eram radicalmente antagônicas das deles. Convém portanto supor que a acolhida calorosa, se aconteceu, foi fruto de simpatias pessoais nascidas do acaso, ou de um intercâmbio verbal durante o qual Lacan e seus interlocutores puderam entender-se num terreno comum: por exemplo, o conhecimento dos textos de Freud, de Anna Freud e de muitos outros. Lacan os havia lido e certamente foi apreciado, por sua erudição, pelos vienenses, junto dos quais teve talvez a ilusão de ser reconhecido por aquilo que enunciava. Entretanto, sabe-se hoje que Anna não partilhou a opinião dos compatriotas. Sempre à espreita de desvios que arriscavam, no seu entender, desnaturar essa doutrina freudiana da qual pretendia representar a pura legitimidade, ela observou naquele dia o comportamento, o aspecto e a maneira de falar desse psiquiatra francês que, em Marienbad, já se tomava por Lacan. Ela não gostou desse homem e começou a desconfiar de suas posições.[18]

Marcado pelo antiparlamentarismo e pelo niilismo, Lacan atravessou a epopéia surrealista sem manifestar interesse por qualquer combate em favor de um ideal de emancipação revolucionária. Jamais foi comunista, jamais assinou o menor panfleto, jamais deu a impressão de crer na idéia da liberdade humana. No entanto, a aventura rimbaudiana do "Eu é um outro" marcou desde o início seus primeiros escritos. Do mesmo modo, a renovação filosófica dos anos 1930 foi um alimento essencial para sua leitura de Freud. Assim, ele participou da modernidade teórica e literária de sua época de uma forma bastante estranha, como se esta devesse afetar apenas sua obra, e muito pouco sua maneira de viver ou suas opiniões, que foram as de um burguês ao mesmo tempo conformista e extravagante, preocupado com suas economias mas capaz de entregar-se de corpo e alma a suas paixões.

Quanto a seu apolitismo, não significava um desinteresse pelas questões políticas, muito pelo contrário. A recusa de qualquer engajamento pessoal tinha por corolário uma fascinação confessada pelas formas mais extremas do exercício do poder: poder hipnótico dos ditadores, poder transferencial dos mestres, poder manipulador dos tiranos, poder delirante da loucura no poder. Em suma, esse homem que aspirava ele próprio a tornar-se um chefe encontrava prazer em ver funcionar ou em comentar os modos de sujeição das massas pelos mestres e a servidão voluntária daquelas em relação a estes.

Foi assim que, após deixar Marienbad, Lacan foi a Berlim para assistir às manifestações da XI Olimpíada, de sinistra memória. Tendo falado alguns dias antes da angústia do eu diante da ameaça do corpo espedaçado, ele estava a tal ponto tomado pela teoria do *estádio do espelho* que transpôs sua terminologia para o universo daqueles gladiadores que desfilavam em passo cadenciado. Desse fascismo que o horrorizava e cujo perigo pressentia, fez, só depois, uma análise um tanto obscura. Segundo ele, a organização nazista era fonte de angústia para as multidões que ela pretendia governar. E Lacan irá atribuir a origem dessa angústia à democratização das relações hierárquicas imposta por Hitler ao Exército alemão... Voltaremos a falar disso.[19]

A viagem a Marienbad e o desvio por Berlim inspiraram-lhe sobretudo um texto programático intitulado "Para além do princípio de realidade", no qual se achavam condensados todos os temas oriundos de sua leitura de Wallon, do Freud da segunda tópica e do ensino de Kojève. Um traço-de-união, em suma, entre os projetos não realizados de julho sobre a confrontação interpretativa Freud/Hegel e o longo artigo sobre "Os complexos familiares", onde haveria de inserir-se a primeira versão publicada do "Estádio do espelho".

Lacan redigiu esse texto em Noirmoutier, onde passava suas férias com Malou, grávida de cinco meses. Com a idade de 35 anos, no momento de enfrentar pela primeira vez a experiência da paternidade, ele saudava o advento triunfante de uma segunda geração psicanalítica à qual designava a tarefa de ler Freud contra e fora de toda psicologia. Verdadeira convocação à luta teórica. Na praia onde gostava de banhar-se, um outro fenômeno de massa poderia ter retido sua atenção tanto quanto a quermesse olímpica: o do povo das fábricas que usufruía pela primeira vez de férias remuneradas. Nada disso aconteceu. A esse respeito, eis aqui o extraordinário retrato que fez dele Guillaume de Tarde em seu diário de junho de 1936:

> Enquanto isso, Lacan vive no eterno. Intelectual, conseqüentemente dominante, acessível a todas as idéias, de uma imparcialidade indiscutível e soberana, mestre da linguagem, alheio por natureza a todos os lugares comuns e a todos os preconceitos, ele considera os acontecimentos do alto: esses homens antiquados e perdidos que defendem, em luta com um real inexorável, seus interesses de classe, parecem-lhe manifestamente fantoches. Que espetáculo! Que cena de final de tragédia! Meio dramática, meio cômica! Ele reina com dignidade sobre a angústia dessa gente.[20]

Na história do movimento psicanalítico internacional, tem-se o costume de chamar de primeira geração a que constituiu o círculo dos discípulos reunidos em Viena no início do século XX. Essa geração de pioneiros amplamente conhecida — Adler, Jung, Jones, Ferenczi, Rank, Abraham, Sachs, Eitingon — foi seguida de uma segunda, que começou a se formar a partir de 1918, seja diretamente junto a Freud, seja no divã de seus colaboradores. Já afastada do espírito de aventura que havia caracterizado os mais velhos, essa geração foi a componente essencial dos quadros da IPA dos anos 1930. Separada do pai fundador, embora este ainda vivesse, ela teve por verdadeiro centro de afeição não um homem ou uma cidade, mas uma organização. E esta adquiriu uma importância tanto mais considerável quanto se tornou, ante o nazismo, a encarnação de uma verdadeira pátria do freudismo e um símbolo de resistência à barbárie. Já a terceira geração, instruída por representantes da segunda no exílio, foi a das grandes controvérsias em torno da interpretação da obra freudiana. Do ponto de vista da história internacional, Lacan pertence a essa terceira geração, tanto pela formação quanto por seu afastamento da pessoa de Freud, ou ainda pelas interrogações que coloca a uma doutrina cuja existência ele descobre no momento mesmo em que esta não mais estava sujeita à revisão por parte de seu fundador.

Entretanto, se observarmos a história francesa da psicanálise, a cronologia das gerações não é exatamente a mesma. Com efeito, a doutrina freudiana tomou impulso no solo francês com um atraso de quinze anos em relação aos outros países da Europa. Desse ponto de vista, a primeira geração psicanalítica francesa, a dos doze fundadores da SPP, foi na realidade composta de homens e mulheres que, por seu itinerário ou sua mentalidade, pertenciam à segunda geração da história do freudismo internacional: daí alguns dos problemas que ela teve com a IPA. Seguindo essa cronologia, Lacan era portanto, como se viu, um representante da segunda geração psicanalítica francesa, a qual se prendia de fato à terceira geração da internacional freudiana. E ele não ignorava isso.

Ora, ao voltar de Marienbad desiludido e humilhado, ele redigiu um texto no qual, pela primeira vez, ligava os interesses de uma necessária "revolução freudiana" aos de uma hipotética "segunda geração" dos anos 1930:

A psicologia nova não reconhece apenas à psicanálise o direito de cidade; ao recortá-la incessantemente no progresso de disciplinas vindas de outra parte, ela demonstra o valor desta como caminho de pioneiro. Assim, pode-se dizer, é sob uma incidência normal que a psicanálise é abordada pelo que chamaremos, apesar do arbitrário de tal fórmula, a segunda geração analítica. É essa incidência que queremos definir aqui para indicar o trajeto em que ela se reflete. A revolução freudiana, como toda revolução, adquire seu sentido de suas conjunturas, isto é, da psicologia reinante então; ora, todo juízo sobre esta supõe uma exegese dos documentos em que ela se afirmou.[21]

Será que Lacan procurava apresentar-se como vanguarda da segunda geração psicanalítica francesa, ou vincular-se à brilhante geração dos freudianos do segundo círculo encontrada em

Marienbad? Talvez as duas coisas. Daí o caráter equívoco da formulação. Ele queria, em todo o caso, conclamar a uma reelaboração do ensino freudiano simétrica à efetuada pelo próprio Freud em 1920: esse "Para além do princípio de realidade" desejado por Lacan colocava-se, com efeito, como o corolário do "Para além do princípio de prazer" afirmado por Freud.

Se a estruturação do eu não corresponde a uma função de adaptação à realidade, é porque a identificação mental é uma forma constitutiva do conhecimento. Donde a idéia de Lacan de chamar de *postos imaginários da personalidade* as três instâncias da segunda tópica freudiana — eu/isso/supereu —, para depois extrair delas uma quarta, o *eu* [*je*], ao qual atribui a função de ser o lugar em que o sujeito pode se reconhecer. Essa primeiríssima formulação lacaniana de uma teoria do imaginário, em que a gênese do eu era concebida, do mesmo modo que em Melanie Klein, como uma série de operações fundadas na identificação com imagos, era acompanhada em seguida da menção de uma noção de *identificação simbólica*, definida de maneira ainda vaga, incerta e obscura.

No outono de 1936, o desastroso encontro de Marienbad era portanto compensado por um saldo teórico bastante positivo. Já estavam colocados os prolegômenos de uma teoria do sujeito que se enxertava na obra de Freud a partir de uma leitura kojèviana de Hegel. Lacan anunciou uma continuação em duas partes de seu "Para além", que jamais verá a luz. Uma parte deveria tratar da "realidade da imagem", e a outra, das "formas do conhecimento". Em vez disso, redigiu, a pedido de Wallon, o texto sobre "Os complexos familiares". Mas, nesse meio-tempo, o encontro com Georges Bataille daria uma dimensão mais nietzschiana a esse novo programa de trabalho.

IV
HISTÓRIAS DE FAMÍLIAS

1. GEORGES BATAILLE E CIA.

COMO MICHEL LEIRIS, RAYMOND QUENEAU, René Crevel, Antonin Artaud e alguns outros, Georges Bataille fez parte desses escritores do entreguerras que foram ao mesmo tempo atravessados pela aventura teórica do freudismo e conheceram a experiência do divã sem no entanto fazer seu interesse pela doutrina vienense depender da prática da análise. Ir ao encontro da revolução freudiana correspondia, para eles, a um procedimento intelectual, ao passo que procurar um analista significava querer tratar-se da maneira mais direta possível. Essa atitude explica, por exemplo, por que um Michel Leiris pôde inspirar-se com imenso respeito na obra freudiana em sua técnica romanesca, embora visse a análise como um simples medicamento: "Talvez não haja grande coisa a esperar da psicanálise", escrevia ele em agosto de 1934, "mas sempre se pode tomá-la como se tomaria aspirina".[1]

Já tivemos a ocasião de mencionar a análise de Bataille com Adrien Borel, membro fundador da SPP, psiquiatra com aspecto de cônego. Amante de vinhos e da gastronomia, ele gostava particularmente, como Allendy, de ocupar-se dos artistas e dos criadores.[2] Foi a conselho do dr. Dausse que Bataille o viu pela primeira vez e decidiu empreender com ele uma análise. Vários de seus amigos o consideravam "doente": era jogador, alcoólatra e freqüentava bordéis. Segundo Leiris, teria até mesmo arriscado a vida na roleta-russa.[3]

Já no primeiro encontro, Borel deu a Bataille uma fotografia de Louis Carpeaux, tirada em abril de 1905 e reproduzida no famoso *Traité de psychologie*, de Georges Dumas. Ela mostrava o suplício de um chinês acusado do assassinato de um príncipe e condenado pelo imperador a ser cortado em cem pedaços. Du-

170

mas assistira à cena em companhia de Carpeaux e comentara, destacando, que a atitude do supliciado parecia-se à dos místicos em êxtase. Mas dizia também que essa impressão decorria das múltiplas injeções de ópio aplicadas ao moribundo para prolongar o suplício. O espetáculo era, de fato, aterrador: com os cabelos hirsutos, um olhar de pavorosa doçura e o corpo esquartejado, o homem assemelhava-se muito estranhamente a uma dessas virgens de Bernini transfiguradas pela incandescência de uma visitação divina. A descoberta dessa foto desempenhou um papel decisivo na vida de Bataille: "O que subitamente eu via era a identidade desses perfeitos contrários que opunham ao êxtase divino um horror extremo".[4]

Borel encorajou Bataille a escrever, sem procurar pôr fim ao estado de violência intelectual de que ele se queixava.[5] No entanto, a análise provocou nele uma impressão de soltura que lhe permitiu redigir a *Histoire de l'oeil* [A história do olho], cujo texto foi comentado em cada sessão, e até mesmo corrigido: "O primeiro livro que escrevi", disse ele a Madeleine Chapsal, "só pude escrevê-lo psicanalisado, sim, saindo de dentro dele. E creio poder dizer que foi somente liberado dessa forma que pude escrevê-lo".[6]

Após essa análise, na qual o trabalho transferencial havia servido de suporte à criatividade literária, Bataille sentiu-se menos doentio. Conservou uma relação de amizade com Borel e enviou-lhe, até o fim da vida, o primeiro exemplar numerado de cada um de seus livros. Foi depois dessa análise que ele conheceu aquela que iria tornar-se sua mulher: Sylvia Maklès. O encontro certamente ocorreu na praça Desnouettes, próximo à porta de Versailles, no ateliê de Raymond Queneau, freqüentado por vários escritores. Mas ocorreu sobretudo por intermédio de Bianca, irmã mais velha de Sylvia, que havia desposado Théodore Fraenkel, o quarto "mosqueteiro" do surrealismo francês: "Ele voltava da Rússia quando o conheci", escreve Aragon, "onde havia sido, no corpo expedicionário francês, auxiliar de cirurgião. Falava a linguagem do pai Ubu. Permaneceu sempre o homem daquele tempo, com aquela brusca risada baixa que repunha em seus lugares coisas e pessoas".[7]

Judeu de origem romena, Henri Maklès, o pai de Bianca, exercia a profissão de negociante e representante comercial. Aberto às artes e à cultura, gostava mais da boemia e não tinha muito êxito nos negócios. Com freqüência, estava sem vintém, e sua mulher, Nathalie Chohen, teve de enfrentar por toda a vida dificuldades financeiras. Era uma senhora simpática, agradável e generosa, e queria muito ver as quatro filhas, Bianca, Rose, Simone e Sylvia, chegarem à estabilidade social que lhe havia faltado.[8] Quanto ao filho, Charles Maklès, assemelhava-se ao pai.

Bela e inteligente, Bianca empreendeu estudos médicos numa época em que as mulheres não tinham ainda acesso a carreiras intelectuais. E foi na faculdade de medicina que conheceu Breton, Aragon e Fraenkel, sendo que este foi o único dos três a tornar-se médico. Violentamente melancólico, ele próprio descrevera seu estado, em 1916, com uma espantosa precisão clínica. Estava então mobilizado no *front* nas imediações de Verdun:

Minha circularidade é sobretudo de predominância depressiva [...] e a psicose maníaco-depressiva é o exagero de um fenômeno constante. Anoto com freqüência, aqui, as máximas melancólicas que são a sinistra depreciação de mim mesmo. A excitação maníaca traduz-se pelo orgulho. A degenerescência mental engloba em seu domínio nove décimos da humanidade — eu entre outros. Compreendo — sem mudar minha opinião — o sentido do livro de Nordau.[9]

Em 1922, Bianca se casa com Théodore, depois abandona os estudos para tornar-se atriz. Ingressa no grupo de Charles Dullin e, sob o nome de Lucienne Morand, interpreta um papel na peça *Chacun sa vérité* [A verdade de cada um], de Pirandello.[10]

Em 1931, ela morre em circunstâncias trágicas. Durante um passeio perto de Carqueiranne, caminhando à beira de uma falésia, escorregou e caiu no vazio. Fraenkel, que se encontrava em Paris, foi ao local para reconhecer o corpo.[11] O traumatismo desse acidente foi tão violento que Nathalie Chohen jamais conseguiu superá-lo, sobretudo porque à sua volta evocaram com

172

freqüência a hipótese de suicídio. Assim, ela transformou a verdade numa ficção: imaginou que Fraenkel, num acesso de demência, havia precipitado a jovem do alto da falésia. Nathalie afirmava que sua filha não estava morta, mas amnésica, e que um dia se lembraria do próprio desaparecimento e retornaria para junto dos seus.[12]

Nascida em 1º de novembro de 1908, Sylvia estudou, como as três irmãs, no internato da avenida de Villiers, freqüentado também pelas irmãs Kahn. Desde pequena, sonhou em fazer carreira de atriz, mas não pôde realizar esse sonho antes do casamento. Quando Bianca desposou Fraenkel, foi morar com o casal. Dava-se muito bem com essa irmã mais velha que era seu modelo. Mas Fraenkel ficou apaixonado por ela e várias vezes tentou seduzi-la. É então que a família decide casá-la com Georges Bataille. O homem agradou-lhe e ela deu seu consentimento. A união foi celebrada no cartório de Courbevoie, em 20 de março de 1928.[13]

No meio do escritor, esperava-se, sem acreditar demais, que uma vida conjugal ordenada junto de uma mulher de condição honrada, de caráter sólido e vivificante, permitiria a ele, senão renunciar à libertinagem, ao menos temperar seu gosto por ela. Nada disso aconteceu, segundo Michel Surya: "Quando muito se pode dizer que ele não viveu realmente com ela, que não cessou de freqüentar as boates e os bordéis e que participou (se é que não as organizou) de orgias. Com sua mulher ou sem ela? De todas as mulheres — ou quase todas — com quem viveu, ele fez cúmplices. É duvidoso que a primeira não o fosse também".[14]

Três meses após o casamento, Sylvia, sonhando sempre em subir aos palcos, assistiu à projeção pública, no teatro do Vieux-Colombier, do filme mudo de Jean Renoir, *La petite marchande d'allumettes* [A pequena vendedora de fósforos], inspirado no conto de Andersen.[15]

Rodado no estilo de Chaplin, o filme foi uma ocasião para Renoir realizar uma proeza técnica com uma película pancromática, efeitos de iluminação e numerosas trucagens. Quanto ao papel principal, era desempenhado por Catherine Hessling, sua própria mulher, que também havia sido a última modelo de seu pai, Auguste Renoir. Sensibilizada por essa personagem da qual poderia ter sido a patética intérprete, Sylvia não hesitou em interpelar Renoir à saída da projeção para comunicar-lhe seu desejo de ser atriz de cinema: "É preciso esperar", disse ele.[16]

Ela esperou. Nos dois primeiros anos de vida conjugal, mudou três vezes de apartamento, morando sucessivamente na avenida de Ségur, na rua Vauvenargues, depois em Boulogne e em Issy-les-Moulineaux. Segundo Bataille, ela testemunhou em silêncio, em 1930, quando estava grávida, a famosa homenagem erótica prestada por ele ao cadáver de sua mãe Marie-Antoinette Tournadre. Em sua obra, o escritor relata a cena de três maneiras diferentes: uma vez numa única frase e sob a forma de uma reivindicação de exatidão absoluta, outra vez empregando a ficção e sem declarar a realidade do gesto, uma terceira vez num breve relato manuscrito, de extrema simplicidade, intitulado "O cadáver materno". Eis a primeira versão: "Eu me sacudi nu na noite diante do cadáver de minha mãe". E a segunda:

Ela morrera durante o dia. Dormi na casa dela com Édith.

— Tua mulher?

— Minha mulher... À noite, estava deitado ao lado de Édith que dormia [...]. Com os pés descalços, eu avançava pelo corredor a tremer... Tremia de medo e de excitação diante do cadáver, não me contendo de excitação... Eu estava em transe... Tirei meu pijama... Eu me... Tu compreendes...[17]

Certamente, Bataille extraíra a cena dessa homenagem três vezes contada do grande catálogo das perversões recenseadas por Krafft-Ebing, mas o ato em si deve ser situado no relato autobiográfico dos diversos episódios de loucura dos pais, dos quais ele fora, desde a infância, a testemunha privilegiada. Seu pai, Aristide Bataille, sifilítico, paralisado, cego, pregado a uma poltrona, "mijava-se" e "cagava nas calças". Por volta de 1911, numa crise de demência, acusou o médico de "trepar" com sua mulher, que por pouco não perdeu a razão, algum tempo depois, após dizer horrores do marido em presença do filho. Foi então que ela tentou enforcar-se no sótão da casa. O suicídio fracassou, mas, em 1915, teve um novo acesso maníaco. Após haver abandonado Aristide durante o avanço alemão do mês de agosto, não suportou a idéia de voltar para junto dele. No entanto voltou: "Quando soubemos que ele estava à morte", escreve Georges Bataille, "minha mãe aceitou partir comigo. Ele morreu poucos dias antes de nossa chegada, clamando pelos filhos: encontramos um ataúde atarraxado no quarto".[18]

Ao espetáculo desse ataúde atarraxado que oculta um pai do olhar dos filhos, corresponde o episódio do cadáver materno "exposto" ao gesto obsceno do narrador que lhe rende homenagem em presença de sua mulher (Édith) no momento em que está grávida. De um lado, desaparece o corpo de um pai que concebeu o filho quando estava cego, de outro, aparece o cadáver de uma mãe diante de um filho abandonado no momento em que este enfrenta a prova da paternidade: "Tendo meu pai me concebido cego (absolutamente cego)", escreve o narrador, "não posso arrancar-me os olhos como Édipo. Como Édipo, adivinhei o enigma: ninguém o adivinhou tão profundamente quanto eu".[19]

Em 10 de junho de 1930, nascia Laurence Bataille, única filha do casamento de Georges e Sylvia. Nessa data, o escritor ocupava-se, juntamente com Michel Leiris, Carl Einstein e Georges-Henri Rivière, da revista *Documents*. Nela combatia o surrealismo e esgrimia contra seu grande rival, André Breton, afirmando que era preciso ir mais longe na expressão de uma bestialidade extrema a fim de mostrar que toda revolta não era senão a negação da revolta. Em outras palavras, contra a aventura surrealista, Bataille preconizava a adesão a um antiidealismo agressivo, capaz de revelar o que ele chamava de o *impossível*. Era preciso blasfemar, destruir, transgredir, até chegar ao que escapa aos limites.[20]

Enquanto isso, Sylvia realizava seu desejo de tornar-se atriz. Por essa época, conheceu Jacques Prévert no café da rua Fontaine onde fora pedir uma dedicatória a André Breton. Ao sair, conversou com ele e depois os dois caminharam juntos até o amanhecer. Foi o deslumbramento.[21] Em seguida ela passou a integrar o famoso "bando" que, após a ruptura de Prévert com o surrealismo, ia tornar-se o grupo Outubro.[22]

Os alegres camaradas dos dois irmãos Prévert tinham uma paixão pela epopéia americana dos grandes cômicos do cinema mudo. Cinéfilos bem informados, sonhavam com um mundo conforme a seus desejos e passavam o tempo a discutir Chaplin, Keaton ou Sennett. Jacques era um narrador fabuloso, capaz de virar de pernas para o ar num instante a significação de uma palavra por justaposições aparentemente fortuitas, mas construídas sobre o modelo de um jogo lógico que denotava sua infinita derrisão. Pierre, modesto, tímido e delicioso, parecia sair do *Sonho de uma noite de verão*.[23]

Por intermédio de J.-B. Brunius, Jacques Prévert conheceu Jean Pierre Dreyfus (futuro Jean-Paul Le Chanois) e Pierre Batcheff, o ator de *Chien andalou* [Cão andaluz, de Buñuel]. Eles trabalharam juntos num projeto de roteiro, infelizmente interrompido pelo suicídio de Batcheff. Depois aconteceu o encontro com Raymond Bussières, vindo da Federação do Teatro Operário, que havia fundado com Léon Moussinac o grupo Outubro. Os irmãos Prévert tornaram-se seus animadores ao lado do diretor Louis Bonin, a quem chamavam de Lou Tchimoukoff, e de Marcel Duhamel. Mais tarde, Jean Dasté, Maurice Baquet e Joseph Kosma juntaram-se a eles. Os outubristas diziam-se companheiros de estrada daquele comunismo flamejante representado pela primeira geração da intelectualidade bolchevista. E, apesar do advento do stalinismo, viam com fervor e fidelidade a pátria da primeira revolução proletária, da qual se consideravam os herdeiros em seu desejo de renovar o teatro popular. Inspiravam-se em grandes modelos: Brecht, Piscator, o agit-prop, o teatro proletário. Dominada pelos irmãos Prévert, a equipe do grupo Outubro inventou esse realismo poético que haveria de triunfar no cinema francês de Renoir, Carné ou Feyder, e que associava a força da brejeirice verbal a uma crítica pelo absurdo do conformismo burguês. Em 1933, apresentaram em Moscou e em Leningrado *La bataille de Fontenoy* e obtiveram o primeiro prêmio na Olimpíada Internacional do Teatro Operário.[24]

176

No centro do grupo, Sylvia Bataille era, aos 24 anos, uma encantadora atriz. Sua tez de papel machê, sua voz ligeiramente ceceante, sua magreza infantil dotavam-na de uma graça particular cujos contornos ao mesmo tempo vivos e equívocos pareciam ter sido modelados em parte na paleta de um pintor da Secessão, em parte pelo pincel da escola impressionista: as cores de Klimt e as formas de Seurat. Nela, o voluntarismo só rivalizava com a jovialidade. Em seus olhos negros de contida tristeza, de onde brotava sempre a chama de uma revolta impotente, adivinhavam-se todos os estigmas da condição feminina dos anos 1930. E foi certamente pensando nessa espécie de revolta que Renoir teve a idéia de confiar-lhe o papel de heroína principal em *Une partie de campagne* [Um passeio pelo campo]. Ele achava que Sylvia Bataille tinha a voz de Henriette Dufour, a personagem inventada por Guy de Maupassant.[25]

Nesse meio-tempo, ela havia se separado de Georges Bataille. Embora este não tivesse evocado em seus livros a história do amor deles, contou em *Le bleu du ciel* [O azul do céu] a história da ruptura, dando à mulher do narrador o nome de Édith: "Eu me portei como um covarde", dizia, "com todos aqueles que amei. Minha mulher devotou-se a mim. Perdia a cabeça por mim enquanto eu a enganava".[26] Também citava a passagem de uma carta que ela lhe havia enviado e que o perturbava. Tratava-se de um relato de sonho:

Estávamos os dois com vários amigos, e disseram que, se saísses, serias assassinado [...]. Chegou um homem que vinha para te matar. Para isso, era preciso que ele acendesse uma lâmpada que trazia na mão. Eu caminhava a teu lado, e o homem que queria me fazer compreender que te assassinaria acendeu a lâmpada: a lâmpada fez disparar uma bala que me atingiu [...]. Foste ao quarto com a jovem. Em seguida, o homem disse que era tempo. Acendeu a lâmpada. Partiu uma segunda bala, que se destinava a ti, mas senti que era eu que a recebia, e foi meu fim. Passei a mão na garganta: estava quente e pegajosa de sangue.[27]

Esse relato de sonho era tanto mais interessante porque exprimia, por antecipação, uma realidade por acontecer. Em 1939, com efeito, onze anos após a celebração do casamento de Georges e Sylvia, Théodore, sempre apaixonado por ela, veio esperar Bataille à saída da Biblioteca Nacional, armado de um revólver. Tinha a firme intenção de matar seu "rival", num momento em que Sylvia, objeto de sua paixão, não era mais a companheira de Georges havia muitos anos. Felizmente, a aventura acabou numa explosão de risos.[28]

Laurence tinha apenas quatro anos quando os pais se separaram. E, se falou com freqüência aos mais chegados do sofrimento que experimentou, esperaria o ano de 1984 para registrá-lo num escrito autobiográfico. Como a narradora de *Le bleu du ciel*, contava um sonho cuja significação havia conseguido interpretar em 1963 durante sua análise com Conrad Stein. Ela via uma carriça* fugir de uma doninha que lhe havia arrancado as penas da cauda. No lugar aparecia uma mancha sangrenta. O pássaro voltava-se para trás e fazia com as asas um gesto de impotência: "Estranho, sem dúvida", dizia a sonhadora, "ter representado meu pai por uma carriça [...]. Para mim, ele não pesou muito. Deixou a casa quando eu tinha quatro anos. Eu o via de tempo em tempo, mas não experimentava nenhum sentimento em relação a ele. Sua morte, um ano antes, havia me deixado indiferente".[29]

A mancha sangrenta remetia a uma recordação penosa que Laurence evocava utilizando a metáfora batailliana da *Histoire de l'oeil*. Com efeito, ela lembrava que, muito pequena, arrancara sem querer um cílio com a pinça de depilação da mãe. De repente, no espelho, vira seu olho coberto de uma mancha de sangue. Por uma série de associações, deduzia desse sonho o modo de organização que caracterizava a família Bataille-Maklès: os homens deixavam as mulheres mandarem em casa a fim de conservar para eles o domínio do pensamento: "De fato, em minha família", di-

---

* No original, *roitelet*. Notar que a palavra significa também "reizinho", o que não parece irrelevante no contexto da interpretação desse sonho. (N. T.)

zia Laurence, "o pensamento era exclusivamente reservado aos homens. Era o privilégio único deles, era o atributo viril, cuja repartição ordenada bastava para evitar o caos. Portanto, nada de uma mulher apropriar-se dele. Em todo o caso, não eu. Por isso é que cuidadosamente sempre me abstivera de pensar".[30]

As irmãs Maklès, de fato, não tiveram muito o privilégio do pensamento, mas todas se casaram com intelectuais. Sylvia e Bianca assemelhavam-se pela beleza, pelo talento, pelo desejo de criatividade que as animava, mas também por um sólido engajamento de extrema esquerda. Rose e Simone, as duas outras irmãs, tinham um temperamento diferente. A primeira mostrou-se durante toda a vida uma excelente dona de casa e uma notável cozinheira. Exerceu forte autoridade sobre André Masson quando o desposou em 1934, no momento em que sua pintura ainda não lhe dava o sustento. Nessa época, ele saía de uma ligação tumultuada com Paule Vezelay, pintora como ele, que sofria de violentas crises nervosas agravadas pela bebida. Alcoólatra e depressivo, Masson não suportava confrontar-se com uma mulher que criava uma obra e recusava entregar-se à tranqüilidade de uma relação conjugal.[31] Com Rose, portanto, encontrou o equilíbrio que lhe permitiu trabalhar em paz.

Quanto a Simone, era mais burguesa e conservadora. Às vésperas da guerra, casou-se com um funcionário, especialista em economia, Jean Piel, que será, com Bataille, o fundador da revista *Critique*. Sylvia foi assim a única, após a morte de Bianca, a brandir no interior da família o estandarte da revolta. Quando se consolidou como atriz, passou a dar às irmãs, aos pais e ao irmão um constante apoio moral e financeiro. Pois o engajamento político acompanhava-se nela de um espírito de devotamento capaz de chegar ao sacrifício. Nesse aspecto, Bataille encontrou o tom justo em seus escritos ao mostrá-la também como uma vítima. Sylvia Bataille teve muitos amigos: foi amada não apenas pelo charme e a beleza, mas também pelas qualidades de coração.

Ao clã Bataille-Maklès juntavam-se outros clãs, formados de um lado por Michel Leiris e a família Kahnweiler, de outro por Raymond Queneau e a família Kahn. Casado em 1926 com

Louise Godon, Leiris dissimulava a verdadeira genealogia de sua esposa. Apelidada Zette, Louise tivera um destino idêntico ao de Aragon. Nascida em 1902, era filha de Lucie Godon e fora educada pelos avós maternos, que ela considerava como pais e que a fizeram crer que a mãe era sua irmã. Ela soube a verdade aos dezoito anos, quando a mãe já era casada havia um ano com o célebre comerciante de quadros Daniel-Hemy Kahnweiler, que havia lançado a maior parte dos pintores cubistas e possuía uma imensa coleção de telas de Picasso. Após o casamento com Leiris, Zette ocupou-se da galeria do "cunhado", escondendo cuidadosamente essa história. Só estavam a par do "segredo" os membros do clã. Por seu lado, Raymond Queneau havia desposado Jeanine Kahn, cuja irmã, Simone, foi a primeira mulher de André Breton. As irmãs Kahn e as irmãs Maklès conheciam-se desde a época de estudos no internato da avenida de Villiers.[32]

Bataille exerceu o privilégio do pensamento à maneira do narrador de *Le bleu du ciel*, consumindo-se até a morte em bebida, noites em claro e comércio carnal: "Gozo", escrevia ele, "em ser hoje um objeto de horror, de desgosto, para o único ser ao qual estou ligado [Édith-Sylvia]".[33] A separação não o impediu de conservar com a ex-mulher laços de intensa amizade, mas foi com Colette Peignot que passou a viver desde então, inventando para ela o prenome de Laure.

Diferentemente de Sylvia, Laure aceitou os desregramentos de Bataille de forma sacrificial, como para descobrir nisso uma experiência que a levaria à morte. Também ela se analisou com Adrien Borel, antes de sucumbir à tuberculose em 1938: "Os que a conheceram bem", escreve Leiris, "não ignoram quão inquebrantável era sua exigência de altivez e violenta sua rebelião contra as normas às quais consente a maioria".[34] Após a morte dela, Bataille publicou seus escritos e redigiu uma história de sua vida em que relatava com exatidão e crueza suas práticas sexuais. Quanto a Souvarine, que a via como uma doente mental e procurava protegê-la de si mesma, jamais perdoou ao rival terlhe roubado o objeto de sua paixão. Assim tratava-o por "tarado sexual". Em 1934, foi a Olesia Sienkiewicz, sua amiga e confidente, que ele contou seus sofrimentos, agradecendo pela ajuda que ela lhe dera: "Quando o irreparável acontecer, talvez ela [Colette] tenha um impulso de sinceridade como nos primeiros anos em que a conheci [...]. Eu queria tanto que, ao deixar-me, ela respeitasse nosso passado comum, nossas idéias comuns, nossa indizível ternura [...]. Digo que é prestar um funesto serviço à própria Colette encorajá-la a renegar toda lei moral".[35]

Olesia assistira à degradação das relações entre Colette Peignot e Souvarine, no momento mesmo em que via desfazer-se sua ligação amorosa com Lacan.

Sylvia foi lançada na carreira cinematográfica por Pierre Braunberger, que era loucamente apaixonado por ela. E foi com a trupe do grupo Outubro que teve a oportunidade de desempenhar seu primeiro papel num filme de Jean Renoir, *Le crime de M. Lange* [O crime do sr. Lange], realizado em colaboração com Prévert. O elogio do "teatro da vida" e da iniciativa coletiva era o verdadeiro fio condutor dessa obra-prima que prestava uma vibrante homenagem aos atores do grupo Outubro. Eles deram a esse filme o melhor de si. Sylvia interpretava o papel de uma operária de tipografia vítima das infames seduções do temível Jules Berry.

Por instigação de Braunberger, Renoir pensou seriamente em dar-lhe um grande papel. Ele partilhava com René Clair a idéia de que uma era cinematográfica estava para surgir, tal como houvera outrora a época da *commedia dell'arte*. E esta devia referir-se à segunda metade do século XIX: "[...] Desembaraçarnos do realismo", dizia ele, "e fazer todos os nossos filmes com a indumentária de uma época que seria a época-filme; é o contrário do cinema-verdade".[36] Essa "época-filme" era, para Renoir, a dos quadros de seu pai, a dos piqueniques sobre a relva, dos passeios de barco, dos bares onde se comia e dançava ao ar livre. Da novela de Maupassant, *Une partie de campagne*, ele conservou o essencial, respeitando a pintura dos personagens, os cenários, os locais e a atrocidade da cena final.

Acompanhado da esposa, da filha Henriette e de seu escriturário Anatole, o sr. Dufour, dono de uma loja de ferragens em

Paris, resolve, numa bela manhã de verão, entregar-se à natureza das margens do Sena, fazendo um piquenique junto à estalagem do Père Poulain. Após uma refeição composta de peixe ao molho e frituras, o comerciante vai pescar com seu empregado, personagem débil de cabelos loiros. Nesse meio-tempo, Henriette e a mãe deixam-se cortejar por dois remadores em férias. A jovem experimenta assim seu primeiro contato carnal: "Ela teve uma revolta furiosa e, para evitá-lo, arrojou-se de costas; mas ele lançou-se sobre seu corpo, cobrindo-a completamente. Por muito tempo ele perseguiu aquela boca que o evitava, até encontrá-la e juntá-la à sua. Então, tomada de um enorme desejo, ela lhe entregou seu beijo, estreitando-o junto ao peito, e toda a sua resistência cedeu como que esmagada por um peso excessivo".[37]

Passaram-se anos e, num domingo, Henriette retorna às margens do Sena junto com Anatole, a quem havia desposado. Aí encontra o amante, no mesmo lugar em que se haviam unido: "Penso naquilo todas as noites", diz-lhe ela, antes de retornar à sua triste existência. "A cena de amor na ilha", escreveu André Bazin, "é um dos momentos mais atrozes e mais belos do cinema universal. Deve sua fulgurante eficácia a alguns gestos e a um olhar de Sylvia Bataille de um realismo afetivo dilacerante. O que se exprime aí é todo o desencantamento, ou melhor, a tristeza depois do amor."[38]

Vestido de seminarista, Georges Bataille fazia no filme uma breve aparição. E sua presença fugaz nesse trágico hino ao amor adquiria uma significação tanto mais forte pelo fato de sua mulher desempenhar o papel de uma heroína ao mesmo tempo submetida a um destino de servidão e rebelde à sua condição.

Esse primeiro grande papel poderia ter propiciado a Sylvia uma carreira cinematográfica. Mas as circunstâncias não lhe foram favoráveis. Produzido por Braunberger, o filme durava cinqüenta minutos. Tinha sido rodado nas margens do Loing onde as paisagens assemelhavam-se às das margens do Sena em 1880. A chuva retardou a filmagem e obrigou Renoir a modificar o roteiro. Após uma discussão veemente com Sylvia, ele terminou o filme sem rodar todas as cenas previstas. Por causa disso, a primeira projeção pública só ocorreu em 1946, e *Partie de campagne*, que poderia ter feito de Sylvia uma atriz de primeiro plano já em 1936, permaneceu ignorado durante dez anos.

No mesmo ano, o grupo Outubro cessou suas atividades por falta de recursos financeiros. Os alegres camaradas dispersaram-se e cada um seguiu seu próprio caminho. Sempre muito próxima de Prévert, Sylvia foi chamada para um pequeno papel no primeiro filme de Marcel Carné, *Jenny*, do qual ele escreveu o roteiro. No ano seguinte, ela participou ainda da equipe de *Gens du voyage* [O povo errante, título da versão brasileira] de Jacques Feyder, com Françoise Rosay no papel principal. Depois a guerra pôs fim a todas as suas esperanças: não apenas porque as leis antijudaicas de Pétain impediam-na de exercer o ofício, mas porque estava muito engajada politicamente para aceitar trabalhar sob tal regime. Além disso, teve de continuar a exercer múltiplos pequenos papéis, no teatro, para garantir o sustento daqueles de quem se encarregara. Em 1946, quando *Une partie de campagne* foi projetado pela primeira vez, era demasiado tarde. Com 38 anos e tendo se tornado companheira de Lacan, ela havia escolhido outro destino. E foi com nostalgia que evocou então, para *Les Cahiers du Cinema*, suas recordações de filmagem: "Renoir era um grande regente de orquestra", disse ela. "Lentamente, obstinava-se em identificar o ator a seu personagem e, se o ator obstinava-se em representar falsamente, ficava muito bravo. Com ele não éramos sempre belos, mas éramos sempre verdadeiros."[39]

No momento em que Lacan e Kojève dispunham-se a iniciar um trabalho em comum de confrontação entre Freud e Hegel, Bataille lançava o primeiro número da revista *Acéphale* [Acéfalo]. A capa era ilustrada por um fabuloso desenho de André Masson: um homem sem cabeça, com vísceras à mostra e crânio no lugar do sexo. Após a efêmera experiência do grupo Contre-Attaque, na qual, reconciliado com Breton, Bataille defendera a Frente Popular em face da escalada do fascismo, eis que agora ele recusava aquela "negatividade sem função" à qual Kojève condenava os intelectuais. A história estava "terminada", a sociedade francesa agonizava, e a guerra parecia iminente. Quanto à crise moral, era tão profunda que Bataille queria responder a ela pela *acefalidade*. Propunha o abandono das luzes do mundo civilizado em troca da potência extática dos mundos desaparecidos. Esse movimento de rebelião contra um progressismo julgado incapaz de redespertar a espiritualidade humana repetia, por certos lados, o dos simbolistas dos anos 1880. Em seu romance *Là-bas* [*Às avessas*], muito admirado por Bataille, Joris-Karl Huysmans já anunciava a vinda de um lugar mítico, de um para-além da subjetividade que atraía o narrador a um trajeto iniciático semelhante à *experiência ateológica* para a qual evoluía Bataille no final dos anos 1930: o corpo de homem decapitado desenhado por Masson indicava assim a necessidade de sacrificar toda cabeça pensante numa crítica radical da razão ocidental.

Dessa perspectiva, *Acéphale* era também o nome de uma sociedade secreta da qual a revista não era senão a parte visível. Sociedade bastante estranha na qual se pregava o "não-saber da gnose" contra a lógica racional, disposta a pôr em prática, por meio de "crimes rituais", um espírito de dissidência absoluta relacionado ao desastre do mundo. No centro dessa "conjuração sagrada" em que estiveram sobretudo Bataille e Caillois — e que Michel Leiris criticou, apegado demais às virtudes do espírito racional e científico —, os iniciados prometiam-se fundar uma nova religião inspirada em Zaratustra e guardar silêncio sobre suas atividades. Que não se busque aí nenhum "complô" contra o Estado, nenhum ato de terrorismo real: os "conjurados" foram os heróis de uma rebelião niilista que tomava suas formas e seus temas dos trabalhos da etnologia.

Grande leitor de Freud desde sua descoberta de *Psicologia de grupo e análise do ego*, Bataille também tomava nota daquela teoria da pulsão de morte que revolvia a história do movimento psicanalítico. Assim, a morte concreta e carnal do homem desenhado por Masson significava a morte de todo sujeito que pretendesse pensar seu destino apoiado na razão: "Somos ferozmente religiosos", escrevia Bataille, "e, na medida em que nossa existência é a condenação de tudo o que é reconhecido hoje, uma exigência quer que sejamos igualmente imperiosos. O que empreendemos é uma guerra".[40]

O marquês de Sade e Nietzsche eram as duas figuras emblemáticas dessa cruzada sacrificial, às quais juntavam-se as de Kierkegaard, Dom Juan e Dioniso. Já no primeiro número, num artigo intitulado "O monstro", Klossowski anunciava o tom: "Tendo renegado a imortalidade da alma, as personagens de Sade, em troca, colocam sua candidatura à monstruosidade integral".[41] Negação do eu, essa monstruosidade afirmava a onipotência do sonho sobre a consciência, da despossessão sobre o domínio, do impossível sobre o possível. O homem sadiano era o modelo do homem moderno sem Deus, condenado a escapar de sua prisão como o acéfalo de sua cabeça e o sujeito de sua razão, a fim de gozar dos objetos do desejo destruindo-lhes a presença real. Essa apologia de um monstro nascido da confrontação do *Wunsch* freudiano e do *Begierde* hegeliano-kojèviano[42] foi seguida, em janeiro de 1937, no segundo número de *Acéphale*, de uma homenagem a Nietzsche sob o título "Nietzsche e os fascistas". Klossowski expunha aí a situação dos estudos nietzschianos.[43]

Desde o final do século XIX, a obra de Nietzsche começara a ser conhecida e traduzida em diversas revistas literárias francesas. Foi no sentido de um niilismo e de um anti-racionalismo que ela foi ligada, como vimos, ao bovarismo, sob a pena de Jules de Gaultier. Mas ela circulava obscuramente através das palavras de André Gide e de Paul Valéry. Quanto a Maurras, ele a admirava tanto pela crítica a Bismarck quanto por seu lado anti-socialista.[44] Breton, por sua vez, era muito pouco nietzschiano, ainda que reconhecesse a radicalidade da ofensiva do filósofo contra todos os valores da razão ocidental.[45] Esse mesmo Nietzsche era o de Lacan por volta de 1925, pelo menos a adesão profunda aos temas do *Zaratustra* (e especialmente à teoria do super-homem).

Logo após a Primeira Guerra, Charles Andler transformava o olhar dirigido ao pensamento nietzschiano na França com seu monumental estudo dedicado à vida do filósofo, bem como à sua obra e às fontes nas quais esta se inspirava. Ele destruía o envelope wagneriano com que Nietzsche fora recoberto e fazia dele um pensador europeu, cosmopolita e universalista. Assim, o nietzschianismo entrava na história da filosofia segundo uma interpretação dessa história penetrada de hegelianismo e de sociologia à francesa. Germanista e socialista, Andler admirava, com efeito, a Alemanha de Goethe e de Beethoven, e, embora seu livro estivesse concluído às vésperas da batalha do Marne, ele retardou a publicação até 1920.[46]

Mas, em 1935, na Alemanha, não era esse Nietzsche das luzes vindo da França que idolatravam. Após uma série de malversações, sendo que as primeiras remontavam a quarenta anos, Elisabeth Forster, a irmã do filósofo, conseguira jogar com a equivocidade própria a toda grande obra para apresentar o nietzschianismo como uma doutrina favorável ao nazismo e ao fascismo. Convencida de que o super-homem sonhado por seu irmão havia encarnado em Hitler, deu um apoio fanático ao Führer e deixou que depositassem com grande pompa um exemplar do *Zaratustra* juntamente com *Mein Kampf* e *O mito do século XX*, de Rosenberg, no monumento Tannenberg erguido em homenagem à vitória alemã sobre a Rússia durante a Primeira Guerra Mundial: "Estou certa", escrevia ela, "de que Fritz ficaria encantado em ver Hitler assumir com uma coragem incomparável a plena e total responsabilidade de seu povo".[47]

Foi contra esse ultraje infligido ao pensamento nietzschiano que Bataille se lançou no segundo número de *Acéphale*, em janeiro de 1937. Contra os nazistas e os fascistas, lembrava que Nietzsche havia criticado violentamente o anti-semitismo de sua irmã e do marido desta, e que jamais aderira a qualquer doutrina do solo, da raça ou da pátria. Ele havia construído uma obra filosófica que conclamava o homem moderno a tirar as conseqüências da morte de Deus e a libertar-se de todas as formas de servidão. Tal era, com efeito, o retrato do verdadeiro super-homem nietzschiano animado da vontade de poder: homem de uma nova cultura e de uma nova metafísica, ambas fundadas num ato de criação resultante de um gesto de destruição. Nesse aspecto, Bataille sublinhava que, para além da deturpação praticada por Elisabeth Forster, havia de fato duas leituras possíveis da obra nietzschiana. Uma, dita de direita, inspirada pelo neopaganismo alemão, conduzia diretamente à assimilação da teoria do super-homem às teses da pretensa superioridade ariana. Ao contrário, a leitura dita de esquerda considerava que essa mesma teoria abria o caminho a uma revolução criadora que permitia ao homem libertar-se das "multidões" para chegar à liberdade existencial numa superação de si. Em sua revista, Bataille escolhia essa leitura, e Klossowski valorizava o estudo de Karl Jaspers, publicado em alemão em 1935, no qual o autor lia a obra de Nietzsche à luz da de Kierkegaard, mostrando que ambas operavam uma ruptura decisiva em relação à filosofia da racionalidade objetiva.[48]

O modo como Bataille defendia uma leitura de esquerda da obra nietzschiana assemelhava-se à maneira pela qual o grupo da *Recherches Philosophiques* aderia ao hegelianismo por meio da leitura da obra heideggeriana. Em ambos os casos, com efeito, tratava-se de pensar a dupla questão da liberdade humana e do engajamento histórico do sujeito em um mundo sem Deus que todos pressentiam ameaçado de destruição pela instauração das ditaduras modernas. Nessa conjuntura, a revolta nietzschiana de Bataille assumia a forma de um "terror sagrado": última maneira de subverter a ordem social antes do término da história. E não foi por acaso que os dois últimos números de *Acéphale* eram ainda dedicados a Nietzsche por meio de um retrato de Dioniso e do Dom Juan de Kierkegaard, e de uma comemoração do cinqüentenário da loucura do filósofo que se assemelhava à celebração pelos surrealistas, em 1928, do cinqüentenário da histeria. Bataille partilhava com estes, de fato, a idéia de que a loucura, longe de ser uma doença, fazia parte integrante da personalidade humana. Entretanto, não tinha a mesma concepção que Breton do inconsciente freudiano.

Abordando a doutrina vienense mediante o sonho e o automatismo de Janet, Breton buscava nos sinais da loucura uma escrita, uma linguagem, uma estética, e, no inconsciente, primeiro um mais-além da consciência, depois um lugar que pudesse comunicar-se com a vida real para uma mudança revolucionária do homem. Bem diferente era a abordagem de Bataille. Tendo se interessado por Freud através da psicologia das massas e dos fenômenos de identificação coletiva, ele via na loucura uma experiência do limite que conduzia ao nada e à acefalidade, e, no inconsciente, um não-saber interno à consciência que revelava a fenda do ser e sua atração para o abjeto, o dejeto e as coisas baixas: um instinto sem qualquer traço biológico.[49]

Nietzschiano de primeira hora, Bataille havia a seguir passado pelo hegelianismo de Kojève para retornar a seu nietzschianismo com um niilismo recrudescido. Mas, formado por Koyré na história das religiões e marcado pelo ensino de Marcel Mauss e de Durkheim, ele reivindicava a idéia de que o místico e o sagrado continham uma doutrina filosófica. Foi certamente por isso que sentiu uma fascinação pelo fascismo, da mesma forma que Breton foi fascinado pelo ocultismo.

E afirmou a necessidade de servir-se das armas criadas pelo fascismo para voltar contra ele o fanatismo e a exaltação dos povos. Uma vez que a democracia revelava-se impotente para defender a consciência universal, era preciso, para salvaguardá-la, recorrer a métodos antidemocráticos: "Um nazista pode amar o Reich até ao delírio", dizia ele. "Nós também podemos amar até ao fanatismo, mas o que amamos, embora sejamos franceses de origem, não é de maneira nenhuma a comunidade francesa, é a comunidade humana [...]. Apelamos à consciência universal que se liga à liberdade moral..."[50]

Entretanto, assim como Breton jamais deu verdadeira caução teórica ao reino do oculto,[51] também Bataille jamais deu o menor apoio ao fascismo real. No momento do racha do grupo Contre-Attaque, na primavera de 1936, a separação teve por motivo a questão do fascismo. Bataille havia assinado um panfleto redigido por Jean Dautry no qual se podia ler: "Somos contra os papéis sem valor, contra a prosa de escravo das chancelarias. Pensamos que os textos redigidos em volta da mesa de conversações só ligam os homens contra sua vontade. A eles, seja como

188

for e sem sermos trouxas, preferimos a brutalidade antidiplomática de Hitler, seguramente menos mortal para a paz que a excitação cheia de baba dos diplomatas e dos políticos".[52]

Aos amigos de Bataille, os surrealistas aplicaram então o rótulo de "sobrefascismo souvariniano". *Sobrefascismo* no sentido de fascismo "sobrepujado"; *souvariniano*, porque o grupo era oriundo do antigo Círculo Comunista Democrático de Boris Souvarine.[53] Mas, além da polêmica, havia com Breton uma verdadeira querela filosófica. Se Bataille queria voltar as armas do fascismo contra o fascismo ao mesmo tempo que desprezava a democracia parlamentar — que, por sinal, rebaixava-se ante Hitler —, era porque se apoiava numa visão dita *heterológica* ou escatológica das sociedades humanas, da qual tirava seu pensamento político.

No domínio da anatomopatologia, o adjetivo *heterólogo* serve para designar tecidos mórbidos estranhos aos outros tecidos. Mas, por *heterologia*, Bataille entendia a ciência do inassimilável, do irrecuperável, dos dejetos ou dos "restos". Com isso queria opor-se a uma filosofia que reduzia tudo ao pensável: "Antes de tudo", escrevia, "a heterologia opõe-se a qualquer representação homogênea do mundo, isto é, a qualquer sistema filosófico que seja [...]. É deste modo que ela procede à reviravolta completa do processo filosófico que, de instrumento de apropriação que era, passa a servir à excreção e introduz a reivindicação das satisfações violentas implicadas pela existência social".[54]

A heterologia que Bataille colocava no cerne de seu pensamento, censurando o surrealismo pelo apego ainda excessivo a um ideal de emancipação burguesa, pregava não uma revolta pessoal, mas o despertar em cada sujeito de uma "parte maldita" inerente ao homem e à sociedade. Dentro dessa perspectiva, ele foi o iniciador, juntamente com Roger Caillois e Michel Leiris, em março de 1937, do Colégio de Sociologia, cuja atividade iria durar até a guerra.

Esse Colégio não tinha nada de um colégio, e seus fundadores não eram sociólogos. Vindos de diversos horizontes, os homens que formaram essa estranha e efêmera comunidade moral deram-se por tarefa compreender e explicar as forças crepusculares dos fenômenos sociais e humanos na ordem do mito e do sagrado. O Colégio permitiu assim oficializar as atividades secretas da *Acéphale* e dotá-las de um conteúdo teórico. Além de Bataille e seus amigos, vários escritores e filósofos foram convidados para conferências, entre os quais Kojève, Paulhan, Jean Wahl, Jules Monnerot. As sessões tinham lugar nos fundos de uma livraria da rua Gay-Lussac e, entre os assistentes, Julien Benda, Drieu la Rochelle ou Walter Benjamin juntavam-se aos refugiados da escola de Frankfurt exilados em Paris, antes de emigrar para a América. Num belo apanhado, Denis Hollier soube descrever o clima singular desses dois anos que precederam a derrocada da sociedade francesa: "Quanto ao pano de fundo", escreve, "era particularmente sombrio naqueles anos em que Daladier enterrava uma Frente Popular à qual não havia ninguém que não tivesse algo a não perdoar, enquanto Hitler, nas margens do Reno, prosseguia firme numa resistível ascensão que o fazia sentir-se já com pouco espaço. Raymond Aron batizou essa época de 'o fim do pós-guerra'; Raymond Queneau, de 'o domingo da vida'; e Jean-Paul Sartre, de 'o sursis'".[55]

Enquanto a marca do duplo ensino de Kojève e de Koyré permanece explícita na obra de Lacan, os empréstimos tomados a Bataille jamais aparecem de maneira evidente. Desde 1934, os dois homens estiveram ligados por uma relação de amizade que surgiu por ocasião de sua comum participação no despertar do hegelianismo na França. Nesse aspecto, ambos foram atores de uma mesma aventura intelectual. Inspiraram-se nas mesmas idéias e nos mesmos conceitos, e fizeram parte da mesma "família". Entretanto, em 1932-3, Lacan estava ainda muito próximo dos surrealistas, especialmente de Crevel e de Dalí. Sua tese foi saudada por eles como um acontecimento, e ele colaborou na revista *Minotaure*. Por outro lado, o hegelianismo de Lacan não era da mesma natureza que o de Bataille, e foi menos a descoberta de Nietzsche que a de Heidegger que representou o fato marcante para ele entre 1933 e 1936. Enfim, seu Freud em nada se assemelhava ao do autor de *Histoire de l'oeil*. No entan-

190

to, se Lacan escritor manteve-se à parte do universo de Bataille, ele não cessou de estar presente nesse universo à maneira de um espectador ao mesmo tempo curioso, distante e apaixonado. As primeiras reuniões do grupo Contre-Attaque tiveram lugar em seu apartamento do bulevar Malesherbes, assim como os encontros que deram origem ao Colégio de Sociologia. Quanto à sua presença muda nas atividades secretas de *Acéphale*, ela é atestada por todas as testemunhas da época. Lacan portanto estava lá, sempre e em toda parte, ao lado da "família" batailliana, durante todo o período em que, ao longo de sua análise, passou de solteiro a casado, e do casamento à paternidade.

Essa longa amizade com Bataille é bastante enigmática. Foi marcada por numerosas trocas intelectuais, e sabe-se que Bataille encorajou Lacan a publicar e a fazer-se conhecer. Mas sabe-se também que a obra de Lacan deixou Bataille indiferente. Ele jamais fez referência a ela em seus escritos, e não há vestígio em seus trabalhos do menor empréstimo ao procedimento lacaniano. A ponto de se poder perguntar se ele tomou de fato conhecimento dela. Nada o faz supor e, mesmo que tenha ocorrido, ele não tirou daí nenhum benefício para seus próprios escritos.

Em contrapartida, Lacan foi marcado por seu convívio com Bataille, quando não pela leitura aprofundada de sua obra. E sua participação em todas as atividades orquestradas pelo escritor permitiu-lhe enriquecer, de maneira fundamental, suas próprias pesquisas. Não apenas encontrou no nietzschianismo de Bataille uma nova leitura dessa filosofia que já o havia impregnado em toda a adolescência, como também foi por ele iniciado em uma compreensão original dos textos de Sade, o que o levou posteriormente a uma teorização não freudiana da questão do gozo. Além disso, tomou emprestadas de Bataille suas reflexões sobre o *impossível* e sobre a *heterologia*, de onde extraiu o conceito de *real* concebido como "resto", e depois como "impossível". Essa presença permanente e não explicitada de Bataille no devir da obra de Lacan, essa ausência total da obra de Lacan na de Bataille e, por fim, essa longa amizade subterrânea entre dois homens que foram, apesar da proximidade familiar, tão estranhos

191

um ao outro, são outros tantos sintomas de um intercâmbio de longo curso cujo móbil essencial girou em torno da existência de uma mulher: Sylvia Bataille.

Havíamos deixado Jacques Lacan na praia de Noirmoutier em 1936, às voltas com a redação de um artigo programático que anunciava o advento de uma segunda geração psicanalítica. Alguns meses mais tarde, em 8 de janeiro de 1937, Malou deu à luz uma encantadora menina à qual foi dado o prenome da avó materna: Caroline. Lacan acrescentou-lhe um segundo: Image. Assim respeitava uma tradição familiar que queria que cada membro da tribo Blondin tivesse um diminutivo ou um apelido: "Malou" para Marie-Louise, "Babouin" para Caroline Rousseau, "Petit père lapin" para Sylvain etc.[56] Mas a palavra *image* [imagem] remetia também à importância atribuída à teoria do estádio do espelho: Caroline havia sido concebida, com efeito, enquanto ele redigia a conferência para o congresso de Marienbad.

Durante cerca de dezoito meses, a experiência da paternidade deixou-o feliz. Vindo após três anos de vida conjugal, ela não apagava, porém, nenhum dos problemas colocados pelo mal-entendido que estivera na origem desse casamento. O homem que Malou havia escolhido idealizando-o ao extremo, e com a certeza de que teria dele filhos inteligentes,[57] não estava à altura das aspirações dela. Ele não apenas era sedutor, libertino, caprichoso e impossível de satisfazer, mas também habitado pelo sentimento de ser um gênio portador de uma grande obra e por um imenso desejo de ser reconhecido e tornar-se célebre. Assim, só pensava em si mesmo e nos próprios trabalhos.

Para saciar o apetite de glória e de conhecimento, Lacan não hesitava em mostrar-se curioso de tudo, a ponto de sufocar com perguntas aquele interlocutor cuja erudição pensava poder captar. Olhava as pessoas com tal intensidade que naturalmente o tomariam por um ser diabólico ocupado numa inquietante apropriação do outro e de si mesmo. No entanto, ele nada tinha de um diabo. O fascínio que exercia à sua volta originava-se da mistura da extrema rapidez de sua inteligência aquilina e da infinita lentidão de suas atitudes corporais. Sempre imerso em seus pensamentos, Lacan era ao mesmo tempo tirânico e sedutor, inquisidor e angustiado, cabotino e obcecado pela verdade, coisas que o tornavam inapto àquela fidelidade conjugal que Malou teria desejado.

À medida que freqüentava a *intelligentsia* de vanguarda e se confrontava com uma busca filosófica cada vez mais penetrante, ele descobria um outro universo e novas formas de pensar que lhe possibilitavam nutrir sua releitura de Freud. Lacan sentira como um abandono intolerável tanto a partida de seu irmão para Hautecombe como a incompreensão dos pais em relação à sua evolução intelectual. Agora, não suportava ter de abandonar aqueles que o amavam: assim como não havia sabido romper com Marie-Thérèse ou com Olesia, não soube escolher claramente entre Malou e Sylvia, obrigando a primeira a tomar a iniciativa da ruptura.

Ele encontrara Sylvia pela primeira vez na segunda metade de fevereiro de 1934, na volta da viagem de núpcias. Ela parecia então destinada a uma bela carreira de atriz e vivia suas últimas semanas com Bataille. Veio jantar em companhia deste no bulevar Malesherbes e não apreciou Lacan. Achou que o casal que formava com Malou era terrivelmente burguês e convencional. Voltaram a se ver dois anos mais tarde, na casa de Bataille. Ele a cortejou, dizendo que tinha ido lá exclusivamente por causa dela. Ela sumiu. Por fim, lá por novembro de 1938, cruzaramse por acaso no Flore e não mais se deixaram: naquele dia tiveram, um pelo outro, uma verdadeira paixão súbita. Lacan era então amante de outra mulher[58] e terminava sua análise num ato de ruptura com Loewenstein.

A ligação com Sylvia começou, portanto, 21 meses após o nascimento de Caroline, e justamente no momento em que Malou descobria estar grávida de Thibaut: "Caroline foi a preferida de todos", sublinha Thibaut, "de minha mãe, de meu pai e de meu tio Sylvain. Viveu dois anos com meus pais quando ainda se entendiam, antes da ligação de meu pai com Sylvia, o que forjou nela uma forte personalidade. Ela tirou sua segurança e sua autoridade dos dois anos de felicidade da primeira infância".[59]

Ao apaixonar-se por Sylvia, Lacan afastava-se de um mundo que já não era mais inteiramente o seu: o da alta burguesia médica parisiense, marcada pelo culto da fortuna, os valores do dinheiro e o sentimento de ser a elite da nação. Esse convívio lhe fora necessário, pois, a seu contato, saíra de seu meio de origem, isto é, da pequena burguesia tipicamente francesa, católica e rural, provinciana e austera, mais apegada ao amor a Joana d'Arc que à cultura cosmopolita e refinada que caracterizava a família Blondin. Ao escolher doravante a vanguarda da *intelligentsia*, ele renunciava a um modo de vida estilo *rive droite* por uma maneira de ser menos conformista, menos rígida e mais boêmia.

Apesar de tudo, Malou continuou a pensar que o casamento deles ainda podia dar certo. E, embora não admitisse as infidelidades de um homem que ela desejava antes de tudo que fosse diferente do que era, não cessou de enaltecer sua inteligência e seu gênio.[60] Como poderia ser de outra forma, se só o havia amado porque ele era a imagem dessa elite à qual ela estava certa de pertencer, a tal ponto cultivava, em conivência com o irmão, os valores estéticos do grande amor de si?

Se o orgulho de Malou servia para mascarar um puritanismo e uma retidão moral que faziam dela uma mulher altiva e sem concessões, o lado boêmio de Sylvia traduzia um temperamento lúdico que a tornava, pelo menos aparentemente, mais apta a suportar as extravagâncias de um homem cuja existência ela havia escolhido partilhar por amor. A vocação de atriz não a impedia, porém, de demonstrar franqueza na afirmação de suas opiniões. Jamais renunciou a exprimir em alto e bom som sua revolta contra a ordem estabelecida, as injustiças ou a desigualdade. Além do mais, por seu casamento com Bataille e por seus amores posteriores, havia adquirido uma experiência da sexualidade de cuja existência Malou nem sequer suspeitava. E como, no meio que era o seu, Lacan sentia-se integrado e reconhecido, ela se tornou sua companheira privilegiada em 1939.

Essas duas mulheres tão diferentes tiveram, porém, um ponto em comum. Ambas destruíram numerosas cartas que Lacan lhes escreveu e nas quais falava de sua doutrina ou de suas opiniões sobre as coisas e as pessoas.[61]

Com Sylvia, Lacan freqüentou o salão de Charles e Marie-Laure de Noailles, que nos anos 1930 tornara-se o centro da vida artística e mundana de Paris: "Em sua mansão particular, na praça États-Unis", escreve Boris Kochno, "eles costumavam receber numerosos amigos, desde a alta nobreza e as celebridades mundiais até os artistas iniciantes de tendência revolucionária. No meio de toda essa gente, Balthus, 'belo taciturno' [...], afastado do tumulto geral, observava em silêncio o espetáculo desse mundo díspar. Mas o olhar malicioso e o sorriso irônico deixavam adivinhar o que ele pensava".[62]

Em julho de 1939, Lacan conheceu André Masson, de quem adquiriu, por intermédio de Kahnweiler, o quadro *O fio de Ariadne*.[63] Vários outros se seguirão, entre os quais retratos dele e de Sylvia. Como Sylvain Blondin, ele foi um grande colecionador de obras de mestres: Picasso, Masson, Balthus, Zao Wou-ki foram os pintores prediletos de Lacan. A isso juntavam-se a bibliofilia e o culto das artes primitivas.

2. ENTRE LUCIEN FEBVRE
E ÉDOUARD PICHON

JÁ SE SABE EM QUE CONDIÇÕES Lacan foi levado a colaborar no grande empreendimento lançado a partir de 1932 por Lucien Febvre com o estímulo de Anatole de Monzie.[1] Muito ligado a Febvre, Wallon fora incumbido da tarefa de preparar o volume VIII da *Encyclopédie française* intitulado "La vie mentale". Sozinho, ele redigiu numerosos artigos, mas cercou-se também de colaboradores entre os quais figuravam dois dos melhores representantes da segunda geração psicanalítica francesa: Daniel Lagache e Jacques Lacan. Seus nomes apareciam ao lado dos de Pierre Janet, Charles Blondel, Georges Dumas, Eugène Minkowski, Paul Schiff...

Graças a um memorando de Lucien Febvre intitulado "Notas para servir à história da *EF*", e que permaneceu secreto até hoje, é finalmente possível compreender como foi redigido o famoso texto de Lacan sobre a família inserido em 1938 no volume organizado por Wallon.[2] Sua elaboração foi tão complexa que Febvre deu-se ao trabalho de redigir nove parágrafos de notas destinadas aos historiadores futuros, a fim de testemunhar a extraordinária aventura que havia representado a gênese dessa saga edipiano-lacaniana.

Wallon solicitara dois artigos a Lacan, sublinhando que se tratava de um "autor difícil", mas o único qualificado para fornecer tal trabalho. Este logo entregou o primeiro texto, mas foi preciso três meses de esforços para que a sra. Febvre conseguisse arrancar-lhe o segundo, página por página. Em setembro de 1936, o manuscrito foi entregue à *Encyclopédie* e depois datilografado. Foi então que Rose Celli tomou conhecimento dele. Natural de Sèvres, formada em letras e romancista, ela havia se tornado para Febvre uma colaboradora de primeiro plano. Apesar de seu esforço de exegese, não conseguiu decifrar o significado de certas passagens muito obscuras do texto de Lacan, sobretudo a propósito do complexo de Édipo. Não obstante, efetuou, em relação ao conjunto, numerosas correções para torná-lo mais legível. Depois entregou o manuscrito corrigido a Lucien Febvre, que o passou a Wallon com a missão de restituí-lo a Lacan: este último devia indicar se "a tradutora, em seu esforço de tradução, não havia feito interpretações errôneas". Mas também pediam-lhe que elucidasse o sentido das passagens duvidosas: "O dr. Lacan", sublinha Lucien Febvre, "*opera então um trabalho considerável sobre seu texto* e busca com grande disposição torná-lo mais claro. Mas comete o erro de entregar o trabalho à *EF* sem prevenir nem o chefe de revisão nem a mim, e de devolvê-lo à sra. Psichari, a qual, em vez de recusá-lo e remeter o sr. Lacan ao chefe de revisão ou a mim, indiscreta, faz-se de importante e sai pela casa adentro contando a todos, da fulaninha e do gato até o porteiro, passando pelo diretor administrativo que aumenta ainda mais o escândalo etc.".[3]

Quando Febvre tomou conhecimento do texto corrigido por Lacan, notou a que ponto este havia progredido no sentido de uma melhor legibilidade. No entanto, permaneciam ininteligíveis três páginas concernentes ao complexo de Édipo. Lacan não conseguia melhorá-las e Febvre fez então o seguinte comentário: "O estilo do dr. Lacan não é um 'mau estilo' — é um sistema extremamente pessoal de palavras tomadas em certos sentidos, de tal modo que é preciso ou reescrever tudo após haver compreendido, ou rogar ao autor que tente de novo e reveja o texto".

Assim, enquanto Febvre trabalhava na redação definitiva do texto, os rumores continuaram a crescer nos corredores do prédio da rua du Four, onde estava sediada a *Encyclopédie*. Todos faziam troça da ilegibilidade do estilo de Lacan. O "escândalo" chegou ao auge quando foi mostrada a Anatole de Monzie, por secretários incompetentes, não a versão corrigida do artigo, mas o manuscrito original. O grande patrão ignorava, obviamente, que o texto que lhe davam a ler já havia sido várias vezes transformado: primeiro fora reescrito por Rose Celli, depois revisto por Febvre, depois modificado por Lacan, depois novamente reescrito por Rose e relido mais uma vez por Febvre etc. Assim, diante do que acreditava ser o "texto a imprimir", Monzie teve uma reação retumbante: "Mandem traduzir isso em língua normal!", esbravejou.[4] Quanto a Febvre, não deixou de criticar a estupidez da "fulaninha, do gato e dos porteiros". Tratou-os de "criadagem" e atribuiu-se o papel de um Jocrisse que tinha de restabelecer a verdade histórica escrevendo ao grande patrão para revelar-lhe a "intriga".[5]

Esse memorando é um belo testemunho de história imediata. Mostra, de um lado, o quanto Lacan era reconhecido em seu justo valor, em 1937, junto aos mais brilhantes espíritos da época, e, de outro, como seu estilo já causava problemas: obscuridade, ilegibilidade, inibição em entregar um texto nos prazos previstos, morosidade ante a publicação etc. Notemos, aliás, que essa ilegibilidade aparece a partir de 1936, isto é, quando a freqüentação de Kojève e de Koyré o conduz a uma leitura filosófica da obra freudiana. Comparada a "Para além do princípio de realidade" e ao texto sobre a família, a tese parece de uma limpidez cristalina. Tudo se passa como se o acesso à filosofia, ainda mal dominada, arrastasse Lacan para a ilegibilidade. Mas o memorando de Febvre indica também que Lacan era capaz de escutar as críticas que lhe faziam acerca de seu estilo: mostrava-se desejoso de ser compreendido e de retrabalhar sua escrita desde que as modificações propostas emanassem de interlocutores inteligentes com os quais pudesse manter um verdadeiro diálogo. A esse respeito, Lucien Febvre soube fazer a propósito do texto sobre a família um julgamento perfeitamente lúcido. Em meio à tempestade desencadeada por "fulaninha e os porteiros", reconheceu o talento de um homem cujo estilo difícil fazia rir os ignorantes e os tolos, e cuidou de opor-se a eles, deixando à posteridade os traços tangíveis de sua justa cólera.

Tal como se apresentava, o artigo sobre a família[6] era ao mesmo tempo de notável legibilidade e de grande obscuridade. Era legível porque trazia a marca das múltiplas revisões a que o haviam submetido Rose Celli, Lucien Febvre e o próprio Lacan. Mas permanecia obscuro, porque seu estatuto era o de um texto de transição. Por um lado, Lacan incluía nesse balanço o conjunto de sua reelaboração conceitual anterior à guerra — daí o caráter simultaneamente sintético e programático do texto —, mas, por outro, sentia certa dificuldade em definir de maneira clara as noções novas que utilizava. Ainda faltava muito para que seu sistema doutrinal estivesse inteiramente elaborado. Daí o aspecto desconstruído e vago desse trabalho fora do comum.

Primeiro havia os intertítulos impostos por Febvre e Wallon e aceitos por Lacan, que os discutira e escolhera, certamente, com a ajuda de seus interlocutores. Eles desempenhavam um papel considerável na organização do texto. Davam-lhe uma orientação teórica a partir da qual já se podia traçar a lista de certo número de conceitos e noções que posteriormente iriam servir de armação para o conjunto da doutrina lacaniana. Ei-los, de forma não ordenada: imago do seio materno, complexo de desmame, apetite da morte, nostalgia do todo, identificação mental, estádio do espelho, complexo de castração, supereu arcaico, declínio da imago paterna, formas delirantes do conhecimento, neurose de autopunição, prevalência do princípio masculino. Esses termos procediam de diversos horizontes do saber, e neles se achavam misturadas todas as disciplinas que haviam nutrido o pensamento do jovem Lacan.

Quanto ao texto propriamente, no que concernia à psicanálise, tratava-se de uma síntese magistral entre o vocabulário da psiquiatria, já presente na tese de 1932 (Claude, Minkowski, Clérambault), e a terminologia da escola psicanalítica francesa (Pichon, Laforgue etc.). Ao que se acrescentava, pela primeira vez, uma leitura muito firme do artigo "Os primeiros estádios do conflito edipiano", de Melanie Klein.[7] No que concernia à filosofia, era o ensino combinado de Wallon e Kojève que permitia a Lacan uma leitura da doutrina freudiana ao mesmo tempo não biológica e fenomenológica, com a diferenciação entre o *eu* [*moi*], o *je** e o *outro* constituindo a questão central, que conduzia à elaboração de uma teoria do imaginário mais kleiniana que freudiana. Quanto à análise "sociológica" do indivíduo no interior da família, o coquetel proposto era espantoso, já que aí se encontravam uma temática do sagrado, um niilismo antiburguês e um sentimento de rebaixamento da civilização ocidental oriundos, todos, da freqüentação do Colégio de Sociologia. O conjunto completava-se com uma leitura da obra de Marcel Mauss e da de Jakob von Uexküll.[8] Desse biólogo alemão, Lacan tomava emprestado particularmente o conceito geral de *Umwelt* que define o mundo tal como é vivido por cada espécie animal. No início do século XX, Uexküll havia revolucionado o estudo da antropologia ao construir uma teoria do comportamento mostrando que a pertença do animal (incluindo o sujeito humano) a um meio devia ser pensada como a interiorização desse meio no vivido de cada espécie. Donde a idéia de que a pertença de um sujeito a seu ambiente não devia mais ser definida como um contrato entre um indivíduo livre e uma sociedade, mas como uma relação de dependência entre um meio e um indivíduo, ele próprio determinado por ações específicas devidas a um modo preciso de interiorização dos elementos do meio.

Em Lacan, o empréstimo tomado a Uexküll em 1932 permitia passar, em 1938, a uma nova organização do fenômeno mental: não mais simples fato psíquico, mas imago, isto é, conjunto de representações inconscientes que aparecem sob a forma mental de um processo mais geral. Vindo do vocabulário junguiano, o termo *imago* servia não apenas para inscrever no inconsciente os dois pólos de representação do modelo familiar

---

* Lacan introduz a categoria do *je* (eu), pronome pessoal da primeira pessoa do singular, para designar o sujeito, em oposição ao *moi* (eu), utilizado para traduzir o *Ich* (eu) freudiano, comumente traduzido por *ego*. Como nossa opção implica traduzir *moi* por *eu* e não por *ego*, termo que foi adotado pelos psicanalistas de língua inglesa em detrimento da utilização dos termos coloquiais (*Es*, *Ich* e *Uberich*) aos quais Freud se ateve, mantivemos o pronome francês *je* todas as vezes em que ele comparece na referência ao sujeito. (Nota do consultor.)

— pai e mãe/patriarcado e matriarcado —, mas também para pensar a organização da família na perspectiva das inovações trazidas por Uexküll: um indivíduo não poderia ser "humano" fora da pertença a um todo social orgânico. A isso juntava-se o princípio aristotélico de uma essência humana definida por, pelo menos, três elementos: um homem, uma mulher, um escravo.

Numa demonstração pertinente publicada em 1987, Bertrand Ogilvie explica que Lacan "reúne o que é comumente oposto". Pensa a organização familiar segundo os termos organicistas e naturalistas dos filósofos da Contra-Revolução, ao mesmo tempo que inscreve seu procedimento no quadro de uma concepção leiga do fato social oriunda da filosofia das Luzes. Nada mais exato. E Ogilvie irá mostrar que, por intermédio de Maurras, Lacan reencontrava um olhar herdado do positivismo comtiano, para o qual a sociedade se divide em famílias e não em indivíduos. Do mesmo modo, era por intermédio de Maurras que ele redescobria um Aristóteles teórico da identidade social do sujeito. Como escreve Ogilvie:

> Espantosa combinação de uma percepção coletiva da dimensão do indivíduo que, associada a uma visão biológica do problema, conduz a uma antropologia científica em vez de ficar presa aos limites ideológicos de um nacionalismo. Lacan, aliás, jamais cita Maurras: provavelmente, deve-lhe mais por ter permanecido surdo ao individualismo psicológico do que por ter aderido positivamente a alguma de suas teses. Mas, por esse viés e sem o saber, ligava-se a toda uma tradição francesa que remonta de Comte a Bonald e sua teoria do "homem exterior" que só existe inserido em relações sociais.[9]

Havia, enfim, o desdobramento desse longo relato sobre a família, no qual se reconhecia uma mistura de sombra e luz característica do estilo lacaniano: "Um sistema extremamente pessoal de palavras tomadas em certos sentidos", como sublinhava Lucien Febvre. Mas esse deslocamento de significação sob as palavras era a tradução de um pensamento tão puramente francês quanto o modelo maurrasiano no qual se inspirava, e no entanto tão iconoclasta e cosmopolita quanto o ideal das Luzes que não cessava de fecundá-lo. Pois esse era, de fato, o grande paradoxo do itinerário lacaniano: ele assemelhava-se não ao de Freud, mas ao do Freud de Thomas Mann:

> Explorador das profundezas da alma e psicólogo do instinto, inscrito na linhagem dos escritores dos séculos XIX e XX que [...] se opõem ao racionalismo, ao intelectualismo, ao classicismo e, em suma, à fé no espírito do século XVIII e inclusive um pouco do século XIX. Esses escritores sublinham o lado noturno da natureza da alma, vêem nele o fator verdadeiramente determinante e criador da vida, cultivam-no, esclarecem-no com uma luz científica.[10]

Filho legítimo de Léon Bloy e de René Descartes, também Lacan era o herdeiro dessa linhagem de exploradores da sombra e da luz: para ele, com efeito, a família aparecia ao mesmo tempo como o crisol tradicional de um organismo social e como um objeto antropológico que devia submeter-se ao olhar da ciência segundo rigorosos critérios de análise.

Na primeira parte, o complexo vinha opor-se ao instinto a fim de definir as três estruturas que contribuem para o desenvolvimento do indivíduo. Tomada por Freud da escola de Zurique, a palavra *complexo* designava um conjunto de representações mais ou menos inconscientes. Lacan empregava-a num sentido freudiano. Tratava-se, para ele, de descrever uma estrutura em que predominava o fator cultural, em detrimento de uma fixidez instintual, e de induzir uma consciência do sujeito que intervinha na representação.

Enquanto, no complexo, a representação era consciente para o sujeito, ela não mais o era na imago, onde se tornava inconsciente. O complexo, tendo como elemento constitutivo a imago, era portanto o fator concreto que permitia compreender a estrutura da instituição familiar, tomada entre o fenômeno cultural que a determina e os vínculos imaginários que a organizam. Uma hierarquia com três estádios formava assim o modelo de toda interpretação do desenvolvimento individual. Nela se encontravam o complexo do desmame, o complexo da intrusão e o complexo de Édipo. Três "fases" no sentido kleiniano, que prefiguravam o que será, depois da guerra, a tópica lacaniana do *real*, do *imaginário* e do *simbólico*: "O complexo do desmame", escrevia Lacan, "fixa no psiquismo a relação de amamentação sob o modo parasitário que as necessidades da primeira idade do homem exigem; ele representa a forma primordial da imago materna. Portanto, funda os sentimentos mais arcaicos e mais estáveis que unem o indivíduo à família".[11]

Assim o desmame deixava, no psiquismo, o vestígio da relação biológica que ele interrompia, ao mesmo tempo que dava expressão a uma imago mais antiga: aquela que, no nascimento, havia separado a criança da matriz, que a obrigava a uma prematuração específica de que resultava um mal-estar que nenhum cuidado materno podia reparar. Essa prematuração distinguia o homem do animal. Quanto à recusa do desmame, ele fundava o aspecto positivo do complexo. Restabelecia sob a forma de uma *imago do seio materno* a relação nutricial interrompida. A existência dessa imago dominava então o conjunto da vida humana, como um apelo à nostalgia do todo. Ela explicava, na mulher, a permanência do sentimento da maternidade. Mas, quando essa imago não era sublimada para permitir o vínculo social, tornava-se mortífera. Pois, nesse caso, o complexo não mais respondia às funções vitais, e sim à insuficiência congênita dessas funções. Donde um "apetite da morte" capaz de revelar-se em suicídios não violentos, tais como a anorexia mental, a toxicomania (pela boca) ou a neurose gástrica: "Em seu abandono à morte, o sujeito busca reencontrar a imago da mãe".[12]

O complexo da intrusão fixava, pela identificação mental, a relação dual do sujeito com seu semelhante. Seja no drama doméstico do ciúme fraterno, em que a ordem dos nascimentos situava cada um na posição dinástica de um privilegiado ou de um usurpador, seja no estádio do espelho, em que cada um restaurava a unidade perdida de si próprio, a mesma estrutura narcísica do eu era construída tendo por elemento central a *imago do duplo*. Quando o sujeito reconhecia o outro, sob a forma de um vínculo conflitual, ele chegava à socialização. Quando, ao contrário, reencontrava o objeto materno, apegava-se a um modo de destruição do outro que tendia à paranóia.

Enfim, o complexo de Édipo introduzia uma triangulação capaz de definir a forma específica da família humana. Lacan sublinhava que Freud fora o primeiro a mostrar a importância da sexualidade na questão da instituição familiar, fundando sua teoria numa dissimetria quanto à situação dos dois sexos. Mas, em seguida, propunha uma "revisão psicológica" do problema do Édipo, que consistia em operar uma junção entre seus próprios trabalhos e os de Melanie Klein, dos quais acabava de tomar conhecimento.

No plano da relatividade sociológica, a "revisão lacaniana" fazia-se em termos bergsonianos. Em *Les deux sources da la religion et de la morale* [As duas fontes da religião e da moral], publicado em 1932, Bergson havia oposto uma moral da *obrigação* a uma moral da *aspiração*. A primeira era relacionada a uma função de fechamento pela qual o grupo humano se apega a uma coerência, enquanto a segunda era definida como uma função de abertura pela qual o grupo se universaliza por meio das figuras exemplares: os heróis ou os santos. Apoiando-se nessa bipolarização, Lacan via na interdição da mãe a forma concreta de uma obrigação primordial ou de uma *moral fechada*. Ao contrário, situava a função de abertura do lado da autoridade paternalista. E era essa função, segundo ele, que explicava o "profetismo judaico":

[Ele] se compreende pela situação eleita que foi criada nesse povo de ser o defensor do patriarcado entre grupos entregues a cultos maternos, por sua luta convulsiva para manter o ideal patriarcal contra a sedução irreparável dessas culturas. Através da história dos povos patriarcais, vê-se assim afirmarem-se dialeticamente na sociedade as exigências da pessoa e a universalização dos ideais: testemunha-o esse progresso das formas jurídicas que eterniza a missão que a Roma antiga viveu tanto em poderio quanto em consciência, e que se realizou pela extensão já revolucionária dos privilégios de um patriarcado a uma plebe imensa e a todos os povos.[13]

Esse desvio por Bergson arrastava Lacan a uma longa reflexão sobre o homem moderno e a moral conjugal. E esta culminava numa constatação pessimista quanto ao devir da sociedade ocidental, marcada pelo *declínio da imago paterna*. Destacando primeiramente que a eclosão de "famílias de homens eminentes" encontrava sua fonte não na hereditariedade, mas numa transmissão seletiva do ideal do eu entre o pai e o filho, Lacan lançava-se a seguir numa defesa dos valores da tradição familiar, julgados mais subversivos que as utopias educativas propostas pelos sistemas totalitários. Assim, para ele, somente a estrutura familiar moderna de tipo burguês e de dominância patriarcal era capaz de assegurar a liberdade social. Lacan enaltecia aqui a força de uma história fundada na longa duração, em detrimento de uma outra força que lhe parecia vã e condenada ao fracasso: a da convulsão revolucionária. Acabava por atribuir, portanto, mais valor emancipador a essa velha instituição familiar, da qual tinha aversão por ter sofrido seu jugo, do que a todas as tentativas violentas de reelaboração. Partindo de Maurras, ele chegava assim a Freud, para lembrar, à maneira de Tocqueville, o quanto a tradição, apesar das aparências, podia favorecer o progresso. Mas essa "freudianização" da questão familiar remetia a uma escolha mais profunda: o universalismo contra o culturalismo, a família socializada contra a família tribal, em suma, a cultura "civilizadora" contra o culto das raízes, a linguagem contra a raça, a ciência contra a magia, o cosmopolitismo contra o chauvinismo etc. "Os ideólogos que, no século XIX, dirigiram contra a família paternalista as críticas mais subversivas", escrevia, "não são os que menos trazem sua marca. Não somos daqueles que se afligem com um pretenso relaxamento do vínculo familiar. Não é significativo que a família tenha se reduzido a seu grupamento biológico à medida que integrava os mais elevados progressos culturais?"[14] E Lacan irá prestar uma vibrante homenagem a Freud, filho do patriarcado judaico, que ousara inventar o complexo de Édipo no mesmo momento em que se iniciava, no âmago da industrialização das sociedades ocidentais e em função da concentração econômica, o declínio da imago paterna. A esse declínio, devido a uma crise psicológica, era relacionado o nascimento da psicanálise como reconhecimento de uma carência, socialmente inevitável, da autoridade paterna. Era com essa constatação que terminava o primeiro artigo da *Encyclopédie*.

No segundo, menos inovador, Lacan apresentava uma exposição exaustiva da questão dos complexos em patologia, na qual fazia um balanço de seus próprios trabalhos no domínio da psicose, acrescentando-lhe um ponto de vista freudiano no tocante às neuroses. Depois, como um eco ao artigo precedente, qualificava de "tirania doméstica" a "confiscação pela mãe" da autoridade familiar. Via nela a expressão de um protesto viril, sintomático do inelutável progresso social por meio do qual se afirmava, em termos de inversão psíquica, a preponderância de um "princípio masculino". Segundo Lacan, as mães e as mulheres eram doravante as depositárias desse princípio, para a infelicidade dos pais e dos homens. A violência com que ridicularizava os laços de casamento e o papel das mães na vida familiar estava relacionada, talvez, ao mal-estar que lhe inspirava o fracasso de sua vida conjugal e à lembrança do que haviam sido, em sua primeira infância, as difíceis relações parentais. Entretanto, sua posição em relação à família não era o simples reflexo de uma experiência vivida. Resultava primeiramente de uma elaboração teórica que levava em conta, de maneira nietzschiana, aquela crise da modernidade que havia afetado, pouco antes de 1900, não apenas o meio da intelectualidade vienense do qual surgira o freudismo, mas também a sociedade européia como um todo. Essa crise organizara-se em torno de uma nova bipolarização das categorias do masculino e do feminino, traduzindo um sentimento de feminização da sociedade ocidental e de decadência da autoridade paterna.[15] E Lacan interrogava essa problemática *fin de siècle* num contexto em que, por sua freqüentação de Kojève, de Bataille e do Colégio de Sociologia, ele próprio era invadido por um sentimento de "fim da história".

Édouard Pichon não permaneceu insensível a essa tese de Lacan e sem demora reagiu. Primeiro de forma privada, numa carta a Henri Ey; depois em público, ao redigir na *RFP* uma resposta intitulada "A família perante o sr. Lacan".[16]

Foi em 21 de julho de 1938 que ele se dirigiu a Ey em termos em parte favoráveis, em parte descontentes:

> Ora, por um lado, acabo de ler — com aplicação — o texto difícil, como tudo o que ele escreve, que Lacan entregou para a *Encyclopédie*; e, por outro, lembro que você me pediu para preparar um estudo sobre o valor moral da psicanálise. Gostaria de assinalar brevemente — sem pretender fazer aqui uma exposição em regra — o amoralismo um tanto infantil do dito Lacan. "Malogro das concepções morais", diz ele. (E, em certo ponto, ele ataca incisivamente minha teoria da oblatividade, sem, aliás, nomear-me: seja temor de meu nome, seja, ao contrário, menosprezo absoluto por mim; deselegância em ambos os casos!) Parece-me que essa atitude "para além do bem e do mal" é um absurdo flagrante: do ponto de vista social, será preciso que uma sociedade, seja qual for, possua normas, isto é, uma moral, não importa o que pensem os senhores super-homens; do ponto de vista psicológico de cada homem, a virtualidade dos sentimentos de culpa é um fato tão incontestável que o próprio Lacan a chama de coerção característica da espécie. E então?[17]

Na resposta publicada pela *RFP*, Pichon dirigiu-se a Lacan vilipendiando-o, como se, pouco antes de morrer, quisesse deixar-lhe como herança os traços escritos de sua própria concepção antinietzschiana da família e da moral. Começava por dar-lhe uma lição de gramática, recriminando-o por usar jargão, criar neologismos e empregar palavras de maneira imprópria. Sobre esse último ponto, aliás, endossava a crítica de Febvre, sem tirar as mesmas conclusões. Na realidade, estava furioso com a maneira pela qual Lacan se apropriava, sem declará-lo explicitamente, dos conceitos e noções utilizados por seus predecessores: o próprio Pichon, Codet e Laforgue. Embirrava também com os ataques sarcásticos que ele lançava contra autores que não se dignava nomear. Mas o essencial da diatribe incidia sobre a diferenciação entre duas palavras: *cultura* e *civilização*.

Pichon partilhava com Lacan a idéia de que a família era um agente da tradição, e não da hereditariedade. E, como bom maurrasiano, não estava descontente de reencontrar no raciocínio de seu aluno uma parte do seu. No entanto, a discordância era completa sobre a questão da cultura. Pois Lacan rejeitava radicalmente qualquer pretensão a uma hipotética superioridade da civilização francesa sobre as outras culturas. Nesse aspecto, recusava o discurso maurrasiano fundado na crença em uma superioridade universal da civilização francesa, eterna, monárquica e racional, sobre as demais culturas e, em particular, sobre a *Kultur* alemã compreendida como uma interioridade individual carregada de brumas "teutãs". E é nessa ótica que Pichon o recriminava por ser hegeliano e marxista, isto é, "alemão", e utilizar mal a palavra *cultura*:

> Há muito tempo, a língua francesa distingue entre a *civilização*, fato coletivo, e a *cultura*, fato pessoal. O sr. Lacan esquece essa distinção; a todo momento, diz *cultura* por *civilização*, e isso prejudica, em várias passagens, muito precisamente a clareza do sentido. Podia-se esperar que as grosseiras piadas que se faziam na França durante a guerra de Quatro Anos sobre a "*coultour*" alemã tivessem ao menos como resultado fazer penetrar em meios bastante vastos a discriminação entre *cultura* e *civilização*. Não é servir nem à verdadeira cultura, nem à civilização própria de nosso povo adulterar deste modo a concepção delas.[18]

O universalismo de Lacan, em 1938, era o da antropologia moderna: de Febvre e de Freud (e mais tarde de Lévi-Strauss). Lacan sustentava, com efeito, a idéia de uma existência universal da razão e da cultura humanas diante da natureza, quaisquer que fossem as diferenças internas a essa cultura e a essa razão. Ao contrário, o universalismo de Pichon era não igualitário (e maurrasiano): repousava sobre a convicção absoluta da suposta superioridade universalizante da civilização dita francesa. Donde esta afirmação:

A civilização francesa, tão viva e tão vigorosa, conserva seu precioso caráter de humanismo a despeito dos esforços destruidores tentados sucessivamente pela Reforma, pela mascarada sanguinária de 1789-99 e pela democracia, filha do 4 de setembro.* O sr. Lacan, sem nada abdicar de sua originalidade, é, quanto a essa francesidade intrínseca, inteiramente dos nossos. Por mais embebido que seja de hegelianismo e de marxismo, não me pareceu em parte alguma infectado pelo vírus humanitário: não comete a tolice de ser o amigo de *todo* homem, percebe-se ser o amigo de *cada* homem: é que esse psicanalista é um aristocrata tanto por sua feição étnica e familiar quanto por sua formação profissional médica parisiense. Em frente, Lacan: continue a desbravar corajosamente seu caminho próprio na terra inculta, mas queira deixar atrás de si muitas pedrinhas brancas para que possam segui-lo e encontrá-lo: muita gente, tendo perdido toda ligação com você, imagina que está extraviado.[19]

Jacques-Marie Lacan, como o chamava Pichon ao longo de todo esse artigo, jamais retornará ao reduto dessa "francesidade" com a qual rompera havia muito.

* Revolução de 4 de setembro de 1870, data da queda do II Império e início da III República francesa. (N. T.)

V
A GUERRA, A PAZ

1. MARSELHA, VICHY, PARIS

NA PÁGINA DE SEU DIÁRIO datada de 23 de setembro de 1939, Marie Bonaparte inscreveu simplesmente estas palavras: "23h45, morte de Freud".[1] As circunstâncias dessa morte, em plena declaração de guerra, foram contadas várias vezes, e já tivemos a ocasião de mostrar como a imprensa francesa noticiou o acontecimento.[2] Relembremos apenas algumas linhas do jornal *L'Oeuvre*, nas quais, a pretexto de objetividade, afirmava-se todo o ódio chauvinista, anti-semita e anticosmopolita da direita francesa em relação à descoberta freudiana: "Após o *Anschluss*, em março de 1938", lia-se, "o ilustre cientista, que era israelita, não podia deixar de estar na lista das personalidades proscritas pelos nazistas. Transcorreu um certo tempo antes que pudesse deixar Viena, onde residia há mais de cinqüenta anos, para tomar, como Einstein, o caminho do exílio. Sabe-se que a Grã-Bretanha abriu-lhe todas as portas".[3]

Enquanto na Alemanha, sob o cajado de Jones, instaurara-se uma política de colaboração de certos psicanalistas com os nazistas, na França a situação era diferente. A guerra eclodia num momento em que a paisagem da psicanálise estava em via de modificar-se devido à entrada na cena histórica da segunda geração francesa: a de Lacan, Nacht, Lagache e Françoise Dolto. Em dezembro de 1939, Codet morria doente, seguido em janeiro de 1940 por Édouard Pichon. Borel já era potencialmente demissionário, e Hesnard, fiel ao marechal Pétain, prosseguia sua carreira na Marinha. Nomeado inicialmente chefe do serviço de saúde da Marinha na Argélia, e depois diretor do serviço de saúde na IV Região Marítima, ele tornou-se em 1943 inspetor geral do serviço de saúde da Marinha na África. Foi no campo recuado de Bizerta [Tunísia] que ele redigiu seu famoso texto "filo-semita" sobre "O israelismo de Freud".[4]

Mobilizado na Mancha e depois na Bretanha, René Allendy passou para a zona livre e instalou-se em Montpellier, onde lhe aconteceu uma aventura tragicômica. Como o Conselho da Ordem achava que seu nome tinha uma "consonância judaica", teve de provar que era um "ariano puro". Em 1941, foi para a Suíça, onde encontrou Jung e Baudoin por ocasião das cerimônias de reabilitação de Paracelso. Antes de morrer em Paris, na véspera da prisão em massa de judeus no Velódromo de Inverno, redigiu seu *Diário de um médico enfermo*, descrevendo a progressão do mal que iria matá-lo.

Enquanto a facção chauvinista da SPP estava dizimada já nos primeiros anos da guerra, o clã internacionalista era forçado a se separar. A maior parte de seus representantes escolheu o caminho do exílio: Charles Odier retornou à Suíça; Raymond de Saussure, Heinz Hartmann e René Spitz resolveram transferir-se para a sociedade psicanalítica de Nova York, e Rudolph Loewenstein partiu também para os Estados Unidos em 1942, depois de uma temporada de muitos meses em Marselha.

Quanto a Marie Bonaparte, após ter fechado a porta do Instituto de Psicanálise e carregado os arquivos, refugiou-se primeiramente em sua casa na Bretanha, onde abrigou Loewenstein, para em seguida instalar-se em sua morada de Saint-Cloud que, nesse meio-tempo, havia sido saqueada pelos nazistas. Decidiu então partir para sua vila de Saint-Tropez, onde de novo acolheu Loewenstein. Mas, não podendo exercer nenhuma atividade, tomou também o caminho do exílio. Refugiada em Atenas em fevereiro de 1941, embarcou para Alexandria com a família real da Grécia, e depois para a África do Sul. Lá, organizou um ensino da doutrina freudiana e planejou retornar à França após o cerco de Stalingrado. No outono de 1944, estava em Londres, e, em fevereiro de 1945, voltou a Paris, temendo novos conflitos internos na SPP, mas muito decidida a desempenhar ainda um papel de primeiro plano.[5]

As duas pioneiras que estiveram na origem da fundação, na França, da psicanálise de crianças tiveram um destino trágico, sob o duplo signo da melancolia e da perseguição anti-semita.

Eugénie Sokolnicka suicidou-se com gás em 1934, num estado de grande solidão devido à sua condição de mulher, não-médica e judia estrangeira, e Sophie Morgenstern, já abalada pela perda da filha Laure, matou-se em 14 de junho de 1940, no mesmo dia da chegada das tropas alemãs a Paris.

Sabe-se também que, em relação a essa primeira geração psiquiátrico-psicanalítica francesa, dois homens distinguiram-se por atitudes perfeitamente antinômicas: Paul Schiff, de um lado; René Laforgue, de outro. O primeiro foi o único de sua geração a entrar na resistência ativa; e o segundo, o único a tentar, com Matthias Göring, uma política de colaboração que resultou em fracasso completo.[6]

O fato mesmo de cessar toda atividade pública e editorial constituía em si um ato de oposição passiva ao nazismo, e a atitude de Marie Bonaparte, nesse aspecto, foi exemplar e contrária à de Jones: nenhuma tentativa de pretenso salvamento da psicanálise. Por seu exílio e seu apoio imediato aos judeus, a princesa impediu de antemão qualquer reconstituição de uma sociedade arianizada. Como ela não estava mais lá e o grupo da EP sob a direção de Henri Ey também desaparecera, nenhuma negociação pôde ser feita entre as autoridades da Ocupação e os responsáveis pela SPP exilados, mortos ou ausentes.

Em outras palavras, a situação da psicanálise na França em junho de 1940 não se prestava à criação de uma sociedade de psicoterapia nazificada segundo o modelo da de Berlim. Daí o fracasso da tentativa colaboracionista de René Laforgue: não tendo ninguém a seu redor para lançar-se nesse caminho, não pôde convencer Göring de "arianizar" um grupo que não tinha mais existência real.

Se a primeira geração estava ausente da cena parisiense, a segunda ainda não havia adquirido poder suficiente no seio da SPP para ser representativa de uma nova força. Encontrava-se portanto historicamente numa situação de "vacância" idêntica à dos mais velhos, cada um entregue a seu destino pessoal. Professor na Universidade de Estrasburgo, Daniel Lagache, retirado em Clermont-Ferrand, ajudou judeus e resistentes, enquanto Sacha Nacht foi agente de informação, de novembro de 1942 a setembro de 1944, nas forças francesas combatentes.[7] Quanto a John Leuba, ex-combatente da Primeira Guerra, voltou a empenhar-se na defesa passiva de Paris, menos por antinazismo do que pelo ódio visceral que votava àqueles que chamou, a vida toda, os "boches".

Numa carta de 31 de dezembro de 1944 endereçada a Jones, ele descrevia muito bem a situação de alguns psicanalistas franceses das duas gerações que haviam escolhido prosseguir suas atividades profissionais à maneira dos franceses comuns, nem favoráveis à colaboração, nem engajados na Resistência:

> Permaneciam em Paris no início da Ocupação apenas a sra. Dolto (ex-srta. Marette) e eu. Mais tarde, Parcheminey e Schlumberger, e depois Lacan, desmobilizados, retornaram. Fizemos lá, Parcheminey, Schlumberger e eu, um excelente trabalho. (Cito Lacan apenas de lembrança, sua atividade não tendo se manifestado muito no Sainte-Anne, onde só o vi uma ou duas vezes.) Nossa atividade consistiu sobretudo em tratamentos e em análises didáticas. Vários internos e chefes de clínica pediram-nos para psicanalisá-los [...]. Não era possível publicar o que quer que fosse durante a Ocupação. Éramos apenas tolerados. Em certo momento, quase chegamos a pagar caro pelas atividades confusas de Laforgue, cujo comprometimento inábil com os boches acabara por tornar perigosas [...]. Acrescentarei que a sra. Dolto fez um excelente trabalho em sua consulta de crianças, no hospital Trousseau. A sra. Codet continuou a fazer psicanálises...[8]

Um francês ao mesmo tempo comum e não conformista: assim seria Jacques Lacan durante toda a Ocupação. "Havia nele", sublinha Georges Bernier, "o sentimento de pertencer à categoria da elite intelectual e de ser uma inteligência superior. Assim, arranjou-se para que os acontecimentos com que a história o obrigava a confrontar-se não afetassem em nada as condições de sua existência."[9] Cumpre dizer que, em setembro de 1939, Lacan estava antes de tudo preocupado com seus amores com Sylvia Bataille, com suas dificuldades conjugais e com o estado de saúde de seu filho, então com um mês de vida. E, de repente, toda a hostilidade que sentia em relação ao espírito de família, e que o impelia a um pessimismo sombrio, manifestava-se no julgamento que fazia sobre a derrocada da França.

Em agosto de 1939, Malou dera à luz um garoto que recebeu o nome de Thibaut. Ela não ignorava que Jacques lhe era infiel há muito tempo, mas parecia não saber que o momento mesmo em que soubera de sua gravidez coincidira com a famosa paixão súbita no Flore entre Sylvia e Jacques. A partir daquele dia, os dois amantes não mais se deixaram, mas Lacan não confessou a Malou a importância daquela ligação. Continuou, como se nada tivesse acontecido, a cumprir suas obrigações. Acometido no nascimento de uma estenose do piloro, Thibaut teve de submeter-se a uma difícil intervenção cirúrgica. Numa carta a Sylvain Blondin datada de 4 de outubro de 1939, Lacan contava suas angústias: os vômitos do recém-nascido, a perda de peso, e depois a operação, notavelmente bem-sucedida. Ele dizia o quanto o perigo que pesava sobre seu filho afastava todos os outros e a que ponto a criança havia manifestado o desejo de sobreviver. Chamava-o "o Valente". Também elogiava a "Babouin" (a mãe de Malou), ao mesmo tempo que criticava com vigor a atitude de sua própria família, especialmente dos pais, que quiseram, com as melhores intenções do mundo, exercer seu controle cristão sobre o destino da criança ao propor que lhe administrassem a extrema-unção.

Depois evocava a derrocada da sociedade francesa e a necessidade de sobreviver pela mudança; explicava como cada um era arrancado de um sistema de vida que não contava com "toda a nossa adesão", mas no qual cada um soubera proteger o melhor de si. Sublinhava, a seguir, que os conflitos não resolvidos no interior resolvem-se no exterior. Tudo o que ele queria era um tempo ao ar livre. Dizia também, empregando o "nós", que nas formas de sua vida havia falsidade e vazio, mas que as formas eram preciosas e que não se substituíam sem dor. Enfim, destacava que fazia poucas psicoterapias e muita medicina, e terminava a carta com uma evocação tocante da filha Caroline que havia dito à avó: "Meu dormir não vem. Espero alguém" — frase com a qual Lacan se extasiava.[10]

Mobilizado como médico auxiliar no serviço de neuropsiquiatria do hospital militar de Val-de-Grâce, Lacan continuou a dividir sua vida entre as duas mulheres. Em março de 1940, Malou ficou grávida de novo. Acreditando poder reatar os fios de uma história que rumava ao desastre, ela havia passado alguns dias com Jacques no campo. Em 29 de maio, quando as tropas francesas embarcavam em Dunquerque, Lacan dirigiu ao cunhado uma nova carta cujo tom era de angústia. Malou acabava de instalar-se em Royan, na casa da família de sua amiga Renée Massonaud. Ele se inquietava com o futuro dela, de Caroline, de "Thibautin" e do filho por vir: "Que te dizer deles? Eu os confio a ti se for preciso. Pense nisso, peço-te, na hora dos riscos". Ele descrevia sua prática cotidiana no hospital, onde fazia de quinze a vinte atendimentos por dia. Sentia-se profissionalmente mais em forma do que nunca, e esse rendimento superava sua expectativa. Estava em seu lugar e julgava-se estimado. Uma vez mais, lançava-se numa diatribe contra o sistema político francês, contra as pretensas elites e contra os mandarins da hierarquia hospitalar, qualificados de "débeis mentais superiores".[11]

No final da primavera de 1940, foi designado médico auxiliar do hospital dos Franciscanos de Pau. É por volta desse momento que Malou toma realmente consciência do drama que estava vivendo. Progressivamente, Lacan separara-se dela, e era com Sylvia que partilhava as alegrias de uma nova existência e fazia novos amigos. Quanto a Sylvain, também fora mobilizado. Nomeado em abril médico-chefe do ambulatório cirúrgico móvel 408 em Luxeuil, recebeu em 14 de junho a ordem de regressar a Mâcon. Três dias mais tarde, recuava pela floresta de Gérardmer, para chegar a Saint-Dié em 20 de junho. Na chegada das tropas alemãs, permaneceu junto dos feridos, depois foi mandado de volta para casa no final de agosto.[12]

Enquanto isso, Georges Bataille acompanhava Denise Rollin no Cantal para instalá-la em Drugeac, pequena aldeia próxima de Mauriac. Voltou em seguida a Paris, para reunir-se de novo a ela em 11 de junho: "É o êxodo", escrevia, "e o horror da partilha entre a sorte e o azar. Até aqui, é a sorte que me acompanha: tanto mais nítida que, há uma hora, eu pensava em partir a pé pelas estradas".[13] Pouco depois, Sylvia e Laurence, e depois Rose e André Masson foram para Drugeac. Bataille conhecera Denise Rollin no outono de 1939, quando ela morava num belo apartamento no número 3 da rua de Lille: "Era a mulher que melhor encarnava o silêncio", sublinha Laurence Bataille. "Registrava os discursos de forma metafórica. Ficávamos espantados com os ecos que eles haviam ocasionado nela."[14]

No dia 24 de junho, em Pau, Lacan solicitou a seu superior hierárquico autorização para ir a Aurillac, "por um motivo que, com vossa permissão, só pode ser exposto verbalmente".[15] O motivo era a visita que queria fazer a Sylvia na aldeia de Drugeac. A autorização foi concedida. Algum tempo depois, ele era desmobilizado.

No outono de 1940, a vida cotidiana retomou seu curso numa França separada em duas zonas. No início de setembro, Sylvia foi com a mãe a Vichy, onde cruzou com Jean Renoir, que buscava papéis que lhe permitissem emigrar para a América: "É preciso safar-se", disse ele, "nada se poderá fazer aqui. Vai ser terrível. Este país vai ser o país da permuta. Um punhado de feijão em troca de uma casa".[16] Um mês depois, eram votadas em Vichy as leis sobre o estatuto dos judeus. Sylvia refugia-se com sua mãe no Sul da França, primeiro em Marselha, depois em Cagnes-sur-Mer, onde aluga uma casa. Privilegiado por sua situação de médico, Lacan pôde obter suficiente combustível e autorizações para franquear durante dois anos, a cada quinze dias, a linha de demarcação e viajar assim entre Paris e Marselha a bordo de seu Citröen de 5 CV que ele conduzia a alta velocidade. Para as idas e vindas no Sul, comprou uma bicicleta que conservará a seguir como lembrança dos anos negros.[17]

218

A decisão de não ser afetado pelo curso da história não o impedia de ter uma grande lucidez política. Odiando tudo o que cheirava a fascismo, nazismo e anti-semitismo, não tinha a menor ilusão quanto às intenções do marechal Pétain em relação aos judeus. Por isso, quando soube que Sylvia e a mãe tiveram a ingenuidade de declarar-se judias às autoridades francesas, precipitou-se ao comissariado de Cagnes para recuperar os papéis de família, colocados num arquivo sobre uma prateleira. Não suportando sequer esperar que lhe entregassem os documentos, subiu num banquinho, arrebatou-os e rasgou-os assim que saiu à rua.[18]

Se ele jamais foi pétainista, também não teve muita simpatia pela Resistência. Tinha horror à opressão, mas o heroísmo inspirava-lhe desprezo. Dois testemunhos, perfeitamente contraditórios, mostram que a respeito desse período ele não dizia a mesma coisa a diferentes interlocutores. Com alguns, rebaixava sua própria atitude, servilmente pragmática; com outros, ao contrário, dizia que havia pensado em engajar-se. É assim que Catherine Millot lembra-se de que, ao evocar esse período, Lacan tratava facilmente os resistentes de "irresponsáveis" e afirmava que "não havia hesitado em freqüentar o hotel Meurice e em simpatizar com oficiais alemães a fim de obter um salvo-conduto que lhe permitisse ir ver Sylvia na zona livre".[19] A Daniel Bordigoni, descreveu de outro modo sua atitude: "Ele estava arrasado com a Ocupação", disse-lhe ele um dia, "e hesitou entre retirar-se no estudo ou engajar-se no *maquis*. Ele sofria sobretudo por não ser bastante reconhecido na França e pensava em tornar-se filósofo. Foi a carta que lhe endereçou François Tosquelles a propósito de sua tese que o trouxe de volta ao caminho da análise".[20]

Com efeito, Tosquelle descobrira o caso Aimée desde sua publicação, depois o havia estudado a partir de 1940 no hospital de Saint-Alban, onde surgiu, em meio a um antifascismo militante, a psicoterapia institucional: "Talvez você saiba", sublinha Tosquelles, "que muita gente 'psiquista', dentre os que passaram por Saint-Alban, saiu com cópias da tese em questão, que estava esgotada nas livrarias".[21]

A verdade aparece, no entanto, nos dois testemunhos: Lacan, sem dúvida, ficou arrasado com a *débâcle* e, ao mesmo tempo, bem mais atento ao reconhecimento que podiam dar aos trabalhos ou à sua pessoa do que a um comprometimento qualquer. Sua hostilidade ao ocupante traduziu-se antes de tudo por uma rebelião estética e por um reflexo individualista de sobrevivência e de desafogo. Ocupou-se primeiramente de si e dos que estavam à sua volta, lançando mão, nessas circunstâncias, de tesouros de inventividade. Quanto à tese, que era na época sua obra principal, continuou a ser lida como um ato de resistência à opressão psiquiátrica e, no quadro do Saint-Alban, serviu à sua maneira como fermento para a luta antinazista na França.

Foi no outono de 1940 que ele reencontrou, em Marselha, Georges Bernier, seu ex-analisando. Os dois tornaram-se excelentes amigos e não mais se deixaram durante quase dois anos. Para manifestar hostilidade ao espírito pétainista, habituaram-se a freqüentar, várias noites por semana, o terraço do Cintra, famoso bar situado no fim da rua Canebière, que se tornou na época o ponto de encontro de alguns intelectuais no exílio. Lá, exibiam uma furiosa anglomania: "Tínhamos o sentimento muito profundo de que a Inglaterra era a última esperança do mundo e, de repente, só existiam para nós a literatura e o pensamento ingleses".[22] Lacan, que fora tão marcado pela cultura e a filosofia alemãs, pôs-se a estudar a língua inglesa com René Varin, alto funcionário do Quai d'Orsay [Ministério das Relações Exteriores]. Embora fosse incapaz de falá-la corretamente, mostrava-se ávido de muitas leituras. Foi assim que obteve *Por quem os sinos dobram* a bordo de um dos últimos navios americanos ainda atracados no porto.

Com Bernier, no terraço do Cintra, começou também a traduzir poemas de T. S. Eliot. Uma noite, os dois amigos foram tomados de paixão por um texto inencontrável em tais circunstâncias: A Bíblia do rei Jaime. Para conseguir um exemplar desse precioso livro, Lacan visitou todas as seitas protestantes da cidade até encontrá-lo. A escolha da King James' Version não era, aliás, anódina. Patrocinada pelo rei Jaime I da Inglaterra, havia sido publicada em 1611 com o título de Authorized Version of the Bible e tinha por característica restituir em língua inglesa as cadências da língua hebraica: "A maior parte dos anglo-saxões", escreve Julien Green, "quando lêem sua Bíblia, não se dá conta de que está lendo um livro traduzido. Seu amor é tão sincero quanto o dos judeus pelo texto hebraico [...]. A tradução é um texto original em si, o livro foi antes reescrito do que traduzido, o espírito do texto hebreu foi resgatado na Bíblia do rei Jaime".[23]

Eis portanto Lacan a ler, na língua de Shakespeare, a história do povo de Moisés em companhia de seu antigo analisando judeu, tão ateu quanto ele. E era com a mesma paixão estética que exibia sua anglofilia — chegando ao ponto de vestir capas de oficiais do Exército britânico cortadas por um alfaiate — e mostrava-se capaz de gozar todos os prazeres, como para desafiar os tempos de penúria. Como conta Bernier:

> Jantávamos à base do mercado negro num restaurante provençal mantido por um pétainista. Quando não tínhamos mais cigarros, Lacan desaparecia durante quarenta minutos, para retornar com quatro maços de Craven: dois de cor vermelha e dois de cor verde. Ele safava-se das dificuldades admiravelmente. Assim, tendo notado um dia que a loja Guerlain dispunha de estoques reservados de sabonetes de bebê, deu um jeito durante toda a guerra de abastecer-se nessa fonte. A situação de médico dava-lhe numerosos privilégios que ele utilizava sem cessar.[24]

Foi no mesmo restaurante que Lacan conheceu Gaston Defferre, em cuja casa Bernier se hospedou por algum tempo. Tiveram assim a oportunidade de ver Roland Malraux, que tentava obter a liberdade do irmão, prisioneiro num campo perto de Sens. Ele pediu dinheiro e trajes civis: Lacan não deu nada. Um pouco mais tarde, André Malraux chegou à Côte d'Azur, onde Dorothy Bussy pôs à disposição dele a vila de Roquebrune.

Nas proximidades da grande escarpa que leva da Pointe-Rouge para os Goudes, vivia uma mulher já legendária que se assemelhava a uma personagem da condessa de Ségur. Nascida em 1891, era filha do barão Double de Saint-Lambert e desposara em 1918 o conde Jean Pastré, do qual tivera três filhos: Dolly, Nadia e Pierre. Convertidos à indústria, os Pastré possuíam a firma de licores Noilly-Prat, cuja destilaria ocupava grandes pavilhões na rua Paradis. Quando se separou do marido, Lily Pastré ficou com a deslumbrante morada de Montredon que pertencia ao conde e, a partir de 1940, passou a abrigar ali, com enorme generosidade, pintores, músicos e artistas obrigados a emigrar ou a se esconder. Melômana, mecenas, não conformista, ela circulava num automóvel vermelho, distribuindo por toda parte sua fortuna. Socorria os pobres, ajudava as almas em dificuldade e mostrava-se atenta a todas as formas de infortúnio. Graças a ela, a Campagne Pastré tornou-se uma espécie de hospedaria onde estiveram, ora por longos períodos, ora por breves passagens, muitos dos representantes da elite européia no exílio. Entre eles: Boris Kochno, amante de Diaghilev e freqüentador do salão de Marie-Laure de Noailles, Francis Poulenc, Clara Haskil, Lanza del Vasto, Samson François e Youra Guller, uma pianista de origem romena.[25]

Desses encontros nasceria, depois da guerra, o festival de Aix-en-Provence, no qual a condessa desempenhará um papel de primeiro plano. Desde o início das hostilidades, sua filha Nadia engajou-se no ambulatório cirúrgico móvel em Verdun. Lá, encontrou sua amiga Edmonde Charles-Roux, cuja família era ligada por tradição à dos Pastré. Quanto a Dolly, teve um destino trágico. Já era melancólica quando se casou com o belo príncipe Murat, que logo entrou para a Resistência, morrendo em 1944. Mais tarde, não suportando o luto, ela sucumbirá na depressão, apesar de um começo de análise com Lacan e um tratamento farmacológico sob a orientação de Jean Delay.

É no outono de 1940 que Lacan começa a freqüentar a Campagne Pastré, onde a princípio foi mal acolhido e visto como uma figura "enigmática", "desconfortável" e inclusive "diabólica".[26] Ligou-se mais particularmente a Youra Guller e fez numerosas visitas a André e Rose Masson, que ficaram hospedados no domínio de Montredon, numa casa à parte, desde a chegada deles a Marselha, no final do ano de 1940. Em 31 de dezembro, Bernier passou com eles um alegre réveillon. Sylvia estava grávida de três meses. Desde sua chegada às margens do Mediterrâneo, não permanecera inativa. Com outros emigrados da zona Sul, antigos freqüentadores do Flore, ocupava-se, para sustentar a família, com a comercialização de certas geléias de frutas feitas a partir dos restos de tâmaras e figos ainda importados por barcos vindos da África. Uma pequena associação chegou a formar-se, capaz de vender em toda a região e até mesmo em Paris aquelas "coisas enegrecidas", cujo gosto assemelhava-se vagamente ao das geléias de frutas.[27]

Por volta do fim do verão, Malou fora encontrar-se com Lacan para pedir-lhe que desse um fim à ligação com Sylvia. Não obtendo nenhuma decisão positiva, deu-lhe um prazo de um ano, ao cabo do qual exigia que ele voltasse para ela.[28] No caminho de volta, na estação Saint-Charles, cruzou com René Laforgue, que descia do trem. Vindo de Paris, ele se dirigia à casa dos Chaberts, em Roquebrussanne, perto de Toulon. Quando viu o estado de aflição de Malou, compreendeu que a ruptura estava consumada e convidou-a a passar alguns dias na casa dele no campo. Ela aceitou.[29]

Em outubro, sabendo que Sylvia esperava um filho, Lacan não hesitou em anunciar a boa-nova a Malou. Extremamente feliz com a idéia dessa próxima paternidade, queria partilhar sua alegria com a esposa legítima, sem preocupar-se com o fato de que esta, no oitavo mês de gravidez, estava a ponto de dar à luz. Já muito machucada pela existência dessa ligação à qual tentara em vão pôr fim, ela não suportou a crueldade daquele a quem continuava a amar e desmoronou sob o peso da humilhação. Lacan disse-lhe então esta frase assombrosa: "Farei o mesmo a você cem vezes mais". Sylvain aconselhou Malou a divorciar-se o mais depressa possível. Em 26 de novembro, tomada por uma depressão que não fazia senão revelar um estado melancólico até então controlado, ela deu à luz uma menina que recebeu o nome de Sibylle.[30]

Certamente Lacan foi afetado pelo sofrimento de Malou, mas, como assinala muito bem Georges Bernier, "ele era de um sangue-frio admirável com as histórias de mulheres".[31] Assim, continuou o vaivém entre Paris e Marselha, embora pensando em mudar de domicílio: doravante não mais podia morar no bulevar Malesherbes. No início da guerra, em plena crise com Malou, já se hospedara durante um mês na casa de André Weiss, cuja mulher, Colette, era amiga dos Blondin e cuja irmã, Jenny Weiss-Roudinesco, haveria de tornar-se uma pioneira da psicanálise de crianças na França. Dessa temporada no número 130 da rua du Faubourg-Saint-Honoré, ele guardara uma lembrança inesquecível. Os filhos de André Weiss eram educados segundo princípios rígidos que lhes proibiam falar à mesa diante dos convidados. Ora, Lacan transgrediu essa regra absurda dirigindo-se diretamente a eles: "Sentíamo-nos valorizados", assinala Françoise Choay, "por um adulto interessar-se assim por nós. Ele nos causou uma forte impressão".[32]

Foi Georges Bataille quem resolveu o problema material colocado pela separação de Jacques e Malou. No início de 1941, indicou a Lacan um apartamento que ficaria vago na rua de Lille, 5, perto daquele que partilhava com Denise Rollin. Lacan rapidamente procedeu à compra para nele se instalar. Permanecerá ali até a morte. Quanto ao divórcio pedido por Malou, foi pronunciado em 15 de dezembro de 1941. Jacques não se empenhou pela conciliação.[33] Aos olhos da família Blondin, ele havia simplesmente "desaparecido".[34]

Durante suas temporadas em Marselha, freqüentou não apenas a Campagne Pastré, mas também a "rede" criada por Jean Ballard em torno dos *Cahiers du Sud*. Fundada por Marcel Pagnol em 1914, essa revista tornara-se em 1925, sob a direção de Jean Ballard, um lugar de vanguarda para a publicação das obras surrealistas. Desde 1933, abriu-se amplamente aos escritores de língua alemã que fugiam do nazismo. Klaus Mann, Ernst Toller e sobretudo Walter Benjamin nela colaboraram, bem como Pierre Klossowski, irmão do pintor Balthus. A partir de 1940, Ballard tentou o impossível para manter a publicação dos *Cahiers*. A escrita de cada um foi então o instrumento de uma luta cotidiana contra o ocupante, e foi no centro desse combate que se empregou pela primeira vez o termo "poeta engajado".[35]

Em Marselha, entre a Campagne Pastré e a rede Ballard, Lacan continuou portanto a levar uma vida intelectual e mundana que prolongava a de seu universo parisiense anterior à guerra. Teve também a oportunidade de encontrar alguns dos surrealistas hospedados na vila Bel Air, durante o inverno de 1940-1, sob os auspícios do Emergency Rescue Committee. Lá estavam André Breton, Hans Bellmer, Victor Brauner, René Char. André Masson comparecia ali regularmente.

Por volta de março de 1941, Georges Bernier pensou seriamente em emigrar para a Inglaterra. Mas, antes de embarcar, precisava obter dois vistos: um para ele, outro para sua mulher. Lembrando-se de que conhecia um funcionário do Ministério das Relações Exteriores, decidiu ir a Vichy, onde este estava sediado. Lacan propôs-se então acompanhá-lo a bordo de seu Citroën. Fizeram uma primeira viagem a uma velocidade alucinante, depois uma segunda, ao cabo da qual os vistos foram entregues. Na chegada, querendo reservar um quarto no hotel du Mexique, foram aconselhados a voltar após o jantar, e depois a esperar no saguão. Por volta de meia-noite, viram surgir, no alto da escada, Jacques Doriot em pessoa, flanqueado por soldados de guarda e seguido por Henri du Moulin de Labarthète, chefe do gabinete civil de Pétain. Nossos amigos dormiram aquela noite, em meio a uma espessa nuvem de fumo, no quarto onde os homens do marechal tinham ido fazer uma reunião.[36]

Bernier permaneceu em Marselha até o final do ano. Partiu então para os Estados Unidos, e de lá para a Inglaterra, onde exerceu funções na propaganda de guerra da Psychological War Board. Ficou por lá até setembro de 1944, antes de retornar a Paris para fundar, em 1955, a revista *L'oeil* [O olho]. No momento em que obtinha os vistos de saída, Rose e André Masson deixavam a França rumo aos Estados Unidos. André Breton os precedera em oito dias. Tão logo instalados em Nova York, arrumaram tudo para que Sylvia e Laurence fossem para o continente americano. Em 21 de dezembro de 1941, ainda esperavam a chegada delas. Em vão: Sylvia havia escolhido ficar na França.[37]

Em 3 de julho de 1941, nas horas mais sombrias da Ocupação, ela deu à luz uma menina chamada Judith Sophie e registrada no cartório de Antibes com o sobrenome Bataille. Separada amigavelmente de Bataille desde 1934, Sylvia permanecera no entanto casada com ele, embora ele fosse de fato o companheiro de Colette Peignot. Quando esta morreu em 1938, Bataille passou a viver com Denise Rollin. Seu casamento com Sylvia não tinha portanto mais nenhuma existência social, mas permanecia legal do ponto de vista do estado civil. Por seu lado, Lacan continuava sendo o esposo legítimo de uma mulher com a qual deixara de viver, mas de quem, ao contrário de Bataille, jamais se separara oficialmente. Preso a um ideal da família tradicional que rejeitava com violência mas do qual, mesmo assim, fizera a apologia em seu texto da *Encyclopédie*, ele mantinha com Malou uma relação fundada no nãodito e no equívoco. Jamais decidira claramente a menor separação, e o ato de ruptura não tinha partido dele.

Sylvia, por sua vez, não pôde encetar nenhum procedimento de separação legal quando soube estar grávida de um filho de Lacan. Um pedido de divórcio durante o inverno de 1940-1 a teria feito perder o benefício protetor propiciado, ainda nessa época, pelo casamento com um não-judeu. Daí o imbróglio de julho de 1941: a criança que acabava de nascer era biologicamente filha de Lacan, mas não podia em nenhuma hipótese receber o nome do pai. Nessa data, este ainda era casado com Malou, e a lei francesa proibia-o de reconhecer um filho nascido de outra mulher. Foi portanto Georges Bataille quem deu seu nome à filha de Lacan e de Sylvia. Havia aí distorção entre a ordem legal, que obrigava uma criança a receber o nome de um homem que não era seu pai, e a realidade das coisas da vida, que fazia essa criança ser a filha de um pai cujo nome não podia usar.

Não há dúvida de que sua teoria do *nome-do-pai*, que formará o pivô da doutrina lacaniana, encontrou um de seus fundamentos no drama dessa experiência vivida em meio aos escombros e à guerra.

Após a partida de Bernier para os Estados Unidos, Lacan continuou a atravessar a França de norte a sul. Quando começaram as grandes deportações da primavera de 1942, os pais de Simone Kahn foram denunciados à Gestapo pelo porteiro. A pedido de Queneau, Lacan arrumou-lhes um lugar numa clínica de Versailles onde puderam esconder-se. Mas o preço a pagar era tão exorbitante que Simone protestou. Lacan replicou energicamente: "Eles são burgueses, podem pagar".[38] No início do ano de 1943, a situação tornou-se cada vez mais perigosa para os judeus refugiados na ex-zona Sul, doravante ocupada pelas tropas alemãs. Georges Bataille, que residia em Vézelay, propôs então a Jacques e a Sylvia que se reunissem a ele, juntamente com Laurence e Judith, numa casa situada na praça de la Basilique. No final, somente Laurence foi para junto do pai. Mas, quando Bataille separou-se de Denise Rollin após seu encontro com Diane Kotchoubey, propôs que Lacan alugasse seu apartamento da rua de Lille, 3, o que permitiu a Sylvia instalar-se ali com Laurence, Judith e Nathalie Maklès.[39]

Desse modo, Lacan estava de volta à margem esquerda do Sena onde havia passado a juventude quando era aluno do colégio Stanislas. Ao morar no bairro da *intelligentsia* literária — o de sua nova vida com Sylvia —, ele rompia com a tradição do meio psicanalítico parisiense. A maior parte dos pioneiros do movimento, com efeito, adquirira o hábito de instalar-se no XVI distrito, e, no começo de sua carreira, Lacan os imitara. Recebiam os pacientes em apartamentos finos, nos moldes dos da burguesia médica, e amplos o suficiente para abrigar de um lado um consultório e uma sala de espera e, de outro, uma parte privada destinada à família e aos empregados. A decoração consistia geralmente em coleções diversas: telas de mestres, livros de bibliófilos, tapetes do Oriente, porcelanas de Saxe ou da China. Dos costumes e gostos desse meio, Lacan conservou apenas a paixão de colecionar. Freqüentou os antiquários e comprou numerosos quadros de pintores que eram amigos de Sylvia: Picasso, Balthus e, é claro, Masson. Nesse domínio, não tinha, como André Breton, o olhar de um entendido, mas demonstrava uma grande avidez de posse.[40]

Nesse meio-tempo, os Blondin foram duramente atingidos pela morte de Jacques Decour, cujo verdadeiro nome era Daniel Decourdemanche, cunhado de Sylvain. Formado em língua alemã, escritor e comunista, ele era, com Jean Paulhan, o fundador da revista *Lettres Françaises*. Prenderam-no ao mesmo tempo que Georges Solomon e Georges Politzer. Em 30 de maio de 1942, após ter sido selvagemente torturado, foi fuzilado pelos nazistas. Nas palavras de Aragon:

> Esse jovem de traços finos, tez pálida, lábios delgados e irônicos, que dava a impressão, a não ser pelo dourado dos cabelos, de um retrato de nosso século XVIII, um pastel de La Tour [...]. Sabe-se que a todas as falsidades dos juízes, aos sofrimentos físicos impostos, respondeu pedindo apenas que acabassem logo com aquilo, já que era culpado de tudo que o acusavam. E não era isso que a Gestapo queria dele: ela esperava nomes, endereços; aqueles lábios delgados e irônicos não os deram.

Sibylle recorda-se hoje com que emoção, por muito tempo após a guerra, Malou lia aos três filhos, em voz alta e tom grave, a última carta enviada por Jacques Decour à família.[41]

Em Paris, no novo bairro onde morava Lacan, a vida literária seguia seu curso. Em sua livraria da rua de l'Odéon, Adrienne Monnier via chegar uma nova geração de jovens intelectuais. Eles gostavam sobretudo da música e da literatura americanas, e admiravam os primeiros livros de autores ainda pouco conhecidos: Sartre, Camus, Malraux. No café de Flore onde se cruzavam colaboracionistas e clandestinos da Resistência, Simone de Beauvoir, que ainda não havia publicado nada, adquirira o hábito, durante o inverno de 1941-2, de instalar-se numa mesa junto à entrada, para ficar mais perto do aquecedor. Para ajudar Sartre na redação de *L'être et le néant* [O ser e o nada], ela se iniciava na *Fenomenologia do espírito*.

Até 1939, aqueles que não liam em alemão só tinham acesso à obra hegeliana por intermédio dos comentários de Kojève,

Koyré ou Wahl. Mas, nessa data, e depois em 1941, foi publicada em dois volumes a primeira tradução francesa desse livro maior. Fora realizada por um jovem filósofo chamado Jean Hyppolite, que assim inaugurava, com esse trabalho, uma nova era da história do hegelianismo na França. E havia nesse acontecimento um estranho artifício da razão. Com efeito, Hegel concluíra a *Fenomenologia* no momento em que as tropas francesas traziam a Iena um grande sopro de liberdade, enquanto Hyppolite terminara a tradução dessa mesma *Fenomenologia* no momento em que os nazistas invadiam a França para impor a ditadura e a servidão.[42]

Em 25 de outubro de 1942, por intermédio de Giacometti, Sartre encontrou Leiris pela primeira vez. Beauvoir, em *La force de l'âge* [A força da idade], fez dele um retrato singular: "O crânio raspado, vestido a rigor, gestos empolados, [ele] intimidou-me um pouco apesar da cordialidade de seu sorriso [...]. Uma mistura de masoquismo, extremismo e idealismo ocasionara-lhe muitas experiências pungentes, que ele relatava com uma imparcialidade ligeiramente espantada".[43] Começando a freqüentar os veteranos da aventura surrealista, Sartre e Beauvoir tiveram a impressão de encontrar homens que já eram os heróis de uma aventura intelectual que eles próprios sonhavam em levar adiante. Faziam daquela brilhante geração de escritores uma representação gloriosa. Simone tornou-se íntima de Zette, depois de Leiris, mas ignorou sempre o famoso segredo da genealogia que era conhecido apenas do círculo de família: Picasso, Masson, Bataille, Lacan...

Leiris não se sentira suficientemente corajoso para entrar na rede do Museu do Homem animada por Anatole Lewitzky e Boris Vildé, mas estava a par de suas atividades. Quando eles foram executados no monte Valérien, em 23 de fevereiro de 1942, sentiu uma dor terrível e durante meses ficou obcecado pela lembrança deles. Como a escolha de não combater com armas na mão estava ligada à tomada de consciência de sua falta de coragem física, optou por uma oposição moral e colaborou exclusivamente em revistas resistentes. Publicou apenas um livro, *Haut mal* [Epilepsia].[44]

No início da Ocupação, ele se desentendeu durante certo tempo com seu amigo Georges Bataille, que tivera a infeliz idéia de dar seu apoio ao lançamento de uma revista "apolítica" ligada ao grupo Jeune France [França Jovem] e financiada pelo governo de Vichy, sob a orientação de Georges Pelorson. Este, aliás, havia proposto confiar a direção da revista a Maurice Blanchot, proveniente da direita maurrassiana, que desde 1936 redigia, em *Combat* e em *L'Insurgé*, artigos anti-semitas e antiparlamentares contra Blum e a Frente Popular.[45] A revista jamais chegou a sair, mas nessa ocasião Bataille travou conhecimento com Blanchot, levando vários membros do grupo Jeune France a reunir-se com ele no apartamento da rua de Lille, 3. Segundo Michel Surya, Bataille estaria na origem da virada ideológica de Blanchot durante a Ocupação.

Bataille não pensou em engajar-se no combate antinazista e publicou sob pseudônimo, de 1941 a 1944, alguns livros, como *Madame Edwarda* e *L'éxpérience intérieur*. A posição política era diferente da de Leiris, e a clivagem tornara-se evidente depois da experiência do Colégio de Sociologia. Leiris acreditava muito mais nas virtudes emancipadoras da ciência do que nas do sagrado e via com ceticismo as práticas extremas dos "conjurados", considerando que careciam de rigor e não se adaptavam aos modos de pensamento de uma sociedade ocidental de tipo democrático. Em uma palavra, não era, tanto quanto Bataille, um niilista convicto, hostil ao parlamentarismo burguês. Além disso, jamais havia experimentado a menor fascinação pelo fascismo, nem mesmo com o desejo de voltar a eficácia dele contra seus adeptos. Assim não teve a mesma atitude que Bataille em face da guerra. Acreditava no valor do heroísmo e no combate em favor da liberdade, enquanto aquele, homem de ultra-esquerda, levara sua rejeição da ciência ao ponto de querer abolir toda cabeça pensante em nome do sacrifício da razão ocidental. O advento da guerra foi portanto vivido por ele como um fim da história, encarnado não mais pelo Stálin de Kojève, mas pelo Hitler da *Blitzkrieg*. Donde a obrigação de um sacrifício à infâmia, não mediante uma colaboração qualquer, mas pelo recurso interior a uma mística negra: será Madame Edwarda, símbolo de uma França prostituída e imunda, exibindo seus andrajos e suas chagas num bordel da rua Saint-Denis e tomando-se por Deus.

Quando conheceram Louise e Michel Leiris, Sartre e Beauvoir, radicalmente hostis ao nazismo e ao pétainismo, publicavam artigos seja em órgãos de resistência como *Les Cahiers du Sud* ou *Les Lettres Françaises*, seja em outros mais duvidosos como a revista *Comoedia*, que excluíra da lista de seus colaboradores os judeus, de um lado, e os antifascistas mais engajados, de outro, pretendendo com isso conservar uma aparência "cultural" e "apolítica". O engajamento limitou-se, para Sartre e Beauvoir, à experiência de Socialisme et Liberté, em companhia de Maurice Merleau-Ponty e de Dominique e Jean-Toussaint Desanti: distribuição de panfletos, reuniões, ações clandestinas etc. Houve também a entrevista com Jean Cavaillès, que não deu em nada, depois o encontro, em Saint-Jean-Cap-Ferrat, com Malraux, que só acreditava então no poder de fogo dos tanques russos e da aviação americana.[46]

Em junho de 1943, com a aprovação da *Lettres Françaises* clandestina, Sartre fez com que Charles Dullin montasse *Les mouches* [As moscas], peça de teatro que escrevera ao mesmo tempo que *O ser e o nada*. Ele denunciava de maneira muito clara o "mea-culpismo" do regime de Vichy e apoiava moralmente os autores de atentados em nome de uma concepção da liberdade na qual o herói terrorista assumia seu ato até o fim, embora carregando a angústia do arrependimento a ponto de ser tentado a denunciar-se. Ainda que a peça tivesse sido submetida à censura alemã para ser representada no teatro Sarah-Bernhardt, rebatizado de teatro da Cidade por causa da "arianização", a imprensa colaboracionista recebeu-a duramente. Tachada de "repugnante" e de "bricabraque cubista e dadaísta", foi retirada de cartaz. Na reprise, de dezembro de 1943, Michel Leiris dedicou-lhe um belo artigo na *Lettres Françaises* clandestina: "De vítima da fatalidade, Orestes passou a campeão da liberdade. Se ele mata, não mais o faz impelido por forças obscuras, mas com pleno conhecimento de causa, para praticar um ato de justiça e, por essa resolução, existir enfim enquanto homem".[47] Sartre não foi portanto, como disseram seus detratores, um "arrivista sob a bota nazista". E se não teve o heroísmo de um Cavaillès, de um Canguilhem, de um Decour ou de um Politzer, se aceitou submeter-se à censura alemã seja publicando seus livros, seja fazendo representar sua peça num teatro "arianizado", escreveu durante esse período apenas textos favoráveis à luta contra a opressão.

Foi no ensaio geral de *As moscas* que ele conheceu Albert Camus, alguns meses após ter redigido para *Les Cahiers du Sud* um comentário sobre *O estrangeiro*, publicado no final do verão de 1942. Logo Sartre, Leiris, Camus e Beauvoir passaram a ver-se regularmente, e, por intermédio de Leiris, Sartre conheceu Queneau: "Esses encontros nos ocupavam muito", escreve Beauvoir. "[...] Escutávamos a BBC, comunicávamo-nos as notícias e as comentávamos [...]. Prometíamo-nos permanecer para sempre ligados contra os sistemas, as idéias, os homens que combatíamos; a derrota deles se anunciava; o futuro que então se abriria, caberia a nós construí-lo [...]. Devíamos fornecer ao pós-guerra uma ideologia".[48]

Enquanto a vitória dos Aliados parecia próxima, Sartre, Camus e Merleau-Ponty pensavam seriamente em fundar uma revista que se alçaria numa França libertada do fascismo. Georges Bataille reunia-se com freqüência a eles e estreitou seus laços com Sartre depois que este publicou um artigo sobre *L'expérience intérieure* em que o chamava de "novo místico" e "alucinado do além-túmulo".[49] O comentário era implacável, rude, irônico, mas não despido de admiração. Sartre fazia de Bataille um doente viúvo e desconsolado, mas capaz de sobreviver à morte de Deus. Por sua "má-fé", desejava enviá-lo a um divã que não fosse o de Freud, de Adler ou de Jung, mas de um adepto dessa psicanálise existencial cujos méritos enaltecia em *O ser e o nada*. Não obstante, reconhecia-o como herdeiro integral de Pascal e de Nietzsche, embora o recriminasse por não amar o tempo político nem o tempo histórico, e a eles preferir pequenos êxtases panteístas. Em suma, o Bataille de Sartre era um cristão envergonhado ao qual se opunha um novo humanismo da liberdade: "As alegrias a que Bataille nos convida, se só devem remeter a elas mesmas, se não devem inserir-se na trama de novos empreendimentos e contribuir para formar uma nova humanidade que se ultrapassará rumo a novos objetivos, não valem mais que o prazer de beber um trago ou de aquecer-se ao sol numa praia".[50]

Beber um trago era o que faziam Sartre e Bataille durante o primeiro trimestre de 1944 quando se encontravam na casa de Leiris ou de Marcel Moré e falavam ora do pecado, ora do *cogito*. "Uma noite, eles dançaram frente a frente num *potlatch* do absurdo [...]. A terceira personagem era um manequim formado por um crânio de cavalo e um vasto robe listrado amarelo e malva [...]."[51]

Jacques Lacan, que desde então fazia parte do círculo de amigos de Leiris e Bataille, foi convidado, na primavera de 1944, a encontrar-se pela primeira vez com Sartre, Beauvoir e Camus. Em 19 de março, com efeito, realizou-se, no apartamento de Leiris, a leitura pública de uma peça de Picasso escrita em janeiro de 1941: *Le désir attrapé par la queue* [O desejo pego pelo rabo]. Inspirada no grande estilo surrealista dos anos 1920, ela punha em cena todas as fantasias de privações alimentares ligadas ao período da Ocupação. Camus conduziu a sessão batendo no chão com um bastão para anunciar as mudanças de cena; Leiris fez o papel de Pé-Grande, e Sartre, o de Ponta-Redonda; Beauvoir interpretou a Prima. Dora Maar, a companheira de Picasso, era a Angústia-Gorda. Zanie Campan, jovem atriz casada com o editor Jean Aubier, encarnava a Torta Recheada. Entre os que assistiam e aplaudiam, achavam-se Bataille, Armand Salacrou, Georges Limbour, Sylvia Bataille, Jean-Louis Barrault, Braque e toda a família sartriana. Dois dias após a representação, Brassaï fez com que os principais atores e participantes dessa festa voltassem à casa de Leiris para registrá-los em foto.[52] Os íntimos prolongaram os comes e bebes até o sol raiar. Mouloudji cantou "Les petits pavés" [As ruazinhas] e Sartre, "J'ai vendu mon âme au diable" [Vendi minha alma ao diabo]: "Paris era um vasto *stalag* [campo de prisioneiros]", escreve Beauvoir, "[...] beber e conversar juntos em meio às trevas era um prazer tão furtivo que nos parecia ilícito. Fazia parte das felicidades clandestinas". Nessa noite, ela observou longamente Lacan, cujo espírito transbordante de idéias e de energia a impressionou, mas ficou muito intimidada para dizer outra coisa senão uma "vulgaridade ocasional devida ao álcool".[53] Quanto a Zanie Campan, que já havia cruzado com Lacan na galeria Louise Leiris e admirava a soberba atriz que Sylvia era, achou que eles formavam um casal "esdrúxulo": "Ela não aparentava a idade que tinha e parecia ser mais a filha que a companheira de Lacan. Sentia-se nele uma inteligência de inquisidor malicioso e tinha-se a impressão de que portava uma atividade de criação que haveria de agitar o mundo".[54] Picasso distribuiu a cada um dos participantes um exemplar original da peça em papel Canson.

No dia seguinte, mal saído dos torpores noturnos, Leiris dirigiu-se à igreja Saint-Roch, onde era celebrada uma cerimônia em memória de Max Jacob, assassinado pelos nazistas. Enquanto todos esperavam com impaciência a vitória dos Aliados, na Alemanha ocorria o extermínio em massa de deportados.

Após o alegre devaneio de março, organizaram-se "fiestas" na casa de uns e de outros. Atores e participantes pensavam numa nova forma de viver, numa razão de esperar, aguardando o anúncio de um desembarque sempre prometido e sempre adiado. A festa tinha atores, dramaturgos, acrobatas e público. Uma noite, Dora Maar imitou uma corrida de touros enquanto Sartre dirigia uma orquestra, Limbour retalhava um pernil, e Bataille e Queneau batiam-se em duelo com garrafas. Lacan divertia-se como os outros. Leiris, Bataille e Queneau, que o conheciam de longa data e conviveram com ele a vida toda, não leram o que ele escrevia; e, se o fizeram, jamais tiveram ocasião de registrá-lo em seus escritos. O mesmo em relação a Kojève e Koyré, cujo ensino permaneceu para Lacan uma fonte inesgotável. No grupo que ele começou a freqüentar no final da Ocupação, apenas Beauvoir e Merleau-Ponty serão eventualmente seus leitores atentos.

Em 1948, quando preparava o livro sobre as mulheres que viria a ser *Le deuxième sexe* [O segundo sexo], Beauvoir tomou conhecimento do texto de Lacan sobre a família e o estudou longamente. Ficou tão interessada pelas querelas internas do movimento psicanalítico acerca da sexualidade feminina que telefonou a Lacan para pedir-lhe conselhos sobre a maneira de tratar a questão. Lisonjeado, este respondeu que seria preciso cinco ou seis meses de conversas para destrinchar a coisa. Não tendo vontade de dedicar tanto tempo a escutar Lacan para uma obra já bastante documentada, ela lhe propôs quatro entrevistas. Ele recusou.[55] Quanto a Merleau-Ponty, manteve com Lacan uma relação intelectual importante à qual veio juntar-se um vínculo familiar: as esposas dos dois tornaram-se amigas, e suas filhas, Judith e Marianne, com freqüência passavam as férias juntas.

A notoriedade adquirida pela freqüentação do meio intelectual trouxera a Lacan, desde antes da guerra, uma pequena clientela particular que incluía a cantora Marianne Oswald, depois Dolly Pastré e seu sobrinho Jean-François, assim como Dora Maar e muitos outros. Ele foi também o médico pessoal de Pablo Picasso.[56] Até cerca de 1947, teve poucas solicitações de análise didática. Não somente não era ainda um mestre pensador para o meio psicanalítico, como também, na segunda geração, não estava tão em evidência, para as análises de formação, quanto Sacha Nacht, que se beneficiava do prestígio de seu encontro com Freud e de um currículo mais bem integrado às regras da IPA. A partir de 1948-9, a situação se revertia em favor de Lacan à medida que a terceira geração psicanalítica francesa era atraída por seu ensino: a partir de então, passou a trabalhar integralmente como psicanalista em regime privado.

Em outubro de 1944, Georges Bernier retornou a Paris e foi hospedado na rua de Lille, 5, onde nessa época viviam Sylvia e Judith. Ele participou de algumas "fiestas". Tendo vivido no mundo anglo-saxão, tornara-se um ardente defensor da democracia parlamentar. Um dia, perguntou a Lacan e à sua roda

235

quem escolheriam se eventualmente viessem a votar: estupefação geral, risos e respostas negativas... Bernier retomou a análise durante dois anos. A técnica de Lacan não havia mudado e a duração das sessões era sempre a mesma: "Ele conseguia separar muito bem o domínio da amizade do da análise, e considero que esta foi positiva. Ensinou-me a não confundir alhos com bugalhos e a orientar melhor minha vida. Mas alguma coisa havia mudado".

Bernier, com efeito, ficou impressionado com o aparecimento em Lacan de um maneirismo verbal e indumentário que sucedera ao dandismo de outrora e que já virava obsessão. Ele próprio pôde constatar esse fato em 1946. Achando-se diante da vitrine de uma livraria da rua dos Saints-Pères, alguém o tocou gentilmente no ombro: era Lacan, que estacionara ali seu automóvel. Bernier pegou uma carona, e o amigo, muito agitado, declarou que estava à procura de uma pele de gamo negro, de uma qualidade particular, absolutamente necessária para a confecção de um par de mocassins de gala destinado a acompanhar um terno de tecido raro. Bunting, o célebre fabricante londrino de calçados, a quem ele encomendava os seus sob medida, pedira que procurasse o precioso material entre os peleiros da rua da Montagne-Sainte-Geneviève: "Procuramos durante duas horas", lembra-se Bernier, "até ele encontrar o que queria".[57]

2. REFLEXÃO SOBRE A LIBERDADE HUMANA

JACQUES LACAN NÃO PUBLICOU uma só linha durante toda a guerra e, quando ela acabou, ele havia se tornado outro homem. Sua vida, seus costumes, suas amizades tinham mudado. E no entanto havia uma grande continuidade entre suas preocupações teóricas da época do Colégio de Sociologia e as que se apresentaram a ele após a Libertação. Elas tocavam, aqui e ali, na questão da relação entre o individual e o social. Como Bataille, Lacan havia sentido a necessidade de compreender como o fascismo conseguira mobilizar a exaltação humana a serviço do mal. E, embora jamais tenha pensado que as armas fantasísticas empregadas por esse fascismo pudessem ser voltadas em favor de um combate contrário, não cessou de refletir, a partir de 1936, sobre o que eram os vínculos de identificação internos à organização dos grupos humanos em geral. Nesse terreno, juntava-se não apenas às interrogações de Bataille, mas também às do Freud da psicologia das massas.

O texto sobre a família já comportava múltiplas alusões a essas questões. Não nos surpreenderemos, pois, de encontrar Lacan, em 1945, às voltas com a problemática da essência do vínculo social, não mais apreendida a partir do cadinho familiar, mas na ótica da psicologia coletiva no sentido freudiano do termo. Como Freud, aliás, Lacan tomou por objeto de análise uma multidão precisa: o exército.

Por sua correspondência com Sylvain Blondin, sabe-se o juízo que fazia do funcionamento da psiquiatria militar durante sua mobilização no hospital do Val-de-Grâce. A experiência foi inteiramente negativa para ele, que não poupou palavras bastante severas para fustigar as "pretensas elites" do saber psiquiátrico francês, a seu ver responsáveis pelo agravamento da derrocada

237

do Exército. Recriminava-as especialmente pela total inaptidão para qualquer seleção psicológica, que as fizera enviar ao *front*, em postos de comando, indivíduos incapazes de exercer tais funções. Lacan fazia um julgamento perfeitamente lúcido da incúria do saber psiquiátrico dominante no Val-de-Grâce nessa época. Mas não expressou o menor protesto diante daquilo que condenava com tal violência e tal justeza. Mobilizado como médico auxiliar, não fez outra coisa senão obedecer às ordens. Efetuou portanto diagnósticos, perícias e observações a partir da doutrina imposta pelos superiores. E, no lugar onde se encontrava, sentiu-se perfeitamente integrado e experimentou até mesmo uma grande satisfação em ser apreciado e reconhecido por aqueles famosos mandarins que tanto criticava.[1] Vê-se assim que, com Lacan, as coisas nunca eram simples. Acontecia-lhe com muita freqüência denegrir homens cujo reconhecimento buscava e escarnecer valores que secretamente admirava.

Muito anglófilo já em 1940, tornou-se ainda mais quando fez, em setembro de 1945, uma viagem de cinco semanas à Inglaterra, durante a qual visitou a Residência Hartfield. Lá estavam recolhidos, para reclassificação, ex-prisioneiros e combatentes. Ao voltar, numa conferência diante do grupo da Evolução Psiquiátrica, em presença de convidados londrinos, Lacan acentuou seu entusiasmo pelo heroísmo que a Inglaterra havia demonstrado durante as hostilidades: "Quero dizer que a intrepidez de seu povo repousa numa relação verídica com o real que sua ideologia utilitarista faz compreender mal, que sobretudo o termo 'adaptação' falseia completamente e para a qual até mesmo a bela palavra 'realismo' nos é interdita em razão do uso infamante com que os 'intelectuais da Traição' rebaixaram sua virtude, por uma profanação do verbo que por muito tempo priva os homens dos valores ofendidos".[2]

Além da alusão ao livro de Julien Benda, que permitia uma vez mais a Lacan criticar essa elite intelectual francesa à qual não cessava de querer integrar-se, transparecia, nesse elogio do utilitarismo inglês, uma teoria do vínculo social e da relação do sujeito com a verdade que haveria de ser o ponto de apoio de sua reflexão nos primeiros anos do pós-guerra. Aliás, a expressão dessa teoria achava-se tanto nessa conferência quanto no texto "O tempo lógico e a asserção de certeza antecipada", ou ainda na exposição feita no colóquio de Bonneval de 1946 acerca da causalidade psíquica.[3]

Em 1939, os psiquiatras ingleses haviam decidido tornar eficazes os retardatários, os vadios, os "broncos" (*dullards*) e os delinqüentes, empregando-os na retaguarda em serviços diversos. Sem espírito segregativo, agruparam esses "inadaptados" separando-os dos companheiros de armas designados para missões de combate. Assim depuradas, as unidades não mais sofriam o choque neurótico devido ao contato com elementos perturbadores. Quanto a estes últimos, tornavam-se mais eficazes à medida que eram julgados úteis e se organizavam em subgrupos autônomos. Cada subgrupo definia o objetivo de seu trabalho sob a égide de um terapeuta que ajudava a todos, sem ocupar nem a posição de um chefe, nem a de um pai autoritário. Ao fazer o elogio dessa organização utilitarista dos inadaptados, Lacan sublinhava que tal capacidade de reformar as relações humanas em tempos de guerra vinha da difusão maciça das idéias freudianas no meio psiquiátrico inglês. Acrescentava, por sinal, que a experiência britânica tornava caduca a doutrina das constituições, que ele próprio já criticara em 1932, e testemunhava o declínio da imago paterna, cujo advento ele observara no texto sobre a família. De fato, se a organização em pequenos grupos supõe a identificação de todos ao ideal do eu do terapeuta, ela deixa vago o lugar do chefe viril, do sargento durão ou do domador de multidões.

Lacan fazia aqui referência aos trabalhos de John Rickman e Wilfred Bion, dos quais tomara conhecimento ao ler em 1943 um artigo da revista *Lancet* consagrado ao funcionamento dos pequenos grupos. Os dois haviam realizado juntos uma experiência decisiva, em tempo de guerra, no hospital psiquiátrico de Northfield, perto de Birmingham. Nascido na Índia em 1897, Bion chegara às teorias kleinianas após uma prestigiosa carreira médica. E foi com Rickman, ele próprio analisado por Ferenczi e depois por Melanie Klein, que fez sua análise didática durante as hostilidades.

Por meio desse elogio da penetração do freudismo no saber psiquiátrico inglês, Lacan abordava o movimento psicanalítico londrino pelo viés do kleinismo, no momento em que Grandes Controvérsias ainda opunham os partidários da dama húngara aos de Anna Freud. Mas, além desse apoio ao kleinismo, ele propunha uma revisão da teoria freudiana da psicologia das multidões que lhe permitisse operar uma junção entre sua própria concepção da família e uma abordagem das coletividades humanas baseada na noção de grupo.

Quando Freud publicou, em 1921, *Massenpsychologie und Ich-Analyse* [Psicologia das massas e análise do eu], ele efetuou uma distinção entre as multidões com condutor e as multidões sem condutor. Tomou por modelo dois grupos organizados e estáveis no tempo: a Igreja e o Exército. Eles eram estruturados, a seu ver, em torno de dois eixos: um vertical, concernente à relação entre o grupo e o chefe, e um horizontal, que designava as relações entre os indivíduos de um mesmo grupo.[4] No primeiro caso, os indivíduos identificam-se com um objeto colocado no lugar de seu ideal do eu (o chefe); no segundo, identificam-se, dentro de seu eu, uns com os outros. Evidentemente, Freud aventara a possibilidade de que o lugar do condutor fosse ocupado não por um homem real, mas por uma idéia ou uma abstração: Deus, por exemplo. E referia-se à experiência comunista para mostrar que o "vínculo socialista", ao substituir o vínculo religioso, corria o risco de chegar à mesma intolerância em relação aos de fora, como no tempo das guerras de religião.

Em sua teoria da identificação, Freud atribuía ao eixo vertical uma função primordial da qual dependia o eixo horizontal. Dessa perspectiva, a identificação com o pai, com o chefe ou com uma idéia prevalecia sobre a relação entre os membros de um mesmo grupo. O texto de 1921 operava uma ruptura radical com todas as teses anteriores da sociologia e da psicologia, que permaneciam baseadas na idéia de que a sugestão ou a hipnose

— e não a identificação — eram as fontes da relação de fascínio existente entre as massas e os chefes.

Durante os anos 1930, a nova tese freudiana serviu para interpretar o modo de funcionamento político do fascismo. Na França em particular, Bataille fez grande uso dela quando fundou com Allendy, Borel, Schiff e outros a Sociedade de Psicologia Coletiva: "Freud propõe um quadro conceitual", sublinha Michel Plon, "que permite começar a pensar questões que a sociologia, a história e a filosofia política deste século, esquecidas tanto de Maquiavel quanto de La Boétie, estão ainda longe, então, de poder começar a formular".[5] Todos os que levaram em conta essa inovação tiveram a impressão de que ela permitia explicar, por antecipação, o fenômeno do fascismo. Não se percebeu que, em 1921, Freud pensava no comunismo, suscetível de tomar o lugar deixado vago pela religião.

Quando Lacan começou a refletir sobre a questão do eixo vertical deslocando-o para o lado da família, avançou primeiro a idéia de que a sociedade ocidental moderna de tipo democrático era organizada em torno do declínio inelutável da imago paterna. E impressionou-se com o fato de, no fascismo, estar em marcha ao mesmo tempo uma revalorização caricatural dessa imago, sob a forma de uma idolatria dos símbolos da chefia militar, e uma espécie de igualitarização guerreira entre os membros da tribo, transformados, por fanatismo, em adoradores de uma idéia a serviço da pulsão de morte.

Sete anos mais tarde, sua viagem de estudos à Inglaterra o fez tomar consciência da necessidade de revisar a concepção freudiana. Se a psiquiatria inglesa havia conseguido, em tempo de guerra, integrar todos os inadaptados, por meio de uma política de detecção dos fatores da personalidade fundada exclusivamente na psicogênese, e depois mediante a prova positiva do "grupo sem chefe", segundo as teses de Bion, isso significava que Freud negligenciara demais a identificação horizontal em proveito da vertical. Era preciso, pois, não inverter a relação por ele proposta, mas trabalhar na explicitação de um vínculo social em que o eixo horizontal não mais fosse comandado pelo eixo vertical. Dito de outro modo, a partir de um estudo de campo, Lacan mostrava implicitamente que Freud ainda permanecia tributário de uma concepção da psicologia das multidões à maneira de Le Bon, mesmo que houvesse de fato construído toda a sua teoria da identificação contra uma tradição de pensamento que fazia da hipnose ou da sugestão os únicos motores do vínculo social entre as multidões e os chefes.

Em particular, Freud conservara o princípio de uma dominância do eixo vertical, isto é, da função do chefe na organização das massas. E é talvez por essa razão que sua teoria do poder corria o risco de aplicar-se apenas a grupos fechados e que não conheciam a mudança, e não ao funcionamento normal da política nas sociedades democráticas modernas.[6] Como todos os homens de sua geração, Lacan notara que a teoria freudiana aplicava-se muito bem à análise do fascismo. Mas também sentira a necessidade de levar em conta a noção de declínio da imago paterna para compreender, de um lado, o devir da família moderna nas sociedades industriais e, de outro, o superpoder concedido ao chefe no nazismo. E a experiência inglesa mostrava-lhe, afinal, o quanto tivera razão. Durante sua viagem, com efeito, constatou que uma teoria do "poder do grupo sem chefe", fundamentada na prevalência do eixo horizontal, era superior a uma teoria do "poder do chefe sobre o grupo", fundamentada no privilégio do eixo vertical. A teoria de Bion não apenas permitia integrar melhor os delinqüentes à sociedade, mas contribuía para torná-los mais livres e eficazes do que uma doutrina baseada na obediência disciplinar a um chefe guerreiro. Em uma palavra, Lacan fazia, em 1945, o elogio do sistema democrático inglês, que soubera integrar a teoria freudiana a seu modo de pensamento para dela servir-se como arma de guerra contra o fascismo.

Escolhendo Bion contra Freud, mas também Freud revisto e corrigido por Bion, Lacan propunha portanto revisar a teoria freudiana da identificação no sentido de um maior distanciamento das antigas teses da sugestão e de uma melhor análise das sociedades democráticas modernas. Notemos, de passagem, que

242

nem por isso essa revisão o levou a empenhar-se em favor de um sistema político, qualquer que fosse.

Essa nova reelaboração lacaniana da doutrina vienense dava prosseguimento àquela efetuada antes da guerra à luz do hegelianismo. E não era por acaso que, no que lhe concernia, Lacan reafirmava a imperiosa necessidade de um abandono definitivo de todo organicismo em matéria de psiquiatria. Pois tal revisão da tese freudiana do primado do eixo vertical ia de par com a aceitação de uma concepção exclusivamente psicogenética da personalidade humana. De fato, conservados o constitucionalismo ou as teses da raça, da hereditariedade ou do instinto, o homem permanece preso a seu patrimônio biológico a ponto de o crermos submetido, para toda a eternidade, a uma alienação tanto mais inamovível quanto teria por causa de uma ancestral pertença na origem do mundo. E foi por isso que, no colóquio de Bonneval de 1946, Lacan criticou tão duramente o organodinamismo de seu amigo Henri Ey, mesmo que empreendesse com ele um combate ao constitucionalismo. O organodinamismo era, a seu ver, uma abordagem da doença mental ainda demasiado organicista para ser mantida no quadro da nova reelaboração lacaniana, a qual punha em evidência, como causa única da loucura humana, uma causalidade psíquica.[7]

Essa posição, aliás, levava Lacan a reconhecer pela primeira vez que Clérambault havia sido "seu único mestre na observação dos doentes". Ele sublinhava, *a posteriori*, o que devia a esse grande representante do constitucionalismo, contra o qual escolhera, em 1932, o ensino mais dinâmico de Claude. Devia-lhe a concepção estrutural e psicogenética da loucura, concepção que, em Clérambault, era mascarada pela adesão constantemente proclamada à doutrina das constituições.

Mas a revisão de 1945 conduzia também Lacan a abandonar aquilo que, em sua própria trajetória, pertencia ainda ao discurso maurrasiano. Ele escolhia o utilitarismo democrático à inglesa contra o familialismo positivista à francesa: o grupo comunitário, feito de indivíduos livres, contra o cadinho formador, fundado na pertença à terra. Assim, na aurora de uma nova era,

243

via-se como o porta-voz de uma concepção unitária da antropologia e de uma ciência do homem, seguro de que o verdadeiro será sempre novo: "Vocês me ouviram, para situar o lugar deles na investigação, referir-me com dileção a Descartes e a Hegel. Está muito em moda nos dias de hoje 'ultrapassar' os filósofos clássicos. Eu também poderia ter partido do admirável diálogo com Parmênides. Pois nem Sócrates, nem Descartes, nem Marx, nem Freud podem ser 'ultrapassados', na medida em que conduziram sua investigação com essa paixão de desvelar que tem um objeto: a verdade".[8]

No mesmo ano, Lacan traduzia por um sofisma sua revisão da teoria freudiana. Um diretor de presídio manda comparecer diante dele três detentos e propõe-lhes um teste em troca da liberdade: "Eis aqui cinco discos", diz ele, "três brancos e dois pretos. Vou fixar nas costas de cada um de vocês um desses discos sem dizer que cor escolhi. Vocês deverão permanecer mudos, mas poderão olhar uns para os outros, sem que haja nenhum espelho ao alcance. O primeiro que conseguir adivinhar sua cor sairá pela porta, contanto que possa explicar os motivos lógicos que o levaram ao resultado". Os prisioneiros aceitam, e o diretor coloca um disco branco nas costas de cada um. Após se olharem por muito pouco tempo, eles saem juntos do pátio da prisão. Cada um, separadamente, compreendeu que trazia um disco branco, ao cabo de um raciocínio idêntico.

Lacan tomara conhecimento desse sofisma durante uma noitada, em fevereiro de 1935, na casa de Sylvain Blondin. Foi lá que encontrou pela primeira vez André Weiss, o qual lhe contou a história sem lhe dar a solução. Incapaz de resolver o enigma da saída simultânea dos três prisioneiros, Lacan não conseguiu pegar no sono. Às três da madrugada, telefonou a Weiss, que lhe deu a resposta tão desejada, furioso por ter sido acordado no meio da noite.[9]

Três situações eram possíveis: 1) Se A vê dois discos pretos (em B e em C), ele deduz que o seu é branco e sai imediatamente. 2) Se A vê um disco preto e um branco, faz o seguinte raciocínio: "Se eu fosse C (que é branco) e visse dois pretos

244

(A e B), eu sairia. Como C não sai, deduzo que sou branco e saio eu". 3) Se A vê dois brancos, raciocina da seguinte forma: "Se eu for preto, B e C estão vendo, cada qual, um branco e um preto. Cada um deles se diz: 'Se sou preto, o outro que é branco (B ou C) vê dois pretos.' Deduzem então que são brancos e saem. Mas, como não agem assim, eu, A, deduzo que sou branco". Esse terceiro raciocínio é utilizado simultaneamente pelos três prisioneiros, e por isso, separadamente, eles explicam da mesma maneira as razões de sua saída.

Várias vezes, Lacan fizera o teste dos discos com seus amigos do Colégio de Sociologia. Quando veio a Libertação, Christian Zervos, que havia criado em 1926 *Les Cahiers d'Art*, decidiu publicar um número especial dessa revista que cobria retroativamente o período dos anos negros. Tratava-se de celebrar a vitória da liberdade sobre a opressão. Por intermédio de André Masson, ele conheceu Lacan e pediu-lhe um texto. Assim foi publicado "O tempo lógico e a asserção de certeza antecipada". Lacan anunciava aí que estava redigindo um ensaio de lógica coletiva — que jamais virá à luz — e lançava-se de saída num ataque à concepção sartriana da liberdade tal como acabava de exprimir-se em *Huis clos* [Entre quatro paredes], cuja primeira representação tivera lugar em 27 de maio de 1944 no teatro do Vieux-Colombier: "Não somos desses recentes filósofos", escrevia, "para os quais a coerção de quatro paredes não é senão um favor a mais para chegar ao segredo da liberdade humana".[10]

A situação descrita no sofisma assemelhava-se no entanto à da peça de Sartre, que, na origem, chamava-se *Les autres* [Os outros]. De um lado era exposta a história de três homens que conseguiam libertar-se coletivamente graças à lógica de um raciocínio verdadeiro, de outro eram postas em cena três personagens, três "consciências mortas", encerradas para sempre entre quatro paredes por terem se condenado, elas próprias, a jamais romper suas cadeias. Em *Huis clos*, Sartre ilustrava a teoria da liberdade que enunciava tanto em *O ser e o nada* quanto em *Les chemins de la liberté* [Os caminhos da liberdade]: a liberdade é o móbil de um combate dialético no qual se opõem as duas forças antagô-

245

nicas da alienação e da intencionalidade existencial. Conseqüentemente, ela escapa à simples certeza de um sujeito que poderia escolher sua plena responsabilidade. Portanto, é o mais belo florão de uma filosofia da consciência, com a condição de saber, porém, que a referida consciência é atravessada por processos mentais que lhe escapam, resguardando o sujeito atrás de um anteparo enganador: a má-fé. Esse termo, Sartre o havia forjado para substituir a noção de inconsciente freudiano, julgada demasiado biologista e mecanicista.

A má-fé integra-se à consciência para definir uma patologia da ambivalência na qual o sujeito é condenado a unir num mesmo ato uma idéia e a negação dessa idéia, uma transcendência e uma facticidade. Na mesma perspectiva, Sartre recusava a psicanálise dita "empírica" (a de Freud) em favor de uma psicanálise existencial. Acusava a primeira de negar a dialética e desconhecer a essência da liberdade em nome de uma afetividade primeira do indivíduo — "cera virgem antes da história" —, ao passo que reconhecia na segunda a capacidade de abolir o inconsciente e de afirmar que nada existe antes do aparecimento original da liberdade.[11]

Percebe-se aqui o que Lacan opunha à tese sartriana. Não apenas o homem não é livre para escolher suas cadeias — já que não existe aparecimento original da liberdade —, mas está condenado, para tornar-se livre, a integrar-se à coletividade dos homens por um raciocínio lógico. Em outras palavras, somente a pertença, segundo o eixo horizontal descrito por Freud, funda a relação do sujeito com o outro, e somente a virtude lógica conduz o homem à verdade, ou seja, à aceitação do outro segundo uma dialética do reconhecimento e do desconhecimento. Na descendência husserliana, Lacan situava-se, portanto, contra Sartre, do lado de uma filosofia do conceito à qual tentava integrar uma filosofia não subjetiva do sujeito, ou, como ele dizia, uma "indeterminação existencial do '*je*'".[12] E, sendo assim, fazia toda liberdade humana depender de uma temporalidade: aquela, para cada sujeito, de saber submeter-se a uma decisão lógica em função de *um tempo para compreender*.

Se retomarmos, no sofisma, as três situações que permitem aos prisioneiros libertar-se, vemos que, no primeiro caso, o raciocínio funciona em termos de exclusão lógica. O *tempo para compreender* reduz-se à evidência de uma constatação. No segundo caso, um *tempo para compreender* é necessário antes do *momento de concluir*. A deve colocar-se no lugar de C e fazer uma dedução. O terceiro caso é mais ardiloso, pois A deve fazer uma dedução em dois tempos (que será o mesmo para B e C). Num primeiro tempo, supõe-se preto e põe-se no lugar de B, imputando a C uma dedução, e vice-versa. Depois, num segundo tempo, conclui pela negativa que é branco. Como todos os três fazem o mesmo raciocínio, efetuam ao mesmo tempo seu julgamento e sua saída. O *tempo para compreender* reduz-se então ao *momento de concluir*, o qual se confunde com o *instante do olhar*. Com efeito, cada um reconhece que é branco não ao ver os outros saírem, mas *hesitarem* em sair. Lacan chama de *asserção de certeza antecipada* o processo de pressa que caracteriza o fenômeno da tomada de decisão "verdadeira", e faz dele a condição da liberdade humana.

Ao escolher, contra o existencialismo sartriano, uma política da liberdade humana fundada no princípio de uma lógica da verdade que exclui a consciência subjetiva, Lacan, que não havia participado da Resistência e que jamais fará corresponder os atos de sua vida privada aos de seu sistema de pensamento, prestava homenagem, sem o saber, ao heroísmo de Jean Cavaillès. Como escreverá Georges Canguilhem:

> Sua filosofia matemática não foi construída por referência a algum Sujeito suscetível de ser momentânea e precariamente identificado a Jean Cavaillès. Essa filosofia, da qual Jean Cavaillès está radicalmente ausente, comandou uma forma de ação que o conduziu, pelos caminhos estritos da lógica, até aquela passagem da qual não se retorna. Jean Cavaillès é a lógica da Resistência vivida até a morte. Que os filósofos da existência e da pessoa façam o mesmo da próxima vez, se puderem.[13]

3. DUPLA VIDA

MALOU CONSEGUIRA QUE LACAN RENUNCIASSE à sua autoridade de pai. Pensava assim puni-lo por tê-la abandonado. Mas, ainda que ela própria tivesse pedido o divórcio, decidiu esconder a verdade dos filhos. Acreditava agir "para o bem deles". Durante vários anos, após a guerra, eles não souberam que o pai vivia com Sylvia nem que a havia desposado. Ignoraram também a existência da meia-irmã Judith. Jacques Lacan prestou-se a esse jogo de não-dito e de perfeito conformismo burguês. Malou dizia que ele estava em viagem por razões profissionais e muito ocupado com seus trabalhos intelectuais para poder permanecer em casa: "Ela não queria admitir", assinala Célia Bertin, "o fracasso de seu casamento, e fez tudo para manter as aparências, após a separação, à custa de fingimento. Continuou a prestar um culto absoluto a Lacan, ou melhor, à imagem que queria ter dele para transmiti-la aos filhos".[1]

Toda quinta-feira, ele ia almoçar na rua Jadin, no modesto apartamento do XVII distrito onde ela se instalara com Caroline, Thibaut e Sibylle. Na maioria das vezes, passava feito vento, comportava-se de modo rígido e parecia aborrecido por ter de enfrentar tal situação.[2] Pagava uma pensão pouco elevada que não era suficiente para a educação dos filhos. Por isso ela decidiu trabalhar. Desenhou estampas de tecidos, depois ilustrações para livros da condessa de Ségur. Vendo-a em dificuldades, Sylvain empregou-a como anestesista em seu serviço.[3] Desde o divórcio, ele se aproximara muito dela. Lamentando não ter filhos, ficou feliz em ocupar junto aos sobrinhos essa posição paterna da qual Lacan fora privado. No final da guerra, ele havia se separado de Denise Decourdemanche para viver com Madeleine Simon, que se tornou sua mulher em 1949. Católica praticante, esta tinha um filho chamado Bruno Roger, que estava com dezesseis anos quando a mãe se casou com Sylvain. Logo ele se afeiçoou ao elegante padrasto, que o adotou como um filho. Malou e Madeleine (apelidada de "Linette") estabeleceram boas relações, e Caroline passou a encontrar-se cada vez mais com o jovem Bruno, que ela desposará em 1958. Sylvain ficou assim duplamente satisfeito: casou a sobrinha, que considerava como filha, com o enteado, que o via como pai.[4]

Aparentemente, Caroline teve de sofrer menos com o modo de vida dos pais do que o irmão e a irmã. Fora a única a ter uma primeira infância feliz e era a preferida da mãe, com a qual se parecia muito. Altiva e elegante, era tão segura quanto Malou de sua beleza, de sua inteligência e de sua pertença à elite. Gostava da riqueza, das decorações de bom gosto, dos interiores bem cuidados e dos valores do liberalismo econômico. Apreciava igualmente as sólidas tradições familiares, a moral católica, o esplendor burguês das grandes coisas da vida. Assim, o "primo" Bruno ficou deslumbrado por ela: os dois partilhavam uma cultura idêntica, e ele se lançou, como ela, em estudos na Escola de Ciências Políticas que haveriam de fazer dele um dos financistas mais conhecidos de Paris. Caroline, por sua vez, fez carreira no ramo de imóveis.

Por mais que Lacan gostasse de Caroline, por mais que a levasse em viagem a Veneza ou à Áustria, ou então lhe pedisse conselhos financeiros, ou acompanhasse de perto seu sucesso, não teve com a filha um verdadeiro relacionamento intelectual. Ela não lia o que ele escrevia, não entrou no mundo dele e não teve acesso à compreensão da obra e do ensino do pai. E isso tanto menos quanto, a partir de 1945, toda a vida privada de Lacan foi englobada em sua atividade intelectual. Primeiro, ele havia escolhido como verdadeira família o meio de Sylvia; depois, prosseguiu no mesmo caminho ao tornar-se o mestre pensador de uma "família" de discípulos capazes de lê-lo e de compreender quem ele era.

Thibaut e Sibylle sofreram mais com essa situação de clivagem. Não somente porque a primeira infância deles fora marcada desde o início pela dor melancólica da mãe, mas também porque lhes foi mais difícil do que para Caroline evitar os conflitos entre a realidade imaginária de um mundo paterno cuja existência lhes era ocultada, e a realidade concreta de um mundo cotidiano com o qual pouco se satisfaziam ao perceber intuitivamente que era regido pela lei do fingimento. Em vista disso, tiveram grandes dificuldades de integração em termos sociais e de sua própria identidade.

Em 1949, aconteceu-lhes uma aventura terrível. Numa quinta-feira, Thibaut tinha ido com Sibylle passar a tarde no Jardim de Aclimatação. No caminho de volta, viram um carro estacionar diante de uma passagem de pedestres. Num instante, reconheceram através do pára-brisa o pai sentado ao volante. Ao lado dele estava uma mulher e no banco de trás uma menininha. Aproximaram-se gritando: "Papai! Papai!". Lacan lançou-lhes um olhar de surpresa e, em seguida, desviou os olhos como se nada tivesse visto. Deu a partida e desapareceu no meio do trânsito. Tal foi o primeiro encontro frustrado das crianças Lacan com Sylvia e Judith. Quando contaram o ocorrido a Malou, esta lhes respondeu vivamente que por certo Lacan não os havia reconhecido nem ouvido. Assim protegia a conduta de um pai que ela queria que permanecesse conforme à imagem que forjara dele. Sibylle esqueceu o incidente, mas Thibaut, ao contrário, conservou-o intacto na memória.[5]

Devido a numerosas alusões à "outra mulher", captadas em conversas entre adultos, ele tomara consciência da vida dupla do pai. Mas foi em 1951, aos doze anos, que soube da existência de Judith. Nas férias de verão, Lacan foi buscá-lo de carro para levá-lo a um colégio inglês onde devia passar um mês. Durante a temporada, travou conhecimento com um garoto de sua idade que era filho de um amigo de Jacques e Sylvia. Na conversa, ele pronunciou o nome de Judith. Thibaut replicou: "Não sei de quem você está falando". Na realidade, compreendeu muito bem de quem se tratava.[6] Guardou o segredo. Sibylle só soube da vida dupla do pai muito mais tarde, quando, por ocasião dos preparativos do casamento de Caroline, Jacques e Malou decidiram pôr fim ao reinado do fingimento.

Do lado de Alfred Lacan, ignorava-se da mesma forma a nova situação familiar de Jacques. No verão de 1941, Marc-François percebera que as coisas iam mal. Para saber mais, foi visitar Malou nos Pireneus Orientais, onde ela passava uma temporada na casa da amiga Madeleine Guerlain. Percebendo o desespero dela, compreendeu que a ruptura estava consumada. Lamentou amargamente que a cunhada não fosse suficientemente cristã para ter acesso a uma espiritualidade que poderia, pensava, aproximá-la de Deus e livrá-la do infortúnio.[7] Marc-François rezou por ela e pelo irmão.

Todavia, não informou claramente Alfred e Émilie da mudança que ocorrera na vida de Jacques. Quando encontrou Sylvia pela primeira vez, por ocasião de um jantar na rua de Lille durante a Ocupação, foi obrigado a compreender por conta própria que ela era a companheira do irmão. Nem ela nem ele anunciaram que viviam juntos. Marc estava convencido, aliás, de que esse irmão que ele tanto amava não tivera, na conduta com as mulheres, uma postura bastante cristã:

> Jacques queria possuir a mulher, era possessivo desde a infância. Não compreendeu que uma mulher não é "qualquer coisa" e que não se deve colecioná-las. Critico isso nele: não é suficiente ser um gênio para compreender o que é uma mulher no sentido da alteridade. A vida conjugal é uma aliança cujo modelo se encontra em Deus. A relação é constitutiva da pessoa. É ela que permite a dupla realidade da alteridade e da possibilidade da doação entre uma pessoa feminina e uma pessoa masculina. Jacques falhou nisso. Seu casamento com Malou não deveria ter sido abençoado por dom Laure, já que nem um nem outro eram cristãos.[8]

Havia muito que Lacan não mais partilhava essa espiritualidade cristã à qual Marc-François consagrara sua vida. Fora ele, antes dos dezesseis anos, um verdadeiro cristão? É duvidoso. Após a Segunda Guerra Mundial, em todo caso, tornara-se de um ateísmo tão claro que nem mais tinha necessidade, como outrora, de identificar-se com o Anticristo. Respeitava, porém, certas convenções da burguesia conservadora. Judith foi matriculada num colégio religioso[9] e fez a primeira comunhão, apesar de sua mãe ser não apenas atéia, mas oposta a toda prática religiosa.

Em 21 de novembro de 1948, Émilie Baudry-Lacan veio a falecer em circunstâncias dramáticas. Hospitalizada com urgência na clínica Hartmann devido a dores abdominais, foi operada por Sylvain Blondin, que realizou uma histerectomia. Aparentemente, tudo correu bem, e ela enviou a Marc-François uma carta na qual se dizia em perfeita saúde. No entanto, morreu no quarto, de uma complicação pós-operatória que provocou uma embolia. Ao fazer a ronda, a enfermeira encontrou-a no leito, com a mão cerrada junto à campainha de alarme: ela não tivera tempo de apertar o botão para pedir socorro. Madeleine foi a primeira a ser avisada e telefonou a Jacques para pedir-lhe que fizesse Émilie sair o mais depressa possível da clínica. Ela achava que Alfred jamais suportaria saber que a esposa morrera em tais condições. Jacques interveio, e o corpo foi transportado para a rua Gambetta, dando a entender que se tratava de uma paciente simplesmente desmaiada. Émilie morreu, portanto, oficialmente em seu domicílio, com 62 anos, nos braços de Alfred. Marc-François sentiu ainda mais esse súbito desaparecimento pelo fato de ter recebido o anúncio no momento mesmo em que lia a carta da mãe afirmando-lhe que estava muito bem.[10] Ela foi enterrada religiosamente em 25 de novembro no jazigo da família no cemitério de Château-Thierry: "Dir-lhe-ei ainda", escreveu Lacan a Ferdinand Alquié, "que tive a dor de perder minha mãe não faz mais de um mês".[11] Ele se queixava de ter de ocupar-se de seu desditoso pai. Émilie ignorou sempre a existência de Judith, mas acabara por ficar vagamente a par da "outra vida" do filho. Preferira no entanto ignorar o fato, achando que o casamento de Jacques fora verdadeiramente cristão e que Malou era uma mulher piedosa.[12]

Algum tempo após a morte de Émilie, Madeleine decidiu romper o silêncio. Falou de Judith a Alfred, e este logo quis "ver a neta".[13] Marc-François, que havia pouco a conhecera na rua de

Lille, aprovou a iniciativa. Comunicou-a a Sylvain Blondin, que teve uma reação negativa e manifestou sua opinião numa carta incendiária.[14] Madeleine ignorou a oposição e levou Judith até a casa do avô. Pouco depois, Sylvia estabeleceu relações com Madeleine e mostrou-se posteriormente muito devotada quando esta sofreu um grave acidente de trânsito.

Assim, quando Thibaut descobriu a existência da meia-irmã durante a temporada no colégio inglês, esta acabava de ser admitida em sua família paterna. E ele não o sabia.

Logo após a Libertação, Sylvia e Jacques passaram a morar juntos no apartamento da rua de Lille, 5, enquanto Judith, Laurence e a avó materna habitavam o número 3. Depois, ao longo dos anos, estabeleceu-se uma separação entre os dois locais. O apartamento do 3 ficou sendo o domínio privilegiado de Sylvia, onde eram oferecidos jantares e recepções, e o do 5, o de Lacan. Ali ele trabalhava, recebia as amantes e conduzia as análises, embora fizesse as refeições no 3. Em março de 1948, contratou para o seu serviço uma jovem espanhola chamada Gloria Gonzales. Doméstica desde os treze anos de idade, ela sempre havia trabalhado duro. A princípio muito devotada a Sylvia, passou a demonstrar uma fidelidade irrestrita ao amo, a quem serviu com entusiasmo e discrição, a ponto de progressivamente tornar-se indispensável tanto em sua vida intelectual quanto em sua prática de analista.

Sylvia, que tinha um gosto refinado, encarregou-se da decoração e da disposição do gabinete de Jacques. Primeiro mandou comprar alguns móveis, depois a poltrona baixa estilo Napoleão III, na qual ele sempre haveria de sentar-se para escutar os que vinham procurá-lo. Em 1948, comprou para ele um leito simples de oitenta centímetros de largura que será durante 33 anos seu famoso divã de análise, testemunha silenciosa de uma longa aventura intelectual. Poltrona e divã foram cobertos por um modesto tecido cinza que era trocado quando se desgastava.

Em 1951, Lacan adquiriu uma encantadora casa de campo em Guitrancourt, perto de Mantes-la-Jolie. Chamava-se La Prévôté [O Prebostado]. Refugiava-se aí aos domingos para trabalhar, mas também recebia pacientes ou oferecia suntuosas recepções. Lacan adorava representar diante dos amigos, dissimular-se, dançar, dar festas e usar roupas extravagantes. Nessa segunda casa, começou a colecionar um número considerável de livros, os quais acabaram por constituir uma imensa biblioteca, mais importante que a da rua de Lille. A simples consulta dos títulos dos volumes permite hoje fazer uma idéia da fantástica erudição que demonstrou em sua busca apaixonada das edições raras ou originais.

Defronte ao jardim, num grande cômodo dominado por um vão envidraçado, ele mandou montar um escritório repleto de objetos de arte de valor inestimável. O mais sublime era o quadro pendurado no mezanino: *A origem do mundo*, pintado por Gustave Courbet em 1866 para o diplomata turco Khalil-Bey. Tratava-se de uma tela que representava, cruamente, o sexo escancarado de uma mulher logo após as convulsões do amor. O quadro havia causado escândalo e assombro tanto nos irmãos Goncourt, que o consideraram "belo como a carne de um Correggio", quanto em Maxime du Camp, que via nele uma imundície digna de ilustrar as obras do marquês de Sade. Após a morte do diplomata, ele desaparecera em diversas coleções privadas. Encontrava-se em Budapeste durante a Segunda Guerra Mundial, quando os nazistas o confiscaram, e passou em seguida às mãos dos vencedores soviéticos, antes de ser afinal revendido a colecionadores.

Foi assim que Lacan o descobriu por volta de 1955. Na origem, estava coberto por um painel de madeira sobre o qual fora pintada uma paisagem destinada a ocultar o erotismo, julgado assustador, desse sexo em estado bruto. Tendo desaparecido a madeira, Sylvia achou que era preciso continuar a manter em segredo aquela coisa tão escandalosa: "Os vizinhos ou a faxineira não compreenderiam", dizia. Pediu então a André Masson para confeccionar um novo anteparo em madeira. Ele aceitou e fabricou um soberbo painel onde eram reproduzidos, numa pintura abstrata, os elementos eróticos da tela original. Um sistema secreto fazia deslizar a madeira para revelar a obra de Courbet, que, na major parte do tempo, permanecia dissimulada.[15]

Lacan sempre teve paixão por viagens e férias à beira-mar. Com Marie-Thérèse tinha ido ao Marrocos, à Espanha e a Porquerolles; com Olesia, à Bretanha; e com Malou, à Itália. Assim que a guerra acabou, retomou com Sylvia um ritmo idêntico. Fez, em particular, uma viagem ao Egito na qual mostrou ainda a mesma curiosidade de tudo ver e tudo compreender. Habituou-se também a praticar esportes de inverno. Mas era de uma falta de jeito impressionante para calçar esquis ou deslocar-se na neve. Sempre com muita pressa de chegar a seus fins, jamais teve paciência para aprender a controlar os movimentos do corpo a fim de deslizar nas encostas. Assim, por duas vezes fraturou a perna. A do fêmur deixou-lhe uma leve claudicação que ele soube maravilhosamente utilizar para dar-se, quando convinha, os ares de um mestre esgotado pela tolice de seus discípulos. Arrastando os pés e soltando uma espécie de suspiro exasperado, dizia então: "Estou morto, eles me matam, não compreendem absolutamente nada do que digo".[16]

Durante o verão, encontrava-se com muita freqüência com Sylvia, Judith, Laurence e os Merleau-Ponty, no lugar chamado Le Mouleau, perto do vale de Arcachon. Após passar longas jornadas trabalhando, arrastava todo mundo em marchas esportivas durante as quais fotografava o pôr-do-sol. Amava também a beleza da Itália meridional: Ravello, onde passou uma temporada na vila Cimbrone, a Costiera Amalfitana, onde apreciava os passeios no mar junto a Capri.

Foi na aldeia de Tholonet, próxima de Aix-en-Provence, que ele desposou Sylvia em 17 de julho de 1953. O casamento foi celebrado no cartório, na intimidade, em presença de Rose e André Masson, que tinham uma bela casa, Les Cigales, na estrada de Cézanne. Jacques usava um terno claro e sóbrio, uma gravata-borboleta e uma flor na lapela; Sylvia, uma simples blusa branca e saia larga. Ela havia se divorciado de Georges Bataille em 9 de julho de 1946.[17] Nessa data, este já vivia com Diane Kotchoubey, que haveria de desposar em 16 de janeiro de 1951, dois anos depois de ela lhe dar uma filha, Julie, nascida em 1º de dezembro de 1948. No momento portanto em que Sylvia, aos

45 anos de idade, deixava de usar o nome de Bataille para adotar o de Lacan, sua filha Judith tornava-se legalmente a enteada daquele que na realidade era seu pai, e irmã por casamento dos filhos de Malou, dos quais na realidade era meia-irmã. Continuava sendo irmã integral de Laurence, da qual na realidade era meia-irmã, e meia-irmã de Julie, com a qual na realidade não tinha nenhum laço de sangue. A situação era tanto mais difícil de deslindar quanto essa realidade legal estava em completa contradição com a realidade vivida. Lacan servia menos de pai a seus filhos do primeiro casamento que à filha Judith e à enteada Laurence que, com o passar do tempo, sentiu-se muito mais próxima dele que do próprio pai, que ela admirava mas de quem estava separada desde os quatro anos de idade.

Lacan tinha verdadeira adoração por Judith. Sofria amargamente por não ter podido dar-lhe seu nome e dedicou-lhe um amor exclusivo e apaixonado. Bobo de admiração, via-a crescer: sua beleza, seus dons e seus talentos não deixaram de desabrochar. Foi educada no seio da intelectualidade que freqüentava e integrou-se desde a adolescência no círculo dos discípulos de Lacan, participando assim do progresso do pensamento dele. Fez os estudos no colégio Sévigné e classificou-se em primeiro lugar no vestibular de filosofia. Era chamada, aliás, pelo nome que deveria ter sido o seu: Judith Lacan. Muitos foram aqueles, entre os psicanalistas e os amigos, que tentaram dizer a esse pai amoroso para moderar-se. Essa paixão, aliás, era totalmente contraditória com a doutrina edipiana que ensinava. Freud, antes dele, havia dado o exemplo: não fora ele, para a filha Anna, um pai igualmente exclusivo?

Judith retribuiu a Lacan o amor que ele lhe dedicou. Não pôde jamais vê-lo de outro modo senão sob o signo de uma devoção que logo se converteu numa hagiografia constante. Aos olhos dela, ele foi um deus vivo de caráter inabalável e de uma generosidade sem pecha, sempre traído por maus discípulos, mas sempre valoroso e heróico na maneira como sabia triunfar sobre os que se arriscavam a ser seus adversários. Lacan favoreceu esse culto que satisfazia seus desejos mais profundos.

Mas a preferência assim demonstrada não deixou de ter efeitos sobre os filhos do primeiro casamento: Thibaut e Sibylle, em particular. Infelizes por não terem sido integrados à vida do pai, tinham como único orgulho o fato de serem detentores de seu nome. Ao contrário, Judith, que se sabia a preferida, sofria por não ter sido legitimada e temia que a tratassem como "bastarda".[18] Daí uma rivalidade que não cessou de crescer entre as duas famílias.

Em 13 de abril de 1956, Lacan deu uma festa em Guitrancourt para comemorar seu aniversário. Na véspera, convidou Thibaut para jantar num restaurante e perguntou-lhe se gostaria de ir. Este ficou muito feliz e insistiu para obter a permissão de sua mãe. Lacan interveio junto a Malou, que resistiu, evocando sua mágoa, mas acabou por ceder. No dia seguinte, Thibaut descobria maravilhado um mundo novo: aquele onde evoluía seu pai. Lá estavam Maurice Merleau-Ponty, Claude Lévi-Strauss e várias outras figuras igualmente brilhantes. Conheceu Sylvia e Laurence, que o acolheram calorosamente. No verão, reuniu-se ao pai em Tholonet, na casa dos Masson. Lá encontrou Judith pela primeira vez e ficou fascinado por seu charme e sua inteligência. Lacan esperou então que o filho pudesse interessar-se por seu mundo e sobretudo por seus trabalhos. Mas este não quis ocupar tal lugar, que não lhe convinha. Assim, teve a impressão de decepcionar o pai. Continuou, no entanto, a ser convidado por Sylvia. Um dia, com lágrimas nos olhos, contou-lhe o episódio do Jardim de Aclimatação. Ela lhe confiou que ela própria sentira-se muito mal com aquilo.

Em 1958, Thibaut retornou à casa dos Masson. Jacques e ele visitaram, nessa ocasião, o velho Alfred, que se instalara no hotel Negre Coste, em Aix, junto ao passeio Mirabeau, com uma antiga cantora que se tornara sua companheira. Thibaut constatou o vazio que separava o pai e o avô. Jacques comportava-se com Alfred como um homem que cumpre um dever de família.[19] Thibaut teve sempre uma forte simpatia por Laurence e freqüentou durante vários anos o mundo do pai sem nele desempenhar um papel profissional ou intelectual. Fez estudos científicos, que o levaram a seguir carreira num grupo bancário.

Celebrado em 26 de junho de 1958, o casamento de Caroline foi conforme a todas as tradições da burguesia católica francesa: vestido branco, igreja, respeito dos ritos e das convenções. Marc-François deslocou-se de Hautecombe para abençoar essa união que ele esperava que fosse autenticamente cristã. Caroline era agnóstica como o tio e a mãe, mas não obstante considerava-se de cultura católica. A recepção, muito elegante, teve lugar na casa de Sylvain, na avenida da Grande Armée, onde, pela primeira vez, as duas famílias de Jacques viram-se oficialmente reunidas.[20] A era do fingimento foi sucedida pela das rivalidades mascaradas.

Caroline teve com o pai uma relação feita de cumplicidade e de troca de opiniões sobre questões financeiras ou sobre a maneira de mobiliar a casa de Guitrancourt. Passou com ele férias em família ao longo das quais conviveu com Sylvia e Judith. Quanto ao marido, Bruno Roger, havia adotado em relação à psicanálise todos os preconceitos de seu meio: julgava-a perigosa, sobretudo para sua própria família.[21] Isso não o impediu de respeitar o homem Lacan, o qual, tornando-se rico, teve necessidade de seus conselhos para aplicar sua fortuna.

Dentro do clã Blondin, Sibylle, cujo nascimento fora tão dramático, foi uma jovem à parte. Havia herdado a retidão, o desapego e o rigorismo moral da mãe que ela adorava, e foi a única da família a ostentar uma franca revolta por meio de opiniões políticas de esquerda. Interessava-se por línguas vivas e fez estudos literários. Como Thibaut, mas de maneira diferente, aproximou-se do pai, em geral para defender a causa da mãe, e soube mostrar-se lúcida sobre seus defeitos e fraquezas. Eles tiveram uma relação de amor complexa, atravessada pelo drama da rivalidade que se manifestou com relação a Judith. No início, Sibylle ficou maravilhada ao saber da existência dessa meia-irmã desconhecida. Mas as coisas complicaram-se quando ela teve diante dos olhos, durante uma temporada de férias em Saint-Tropez, e depois na Itália, o espetáculo do amor louco que unia esses dois seres. Isso lhe causou um profundo sofrimento.[22]

Laurence Bataille, de longe a mais velha, teve com Lacan, por certo, um vínculo bastante diferente. Gozou da afeição razoável que Lacan tinha por ela e foi adorada pela mãe, que conservou sempre uma grande intimidade com Georges Bataille. Aos dezesseis anos, Laurence tornou-se a modelo preferida de Balthus, que fez dela admiráveis retratos e ajudou-a em seu desejo de ser atriz. Em 1953, desempenhou um papel importante numa peça de Ugo Betti, *L'île des chèvres*, ao lado de Sylvia Monfort, Alain Cuny e Rosy Varte. Balthus realizara os cenários e a indumentária dessa história cuja intriga não era alheia à sua maneira de viver e a de seus próximos. Pierre Valde, o diretor, apresentava-a assim: "Três mulheres isoladas, privadas de amor, vêem-se de súbito com um homem, Dionísio, no meio delas: e há um desencadeamento erótico; mas, como não se pode viver com Dionísio, elas o matam [...]. A solidão é o elemento importante: as coisas mais extraordinárias tornam-se normais na solidão; não há mais coerções sociais: é o que explica que a viúva possa dar a filha de dezesseis anos a seu amante e que este organize as bodas na casa".[23]

No ano seguinte, Laurence acompanhou a trupe numa turnê pela Argélia. Ao voltar, aderiu ao Partido Comunista francês. Lacan achou a idéia despropositada: ele via no PCF uma Igreja. Mas não insistiu e aceitou a decisão da enteada. Quando os deputados comunistas votaram a favor de poderes especiais para o governo Guy Mollet, Laurence deixou o partido. Na primavera de 1958, com o primo Diego Masson, participou de uma rede de ajuda à FLN dirigida por Robert Davezies. Ocupou-se da coleta de fundos, ao mesmo tempo que prosseguia os estudos de medicina.

Em 10 de maio de 1960, foi detida pela polícia e ficou na prisão da Roquette por seis semanas. Lacan levou-lhe então as folhas datilografadas de seu seminário sobre a "Ética da psicanálise". A passagem era muito bem escolhida: um comentário sobre a revolta de Antígona contra Creonte. O advogado Roland Dumas obteve para Laurence a anulação do processo e, nessa ocasião, travou conhecimento com Lacan, de quem se tornará amigo e defensor, especialmente para levar a cabo um processo de reconhecimento de filiação em favor de Judith. Numa carta a Winnicott de agosto de 1960, Lacan mostrava-se muito orgulhoso com o comprometimento político da enteada: "[Ela] nos causou muita aflição (pela qual nos sentimos orgulhosos) ao ser presa por causa de suas relações políticas. Está livre agora, mas continuamos preocupados com um assunto que ainda não está encerrado. Temos também um sobrinho que na época de estudante viveu conosco como um filho, e que acaba de ser condenado a uma pena de dois anos de prisão por sua atividade de resistência à guerra da Argélia".[24]

Laurence Bataille foi uma mulher excepcional. Assemelhava-se àquelas trágicas heroínas dos filmes de David Wark Griffith, mas sua radicalidade aproximava-a sobretudo da personagem de Antígona. Era generosa, sensível, inteligente, aberta a todas as formas de rebelião humana, e tornou-se uma das melhores psicanalistas de sua geração, ocupando um lugar central no serralho do movimento lacaniano.

Após a morte da mãe de Lacan, o destino daquela que fizera sua fortuna, Marguerite Anzieu, cruzou com o de seu pai, Alfred, que não obstante jamais se interessara muito pelos trabalhos do filho.[25] Depois do Sainte-Anne, Marguerite fora internada com o nome de solteira no hospital de Ville-Évrard, onde foi classificada como "desequilibrada constitucional" por médicos que ignoravam que o caso dela fora objeto de uma tese hostil à doutrina das constituições. Em 1941, ela quis sair de sua situação asilar e solicitou um novo exame de perícia.

Um ano mais tarde, à força de insistência, acabou por obter o que queria. Em 21 de julho de 1943, o doutor Chanès, que lera a tese de Lacan, concordou em devolver-lhe a liberdade. Sven Follin era na época assistente dele e teve a oportunidade de examiná-la: "Ela estava muito calma e costurava. Jamais falava do passado e não evocou o fato de ter sido personificada no caso Aimée. Continuava a acreditar em perseguições. Ela era o que nos asilos chamam de 'uma aposentada do delírio'". Eis aí, portanto, em que havia se tornado Marguerite para o discurso psiquiátrico, oito anos após seu encontro com Lacan. Ao redescobrir o dossiê, em 1989, o psiquiatra Jacques Chazaud julgou oportuno acrescentar um comentário de sua lavra, do qual não se pode dizer que seja do melhor gosto: "Eu me pergunto o que teria pensado o panegirista de Aimée, por sinal teórico da fundação simbólica do Sujeito na Lei, do que se inscreveu como restos reais de sua paciente alguns anos mais tarde: dejetos de escrita e puros disparates [...]. Marguerite transferida voltava a ser, longe do jovem Fausto, uma paciente perfeitamente comum".[26]

No verão de 1943, Marguerite foi contratada como governanta e cozinheira por uma família franco-americana na aldeia de Blaise-Bas, em Côte-d'Or, onde permaneceu até a primavera de 1951. Tendo recuperado a liberdade, tornara-se uma "outra mulher" que não se parecia nem ao caso Aimée, nem à pensionista do Sainte-Anne ou de Ville-Évrard. Aqueles para quem trabalhava ignoravam seu passado, e jamais perceberam nela o menor sinal de loucura. Marguerite era para eles uma amiga, generosa, culta, esteta, inteligente, cheia de atenção para com os outros e animada de uma grande fé cristã.[27]

Em 1947, Didier Anzieu desposou Annie Péghaire. Após ter pensado em tornar-se ator, e depois escritor, ingressou na Escola Normal Superior e passou no vestibular de filosofia. A lembrança da mãe levou-o a interessar-se pela psicologia e, em 1949, empreendeu uma análise com Lacan, sem saber que Marguerite havia sido o caso Aimée. Foi a esposa que o fez reencontrar sua mãe. Psicóloga de formação, e depois analisada por Georges Favez, Annie tinha muita vontade de conhecer aquela cuja loucura era ocultada na família. Achava também que Marguerite, que vivia só, devia sofrer por não mais ter contato com o filho. O reencontro ocorreu facilmente: um dia, Annie viu uma mulher na entrada do prédio em que morava e achou que era Marguerite. Não se enganava. Ela tinha vindo ver o filho sem avisar. Em pouco tempo, foi reintegrada à família.[28]

Nessa época, Marguerite trabalhava em Boulogne como cozinheira na casa de Alfred Lacan, onde teve a oportunidade de rever seu antigo psiquiatra, ao qual reclamou mais uma vez a devolução de seus manuscritos e fotografias. Enquanto isso, a análise de Didier Anzieu prosseguia. Lacan não reconhecera no paciente o filho da ex-pensionista do Sainte-Anne. Anzieu soube a verdade pela mãe, durante uma conversa. Marguerite falou-lhe não apenas da tese que havia sido escrita sobre ela, e que não havia lido, mas também do que se passava na casa de Alfred Lacan, onde fora contratada por acaso. Ela observara que, para preencher o silêncio, Jacques fazia "palhaçadas" quando visitava o pai.

Tomando conhecimento da verdade, Didier Anzieu precipitou-se à biblioteca para ler a tese de 1932. Interrogado sobre o não-reconhecimento da identidade de seu paciente, Lacan confessou que reconstituíra a história durante o desenrolar da análise. Disse que ignorava o sobrenome de Aimée, que fora admitida no Sainte-Anne com o nome de solteira.

Sabemos hoje que Lacan não podia ignorar, em 1949, o sobrenome Anzieu: ele o recalcara e não quis admitir esse recalque perante o filho de Marguerite. Numa carta endereçada à autora, após a publicação da *História da psicanálise na França*, Didier Anzieu observará: "A idéia mais discutível, a meu ver, é sua superestima e seu embelezamento do papel do caso Aimée na evolução não apenas intelectual mas 'psicanalítica' de Lacan. Ela não foi seu Fliess nem seu Loewenstein. Era por certo uma mulher brilhante (demasiado brilhante para o meio provinciano a que pertencia), mas era também uma pobre mulher, que se debatia mal com a impressão de haver fracassado na vida. Enfim, a idéia é sua, ela lhe pertence; é sua interpretação de historiadora".[29] A Jean Allouch, ele escreverá: "Não conheço Aimée, conheci apenas Marguerite".[30]

Esse testemunho mostra bem que ninguém jamais saberá quem foi a verdadeira Marguerite. Inicialmente heroína da crônica policial, tornou-se a seguir um caso reconstruído por Lacan e celebrado por uma geração de jovens psiquiatras. Converteu-se enfim num mito cantado pelos surrealistas. Como a Blanche Wittmann de Charcot, como a Bertha Pappenheim de Breuer e Freud, e como a Madeleine Lebouc de Janet, deveu sua notoriedade não a seu talento ou à sua identidade, mas a um ato que a fizera cair na história da loucura. Quando a aventura do caso, do mito e da loucura acabou, Marguerite conheceu o destino anônimo dos pensionistas de hospício. Ela, que fora observada, pilhada, fabricada, travestida e mitificada em função das necessidades do discurso psiquiátrico, viu-se então obrigada a sobreviver e a reencontrar uma identidade. O retorno à vida normal foi ainda mais estranho pelo fato de o acaso tê-la colocado de novo em presença daquele que ela tanto detestava: Jacques Lacan.

Nascida em 1950, Christine Anzieu teve com a avó um relacionamento intenso e caloroso. Como seus pais, ela conhecia o passado e, longe de negar a existência da loucura de Marguerite, percebia-a em numerosas atitudes. Todavia, em nenhum momento teve a impressão de confrontar-se com uma paranóia tão organizada como a descrita por Lacan. Sentiu a perseguição, a paixão, a mística, o desejo de elevar-se, a violência, mas ficou impressionada sobretudo pela extraordinária capacidade de amor. Marguerite interessava-se por todas as formas do saber, da física à religião hindu, passando pela língua bretã. Queria aprender tudo, conhecer tudo, ler tudo. Com o vigário de sua paróquia, participava de numerosas obras de caridade. Tinha uma visão lúcida dos jogos de poder e de rivalidade próprios das famílias burguesas que ela freqüentara. Assim, julgava com muita severidade as relações de mesquinhez e de hipocrisia da família Lacan.

Guardava uma lembrança horrível de sua internação e censurava Lacan por nunca ter feito nada para tirá-la do hospício, para escutá-la verdadeiramente, para ajudá-la. A seu ver, Lacan havia roubado sua história para construir uma tese. Quando ele se tornou célebre, ficou despeitada e sentiu ressurgir dentro de si um forte sentimento de perseguição. Jamais o perdoou por não lhe ter restituído seus manuscritos.[31]

Após a morte de Lacan, pedi a Jacques-Alain Miller para procurar os textos de Marguerite Anzieu. Eu sabia a que ponto o filho desta desejava recuperá-los sem precisar reclamá-los. Jamais obtive resposta.

4. ENCONTRO FALTOSO COM MELANIE KLEIN

EM OUTUBRO DE 1942 ACONTECEU a deflagração das Grandes Controvérsias que iriam dilacerar por quatro anos, em plena guerra, a British Psychoanalytical Society. Glover pôs na ordem do dia a questão da avaliação das teses kleinianas, enquanto Jones retirava-se no campo durante todo o ano de 1943 para não ter de escolher entre os partidários de Melanie Klein e os de Anna Freud. Por sua vez, Michael Balint, instalado em Manchester, evitou igualmente colocar-se sob o fogo das polêmicas. As principais discussões envolveram em sua maioria mulheres: de um lado, porque cada campo tinha uma mulher como chefe de escola; de outro, porque a maior parte dos homens, mobilizados para organizar a famosa psiquiatria de guerra tão admirada por Lacan, esteve ausente das disputas.

As Grandes Controvérsias criaram uma situação inédita na história do movimento psicanalítico internacional. Pela primeira vez após a morte de Freud, produzia-se uma clivagem que não levou nem à cisão nem à dissidência, mas a um compromisso fundado na necessidade de uma coexistência pacífica. Os dois campos invocavam, com razão, a denominação freudiana, e nenhum deles contestava, enquanto tal, a doutrina do mestre fundador. Ao contrário, rivalizavam para apresentar-se cada qual como mais freudiano que o adversário. Melanie Klein pretendia-se inovadora e julgava rotineiras as posições da rival. Por seu lado, Anna Freud via o kleinismo como um desvio que devia ser eliminado da mesma forma que o junguismo e o adlerismo. A querela de legitimidade, aliás, era tanto mais persistente quanto Freud, em vida, não havia condenado oficialmente as teses kleinianas. Mantivera-se numa neutralidade aparente, embora em particular desse seu apoio à filha.

Em 1942, portanto, verificava-se uma situação bastante estranha: Anna Freud, herdeira legítima do pai fundador, era contestada por seu apego a teses acadêmicas. Diante dela, Melanie Klein, que não reivindicava nenhuma legitimidade de filiação, representava *de fato* um freudismo mais inovador que o da rival. Era portanto "mais freudiana" que Anna Freud, no sentido de que trazia um sopro teórico novo ao conjunto de uma doutrina que, sem ela, arriscava-se a ser o objeto de uma sacralização mortífera.

Na BPS, havia muito que os kleinianos tinham se tornado os verdadeiros representantes de uma "escola inglesa" da psicanálise. Eles sabiam muito bem, no entanto, que de maneira nenhuma podiam expulsar de sua sociedade a filha de Freud e seus partidários. Freud escolhera a Inglaterra como última terra de asilo, e Anna e os vienenses tinham sido acolhidos na BPS como refugiados políticos vítimas do nazismo. Nessas condições, toda cisão tornara-se impossível, e os dois clãs estavam condenados a assinar um pacto de não-agressão de longo prazo. Tendencialmente, os kleinianos recrutavam-se sobretudo entre os emigrados da primeira geração, húngaros ou berlinenses, enquanto os annafreudianos eram sobretudo vienenses em exílio forçado. Os primeiros haviam se integrado melhor à sociedade inglesa por terem deixado seus países de origem voluntariamente, enquanto os segundos tinham mais dificuldade para se adaptar. Durante muitos anos, e apesar da obtenção da nacionalidade inglesa, conservaram uma imensa nostalgia da cidade natal, que lhes parecia ainda ornada de todos os encantos daquele freudismo original tão marcado pela grande crise estética do final do século XIX.

Mas, entre os dois campos, formou-se durante as controvérsias um grupo independente no qual se encontravam principalmente ingleses "de cepa". Eles consideravam que as querelas opunham pessoas e não idéias, e que elas adquiriam um aspecto religioso distanciado de todo debate científico, e portanto nefasto ao conjunto da BPS. Já em 1940, James Strachey, um dos pioneiros da escola inglesa, denunciava o risco de uma bipartição da sociedade: "Meu ponto de vista pessoal é que devemos à sra. Klein algumas contribuições da mais alta importância à psicanálise, mas é absurdo afirmar: *a*) que elas esgotam o assunto, ou *b*) que a validade delas é axiomática. Por outro lado, penso que não é menos risível, da parte da srta. Freud, pretender que a psicanálise seja um terreno de caça reservado à família de Freud e que as idéias da sra. Klein sejam fatalmente subversivas. Essas atitudes de ambas as partes são, sem a menor dúvida, puramente religiosas e representam a antítese mesma da ciência".[1] Na mesma perspectiva, Winnicott acabará por denunciar com uma violência inusitada tanto a tirania de Melanie Klein quanto o despotismo de Anna Freud: "Considero", dirá ele em 1954, "que é de importância vital e absoluta para a sociedade que vocês duas destruam seus grupos no que eles têm de oficial. Ninguém mais a não ser vocês pode destruí-los, e vocês só poderão fazê-lo enquanto estiverem vivas. Se viessem a morrer, essas formações, com o reconhecimento oficial estatutário, se tornariam então absolutamente intocáveis e seria preciso uma geração ou mais até que a sociedade se recuperasse do desastre de ter se tornado uma estrutura rígida, baseada não na ciência, mas em personalidades".[2]

Quanto a Edward Glover e Melitta Schmideberg, que antes da guerra haviam desempenhado papel tão importante no desencadeamento das hostilidades, ambos deixaram a BPS para interessar-se por outras coisas. Melitta emigrou para os Estados Unidos, onde passou a ocupar-se de delinqüentes e toxicômanos, e Glover orientou-se para uma prática idêntica antes de tornar-se, em 1963, presidente do comitê científico do Instituto de Criminologia de Londres.

As controvérsias tiveram por objeto, a princípio, a avaliação das teses kleinianas, mas em pouco tempo, como assinala Winnicott, a questão da formação dos analistas passou ao centro dos debates. Para os annafreudianos, a análise tinha por objetivo desfazer o recalque e reduzir os mecanismos de defesa a fim de aumentar o controle do eu sobre o isso. A transferência só devia ser analisada depois de reduzidas as defesas. Essa técnica de formação didática ajustava-se assim a uma leitura da segunda tópica que era a da *ego psychology*, cujos principais artífices estavam ligados a Anna Freud. Esta, de fato, partilhava com Kris, Hartmann, Loewenstein e o conjunto dos vienenses uma visão adaptativa da psicanálise, que não era, no entanto, a do mestre fundador. Como a maior parte deles havia emigrado para os Estados Unidos, o annafreudismo tornou-se, no continente americano, uma corrente dominante no interior da IPA.

Para os kleinianos, ao contrário, a análise começava com o reconhecimento da primazia do vínculo transferencial e a necessidade de analisá-lo de saída, sem a preocupação de um controle qualquer do isso pelo eu. Essas teses baseavam-se numa leitura da segunda tópica inversa à dos annafreudianos, e próxima das posições que Lacan irá desenvolver. Conseqüentemente, o kleinismo não era portador de nenhuma teoria da adaptação, o que explica o fato de jamais ter conseguido implantar-se no continente americano. Dessa perspectiva, a análise era comparada a uma encenação em que o analista, longe de ser uma personagem real, desempenhava o papel de um representante dos objetos introjetados que haviam garantido a construção do supereu. Considerava-se que a situação de angústia do sujeito era reavivada pelo desenrolar da análise, e que devia ser reduzida pela consideração imediata do fenômeno transferencial.

A incompatibilidade entre essas duas leituras da doutrina freudiana era tamanha que foi preciso estabelecer de fato, na BPS, dois sistemas separados de formação didática. Mas como também era preciso preservar a unidade da sociedade, criaram-se vínculos internos entre os dois modos de formação antagônicos. Em junho de 1946, as Grandes Controvérsias chegaram ao fim com a instauração de uma divisão oficial da BPS em três grupos: no grupo A era difundido o ensino kleiniano e, no grupo B, o de Anna Freud; a essas duas facções juntava-se um grupo de independentes. Os principais comitês da sociedade, e sobretudo o comitê de formação, eram obrigatoriamente compostos de representantes dos três grupos. Tal compromisso evitou a cisão, mas teve por conseqüência esterilizar o funcionamento geral da BPS. Daí a denúncia feita por Winnicott em 1954.

* * *

Em seu texto sobre a família, Lacan já havia percebido o paralelismo existente entre seu próprio procedimento e as teses kleinianas. Mas foi após a guerra que surgiu a ocasião de um encontro entre ele e Melanie Klein.

Em 1947, Henri Ey decidiu criar uma associação internacional encarregada de organizar congressos mundiais de psiquiatria. Uma primeira reunião teve lugar sob a presidência de Jean Lhermitte, Laignel-Lavastine, Jean Delay e Pierre Janet. Vinte e cinco sociedades aceitaram o projeto.[3] Para o primeiro congresso, que haveria de realizar-se em Paris no outono de 1950, Henri Ey conseguiu reunir os representantes de uma dezena de países e de cerca de quarenta sociedades: mais de 1500 participantes, entre os quais os grandes nomes do movimento psicanalítico francês, da primeira à terceira geração. Para representar o neofreudismo à americana, ele pedira a Franz Alexander, presidente da American Psychiatric Association, que abrisse os debates. Este propusera então convidar Anna Freud, que aceitou comparecer. Mas como Ey também fazia questão da presença de Melanie Klein, pediu a Juliette Favez-Boutonier que escrevesse a ela. Na resposta enviada pelo correio, ela recusou, descontente com a presença de Anna. Foi então que Lacan interveio para ajudar o velho camarada. Entrou em contato com Melanie Klein e pediu-lhe que usasse sua influência para obter um voto dos londrinos em favor do tema sobre os "progressos da psicanálise". Explicou que ele próprio estava se empenhando em fazer passar esse tema, mas que encontrava uma forte oposição da parte dos "reacionários" da SPP. Apresentava-se a ela como o membro mais progressista da sociedade e lançava um ataque bem orientado contra Anna Freud, julgada demasiado conservadora para representar no congresso o domínio da psicanálise de crianças.[4] Obteve ganho de causa e mandou a Ey uma carta promissora: "Enviar-te-ei Melanie Klein dentro de dez dias a Bonneval", escrevia.[5]

Em maio de 1948, numa exposição acerca da agressividade

apresentada no XI Congresso dos psicanalistas de língua francesa, em Bruxelas, ele havia retomado todos os temas enunciados em seus textos precedentes, integrando a eles um certo número de teses kleinianas. Propusera uma leitura da segunda tópica que consistia em estabelecer uma distinção entre o *eu*, lugar imaginário de todas as resistências, e o *je*, indicação de uma posição de realidade do sujeito. Tomando emprestada de Melanie Klein a idéia de *posição paranóide*, fazia do eu uma instância de desconhecimento organizada numa estrutura paranóica. Se tal estrutura existe, ela deve ser levada em conta pela experiência da análise. Donde a idéia de que a técnica analítica serve para pôr em cena a transferência negativa ao induzir, contra o desconhecimento do eu, uma *paranóia dirigida*. Desse modo, Lacan concordava com Melanie Klein quanto à necessidade, na formação analítica, de conceder um lugar primordial à transferência e de não fazer do eu o lugar de uma apropriação do isso. Mas conservava uma orientação que lhe era própria sobre a questão da separação entre o *je* e o *eu*, e sobre a questão da paranóia dirigida.[6]

No congresso da IPA realizado em Zurique no verão de 1949, Lacan voltou à mesma temática numa exposição intitulada "O estádio do espelho como formador da função do *je*". Havia escolhido esse tema para desforrar-se do congresso de Marienbad, no qual não pudera se exprimir à vontade. Entretanto, as teses enunciadas em 1949 não eram mais as de 1936, e Lacan colocava doravante a psicanálise sob o signo de uma filosofia não freudiana do sujeito — o *je* diferenciado do *eu* — que devia opor-se *radicalmente* a toda filosofia oriunda do *cogito*.[7] Com essa profissão de fé, ele não buscava criticar Descartes, mas atacar a *ego psychology* e os annafreudianos, ou seja, a afirmação da primazia do eu sobre o isso. Mas isso não impedia Lacan de homenagear Anna Freud por sua descrição dos mecanismos de defesa. A seu ver, esta permanecia rigorosa com a condição de se fazer do eu o lugar do sistema de defesa.

Esse XVI Congresso da IPA foi um verdadeiro acontecimento. Pela primeira vez, os americanos dominavam a assembléia na qual os europeus avançavam em ordem dispersa. A nação mais "vergonhosa" e a mais humilhada era a Alemanha, representada pelos que haviam colaborado com o regime nazista. Diante dela, a França aparecia como um país vencedor mas incompreendido: os anglo-americanos não a conheciam de fato senão por intermédio de Marie Bonaparte, única encarnação da autêntica legitimidade freudiana. Quanto à Suíça, país anfitrião, estava brilhantemente representada por Oskar Pfister, Henri Flournoy e Philipp Sarasin. Os americanos, adeptos de um neofreudismo adaptativo, eram quase todos de origem européia, o que não os impedia de aparecer aos olhos dos europeus não emigrados como os vitoriosos de um deslocamento maciço da história do freudismo para o oeste. O triunfo deles foi total, e o psiquiatra Leo Bartemeier foi eleito presidente da IPA, sucedendo a Jones, que ocupava a função desde 1932. Para Melanie Klein, cujas teses eram majoritárias no seio da BPS, essa dominação norte-americana tinha o aspecto de uma vitória do annafreudismo. Ela a viu, portanto, como um desastre. Mas os kleinianos podiam contar com uma nova força, presente no congresso: a dos latino-americanos em processo de formação em Londres.

Em Zurique, os franceses eram representados pelos legitimistas da primeira geração — Bonaparte e Leuba — e pela segunda geração, da qual faziam parte Lagache, Nacht e Lacan. Nenhum deles pertencia a uma corrente presente na IPA, mas, em relação à França, cada um representava uma tendência precisa. Nacht encarnava o ideal médico e autoritário dos conservadores da SPP; Lagache, o liberalismo universitário fundado na fusão da psicologia com a psicanálise; e Lacan, um movimento de renovação comparável ao de Melanie Klein, ainda que não percebido como tal. Naquele ano, ele começava a reunir a seu redor os elementos mais brilhantes da terceira geração psicanalítica francesa, entre os quais os mosqueteiros da futura tróica: Serge Leclaire, Wladimir Granoff, François Perrier.[8]

Anna Freud não gostava de Lacan, e a amizade dela com Marie Bonaparte só podia encorajá-la a rejeitar o conjunto de uma doutrina já considerada "paranóica" e demasiado obscura para ser integrada ao *corpus* do freudismo legitimista. Por seu lado, Melanie Klein não se interessava de maneira nenhuma pelos enunciados lacanianos, muito difíceis de decifrar, intraduzíveis e pouco úteis para ela. Em compensação, estava muito atenta ao apoio político que Lacan podia dar-lhe na França, e sabia da estima que a jovem geração votava a ele. Assim, ficou encantada ao vê-lo em Zurique. Por sua vez, Lacan continuava decidido a obter o apoio de Melanie para fazer avançar a idéia dos "progressos da psicanálise". Assim propôs a ela traduzir do alemão, ele próprio, o ensaio *A psicanálise das crianças*, publicado simultaneamente em Viena e Londres, em 1932.

Mas, de volta a Paris, confiou a René Diatkine, em análise com ele, a tarefa de traduzir o texto. Algum tempo depois, este último terminou a tradução da primeira metade da obra e entregou-a a Lacan, esquecendo-se de conservar uma cópia. Nesse meio-tempo, Françoise Girard, que acompanhava o ensino de Lacan, oferecera igualmente a Melanie Klein traduzir o mesmo livro do inglês. Ela recusara sem dizer à sua interlocutora que Lacan já estava encarregado. Em troca, propôs a ela a tradução dos *Ensaios de psicanálise*, publicados em 1948. Em março de 1951, Françoise Girard casou-se com Jean-Baptiste Boulanger, um psiquiatra de Montreal que fora à França para sua formação didática. Ele defendia com entusiasmo as teses kleinianas. Em agosto, no congresso de Amsterdã, Melanie soube pela boca de Diatkine que a metade da tradução estava pronta, mas que o autor não era Lacan. No outono, num grupo de supervisão, Lacan interpelou Françoise Boulanger e perguntou a ela se seu marido falava inglês. A resposta foi afirmativa, e ele propôs que os dois traduzissem do inglês a segunda metade da *Psicanálise das crianças*, não sem lhes dizer que já havia redigido a primeira...

Françoise e Jean-Baptiste Boulanger lançaram-se de imediato ao trabalho e, em dezembro, pediram a Lacan a outra metade do texto para comparar as traduções e unificar a conceitualidade kleiniana em língua francesa. Este procedeu então a buscas em seus dois apartamentos da rua de Lille, e depois na Prévôté, sem conseguir achar o manuscrito. No final do mês, Françoise marcou um encontro com Melanie Klein e, em 27 de janeiro, jantou na casa dela em Londres com o marido. Os dois contaram a Melanie essa surpreendente história, tão característica da maneira de agir de Lacan: "[Ele] não *revelou* nem admitiu jamais oficialmente", sublinha Jean-Baptiste Boulanger, "que perdera a tradução feita a partir do alemão por Diatkine...".

Foi assim que Lacan perdeu toda credibilidade junto a Melanie Klein e seus adeptos. Esta se aproximou então de Lagache, a quem apoiou nas negociações entabuladas com a IPA a partir de 1953 para a reintegração da Sociedade Francesa de Psicanálise (SFP). A obra de Melanie Klein foi publicada pelas edições PUF em 1959, na coleção dirigida por Lagache. Encantada, ela escreveu-lhe numerosas cartas e agradeceu a Jean-Baptiste Boulanger nestes termos: "Ah, se eu pudesse ter-lhe confiado essa obra anos atrás, quando a sra. Boulanger me propôs traduzi-la, depois do congresso de Zurique! Para você, teria sido um arranjo bem melhor e, da minha parte, quantas preocupações e aborrecimentos teria evitado! Mas, como sabe, eu não podia tirá-la das mãos de Lacan".[9]

VI
ELEMENTOS DE UM SISTEMA DE PENSAMENTO

1. TEORIA DA ANÁLISE, ESTRUTURAS DO PARENTESCO

NO DIA 16 DE JUNHO DE 1953, Daniel Lagache, Juliette Favez-Boutonier, Françoise Dolto e Blanche Reverchon-Jouve demitiram-se da SPP após um conflito de um ano.[1] Num primeiro momento, os mestres da sociedade haviam se defrontado a propósito da criação de um novo instituto de psicanálise destinado a estabelecer os princípios de uma regulamentação da formação didática adaptados aos padrões da IPA. Num segundo momento, os alunos entraram na batalha após uma carta enviada por Jenny Roudinesco a Sacha Nacht, seu analista, e a Jacques Lacan, seu supervisor.[2] Sucedendo à discórdia dos mestres, essa revolta desencadeara, a partir de 15 de março de 1953, um processo de ruptura que ia culminar numa cisão. Assim, era a vez de a França freudiana ser atravessada por uma tempestade idêntica à que os ingleses haviam conhecido durante as Grandes Controvérsias.

Entretanto, a situação da SPP não se assemelhava à da BPS. Na Grã-Bretanha, o combate opunha claramente duas doutrinas, e a intervenção de uma terceira tendência tivera como efeito obrigar os adversários a assinar um pacto de coexistência pacífica. Nada disso aconteceu na França. As correntes em disputa, a de Nacht, de um lado, e a de Lagache, do outro, não eram representativas, como o kleinismo e o annafreudismo, de duas leituras contraditórias da doutrina freudiana. O conflito incidia sobre a questão da formação dos analistas, e punha em cena um autoritarismo médico e um liberalismo universitário. Somente Lacan era portador de uma reelaboração comparável ao kleinismo, mas, entre 1949 e 1953, ele ainda não ocupava na SPP uma posição análoga à de Melanie Klein no momento das Grandes Controvérsias. Não sendo favorável à cisão, fez tudo o que estava a seu alcance para evitá-la. Considerava catastrófica a rejeição, pelos liberais, do modelo médico em proveito da psicologia, e desastrosa a adesão dos conservadores a um ensino médico esclerosado.

Anglófilo e sobretudo hostil às revoluções, ele sempre tendeu a preferir uma boa reforma a uma insurreição. Mas, se o homem Lacan era por temperamento mais tocquevilliano, ele via-se a todo momento contradito por sua própria figura e pelo conteúdo de seu ensino. Por mais que se quisesse o avalista das instituições de longa duração, suscitava por sua fala, por sua imagem e por seu comportamento um entusiasmo de tipo jacobino. Assim, para a juventude psicanalítica francesa dos anos 1950, ele era o porta-voz de uma sólida aspiração revolucionária. Aliás, foi acusado pelos conservadores, Nacht e Marie Bonaparte à frente, de usar sua influência para semear a rebelião nas fileiras dos alunos. Em 16 de junho de 1953, Lacan não tinha outra escolha senão demitir-se da SPP e juntar-se a Lagache e seus amigos que acabavam de fundar a Sociedade Francesa de Psicanálise (SFP). Como eles, não percebeu que ao deixar o antigo grupo perdia a qualidade de membro da IPA.

Durante toda a duração do conflito, ele também foi contestado por seus pares, não por causa de seu ensino, mas por causa de sua prática da análise.

Havia algum tempo, com efeito, tornava-se evidente que Lacan não se curvava às regras técnicas em vigor na IPA desde os anos 1920-30. Segundo essas regras, as análises deviam durar pelo menos quatro anos, com quatro ou cinco sessões semanais de pelo menos cinquenta minutos. Em princípio, elas se aplicavam tanto à análise de formação quanto à terapêutica, mas a exigência de submissão era feita unicamente para as análises didáticas. Considerava-se que, para a análise dita terapêutica, o clínico era livre para estabelecer no contrato com o paciente o número de sessões nas quais este último quisesse empregar seu tempo e dinheiro. A regra da duração obrigatória tinha por objetivo limitar a onipotência imaginária do didata. Ele não devia manipular o tempo reservado ao paciente por mudanças intempestivas, e este tinha o direito de reclamar um tempo de fala cuja duração era fixada previamente, mesmo se, nesse tempo que lhe pertencia, escolhesse permanecer silencioso. As regras padronizadas eram acatadas por todos os membros de todas as sociedades filiadas à IPA, a tal ponto, aliás, que o império fundado por Freud deveu sua unidade, nos anos 1940, apenas à existência dessa codificação que funcionava como lei comum. Se as divergências doutrinais sobre a maneira de conduzir as análises eram toleradas, as transgressões às regras da duração sempre se arriscavam a ser punidas pela exclusão.

Ora, Lacan não se submetia à regra da duração fixa das sessões. Sem praticar ainda o que mais tarde se chamará a *sessão curta*, empregava uma técnica de sessão com duração variável, que consistia em suspendê-la arbitrariamente. Ele invertia a significação das regras padronizadas ao tomar a liberdade de conduzir a análise não segundo o respeito a um direito do paciente de usufruir livremente o tempo de fala, mas segundo a onipotência do analista, situado em posição de intérprete na relação transferencial.

Essa recusa de obedecer à regra comum era considerada nefasta pelo conjunto dos titulares da SPP. A instauração *de fato* da sessão com duração variável permitia a Lacan, com efeito, aceitar *todas* as demandas de análise, ao passo que os colegas, respeitando as regras, condenavam-se a ter no divã duas ou três vezes menos alunos que ele, o que reduzia consideravelmente a influência deles no interior da sociedade. Como Lacan era superior a todos os homens de sua geração, tanto pelo gênio teórico e clínico quanto pelo efeito de sedução que emanava de sua pessoa, atraía para si os futuros didatas mais brilhantes da jovem geração (a terceira):[3] todos seguiam seu ensino e a maioria deles escolhia seu divã.

Por temperamento, ele era incapaz de limitar os próprios desejos, e a análise com Loewenstein em nada contribuíra para mudar as coisas. Vivera a interminável duração dessa análise como um entrave a suas ambições e aborrecera-se ao extremo com as sessões de duração fixa, consciente da esmagadora superioridade

276

de sua inteligência sobre a daquele funcionário da análise didática, incapaz de compreender que seu paciente não era analisável segundo os critérios padronizados. Lacan sabia-se prometido a um destino superior e fora por muito tempo desconhecido e rejeitado. E eis que, no momento em que se aproximava a glória, em que enfim chegava o reconhecimento tão esperado, notáveis pretendiam impor-lhe uma regra de notáveis, invocando um funcionamento burocrático muito distante da gloriosa epopéia vienense, da qual ele doravante se queria o grande renovador!

Por três vezes ele se exprimiu sobre a duração variável diante dos titulares da SPP: primeiro em dezembro de 1951, depois em junho de 1952 e, por fim, em fevereiro de 1953.[4] Jamais publicou essas três conferências, que ainda hoje continuam inéditas. Mas, com base em testemunhos, ele justificava as liberdades tomadas em relação às regras afirmando que a redução da duração das sessões, bem como o ritmo menos freqüente, tinha um efeito de frustração e de ruptura cuja ação era benéfica para o paciente. Tratava-se de dialetizar a relação transferencial interrompendo a sessão em certas palavras significantes, a fim de provocar de novo a eclosão do desejo inconsciente.

Após haver tentado teorizar essa técnica da mobilidade e questionado o ritual esclerosado das sessões cronometradas, Lacan foi obrigado a mudar de estratégia e encobrir a realidade de sua prática. Desde sua criação, com efeito, a SFP viu-se numa situação difícil por ter se desligado da IPA. Como seus membros em nenhum momento pensaram em romper com a legitimidade freudiana, logo entabularam negociações para uma rápida reintegração. Mas, para obtê-la, era preciso mais uma vez provar que todos os didatas da SFP obedeciam às regras-padrão da duração das sessões. Ora, todos sabiam que Lacan não se submetia a elas. Assim ele perturbava, com sua prática, todo o procedimento de reintegração, uma vez que esta supunha a avaliação, por uma comissão de inquérito, da normalidade do funcionamento da formação.

Em julho de 1953, Lacan tinha já em seu divã um terço dos alunos da SFP, ou seja, cerca de quinze pessoas. À razão de quatro sessões semanais de cinqüenta minutos cada, essas quinze análises didáticas deveriam representar, em tempo real, o equivalente a cinqüenta horas de trabalho por semana. A isso somavam-se as supervisões e a clientela particular, ou seja, pelo menos vinte horas de trabalho suplementares. Essa quantidade exorbitante — setenta horas de trabalho semanal — não correspondia por definição a nenhuma realidade: era evidente, pois, que Lacan ganhava tempo diminuindo a duração das sessões. Estas não excediam vinte minutos em média, o que significa que as sessões duravam entre dez e trinta minutos. Em tais condições, a prática de Lacan punha obstáculo, de antemão, a toda possibilidade de filiação da SFP à IPA.[5] E como Lacan era o primeiro a querer a reintegração ao legitimismo freudiano, ele não podia mais, a partir de julho de 1953, sustentar a legitimidade da sessão de duração variável. Por isso não publicou jamais as famosas conferências feitas na SPP sobre esse tema tornado tabu. No interior da SFP, continuou a praticar as sessões de duração variável, embora afirmasse publicamente que havia "normalizado" sua prática.

Já em 6 de agosto de 1953, numa longa carta a Michael Balint, ele explicava que, após ter feito a experiência da duração variável, abandonara essa técnica para conformar-se às regras. Dizia o quanto os "adversários" queriam prejudicá-lo insinuando que ele fazia "sessões curtas" e "análises abreviadas". Contra essas pretensas acusações, afirmava que as análises dele duravam de três a quatro anos e que a freqüência das sessões era a praticada em toda parte, em todo caso na SFP. Lembrava que havia pronunciado conferências na SPP sobre a duração variável, mas que, desde janeiro de 1953, deixara de lado essa prática. Depois, falava da importância que atribuía à sua conferência sobre a fala e a linguagem, prevista para 26 de setembro, e convidava Balint para ir a Roma escutá-lo. Enfim, pedia a este que fizesse uma busca para ele: queria conseguir uma edição inglesa dos *Estudos sobre a histeria*, "com o caso Anna O. por Breuer apenas", bem como de *Inibição, sintoma e angústia*. Para isso, juntava à carta um cheque que lhe fora entregue por um amigo inglês e no qual, no lugar do portador, inscrevera o nome de Balint. Esse detalhe é interessante, pois revela um traço característico do comportamento de Lacan em relação ao dinheiro: o hábito de pagar o que deve com cheques, em geral entregues por clientes, mas com o nome do portador em branco, a fim de que pudessem ser descontados por outros que não ele.[6]

Foi na casa dos Masson, em Tholonet, logo após o casamento com Sylvia, que Lacan começou a redigir as 150 páginas do "Discurso de Roma".[7] Terminou esse trabalho "às pressas", no final de agosto. Consciente da importância de seu ensino e desejoso de ocupar o primeiro lugar na nova sociedade fundada por Lagache, pôs-se a buscar apoio lá onde pensava poder encontrá-lo: junto à instituição psiquiátrica, ao Partido Comunista e à Igreja Católica. No início de setembro, entregou a Lucien Bonnafé uma cópia de seu relatório sem pedir-lhe o menor comentário. Este logo compreendeu a mensagem: "Com esse gesto, Lacan queria chamar a atenção da direção do Partido para a doutrina dele".[8] Com relação à Igreja, sua atitude foi bem mais clara. Na Páscoa de 1953, em pleno conflito interno da SPP, enviou ao irmão uma carta na qual reivindicava nas entrelinhas, e não sem equívoco, a filiação de sua doutrina à tradição cristã. Sublinhava que, na segunda metade do século, tudo dependia da maneira como os homens cuidariam de si mesmos, no domínio leigo e quem sabe além dele. Acrescentava também que a psicologia ocupava uma posição "proeminente" da qual seus defensores só pensavam em descer para concorrer a um grande e geral rebaixamento. Ele era praticamente o único, dizia por fim, a ensinar uma doutrina que permitia ao menos conservar, para o conjunto do movimento, seu enraizamento na grande tradição, para a qual o homem não poderia ser reduzido a um objeto.[9]

Em realidade, Lacan não renunciava ao ateísmo. Mas sabia que sua maneira de ler Freud à luz da filosofia, e numa ótica não biológica, podia seduzir um bom número de católicos que não aceitavam o "materialismo" freudiano. Lendo Lacan, eles tinham a impressão de reencontrar-se num terreno conhecido: o da valorização cristã da pessoa humana.[10] Além disso, a SFP era mais acolhedora que a SPP às aspirações de padres e cristãos desejosos de tornar-se analistas. Com muita freqüência, estes não haviam estudado medicina e portanto sentiam-se mais à vontade na nova sociedade de Lagache, dominada por um espírito universitário, do que na de Nacht. Lacan sabia disso, e eis por que quis transmitir ao irmão as boas intenções cristãs de seu ensino. Mas fez ainda mais. Em setembro, às vésperas de viajar a Roma, escreveu-lhe de novo. Anunciou o casamento com Sylvia e tornou a repetir a importância que atribuía à religião. Depois entrou direto no assunto: fazia questão absoluta de obter uma audiência com o papa, a fim de falar com ele sobre o futuro da psicanálise na Igreja. Assim, pedia a intervenção de Marc-François junto às autoridades competentes. A carta era redigida com toda a ênfase necessária. Lacan sublinhava que o nó de seu ensino estava em Roma, onde seria mostrada a importância, para o sujeito, da fala e da linguagem. Era nessa cidade sagrada que ele se propunha "prestar sua homenagem ao *pai comum*".[11]

Marc-François sensibilizou-se muito com essa declaração e, embora não conhecesse ninguém a quem transmitir o pedido no séquito de Pio XII, pensou sinceramente que o irmão se reconvertera ao ensinamento cristão. A seu ver, Jacques estava sempre em pecado pela vida que levava, mas agora era salvo pela própria doutrina, na qual se afirmava, enfim, um grande retorno aos valores da espiritualidade católica. A reunião de cúpula acabou não saindo. Por mais que Lacan insistisse por intermédio da embaixada da França, foi obrigado a renunciar ao projeto. Pio XII não lhe concedeu a entrevista desejada. Apesar disso, foi a Castel Gandolfo para assistir a uma audiência pública, em companhia de Serge Leclaire e Maryse Choisy.[12]

No outono de 1953, ele se achava numa situação bastante estranha. Na vida profissional, encobria sua prática das sessões de duração variável e fingia respeitar a norma; na vida privada, dissimulava aos filhos do primeiro casamento a existência do segundo casamento e da nova família; e em suas orientações ideológicas, fazia crer ao irmão que se tornara de novo cristão, ao mesmo tempo que tentava estabelecer um vínculo com a direção do Partido Comunista. E foi no centro desse imbróglio que Lacan começou a elaborar um sistema de pensamento que estava em contradição radical com sua maneira de viver. Nesse sistema, com efeito, ele concedia um privilégio absoluto à elucidação da relação do sujeito com a verdade.

Sabemos já que Lacan teve ocasião, por meio da leitura das obras de Delacroix, de descobrir a importância do *Curso de lingüística geral* de Ferdinand de Saussure. Mais tarde, em contato com Pichon, continuou a iniciar-se nas descobertas genebrinas. Mas sua apreensão real do sistema saussuriano, isto é, dos princípios da lingüística estrutural, data do encontro com a obra de Claude Lévi-Strauss. Para Lacan, e para toda uma geração filosófica que haveria de projetar-se por volta dos anos 1950, a publicação em 1949 das *Estruturas elementares do parentesco*[13] foi um acontecimento maior.

Freud considerava que o complexo de Édipo estava inscrito no âmago da personalidade humana e que sua estrutura triangular verificava-se nas mais diversas culturas. Em sua forma positiva, tinha a ver com o desejo de morte em relação ao rival do mesmo sexo e com o desejo sexual pela pessoa do sexo oposto; em sua forma negativa, com o amor pelo progenitor do mesmo sexo e com o ciúme em relação ao progenitor do sexo oposto. Nessa perspectiva, a estrutura triangular do complexo obtinha eficácia da proibição do incesto. Dito de outro modo, essa proibição era, para Freud, a condição de toda cultura: o incesto era um fato anti-social ao qual a humanidade tivera de renunciar para poder existir.

Querendo dar a essa tese uma melhor consistência, Freud apoiou-se, em *Totem e tabu*, publicado em 1912, na fábula darwiniana da horda primitiva e nos trabalhos de James G. Frazer e de Robertson Smith relativos ao totemismo. Mostrou que a origem da cultura estava fundada num ato de parricídio: na tribo mítica, o pai ciumento e violento havia sido morto e comido pelos filhos durante um repasto totêmico. Arrependidos, estes se recusaram então a ter relações sexuais com as mulheres liberadas e apressaram-se a editar leis que proibiam o incesto. Assim nasceu o primeiro princípio de uma organização social transmitida a seguir de geração em geração.

Como essa história de banquete totêmico tinha o aspecto de uma extrapolação fantasística, ela foi contestada, no começo dos anos 1920, pelos antropólogos anglo-saxões, que, não obstante, haviam se mostrado favoráveis à maior parte das teses freudianas sobre o sonho e o simbolismo. Desconcertados pela fraqueza de uma argumentação que repousava sobre a idéia de uma origem única de toda cultura e implicava que esta fosse idêntica para todas as sociedades, eles censuraram Freud por permanecer tributário de um evolucionismo já ultrapassado pela antropologia.

E, de fato, ao apoiar-se em Frazer, que construíra suas hipóteses a partir de um método dedutivo que excluía qualquer contato com o trabalho de campo, Freud cometia uma dupla falta. Não apenas contradizia sua própria trajetória, fundada na observação direta, mas também entregava-se a especulações puras, pois, como Frazer, jamais pesquisara *in loco* as sociedades ditas "primitivas" cujo funcionamento pretendia explicar a partir dos dados da psicanálise.[14]

Bronislaw Malinowski foi o primeiro a lançar uma polêmica que conduziu à elaboração, em antropologia, de uma doutrina funcionalista, e depois culturalista. Nascido em Cracóvia em 1884, marcado pelo ensino de Ernst Mach, de Wilhelm Wundt e de Émile Durkheim, Malinowski foi levado à teoria freudiana por Seligman e Rivers, que haviam aceito, os dois, as novas hipóteses nascidas da descoberta do inconsciente. Antes, no outono de 1917, ele saíra a campo para partilhar a vida com os habitantes das ilhas Trobriand, no Pacífico Sul: verdadeiro itinerário conradiano. Sozinho "no coração das trevas", observou a si mesmo, tanto nos desejos eróticos que sentia pelas mulheres indígenas quanto na sensação de ter de enfrentar forças instintivas comuns a todos os homens.[15] Nesse contexto, persuadiu-se da futilidade das hipóteses de Lucien Lévy-Bruhl sobre a mentalidade primitiva e renunciou ao postulado de uma consciência coletiva em favor de um novo humanismo, fundado na análise do homem vivo.

Quatro anos após deixar as ilhas, Malinowski resolveu revisar a doutrina freudiana. Havia notado que, entre os trobriandeses, a existência de uma estrutura social de tipo matrilinear conduzia ao não-reconhecimento do papel do pai na procriação: o filho era concebido pela mãe e pelo espírito do antepassado, enquanto o lugar ocupado pelo pai permanecia vazio. Em conseqüência, a figura da lei era encarnada pelo tio materno em relação ao qual concentrava-se a rivalidade da criança. A proibição do incesto tinha por objeto a irmã e não a mãe. Malinowski não negava a existência de um "complexo nuclear", mas afirmava a variabilidade deste em função da constituição familiar própria às diferentes formas de sociedade.

Com isso ele tornava caducas as duas hipóteses freudianas do Édipo universal e do parricídio original. A primeira só se aplicava a sociedades de tipo patrilinear, e a segunda não explicava a diversidade das culturas. De fato, nenhuma transição original da natureza à cultura é capaz de explicar tal diversidade.

A reação não se fez esperar. Embora Malinowski houvesse tido o cuidado de conservar, revisando-a, a conceitualidade vienense, foi condenado sem apelação pelo principal representante do legitimismo freudiano: Ernest Jones. Em 1924, este objetou que a ignorância da paternidade entre os trobriandeses não era senão uma renegação tendenciosa da procriação paterna. Em conseqüência, o Édipo era de fato universal, já que o sistema matrilinear, com seu complexo avuncular, exprimia pela negativa uma tendência edipiana primordial recalcada.

As afirmações de Jones não tornavam mais críveis as posições de Freud. O discípulo do mestre não era antropólogo e jamais havia pesquisado em campo. Quanto a suas interpretações, eram pouco convincentes, já que se limitavam a uma inversão abstrata das hipóteses de Malinowski.

A polêmica foi reaberta em 1928, quando Geza Roheim decidiu pôr à prova as teses de Malinowski. Numa expedição em parte financiada por Marie Bonaparte, ele foi à ilha de Normanby, na Nova Guiné, cujos habitantes apresentavam, por sua organização social, caracteres idênticos aos dos trobriandeses.

Ficou lá por uns dez meses e chegou a conclusões radicalmente contrárias às de Malinowski. Não apenas descobriu a importância de um erotismo anal que este não quisera ver, como também mostrou que um "homem que ama a irmã e mantém com o tio uma relação de rivalidade" assemelha-se muito ao homem edipiano das sociedades patrilineares. Conseqüentemente, a existência do complexo e a universalidade deste não apresentavam a menor dúvida para ele.[16]

O debate sobre a antropologia chegava assim a um impasse. Os freudianos legitimistas mantinham a idéia de um Édipo universal, fazendo crer que a proibição do incesto nascera de um sentimento de horror comum à humanidade inteira, enquanto os culturalistas afirmavam a diversidade, sem achar que a proibição do incesto decorresse de um princípio universalmente reconhecido, ainda que de forma denegatória.

Uma vez mais, as discussões desenrolaram-se entre Viena e Londres, para em seguida espalharem-se no terreno da antropologia americana. Na França, nada de semelhante aconteceu. No movimento psicanalítico parisiense, apenas Marie Bonaparte apaixonou-se, a título pessoal, por tais problemas. Aliás, ela deu apoio financeiro ao mesmo tempo a Malinowski e a Roheim. Quanto aos etnólogos, não entraram em debate com o freudismo.

Antes de 1950, o domínio do estudo das sociedades ditas primitivas era dividido em três tendências. Uma primeira corrente ligava-se à antiga antropologia física, herdada de Broca; uma segunda era representada pelos trabalhos de Marcel Mauss, em que o social era assimilado a uma simbólica; uma terceira definia-se como anticolonial e sensível ao renascimento do sagrado — nessa corrente encontravam-se Bataille, Leiris, Caillois e Rivet. É nesse contexto que Claude Lévi-Strauss haveria de tornar-se, na França do pós-guerra, o verdadeiro fundador da disciplina antropológica no sentido moderno do termo.[17]

Lévi-Strauss começou, em 1949, por lançar sobre a questão da proibição do incesto uma nova luz. Em vez de buscar a gênese da cultura numa hipotética renúncia dos homens à prática do incesto, ou, ao contrário, opor a essa gênese o florilégio da diversidade das culturas, contornou essa bipolarização para mostrar que a proibição efetuava a passagem da natureza à cultura:

[Ela] não é nem puramente de origem cultural, nem puramente de origem natural, escrevia; e tampouco é uma dosagem de elementos compósitos tomados em parte da natureza e em parte da cultura. Ela constitui o procedimento fundamental graças ao qual, pelo qual, mas sobretudo no qual, efetua-se a passagem da natureza à cultura. Nesse sentido, ela pertence à natureza, pois é uma condição geral da cultura, e por conseguinte não devemos surpreender-nos de vê-la tomar da natureza seu caráter formal, isto é, a universalidade. Mas, num certo sentido também, ela já é cultura, agindo e impondo sua regra no seio de fenômenos que a princípio não dependem dela.[18]

Essa nova expressão da dualidade natureza/cultura conduzia a uma reavaliação do estudo das sociedades. Aliás, para marcar bem a novidade desse procedimento, Lévi-Strauss retomava por conta própria o velho termo *antropologia*, caído em desuso na França, dotando-o de um conteúdo social e cultural, como haviam feito antes dele os pesquisadores anglo-saxões. Nele integrou a *etnografia*, definida como a primeira etapa de um trabalho de campo, e a *etnologia*, designada como a primeira etapa de uma reflexão sintética. Quanto à *antropologia*, atribuiu-lhe um papel centralizador: ela devia tomar como ponto de partida as análises produzidas pelos dois outros domínios, a fim de tirar deles conclusões teóricas válidas para o conjunto das sociedades humanas. À universalização da proibição do incesto correspondia um sistema de trocas matrimoniais regulado por uma organização estrutural que escapava à consciência individual. Nas estruturas elementares, há prescrição estrita com determinação obrigatória do cônjuge: só podem repetir-se alianças análogas àquelas formadas anteriormente pelos ascendentes. Nas estruturas complexas — as das sociedades ocidentais atuais —, a prescrição é mais ampla: há livre escolha dentro do limite indicado pela proibição.

Para pensar a universalização da proibição do incesto, era preciso ao mesmo tempo juntar a ela um sistema de parentesco coerente e estender a visão posta sobre ela pela ciência. Daí a reatualização, por Lévi-Strauss, do termo *antropologia* como modelo de uma compreensão sintética das instituições humanas.[19]

Jacques Lacan conheceu Claude Lévi-Strauss em 1949, por ocasião de um jantar organizado por Alexandre Koyré. Naquela noite permaneceu silencioso, embora acompanhasse as conversas com extraordinária atenção.[20] Rapidamente, entre os dois homens estabeleceram-se laços de amizade que tiveram por emulação o gosto pronunciado de ambos pelas obras de arte. Quando Lévi-Strauss separou-se de sua segunda mulher e precisou de dinheiro, vendeu sua coleção de objetos indígenas. Lacan comprou-lhe a metade. Como sublinhou Lévi-Strauss:

> Fomos muito amigos durante alguns anos. Íamos com os Merleau-Ponty almoçar em Guitrancourt, onde ele tinha uma casa. Quando quisemos, minha mulher e eu, encontrar um refúgio no campo, Lacan tinha acabado de comprar um modelo DS, que ele queria colocar na estrada. Partíamos os quatro em expedição, era muito divertido. Precisava-se ver Lacan desembarcando num hotelzinho miserável de povoado e ordenando do alto de sua majestade imperial que lhe preparassem um banho! Não falávamos muito de psicanálise ou de filosofia; mais de arte e de literatura. Ele tinha uma cultura muito vasta, comprava quadros e obras de arte; isso ocupava boa parte de nossas conversas.[21]

Claude Lévi-Strauss conhecia Merleau-Ponty desde 1930. Naquele ano, tinham cursado juntos, no liceu Janson-de-Sailly, o preparatório para o ingresso à universidade. Quando voltaram a se ver, quinze anos mais tarde, no inverno de 1944-5, trocaram impressões sobre a vida intelectual parisiense durante a Ocupação. O etnólogo, que passara vários anos nos Estados Unidos, quis saber do futuro do existencialismo, e o filósofo explicou sua intenção de restaurar a antiga metafísica.[22] Merleau-Ponty já conhecia Lacan. Tinha cruzado com ele várias vezes na casa de Louise e Michel Leiris durante as famosas *fiestas* do pós-guerra, nas quais se reuniam Sartre, Beauvoir e Camus. Em 1944, os laços fizeram-se ainda mais estreitos quando Suzanne, a mulher do filósofo, passou a ocupar-se da reintegração dos deportados a uma vida normal. Ela havia estudado medicina e depois se especializara em pediatria. Lacan dispôs-se a ajudá-la a obter o título de psiquiatra e propôs a ela como tema de dissertação de final de estudos a questão da neurose concentracionária. Para iniciá-la na nosologia, deu-lhe de presente um exemplar autografado de sua tese.[23] Desses encontros nasceu uma sólida amizade entre os dois casais: Suzanne, Sylvia, Jacques e Maurice.

Nessa época, Lacan continuava interessado pela história do nazismo. Por intermédio de seu amigo Jean Delay, que participara como perito no tribunal de Nuremberg, tomou conhecimento da história de Rudolf Hess. Assim, planejou redigir para a revista *Critique* um artigo sobre o "caso", mas acabou desistindo da idéia.[24]

Em 1948, Lévi-Strauss reencontrou Merleau-Ponty após ter passado três anos nos Estados Unidos. Defendeu sua tese sobre as *Estruturas elementares do parentesco*, e sofreu duas derrotas na eleição para o Collège de France. Chamado por Rivet para ser vice-diretor do Musée de l'Homme, travou então conhecimento com Michel Leiris e leu a obra deste com deleite. Num jantar na casa de Lacan, conheceu aquela que seria sua terceira mulher: Monique Roman. Ela era amiga de Sylvia e freqüentava os Leiris. Por algum tempo, antes de se casarem, Lévi-Strauss e ela moraram na rua Notre-Dame-de-Lorette. Uma noite, quando acabavam de jantar, receberam a visita inesperada de Lacan. Ao ver restos de pastelão que continuavam nos pratos, este não conseguiu se conter: devorou-os sem o menor controle, sob o olhar estupefato dos anfitriões!

Esse comportamento extravagante não impediu Lacan de integrar-se à *intelligentsia* parisiense do pós-guerra, que o respeitava pelo talento, a originalidade e a erudição. Todavia, se era apreciado, continuava a não ser compreendido. E sofria ao constatar que seus trabalhos eram julgados obscuros por aqueles de quem tomava emprestados tantos conceitos: "[Esses trabalhos]", sublinha Lévi-Strauss, "seria preciso compreendê-los. E sempre tive a impressão de que para os fervorosos ouvintes dele 'compreender' não queria dizer a mesma coisa que para mim. Teriam sido necessárias, para mim, cinco ou seis leituras. Falávamos disso de vez em quando, Merleau-Ponty e eu, concluindo que nos faltava tempo".[25]

A leitura feita por Lévi-Strauss da obra freudiana não devia nada, aliás, àquela efetuada por Lacan. Foi no liceu, nas aulas de filosofia, que o futuro etnólogo iniciara-se na descoberta freudiana. O pai de um de seus colegas, Marcel Nathan, havia traduzido alguns textos de Freud em colaboração com Marie Bonaparte. Um dia, ele emprestou ao jovem amigo do filho a *Introdução à psicanálise*. Mais tarde, durante a temporada nos Estados Unidos, Lévi-Strauss freqüentou o meio psicanalítico nova-iorquino. Depois conheceu Raymond de Saussure quando se tornou conselheiro cultural em Nova York.

Nos artigos que dedicou à descoberta freudiana a partir de 1949, ele comparava a técnica de cura xamanística ao tratamento psicanalítico. Na primeira, dizia ele em síntese, o feiticeiro fala e provoca a ab-reação, isto é, a liberação dos afetos do doente, enquanto na segunda esse papel é confiado ao médico que escuta no interior de uma relação na qual o paciente é que fala. Para além dessa comparação, Lévi-Strauss mostrava que, nas sociedades ocidentais, uma *mitologia psicanalítica* tendia a constituir-se, desempenhando as funções de sistema de interpretação coletivo: "Vê-se surgir então um perigo considerável: o de que o tratamento, longe de levar à resolução de um distúrbio preciso, sempre respeitosa do contexto, reduza-se à reorganização do universo do paciente em função das interpretações psicanalíticas".[26] Se a cura acontece assim pela adesão de uma coletividade a um mito fundador, agindo este como um sistema de reorganização estrutural, isso significa que tal sistema é dominado por uma eficácia simbólica. Donde a idéia proposta na *Introdução à obra de Marcel Mauss*, segundo a qual o que é chamado o inconsciente seria apenas um lugar vazio em que se efetuaria a autonomia da função simbólica: "Os símbolos são mais reais do que aquilo que eles simbolizam, o significante precede e determina o significado".[27]

Compreende-se o choque sentido por Lacan à leitura das *Estruturas elementares do parentesco* e dos diversos artigos de Lévi-Strauss: "Se eu pudesse caracterizar o sentido em que fui sustentado e impelido pelo discurso de Claude Lévi-Strauss, diria que foi no acento que ele pôs — espero que ele não recuse a amplidão dessa fórmula à qual não pretendo reduzir sua investigação sociológica ou etnográfica — naquilo que chamarei de função do significante, no sentido que tem esse termo em lingüística, na medida em que o significante, não direi apenas que se distingue por suas leis, mas que prevalece sobre o significado ao qual ele as impõe".[28]

As hipóteses do etnólogo não só faziam voar em pedaços a noção de família em favor da de parentesco, como também permitiam repensar o universalismo edipiano proposto por Freud, fundamentando-o não mais no sentimento de um temor "natural" do incesto, mas na existência de uma função simbólica compreendida como lei da organização inconsciente das sociedades humanas. Com a entrada em cena do pensamento lévi-straussiano, Lacan encontrava enfim a solução teórica para uma reelaboração de conjunto da doutrina freudiana. Nessa reelaboração, o inconsciente escapava em grande parte da impregnação biológica em que Freud o havia fixado, na linha direta da herança darwinista, para ser designado como uma estrutura de linguagem; o *Ich* evadia-se de todas as concepções psicológicas construídas pelos neofreudianos e achava-se cindido entre um *eu* e um *je*, o primeiro tornando-se o lugar das ilusões do imaginário e o segundo o veículo de uma fala. Enfim, o complexo de Édipo separava-se de um universal natural para entrar no quadro de um universal simbólico. Segundo Lacan:

289

O universal simbólico não tem absolutamente necessidade de espalhar-se na superfície de toda a terra para ser universal. Aliás, não há nada, que eu saiba, que faça a unidade mundial dos seres humanos. Não há nada que seja concretamente realizado como universal. E no entanto, tão logo se forma um sistema simbólico, ele é desde já, de direito, universal como tal [...]. Lévi-Strauss teme que sob a forma da autonomia do registro simbólico reapareça mascarada uma transcendência em relação à qual, em suas afinidades, em sua sensibilidade, ele só sente temor e aversão. Em outros termos, ele teme que após termos feito Deus sair por uma porta, façamo-lo entrar pela outra.[29]

A primeira etapa da elaboração por Lacan de um sistema de pensamento que qualificamos de *valorização ortodoxa do freudismo*[30] começou em plena crise da SPP por uma exposição feita em 4 de março de 1953 no Colégio Filosófico sobre "O mito individual do neurótico" (ou "Poesia e verdade na neurose"), na qual era utilizada pela primeira vez a expressão *nome-do-pai*. Prosseguiu em 8 de julho na conferência sobre "O simbólico, o real e o imaginário", na qual Lacan situava pela primeira vez sua trajetória sob o signo de um *retorno aos textos freudianos*, sublinhando, aliás, que datava esse gesto de retorno do ano de 1951. Expandiu-se em Roma, em 27 de setembro, em "Função e campo da fala e da linguagem em psicanálise", em que se estabelecia uma verdadeira teoria estrutural do tratamento. Prolongou-se a seguir nos dois seminários dos anos 1953-4 e 1954-5, consagrados um aos "Escritos técnicos de Freud", o outro ao "Eu na teoria de Freud e na técnica da psicanálise". Enfim, completou-se na conferência pronunciada em Viena a 7 de novembro de 1955, na qual Lacan incluía o gesto de retorno no título mesmo de sua exposição: "A coisa freudiana ou o sentido de um retorno a Freud".

Em "O mito individual do neurótico", Lacan comparava o relato feito por Freud do caso do "homem dos ratos" à autobiografia de Goethe, *Poesia e verdade*.[31] Mediante um comentário pesado e obscuro sobre esses dois textos, ele retomava, de maneira obsedante, uma temática que lhe era cara desde 1936: a do estádio do espelho e do declínio da função paterna. Mas revisitava-a para efetuar uma revisão estrutural da noção de complexo de Édipo. Tratava-se de ler o complexo como um mito e de substituir o sistema triangular por um sistema quaternário. Como primeiro elemento desse sistema, Lacan designava a *função simbólica*, sublinhando que na família moderna ela se identificava a uma função paterna: função exercida por um pai humilhado, patogênico e discordante, dividido entre uma *nomeação* (o nome do pai) e uma realidade biológica. O segundo elemento do sistema, a *relação narcísica*, dividia-se por sua vez em dois pólos: o eu e o sujeito. "O que é o eu, senão algo que o sujeito experimenta primeiro como estranho no interior dele? [...] O sujeito tem sempre assim uma relação antecipada à sua própria realização, que o devolve ao plano de uma profunda insuficiência e testemunha nele uma profunda fenda, um dilaceramento original, uma 'derrelição', para retomar o termo heideggeriano".[32]

Após ter assim definido três elementos do sistema — a função paterna, o eu e o sujeito —, Lacan fazia intervir como quarto "parceiro" a *experiência da morte*, "constitutiva de todas as manifestações da condição humana", mas muito especialmente perceptível no vivido do neurótico. Nessa expressão entravam ao mesmo tempo a noção freudiana de *pulsão de morte*, a concepção hegeliano-kojèviana da *luta até a morte* e uma visão heideggeriana do *ser para a morte*. Mas era a Freud, homem das Luzes e grande leitor de Goethe, que Lacan homenageava por ter sabido anunciar a finalidade trágica da condição humana.

Três anos mais tarde, em 1956, por ocasião de uma conferência de Lévi-Strauss sobre as relações entre a mitologia e os rituais, Lacan intervinha para sublinhar de que maneira havia aplicado, em 1953, a grade das estruturas do parentesco:

Tentei quase de imediato, e, ouso dizer, com pleno sucesso, aplicar sua grade aos sintomas da neurose obsessiva; e especialmente à admirável análise feita por Freud do "homem dos ratos" [...]. Cheguei até a poder formalizar o caso estritamente segundo uma fórmula dada por Lévi-Strauss, pela qual um *a* primeiramente associado a um *b*, enquanto um *c* está associado a um *d*, vê-se, na segunda geração, trocar de parceiro com ele, mas não sem que subsista um resíduo irredutível sob a forma da negativação de um dos quatro termos, que se impõe como correlativa à transformação do grupo: no que se lê o que eu chamaria o signo de uma espécie de impossibilidade da total resolução do problema do mito.[33]

No comentário de 1953 sobre o "homem dos ratos", Lacan utilizava, sem mencioná-la, a descrição feita por Lévi-Strauss dos sistemas Crow-Omaha (idênticos aos de nossas sociedades), segundo os quais os rebentos de um casamento contraído por um clã A num clã B não podem contrair um casamento análogo durante um certo número de gerações. Trata-se aí de uma proibição ampla, ou seja, de um modelo de estruturas complexas em que cada aliança deve ser diferente das alianças precedentes. Assim, as alianças das gerações anteriores especificam *negativamente* os casamentos possíveis. Ao contrário, na prescrição estrita (estruturas elementares), há especificação *positiva* dos casamentos lícitos, uma vez que as alianças precedentes devem repetir-se de forma análoga. Os dois tipos de sistema, o elementar e o complexo, são no entanto traduzíveis numa mesma linguagem. Na medida em que as interdições do sistema complexo são as imagens negativas de prescrições positivas, os dois tipos de sistema se reduzem a uma unidade: a estrutura é a mesma.[34]

A partir daí, dois elementos da história de Ernst Lanzer, cognominado por Freud de o "homem dos ratos", retinham a atenção de Lacan: uma escolha matrimonial, de um lado, e uma questão de dívida, de outro.

O pai do paciente, Heinrich Lanzer, contraíra um dia uma dívida de jogo e fora salvo da desonra por um amigo que lhe emprestara a quantia necessária ao pagamento. Certamente a quantia jamais foi reembolsada: "Após seu serviço militar", escreve Freud, "o pai tentou reencontrar esse homem, mas não conseguiu (jamais o reembolsou?)".[35] Por outro lado, antes de se casar, Heinrich tinha amado uma mulher pobre. Mas é uma mulher rica, chamada Rosa, que ele irá desposar: ela será a mãe de Ernst.

Cinco anos após a morte de Heinrich, ocorrida em 1899, esses dois elementos — a dívida e a questão do casamento — desempenharam um papel importante na organização da neurose obsessiva de Ernst. Em 1905, com 27 anos e apaixonado por uma mulher pobre chamada Gisela, ele rejeitou o projeto da mãe de fazê-lo desposar uma mulher rica. Dois anos mais tarde, no verão de 1907, tendo perdido o pincenê durante manobras militares, telegrafou a seu oculista de Viena solicitando a remessa de outro pelo correio. Dois dias depois, recuperou os óculos por intermédio de seu capitão, que lhe anunciou que as despesas postais deviam ser pagas ao tenente encarregado do correio.

Confrontado à obrigação de reembolsar, Ernst teve um comportamento quase delirante relacionado ao tema obsedante do pagamento da dívida. E isso era agravado porque a perda do pincenê ocorrera pouco depois de um outro acontecimento dramático. Em julho de 1907, ele escutara o capitão contar a história de um suplício oriental que consistia em obrigar um prisioneiro a despir-se e pôr-se de joelhos, no chão, com as costas curvadas. Junto às nádegas do homem era então fixado, por meio de uma correia, um grande pote perfurado, dentro do qual agitava-se um rato. Privado de alimento e excitado por uma haste incandescente introduzida na abertura do pote, o animal procurava fugir da queimadura e penetrava no reto do supliciado, infligindo-lhe atrozes sofrimentos. Ao cabo de meia-hora, o rato morria sufocado ao mesmo tempo que ele.

Esse era o homem, obcecado pela tortura dos ratos, que entrou no consultório de Freud em 1º de outubro de 1907. Ele haveria de tornar-se, juntamente com "Dora", o "homem dos lobos", o "pequeno Hans" e o presidente Schreber, um dos grandes casos das *Cinco psicanálises*.

Aplicando a essa história a grade das estruturas complexas, Lacan pretendia mostrar como se transmite de uma geração a outra, sob a forma de especificação negativa, a impossibilidade de contrair alianças análogas àquelas precedentemente contraídas. Entre os elementos presentes na vida do pai e aqueles presentes na vida do filho, há claramente repetição de uma *mesma estrutura significante*. Mas, de uma geração à outra, os elementos que a compõem são organizados de maneira diferente. O pai desposa uma mulher rica, o filho desposa uma mulher pobre. O pai não consegue pagar a dívida, o filho a reembolsa. Nesse processo de repetição em que se atualizam diferenças, a passagem de uma geração a outra se faz à custa de uma neurose. O que Lacan chama de *mito individual do neurótico* não é, portanto, outra coisa senão uma estrutura complexa pela qual cada sujeito se acha ligado a uma constelação original cujos elementos se permutam e se repetem de geração em geração, como o memorial de uma história genealógica.

Essa história é a do homem moderno, isto é, do homem de nossa civilização moderna, marcado pelo declínio inelutável dos ideais da família paterna. Vê-se aqui como Lacan lê Freud nos anos 1950. Ele começa por interpretar as teses freudianas à luz de uma grade lévi-straussiana, para acrescentar em seguida suas próprias hipóteses, que não figuram nem no *corpus* freudiano, nem nos textos de Lévi-Strauss. Assim, partindo das estruturas complexas, ele inventa uma estrutura quaternária, composta de noções já elaboradas antes da guerra mas reatualizadas sob novas categorias.

Freud percebera a existência de um processo inconsciente de repetição de elementos não análogos, transmitidos por identificação de uma geração a outra, e situara o processo no interior de uma organização edipiana da família. Mas, ao tentar dar uma dimensão universal a seu sistema edipiano, não havia resolvido o problema da relação desse universal com a multiplicidade das culturas. Daí a fabricação do belo mito de *Totem e tabu*, que, em vez de explicar o processo, ilustrava a maneira pela qual toda sociedade humana — e o próprio Freud — busca contar sua história através de um imaginário coletivo.

Em 1938, através de Maurras e Comte, Lacan já criticava explicitamente o edipianismo de Freud. Mostrava que este nascera de uma crise da sociedade ocidental organizada em torno de uma nova bipolarização das categorias do masculino e do feminino. Quinze anos mais tarde, após ter abandonado a noção de "cadinho familiar" e ter passado pela dos "pequenos grupos", ele fazia romper o sistema do complexo de Édipo. Lévi-Strauss conseguira reconduzir a organização do parentesco a um princípio único do qual fazia derivar a infinita variedade dos particularismos. Isso evitava que ele se perdesse, como os culturalistas, numa multiplicidade de explicações particulares. Lacan levava em conta essa inversão de perspectiva ao chamar de *função simbólica* o princípio inconsciente único em torno do qual era possível organizar a multiplicidade das situações particulares a cada sujeito. E não é de surpreender que tenha feito dessa estrutura um mito, e desse sujeito um neurótico. Para ele, tratava-se ao mesmo tempo de valorizar uma leitura científica e racional da doutrina freudiana e de acentuar o caráter subversivo dela.

Nascida numa crise da sociedade ocidental, a psicanálise não pode de maneira nenhuma tornar-se, na visão lacaniana, o instrumento de uma adaptação do homem à sociedade. Originada de uma desordem do mundo, ela está condenada a viver no mundo pensando a desordem do mundo como uma desordem da consciência. E por isso, no momento mesmo em que Lacan enunciava o princípio de que todo sujeito determina-se por seu pertencimento a uma "ordem" simbólica, ele avançava uma outra tese segundo a qual o reconhecimento desse pertencimento é fonte, para o sujeito, de um dilaceramento original e de uma inelutável neurose.

A esse estabelecimento de um sistema estrutural correspondia a instauração de uma tópica composta pelos três termos *simbólico*, *imaginário* e *real*. Antes da guerra, Lacan tomara emprestadas as duas primeiras noções a Wallon. Em 1953, associadas pela primeira vez ao *real*, elas adquiriam um valor diferente. Sob a categoria do *simbólico*, Lacan fazia entrar toda a reelaboração extraída do sistema lévi-straussiano; o inconsciente freudiano era repensado como o lugar de uma mediação comparável à do significante no registro da língua. Sob a categoria do *imaginário* eram situados todos os fenômenos ligados à construção do eu: captação, antecipação, ilusão. Enfim, sob a categoria do *real* era introduzido o que Freud chamara de *realidade psíquica*, isto é, o desejo inconsciente e as fantasias conexas. Segundo Freud, essa realidade apresenta uma coerência comparável à realidade material e, de fato, assume o valor de uma realidade tão consistente quanto a realidade externa, a ponto de até mesmo tomar o lugar dela.

No conceito lacaniano de *real* intervinha essa definição freudiana da realidade psíquica, mas a ela juntava-se uma idéia de morbidez, de "resto" ou de "parte maldita" tomada, sem mencioná-lo, da ciência heterológica de Bataille. O que resultava numa formidável torção. Ali onde Freud construía uma realidade subjetiva fundada na fantasia, Lacan pensava uma realidade desejante excluída de toda simbolização e inacessível a todo pensamento subjetivo: sombra negra ou fantasma que escapa à razão.

Foi no "Discurso de Roma" que Lacan integrou uma doutrina do tratamento a seu sistema estrutural. Contrariamente às duas outras exposições, que eram simples conferências, esse discurso era um verdadeiro texto redigido num admirável estilo barroco. Retomando os dois termos do sofisma dos prisioneiros — o tempo para compreender e o momento de concluir —, Lacan legitimava de maneira indireta a noção de sessão de duração variável. No tratamento, dizia ele em síntese, o analista ocupa o lugar do diretor da penitenciária. Promete a seu paciente uma liberdade convidando-o a resolver, como a Esfinge a Édipo, o enigma da condição humana. Entretanto, o diretor é escarnecido em seu próprio terreno: prometeu a liberdade a um único prisioneiro, mas será obrigado a concedê-la aos outros dois. Dito de outro modo, o analista é efetivamente o mestre dessa verdade cujo progresso é o discurso do sujeito, mas sua mestria é limitada por duas fronteiras. De um lado, não pode jamais prever o que será o tempo para compreender de cada sujeito; de outro, ele próprio é prisioneiro de uma ordem simbólica. Se o homem fala porque o símbolo o fez homem, o analista não é senão um "suposto mestre", agindo à maneira de um escriba. Ele é um *praticante da função simbólica*: Lacan dirá mais tarde que é um *sujeito suposto saber*. Em todo caso, ele decifra uma fala como o comentador acrescenta um comentário a um texto original.

Aí intervém a função da pressa. Para que o analisando seja conduzido pelo caminho da verdade sem tomar como ponto de referência uma duração fixa que correria o risco de servir-lhe de escapatória, o analista deve precedê-lo por um ato. Desse modo, age como um prisioneiro qualquer que permite a um outro prisioneiro deduzir sua decisão daquilo que ele supõe ser a de seu vizinho.

Assim, Lacan respondia de forma mascarada a seus acusadores: mais vale concluir "demasiado cedo" que deixar o paciente concluir "demasiado tarde" e atolar-se numa fala vazia. Nessa perspectiva, a *pontuação* tem por objetivo fazer parir o sujeito de uma fala verdadeira, reduzindo o tempo para compreender ao momento de concluir: "Não diríamos tanto, sublinhava Lacan, se não estivéssemos convencidos de que, por experimentar num momento, chegado à sua conclusão, de nossa experiência, o que chamamos nossas sessões curtas, pudemos fazer emergir um dia, num determinado sujeito masculino, fantasias de gravidez anal com o sonho de sua resolução por cesariana, num prazo no qual, de outro modo, estaríamos ainda a escutar suas especulações sobre a arte de Dostoiévski".[36]

Notemos que Lacan falava dessa técnica no passado, como para dar a entender ao auditório que a reivindicava num plano teórico, mas que a havia abandonado. Todos sabiam, porém, que ele prosseguia nesse caminho, sem dizer e ao mesmo tempo dizendo.

2.VIBRANTE HOMENAGEM A MARTIN HEIDEGGER

SE NOS ANOS **1930** a obra de Heidegger fora celebrada com entusiasmo pelos filósofos franceses, que a liam no prolongamento das interrogações colocadas por Husserl, essa obra, a partir de 1945, caiu sob suspeita por causa da adesão do filósofo ao nazismo, especialmente durante o período dito do "Reitorado" (1933-4). Em maio de 1945, três semanas após a entrada das tropas francesas em Friburgo-em-Breisgau, a casa de Heidegger foi colocada na lista negra. Em julho começou um longo processo de expurgo que haveria de terminar, em janeiro de 1946, com a aposentadoria e a interdição de ensinar.

Karl Jaspers desempenhou um papel importante na aplicação dessa sanção. O próprio Heidegger, aliás, pedira que fosse levada em conta a opinião de seu antigo amigo. Quanto a este, apesar do desejo de ficar calado, não pôde furtar-se e, em dezembro de 1945, redigiu um relatório no qual fazia constar a complexidade do engajamento hitleriano de Heidegger, sem todavia abordar a questão da relação possível entre o nazismo e o heideggerianismo. A propósito da acusação de anti-semitismo, Jaspers recordava dois acontecimentos. Em 1931, Heidegger mandara afastar da universidade um docente judeu, Eduard Baumgarten, que havia postulado um emprego de assistente junto a ele. Em seu lugar, fizera nomear um outro professor judeu, Werner Brock, cujas idéias lhe convinham. Mas, em 1933, Heidegger iria remeter à associação dos professores nazistas de Göttingen a cópia de um relatório no qual se podia ler o seguinte: "Baumgarten é oriundo, por seu porte de espírito e por suas afinidades, do círculo de intelectuais liberal-democratas de Heidelberg que gravitam em torno de Max Weber [...]. Após ter fracassado junto a mim, ele freqüentou muito ativamente o judeu

Fraenkel, que trabalhou outrora em Göttingen e acaba de ser exonerado dessa universidade".[1] Tal denúncia não impediu Heidegger de proteger Werner Brock das perseguições que poderia ter sofrido. Dessa atitude, Jaspers concluía que o filósofo certamente não era anti-semita em 1920, mas que passara a sê-lo a partir de 1933: "Isso não exclui", acrescentava, "que, como suponho, o anti-semitismo, em outros casos, ferisse seu gosto e sua consciência".[2] Depois, embora recomendando que Heidegger recebesse uma pensão para o prosseguimento e a publicação de seus trabalhos, preconizava uma suspensão de ensino durante alguns anos, com reexame da situação em função das obras publicadas nesse meio-tempo. Enfim, fazia do homem um retrato pertinente:

> Heidegger é uma autoridade importante, não apenas pelo valor de uma concepção filosófica do mundo, mas também no manejo dos instrumentos especulativos. Tem uma capacidade filosófica cujas percepções são interessantes, muito embora, em minha opinião, seja incrivelmente desprovido de senso crítico e esteja afastado da ciência verdadeira. Age, às vezes, como se a seriedade de um niilista se aliasse nele à mistagogia de um mágico. No fluxo de sua especificidade lingüística, é capaz de ocasionalmente, de maneira secreta e admirável, tocar o nervo da atividade filosofante. Nisso, que eu saiba, é talvez o único entre os filósofos alemães contemporâneos. Por isso é urgente desejar e exigir que ele permaneça em condições de trabalhar e de escrever o que pode.[3]

Antes mesmo que esse processo fosse encaminhado, o debate sobre a adesão de Heidegger ao nazismo era aberto na França por Jean-Paul Sartre, que lançou em dezembro de 1944 a famosa injunção:

> Heidegger era filósofo bem antes de ser nazista. Sua adesão ao hitlerismo exprime-se pelo medo, o arrivismo, talvez, o conformismo, com certeza: não é decoroso, concordo. Só

que é suficiente para invalidar o belo raciocínio de vocês: "Heidegger", dizem, "é membro do partido nacional-socialista, logo sua filosofia deve ser nazista". Não é isso. Heidegger não tem caráter, eis a verdade. Ousarão concluir daí que sua filosofia é uma apologia da covardia? Acaso não sabem que acontece aos homens não estarem à altura de suas obras?[4]

Um ano mais tarde, em 28 de outubro de 1945, Sartre dava a famosa conferência intitulada "O existencialismo é um humanismo", na qual vulgarizava sua filosofia da liberdade a partir das teses enunciadas em *O ser e o nada*. Na mesma orientação, abria as colunas da *Temps Modernes* ao debate sobre o engajamento político de Heidegger. Entre 1946 e 1947, numerosos artigos foram publicados a respeito, entre os quais os de Maurice de Gandillac, Frédéric de Towarnicki, Karl Löwith, Éric Weil e Alphonse de Waelhens. A esses juntaram-se um longo texto de Koyré sobre a evolução do pensamento de Heidegger, divulgado em *Critique* em 1946, e um outro, mais tardio, de Georges Friedmann, publicado em 1953.[5]

A questão colocada por todos era se a posição política do filósofo devia-se ao erro passageiro de um homem que teria sido enganado ou teria se enganado, ou se era a conseqüência de uma orientação filosófica que, ao privilegiar o reencontro do homem com as raízes de seu dilaceramento e de seu "ser-para-a-morte", acabara por descobrir no niilismo nazista a doutrina de salvação que convinha à sua interrogação. Todos os artigos do pós-guerra procuravam dar uma resposta a essa questão. Uns sustentavam que o engajamento heideggeriano era um "acidente" que em nada afetava a obra do filósofo. Outros afirmavam, ao contrário, que esse engajamento enraizava-se num solo idêntico ao que originara o nazismo.

Em relação a isso, Friedmann assinalava, com razão, que o filósofo jamais havia admitido as teses do racismo biológico: "Precisemos porém", escrevia, "que ele jamais introduziu em seu ensino a justificação do 'biologismo' nazista e, por causa disso, caiu

300

rapidamente numa semidesgraça. Mas um exame imparcial dos fatos mostra que, longe de afirmar sua resistência ao regime (resistência cujo efeito moral e mesmo político teria sido considerável), ele teve principalmente, até a queda de Hitler, o prudente cuidado de fazer-se esquecer".[6]

Enquanto a polêmica se desdobrava, um jovem filósofo interveio no debate de maneira diferente. Nascido em 1907 e originário da Creuse, Jean Beaufret gostava de evocar sua "infância em tamancos", que fizera dele, dizia, um camponês de gostos simples. Apreciava a gastronomia e os bons vinhos, e sentia-se ligado aos valores terrícolas de uma certa identidade francesa. Admitido em 1928 na Escola Normal Superior da rua d'Ulm, fez parte da mesma turma que Simone Weil, Maurice Bardèche, Georges Pelorson, Thierry Maulnier e Robert Brasillach. É em 1930, por ocasião de uma temporada em Berlim junto ao Instituto Francês, que pela primeira vez se confronta com a tradição filosófica alemã. Ele era então solidamente cartesiano.

Às vésperas da guerra, impressionado pelos primeiros textos de Sartre, Beaufret descobre a obra de Husserl. Mobilizado no início das hostilidades, é feito prisioneiro e depois escapa do trem que o levava à Alemanha, para ganhar a zona livre. Em 1942, fazendo parte da rede Périclès na qual se engajara na luta antinazista, conheceu Joseph Rovan, germanista de formação, especializado na fabricação de documentos falsos e apaixonado pela filosofia de Heidegger. Uma sólida amizade estabeleceu-se entre os dois homens que se habituaram a mergulhar toda noite na leitura de *Sein und Zeit*: "Debruçávamo-nos juntos então", escreve Rovan, "sobre os mistérios do *Da-sein*, da ôntica e da ontologia. Eu tinha apenas escassas noções de filosofia, mas meu alemão era mais substancial que o de Beaufret. Avançávamos, felizes, nos arcanos de um pensamento servido por uma língua cuja poesia e rigor sempre me cativaram. Tínhamos ouvido falar do reitorado de Heidegger e de suas fraquezas. As imperfeições do homem nos irritavam, mas a obra nos entusiasmava".[7]

Com a Libertação, cada vez mais fascinado por essa filosofia que iluminava tão bem o destino do ser confrontado com a violência do mundo, Beaufret indagou-se sobre o que fora feito do autor de *Sein und Zeit*. Sabendo que continuava vivo, enviou-lhe uma carta por um mensageiro e ficou encantado de receber uma obra do filósofo e uma missiva pessoal que era o começo de um verdadeiro diálogo. O encontro decisivo ocorreu em setembro de 1946. Beaufret foi a Todtnauberg, na Floresta Negra, no chalé onde Heidegger costumava meditar e passar férias. Nessa época, o filósofo saía de uma temporada no sanatório Schloss Haus Baden, onde fora medicado devido a distúrbios psicossomáticos consecutivos à sua expulsão da universidade.

Em face do processo de expurgo, ele se comportava como vítima. Embora reconhecesse ter acreditado erradamente na missão histórica de Hitler e na possibilidade de o nacional-socialismo tornar-se o fermento de uma revolução espiritual, tentava atenuar essa implicação política passada com a tese de uma espécie de exílio interior, o que lhe permitia não se explicar sobre os aspectos mais sombrios de sua adesão ao nazismo. Quando muito admitia, na intimidade, ter cometido uma "grande besteira". Mas recusava-se — e recusou a vida inteira — a fazer a menor alusão ao genocídio. Nem remorso, nem lamento, nem autocrítica. Tudo se passava como se, em vez de reconhecer seu erro, ele considerasse que o erro provinha do movimento histórico que não havia correspondido à verdade metafísica que nele julgara descobrir.[8] Além disso, na linha direta de seu ultraconservadorismo anterior à guerra, continuava a manifestar uma hostilidade bem maior à democracia ocidental e ao comunismo do que ao nazismo. Em 1950, falava ainda da Alemanha como de um povo "metafísico" espremido entre "o torno da Rússia e da América".

Esse era o homem ao qual Jean Beaufret devotaria durante trinta anos um verdadeiro culto.

Ao ver desembarcar esse filósofo francês cujo passado de resistente era indiscutível, Heidegger não teve dificuldade em compreender que partido tirar dessa amizade autêntica no momento em que a obra dele, desacreditada na Alemanha, era objeto de discussão crítica na França. Graças ao amor que lhe dedicava esse discípulo, podia doravante não apenas minimizar o comprometimento passado, mas dar a entender que ele não havia existido. E Beaufret, impressionado pela real autoridade filosófica do grande mestre, não tardou em convencer-se da veracidade dessa tese. Ao longo dos encontros, acabou por acreditar que Heidegger jamais fora favorável ao nazismo e apregoou isso.

Mas, paralelamente, por seus diálogos com o filósofo, Beaufret foi também o introdutor de uma nova leitura da obra heideggeriana na França.[9] Da perspectiva sartriana, a filosofia de Heidegger era interpretada como uma antropologia existencial. Donde a idéia de que a existência precede a essência e de que a liberdade do homem não tem outro fundamento senão o de um humanismo fundado na humanização do nada: o homem é rei no centro do *ente** e na solidão de uma liberdade vazia.

Ora, em 1946, essa interpretação existencialista da obra heideggeriana, que dominava o pós-guerra, foi desmentida pelo próprio Heidegger. Beaufret, com efeito, pedira ao mestre alemão que interviesse nos debates franceses e comentasse a posição sartriana acerca do humanismo. Heidegger dispôs-se de bom grado à polêmica e, na *Carta sobre o humanismo*, que marcaria toda uma nova geração, recusou a utilização do termo.[10] Sublinhou que o humanismo no sentido sartriano era uma nova metafísica que não fazia senão radicalizar a influência sobre o homem de uma razão dominadora. Como toda metafísica, estava fundada no "esquecimento do ser". Heidegger propunha então salvar o ser do esquecimento outorgando-lhe uma verdadeira primazia. E, para chegar a isso, salvando ao mesmo tempo o homem da alienação a que o arrastara o esquecimento do ser, preconizava um grande retorno às origens. Se toda história não é senão a história do esquecimento do ser, a única maneira de aproximar-se do ser, não obstante "sempre velado", é efetuar

* Nas palavras de Heidegger, *ente* designa "tudo o que nos encontra, nos cerca, nos conduz, nos constrange, nos enfeitiça e nos preenche, nos exalta e nos decepciona". Cf. o *Dicionário básico de filosofia*, de Jupiassú-Marcondes (Jorge Zahar Editor). (N. T.)

um gesto de "desvelamento". Para além de Sócrates e Platão, para além da "razão ocidental", Heidegger afirmava a necessidade de voltar ao deslumbramento inaugural do pensamento grego, isto é, à voz verdadeira dos filósofos pré-socráticos: Parmênides e Heráclito. Assim, pretendia dar consistência ao homem moderno, afogado no marasmo de uma existência condicionada pela técnica e por um ideal de progresso que o fazia acreditar na liberdade de seus atos.

Vê-se aqui como a introdução na França de uma nova leitura do heideggerianismo permitia ao mesmo tempo ao filósofo livrar-se do passado nazista e a Beaufret travar um combate contra o heideggerianismo dos fenomenólogos husserlianos e dos existencialistas.

No início do ano de 1949, às vésperas da criação da República Federal, o processo de desnazificação atenuou-se na Alemanha. Assim, chegara o momento, para Heidegger, de aproveitar o esplendor que sua filosofia suscitava na França para solicitar sua reintegração à universidade. Os que lhe eram favoráveis destacavam a necessidade de devolver a palavra a um filósofo cuja obra interessava ao mundo inteiro. Os adversários, ao contrário, tinham dúvidas sobre o valor intelectual de um homem que diziam ser charlatão e cujas teses eram consideradas perigosas para a democracia.

Na primavera de 1950, enquanto a faculdade de Friburgo preparava-se para decidir sua sorte, Heidegger deu belas conferências sobre o *Zaratustra* de Nietzsche e depois sobre o princípio de razão. Obteve grande sucesso. No verão seguinte, conseguiu uma verdadeira abertura por ocasião de uma reunião em Munique sobre o tema "A coisa". A partir do semestre de inverno de 1950-1, foi autorizado a ensinar e começou a sentir-se reabilitado. Enfim, no outono de 1952, teve a impressão de que "a argola de desconfiança e de ódio se rompia". Num anfiteatro onde fora convidado a falar, viu a multidão comprimir-se a seu redor para escutá-lo e aplaudi-lo. Doravante, o passado podia ser apagado. Na Alemanha, as críticas foram se extinguindo aos poucos, sem desaparecer. Na França, Beaufret, transformado em porta-voz oficial do pensamento heideggeriano, cuidou para que mais nenhum ataque fosse dirigido contra o mestre adorado.[11]

É em abril de 1951, pouco após a reintegração de Heidegger na universidade, que Jean Beaufret entra em análise com Jacques Lacan.

Nessa época, eram raros os psicanalistas que viam a homossexualidade como uma forma de sexualidade entre outras. No movimento freudiano, ela era considerada não apenas como uma perversão, mas como um desvio social. Assim, quando psicanalistas tomavam homossexuais em análise, adotavam uma atitude de rejeição. Ou recusavam analisá-los quando estes manifestavam o desejo de tornar-se psicanalistas, ou ocupavam-se deles apenas com o objetivo de trazê-los de volta ao caminho correto da heterossexualidade. Lacan não se curvava a esse conformismo e aceitava analisar os homossexuais como pacientes comuns, sem querer normalizá-los. Por isso um bom número deles freqüentava de bom grado seu divã.

Quando Jean Beaufret dirigiu-se à rua de Lille, estava numa grande confusão. Seu amante, em análise com Lacan, deixara-o recentemente. Ele o conhecera um ano antes durante um jantar no qual, justamente, Lacan estava presente com Sylvia. Depois tivera com ele uma breve ligação à qual o amante pôs fim ao perceber, durante a análise, que Lacan interessava-se um pouco demais por Beaufret. Mais tarde, aliás, o amante acabou por deixar também o analista.[12] O tratamento do filósofo, portanto, começou sob os auspícios de um imbróglio transferencial bastante estranho. Beaufret procurava Lacan porque ele era o analista de seu amante, e Lacan dava uma atenção particular a Beaufret por causa da relação privilegiada que este mantinha com Heidegger.

Beaufret notou muito depressa o interesse de Lacan pela obra de Heidegger. Compreendeu também que era fácil tirar partido do desejo que ele tinha de conhecer o filósofo alemão, a fim de melhor servir aos interesses deste último. Com grande habilidade, utilizou portanto a relação transferencial como uma verdadeira armadilha na qual Lacan se deixou prender. Não apenas não cessou, ao longo de toda a análise, de falar de Heidegger, como também, para adular o narcisismo do analista, cujos silêncios o exasperavam, disse-lhe um dia: "Heidegger falou-me de você". Lacan sobressaltou-se: "Que foi que ele disse?".[13]

A análise teve fim em maio de 1953, e o mínimo que se pode dizer é que ela não permitiu a Beaufret sair de sua cegueira em relação ao passado político de Heidegger. Muito pelo contrário, parece ter tido por efeito acentuar sua crença na inocência do mestre idolatrado. Quanto a Lacan, ele soube utilizar muito bem a "armadilha" que lhe havia armado seu paciente.

Da perspectiva de sua reelaboração lévi-straussiana da obra de Freud, ele passou a abordar os textos de Heidegger diferentemente do que fizera antes da guerra. Recusando a filosofia sartriana da liberdade, Lacan aceitou, de fato, ser iniciado numa leitura de Heidegger que era a de Beaufret. O traço mais evidente dessa iniciação encontra-se no "Discurso de Roma", redigido dois meses após o fim da análise de Beaufret. Fascinado pelo estilo heideggeriano, Lacan redescobria nele a arte suprema do comentário a que Kojève o introduzira. Tomou-lhe emprestada a noção de "busca da verdade", que lhe parecia compatível com a freudiana de "desvelamento do desejo". Em ambos os casos, havia um "ser-aí" da verdade incessantemente esquecido e recalcado, e que permitia ao desejo "revelar-se". Mas sobretudo, por intermédio da obra heideggeriana, Lacan reconciliava-se com aquela grande tradição da filosofia alemã que sua anglofilia o fizera negligenciar um pouco. Passou assim de uma admiração sem limites pela democracia inglesa e pela teoria dos pequenos grupos a um sistema de pensamento radicalmente antagônico. Contudo, mesmo reencontrando no Heidegger antidemocrata, antiprogressista e anti-humanista dos anos 1950 aquela visão ultranietzschiana do mundo na qual Bataille o iniciara antes da guerra, Lacan nem por isso abria mão de um constante ideal de cientificidade e de racionalismo. Daí a espantosa mistura de sombra e luz presente tanto no "Discurso de Roma" quanto no texto de 1938 sobre a família.

Por um lado, a reelaboração lévi-straussiana permitia-lhe dar vida nova a um freudismo universalista fundado na tradição da filosofia das Luzes; por outro, o discurso heideggeriano introduzia uma suspeita no interior dessa reelaboração universalista, ao fazer da existência humana o abismo sem fundo de uma verdade que se diz no erro, na mentira e na ambigüidade.

Na Páscoa de 1955, Lacan vai a Friburgo em companhia de Beaufret. Como por acaso, a conversa dos três gira em torno da questão da transferência. Segundo o relato de Beaufret:

> Heidegger pareceu bastante preocupado com a questão da transferência como relação afetiva do paciente com o analista e interrogou, por meu intermédio, Lacan sobre o assunto. O diálogo foi o seguinte:
>
> Heidegger: "Mas, e a transferência?".
>
> Lacan: "A transferência não é o que dizem comumente, mas começa assim que se decide procurar um psicanalista".
>
> Traduzi em alemão para ser gentil a Heidegger: "A transferência não é um episódio interno à psicanálise, mas a condição *a priori* desta, no sentido das condições *a priori* da experiência na 'filosofia de Kant'".
>
> "*Ach só!*", respondeu Heidegger.[14]

Durante a conversa, Lacan pediu autorização a Heidegger para traduzir um artigo dele intitulado "Logos" e publicar a versão francesa no primeiro número da revista *La Psychanalyse*, na qual haveriam de exprimir-se as posições da SFP. Esse número, organizado por Lacan, tinha por tema a fala e a linguagem. Várias figuras prestigiosas já haviam aceitado participar: em particular Émile Benveniste, Jean Hyppolite e Clémence Ramnoux. O próprio Lacan publicava nela seu "Discurso de Roma" e seu diálogo com Hyppolite. Heidegger consentiu de bom grado, e Lacan lançou-se ao trabalho.[15]

Três meses depois, teve lugar em Cerisy-la-Salle, de 27 de agosto a 4 de setembro, um encontro de dez dias dedicado à obra heideggeriana, com a presença de 54 pessoas, entre as quais o jovem Gilles Deleuze, Jean Starobinski, Gabriel Marcel, Paul Ricoeur, Kostas Axelos, Maurice de Gandillac. Para marcar sua hostilidade, Sartre e Merleau-Ponty não comparecem à reunião, enquanto Alexandre Koyré recusa qualquer encontro com Heidegger. Quanto a Lucien Goldmann, lê em plena sessão os textos do período do Reitorado, apesar da reprovação geral dos participantes, que o acusaram de romper o encanto consensual do grande encontro.[16]

Jacques Lacan não se inscrevera nos dez dias de Cerisy, mas acolheu Martin Heidegger, a mulher dele, Elfriede, Jean Beaufret e Kostas Axelos por alguns dias na Prévôté. Com muita gentileza, e apesar de chocada com o anti-semitismo da mulher de Heidegger, Sylvia preparou para o casal um café-da-manhã à moda alemã, à base de salsichas. Mas, para sua grande surpresa, o filósofo não tocou nelas. Lacan não se preocupava com o nazismo de seu hóspede, nem com seus gostos alimentares, mas sim com o diálogo que poderia estabelecer com ele. Como não falava o alemão e Heidegger não conhecia o francês, propôs a Kostas Axelos servir de intérprete. O intercâmbio adquiriu assim o aspecto de uma conversa truncada. Depois, enquanto Axelos permanecia em Guitrancourt com Beaufret para trabalhar na tradução de *Was ist das — die Philosophie?*, Lacan leva Heidegger, Sylvia e Elfriede para uma visita-relâmpago à catedral de Chartres. Conduz seu automóvel na velocidade de suas sessões. Instalado no banco dianteiro, Heidegger permanece impassível, mas sua esposa não pára de protestar. Sylvia transmite a Lacan suas inquietações, sem conseguir demovê-lo. Na volta, Heidegger continua em silêncio, apesar das queixas redobradas de Elfriede. Quanto a Lacan, pisa ainda mais no acelerador.[17]

O texto "Logos", cuja tradução Lacan inicia após a viagem a Chartres, trazia no título o significante maior de toda a história da filosofia ocidental. Ele fazia parte de um *corpus* composto de três comentários de fragmentos de Heráclito e Parmênides, "Moira, Alétheia, Logos", nos quais Heidegger procurava demonstrar que a verdade pré-socrática, isto é, a origem verdadeira ou mítica do ser-aí do homem, havia sido ocultada por dois milênios de história da filosofia. E também que a língua alemã, por sua superioridade sobre todas as outras, era, segundo Heidegger, a única capaz de redescobrir a verdade original da língua grega e fornecer ao homem uma doutrina da salvação que lhe permitisse transformar o mundo.

É na segunda versão de "Logos", publicada em 1954, que Heidegger exprime claramente essa doutrina, num parágrafo suplementar que não figurava na versão de 1951. Em outras palavras: longe de renegar suas interrogações passadas sobre a superioridade da nação alemã, ele as transpunha num "comentário do comentário" (o parágrafo acrescentado), no qual afirmava que somente a adesão a uma superioridade da língua alemã podia evitar o *rebaixamento* da civilização ocidental e oferecer uma salvação à filosofia e à humanidade.[18]

O fragmento 50 de Heráclito, escolhido por Heidegger, enunciava literalmente o seguinte: "A arte consiste em escutar não a mim, mas à razão, para saber dizer em concordância toda coisa una". Trata-se de dizer que o sujeito deve deixar agir a linguagem, sabendo escutar, e sem se limitar à intenção do locutor. Donde se pode deduzir que o discurso é forçado a invocar uma autoridade que o despoja. Como sublinha Jean Bollack, o logos, em Heráclito, não remete a nenhuma "positividade ontológica": "Ele de forma nenhuma designa a identidade de contrários solidários, a 'reunião' deles numa totalidade original". O *um* heraclitiano não é portanto o *um* único no sentido daquilo que une, mas, ao contrário, o *um* no sentido do que se separa.

A partir desse fragmento, Heidegger inventava um Heráclito à sua medida. Associando-o a Parmênides, fazia dele o representante de uma ontologia na qual o referente não era mais a estrutura da linguagem, mas o ser-aí de uma presença original. Essa ontologização do pensamento heraclitiano acompanhava-se, além disso, de um apagamento da divisão em favor de uma concepção unitária do ser. Por outro lado, ao jogar com a homofonia dos termos gregos *logos* e *legein* e dos verbos alemães *legen* e *lesen*, ele associava "ler", "deitar", "recolher", "colocar", "recolhimento", para mostrar que o logos é o "estender", o "repouso", mas também a "colheita do ser e do pensamento no não encoberto", o que se devia entender por desvelamento. O Heráclito de Heidegger anunciava assim a verdadeira palavra do ser, que devia ser recolhida no recolhimento e no amplexo de toda desmedida do sujeito.

Duas coisas parecem ter incitado Lacan a traduzir esse comentário heideggeriano do fragmento 50: a concepção heraclitiana da linguagem, de um lado, a fascinação pelo estilo de Heidegger, de outro. Heráclito é o mestre que pretende não falar a partir de nenhum mestre, pois de nada serve ter escutado a palavra de um mestre se a lição aprendida não ensina a formar um sentido. Mas Heráclito é também aquele que fala de um logos (no sentido de linguagem) que obriga o sujeito a apagar-se diante da verdade que ele enuncia e que o ultrapassa. *Deixar agir o logos ou o significante*: tal é a lição heraclitiana retida por Lacan no "Discurso de Roma". Trata-se de falar de uma voz que fala em lugar do homem e que é preciso escutar para restituir-lhe o sentido. E, obviamente, Lacan vê a si mesmo como um mestre sem mestre, em ruptura com as academias, o único capaz de escutar a verdadeira fala de Freud.

Lacan adotava uma concepção heraclitiana da linguagem, mas jamais se referia diretamente ao texto de Heráclito. Remetia o leitor às traduções alemãs utilizadas por Heidegger e as traduzia ele próprio em francês. Portanto, ele "aderia" ao texto heideggeriano para melhor juntar-lhe suas próprias preocupações, segundo um duplo movimento contraditório. De um lado, seguia Heidegger no terreno de seu obscurantismo e de seu primitivismo, chegando até, e não sem ironia, a "sobreheideggerianizar" o comentário (*lição* [*leçon*, em francês] traduzida por *lection*, por exemplo); de outro, saía da etimologização ao retirar do texto alemão seu mau gosto populista estilo "Floresta Negra": "Em suma", sublinha Jean Bollack, "Lacan demonstra liberdade e soberania em sua maneira de traduzir. Empurra o texto para a ciência, para a arte e para a linguagem ao privilegiar o ouvir sobre o dizer. Acrescenta ao texto algo de mallarmiano".[19]

Ali onde Heidegger, por exemplo, jogava com a homofonia dos verbos *legen* (alemão) e *legein* (grego), Lacan jogava em francês com a homofonia das palavras *léguer* [legar], *legs* [legado] e *lais* [substantivo verbal de *laisser*, "deixar", e daí "aluvião"], introduzindo assim na tradução francesa um equivalente do jogo heideggeriano com a língua alemã e a grega. Essa passagem por Mallarmé era evidentemente uma maneira de desbancar a pretensão heideggeriana à superioridade filosófica da língua alemã. Além disso, ele desnegativizava o texto: sempre que o filósofo empregava o termo *Unverborgenheit* (não-obscuridade) para designar o que se avista do ser em Heráclito, Lacan traduz por *dévoilement* [desvelamento], privilegiando o próprio ato de abertura em detrimento da idéia de uma busca por "não-ocultamento".[20]

Mas, sobretudo, Lacan cometia um ato sacrílego. Em vez de traduzir a versão de 1954, que conhecia perfeitamente, já que a citava em nota várias vezes, ele seguia a de 1951. Em outras palavras: sem explicação, permitia-se amputar ao texto definitivo de Heidegger sua última parte, ou seja, aquele famoso "comentário do comentário" no qual o filósofo enunciava sua doutrina: só um retorno ao grande começo do Ocidente pode salvar o homem moderno do reinado da ciência e da técnica.[21]

Certamente Lacan enganou-se de texto quando traduziu a versão de 1951 em lugar da de 1954. Mas como, em seu trabalho, ele faz constantemente referência à segunda versão para corrigir a primeira, é preciso interpretar *textualmente* a significação dessa amputação. Ela parece querer dizer que ele preferiu o Heidegger comentador de Heráclito ao Heidegger da doutrina da salvação e da superioridade alemã. Em outros termos, privilegiou, na obra heideggeriana, o que dizia respeito à concepção da linguagem, e conservou do estilo heideggeriano apenas a técnica do comentário, enfatizando não uma ontologia, mas uma estrutura, não uma busca por não-ocultamento, mas um desvelamento como investigação da verdade do desejo. Compreende-se então por que Beaufret e os heideggerianos dogmáticos fizeram silêncio sobre essa tradução. Ela ia contra seus próprios trabalhos de etimologização estereotipada da língua heideggeriana. Com isso foi relegada a um verdadeiro ostracismo, a ponto de não ser mencionada nem na tradução ulterior de André Préau, nem nos comentários dos heideggerianos franceses acerca da questão do logos.

A violência insidiosa perpetrada contra um texto a partir de uma tradução indica o que foi o itinerário de Lacan nos dez anos após a guerra. Entre 1951 e 1956, ele efetuou de fato uma leitura anti-sartriana de Heidegger, em grande parte inspirada pela relação transferencial com Beaufret. Mas, desde o "Discurso de Roma", e apesar de numerosas ambigüidades, ele já se afastava dos principais temas da filosofia heideggeriana, notadamente de toda visão apocalíptica da ciência e de toda ontologia da busca, da origem ou da presença. Mais tarde, em seu comentário do *Banquete* de Platão, irá se afastar ainda mais da idéia heideggeriana de uma origem do ser cuja claridade teria se obscurecido com a evolução do mundo moderno.[22]

Se Lacan pôde utilizar a obra heideggeriana desse modo, foi porque ela se prestava, na França do pós-guerra, a tal utilização. Nesse sentido, Sartre tinha razão ao sublinhar: "Pouco importa Heidegger, se descobrimos nosso próprio pensamento no de um outro". Nada mais verdadeiro. A ruminação heideggeriana fascinou toda uma geração, de maneira hipnótica, na medida em que não constituía sistema, em que situava-se desde o início na complexidade de um "entre-duas-línguas", no emaranhado da verdade e da mentira, no inextricável da existência e do semblante, com o duplo risco de ser intransmissível (porque sujeita a múltiplas variações) e intraduzível (pois cada um podia nela encontrar o eco de sua própria fala). Por essa posição paradoxal, o pensamento heideggeriano desempenhou um papel iniciático e pedagógico na história do pensamento francês da segunda metade do século XX. E sob esse aspecto Lacan foi, da mesma forma que Sartre e mais tarde Foucault e Derrida, um dos que tornaram legível o texto heideggeriano na medida mesmo em que, contrariamente a Beaufret e a seus discípulos mais dogmáticos, recusaram ser fiéis a ele, a fim de melhor perceber o que nele era essencial: a capacidade de descobrir no outro o que está em si.

Como toda uma geração, Lacan passou portanto por Heidegger para descobrir e para servir Lacan. Prova disso é a apresentação do primeiro número de *La Psychanalyse*, no qual aparece a tradução "autorizada" de "Logos": "Quanto à presença aqui do sr. Heidegger", escrevia Lacan, "ela é por si só, para todos os que sabem onde se cumpre a meditação mais altaneira do mundo, a garantia de que, pelo menos, há uma maneira de ler Freud que não testemunha um pensamento tão barato como o repete um certo defensor patenteado da fenomenologia".[23] Essa vibrante homenagem ao "sr. Heidegger" assemelhava-se a um verdadeiro estratagema de sioux. Lacan não se contentava em censurar o texto daquele cuja "altaneira meditação" enaltecia; utilizava o nome dele contra o de Sartre — o "defensor patenteado" —, a fim de assentar sua estratégia de reconquista do movimento psicanalítico francês fundada numa leitura não fenomenológica da obra freudiana.

Se a referência à problemática heideggeriana do desvelamento da verdade e do "deixar agir a fala" permanecia maciça no "Discurso de Roma", ela desaparece quatro anos mais tarde, no momento em que Lacan pronuncia na Sorbonne uma conferência intitulada "A instância da letra no inconsciente, ou a razão depois de Freud",[24] na qual estabelecia uma teoria do significante não mais fundada apenas numa leitura de Saussure e de Lévi-Strauss, mas construída de maneira lógica a partir dos trabalhos de Roman Jakobson sobre a metáfora e a metonímia. Nesse sistema, em que o inconsciente era formalizado segundo o modelo de uma estrutura de linguagem e no qual era reivindicado o ingresso de Freud no círculo da ciência, Lacan renunciava a toda ontologia. Dito de outro modo, sua apropriação da obra heideggeriana foi comandada pelas duas leituras sucessivas que fez da lingüística estrutural. Na primeira, a do "Discurso de Roma", não tendo ainda elaborado sua teoria do significante, conservava a ruminação heideggeriana sobre a origem e o desvelamento; na segunda, ao contrário, a da "Instância da letra", desembaraçava-se dela por uma vontade afirmada de situar a descoberta freudiana no campo da ciência, graças a uma referência à razão e ao *cogito* cartesiano.

E foi no momento em que mais se afastava da obra heideggeriana que prestou ao homem Heidegger uma homenagem acentuada: "Quando falo de Heidegger", escrevia em 1957, "ou melhor, quando o traduzo, esforço-me para deixar à fala que ele profere sua significância soberana".[25] Curiosa maneira de emaranhar ainda mais a mentira e a verdade para dispensar aquele que supostamente o inspirava! Heidegger era abandonado aqui à "significância soberana" de sua fala, longe da ciência do significante a que Lacan aspirava. Quanto ao ato de tradução de "Logos", serviu menos para transmitir o texto heideggeriano do que para ilustrar o ensino de Lacan.

O fato de não ter sido heideggeriano não impediu Lacan de querer apaixonadamente ser reconhecido por Heidegger, ainda que este nada entendesse do ensino de Lacan.[26] Sendo assim, uma fantástica relação feita de silêncios, de mal-entendidos e de encontros que não se deram instaurou-se entre os dois homens que, cada qual à sua maneira, se interrogavam sobre a questão da fala e da linguagem. Silêncio de Lacan a propósito da tradução incompleta de "Logos", silêncio de Heidegger sobre essa censura, distorções acerca da transferência cuja vítima foi Beaufret, silêncio ou ausência de palavras durante o diálogo malogrado de Guitrancourt, e depois na estrada de Chartres, silêncio também dos tradutores de Heidegger sobre a tradução de "Logos" por Lacan, e de Lacan sobre o passado nazista de Heidegger, silêncio enfim em dois outros momentos importantes dessa relação emaranhada.

Em 1959, durante um jantar que reunia Lacan, sua filha Judith, Maurice de Gandillac, Jean Beaufret e Dina Dreyfus, a segunda mulher de Lévi-Strauss, uma viva discussão surgiu a propósito do passado de Heidegger. A sra. Dreyfus recusou a idéia de sequer levar em conta tal filosofia, enquanto Beaufret contestava que essa filosofia tivesse algo a ver com o nazismo. No meio dos convivas, Lacan guardou silêncio, acariciando os cabelos de Judith e depois tentando desviar a conversa para outro assunto. Entretanto, por ocasião de um texto de *Temps Modernes* de 1958, no qual se julgara atacado por Jean Wahl, ele não havia hesitado em responder a este, o mais claramente possível, sublinhando numa carta que, em relação à "experiência nazista", sempre fora solidário às vítimas e não admitia que se pudesse duvidar disso um só instante a pretexto de "agravos relativos a Heidegger".[27]

Sete anos mais tarde, enviou a Heidegger seus *Escritos* com uma dedicatória. Numa carta ao psiquiatra Medard Boss, Heidegger comentou o fato com as seguintes palavras: "Certamente também você recebeu o volumoso livro de Lacan (*Escritos*). De minha parte, não consigo por enquanto ler o que quer que seja nesse texto manifestamente barroco. Disseram-me que o livro causou uma agitação em Paris comparável à suscitada outrora por *O ser e o nada* de Sartre". Alguns meses mais tarde, ele acrescentava: "Envio-lhe em anexo uma carta de Lacan. Parece-me que o psiquiatra tem necessidade de um psiquiatra".[28] Eis portanto a opinião que Heidegger tinha de Lacan...

Uma última vez ainda, sabendo que o filósofo estava doente, Lacan viajou a Friburgo, em companhia de Catherine Millot, para expor-lhe sua teoria dos nós. Falou abundantemente, e Heidegger guardou silêncio.[29]

3. DESTINOS CRUZADOS:
JACQUES LACAN E FRANÇOISE DOLTO

A RECENTE PUBLICAÇÃO DA CORRESPONDÊNCIA entre Françoise Dolto[1] e seus familiares permite esclarecer com muito mais precisão do que havíamos feito na *História da psicanálise na França* o destino daquela que foi, ao lado de Jacques Lacan, a segunda grande figura do freudismo francês. Françoise Marette nasceu em novembro de 1908 numa família de politécnicos e militares da direita conservadora, carola e adepta das idéias de Maurras. Assim, foi criada segundo os princípios educativos dessa grande burguesia parisiense cuja opinião era moldada pela leitura cotidiana de *L'Action Française*. Desde a tenra infância, ela leu livros piedosos e foi iniciada nas mais tolas balelas relativas à sexualidade humana. Por muito tempo acreditou que as crianças nasciam em caixas enviadas à terra pelo Sagrado Coração de Jesus, que as coisas do amor eram repugnantes, ou ainda que as mulheres estavam destinadas a passar da virgindade à maternidade sem jamais ter acesso nem à intelectualidade, nem a uma liberdade qualquer.

Uma carta de seu tio-avô materno, oficial do Exército colonial em Tonkin, mostra bem o ensinamento que se procurava dar em 1921 às meninas de seu meio:

Estou contente por te divertires bastante e por fazeres muito exercício de bicicleta. Embora admita que é bom que a mulher seja esportiva, não creio na necessidade, hoje em moda, de que ela se entregue aos esportes com o desejo único de ser campeã de *cross-country*. Receio que, para atingir o objetivo, elas negligenciem outros mais importantes; que não pensem mais o bastante em desenvolver sua cultura moral e intelectual que deve ser o verdadeiro apanágio delas e lhes proporcionar as verdadeiras qualidades de uma esposa e de uma mãe modelares.[2]

Em setembro de 1922, sua mãe, Suzanne Marette-Demmler, exprimia-se de maneira idêntica. Após saber que Françoise tivera, com sua prima, uma "conversa" sobre "coisas sexuais", fez-lhe severas admoestações:

São coisas que só servem para excitar a curiosidade malsã e das quais é preciso acusar-se em confissão [...]. Não é chique, nem decente, e quero ter uma filha limpa, decente, uma verdadeira *mocinha*, que possa orgulhar-se de sua alma bem branca, e mesmo ser ciosa dela, quer dizer, que não permita a ninguém sujá-la. Quando eu estava no convento e colegas vinham colocar-me questões dessa natureza, eu começava a esbofeteá-las, e em seguida chamava-as de asquerosas etc.[3]

Foi assim que, ao longo de uma infância atravessada pelos horrores das trincheiras de Verdun, a pequena Françoise Marette submeteu-se a esse catecismo dominante. A impetuosa esperteza, na qual se manifestava, contudo, o impulso de uma rebelião real, não se transformou, nos anos da adolescência, em verdadeira revolta. Até porque, no seio de sua família, as relações entre pais, filhos, domésticas e governantas eram tão calorosas que ninguém podia suspeitar que fossem outra coisa senão a expressão de um magnífico amor cristão. Ora, por trás dessas aparências de ternura e caridade dissimulava-se um breviário do ódio. Germanofobia, racismo, anti-semitismo: tal foi o primeiro alimento espiritual daquela que se tornaria a fundadora na França do domínio da psicanálise de crianças.[4]

A existência simultânea dessas duas realidades contraditórias — a das aparências caridosas e a do breviário do ódio — significava de fato que, no núcleo da família Demmler-Marette, a reivindicação consciente de um ideal de soberano bem servia para mascarar uma organização patológica das relações afetivas.

E é no emaranhado dessas duas realidades, entre norma afirmada e patologia inconsciente, entre ódio recalcado e amor proclamado, que se construiu, sobre um fundo de patriotismo guerreiro, a personalidade da jovem Françoise. Entre 1908 e 1920, como mostram suas cartas e sua autobiografia,[5] dois homens e três mulheres foram para ela os atores principais de um grande drama neurótico que por pouco não a conduziu ao caminho de uma profunda melancolia.

Primeiro foi o pai, Henry Marette, capitão de artilharia, especializado na fabricação de obuses e explosivos; depois o tio materno, Pierre Demmler, capitão no 62º batalhão de caçadores alpinos, mortalmente ferido nas montanhas dos Vosges, em 6 de julho de 1916. Do lado das mulheres, foram Suzanne, a mãe, enfermeira e esposa caseira, depois "Mademoiselle", a governanta gentil mas tacanha, e por fim Jacqueline, a irmã mais velha, preferida da mãe e invejada por Françoise. Bela, inteligente, ornada de todas as virtudes e sempre apresentada como exemplo por sua admirável conduta, ela haveria de morrer em 30 de setembro de 1920, vítima de um fulminante câncer nos ossos.

Logo no início da guerra, com apenas sete anos, Françoise tomou-se por noiva de seu tio Pierre, mantendo com ele, por cartas, uma verdadeira relação amorosa. Em vez de conservar-se distante, ele a encorajou nesse caminho, apoiado aliás por Henry e Suzanne. Chegou a prometer desposá-la no fim das hostilidades. Desde então, Françoise seguiu de perto todos os combates, pressionando seu pai a fabricar obuses para matar muitos "boches": "Deves fazer mais obuses", escrevia ela em setembro de 1915, "para matar os nojentos boches que machucam os pobres franceses que sofrem por causa dos malvados boches que são cruel e que mata crianças de um ano e de dois [sic]..."[6]

No curso Sainte-Clotilde que ela começou a freqüentar naquele ano, a litania antiboche atingia o auge, a ponto de os alunos terem de fazer uma redação intitulada "Uma carga de baioneta". Françoise entregou-se com ardor à tarefa: "Matamos três soldados ou mais, enfiamos a baioneta no corpo de um boche e retiramos com nojo, mas quando a retiramos ficamos contentes e enfiamos outra vez a baioneta".[7] Estimulada a exprimir claramente essa germanofobia exagerada, Françoise também foi convidada, de maneira mais sutil, a tornar-se racista. Enquanto o *alemão* era sempre identificado no discurso familiar como o inimigo hereditário, e portanto acusado por excelência das maiores barbáries, o *negro* gozava de um estatuto ambivalente. Cingido no lendário uniforme de atirador senegalês, era representado sob os traços do bom negro colonizado, muito feliz por servir de bucha de canhão na cruzada francesa contra o inimigo teutão. Mas era designado também como um ser diabólico, portador de uma espécie de sexualidade animal e primitiva considerada perigosa para os humanos civilizados. Daí a terrível confusão em que se viu mergulhada a pobre Françoise em meio ao combate que ela entendia travar contra os boches.

Ao saber que um soldado senegalês tratado por Suzanne havia beijado sua "noivinha" porque ela lhe lembrava a filha da mesma idade, o tio Pierre fez uma cena de ciúme. Recomendou à menina que evitasse os negros tentadores, que "são evidentemente muito valorosos, mas não se comparam aos caçadores alpinos". Por sua vez, Mademoiselle, assustada pelo perigoso beijo, apressou-se a repreender Françoise e a lavar-lhe vigorosamente a face. Para consolar a filha, a quem davam a entender assim que um beijo de negro equivalia a uma imundície sexual e microbiana, Henry Marette enviou-lhe um cartão-postal no estilo Reino das Bananas, que mostrava quatro belas crianças negras: "Eis aí bons amiguinhos", escreveu. O cartão teve como efeito fazer surgir na menina um sentimento de terror, e depois de culpa. Ao encontrar por acaso na rua uma "família negra", ela se proibiu de olhá-la, embora morresse de vontade. Teve tanto medo de lançar um olhar sobre o que desejava ver que a mãe procurou acalmar esse temor e enviou-lhe, por sua vez, o retrato de um negro vestido de atirador senegalês. Acrescentou estas palavras: "Tens medo?".[8]

Pega na armadilha de um discurso em que o breviário do ódio enunciava-se com palavras que pareciam ser de amor, Françoise Marette participou assim, por uma espécie de servidão em parte voluntária, em parte não, da grande comédia mortífera que lhe impunha docemente o mundo dos adultos. Com a morte do tio, sentiu-se de fato como uma viúva de guerra e, nos anos de adolescência, não conseguiu fazer o luto desse primeiro amor. Como o teria podido, numa família em que o culto dos heróis mortos no campo de batalha, longe de atenuar o ódio antiboche da época das trincheiras, transformou-se depois de 1920 num renovado e igualmente virulento desejo de vingança germanófoba? Como o teria podido, quando Pierre Marette, seu irmão mais velho, em breve se tornaria um feroz defensor desse espírito revanchista? Aluno da escola militar de Saint-Cyr, ultranacionalista, anti-republicano, ele tomou o lugar do tio morto, de quem trazia o nome, sonhando vingá-lo ao preço de uma nova guerra. O ódio contra o *alemão* acompanhou-se naturalmente de um anti-semitismo ardoroso que sua adesão militante às teses da Action Française não fez senão crescer. Ele prosseguiu no Marrocos uma carreira clássica de oficial do Exército colonial, dividindo seu tempo entre a vida de caserna, as licenças e a "pacificação" dos nativos.

A morte de Jacqueline, a irmã mais velha, contribuiu para manter Françoise numa situação de luto, de amargura e de culpa. Dessa morte, Suzanne Marette não se refez, apesar do nascimento do último filho, em setembro de 1922. Assim, o estado depressivo no qual ela se viu, após uma febre cerebral acompanhada de surtos delirantes, não era senão a revelação de uma melancolia há muito instalada e que apenas uma vida preenchida por tarefas domésticas e deveres conjugais permitira mascarar. Tendo recebido tal educação em contato com uma mãe que, por mais dedicada e amorosa, não deixava de ser uma vítima anuente aos ideais de sua casta, Françoise chegou aos vinte anos num estado de grave neurose. Atormentada por um começo de obesidade e por uma imagem de si mesma que a desagradava fortemente, era incapaz de defrontar-se com uma vida sexual qualquer, de pensar no que fazer ou de construir-se uma identidade: "Estou com vinte anos e pareço ter doze, escrevia. [...] Temo não ser mais capaz de lutar e então [...], se isso tinha de ser, preferia morrer agora mesmo".[9]

Para as mulheres excepcionais dessa geração, desejosas de libertar-se de uma ganga familiar que, no limiar dos anos 1930, as mantinha ainda num modelo de feminilidade já caduco, vários caminhos eram possíveis: seja a tomada de consciência política, seja o engajamento feminista ou místico, seja ainda a revolta individual pelo acesso a uma profissão e portanto a uma autonomia. Foi essa última escolha que Françoise Marette fez quando, com alguns anos de atraso em relação ao irmão mais moço Philippe, iniciou estudos médicos, ao mesmo tempo para curar-se de sua educação e para não repetir, ao chegar sua vez de ser mãe e esposa, os erros cometidos pelos pais. Querendo ser "médica de educação", deparou assim com a aventura pioneira do freudismo francês na pessoa de René Laforgue. A análise começou em fevereiro de 1934 e durou três anos.[10] Ela operou sobre o destino de Françoise uma espécie de "milagre" que muito se parecia a uma revolução da consciência. Mas essa revolução se fez pelo trabalho do inconsciente, que transformou a pequena Marette numa *outra mulher*: uma mulher consciente de si mesma e não mais alienada, uma mulher capaz de sentir-se sexualmente mulher em vez de ter uma imagem mortífera e infantil de si própria.

Pode-se perceber o essencial dessa revolução na soberba carta que endereçou ao pai em 15 de junho de 1938. Henry Marette queixava-se do caminho que ela escolhera e não compreendia que rejeitasse o ideal de vida que fora o dela. Françoise explicou-lhe então, com grande firmeza, a significação dessa mudança. E, para isso, serviu-se do que havia aprendido lendo os textos de Freud, passando pela experiência da análise e freqüentando o meio psicanalítico. Desse modo, apresentou ao pai, não agravos inúteis, mas um verdadeiro quadro clínico do estado melancólico da mãe, com o qual, durante vários anos, ela própria se identificara.[11] Françoise Marette foi portanto despertada de sua neurose pela aprendizagem de um saber clínico, e arrancada dos preconceitos de seu meio pelo acesso a uma nova cultura.

A esse respeito, é interessante comparar o itinerário de Jacques Lacan ao de Françoise Dolto. O primeiro era oriundo da média burguesia comerciante, católica, chauvinista e conformista. Para essa burguesia, ainda ligada a velhas raízes rurais, a constituição de um capital e a posse de bens materiais representavam o ideal mais acabado de felicidade social. Sabe-se que aos olhos de Alfred Lacan, que ignorava tudo dos valores da arte, da cultura e do saber, nada igualava em prestígio as profissões relacionadas ao comércio e à circulação de mercadorias. Quanto a Émilie, sua esposa, a única arma intelectual que ela soube reivindicar foi a da espiritualidade cristã. Havia algo de místico nessa mulher, o que explica em parte o comprometimento de seu filho mais jovem com a vida monacal. Desde seu nascimento, ela manifestou por ele uma espécie de adoração e, por seu lado, ele sempre a viu como uma santa.

Não era esse o caso de Jacques Lacan. Nele, o desejo de ter acesso a uma aristocracia do pensamento ia de par com uma forte vontade de elevar-se na escala social. Por isso, precisava identificar-se com valores antagônicos àqueles do meio de origem. Mediante uma ruptura radical com a família, Lacan tornou-se portanto um grande burguês, filho de ninguém. Freqüentou os melhores salões da alta sociedade parisiense e foi tão esteta, niilista e cosmopolita quanto seus pais eram conformistas e chauvinistas.

Françoise Marette, ao contrário, pertencia a uma classe social que se julgava conscientemente portadora das tradições intelectuais e morais da França patriótica, nacionalista e anti-republicana. Em outras palavras, foi criada segundo princípios educativos cuja coerência refletia *antes de tudo* a adesão a um sistema de pensamento. Em vista disso, a ruptura com a família pôde exprimir-se no conflito e no intercâmbio verbal: ela foi dita, confessada, explicada, repisada... Nada a ver com o vazio intelectual, a ausência de fala e a incomunicabilidade que caracterizaram a relação de Lacan com os pais. Nada a ver tampouco com a radicalidade da ruptura lacaniana, na qual o filho nada tinha a opor ao pai, já que o pai não dispunha dos meios intelectuais para compreender aquilo a que o filho aspirava. Os dois não falavam a mesma linguagem e já não pertenciam mais ao mesmo mundo.

De sua educação estilo Action Française, Françoise rejeitou apenas os aspectos mais patológicos: recusou os preconceitos em relação ao sexo, a humilhação abusiva das mulheres e a onipotência do reinado parental sobre os filhos. Mas, como o tratamento com Laforgue foi menos uma iniciação intelectual a uma nova cultura do que um despertar afetivo provocado pela aprendizagem de um saber clínico, ela permaneceu, no plano do pensamento, herdeira dos valores que lhe haviam transmitido. Prova disso, se necessário, é o episódio que ela menciona numa carta de junho de 1938. O irmão a acusara de "deixar-se sustentar pelos judeus",[12] exprimindo assim sua rejeição do freudismo, visto como uma "questão judaica": opinião inteiramente banal para um adepto da Action Française. Ora, em vez de criticar claramente o anti-semitismo que tais afirmações continham, Françoise revoltou-se contra a própria acusação. Notificou ao pai que não era sustentada pelos judeus.

Em vez de questionar os fundamentos desse pensamento maurrasiano que modelara durante tantos anos sua personalidade, ela preferiu escapar a ele por uma espécie de esquecimento e de recusa a qualquer intelectualização.[13] Por isso a maneira como se tornou freudiana assemelhou-se tanto a uma conversão religiosa. Se o acesso de Lacan ao freudismo foi uma aventura racional, que resultou numa reelaboração teórica, o de Dolto foi da ordem de uma revelação mística. Na análise com Laforgue e no encontro com o meio psicanalítico, Françoise foi tocada pela graça de um saber iniciático que a transformou inclusive em sua imagem corporal. Aluna assídua, ela assistiu a partir de 1935 a numerosas conferências da SPP, tomando notas com paixão. Paralelamente, durante os estágios que fez como parte de seus estudos médicos no hospital Maison-Blanche, em Vaugirard, junto a Heuyer, no Enfants-Malades e no Bretonneau, viu despertar dentro dela o que iria tornar-se seu gênio próprio: uma fabulosa capacidade de entender a infância, de tomar as palavras da infância, de falar em conivência com a infância, à maneira daquelas adivinhas ciganas que Sandor Ferenczi gostava tanto de encontrar nos arrabaldes de Budapeste, no início do século XX, quando a prática da psicanálise ainda estava completamente impregnada de uma ingenuidade das origens.

Essa capacidade de escutar a infância revelou-se ao contato daquele que foi seu segundo mestre: Édouard Pichon. Assim como Laforgue, que era animado de uma forte espiritualidade religiosa, não procurou questionar a fé católica de sua paciente e tendeu a ampliá-la num cristianismo ecumênico, assim também Pichon não a incitou a rejeitar ou a analisar o modo de pensamento maurrasiano que ela herdara. Nada de surpreendente nisso, já que ele próprio havia feito da doutrina de Maurras a ponta-de-lança de seu combate em favor de um freudismo francês. Em conseqüência, por intermédio de seus dois mestres, Françoise fez parte da corrente chauvinista na SPP, o que lhe valeu ulteriormente sérios desentendimentos com a IPA. Será que ela percebeu isso? Certamente não,[14] uma vez que a conversão ao freudismo tivera por efeito desintelectualizá-la ou "despoluí-la", como ela gostava de dizer, ou seja, liberá-la das coerções da razão e fazê-la assim chegar a uma espécie de naturalidade primitiva do pensamento, anterior ao pensamento racional.

Entre Pichon e ela nasceu uma amizade feita de ternura, de intercâmbios calorosos e de conselhos críticos. Graças a ele, Françoise defendeu sua tese de medicina sobre um tema que lhe era caro, *Psicanálise e pediatria*,[15] e que ia no sentido de seu combate em favor da introdução do freudismo no domínio da medicina hospitalar e da pedagogia. Mais do que em Lacan, ele via nessa aluna-modelo, carinhosamente apelidada "la petite Marette", a verdadeira continuadora de sua obra de ideólogo do freudismo francês. Foi aliás com muita delicadeza e firmeza que ele corrigiu o manuscrito dessa tese. Fez maravilhosas observações a respeito do estilo, da sintaxe, da gramática e da conceitualidade, e encorajou a candidata a acrescentar referências históricas, especialmente ao citar os nomes de Eugénie Sokolnicka, de Anna Freud, de Melanie Klein e do próprio Pichon.[16]

324

Essa tese, defendida em 11 de julho de 1939 e publicada no fim do ano, apresentava-se de maneira bastante estranha. Numa primeira parte, Françoise expunha de forma simplista os principais elementos da doutrina freudiana, sem citar nenhum outro autor a não ser Freud. No entanto, ela inspirava-se amplamente em toda a tradição da escola francesa, e particularmente na terminologia proposta por Laforgue e Pichon. Assim, por exemplo, utilizava a palavra *amância*,[17] dando a entender que ela própria a havia introduzido. O mesmo em relação a outras noções: daí as correções de Pichon.

Dolto sempre afirmou que seu mestre no domínio da psicanálise de crianças foi Sophie Morgenstern: "Ela ensinou-me a fazer as crianças falarem com confiança, sem temer que o que dissessem fosse repetido aos adultos".[18] Nada mais verdadeiro. Morgenstern, que ela conheceu no estágio com Heuyer, desempenhou de fato esse papel. Françoise sublinhava também não ter lido os textos de Melanie Klein enquanto redigia sua tese. Certamente isso é verdade. No entanto ela possuía, nessa época, um conhecimento sucinto do debate que opunha a escola inglesa à escola vienense. E mesmo se, nesse domínio, sua única referência era o caso do pequeno Hans, ela não podia ignorar a existência mesma do debate, no mínimo em razão da publicação de artigos sobre o assunto na *RFP* e por meio do ensino de Édouard Pichon. Numa entrevista em abril de 1986, ela nos contou que teve a oportunidade de conhecer Melanie Klein na casa de Marie Bonaparte, por volta de 1936:

No jardim da princesa, ela fez uma espécie de supervisão com os jovens que estavam lá e vi que ela tinha a idéia de que era preciso que aos oito meses uma criança passasse pela fase anaclítica, era preciso que houvesse uma mãe boa ou uma mãe má; tudo aquilo me parecia artificial: a mãe não é boa nem má, ela é mãe em relação ao oral, ao anal, aceita ou não do jeito que é [...]. Todavia, sentia que Melanie Klein tinha um carisma espantoso [...]. Interessava-se muito pela psicanálise de crianças, mas eu achava que tudo nela era por demais teorizado e construído, ao passo que cada criança oferece algo de novo.[19]

É forçoso constatar que, se encontro houve, ele não se deu em 1936. Durante o entreguerras, Melanie Klein e Marie Bonaparte não se freqüentaram. A princesa leu em 1934 o livro sobre a psicanálise de crianças e, em outubro de 1935, assistiu na BPS a uma conferência de Melanie. Ficou "exasperada" e julgou que os erros kleinianos "infestavam" a sociedade inglesa.[20] Em seu diário, nenhum encontro é mencionado que possa validar o testemunho de Dolto. Foi só depois de 1945, e apesar de sua amizade por Anna Freud, que ela se interessou pelas teses kleinianas, notadamente para a publicação de seus cadernos de juventude.[21] É possível então que entre 1946 e 1953 tenha ocorrido o encontro mencionado por Dolto.

Quando redigiu sua tese, esta não tinha portanto opinião sobre a prática de Melanie Klein. Como fosse muito restrito seu conhecimento do debate em curso sobre a psicanálise de crianças e sobre a sexualidade feminina, redigiu como primeira parte da tese uma exposição "teórica" simplista e pobre. Muito diferente era a segunda parte, na qual inventava, a partir de Sophie Morgenstern, um método de análise de crianças que esteve na origem de seu gesto fundador.

Por ocasião de uma conferência,[22] Claude Halmos, biógrafo de Françoise Dolto, indicou de que maneira situar a posição dela na história da psicanálise de crianças. Na esteira da obra de Melanie Klein, que foi a primeira a inventar um universo específico à infância, essa posição seria culturalista. Ao escolher colocar-se do lado de um "povo das crianças", Dolto teria assim criado uma "cultura" da infância. Essa hipótese tem a vantagem de explicar em que sentido a passagem de Françoise à psicanálise foi da ordem de uma conversão, e não de uma teorização. O método que ela inventou consistia em abandonar a técnica do jogo e da interpretação dos desenhos em proveito de uma apropriação, pelo terapeuta, da linguagem infantil. O psicanalista devia então empregar as mesmas palavras que a criança e indicar-lhe os próprios pensamentos dela sob seu aspecto real. Os dezesseis casos apresentados na tese são a ilustração desse método. Parecem ter sido escritos para ser lidos por crianças, a ponto de se ter a impressão de reencontrar ali não uma narração romanesca, como sob a pena de Freud, mas antes o estilo de Charles Perrault. De fato, o universo desses relatos está povoado de personagens que pertencem à tradição do conto. Todos provêm de um meio popular e todos se assemelham a Branca de Neve, ao Pequeno Polegar, a Riquê do topete, ao Ogro e a Ogra. Quanto aos conceitos, eles são traduzidos em linguagem infantil. Na rubrica "Léxico sumário", encontram-se, por exemplo, as seguintes definições: "*Enuresia*: xixi na cama; *Encoprese*: cocô nas calças".

Tal foi o gênio clínico dessa mulher fora do comum. Por intermédio do culto muito "velha França" de um vocabulário tradicionalista, ela inventou um falar inesquecível que fez dela uma contista popular capaz de interpretar a língua da infância à maneira de um etnólogo que escolhesse não apenas observar os ritos de sua tribo predileta, mas partilhar seus sofrimentos e alegrias. Nesse aspecto, a vontade de ser o porta-voz das palavras da infância levava-a a ocupar mais o lugar de um xamã que o de um psicanalista. E foi essa a sua única desforra sobre seu meio de origem. Oriunda da grande burguesia, ela jamais buscou o acesso a uma classe social superior à sua. Muito pelo contrário, nutriu o desejo constante de manter com o povo uma relação arcaica. No entanto, essa necessidade vital de um vínculo afetivo, que tomou a forma de um amor pela infância, jamais resultou na busca de uma verdadeira tomada de poder. Dolto serviu-se de sua força de sugestão não para reinar sobre um mundo de escravos, mas para servir à causa dos oprimidos. Na história de seu destino, esses oprimidos foram primeiramente as crianças — ou melhor, o povo sonhado dessa infância imaginária de que ela fora privada pela estupidez de sua educação —, depois, no interior desse povo, foram os oprimidos dos oprimidos, isto é, as crianças pobres: pobres pela origem social, pobres pela miséria psíquica, pobres pela desgraça corporal. Ocupou-se assim de todas as crianças que sofriam: neuróticas, psicóticas, paralíticas, cegas, enfermas, débeis ou surdas. Hoje sabemos: ela fez milagres, à imagem do que havia sido o milagre de sua conversão freudiana.

Jacques Lacan e Françoise Marette cruzaram-se na SPP em 1936. Sabe-se o quanto ela ficou impressionada pela exposição de 16 de junho sobre "O estádio do espelho", pois tomou notas abundantes que constituem hoje o único vestígio desse texto perdido. Depois eles se freqüentaram com mais regularidade e se conheceram de fato por volta de 1938, quando ela leu o artigo sobre a família. Atravessaram a seguir a guerra sem se verem. Enquanto ele mudava de vida e enfrentava o problema de sua paternidade e de sua separação de Malou, ela encontrava enfim o homem de sua vida, Boris Dolto, um médico russo emigrado, nascido na Criméia. Casou com ele a 7 de fevereiro de 1942, e pôs no mundo, um ano mais tarde, o primeiro filho.[23] Como Lacan, não participou nem na Resistência nem na colaboração, e prosseguiu durante toda a Ocupação suas atividades no hospital Trousseau.

Depois da guerra, Jacques e Françoise tornaram-se os melhores amigos do mundo e passaram a tratar-se por tu. Ora, Lacan empregava raramente o tu. Designava por senhora [*vous*] suas mulheres e amantes, pelo menos em público, e só usava a segunda pessoa do singular com os homens de sua geração e os antigos colegas da sala de plantão: Nacht, Lagache, Ey, Mâle etc. Françoise teve o direito, portanto, à expressão de uma fraternidade habitualmente reservada aos homens. Fez parte das raras mulheres do círculo de Lacan com as quais a questão de uma eventual relação carnal jamais se colocou. Ele não procurou seduzi-la nem cortejá-la. Assim, ela foi, como Jenny Aubry, uma verdadeira amiga.[24] Essas duas mulheres, aliás, tiveram em comum, no relacionamento com Lacan, o fato de se considerarem discípulas dele sem precisarem exprimir sua fidelidade por reverências cortesãs ou manifestações de idolatria. Graças ao êxito pessoal delas, puderam instaurar com Lacan uma relação fundada na igualdade e na independência de espírito. Françoise Dolto tinha talento: conquistou na França uma popularidade maior ainda que a de Lacan, e a teria conquistado mesmo que não se tornasse lacaniana. Quanto a Jenny Aubry, tinha títulos, diplomas, um poder institucional e uma origem social que muito impressionavam Lacan. A uma ele costumava dizer: "Não tens necessidade de compreender o que digo, pois, sem teorizar, dizes a mesma coisa que eu", e à outra repetia que ela era a irmã de Louise Weiss, o que tinha o dom de exasperá-la.[25] Por esnobismo, Lacan adorava mencionar o nome dessas pessoas célebres, assim como gostava de freqüentar os poderosos deste mundo e as vedetes da atualidade: manequins, atores, jornalistas, homens políticos, filósofos, escritores etc.

Em 1949, Françoise apresentou dois casos na SPP. Tratava-se de tirar de um estado psicótico duas menininhas, Bernadette e Nicole, uma das quais dava gritos sem conseguir fazer-se entender, e a outra permanecia muda embora não fosse surda. Bernadette tinha tendência a coisificar os seres vivos e a humanizar os vegetais para destruir a si mesma, enquanto Nicole ficava petrificada em seu mutismo. Para o primeiro caso, Françoise teve a idéia de pedir à mãe que fabricasse um objeto que desempenhasse para a menina o papel de bode expiatório. Bernadette poderia assim extirpar dela mesma suas tendências destrutivas. Nascia a "boneca-flor": um tronco coberto de tecido verde, em lugar do corpo e dos membros, e uma margarida artificial à guisa de rosto. Bernadette projetou sobre o objeto suas pulsões mortíferas e pôs-se a falar. Quanto a Nicole, a mesma boneca a fez sair de seu mutismo. A experiência revelava que um símbolo podia servir de mediador na restituição de uma fala. Mas mostrava também que, nessa data, Françoise Dolto havia assimilado a noção kleiniana de "objeto mau" e incorporado à sua prática a técnica do jogo. Ao escutar esse relato, Lacan manifestou entusiasmo e declarou que a "boneca-flor" integrava-se às próprias pesquisas dele sobre o estádio do espelho e o corpo espedaçado. Prometeu um dia contribuir com um comentário teórico sobre as invenções clínicas de Françoise.[26]

No momento da primeira cisão (1953), os dois encontraram-se no mesmo campo sem ter adotado as mesmas posições. Françoise era favorável à ruptura e julgava-a inevitável, enquanto Lacan fez de tudo para impedi-la. No congresso de Roma, ela interveio depois que ele falou, cumprindo naquele dia, pela primeira vez, uma função que conservará durante trinta anos e dará ao movimento lacaniano um impulso prestigioso. Comparando Lagache e Lacan a dois dragões, sublinhou que via a si própria sob os traços de um dragãozinho. Depois lançou-se numa longa diatribe na qual, embora salientando sua concordância com as teses do orador sobre a linguagem, criticava-o acerca da noção de "maturação instintiva". De fato, ela admitia a hipótese lacaniana de uma estrutura linguageira do inconsciente, mas permanecia ligada a um certo biologismo freudiano, o mesmo que Lacan criticava por seu gesto de valorização do freudismo. Aliás, ela jamais mudou de opinião. Arrebatado por esse discurso, Lacan precipitou-se em direção a ela, deu-lhe um abraço e anunciou que uma voz divina fizera-se ouvir por sua boca. "Que foi que eu disse? Eu estava tão emocionada ao falar que já não pensava no que poderia dizer." "Bravo, Françoise dragãozinho", replicou Lacan, "não tinhas necessidade de pensar nisso para nos oferecer o dom de tua fala, e mesmo para falar disso tão bem."[27]

O que havia dito Françoise? Ela havia evocado longamente a relação carnal da criança com a mãe e sublinhado que o papel principal do psicanalista, em face do adulto neurótico, era compreendê-lo "para além da linguagem tomada do mundo dos adultos, a fim de restituir-lhe a linguagem de sua idade de crescimento real".[28] Foi a esse discurso que Lacan se mostrou sensível. Françoise contou-nos um dia que várias vezes interrogara-se sobre o que havia sido a primeira infância de Lacan. Perguntava-se por que ele jamais falava nem de seus pais nem de suas origens familiares, por que era ao mesmo tempo tão canhestro nos gestos cotidianos, tão inquieto com a própria imagem e tão obcecado pela aparência externa. Por que tinha tanta necessidade de disfarçar-se, de freqüentar os bailes de máscaras ou de exibir roupas extravagantes?[29] Dolto percebera que esse comportamento lúdico servia para dissimular uma espécie de vazio; notara que Lacan se parecia com uma criança narcísica e caprichosa à qual havia faltado, na primeira infância, algo de essencial. Assim dirigia-se a ele como às crianças que consultava. Falava-lhe como a uma criança, não para infantilizá-lo, mas para restituir, ao adulto demasiado infantil que ele se tornara, a infância real de que fora privado.

Nas cartas que trocaram entre 1956 e 1978, aparece esse modo de comunicação tão particular. Ele insiste na presença dela nas reuniões importantes da SFP, pede-lhe "confidencialmente" sua opinião sobre o que ensina, solicita-lhe informações que possam servir a seu seminário. A partir de 1960, ela se habitua a desejar-lhe uma boa entrada de ano, sempre oferecendo-lhe presentinhos como bombons, brinquedos-lembranças ou *gadgets*. Ele agradece, dizendo o quanto gosta dela, estimando-a como uma das raras pessoas que "*são* plenamente". Esse tema da plenitude é com freqüência associado em seus escritos ao da solidez. Lacan acha Dolto "forte", mas não hesita em aconselhar-lhe uma dieta. Em fevereiro de 1961, ao passar uma temporada em Megève no hôtel do Mont-d'Arbois, narra a ela suas desventuras. Após oito dias de brilhantes performances e de sol, incensado por seus acompanhantes, sucede-lhe uma torção de tornozelo: os caminhos da sorte são insondáveis, diz ele à amiga, pedindo-lhe para guardar silêncio sobre esse incidente como se se tratasse de um segredo de Estado. No ano seguinte, o tom é ainda mais caloroso. Ele diz-lhe o quanto ela lhe é cara. Enfim, com o passar dos anos, repete-lhe as mesmas confidências: ela é a única cujos presentes lhe dão prazer de fato, a única que sabe mimá-lo.[30]

Por outro lado, uma forte relação clínica havia se instaurado entre os dois. Lacan habituara-se, com efeito, a telefonar a Dolto no meio da noite para enviar-lhe os analisandos com os quais não tinha êxito, seja em terapia, em supervisão ou em formação didática. Um dia, enviou-lhe um paciente muito rico cujo tratamento estava "bloqueado", sublinhando que ela podia pedir-lhe uma quantia elevada. Dolto fez o contrário e baixou o preço: "Dado o que você faz", disse ela ao analisando, "cobrarei menos". A análise adquiriu então um novo impulso.[31]

4. O BANQUETE, A TEMPESTADE

OS DEZ ANOS QUE DUROU A SFP foram, para Lacan e Dolto, os do desabrochar de um pensamento e de um ensino. Nessa sociedade em crise[1] que presenciou o surgimento da terceira geração psicanalítica, os dois adquiriram progressivamente uma posição dominante em face de seus respectivos rivais: Daniel Lagache e Juliette Favez-Boutonier. Já tivemos oportunidade de falar das múltiplas causas que estiveram na origem desse retumbante sucesso. Duas delas devem ser retidas. Dolto e Lacan tinham gênio, enquanto seus pares da segunda geração (SFP e SPP) tinham apenas talento; por isso, atraíram para sua sociedade a maioria dos alunos em formação — não necessariamente os mesmos, e não da mesma maneira. A razão do sucesso dessa dupla flamejante deve-se também ao fato de terem sido, naqueles anos, os únicos de sua geração, na SFP, a ensinar um saber freudiano desembaraçado de todo vínculo com a tradição francesa da psicologia universitária.[2]

Privado de uma formação acadêmica em filosofia, Lacan teve vontade, desde 1933, de manter uma relação privilegiada com os melhores pensadores de seu tempo. Suas ligações pessoais, muitas vezes difíceis, com Koyré, Kojève, Corbin, Heidegger, Lévi-Strauss, Hyppolite, Ricoeur e, mais tarde, Althusser e Derrida, mostram suficientemente que, para ele, toda valorização séria do freudismo devia passar por uma interrogação de tipo filosófico. Mas ele jamais abandonou, por causa disso, o domínio da clínica psiquiátrica, e insistiu que todos os seus alunos fizessem estudos médicos. Assim realizou uma perfeita síntese entre as duas grandes vias sempre necessárias para a implantação do freudismo em qualquer país: a via médica, pela qual uma ciência da clínica apropria-se do domínio da loucura,

333

e a via intelectual (literária ou filosófica), a única capaz de dotar uma doutrina de um fundamento teórico.

Em face de Lacan, Lagache tomou um caminho radicalmente oposto. Filósofo de formação, foi durante toda a vida o artífice, não de uma reelaboração filosófica do saber freudiano, mas de uma integração desse saber ao domínio geral de uma hipotética unidade da psicologia instalada na universidade. Permaneceu o representante da psicanálise entre os psicólogos que lhe eram hostis, e o missionário da psicologia num movimento freudiano que recusava essa herança. Daí um fracasso retumbante. A via da psicologia é sempre, no plano da teoria, um desvio para a implantação do freudismo, seja qual for sua força institucional.

Quanto a Juliette Favez-Boutonier, seu itinerário é mais ou menos semelhante. Encarnando também os valores de uma tradição herdada de Janet, lutou pela implantação da psicanálise na universidade sob o rótulo da psicologia. Perante ela, Dolto desempenhou, na SFP, um papel sensivelmente idêntico ao de Lacan frente a Lagache, mas foi no terreno da pediatria, e não da psiquiatria, que ela instalou seu ensino, auxiliada por Jenny Aubry, que a acolheu freqüentemente nos diferentes serviços dos quais foi a patrona após 1945.

Ao mesmo tempo que Dolto se afirmava como a segunda figura fundadora do freudismo francês, ela era também rejeitada pela direção da IPA por sua prática da análise didática. No congresso realizado no verão de 1953, em Londres, o Executivo central, presidido por Heinz Hartmann, rejeitou a filiação dos demissionários da SPP. Confiou o exame da candidatura da nova sociedade deles a um comitê que se transformou, segundo o procedimento habitual, numa comissão de inquérito dirigida por Winnicott e composta por Phyllis Greenacre, uma americana ligada a Ernst Kris, Willi Hoffer, um inglês de origem vienense, amigo de Anna Freud, e Jeanne Lampl de Groot, uma holandesa formada por Freud, muito ligada a Anna e a Marie Bonaparte, e a quem foi dada a tarefa de interrogar os "líderes" da rebelião. Todos conheciam muito bem os problemas relacionados à formação dos analistas, e dois deles, Winnicott e Hoffer, ha-

334

viam se envolvido diretamente nas Grandes Controvérsias. Winnicott foi visitar Dolto. Era o mais bem situado para avaliar o trabalho dela sobre a psicanálise de crianças. Considerou este muito positivo e sublinhou que devia ser mantido no quadro da SFP. Entretanto, deu um parecer desfavorável sobre as qualidades de Françoise como didata: para Winnicott, ela carecia de método e suscitava em relação à sua pessoa uma "transferência selvagem". Em vista disso, foi-lhe recomendado que se mantivesse afastada dos jovens a fim de não "influenciá-los".[3]

A comissão fez portanto um julgamento tão negativo sobre sua prática quanto sobre a de Lacan. A este último, reprovou acima de tudo as sessões curtas. Ao que eram acrescentadas críticas de outra natureza: sedução em relação aos alunos, incapacidade de analisar a transferência, risco de uma influência demasiado grande e prejudicial no interior da SFP.

Nem Lacan nem Dolto eram "técnicos" da análise didática no sentido kleiniano ou annafreudiano do termo. Não obedeciam a nenhum "padrão". Não controlavam estritamente suas intervenções em função da transferência, da contratransferência ou das resistências. Não interpretavam os enunciados de seus pacientes em momentos muito precisos do desenrolar da análise, não eram adeptos do cronômetro e não seguiam sistematicamente a regra das quatro ou cinco sessões semanais obrigatórias. Formada por Laforgue, cuja prática era considerada detestável pela IPA, Dolto nada havia aprendido das regras em vigor. No que se refere a Lacan, que, ao contrário, fora analisado por um puro técnico ipeísta, ele passara a abominar as regras que este lhe impusera. E foi a essa falta de "tecnicidade" que foram sensíveis os membros da comissão.

No entanto, Dolto e Lacan em nada se assemelhavam quanto à maneira de formar os alunos. Dolto respeitava perfeitamente a regra dos cinqüenta minutos para a duração das sessões, não por obediência à IPA, mas porque sentia a necessidade disso. Tinha poucos candidatos em análise didática e não se entregava a nenhuma das transgressões a que haviam cedido os expoentes do movimento freudiano: Marie Bonaparte, Ernest Jones, Edward Glover, Melanie Klein, Jacques Lacan e muitos outros. Não foi a analista dos próprios filhos, evitou receber no divã os membros de uma mesma família e, convém dizer, jamais manteve relações sexuais com pacientes. Aliás, depois de se casar, guardou uma fidelidade irrestrita ao homem que desposara. Certamente era cercada de admiradores, mas não cultivou em excesso a idolatria. Não sendo nem perversa, nem psicótica, nem libertina, nem introvertida, nem homossexual, Dolto apresentava, em princípio, todas as qualidades de "normalidade" requeridas para integrar-se à IPA.[4] E, no entanto, isso não aconteceu.

No congresso de Copenhague, em julho de 1959, o Executivo ordenou a criação de um novo comitê destinado a examinar a candidatura francesa. Este logo se transformou em comissão de inquérito e, em 15 de maio de 1961, três semanas após a tentativa de golpe dos generais de Argel, desembarcava em Paris. Instalado no hotel Westminster, começou então a interrogar os membros da SFP, divididos em "seniores" (segunda geração) e em "juniores" (terceira geração).[5]

Esse comitê era bem diferente do anterior. Não incluía nenhuma personalidade célebre do movimento freudiano (como Winnicott ou Lampl de Groot) e era composto de dois kleinianos ingleses, Paula Heimann e Pierre Turquet, *a priori* muito mais favoráveis à filiação que seus colegas annafreudianos. Próximos de Marie Bonaparte, estes últimos desejavam, com efeito, garantir à SPP a exclusividade da representação legítima. Tinham portanto uma posição diferente da dos americanos ligados a Anna Freud, em particular Heinz Hartmann e Rudolph Loewenstein, que sempre foram defensores da SFP, com ou sem Lacan.

Formado no divã de Paula Heimann, Pierre Turquet era de origem francesa e fizera uma carreira de reformador da psiquiatria inglesa durante a guerra. Conhecia pessoalmente Lacan e este o admirava, como tivera a ocasião de dizê-lo quando da sua conferência de 1946 na BPS. Judia de origem berlinense, Paula Heimann havia emigrado para Londres desde a instalação do nazismo na Alemanha. Analisada por Melanie Klein, tornara-se uma de suas melhores discípulas e destacara-se no congresso

336

de Zurique com uma exposição sobre a contratransferência. Em 1953, um conflito temível opôs as duas mulheres. Sentindo-se a "escrava" de Melanie, Paula manifestou sua rivalidade e sua insubmissão: foi rejeitada de maneira impiedosa e deixou o grupo kleiniano dois anos mais tarde. No momento em que foi nomeada membro do comitê, era vista como uma brilhante clínica, especialista em transferência negativa. Na posição de discípula desiludida por um mestre, havia ela mesma experimentado, portanto, todas as dificuldades que enfrentaria ao interrogar os alunos de Lacan.[6]

Os dois outros membros do comitê eram figuras mais apagadas. Amiga de Anna Freud e vienense de origem, Ilse Hellman sempre se mostrou muito hostil aos contestatários, sobretudo a Lacan, de quem não compreendia nem o papel, nem a importância. Ela não somente considerava que a psicanálise reduzia-se a uma simples terapêutica, mas também que a obra de Freud não devia ser objeto de uma interpretação de tipo filosófico.[7] Quanto a Pieter van der Leeuw, especialista em *training* [formação] e futuro presidente da IPA, partilhava essas convicções.

De maio de 1961 a dezembro de 1963, Wladimir Granoff e Serge Leclaire, pela SFP, e Pierre Turquet, pelo comitê, foram os atores apaixonados de uma fatigante negociação pontuada pelas decisões tomadas em dois congressos da IPA: o de Edimburgo, no verão de 1961, e o de Estocolmo, no verão de 1963.[8] Demos a essa negociação o nome de Grande Jogo. Ela opôs uma concepção francesa do freudismo, marcada pela expansão do gesto lacaniano, a uma concepção anglo-americana desse mesmo freudismo, desejosa ao mesmo tempo de abrir-se a um movimento cuja vivacidade lhe parecia evidente e de controlar uma doutrina cuja significação se lhe afigurava perigosa ou opaca. A negociação acabou num desastre: a ruptura de Lacan e da maioria dos alunos da SFP com a legitimidade ipeísta.

Unidos por uma sólida amizade e uma maravilhosa cumplicidade, os dois negociadores franceses tinham consciência de que Lacan não renunciaria às sessões de duração variável. Conheciam-no o suficiente para sabê-lo incapaz de reduzir o número de analisandos. Lacan, com efeito, comprazia-se em teorizar com infinita sutileza a doutrina da castração, fustigava todos os perigos a que o sujeito se expunha em sua crença na onipotência do eu, e não pensava um só instante em aplicar a si próprio tão belo ensinamento.

Internacionalistas fervorosos, Leclaire e Granoff estavam convencidos de que qualquer ruptura entre Lacan e a IPA seria uma catástrofe, tanto para o freudismo francês quanto para Lacan e a IPA. Todavia, no interior do Grande Jogo, não desempenhavam o mesmo papel. Leclaire era antes de tudo o conselheiro de um príncipe e, nessa qualidade, punha em ação uma ética da fidelidade. Servia a um mestre, não por espírito de servidão ou de adoração, mas porque esse mestre era o porta-voz de um freudismo inovador ao qual ele havia aderido desde que, em 1950, tornara-se o primeiro lacaniano francês. Analisado por Lacan, pensava que os discípulos que lhe haviam sucedido no divã do mestre saberiam sustentar o ensino lacaniano com força persuasiva suficiente para fazer os inquisidores da IPA aceitarem o inaceitável: as sessões de duração variável. Ele se enganava.

Assim como Leclaire, Granoff trabalhava pelo reconhecimento, por parte da IPA, dessa forma francesa do freudismo que era o lacanismo. Mas, longe de se considerar o conselheiro de um príncipe, sentia-se o irmão mais velho dos homens de sua geração. Assim, foi mais o artífice de uma ética do pertencimento ao grupo do que de uma ética da fidelidade ao mestre. Privilegiou portanto uma política do grupo com o mestre, que resultou num fracasso tão completo quanto o de Leclaire.

Convencido da necessidade de integrar Lacan e a SFP à IPA, Pierre Turquet pensava sinceramente que o mestre francês acabaria por aceitar uma redução no número de seus analisandos a fim de tornar possível um compromisso com o Executivo central. Foi encorajado nesse caminho pela atitude de Leclaire e de Granoff que, não tendo outra estratégia a seguir senão reintegrar Lacan à IPA, deram-lhe a entender que este último cederia, sem com isso quererem enganá-lo. Entretanto, ao longo das duas grandes séries de interrogatórios que dirigiu — uma em maio e junho de 1961, a outra em janeiro de 1963 —, Turquet percebeu que Lacan não apenas não renunciava à sua prática, mas continuava a aumentar o número de seus analisandos, embora, diante da comissão, jurasse em alto e bom som que suas sessões eram de duração normal.

Em tais condições, redigiu dois relatórios desfavoráveis à integração. O primeiro teve por conseqüência a elaboração, pelo Executivo, de uma lista de "Recomendações", com vinte itens, que foi divulgada no congresso de Edimburgo, em 2 de agosto de 1961. O artigo 13 estipulava que Lacan não deveria mais aceitar novos casos em formação: nem supervisão, nem análise didática. O segundo relatório levou o Executivo, dois anos mais tarde, a excluir Lacan, não da IPA, mas da lista dos didatas da SFP. Essa decisão foi tomada no congresso da IPA de agosto de 1963. É conhecida pelo nome de "Diretriz" de Estocolmo.[9]

Os depoimentos dos alunos de Lacan permitiram a Turquet tomar consciência da realidade das análises lacanianas do ponto de vista da transferência. Três tipos de situações apresentaram-se a ele. Havia, primeiro, um grupo composto de ex-analisandos e de discípulos não analisados por Lacan mas que, eventualmente, haviam seguido com ele uma supervisão. De maneira geral, elogiaram sua prática e seu ensino, sem devoção excessiva à sua pessoa. Em seguida, havia a massa de alunos em curso de análise. Estes dividiam-se em duas categorias: os primeiros, mais brilhantes, mas menos numerosos, eram, como os anteriores, já titulares ou associados.[10] Desejavam o reconhecimento do ensino de Lacan pela IPA, mas afastaram-se dele como analista à medida que falavam de sua análise aos membros da comissão. Esses membros desempenharam, portanto, junto a eles, o papel que será atribuído por Lacan aos "passadores", no procedimento dito do "passe" instaurado na Escola Freudiana de Paris (EFP) em 1969.[11] Asseguraram uma "passagem" a um final de análise que, em vez de terminar por uma simples separação, resultou numa cisão. Os segundos, menos brilhantes, formavam a base da SFP. Com raras exceções, recrutavam-se entre os estagiários e os convidados. De maneira geral, seus depoimentos tomaram a forma de uma profissão de fé hagiográfica sobre os incomensuráveis méritos de Sua Majestade.

Desses longos interrogatórios em que se evidenciava que três quartas partes dos membros da SFP desejavam a integração de Lacan como didata à IPA, Pierre Turquet concluiu que era preciso, ao contrário, impedir a prática da didática. Por quê? Porque, segundo os critérios da IPA, os métodos de Lacan eram inaceitáveis. O homem fazia promessas que não cumpria, seduzia seus pacientes e estes mostravam-se ora demasiado servis em relação a ele, ora demasiado rebeldes. Em uma palavra, Lacan era um "líder carismático" e não um técnico da didática. Tudo isso é verdade, mas Pierre Turquet e Paula Heimann bem sabiam que tais fenômenos de transgressão, de culto e de sedução tinham existido em mesmo grau, na BPS, na roda de Melanie Klein. Ora, o kleinismo permanecera um componente essencial da IPA. Deve ser dito que Klein e os membros de seu grupo haviam elaborado uma doutrina da análise tecnicamente aceitável pela IPA, o que não era de fato o caso de Lacan entre 1960 e 1963...

No entanto, em quatro grandes exposições, entre 1955 e 1960, ele se exprimira sobre essa questão.

Em 1955, Henry Ey encomendara-lhe um artigo para a *Encyclopédie médico-chirurgicale*, destinado a figurar em paralelo com o de Maurice Bouvet que representava as posições da SPP. Bouvet redigiu um texto de estilo neofreudiano sobre o tratamento-padrão, e Lacan encarregou-se do tema "Variantes do tratamento-padrão".[12] Retomando sua tese do lugar do analista como "ser-para-a-morte", ele desenvolvia uma teoria da análise semelhante à enunciada no "Discurso de Roma". Mas atacava Bouvet e seus adversários da SPP para visar o que desde então chamava a "psicanálise americana". Com esse termo designava não a realidade histórica do freudismo americano, e sim uma concepção "extraviada" da psicanálise freudiana, isto é, uma doutrina centrada no eu e não no isso, e articulada a uma visão adaptativa do indivíduo à sociedade. Incluía aí um conjunto de teses

340

oriundas da corrente vienense: tanto o annafreudismo como a *ego psychology*. Daí o ataque contra a noção de mecanismo de defesa, que outrora havia elogiado, e contra a de "eu autônomo".[13] A isso, opunha não apenas uma tradição húngara, a de Ferenczi e de Balint, na qual ele próprio se reconhecia, mas sua própria valorização do freudismo, centrada na busca da verdade do sujeito e do desvelamento do desejo inconsciente para além das ilusões do eu. Julgado demasiado difícil de decifrar, o artigo foi retirado da *Encyclopédie* em 1960, para o furor de Lacan que fez dele uma versão mais virulenta para a edição dos *Escritos* em 1966.

A segunda exposição, intitulada "Situação da psicanálise e formação do psicanalista em 1956", havia sido publicada no número especial da revista *Études Philosophiques* dedicada à celebração do centenário de nascimento de Freud.[14] Com uma veia acerba, Lacan pintava aí um quadro apocalíptico do que era para ele a burocracia da IPA em meados dos anos 1950. Destacando quatro categorias de figuras alegóricas, qualificava de "Suficiências" a alta hierarquia do legitimismo freudiano: titulares, presidentes, secretários, vice-presidentes ou membros ativos. Acusava-os de só conhecerem da democracia sua forma antiga — uma sociedade de senhores servidos por escravos — e de terem por exclusiva função reproduzir ao infinito um modelo único de funcionário da psicanálise: o didata moderno identificado a seu eu social, forte ou autônomo. Na base da pirâmide, situava os "Pedrinhas no sapato", filiados, estagiários ou escravos das "Suficiências". Entre o topo e a base, incluíam-se duas outras categorias: os "Bem-Necessários", por um lado, designados pelos senhores para formar os escravos, e as "Beatitudes", por outro, verdadeiros porta-vozes das "Suficiências", encarregados de tomar parte em comitês para orientar, julgar ou recusar os candidatos à análise didática.

Lacan não era menos severo em sua descrição do conteúdo do ensino da IPA. Qualificava-o de *matérias de ficção*. Entre elas, só excetuava o saber médico, salientando, porém, que seu ensino era redundante, uma vez que a maior parte dos candidatos

341

podia recebê-lo nas faculdades de medicina. Quanto à análise didática, ela contribuía, segundo ele, para levar o candidato a uma espécie de analfabetismo que ele denominava "desintelectualização". Sublinhava ainda que a IPA privilegiava uma formação quantitativa ("cem analistas medíocres") em detrimento de uma formação qualitativa: a sociedade de massa contra o círculo das elites. Daí esses profissionais robotizados dos quais traçava um retrato corrosivo: "Aquele aspecto interior e mesmo posterior que o mostra como que apoiado sobre o feto macerado de suas resistências".[15] Citava, para terminar, um conto de Edgar Poe, "O caso do sr. Valdemar", comparando a IPA a um cadáver sob hipnose e em hibernação.

Em julho de 1958, no colóquio de Royaumont organizado pela SFP, ele voltava a atacar a psicanálise dita "americana" numa longa conferência intitulada "A direção do tratamento e os princípios de seu poder".[16] Qualificava a técnica annafreudiana de "trabalho postiço" e ridicularizava o método interpretativo de Ernst Kris a partir do comentário de um caso por este publicado. Tratava-se da história de um homem acometido de uma forte compulsão ao plágio. Sua primeira analista, Melitta Schmideberg, havia interpretado essa compulsão como a recorrência de um sintoma neurótico cuja origem situava-se numa delinqüência infantil: o paciente habituara-se, na infância, a roubar livros e guloseimas. Retomando o caso num segundo segmento de análise, Kris impressionou-se com o fato de que o homem se contivesse diante dos cardápios de restaurante onde aparecia o nome de seu prato favorito: miolos frescos. Deduziu daí a significação do sintoma: o paciente buscava ser plagiário para impedir-se de sê-lo verdadeiramente.

Lacan contestava essa interpretação, típica, segundo ele, das análises centradas na análise das defesas, e propunha uma outra: não é a defesa contra a idéia de roubar que leva o paciente a tomar-se por um ladrão, é o fato de ele poder ter uma idéia própria. Em outras palavras, a vontade de miolos frescos é um *acting out* que significa que o paciente rouba "nada". Ele não é vítima de uma obsessão, mas de uma anorexia mental: em vez de "não comer", ele come "nada", isto é, qualquer coisa. Lacan aproveitava essa crítica feita a Kris para retomar a idéia de plágio que, sabemos, não cessava de assediá-lo desde o caso do "estádio do espelho".

Ao tomar de Wallon o modelo da experiência, Lacan apagou os traços do empréstimo e apresentou-se não como o iniciador de uma experiência do espelho, mas como o inventor de um conceito de estádio do espelho. De ano em ano, sem citar Wallon, lembrava a seu auditório que a referida invenção datava do congresso de Marienbad, no qual o representante patenteado da IPA havia ousado cortar-lhe a palavra, a ponto de ele ter deixado o local esquecendo de entregar seu precioso texto aos responsáveis do congresso. E agora, ao evocar o nome de Kris, que fora testemunha do caso, ele punha-se a acusar seus adversários de pilhá-lo: "Nos EUA, para onde foi Kris, publicação equivale a título, e um ensino como o meu deveria a cada semana tomar suas precauções contra a pilhagem que ele não deixaria de suscitar. Na França, é sob uma forma de infiltração que minhas idéias penetram num grupo no qual se obedece às ordens que proíbem meu ensino".[17]

Lacan acreditava portanto firmemente no "roubo de idéias"[18] no momento mesmo em que demonstrava, no comentário de um caso, que esse tipo de roubo não existia, exceto no cérebro doente de um neurótico vítima de uma compulsão ao plágio por desejo de roubar "nada". Sua Majestade terminava a conferência por um renovado elogio a Ferenczi e à escola húngara, e por um enunciado em cinco pontos que definia o essencial de uma direção do tratamento verdadeiramente freudiana.

Quando esta é incapaz de sustentar uma práxis autêntica, dizia ele em síntese, ela se perde na direção de consciência e, portanto, no exercício de um poder. Para ser efetiva, a análise não deve afastar-se, na transferência, da lei interna ao reconhecimento do desejo inconsciente.[19] Para que o desejo seja reconhecido, três condições são necessárias: 1) O analista deve pôr em jogo a primazia de seu ser em vez da submissão a uma técnica. 2) Deve recusar ceder às demandas do analisando, única maneira de impor um limite à onipotência narcísica do eu. 3) Deve dar todo o poder à fala, único modo de introduzir o sujeito a uma verdadeira liberdade, isto é, à consciência da infelicidade que o exercício da liberdade supõe.

Lacan construía assim uma magnífica teoria do tratamento que renovava de fato o gesto freudiano das origens. Mas ela marchava em sentido contrário a todos os padrões em vigor na IPA, e ele o sabia, já que acrescentava uma crítica radical da burocracia legitimista. Por outro lado, longe de ilustrar a maneira como ele próprio conduzia suas análises, essa teoria designava antes o ideal que almejava para a jovem comunidade da qual se considerava o guia espiritual.

Em 1960, o movimento fundado por Freud assemelhava-se a uma multinacional composta de corporações que formavam terapeutas honestos e competentes, mas perfeitamente adaptados ao conformismo dominante nas sociedades democráticas nas quais se implantara a psicanálise. Demos o nome de *psicanálise de massa* a esse modo de organização do legitimismo freudiano, tão característico da terceira geração internacionalista formada pelo segundo círculo dos discípulos de Freud. Ora, devido ao atraso da implantação francesa da psicanálise, à falta de mestres entre os fundadores da SPP e à ausência nesse país — por causa da ocupação alemã — de uma diáspora judaica emigrada, como em Londres ou nos Estados Unidos, Lacan encontrava-se, no momento de sua demanda de reintegração, numa situação de defasagem histórica. Sendo um pai fundador numa época em que a IPA não produzia mais senão praticantes honestos, ele só podia querer-se o artífice de uma ortodoxia e o representante de uma elite perante um processo de massificação do movimento. Em 1960, ele era *ortodoxo* porque preconizava um retorno à linha correta da doutrina original contra toda tentativa de ultrapassagem do freudismo, e era *elitista* porque sonhava reconstituir, em torno de si, uma *escola dos eleitos* semelhante ao primeiro círculo vienense: uma escola animada por uma mística da causa.

Tal era, pois, a significação profunda dessa teoria do tratamento que ele opunha ao tecnicismo da IPA. Quanto ao ideal elitista ao qual aspirava, ele o ilustrou durante um ano, em seu seminário de 1960-1 dedicado à transferência, por meio de um deslumbrante comentário de um dos mais belos textos da história da filosofia: *O banquete* de Platão.[20] Conhece-se a história desse diálogo que põe em cena, ao redor de Sócrates, seis personagens que exprimem, cada qual, uma concepção diferente do amor. Entre eles, o poeta Agatão, aluno de Górgias, cujo triunfo é celebrado, e Alcibíades, homem político de grande beleza de quem Sócrates recusou ser o amante para preferir o amor do Soberano Bem e o desejo de imortalidade, isto é, a filosofia. Nenhuma mulher está presente nessa ágape em que são evocados, sobre um fundo de pederastia, todas as formas possíveis do amor carnal e intelectual. Entretanto, é à palavra de uma mulher mítica, Diotima, que Sócrates se refere para expor sua concepção filosófica do amor. Ela é portanto o oitavo personagem desse diálogo que gira em torno da questão do *agalma*, definido por Platão como o paradigma de um objeto que representa a Idéia do Bem.[21]

Desde a Antigüidade, os comentadores do *Banquete* acentuaram a maneira pela qual Platão utilizava a arte do diálogo para fazer enunciar, por suas personagens, teses sobre o amor que provinham sempre de um desejo conscientemente nomeado: seja por cada um deles, seja pelo próprio autor. Ora, pela primeira vez, Lacan comentava o texto interpretando o desejo inconsciente de cada personagem. Assim atribuía a Sócrates o lugar do *psicanalista*, que ensina a seus discípulos uma verdade que se furta à consciência deles. Nessa perspectiva, o *agalma* era definido como *objeto do desejo*, isto é, como "falta a ser". Lacan resumirá mais tarde essa proposição numa fórmula genial: "O amor é dar o que não se tem a alguém que não o quer".[22] Transformado em psicanalista freudiano, Sócrates não escolhe a temperança por amor à filosofia, mas porque detém o poder de explicar a Alcibíades que o verdadeiro objeto de seu desejo não é ele (Sócrates), mas Agatão. Tal é o amor de transferência: ele é feito do mesmo tecido que o amor comum, mas é artifício, já que se volta inconscientemente para um objeto que reflete outro. Alcibíades crê desejar Sócrates quando deseja Agatão.

Se, em 1960, Lacan fazia Sócrates ocupar o lugar do *psicanalista*, é que para ele o discurso freudiano tornara-se o único equivalente moderno do momento socrático da filosofia: a reunião de uma elite em torno de um mestre, tendo como fundo a idade de ouro de uma República das letras. Ao mesmo tempo, o deslumbrante comentário do *Banquete* fazia silenciar a essência mesma da escolha socrática definida por Platão. Mas também permitia situar a nova posição lacaniana em relação à filosofia. Até a teorização do inconsciente em termos de estrutura, que se fez em duas etapas — com Lévi-Strauss em 1953 e depois com Jakobson em 1957 —, Lacan utilizava o discurso filosófico para efetuar sua valorização do freudismo. Ora, no diálogo de 1954-5 com Jean Hyppolite[23] a propósito da *Verneinung* [Denegação] de Freud, iniciava-se uma mudança que era a conseqüência direta dessa entrada no estruturalismo. Doravante, para Lacan, tratava-se menos de alimentar o freudismo com o discurso da filosofia do que de criticar esse discurso, e até mesmo de "liquidá-lo", para demonstrar o quanto a filosofia estava condenada ao impasse em função da existência mesma do inconsciente. Sua Majestade começava portanto a colocar-se como um *antifilósofo* que lia filosoficamente o discurso freudiano ao preço de uma condenação à morte da filosofia. Tal foi, aliás, o móbil do famoso encontro de Bonneval, no outono de 1960, onde se opuseram os adeptos de um freudismo fenomenológico e os defensores da estrutura. Lacan obteve uma bela vitória na ocasião, enquanto seu amigo Merleau-Ponty, de quem esperava o apoio, manifestou uma discordância completa com a tese, totalitária a seu ver, de um inconsciente inteiramente submisso às leis da linguagem.[24]

A valorização por Lacan do modelo socrático era um verdadeiro desafio. A homossexualidade, sabemos, era um continente negro para o legitimismo freudiano que bania de antemão a idéia mesma de admitir um candidato homossexual à análise didática. E eis que Lacan escolhia, para falar da transferência, o diálogo platônico mais eloqüente nesse domínio. Além disso, identificava-se a um mestre que havia sido o bode expiatório dos honestos cidadãos da democracia reinante, um mestre condenado a beber cicuta por ter recusado, com arrogância e ironia, toda forma de compromisso, um mestre acusado de corromper a juventude. Ao mestre ele associava uma mulher mítica, Diotima, designando-lhe um lugar muito claro: é como se eu fizesse falar Françoise Dolto, dizia.

É preciso comparar essa descrição idílica de uma escola socrática da psicanálise ao quadro infernal pintado por Lacan na carta que enviou de Roma a Granoff, em 24 de julho de 1961, às vésperas do congresso de Edimburgo. Ele tratava a direção da IPA de "estrume invarrível" e Marie Bonaparte de "cadáver ionesquiano". Acusava-os de deslealdade por sua meia-volta de 1953, e de traição por suas traduções da obra freudiana. Comparava Hartmann a um "caranguejo ávido de consideração", designava Jones como um "pequeno galês revanchista", e Anna como uma mulher "rígida, desconfiada e fechada". Para terminar, lançava o anátema sobre os homens desse império, verdadeiros "maricas fugindo como coelhos" diante de uma armada de mães: Klein, Lampl de Groot, Anna, a princesa. Então era esse o fruto da análise?

Marie Bonaparte, por sua vez, também se mostrava de uma violência inédita em relação a seus adversários. Numa carta a Anna Freud de junho de 1961, chamava Françoise Dolto de mulher meio louca, Blanche Reverchon, de idiota, Loewenstein, de "fraco". Rejeitava qualquer compromisso: "Jamais vou querer saber dessa gente, odeio os compromissos, assim como seu pai os odiava". Numa outra carta ao Conselho executivo da IPA, afirmava que Lacan recebia seus pacientes "por uns poucos minutos".[25]

Por que Lacan quis, durante todos os anos da SFP, voltar às fileiras de um império povoado de personagens que ele julgava tão sinistros? A resposta é bastante simples. Nessa época, na França, a idéia de uma ruptura com a IPA não podia sequer ser considerada por alguém que invocasse a história do freudismo.

E isso tanto menos quanto as duas gerações chegadas à maturidade em 1960 tinham a impressão de abrir-se enfim a um verdadeiro internacionalismo. Com efeito, elas sentiam como vergonhoso o passado chauvinista da geração precedente e queriam apagá-lo "normalizando-se".

Aliás, o sentimento de pertencimento era tão evidente que os contestatários de 1953 não se deram conta de que, ao se demitir da SPP, perdiam sua qualidade de membros da IPA. Em outras palavras: por mais que Lacan criticasse com violência o funcionamento da IPA, isso não o impedia de querer fazer parte dela, custasse o que custasse. Por seu retorno à "ortodoxia" do texto freudiano, ele sentia-se portador de uma legitimidade doutrinal incontestável. Assim sonhava universalizar essa nova legitimidade, fazendo reconhecer seu ensino no mundo anglo-americano. Daí o apoio permanente dado à estratégia de reintegração conduzida por seus dois lugares-tenentes.

Após a cisão de 1963, ele deu a Turquet o apelido ridículo de "Turkey" (peru, pessoa toda cheia de si) e afirmou diante dos discípulos crédulos jamais ter feito nada para obter o reconhecimento da IPA. Acusou inclusive Leclaire e Granoff de tê-lo "negociado" — a ele, Lacan — à sua revelia.[26] Nada mais inexato. Como mostram suas próprias cartas da época, ele foi, durante toda a negociação, o quarto parceiro do Grande Jogo no qual ocupou, até o congresso de Estocolmo, um papel ativo. A cada acontecimento importante, era informado por Leclaire do desenrolar das operações. Ora preferia manter-se à parte, reclamando tempo para elaborar sua doutrina, ora acertava com seus dois lugares-tenentes a estratégia a seguir.

Da mesma forma que era assediado pela idéia do plágio, pôs-se também a acreditar que seus discípulos mais próximos o estavam perseguindo. Após o congresso de Edimburgo, furioso por não ter podido evitar as "Recomendações", acusou Leclaire de traí-lo. Depois acalmou-se, achando que tinha seus alunos suficientemente sob controle para enfrentar de novo os interrogatórios do comitê. Ele se enganava. Não compreendeu ou não quis compreender como e por que o famoso grupo minoritário de seus melhores discípulos se afastava dele. No entanto, sua notável teoria do primado da emergência do desejo na transferência e do acesso do sujeito à sua verdadeira liberdade poderia tê-lo feito perceber a significação dessa ruptura. Mas não. Quando Jean Laplanche interrompeu sua análise a 1º de novembro de 1963 dizendo-lhe que, apesar das divergências, continuaria seu discípulo fiel, Lacan ficou furioso e o acusou de aproveitar-se dele. Assim também, quando Daniel Widlöcher quis canhestramente fazê-lo aceitar a restrição imposta pela IPA, teve uma reação colérica: "O que você quer? Me excluir? Que eu não faça mais didáticas? Você está completamente louco, meu caro, em deixar-me no momento em que vou tornar-me célebre. Já reparou bem com quem você parte? Você é um garoto indigente e junta-se aos jovens cheios da grana, os *sibaritas* da psicanálise. A atitude de todos vocês não me surpreende: são quase todos médicos e não se pode fazer nada com os médicos. Além do mais não são judeus, e não se pode fazer nada com os não-judeus. Todos vocês têm problemas com seus pais e por esse motivo agem juntos contra mim. Saiba que no futuro não dirigirei meus golpes contra Lagache e os dois Favez, mas contra vocês todos que se aproveitaram do meu ensino e me traíram. No dia em que os receberem, não duvidem do braço de onde eles partiram. Agora, nada mais temos a nos dizer".[27]

Se ele não suportava ser deixado, tampouco aceitava abandonar à própria sorte aqueles alunos que dependiam dele a ponto de serem incapazes de pensar por si mesmos. Assim, quando o comitê criticou essa dependência com o temor justificado de vê-la reproduzir-se no futuro, ele tomou a defesa dos "seus" com o vigor de uma loba que protege os filhotes. Jamais admitiu o menor julgamento negativo em relação a eles, exceto os que emanavam dele. Foi assim que começou a favorecer um apego excessivo à sua pessoa. Tomava-se por pai deles, mas os amava à maneira dessas mães onipotentes cujo poder denunciava com horror.[28]

Os interrogatórios a que foram submetidos os membros da SFP modificaram a relação de Lacan com seus alunos. Uns encontraram no diálogo com o comitê um meio de escapar à tutela de um mestre cujo gênio os esmagava, os outros, ao contrário, viram-se reforçados em sua dependência. Quanto a Pierre Turquet, ele não soube compreender a política preconizada por Leclaire e Granoff. Não querendo arriscar-se a integrar um homem cuja prática era inaceitável, recusou a idéia de que o processo de integração poderia ter por conseqüência modificar essa prática em razão do controle que se exerceria *de fato* sobre o mestre. Preso na engrenagem da máquina da IPA, negligenciou as verdadeiras qualidades clínicas de Lacan: por exemplo, sua extraordinária capacidade de estabelecer um diagnóstico, sua excepcional escuta da loucura, sua incrível lucidez em relação à hipocrisia, à boa consciência, às tartufices, coisas essas indispensáveis ao exercício da profissão de psicanalista.

Todas essas qualidades não impediram Lacan de se enganar sobre as intenções do Executivo a seu respeito. No fim de junho de 1963, quando a partida já estava perdida, decidiu ir a Estocolmo, certo de que poderia convencer a IPA da legitimidade de sua doutrina e de sua técnica. Consciente da loucura de tal ato, Leclaire fez-lhe uma advertência sublime: "Você marcha para a catástrofe sob a bandeira da dignidade. Mas sou fiel e sei o que lhe devo. Portanto irei com você".[29] Lacan foi mais além e replicou: "Chegarei a Estocolmo não como o convidado que deverá a você sua passagem [...]. Lute comigo".[30] Depois redigiu em inglês uma longa carta a Paula Heimann, na qual contestava as conclusões do relatório Turquet e acusava Lagache de roubar-lhe suas idéias.[31] Essa carta foi entregue por Lacan a Leclaire, que imediatamente a arquivou. Ele sabia da amizade que unia Paula Heimann a Daniel Lagache. Não obstante, informou-a da intenção de Lacan de participar de um seminário em Estocolmo.

A expedição resultou num desastre. No começo do mês de julho, no pré-congresso de Londres, Lacan quis expor sua doutrina diante da assembléia dos dignitários da IPA. Exprimindo-se em inglês, tentou explicar a divisão do sujeito e o lugar do objeto. Mas não achou um termo para traduzir sua noção de "resto", e pediu o auxílio da audiência. Ninguém se deu ao trabalho de responder-lhe. Muito digno, deixou então a sala de reunião para juntar-se à sua amiga e aluna Solange Faladé, que quis acompanhá-lo nesses momentos difíceis. Um mês mais tarde, em Estocolmo, ele recebe como uma bofetada o anúncio de seu banimento. No dia 2 de agosto, o Executivo reclama a aplicação estrita das "Recomendações" de Edimburgo e informa que seu cancelamento deveria efetivar-se no mais tardar até 31 de outubro de 1963.

Naquele dia, juntamente com Dolto, Perrier, Leclaire e a filha Judith, Lacan visitou o famoso castelo de Gripsholm onde o escritor alemão Kurt Tucholsky havia se suicidado em 1935.[32]

A aplicação da "Diretriz" de Estocolmo teve por conseqüência banir da IPA uma doutrina que não invocava nenhuma dissidência, como o junguismo ou o adlerismo, mas reivindicava, ao contrário, como o kleinismo, sua plena pertença à ortodoxia freudiana. Sob esse aspecto, a cisão de 1963 foi única no gênero. Pela primeira vez na história do movimento psicanalítico, uma corrente de estrita obediência freudiana achava-se de fato excluída do legitimismo freudiano. Essa exclusão de um novo tipo ia obrigar Lacan a fundar, contra a vontade, um movimento que, embora denominado *freudiano*, não poderá deixar de tornar-se posteriormente *lacaniano*. Voltaremos a falar disso.

As "Recomendações" estipulavam que Dolto fosse banida juntamente com Lacan da lista dos didatas da SFP. O artigo 12 previa também que René Laforgue e Angelo Hesnard fossem excluídos de qualquer acesso à formação. Já tivemos a oportunidade de explicar as razões do banimento dos dois velhos pais fundadores da SPP. Um era visto como um guru extravagante e, embora nessa época não houvesse nenhuma prova tangível de seu colaboracionismo com Göring, consideravam-no um antigo "pró-nazista". Quanto a Hesnard, era o único de sua geração a nunca ter sido analisado. Como, além disso, fora um dos principais representantes da corrente chauvinista, a IPA não tinha razão alguma para reintegrá-lo em suas fileiras, tanto mais que era suspeito, com razão, de anti-semitismo.[33] O artigo 12 das "Recomendações" servia portanto para eliminar sem alarde os restos de um passado da psicanálise à francesa julgado vergonhoso. Mas o que fazer dos alunos de Laforgue e de Hesnard?

Desde 1947, estes haviam sido convidados a prosseguir suas carreiras em divãs "convenientes". Assim efetuara-se, nas fileiras da SPP, uma espécie de depuração tranqüila. Mas alguns analisandos de Laforgue haviam recusado o princípio do segundo segmento de análise, julgando que sua formação era suficiente. Era o caso de Françoise Dolto, cuja análise fora completada por várias supervisões coletivas. Desse modo, desde a primeira investigação, ela foi considerada demasiado "laforguiana", o que lançava em descrédito sua prática. O caso de Juliette Favez-Boutonier, que era idêntico, foi de fácil solução. Ela tinha poucos analisandos em formação e dedicava-se essencialmente a suas atividades universitárias. Em vista disso, sua prática não colocou maiores problemas aos investigadores. Dolto, ao contrário, que não tinha muitos futuros didatas mas estava cercada de numerosos alunos que acompanhavam sua prática, incomodava a todos: tanto aos normalizadores da IPA quanto aos mandarins da SPP, Serge Lebovici e René Diatkine, que pretendiam dirigir o domínio da psicanálise de crianças na França por meio das instituições psiquiátricas.

Em 21 de setembro de 1962, Marie Bonaparte morreu de uma leucemia fulminante, alguns meses após o desaparecimento de René Laforgue. Nessa data, portanto, Hesnard era, na França, o último sobrevivente da geração dos fundadores da SPP.[34] No congresso de Estocolmo, em sua "Diretriz", o Executivo não falava mais do banimento de Dolto, e os nomes de Hesnard e de Laforgue não mais figuravam na lista dos didatas a excluir. Contudo, as "Recomendações" pronunciadas dois anos antes em Edimburgo continuavam em vigor: Hesnard, de um lado, e Dolto, de outro, não tinham outra escolha senão acompanhar Lacan em seu exílio. Em setembro de 1981, Françoise evocará assim a lembrança daquele cujo destino ela seguiu: "Quando comecei a receber jovens psicanalistas desejosos de se ocupar de psicanálise de crianças, foi entre os analisados de Lacan que descobri os que melhor podiam entender as crianças e suportar o impacto disso.

Quero dizer que foi somente entre eles que encontrei confrades dispostos a reconhecer numa criança, mesmo muito pequena, um sujeito animado de um desejo a exprimir, e não um objeto de estudo para psicopedagogo escolar ou psicopediatra normalizador. Essa constatação me fez compreender que Lacan era de fato um psicanalista, ao passo que tantos outros estavam bem informados sobre a questão e vangloriavam-se do título de psicanalista, mas para fazer disso uma profissão".[35]

Ao punir as duas grandes figuras do freudismo francês, a direção da IPA tomava o partido de só conservar em suas fileiras os honestos praticantes de uma psicanálise de notáveis. Em nome da normalização e do horror aos excessos, ela privava-se da criatividade indispensável a toda inovação doutrinal. E sobretudo lançava um descrédito considerável sobre a situação francesa da psicanálise. A partir de junho de 1964, só seriam integradas à IPA a antiga SPP e uma nova Associação Psicanalítica da França (AFP), composta de cerca de trinta ex-membros da dissolvida SFP, entre os quais Lagache, os dois Favez, Granoff, Anzieu e os alunos de Lacan: Laplanche, Pontalis, Pujol, Smirnoff, Lavie, Widlöcher etc. A França freudiana assim legitimada era uma França acéfala e hemiplégica. Faltava-lhe sua dupla cabeça pensante (Lacan e Dolto) e três quartas partes de uma quarta geração por vir, bem mais interessada em seguir o ensino de dois mestres sublimes do que em curvar-se às regras de uma normalização julgada cada vez mais conservadora.

A fratura de 1963-4 foi aliás tão desastrosa para a IPA quanto para a evolução do lacanismo, pois tornou de novo crível o princípio de uma "exceção francesa". Para a quarta geração psicanalítica francesa, formada nos bancos do lacanismo, e para uma boa parte da terceira, que permaneceu fiel ao mestre, o império freudiano foi doravante assimilado a uma máquina imperialista perfeitamente capaz de reproduzir de maneira servil os ideais adaptativos do *American way of life*: um Tio Sam empanturrado de Coca-Cola. Simetricamente, os grandes notáveis da IPA, ingleses ou americanos, passaram a ver os que agora chamavam de "lacanianos" como jacobinos sectários ou teólogos místicos, mais aptos a semear a rebelião nos espíritos do que a cuidar das neuroses cotidianas. Quanto a Lacan, ele perdia nesse exílio definitivo qualquer possibilidade de tornar legítima no mundo anglo-americano sua retomada freudiana. Quando muito esta seria admitida como uma dissidência ou um desvio, ou seja, sob uma forma perfeitamente contrária ao que ele pretendia ensinar. Em outros termos, esse homem que invocava um universalismo freudiano e uma racionalidade científica via-se condenado a fazer ouvir sua fala entre os muros de uma francidade tanto mais temível, para ele, na medida em que combatia o princípio dela com afinco.

5. A *ESTRUTURA*, O *NOME-DO-PAI*

QUANDO MADELEINE CHAPSAL, jovem colaboradora do *L'Express*, encontrou Jacques Lacan pela primeira vez, no momento do lançamento do jornal de seu marido, Jean-Jacques Servan-Schreiber, ele portava uma peruca ruiva e hirsuta. Foi apresentado a ela por "Jotabê" [Jibé] Pontalis e convidou-a para dançar. A cena teve lugar numa dessas noitadas de "cabeças" organizadas por *Les Temps Modernes*, nas quais era comum as pessoas se fantasiarem.

Tendo passado dos cinqüenta, Sua Majestade instalara-se num papel de mestre barroco que convinha à imagem que queria oferecer de si mesmo. No anfiteatro do hospital Sainte-Anne onde realizava toda semana seu seminário, Lacan falava com uma voz sincopada, recheada de suspiros e de ressonâncias. Trazia sempre algumas folhas cobertas de notas e esquemas que tinham por função acompanhar o longo suspense de uma fala simultaneamente reservada e sem véu. Às vezes resmungava à maneira de Édipo em Colona, buscando deter o tempo na duração de um pesado silêncio; outras vezes alçava a voz à maneira de Hamlet em face da morte, como para contradizer a secreta lentidão de um pensamento suspenso. Sombrio e tumultuoso, fazia surgir da quebra de seu enunciado ou da fraqueza de sua memória a rigorosa lógica de um inconsciente cujo fluxo parecia imitar. O seminário era o lugar de uma catarse coletiva na qual cada ouvinte podia ter a certeza de que o orador dirigia-se apenas a ele. De 1953 a 1963, esse lugar foi um verdadeiro laboratório de pesquisas para todos os que o freqüentaram: filósofos, psicanalistas, escritores. Nele reinou uma atmosfera de banquete socrático que desapareceu mais tarde, mas cujo vestígio encontra-se nos intercâmbios entre o mestre e seus interlocutores: diálogos extremamente ricos.

Madeleine Chapsal não chegou a ir ao Saint-Anne, mas passou vários fins de semana com "Jotabê" em Guitrancourt, e apreciou os generosos conselhos de Sylvia, que a fez conhecer Tristan Tzara e Georges Bataille.

Apaixonada por Freud desde seus estudos de filosofia, ela começava a iniciar-se num jornalismo literário de alto nível realizando longas entrevistas com os escritores e os pensadores de seu tempo. Alguns já eram célebres, como Sartre, Malraux, Beauvoir ou Céline, enquanto outros só eram conhecidos de um público restrito. Pela primeira vez, estes tiveram a seu dispor um hebdomadário de larga difusão.[1] Madeleine gostava dos intelectuais "fora das normas" que tentavam estruturar o mundo pela linguagem. Nessa época, não pensava ainda ser romancista, mas buscava antes fazer-se a intérprete da fala dos outros. Sem demora, uma preciosa amizade instalou-se entre Lacan e ela: envio de flores, trocas de livros raros, missivas em que se misturavam o você e o senhor, a prosa e a poesia, o jogo de esconde-esconde e a arte da galanteria. Ela adorava o lado travesti da personagem, suas perucas ruivas, sua inclinação para o mundanismo, seu amor imoderado pelas situações mais teatrais.[2]

Nascida no meio da alta-costura, ela conhecia bem os ritos secretos desse mundo do efêmero ao qual haviam se devotado de corpo e alma sua madrinha, a grande Madeleine Vionnet, e sua mãe Marcelle Chaumont. Nos salões da avenida Montaigne, convivera durante toda a infância com o "espírito da alta-costura", admirando o ateliê das costureiras onde se fabricavam, dia após dia, os vestidos de sonho destinados a princesas, estrelas ou, mais simplesmente, a burguesias afortunadas.[3]

Foi por esse "espírito" que Lacan se apaixonou. Partilhando com as mulheres e com seu mestre Clérambault uma paixão pelos tecidos que não era desprovida de certo fetichismo, foi seduzido pelas maneiras, elegância e gosto requintado de Madeleine. Em fevereiro de 1956, não sabendo como se vestir para um baile na casa de Marie-Laure de Noailles, rogou a ela que lhe desse algumas idéias e sobretudo que guardasse o segredo; nesse domínio como em outros, ele temia o plágio, a ponto de um dia confiar à amiga que sua divisa era: "Sou traído impunemente" — tema que retomará mais tarde ao definir o *herói* como aquele que pode ser traído impunemente. Naquela noite, ele fantasiou-se de ave de Minerva: homenagem à filosofia.

Ele que, em nome de uma crítica do historicismo, privilegiava a estrutura em detrimento do acontecimento, que procedia por alusões mascarando suas fontes e seus empréstimos, manifestava no entanto insaciável curiosidade por uma forma singular de relato histórico: os mexericos, os rumores e as anedotas. Sentia enorme prazer em escutar confidências dignas de um correio sentimental: "Quando eu ia vê-lo", observa Madeleine, "tratava de rememorar as últimas histórias, sabendo que nenhum outro mimo poderia causar-lhe maior prazer [...]. Ele era mais curioso que uma porteira de edifício [...]. Quanto a ele, de modo geral, não revelava nada sobre sua pessoa".[4] Assim como Lacan interessava-se com fervor por conversas íntimas dignas da feroz sra. de Verdurin [personagem de Proust], assim também adorava freqüentar os lugares onde se reuniam os grandes chefões da imprensa. Certamente a observação desses homens, cujo ofício era manter a ilusão de uma transparência da língua, ajudava-o a recusar, em seu ensino, o que mais secretamente admirava neles: a força midiática, a aspiração à clareza comunicativa. Com freqüência levou Madeleine ao restaurante Le Berkeley, na avenida Matignon, fazendo-a comer verdelhões [pássaro comum na Europa meridional] não muito longe da mesa preferida de Pierre Lazareff.

Embora ela fosse sensível à sedução desse homem, percebeu que ele não cortejava a mulher que ela era, mas a jornalista de quem esperava que lhe oferecesse seus serviços: "Nessa época, Lacan ainda não havia publicado livros, sofria por não ser reconhecido e, através de mim, ele via *L'Express*".[5] Por isso, ainda que contracenando com ele o equívoco de uma relação libertina, jamais lhe concedeu seus favores. Enquanto isso, ele desenvolvia em relação a ela uma estratégia de conquista muito singular: "Que importa o número de teus amantes", dizia-lhe numa carta, "se nenhum deles te dá o universo".[6]

Na primavera de 1957, ela propôs entrevistá-lo para *L'Express*, com a condição de que o resultado fosse acessível ao grande público. Lacan aceitou sem hesitar:

Assim como sabia fazer suas entradas nos lugares públicos, soube preparar a sua na grande imprensa. Com uma gentileza, um desejo de conduzir-se bem e de fazer-se compreender que me comoveram, ele escutou todas as minhas perguntas sobre Freud e a psicanálise — algumas expressamente muito elementares, pois eu também cuidava que nossa entrevista passasse no jornal —, e respondeu com notável clareza, como um virtuose da exposição clássica. Lacan, quando queria, podia ser tão límpido quanto era obscuro e barroco no cotidiano de seu ensino.[7]

A entrevista saiu no jornal em 31 de maio de 1957. O título, "Chaves para a psicanálise", era anunciado na primeira página com uma foto do mestre acompanhada de uma legenda tirada do Evangelho segundo São João: "No começo era o Verbo".[8]

Num discurso de grande clareza, Lacan conseguia uma verdadeira façanha: explicar ao leitor do *L'Express* ao mesmo tempo o que era a descoberta freudiana e o que podia ser, segundo ele, a única leitura verdadeira, necessariamente lacaniana, dessa descoberta. Freud, sabemos, havia metaforizado sua história ao mostrar que toda investigação científica fazia o narcisismo humano sofrer uma humilhação. Entre essas humilhações sucessivas, ele reconhecia três principais. A primeira, de ordem cosmológica, fora infligida pela revolução copernicana, que havia derrubado a ilusão segundo a qual a Terra estava no centro do universo. A segunda, de ordem biológica, vinha do darwinismo e destruía a pretensão do homem a afirmar-se "diferente" do animal. A terceira, de ordem psicológica, resultava da existência do inconsciente freudiano: ela contradizia a idéia segundo a qual o eu é senhor em sua casa.[9]

Retomando por sua conta essa metáfora do descentramento, Lacan colocava o conjunto da doutrina freudiana sob o signo da ciência, da lógica e da racionalidade. Contra os obscurantistas que pretendiam provar o irracionalismo do mestre vienense, afirmava que Freud não apenas racionalizava aquilo que, até então, havia resistido à racionalização, como também mostrava "em ação uma razão racional como tal". Em seguida, lembrava o caráter *subversivo* dessa descoberta. Depois, em vez de citar os nomes das duas grandes figuras históricas com as quais Freud se identificara — Cristóvão Colombo e Aníbal —, comparava-o a Champollion. Com isso dava ao gesto freudiano uma interpretação que, embora respeitando sua verdade, já não era mais exatamente a desejada por Freud. Com efeito, este jamais havia reivindicado, de maneira tão radical, que sua descoberta pudesse ser teorizada como um movimento de rebelião capaz de subverter a ordem social. Quando muito indicara seu lado escandaloso ou inaceitável. Tampouco havia afirmado que o inconsciente pudesse ser, *stricto sensu*, uma escrita cujos signos deviam seu valor apenas ao sistema ao qual pertenciam. Essas duas hipóteses — a natureza subversiva da doutrina psicanalítica e a assimilação do inconsciente a um sistema de signos — não faziam parte das concepções científicas de Freud. Todavia, não eram contrárias aos enunciados freudianos, o que permitia a Lacan atribuílas a Freud: "Leiam *A interpretação dos sonhos*", dizia ele, "leiam *O chiste e o inconsciente*, basta abrir essas obras em qualquer página para ali encontrar com clareza o que estou dizendo".[10]

Ao atualizar assim a hipótese de uma *subversão freudiana*, ele situava-se na linha direta daquela *visão anibaliana* da psicanálise cujos contornos já assinalamos.[11] Mas, enquanto Freud identificara-se com Aníbal para associar sua descoberta a um princípio de resistência, Lacan ia bem mais longe: queria fazer dessa descoberta o paradigma de todas as formas possíveis de rebelião humana. Sob esse aspecto, inscrevia sua trajetória na tradição da *exceção francesa*. A França, sabemos, é o único país do mundo onde foi afirmada com força a idéia de que Freud realizara uma *revolução* no sentido pleno da palavra: teórica, política e ideológica. A origem dessa exceção remonta, em primeiro lugar, à revolução de 1789, que deu uma legitimidade científica e jurídica ao olhar da razão sobre a loucura, fazendo nascer a instituição do hospício, e, depois, ao caso Dreyfus, que tornou possível a instauração de uma *consciência de si* da classe intelectual. Ao designar-se como vanguarda, esta pôde apoderar-se das idéias mais inovadoras e fazê-las frutificar. Juntemos a isso o nascimento da modernidade literária por intermédio de Baudelaire, Rimbaud e Lautréamont, nos quais se anunciou, numa escrita nova, a idéia de transformar o homem a partir do "Eu é um outro".

Sem a revolução de 1789, não teria havido saber psicanalítico de longa duração capaz de integrar a nosografia alemã e depois a descoberta freudiana; sem o caso Dreyfus, não teria havido vanguarda intelectual consciente de si mesma e capaz de assumir idéias inovadoras; e sem a modernidade literária, não teria havido junção entre a descoberta freudiana e a idéia de que essa descoberta podia ser ao mesmo tempo a expressão de uma subversão do sujeito ("Eu é um outro") e de uma contestação radical da ordem social.[12]

Para firmar essa hipótese de uma natureza subversiva do freudismo, de que ele era o herdeiro por seu convívio com os surrealistas, com Bataille e a obra nietzschiana, Lacan havia buscado fazer remontar a origem dela ao próprio Freud. Mas, como dar a prova de tal afirmação quando ela não se encontra em nenhum lugar? Lacan resolvera esse delicado problema ao visitar Carl Gustav Jung por volta de 1954.

O mais célebre dissidente da saga freudiana estava então com 79 anos. Em sua esplêndida casa de Küsnacht, às margens do lago de Zurique, distribuía atenções, conselhos e erudição, qual um velho sábio oriental, aos numerosos visitantes vindos dos quatro cantos do mundo para encontrá-lo. Consciente da dificuldade de chegar até ele, Lacan havia pedido a seu colega Roland Cahen que interviesse a seu favor. Psiquiatra e germanista, este conhecera Jung em 1936, tornara-se seu discípulo e depois realizara a primeira tradução francesa de suas obras.[13] Freqüentando Nacht, Lacan, Ey e Lagache no hospital Sainte-

Anne depois da guerra, ele havia tentado em vão convencê-los a levar em conta o ensinamento junguiano em seus trabalhos. Quando Lacan pediu-lhe uma carta de recomendação para Jung, Cahen acreditou numa confrontação possível entre as duas doutrinas: "Escuta, meu velho, entre teus significados e nossos arquétipos, somos primos-irmãos". Lacan opôs uma recusa categórica: "Jamais", respondeu, "mas desejo ver Jung porque estou certo de que ele tem lembranças a contar sobre Freud e quero publicá-las".[14]

Nessa data, Jung ainda não havia empreendido a redação de suas *Memórias*, sua correspondência com Freud não fora publicada e nenhum trabalho biográfico a respeito dele estava em andamento. Para compreender a história das origens e dos começos da psicanálise, dispunha-se apenas da hagiografia freudiana. Ora, Jung sempre aparecia aí como uma personagem negativa e infiel ante a sacrossanta figura do mestre vienense, apresentado como um herói sem temor e sem pecha.[15] A idéia de Lacan de fazer Jung testemunhar sobre suas relações com Freud era portanto excelente. O encontro realizou-se, mas Roland Cahen lamentou ser privado de qualquer informação. Lacan jamais lhe contou o que se passara, e Jung guardou da conversa apenas uma lembrança fugaz.

Se Lacan não quis dizer nada a seu colega, é que reservava sua informação a outros ouvintes. Em 7 de novembro de 1955, em sua conferência sobre a "coisa" freudiana pronunciada em alemão em Viena, mencionou pela primeira vez a visita a Küsnacht: "É assim que o dito de Freud a Jung, da boca de quem eu o devo, quando, convidados ambos pela Clark University, chegaram diante do porto de Nova York e sua célebre estátua que ilumina o universo: 'Eles não sabem que lhes trazemos a peste', lhe é devolvido como sanção de uma hybris cuja antífrase e sua perfídia não extinguem o confuso brilho".[16]

Ao comentar esse dito, Lacan sublinhava que Freud havia se enganado: acreditara que a psicanálise seria uma revolução para a América, e foi a América que devorou sua doutrina ao retirar-lhe seu espírito de subversão. Esse suposto dito de Freud foi ouvido como algo que ia muito além de qualquer esperança. Na França, com efeito, ninguém duvida da realidade subversiva do freudismo; sobretudo, ninguém ousa imaginar que Freud certamente jamais pronunciou essa frase durante sua viagem aos Estados Unidos, em 1909, acompanhado de Jung e de Ferenczi. Entretanto, o estudo dos textos, das correspondências e dos arquivos mostra que Jung reservou apenas a Lacan essa preciosa confidência. Em suas *Memórias*, fala da viagem mas não faz nenhuma alusão a peste. Por seu lado, Freud e Ferenczi jamais empregam a palavra. Quanto aos historiadores do freudismo, de Ernest Jones a Max Schur passando por Henri Ellenberger, Vincent Brome, Clarence Oberndorf, Paul Roazen, Nathan G. Hale e Peter Gay, eles observam que Freud disse apenas: "Eles ficarão surpresos quando souberem o que temos a lhes dizer".[17]

Imbuído dessa confidência de que era o único depositário, Lacan inventou portanto uma ficção mais verdadeira que o real, destinada a impor, contra a psicanálise dita americana, sua própria retomada da doutrina vienense, doravante marcada pelo selo da subversão. E se essa visão de uma "peste freudiana" chegou a se estabelecer tão bem na França, a ponto de os próprios não lacanianos acreditarem hoje que ela pertence a Freud, é que se inscrevia na continuação direta dessa exceção francesa da qual Lacan, após ter sido o difamador, era ao mesmo tempo o herdeiro e o renovador.

Na cidade natal do pai fundador, ele não hesitava em evocar a lembrança da *Mitteleuropa* engolida pelo nazismo, e depois apagada da história pelo imperialismo americano. E, assim como em Marienbad em 1936, procurava apoiar-se em Viena contra Londres, e na Europa contra o Novo Mundo, tomando por testemunha o conde Alfred von Winterstein, presidente da Wiener Psychoanalytische Vereinigung (WPV), que assistia à conferência. Último sobrevivente da época heróica, esse aristocrata havia mantido em Viena, com August Aichhorn, durante o período nazista, os restos de uma psicanálise mutilada, recusando ao mesmo tempo aderir à política de "salvamento" desejada por Jones.[18] Lacan sabia disso e eis por que, ao opor o valor subversivo da "peste" freudiana tanto à "peste negra" quanto às diversas teorias adaptativas, esperava ser entendido. Não foi o que aconteceu: apesar de uma cisão que, em 1947, havia afastado o conde Igor Caruso da WPV, esta se integrara perfeitamente à IPA. E Lacan logo se daria conta disso ao encontrar Wilhelm Solms na comissão Turquet.

No outono de 1955, portanto, Sua Majestade lançava seus magníficos anátemas numa cidade que havia esquecido a violência subversiva das origens do freudismo.

Na continuação de sua entrevista com Madeleine Chapsal para *L'Express*, Lacan afirmava, sempre contra o modelo americano, que era tão falso crer nas virtudes de uma psicanálise adaptativa quanto imaginar, em sentido contrário, que a análise pudesse ser um meio de libertar-se de toda coerção. Depois, fazendo alusão a uma fórmula famosa de Freud, declarava que de maneira nenhuma o sujeito, o *je*, devia ser instalado no lugar do inconsciente, o *isso*. Referia-se, aqui também, a seu discurso de Viena, bem como a uma discussão ocorrida na SFP em 6 de novembro de 1956.

Naquele dia, Hesnard havia comentado a frase "Wo Es war, soll Ich werden", escrita por Freud em 1932 no final de um texto dedicado a "A *decomposição* da personalidade psíquica".

Essa frase designava a nova tarefa que competia à civilização por intermédio da psicanálise, tarefa tão importante para a humanidade quanto a secagem do Zuiderzee.* Em 1936, ela fora traduzida por Anne Bermann, colaboradora de Marie Bonaparte, da seguinte maneira: "Le moi doit déloger le ça" [O eu deve desalojar o isso]. Tratava-se de adaptar o inconsciente às modalidades do pensamento consciente. Lacan, é claro, contestava essa tradução e utilizava o par *je/ça*, proposto por Pichon, para

---

* Referência à barragem que em 1932 fechou a entrada do golfo de Zuiderzee, na Holanda, permitindo o aproveitamento de terras internas. (N. T.)

exprimir em francês essa famosa frase: "Là où ça était (c'était), le je doit être (dois-je advenir)" [Lá onde isso era (isso estava), o *je* deve estar (o *je* deve advir)]. O verbo alemão *war* era portanto restituído em seu sentido literal, no imperfeito, a fim de que a segunda tópica freudiana fosse interpretada numa perspectiva não psicologista: a psicanálise não tem por tarefa desalojar o isso em proveito do eu; ao contrário, deve permitir situar cada elemento em seu respectivo lugar. O *eu* não é todo o *ich*, o qual se subdivide em um *eu* imaginário e um *je* enunciativo.[19]

Essa divisão fora introduzida por Lacan antes da guerra. Mas, a partir da nova reflexão sobre o *cogito*, iniciada em 1949, ela inscrevia-se no quadro de uma utilização em dois tempos das perspectivas da lingüística estrutural. Em sua aula inaugural no Collège de France em 15 de janeiro de 1953, Merleau-Ponty fora o primeiro na França a anunciar que uma filosofia podia ser tirada do *Curso de lingüística geral*: "A teoria do signo, tal como a lingüística a elabora, implica talvez uma teoria do sentido histórico que vai além da alternativa das *coisas* e das *consciências* [...]. Existe aí uma racionalidade na contingência, uma lógica vivida, uma autoconstituição de que temos precisamente necessidade para compreender, em história, a união da contingência e do sentido, e Saussure bem poderia ter esboçado uma nova filosofia da história".[20]

Lacan entendera a mensagem. Após ter efetuado em seu "Discurso de Roma" uma primeira ligação entre o sujeito, a linguagem e a fala sobre um fundo de heideggerianismo e de estruturas elementares do parentesco, ele pusera-se a teorizar, de maneira lógica, a questão da relação entre o sujeito e o significante, renunciando então a toda ontologia. Essa teorização fora feita progressivamente e num estilo barroco. Lacan jamais avançava em linha reta. Não apenas mascarava suas fontes, como para abolir de seu discurso toda forma de historicização, mas também atribuía a Freud conceitos que eram os seus próprios. Além disso, mudava de direção de um seminário a outro, como para encenar aquela trajetória em ziguezague do herói paranóico de *El*, o filme de Luis Buñuel de que ele tanto gostava e que ilustrava, a seu ver, o rigor lógico da psicose.[21] Assim ele fazia alternar a temática do significante e a do sujeito, evocando a primeira nos seminários ímpares (I, III, V, VII etc.) e a segunda nos pares (II, IV, VI etc.). Essa lógica respeitava aliás a tese central do sistema de pensamento lacaniano relativa ao primado do significante. Donde a dificuldade de assinalar, em seu ensino, as etapas de uma reelaboração conceitual.

É por sua segunda leitura da obra saussuriana, apoiada nos trabalhos de Roman Jakobson, que Lacan irá tornar-se, entre outros (Roland Barthes, Michel Foucault, Louis Althusser), o artífice de uma escola de pensamento centrada na ruptura com a fenomenologia e fundada numa concepção dita "anti-humanista", "estruturalista" e "científica" da psicanálise. A esse estruturalismo, Lacan acrescentava um caráter de subversão no qual reaparecia, por meio da teoria do "objeto *a*"* e do "eu paranóico da civilização", o nietzschianismo de sua juventude. Entretanto, esse nietzschianismo de maneira nenhuma o impedia de ser um adepto, não da filosofia das Luzes como tal, mas de uma tradição da ciência que invocava, contra o obscurantismo, um racionalismo ateu. É em razão desse privilégio atribuído à ciência que ele jamais foi heideggeriano, apesar da amizade que sempre manifestou pelo filósofo da Floresta Negra.

Quanto ao estruturalismo lacaniano, ele repousava sobre a idéia de que a verdadeira liberdade humana era resultante da consciência que o sujeito pode ter de não ser livre, devido à determinação inconsciente. Para Lacan, essa forma freudiana de uma consciência de si dividida, cuja origem ele situava na dúvida cartesiana, era mais subversiva do que a crença — sartriana, por exemplo — numa possível filosofia da liberdade.

A segunda leitura lacaniana de Saussure começa em 23 de junho de 1954: nesse dia, pela primeira vez, Lacan não mais se

---

* O objeto *a* é o objeto causa do desejo, objeto perdido para sempre, cuja nomeação por Lacan permite a compreensão de uma série de achados freudianos relativos à sexualidade humana. Uma boa exposição relativa à construção do objeto *a* na teoria lacaniana pode ser encontrada em Catherine Millot, *Nobodaddy, a histeria no século* (Rio de Janeiro, Jorge Zahar, 1989). (Nota do consultor.)

refere simplesmente a noções de língua, fala ou linguagem, e passa a comentar a teoria saussuriana do signo.[22] Em 30 de maio de 1955, ilustra seu procedimento apoiando-se num conto de Edgar Allan Poe, *A carta roubada*. No dia 25 de maio, teoriza a relação do *grande A* com o *pequeno a*, para anunciar em seguida, em 8 de junho, a tese da função do pai como *pai simbólico*, fazendo assim do *nome-do-pai* um verdadeiro conceito, e não mais uma simples noção. Essa temática será retomada no seminário sobre a *identificação* (1961-2) no qual Lacan, por ocasião de uma diatribe contra Bertrand Russell, identificará o nome próprio a um *traço unário*, marcando o *um* do significante.[23]

Paralelamente, em 2 de maio de 1956, ele menciona pela primeira vez as teses de Roman Jakobson sobre a metáfora e a metonímia, das quais fará um uso fecundo um ano mais tarde, em 9 de maio de 1957, no momento mesmo da entrevista para *L'Express*, numa conferência pronunciada na Sorbonne diante dos estudantes de letras: "A instância da letra no inconsciente".[24] Enfim, por ocasião de um colóquio em Royaumont organizado por Jean Wahl sobre o tema "A dialética", de 19 a 23 de setembro de 1960, Lacan introduz pela primeira vez a famosa fórmula que define o significante (no sentido lacaniano) e faz do sujeito um elemento numa estrutura (ou cadeia simbólica): "Um significante é o que representa o sujeito para um outro significante".[25] Daí passará, em 1961, à idéia de uma estrutura *topológica* do sujeito.

Antes, também em Royaumont, onde haviam se realizado de 10 a 13 de julho as jornadas internacionais da SFP, ele opusera sua noção de *estrutura do sujeito*, decididamente estruturalista, à ideologia personalista empregada por Lagache em sua exposição sobre a estrutura da personalidade. Aqui, Lacan travava batalha contra a forma francesa dessa psicanálise psicologizada cuja forma americana era a *ego psychology*.[26]

Conhece-se a história contada por Edgar Allan Poe. Ela se passa na França durante a Restauração. O paladino Auguste Dupin deve solucionar um enigma. A pedido do chefe de polícia, ele consegue recuperar uma carta comprometedora roubada da rainha e ocultada pelo ministro. Esta, colocada de forma evidente entre os arcos da lareira de seu escritório, é *visível* para quem quer de fato vê-la. Mas os policiais não a descobrem porque estão presos no engodo da psicologia. Em vez de olharem a evidência que está diante de seus olhos, atribuem intenções aos ladrões. Já Dupin prefere agir de maneira bem diversa ao solicitar polidamente uma audiência ao ministro. Enquanto este lhe fala, ele observa a peça com um olhar vigilante que teve o cuidado de dissimular atrás de óculos escuros. Localiza de imediato o objeto, apodera-se dele sem que o ladrão perceba, e o substitui por outro idêntico. Com isso, o ministro ignora que seu segredo foi descoberto. Continua a julgar-se senhor do jogo e da rainha, pois possuir a carta é deter um poder sobre seu destinatário. No entanto, ele não sabe que não mais o detém, enquanto a rainha sabe agora que o vigarista não pode chantageá-la junto ao rei: a simples posse e não o uso da carta estabelece o predomínio.

Para explicar sua descoberta ao narrador, Dupin utiliza a ficção. Conta a anedota de um garoto e de um jogo de par ou ímpar:

> Conheci um menino de oito anos cuja infalibilidade no jogo de par ou ímpar causava admiração geral. Esse jogo é simples e joga-se com bolinhas. Um dos jogadores segura na mão um certo número de bolinhas e pergunta ao outro: "Par ou ímpar?". Se este adivinhar certo, ganha uma bolinha; se errar, perde uma. O menino de que falo ganhava todas as bolinhas da escola. Naturalmente, tinha um modo de adivinhação que consistia na simples observação e na avaliação da astúcia de seus adversários.[27]

Na sessão de seu seminário de maio de 1955, Lacan pediu aos discípulos que jogassem par ou ímpar a fim de melhor compreender essa fábula que se assemelhava à história dos prisioneiros. Mas, dessa vez, a personagem central da ficção não era mais um sujeito obrigado a tomar uma decisão para obter a liberdade, e sim uma carta que arrastava um sujeito num percurso de determinação. Nos dois casos, porém, as noções de *olhar* e de *jogo* ocupavam um lugar preponderante. Um mês mais tarde, Lacan começava a redação propriamente dita do texto sobre *A carta roubada*, que terminou no mês de agosto, em San Casciano, aldeia natal de Maquiavel. Nesse artigo *princeps*, que onze anos mais tarde servirá de abertura aos *Escritos*, ele não mais falava, a propósito do inconsciente freudiano, apenas de um primado da função simbólica, mas construía uma verdadeira lógica "política" do significante: uma carta chega sempre a seu destino, porque a *letra** isto é, o *significante*, tal como se inscreve no inconsciente, determina, como a *fortuna* para Maquiavel, o destino do sujeito em suas orientações. Tal era, pois, a "instância da letra no inconsciente", cuja organização Lacan ia explicar, primeiro em maio de 1957, depois em setembro de 1960.

Ferdinand de Saussure dividia o *signo lingüístico* em duas partes. Denominava *significante* a imagem acústica de um conceito, e *significado*, o conceito propriamente dito. O signo lingüístico era assim definido como a relação entre um significado e um significante no interior de um sistema de valores. Quanto ao *valor* de um signo, ele resulta negativamente da presença simultânea de todos os outros signos na língua. Diferente do valor, a *significação* deduz-se do vínculo existente entre um significado e um significante. Para interpretar a segunda tópica freudiana à luz da lingüística estrutural, Lacan rompia a problemática do signo. Enquanto Saussure colocava o significado sobre o significante, separando os dois por uma barra dita de "significação", Lacan invertia essa posição. Punha o significado abaixo do significante e atribuía a este último uma função primordial. Depois, retomando por sua conta a noção de valor, sublinhava que toda significação remetia a outra significação, e através disso deduzia a idéia de que o significante deveria ser isolado do significado, como uma letra (ou uma *palavra-símbo-*

---

* Notar que "letra" e "carta", em francês, exprimem-se pelo mesmo significante *lettre*. (N. T.)

lo) desprovida de significação mas determinante para o destino inconsciente do sujeito. Quanto ao sujeito, não assimilável a um eu, era primeiramente definido por Lacan como um *sujeito do inconsciente*: um sujeito dividido segundo a lei freudiana da *Spaltung* [clivagem], e partilhado segundo a tese psiquiátrica da *discordância*.[28]

Nessa perspectiva, o sujeito não existe como plenitude: ao contrário, ele é *representado* pelo significante, ou seja, pela letra em que se marca a ancoragem do inconsciente na linguagem. Mas é representado também por uma cadeia de significantes na qual o plano do enunciado não corresponde ao plano da enunciação. Assim, o sujeito é representado *por* um significante para um outro significante no interior de um conjunto estrutural.

Por isso Lacan substituía o *eu penso* cartesiano por um *isso fala* freudiano. Donde o termo *sujeito do inconsciente* perfeitamente estranho à doutrina vienense. Tratava-se, na verdade, de mostrar que Freud não suprimia de fato o sujeito, mas se apoderava dele, no contragolpe da perspectiva cartesiana em que se inaugurara, depois de Galileu, a ciência moderna. Se Freud, em sua tese das feridas narcísicas, queria-se o herdeiro de Copérnico e de Darwin, Lacan, através do que aprendera com Koyré, afirmava-se antes como o continuador de um ensinamento galileano. Sendo assim, tirava a dupla conseqüência da dúvida cartesiana (que fazia do sujeito o autor de seu pensamento) e da moral kantiana (que fazia dele a pedra angular de uma ideologia do direito própria das sociedades industriais) ao produzir uma teoria do *eu moderno* definido como "sujeito paranóico da civilização". Por isso, a experiência freudiana era, para ele, radicalmente oposta à filosofia do *cogito*. Mas, ao convocar Descartes junto com Freud, ou seja, um sujeito fundado pela ciência, Lacan reintroduzia o sujeito da dúvida no inconsciente: um sujeito dividido, um "eu não sei quem sou".

Só era preciso então traduzir o conceito freudiano de *Ichspaltung* [clivagem do eu], mostrando que o sujeito humano é dividido duas vezes: uma primeira instância que separa o eu imaginário do sujeito do inconsciente, e uma segunda que se inscreve no interior mesmo do sujeito do inconsciente e que representa sua divisão originária. Lacan chamava *refenda* essa segunda divisão impossível de colmatar, já que o sujeito é sempre representado por um significante para um outro. Ao lado da refenda, situava o *fading*, nome tomado da terminologia inglesa, para definir o aparecimento ou o desaparecimento do sujeito na cadeia: uma fusão encadeada de tipo binário.

A obra saussuriana não era suficiente para a operação "cartesiana" de Lacan. Daí a necessidade de utilizar os trabalhos de Roman Jakobson. Alguns meses antes de pronunciar a conferência sobre "A instância da letra", Lacan descobre os *Fundamentals of language*, publicados por Jakobson e Morris Halle em Haia. O livro continha um artigo intitulado "Dois aspectos da linguagem e dois tipos de afasia", que lhe possibilitaria organizar de forma estrutural sua hipótese do inconsciente-linguagem. Jakobson evidenciava uma estrutura bipolar da linguagem pela qual o ser falante efetua, sem saber, dois tipos de atividade: uma tem a ver com a *similaridade* e diz respeito à *seleção* dos paradigmas ou das unidades de língua, a outra refere-se à *contigüidade* e diz respeito à *combinação* sintagmática dessas mesmas unidades. Na atividade de seleção, escolhe-se ou prefere-se uma palavra em vez de outra: emprega-se, por exemplo, o vocábulo "boné" por oposição a "gorro" ou "boina". Na atividade de combinação, ao contrário, põem-se em relação duas palavras que formam uma continuidade: para descrever o vestuário de um indivíduo, associa-se, por exemplo, o termo "saia" ao termo "blusa" etc.

A partir daí, Jakobson mostrava que os distúrbios de linguagem decorrentes de uma afasia privavam o indivíduo ora da atividade de seleção, ora da de combinação. Depois convocava a antiga retórica para auxiliar a lingüística, destacando que a atividade seletiva da linguagem não era senão o exercício de uma função metafórica, e que a atividade combinatória assemelhava-se ao procedimento da *metonímia*. Os distúrbios da primeira impedem o sujeito de recorrer à metáfora, os da segunda proíbem-lhe toda atividade metonímica. Ao final da demonstração, o lingüista assinalava que os dois procedimentos verificavam-se no funcionamento do sonho descrito por Freud. Ele classifica-

370

va o simbolismo na atividade metafórica e a *condensação* (*Verdichtung*) e o *deslocamento* (*Verschiebung*) na atividade metonímica.[29]

Retomando tal demonstração, Lacan transcrevia de outra maneira a concepção freudiana do trabalho do sonho. Se o sonho em geral se caracteriza por uma atividade de transposição entre um *conteúdo latente* e um *conteúdo manifesto*, esta pode ser traduzida, à luz da obra saussuriana, como o deslizamento do significado sob o significante. Existem então duas vertentes da incidência do significante sobre o significado: uma se define como uma condensação e remete a uma estrutura de *superposição* de significantes (palavras-valise, personagens compósitos), enquanto a outra tem a ver com uma *virada* de significação (a parte pelo todo, ou a contigüidade) e designa um deslocamento. Contrariamente a Jakobson, Lacan assimilava a noção freudiana de condensação a um procedimento metafórico (e o deslocamento, a um procedimento metonímico). O sintoma, segundo ele, pertencia à ordem da metáfora, já que aí se manifestava a substituição de um significante corporal no lugar de outro significante recalcado, enquanto na metonímia vinha engatar-se o desejo inconsciente como *desejo do desejo* sempre insatisfeito.

"O lugar que ocupo como sujeito do significante, em relação ao que ocupo como sujeito do significado, será concêntrico ou excêntrico?" Excêntrico, responde Lacan, de acordo com a torção que impunha ao *cogito*: "Penso onde não sou, logo sou onde não penso". A tópica lacaniana consistia assim em atribuir ao inconsciente a estrutura de uma linguagem na qual o *je* era definido como um *shifter*, conforme o termo empregado por Jakobson, isto é, uma unidade gramatical cuja significação está referida à mensagem. O *shifter* designava portanto o sujeito da enunciação sem significá-lo. Lacan representava-o num significante negativo, em particular no *ne* expletivo do francês, tal como era definido por Pichon em seu célebre artigo sobre a negação.[30] Posteriormente, Lacan utilizará diferentes fórmulas para designar sua retomada estrutural do inconsciente: "O inconsciente é estruturado como uma linguagem"; depois: "A linguagem é a condição do inconsciente"; e enfim: "O inconsciente é a condição da lingüística".[31]

Por enquanto, três fórmulas eram por ele evidenciadas para descrever a incidência do significante sobre o significado. A fórmula geral descrevia a função significante a partir da barra de resistência à significação. A fórmula da metonímia traduzia a função de conexão dos significantes entre si, na qual a elisão do significado remetia ao objeto do desejo sempre ausente na cadeia. Enfim, a fórmula da metáfora fornecia a chave de uma função de substituição de um significante por outro, por meio da qual o sujeito era *representado*. Lacan chamava então *ponto de basta* [*point de capiton*] o momento pelo qual, na cadeia, um significante se ata ao significado para dar origem a uma significação. Esse termo permitirá atribuir um conteúdo mais teórico à noção de *pontuação* enunciada no "Discurso de Roma" para designar a necessidade do corte interno no desenrolar da sessão.

Uma vez mais, no conjunto de suas declarações, Lacan atribuía a Freud seu próprio procedimento, a ponto de afirmar que, desde a descoberta vienense, o inconsciente já era uma cadeia de significantes: "Nessa fórmula que não é nossa", dizia, "que por ser conforme tanto ao texto freudiano quanto à experiência que ele inaugurou etc.".[32] De súbito, via-se a si mesmo como o instrumento adiado de um encontro que não ocorrera entre Freud e Saussure. "Fui eu", dirá ele mais tarde em forma de *boutade*, "que inventei o inconsciente."

Essa magnífica operação teórica, pela qual Lacan dotava a doutrina psicanalítica de uma teoria "cartesiana" do sujeito e de uma concepção "pós-saussuriana" do inconsciente, nascera não apenas da leitura das obras de Jakobson, mas também do encontro com o grande lingüista, que foi assim, depois de Kojève e Koyré, o terceiro representante da *intelligentsia* russa no exílio a desempenhar papel essencial na formação lacaniana.

Nascido em Moscou em 1896, Roman Jakobson manifestou muito cedo um dom excepcional para as línguas. Aprendeu a ler aos quatro anos e, três anos depois, já falava o francês e o alemão. No final da vida, dominava perfeitamente as línguas românicas, eslavas e germânicas. Somente seu amigo Evguéni Polivanov havia conseguido superá-lo por seu conhecimento das línguas asiáticas. Os pais de Roman eram muito ligados à família de Yuri Kagan, um advogado moscovita especializado nos contratos de artistas, pintores e escritores. As duas filhas deste, Lili e Elsa, foram suas amigas de infância. Elas o chamavam "Romka" e adoravam seus cabelos ruivos. Roman apaixonou-se por Elsa.

Em 1910, ano da morte de Tolstói, ele admirava os poetas e os teóricos simbolistas, mas descobre com entusiasmo os primeiros manifestos futuristas. Em março de 1912, Lili desposa Ossip Brik e vai viver em São Petersburgo, onde Roman irá visitá-la seis meses mais tarde: "Brik era um homem genial, é minha convicção profunda [...]. Não tinha a ambição de chegar a escrever um trabalho. Sua ambição era descobrir [...]. Ficava feliz se houvesse um jovem a quem pudesse confiar o trabalho. Muitos trabalhos apareceram sob diferentes nomes, mas inspirados por Brik".[33] Nessa ocasião, veio a conhecer Velimir Khlebnikov, que ele considerava como o maior poeta do século. Bebendo um trago numa célebre taberna de intelectuais, os dois trocaram idéias sobre a língua "supra-racional" inventada pelos futuristas a partir da combinação de palavras imaginárias e de sufixos reais.

Em Moscou, na primavera de 1914, conheceu também Vladimir Maiakovski, de quem tornou-se um dos amigos mais próximos. Este freqüentava o salão de Brik, onde se reuniam poetas e escritores desejosos de estudar a língua poética. Maiakovski teve por Lili uma verdadeira paixão e tornou-se seu amante. Em março de 1915, Roman Jakobson participa da fundação do Círculo Lingüístico de Moscou, cujas reuniões em breve iriam se realizar no apartamento situado acima do de Maiakovski, que ali virá ler seus poemas. O círculo havia surgido do encontro de três correntes de pensamento: os trabalhos da escola lingüística russa, cujo representante mais inovador era, depois de Baudouin de Courtenay, o príncipe Nicolas Trubetzkoi, a fenomenologia husserliana e a vanguarda futurista.[34] Um ano mais tarde, os membros do Círculo foram iniciados na lingüística saussuriana graças ao ensino de Serguei Karcevski, um dos últimos alunos do mestre genebrino, que lhe transmitiu de viva voz os princípios da nova doutrina.

Alguns meses antes da revolução de Outubro, Roman Jakobson cria em Petrogrado a OPOIAZ. Essa Sociedade para o Estudo da Linguagem Poética oficializava as atividades do grupo de Brik e serviu de crisol para o que irá chamar-se a escola do formalismo russo. Ela reuniu homens de prestígio: o lingüista Evguéni Polivanov, o poeta Boris Eikhenbaum, o teórico da língua Viktor Chklovski, assim como Boris Pasternak, Ossip Mandelstam e Maiakovski. O objetivo da OPOIAZ era elaborar uma poética dos objetos literários independente de toda consideração externa ao próprio objeto: "psique" do autor, costumes da sociedade, história das idéias. Por intermédio do Círculo de Moscou e do grupo formalista de Petrogrado, efetuava-se portanto uma junção entre o estudo da língua em si mesma e o estudo da literatura enquanto forma autônoma de expressão. De parte a parte, a poesia era vista como a quintessência da linguagem: uma linguagem que enfatiza a própria linguagem.[35]

Após a revolução, as atividades dos dois círculos foram encerradas e seus membros tomaram novos rumos. Alguns escolheram o caminho do exílio, outros permaneceram, outros ainda foram vítimas dos expurgos stalinistas, como Polivanov, fuzilado no Cáucaso em 1938. Em torno de Maiakovski e de Brik constituiu-se em 1923 a LEF, ou Frente Esquerdista da Arte, que se propunha passar do futurismo ao comunismo fazendo tábula rasa da antiga cultura russa e das velhas mentalidades.[36] Quando Elsa Kagan deixou o solo russo em 1918 para desposar André Triolet, um oficial francês que a levou a Paris, Jakobson escreveu para ela um poema: "Entre tu e mim seja dito/ Que de todo o coração te amo/ Se partires para o Taiti/ Minha dor será extrema". Mais tarde voltou a vê-la em Paris, junto de Louis Aragon.

É em 1920, ao chegar a Praga, que lê pela primeira vez o *Curso de lingüística geral*. Fica impressionado pela importância atribuída por Saussure à questão das *oposições*. Como os pintores cubistas, Picasso e Braque, ele enfatizava não as coisas propriamente, mas as relações entre as coisas: "A mesma atitude topológica que nos assediava em lingüística, manifestava-se simultaneamente nas artes e nas ciências [...]. O termo 'oposição' sugeria inevitavelmente a idéia de uma operação lógica latente".[37] Em Viena, Jakobson reencontra Trubetzkoi que havia fugido da revolução e trabalhava na elaboração de seus princípios de fonologia. Juntos, fundam em outubro de 1926 o Círculo Lingüístico de Praga. Dois anos mais tarde, no congresso de lingüística de Haia, empregam pela primeira vez o termo "lingüística estrutural e funcional". Tratava-se doravante de passar do formalismo ao estruturalismo, isto é, de levar adiante a revolução saussuriana, estudando como um *sistema* não apenas a língua em sua estrutura formal, mas a linguagem inteira em suas diferentes funções estruturais. Tal foi a significação das nove teses enunciadas pelo círculo praguense em 1929.[38] A fonologia ocupava aí um lugar central. Substituía a antiga fonética, que descrevia a materialidade dos sons, por uma ciência dos *fonemas* concebidos como as unidades distintivas mínimas da língua portadoras de significação. Da mesma forma que, para Saussure, a língua se distingue da fala e o signo se define pelo valor, o fonema, para Trubetzkoi, se caracteriza pelos traços distintivos que o opõem a um outro fonema. Esse estudo dos fonemas permitia universalizar um princípio estrutural comum a todas as línguas. Daí as hipóteses propostas por Jakobson em Estocolmo, em 1941, sobre as distinções fonológicas extremas que se verificam no conjunto das línguas. Elas são as primeiras que a criança assimila e as últimas que o afásico perde. Ao contrário, as distinções mais sutis são menos representadas. Aparecem tarde no desenvolvimento lingüístico da criança e são as primeiras a desaparecer na afasia.

Fugindo do nazismo e da guerra, Jakobson emigra para Nova York, onde freqüenta o meio psicanalítico em exílio, em particular Raymond de Saussure, a quem fala da obra de seu pai. Este a conhecia e inclusive havia manifestado a intenção, numa carta a Charles Bally de 1916, de abrir um campo de investigação comum à psicanálise e à lingüística. Não chegou a fazê-lo, mas certamente compreendeu o alcance universal do *Curso* em seu contato com Jakobson.[39] Quanto a este, percebeu pela primeira vez, em Nova York, o que a psicanálise "podia oferecer à lingüística" e vice-versa.[40]

Alexandre Koyré, também refugiado em Nova York, apresentou-lhe Claude Lévi-Strauss, que se considerava na época como um estruturalista ingênuo: "Jakobson revelou-me a existência de um corpo de doutrina já constituído numa disciplina, a lingüística, que eu jamais havia praticado. Para mim, foi uma iluminação [...]. Ele era um pensador de uma força intelectual que dominava tudo a seu redor".[41] Sabe-se o papel que ele representou a seguir na elaboração das *Estruturas elementares do parentesco*. A amizade fraterna entre os dois pensadores jamais irá se desfazer. Tendo escolhido tornar-se americano, Jakobson não deixou, porém, de visitar regularmente Paris. Além de Lévi-Strauss, lá reencontrava sua querida Elsa Triolet e às vezes Lili Brik, quando ela vinha de Moscou. Louis Aragon o fez conhecer, ao longo dos anos, escritores comunistas que sonhavam, para além de seu desgosto do stalinismo, restaurar a aventura legendária das vanguardas formalista, futurista e surrealista. Jakobson, que jamais se engajara como militante revolucionário, foi no entanto, aos olhos deles, a encarnação da linguagem mesma da revolução, pois havia sido, entre Maiakovski, Khlebnikov, Brik e Polivanov, testemunha e ator de uma das maiores revoluções do século: a da linguagem. Assim a França, país da Revolução, foi sua segunda pátria, tal como o francês havia sido sua segunda língua. Em suas primeiras viagens, alojava-se na casa de Lévi-Strauss, mas quando este lhe apresentou Jacques Lacan, em 1950, passou a hospedar-se no número 3 da rua de Lille. Desde então, teve "seu quarto" na casa de Sylvia.

Diversas vezes ele assistiu ao ensino de Lacan e entrou em contato com os amigos deste. Em duas oportunidades, fê-lo visitar os Estados Unidos para uma série de conferências. Enfim, em 1967, a pedido de Lacan, aceitou participar de um debate durante o seminário sobre "A lógica da fantasia".[42] Com muito charme, respondeu às questões de Jenny Aubry sobre os distúrbios da linguagem na criança, de Luce Irigaray sobre os *shifters*, e de Jean Oury sobre a noção de contexto nas relações institucionais. Por ocasião de uma entrevista com Robert Georgin, brilhante universitário belga e editor dos *Cahiers Cistre*, declarou que as conversas com Lacan haviam "influenciado" os trabalhos de ambos: "Nossa colaboração teve por objeto sobretudo o problema da metáfora e da metonímia, a saber, os dois pólos da semântica e de sua expressão, que eram um dos temas de nossas discussões".[43]

Tratava-se mais de uma profissão de fé que de uma realidade teórica. Pois Jakobson não foi "influenciado" pelos trabalhos de Lacan. Aliás, se multiplicou as manifestações de simpatia em relação ao homem de quem era o hóspede permanente, jamais levou em conta, na sua própria trajetória, a conceitualidade lacaniana. E quando Robert Georgin quis realizar um livro coletivo sobre a obra de Lacan e pediu a Jakobson para participar, este polidamente se esquivou. Lacan ficou magoado com isso.[44]

A idéia de que a linguagem pudesse ser uma formação inconsciente era muito difundida entre os neogramáticos e os estruturalistas. Mas a concepção do inconsciente deles não era freudiana. Assim também Jakobson, na linha direta da herança husserliana, preferia empregar o termo *subliminar* para designar um saber intuitivo que jazia no fundo da consciência e agia à revelia dela. O antipsicologismo jakobsoniano passava por uma reflexão sobre a visada subjetiva e a intencionalidade da consciência que não era, depois da guerra, a mesma de Lacan. No início do século XX, Ferdinand de Saussure havia se ocupado, com Théodore Flournoy, da questão das relações entre língua e inconsciente no famoso episódio da glossolalia marciana inventada por Hélène Smith. A seguir havia se deparado com um problema idêntico quando pensou encontrar na poesia latina saturnina os traços de uma atividade secreta do poeta aos quais deu o nome de *anagramas*.[45] Estendendo sua investigação à poesia grega épica e lírica, e depois à poesia latina, Saussure perguntou-se se a existência dos anagramas, isto é, de um texto sob o texto, dependia do acaso ou de uma intenção do autor. Não encontrando resposta, abandonou sua pesquisa.

Ao partir de uma concepção freudiana do inconsciente, Lacan foi assim o primeiro pensador do século XX a estabelecer um vínculo fecundo entre a revolução estrutural iniciada em Genebra e a descoberta vienense. Mas, para tanto, foi-lhe preciso romper com todo o arsenal conceitual próprio às teorias da intencionalidade e reintroduzir um sujeito (dividido) no cerne da doutrina freudiana. Enquanto Lévi-Strauss foi levado à leitura de Saussure por Jakobson, Lacan passou primeiro por Henri Delacroix e por Pichon para chegar ao *Curso*, e depois pelas *Estruturas elementares do parentesco* para universalizar uma função simbólica compreendida como passagem da natureza à cultura. Enfim, o estruturalismo praguense de Jakobson e Trubetzkoi permitiu-lhe elaborar uma lógica do significante (e depois do traço unário) que incluía uma teoria do sujeito. Ainda que fosse por esse gesto apenas, ele deveria figurar entre os grandes teóricos que marcaram o século XX.

Lacan tinha por Jakobson uma admiração sem limites. Durante os dez anos de suas rixas com a IPA, na qual sentia-se progressivamente marginalizado da diáspora freudiana, ele reencontrava, junto desse sábio cosmopolita oriundo da velha Rússia, todo o frescor da aventura intelectual que o havia levado, na juventude, ao caminho da revolução freudiana. E, de repente, sonhava voltar-se para o Leste, de onde a psicanálise fora banida: conseqüência lógica de sua virulenta crítica da psicanálise dita americana. Em 1953, havia confiado o precioso "Discurso de Roma" ao comunista Lucien Bonnafé; nove anos mais tarde, quis a todo preço visitar a União Soviética.

Ele não ignorava que, desde a morte de Stálin, as violentas condenações do freudismo do período da *Jdanovchtchina*[46] não estavam mais em voga. No domínio da psicologia iniciava-se uma crítica da ideologia pavloviana dos anos 1950 que havia servido tanto para suplantar o pretenso espiritualismo freudiano quanto para apagar da memória soviética os vestígios do ensinamento psicanalítico.

O projeto de tal viagem veio ao espírito de Lacan depois de um acontecimento que espantou o mundo: a façanha de Yuri Gagarin, em 12 de abril de 1962. Persuadido de que as revoluções científicas acabam sempre por provocar subversões no pensamento, Sua Majestade entrou em contato com a velha amiga Hélène Gratiot-Alphandéry, aluna de Wallon e membro do Partido Comunista francês: "Faço questão absoluta de ir à URSS", disse ele. "Tenho muito a lhes dizer. É preciso rever tudo. Agora que o homem foi ao espaço, haverá neste mundo uma nova psicologia."[47]

Hélène conhecia Lacan desde 1930 e sua filha era amiga de Judith. As duas haviam militado em favor da independência da Argélia. Lacan falou também de seu projeto a René Zazzo: "Ele queria ir à URSS. Não como turista, mas como convidado. Não por alguns dias, mas por vários meses. Tratava-se de fazer os soviéticos conhecerem o que era realmente a psicanálise, de organizar um seminário. Será que eu podia ajudá-lo? Aquele projeto pareceu-me condenado ao fracasso. Disse isso a ele, mas prometi falar do caso a Leontiev em sua próxima viagem a Paris".[48] Nascido em 1903, Alexis Leontiev era vice-presidente da Academia de Ciências Pedagógicas da URSS e chefe do departamento de psicologia na universidade de Moscou. Marxista convicto e antipavloviano, lutava com seu amigo Alexandr Luria para reabilitar as teses do mestre comum de ambos: Lev Sémiénovitch Vytgotski.[49] Para tanto, havia pedido a seus colegas franceses, René Zazzo e Paul Fraisse, que viabilizassem a tradução de algumas das obras deste. Em princípio, não era hostil a Lacan e aceitou conversar com ele.

Hélène foi encarregada de organizar o jantar. Enquanto Sylvia falava de vários assuntos com a sra. Zazzo, Leontiev e Lacan permaneciam em silêncio. Para iniciar a conversa, Zazzo falou do vôo de Gagarin no espaço e das pesquisas soviéticas sobre a "psicofisiologia dos cosmonautas". Prontamente, Lacan proclamou num tom peremptório: "Não há cosmonauta". Persuadido de que seu interlocutor quisera falar mal da União Soviética ao negar a existência do primeiro vôo do homem no espaço, Leontiev reagiu com indignação e passou a apresentar provas da realidade do evento. Ao que Lacan redargüiu, sem a sombra de uma hesitação: "Não há cosmonauta simplesmente porque não há cosmos. O cosmos é uma noção do espírito". Como digno aluno de seu amigo Alexandre Koyré, ele limitava-se a sublinhar que nenhum sistema harmonioso do universo era concebível na perspectiva da física galileana. A palavra *cosmos*, com efeito, fazia parte de uma terminologia anterior à revolução copernicana. Por mais que Zazzo tentasse dissipar o mal-entendido, Leontiev continuou perturbado: "Seu amigo fala sempre assim?". Lacan jamais recebeu seu convite. Posteriormente, quando a filha Sibylle viajou para uma temporada em Moscou, quis a todo custo ir encontrá-la.

Uma vez mais, Lacan demonstrara aqui falta de tato. Ele, que sabia comportar-se em sociedade com infinita delicadeza, era capaz de conduzir-se mal diante de homens de ciência e universitários em geral, dos quais, no entanto, esperava o reconhecimento. Assim, quando convidou para almoçar pela primeira vez o filósofo Jean Hyppolite, fino gastrônomo, encomendou ao garçom "uma jarra de Bordeaux". Mais grave ainda: quando Judith fez o exame oral do vestibular de filosofia, convidou ao espetáculo uma parte do público de seu seminário. Ao final da prova em que ela se classificou em primeiro lugar, Lacan foi com grande pompa apertar a mão do presidente da banca, Georges Canguilhem, para agradecer-lhe. O historiador das ciências, ex-membro da Resistência e grande servidor da escola republicana, cuja severidade e a probidade eram legendárias, jamais lhe perdoou esse gesto.[50]

Embora tivesse querido encontrar-se com o papa, Lacan tinha horror a tudo que se assemelhava a conformismo religioso. Do mesmo modo, ainda que quisesse convencer os marxistas a se interessarem por seu ensino, não tinha a menor simpatia pelo comunismo. No que dizia respeito ao passado, ele considerava Mazarino como o maior homem político que a França produzira. Em relação ao presente, é à socialdemocracia que dava sua preferência de cidadão, sem apregoar isso publicamente. Sempre marcado ao mesmo tempo pelo antiparlamentarismo de sua juventude e pelo culto da democracia inglesa, ou seja, por duas opções radicalmente antagônicas, na realidade ele só conhecia a política que servia à sua doutrina. Mas esta era atravessada de referências constantes à história da filosofia política, de Platão a Maquiavel passando por santo Agostinho, Aristóteles e Hegel. Jean Lacouture, com quem cruzou em Harvard quando este trabalhava numa tese sobre a personalização do poder, ficou espantado com os sinais de interesse que ele lhe manifestou na ocasião: "Mas que outra coisa jamais estudei", lhe diz Lacan, "senão as motivações e os modos do poder?".[51]

Em 1954, por intermédio de Madeleine Chapsal, ele veio a conhecer Françoise Giroud, que também fazia parte da equipe dos fundadores do *L'Express* ao lado de Jean-Jacques Servan-Schreiber. Tornaram-se bons amigos. Um dia, por solicitação dele e de Claude Lévi-Strauss, ela organizou um jantar com Pierre Mendès France. Este já conhecia o etnólogo, que recentemente o acompanhara ao mercado das pulgas em busca de documentos sobre sua família.[52] Durante toda a noitada, Lacan e Lévi-Strauss permaneceram silenciosos, enquanto suas mulheres falavam descontraidamente. Mais tarde, François Mauriac e Servan-Schreiber apareceram, certamente vindos do jornal. "Lacan era fascinado por Mendès France", observa Françoise Giroud. "Eles só voltaram a se ver uma única vez. O que o interessava era o prestígio de Mendès, seu carisma junto à juventude." Após esse jantar, Mendès surpreendeu-se com o silêncio dos dois homens e expressou a Françoise sua perplexidade.[53]

Jacques Lacan, nessa época, fez uma verdadeira amizade com o advogado Roland Dumas, futuro ministro do governo socialista de François Mitterrand. Ele foi o defensor de Laurence Bataille quando esta teve problemas com a Justiça, e depois o conselheiro de Lacan quando foi tomada a decisão, após a morte de Georges Bataille em julho de 1962, de mover um processo que permitisse a Judith ser legitimada por seu pai. Essa legitimação acabou se efetivando no dia mesmo em que Lacan fazia sua entrada na Escola Normal Superior para pronunciar o discurso sobre "A excomunhão". Por curiosa casualidade, ele tornou-se portanto legalmente o pai de sua filha no momento em que, tendo sido forçado a deixar a IPA, pronunciava o discurso inaugural que o levaria a chamar "freudiana" uma escola que seria, na verdade, o lugar de transmissão de uma doutrina que trazia o seu nome. Na sala Dussane onde falava, naquele 15 de janeiro, diante de uma nova audiência, achava-se seu futuro genro, Jacques-Alain Miller, que ainda não completara dezenove anos. Brilhante filósofo da ENS, ele desposará Judith em Guitrancourt, no dia 12 de novembro de 1966. Portanto, esta só usaria legalmente o nome de seu pai durante cerca de dois anos, pois a partir de então passará a chamar-se Judith Miller.[54]

Além de Roland Dumas, Lacan teve também laços de amizade com Gaston Defferre, que havia conhecido em Marselha por intermédio de Georges Bernier e que fora abrigado algum tempo por Sylvia, na rua de Lille, no final da guerra: "Gaston Defferre", escreve Edmonde Charles-Roux, "era pessoalmente muito ligado a Lacan. Passaram juntos férias de verão na Itália. Defferre tentou ensinar a Lacan os segredos do esqui náutico, sem sucesso. De fato, haveria muito a dizer sobre essa estranha amizade que se afirmou e adquiriu dimensões novas durante os acontecimentos da Argélia".[55]

Entre o momento em que Jacques Lacan formulava em Royaumont, pela primeira vez, sua estrutura do sujeito, e aquele, em Bonneval, em que surgirá a controvérsia que o opôs a Jean Laplanche, de um lado, e a Merleau-Ponty, de outro, Alfred Lacan morreu. Com 87 anos de idade, o velho homem extinguiu-se sem sofrimento em conseqüência de uma ruptura de aneurisma, no dia 15 de outubro de 1960. Quatro dias depois, o corpo foi transportado de Boulogne a Château-Thierry a fim de ser sepultado no jazigo de família, onde já repousavam Émilie Baudry e a maior parte dos antepassados do ramo paterno, com exceção de Émile Lacan e de sua esposa Marie Julie Dessaux. Indo de carro a toda velocidade ao enterro de seu pai, Jacques cruzou um sinal vermelho, foi detido por um guarda e por pouco não chegou atrasado. No cemitério, os filhos de Malou portavam uma simples braçadeira de luto sobre suas roupas de todos os dias, enquanto Judith, elegantemente vestida de preto, como Jacques, havia coberto seu rosto com um véu de luto.[56] Uma vez mais, o filho de Alfred cumpria seu dever.

No seminário daquele ano, consagrado em parte à questão do parricídio na trilogia dos Coûfontaine de Paul Claudel, ele não fez nenhuma alusão à morte do pai, mas diante do túmulo de Merleau-Ponty, sete meses mais tarde, não conteve as lágrimas. Do desaparecimento do filósofo, falou com emoção, diante de seu público, em 10 de maio de 1961: "Nós a recebemos em pleno coração [...]. Posso dizer que nos terá faltado tempo, em razão dessa fatalidade mortal, para aproximar ainda mais nossas fórmulas e nossos enunciados [...]. Ele sempre quis e desejou — e posso dizer que foi realmente contra minha vontade — que eu ocupasse esta cadeira".[57]

Merleau-Ponty certamente não teria aderido a Lacan em sua teoria da linguagem. Mas, dois dias antes de sua morte, havia passado uma deliciosa jornada em Guitrancourt colhendo flores. Ele acabava de ser convidado para ir aos Estados Unidos e sonhava visitar a ilha Maurício: "A última imagem que conservo dele", escreve Madeleine Chapsal, "é sua silhueta na plataforma do trem. Com um ramo de lírio oferecido por Lacan na lapela, agitava a mão em minha direção em sinal de adeus".[58]

Se, na entrevista de maio de 1957 concedida a *L'Express*, Lacan falava de seu comentário a "O homem dos ratos", ele não mencionava o trabalho de leitura da história do presidente Daniel-Paul Schreber, ao qual havia dedicado o seminário de 1955-6.[59] Ora, ao longo dessa reflexão sobre as psicoses em geral e sobre a paranóia em particular, ele introduzia um conceito maior, a *foraclusão*, que fazia parte de sua segunda retomada estrutural. O termo fizera sua primeira aparição na sessão de 4 de julho de 1956, a última do ano universitário.[60]

Já tivemos a ocasião de analisar longamente as condições de aparecimento desse termo na história da psicanálise, e depois no discurso de Lacan. Tudo começou em 1895 com a introdução por Hippolyte Bernheim da noção de alucinação negativa para designar a ausência de percepção de um objeto presente no campo perceptivo do sujeito após a hipnose. Freud retomou o termo, mas não mais o empregou a partir de 1917, uma vez que, em 1914, havia proposto uma nova classificação das psicoses, das neuroses e das perversões no interior do quadro de sua teoria da castração. Passa então a dar o nome de *Verneinung* (denegação) a um mecanismo verbal pelo qual o recalcado é reconhecido de maneira negativa pelo sujeito, mas sem ser aceito: "Não é minha mãe, não é essa pessoa" — o que quer dizer: são exatamente elas. O termo foi traduzido em francês, em 1934, pela palavra *négation* [negação].

Ao lado desse mecanismo, Freud utilizava o termo *Verleugnung* (renegação) para designar a recusa de reconhecimento, pelo sujeito, da realidade de uma percepção negativa: por exemplo, a ausência do pênis na mulher. A *Verneinung* traduzia um mecanismo de tipo neurótico, e a *Verleugnung*, um mecanismo mais próprio da perversão.

Paralelamente, na França, Pichon propunha o termo *escotomização* para definir um mecanismo inconsciente ou uma cegueira por meio da qual o sujeito faz desaparecer da memória ou da consciência certos fatos desagradáveis. É a propósito desse termo que se desencadeia, em 1925, uma polêmica entre Laforgue e Freud. O primeiro propunha traduzir por *escotomização* tanto a *Verleugnung* (renegação) quanto um outro mecanismo de recalque próprio à psicose, em particular a esquizofrenia. O segundo recusava o termo e opunha-lhe ao mesmo tempo a *Verleugnung* e a *Verdrängung* (o recalque). A situação descrita por Laforgue suscitava a idéia de uma anulação da percepção, ou seja, de uma positividade psicologista do fechamento, ao passo que a desejada por Freud mantinha a percepção no quadro de uma negatividade: não o fechamento da percepção em relação a uma realidade desconhecida, mas a atualização de uma percepção que consiste numa renegação. A polêmica mostrava que, de ambas as partes, faltava um termo para designar um mecanismo de rejeição próprio à psicose. Laforgue aproximava-se da solução, ao preço de uma desnegativização, e Freud afastava-se dela ao situar o mecanismo entre a renegação e o recalque.

As coisas estavam nesse pé quando Pichon publicou, em 1928, na revista de Pierre Janet, o célebre artigo sobre "A significação psicológica da negação em francês". A partir da língua e não mais da clínica, ele tomava do discurso jurídico francês um adjetivo, *foraclusivo*, para dizer que o segundo membro da negação em francês aplica-se a fatos que o locutor não mais considera como fazendo parte da realidade. Esses fatos são de certo modo *foracluídos*. O exemplo dado por Pichon e por seu tio Damourette não carecia de humor, em se tratando de dois membros da Action Française. Com efeito, eles mencionavam a citação de um jornalista, extraída do *Journal* de 18 de agosto de 1923, a propósito da morte de Esterhazy: "'O caso Dreyfus', disse ele [Esterhazy], 'é um livro que a partir de agora está fechado'. Ele deve ter se arrependido de alguma vez tê-lo aberto [Em francês: Il dut se repentir de l'avoir *jamais* ouvert.]". Damourette e Pichon sublinhavam que o emprego do verbo "arrepender-se" [*se repentir*] implicava que um fato, que tinha realmente existido, era *efetivamente excluído* do passado. Aproximavam então — e é Pichon quem falava — a *escotomização* do *foraclusivo*: "A língua francesa, pelo foraclusivo, exprime esse desejo de escotomização, traduzindo assim o fenômeno normal do qual a escotomização, descrita em patologia mental pelo sr. Laforgue e por um de nós, é o exagero patológico". Os dois autores não levavam em consideração aqui o mecanismo da *Verneinung*.

Foi preciso portanto esperar até 3 de fevereiro de 1954 para que esse debate fosse reatualizado em outros termos e num novo terreno: o da fenomenologia. Nessa época, a correspondência de Freud e de Laforgue não estava publicada e Lacan não "substituiu" a escotomização pela foraclusão. Em seu debate com Jean Hyppolite, que abordava a questão pelo viés do mecanismo da *Verneinung* ao qual ele propunha dar o nome de *denegação*, Lacan repensava o problema a partir do trabalho de Merleau-Ponty sobre a *Fenomenologia da percepção*: especialmente as páginas por este dedicadas à alucinação como "fenômeno de desintegração do real" integrado à intencionalidade do sujeito.

Numa passagem da análise do "homem dos lobos", Freud explicava que a gênese do reconhecimento e do desconhecimento da castração em seu paciente passava por uma atitude de *rejeição* (*Verwerfung*) que consistia em só ver a sexualidade sob o ângulo de uma teoria infantil: o comércio pelo ânus. Para ilustrar sua idéia, ele evocava uma alucinação visual que Serguei Pankejeff tivera em sua infância. Este tinha *visto* seu dedo mínimo cortado por seu canivete, e em seguida apercebera-se da inexistência de qualquer ferimento. A propósito da *rejeição de uma realidade apresentada como não existente*, Freud sublinhava que não se tratava de um recalque, pois *"eine Verdrängung ist etwas anderes als eine Verwerfung"* (um recalque não é a mesma coisa que uma rejeição). Ao ler esse texto em 1954 em seu diálogo com Hyppolite, Lacan dava a *Verwerfung* o nome de *supressão*. Dois anos mais tarde, ele retomava a distinção freudiana entre neurose e psicose para aplicar-lhe a terminologia de Laforgue e Pichon segundo a qual, nas psicoses, a realidade jamais é *verdadeiramente escotomizada*. Enfim, após ter longamente comentado a paranóia do presidente Schreber, propôs traduzir o termo *Verwerfung* por *foraclusão*: tratava-se para ele de um mecanismo específico da psicose em geral, definido a partir da paranóia, que consistia numa rejeição primordial de um significante fundamental para fora do universo simbólico do sujeito. Lacan distinguia a foraclusão do recalque ao sublinhar que, no primeiro caso, o significante foracluído, ou os significantes que o representam, não são integrados ao inconsciente do sujeito, mas retornam ao real por ocasião de uma alucinação ou de um delírio que vêm invadir a fala ou a percepção do sujeito.

Estranho itinerário desse conceito! Inventado por um gramático que o definia, a partir do caso Dreyfus, como a tradução linguageira normal de um processo patológico de escotomização, ele reaparecia em 1956 no discurso de Lacan que o utilizava, no quadro de sua segunda retomada estrutural, para traduzir um mecanismo revelado por Freud, não na paranóia de Schreber, mas na neurose infantil de Pankejeff. Lacan conservava o terreno da língua, no qual Pichon situava o termo, mas apoiava-se na lingüística para inscrever nesse terreno a trajetória do significante. Como prêmio de sua vitória sobre o fracasso de Laforgue, ele atribuía a Freud a descoberta de um processo (a foraclusão) e a invenção de um conceito (*Verwerfung*) que este não havia descoberto nem inventado.[61]

À elaboração do conceito de foraclusão ligava-se igualmente a teorização da noção de *nome-do-pai*, já utilizada desde 1953, mas formulada pela primeira vez como conceito em 27 de junho de 1956. A isso juntava-se também o estabelecimento definitivo dos dois termos *grande Outro* e *pequeno a*, um introduzido pela primeira vez em 25 de maio de 1955, o outro já empregado desde 1936, mas doravante situado num quadro binário: A/a. Do inconsciente como "discurso do outro", tal como era definido em Roma, Lacan passava, em sua segunda retomada, a um inconsciente como "discurso do Outro". Quanto ao *pequeno a*, lugar do eu imaginário, ele tornava-se a questão de um resto, preso no real e não simbolizável: objeto como falta e objeto como causa do desejo.[62] Para rebaixar o eu à posição de dejeto, Lacan recorria aqui à heterologia cara a Georges Bataille, a qual servia de garantia para que a estrutura lacaniana não fosse a reintrodução de um Deus sob a máscara de uma transcendência, tão temida por Lévi-Strauss.

Mas, para conceber a binaridade A/a, primeiro fora-lhe necessário distinguir um *eu-ideal* (*Ideal-Ich*) de um *ideal do eu* (*Ich-Ideal*).[63] Sabe-se que essa distinção não existia no sistema tópico de Freud, no qual o *Ideal-Ich*, traduzido em francês pelo vocábulo *moi-idéal*, era uma formação intrapsíquica que designava o ideal de onipotência narcísica do sujeito, forjado sobre o modelo do narcisismo infantil. Posteriormente a Freud, em 1932, Hermann Nunberg introduziu uma cisão nessa conceitualidade, fazendo do *eu-ideal* (*Ideal-Ich*) uma formação geneticamente anterior ao *supereu*. Ao longo de sua evolução, disse ele, o sujeito deixa atrás de si seu ideal narcísico, embora aspirando a retornar a ele, especialmente nas psicoses.[64] Foi pela leitura dos artigos de Nunberg que Lagache, mais ou menos na mesma época que Lacan, veio a retomar essa distinção para teorizá-la no colóquio de Royaumont de 1958 sobre a personalidade.

Entretanto, em março de 1954, é a partir do debate sobre o narcisismo entre Freud e Jung, sem citar Nunberg, que Lacan diferenciava à sua maneira o *eu-ideal* do *ideal do eu*. Definia o primeiro termo como uma formação narcísica pertencente ao registro do imaginário e que tinha sua origem no estádio do espelho, e o segundo como uma função simbólica capaz de organizar o conjunto das relações do sujeito com outrem.[65] Assim o estabelecimento da dualidade A/a era consecutiva à instauração do dualismo do *ideal do eu* e do *eu ideal*. Nesse sistema, Lacan reintroduzia a clivagem lévi-straussiana da universalidade do incesto como passagem da natureza à cultura. Esta permitia, com efeito, pensar uma oposição entre a função simbólica do *pai*, representante da cultura e encarnação da lei, e a posição imaginária da *mãe*, dependente da ordem da natureza e condenada a fusionar-se com o filho, como objeto fálico de um pênis faltante.

Daí a idéia lacaniana da fase edipiana entendida como passagem da natureza à cultura. Se a sociedade humana é dominada pelo primado da linguagem (o Outro, o significante), isso quer dizer que o pólo paterno ocupa, na estruturação histórica de cada sujeito, um lugar análogo. Em sua primeira retomada, Lacan define este como *função do pai*, depois como *função do pai simbólico*, em seguida como *metáfora paterna*, para finalmente designar a função ela mesma, em sua segunda retomada, como um conceito: o *nome-do-pai*. A elaboração desse conceito era igualmente tributária do estabelecimento de uma teoria do significante e concomitante à teorização da noção de *foraclusão*, o que Lacan sublinha claramente em 20 de junho de 1956, uma semana antes de empregar pela primeira vez o termo como conceito: "A função de ser pai", dizia, "não é de modo nenhum pensável sem a categoria do significante".[66] Nessa perspectiva, a passagem edipiana da natureza à cultura se dá do seguinte modo: sendo a encarnação do significante por nomear o filho com seu nome, o pai intervém junto deste como privador da mãe, dando origem a seu ideal do eu.

Essa tradução antropológica dos trabalhos de Freud estava relacionada também à maneira como Lacan contava seus casos de família a um público diante do qual se abria mascarando-se em parte. Graças às preciosas recordações de seu irmão Marc-François, sabe-se hoje muito bem que a gênese do conceito de *nome-do-pai* reside no lugar ocupado por Émile Lacan no interior da genealogia familiar. Jacques execrou a vida toda esse "horrível personagem graças ao qual tivera acesso numa idade precoce à função fundamental de maldizer a Deus". A esse avô, de quem trazia o prenome em seu registro civil, ele recriminava ter-se comportado como um tirano em relação a Alfred, que se tornou assim inapto para o exercício da paternidade. Educado por esse pai temível, Alfred mostrara-se um pai afetuoso, devotado e cheio de boa vontade, mas incapaz do menor interesse pelo gênio intelectual do filho mais velho que ele considerava um ser volúvel e irresponsável.

Ora, é exatamente nessa posição enfraquecida de Alfred, seu pai, que pensava Lacan quando evocou, em 1938, o declínio inelutável da imago paterna na sociedade ocidental. Pensava nela também ao inventar, entre 1953 e 1963, um sistema estrutural fundado na revalorização de uma função simbólica do pai. Partindo do rebaixamento da condição paterna com a qual havia sofrido em sua infância, ele fazia surgir o conceito de *nome-do-pai* do horror que lhe inspirava ainda a figura de Émile: o *pai do pai*. E à lembrança dessa humilhação de Alfred juntava-se o peso de sua própria experiência da paternidade. Sentindo-se culpado por não ter podido dar seu nome à filha, Lacan teorizava a idéia de que somente um ato de fala — uma nomeação — podia permitir a um pai autenticar sua descendência: "Eis aí, eu me dizia dirigindo-me a mim mesmo por meu nome secreto ou público, eis aí por que, em suma, Jacques Lacan, tua filha não é muda, eis aí por que tua filha é tua filha, pois, se fôssemos mudos, ela não seria tua filha".[67]

Nascido em julho de 1842, Daniel-Paul Schreber pertencia a uma ilustre família da burguesia protestante alemã, composta de juristas, médicos, cientistas e pedagogos. Seu pai, o doutor Daniel Gottlob Moritz Schreber, tornara-se célebre por ter construído teorias educativas rígidas baseadas no higienismo, na ortopedia, na ginástica e na helioterapia. Buscando corrigir os defeitos da natureza humana, ele queria remediar a degradação geral das sociedades a fim de fazer surgir o ser perfeito dos novos tempos: uma alma robusta num corpo são. Assim preconizava, em manuais educativos, impor às crianças, com o auxílio de instrumentos bárbaros, posturas corporais corretas. Zelador de uma elevação da alma alemã, Daniel Gottlob foi também o promotor dos loteamentos operários com jardins, movimento que inicialmente será defendido pela socialdemocracia, depois denunciado como reformista, para afinal ser recuperado pelo nacional-socialismo. Em 1861, às vésperas da tomada do poder por Bismarck, e três anos depois de ter sido atingido por uma escada de mão na cabeça, ele morre em conseqüência de uma perfuração de úlcera. Tinha 53 anos e acabava de publicar sua última obra: *O amigo do lar como educador e guia para os pais e as mães do povo alemão*.

Em 1884, seu filho, Daniel-Paul Schreber, jurista renomado e presidente do supremo tribunal de Saxe, apresenta-se às eleições como candidato conservador e representante da ordem moral pregada por Bismarck. É derrotado por um socialdemocrata, popular na região. A partir de então, manifestam-se seus primeiros distúrbios mentais. É tratado pelo neurologista Paul Flechsig, que por duas vezes faz com que ele seja longamente internado. Promovido a presidente do supremo tribunal de Dresden, em 1893, sofre interdição sete anos mais tarde e seus bens são colocados sob tutela. Resolve então redigir suas *Memórias de um neuropata*, nas quais relata seus delírios e alucinações, e as publica em 1903. Graças a esse relato, obteve sua saída do hospício e a restituição de seus bens, não por ter provado que não era louco, mas por demonstrar ao tribunal que essa loucura não podia se constituir em motivo jurídico de encerramento. Em abril

390

de 1910, morre, porém, no hospício de Leipzig, onde, quatro anos antes, uma vez mais dera entrada. No final do mesmo ano, Freud, que não sabia se Schreber ainda estava vivo, começa a redigir suas observações sobre o caso a partir da autobiografia de 1903.[68] A esse texto faltava a metade de um capítulo referente à família do narrador, que os editores haviam suprimido por julgá-la imprópria à publicação.

As *Memórias* de Schreber expunham o sistema delirante de um homem às voltas com a perseguição de Deus. Tendo vivido sem estômago e sem bexiga, tendo às vezes "comido sua laringe", ele se convencera de que o fim do mundo estava próximo e de que era o único sobrevivente em meio aos doentes e enfermeiros designados como "sombras de homens, trancafiados sem o menor cuidado". Deus dirigia-se a ele numa "língua dos nervos", ou "língua fundamental", e confiava-lhe a missão salvadora de transformar-se em mulher para engendrar uma nova raça sobre os escombros da humanidade apodrecida. Se a alma humana está contida nos "nervos" do corpo, dizia Schreber, o homem é feito de corpo e de nervos. Quanto a Deus, é composto apenas de nervos. Entre Deus e o céu se estabelecem relações íntimas, sensuais. Os "vestíbulos do céu" são os nervos do homem, purificados após a morte e integrados a Deus, o qual age sobre o homem por meio de "raios". A todo momento regenerado por esses "raios" que o tornavam imortal, Schreber era perseguido, porém, por pássaros "miraculados", feitos de fragmentos de "vestíbulos do céu" e lançados contra ele após terem se enchido de venenos cadavéricos. Os pássaros transmitiam-lhe também os "vestígios encantados das antigas almas humanas". E, enquanto esperava metamorfosear-se em mulher e ser engravidado por Deus, Schreber resistia tanto à perseguição divina, berrando contra o sol, quanto aos tenebrosos complôs fomentados pelo doutor Flechsig, esse "assassino de alma" que havia abusado sexualmente dele para em seguida abandoná-lo à putrefação de seu corpo retalhado.

Como todos os cientistas de seu tempo, preocupado em revelar a gênese das doenças ditas mentais, Freud ficou deslumbrado com a língua schreberiana e com o extraordinário relato desse narrador louco que se inspirava, em seu delírio, nos discursos dos grandes místicos. A fascinação por esse texto exprimia o interesse que ele dedicava na época à questão da origem das religiões, à qual em seguida dará uma resposta em *Totem e tabu*. Mas o estudo do caso serviu-lhe também para fazer da paranóia uma entidade nosográfica sólida e coerente ante Eugen Bleuler, que queria incluí-la em sua nova definição da esquizofrenia. No debate entre a escola de Viena e a escola de Zurique, do qual já falamos[69] e que haveria de resultar na ruptura com Jung, Freud desejava dar um fundamento psicanalítico à organização das psicoses, cujo modelo paradigmático era para ele a paranóia.

De maneira clássica, incluía aí os delírios de grandeza, de perseguição, de erotomania e de ciúme, mas acrescentava também a defesa contra a homossexualidade e a idéia de que o conhecimento delirante que o louco tem de si mesmo pode ser tão verdadeiro quanto aquele, racional, construído pelo clínico para explicar a loucura. No entanto, só o segundo possui um estatuto teórico. Ora, ao redigir seu estudo sobre Leonardo da Vinci, um ano antes, Freud havia elaborado uma abordagem da homossexualidade que ia lhe servir para a análise do caso Schreber, e foi por ocasião de sua ruptura com Alfred Adler, no mesmo ano, que lhe veio a idéia de ligar o conhecimento paranóico a um investimento homossexual, e o conhecimento teórico, a uma rejeição desse investimento. De fato, essa ruptura reavivara nele o sofrimento sentido quando de sua separação de Wilhelm Fliess. Donde estas duas frases célebres, uma endereçada a Sandor Ferenczi numa carta de outubro de 1910, a outra a Jung em dezembro do mesmo ano: "Depois do caso Fliess [...], uma parte do investimento homossexual desapareceu e me servi disso para ampliar meu próprio eu. Sou bem-sucedido lá onde o paranóico fracassa" e "Fliess desenvolveu uma bela paranóia após ter se desembaraçado de sua inclinação por mim. É a ele que devo essa idéia [do componente homossexual da paranóia]".[70]

Freud havia se informado sobre as teorias educativas do pai de Schreber e, diversas vezes, assinalou o quanto esse homem

392

era tirânico. Mostrou também que Daniel-Paul, em suas *Memórias*, fazia uma sátira feroz da arte médica de Daniel Gottlob, acusado de se ocupar apenas de cadáveres. Mas não fez nenhuma aproximação entre o sistema educativo do pai e a gênese da paranóia no filho, ainda que já tivesse observado a analogia entre os delírios paranóicos e os grandes sistemas rígidos que pretendem transformar a natureza humana. No quadro de sua nova teoria das psicoses, viu, nos berros de Schreber contra Deus, a expressão de uma revolta contra o pai, depois, na homossexualidade recalcada, a fonte do delírio e, por fim, na transformação do amor em ódio, o mecanismo essencial da paranóia. Assim a eclosão do delírio afigurava-se-lhe menos como uma entrada na enfermidade do que como uma tentativa de cura pela qual Daniel-Paul, que não havia tido filho para se consolar da perda do pai (e do irmão), tentava reconciliar-se com a imagem de um pai transfigurado em Deus. Freud considerava que cura e transfiguração eram antes a conseqüência de um complexo paterno positivo. Em outras palavras: para ele, o velho doutor Gottlob havia sido tanto um homem bom quanto um tirano doméstico.

No outono de 1955, quando Lacan resolve comentar durante todo um ano as *Memórias* do presidente Schreber, sua posição em relação à paranóia é muito diferente da de Freud em 1911. Em sua tese de 1932 e em seu artigo sobre as irmãs Papin, ele havia se interessado pelo componente homossexual da paranóia feminina. Mas, no quadro de sua segunda retomada estrutural, o problema não se colocava mais para ele da mesma maneira. Partindo da noção de *conhecimento paranóico*, evocava diante de seus alunos o período dos anos 1930 e o impacto da publicação do caso Aimée na história da psiquiatria francesa. Citava seus mestres, Clérambault, Sérieux, Capgras, e criticava a doutrina das constituições. Quanto aos estudos schreberianos em curso, tomara o cuidado de documentar-se seriamente. Referia-se a Ida Macalpine e a Richard Hunter, dois alunos de Glover, dissidentes da BPS, que acabavam de traduzir e de prefaciar em inglês as *Memórias de um neuropata*. Os dois autores, a mãe (Ida) e o filho (Richard), assinalavam a negligência de Freud a respeito das teorias educativas de Gottlob M. Schreber e propunham uma interpretação kleiniana da paranóia de Daniel-Paul: uma regressão profunda a um estádio primitivo de libido indiferenciada teria determinado uma reativação das fantasias infantis de procriação.[71]

Embora homenageando Freud, Lacan deslocava a significação da problemática freudiana. Em vez de ver a paranóia como uma defesa contra a homossexualidade, situava-a sob a dependência estrutural de uma função paterna. Por isso propunha ler *realmente* os escritos do dr. Gottlob M. Schreber a fim de fazer surgir um vínculo entre os enunciados educativos do pai e a loucura do filho. Mas não se contentava em afastar o primado de um componente homossexual em proveito do de uma posição paterna; transformava também a concepção freudiana da analogia entre o conhecimento delirante e o conhecimento racional. Em vez de associar um ao investimento homossexual e o outro à rejeição desse investimento, apoiava-se numa idéia da genealogia da loucura que vinha sustentando desde 1932: não se torna louco quem quer. Em outras palavras, ele firmava uma vez mais a hipótese segundo a qual o louco seria aquele que tem uma idéia adequada da loucura, a ponto de esta, longe de ser uma realidade, converter-se numa verdade que o homem traz em si como limite à sua liberdade.

No quadro da tópica de 1953, e à medida que avançava sua segunda retomada estrutural, Lacan repensava sua própria concepção da paranóia e a de Freud, estendendo a seguir sua revisão ao domínio das psicoses em geral. Com efeito, ele partilhava com Freud a convicção de que a paranóia era o paradigma da psicose. Durante o ano de 1955-6, essa revisão faz-se por meio da elaboração dos conceitos de *foraclusão* e *nome-do-pai*, que tinha sua gênese no estabelecimento progressivo da nova teoria do significante, oriunda da leitura dos trabalhos de Jakobson. Graças a ela, a paranóia de Schreber pôde então ser definida em termos lacanianos como uma *foraclusão do nome-do-pai*. Seja o encadeamento seguinte: o nome de D. G. M. Schreber, isto é, a função de significante primordial encarnada pelo *pai* através das teorias educativas que pretendem reformar a natureza humana, havia sido rejeitado (*foracluído*) do universo simbólico do filho e retornava no real delirante do discurso do narrador. Por essa fórmula abstrata e sofisticada, Lacan resolvia com gênio o problema que se haviam colocado antes dele todos os comentadores das *Memórias de um neuropata*, inclusive Freud. Todos haviam notado o vínculo existente entre o sistema educativo do pai e o delírio do filho, mas Lacan era o primeiro a teorizá-lo e a precisar seu funcionamento no delírio autobiográfico de um narrador louco. Sob a pena deste aparecia um universo povoado de instrumentos de tortura estranhamente semelhantes às aparelhagens de normalização descritas nos manuais educativos que traziam na capa o nome de D. G. M. Schreber, esse "nome do pai" excluído ou censurado das "Memórias" ou da "memória" do filho.

Consciente de ter dado uma contribuição importante ao edifício conceitual da história do freudismo, e temendo como sempre que seu ensino oral fosse plagiado ou desconhecido, Lacan redigiu uma síntese de seu seminário do ano de 1955-6 que publicou no quarto número da revista *La Psychanalyse* dedicado às psicoses. Intitulou-a "De uma questão preliminar a todo tratamento possível da psicose", e precisou a data da redação: dezembro de 1957—janeiro de 1958. Na mesma perspectiva, foi o iniciador de numerosos trabalhos franceses sobre a família Schreber e editou em sua coleção Le Champ Freudien a primeira tradução francesa das *Memórias de um neuropata*.[72]

Enquanto Freud havia teorizado a paranóia num debate com Bleuler e Jung, ao mesmo tempo que revivia sua ruptura com Fliess, Lacan fez entrar na reelaboração doutrinal sua experiência íntima e terrificante da paternidade. De fato, como não ver, no interesse negativo e apaixonado que mostrou pelas teorias educativas do velho doutor Schreber, uma reminiscência do horror que lhe inspirara na infância o espetáculo das relações entre seu pai e seu avô, de um lado, sua mãe e as mulheres do clã paterno, de outro? Nunca será demais dizer o quanto a grande leitura lacaniana da saga Schreber foi tecida por uma dialética do pai tirânico e do pai humilhado, que prolongava a que ele já havia tomado de Hegel. Daí surgiram os dois conceitos barrocos do período estruturalista: a *foraclusão*, o *nome-do-pai*.

VII
O PODER E A GLÓRIA

1. DIÁLOGO COM LOUIS ALTHUSSER

A PARTIR DO INVERNO DE 1963, o desmembramento progressivo da SFP imprime uma nova feição ao freudismo francês. Este não apenas deixava de ser a cultura de uma elite para tornar-se uma ideologia de massa, como também extravasava a cena parisiense para instalar-se na província. Assim, o fenômeno da massificação, que se traduzira na IPA pelo advento de um neofreudismo de notáveis, invadia doravante o movimento psicanalítico francês, marcando sua evolução para a modernidade.

No centro desse processo, em que o desdobramento do lacanismo tornava-se o sintoma de uma implantação definitiva do saber freudiano no solo francês, a história das corporações e dos grupos sucedia à das elites. Se a aventura da terceira geração ligava-se ainda à das duas anteriores e podia ser pensada segundo a coerência de uma lógica das filiações transferenciais, a da quarta e da quinta escapava a essa coerência e a essa lógica. Na grande expansão dos anos 1960 que as barricadas da rua Gay-Lussac não farão senão amplificar, os destinos singulares e os móbeis teóricos contaram menos que as determinações institucionais. Tal evolução agravava a situação já paradoxal em que se encontrava Lacan. Após ter sido o brilhante Sócrates de uma república das letras, vencido mas triunfante, ele era doravante o chefe de um novo exército de partidários tendencialmente menos eruditos, menos cultos e menos diplomados que aqueles que haviam sido os principais artífices da SFP. Em suma, com a cisão de dezembro de 1963, Lacan mudava de "base social".

É verdade que levava consigo um bom número de representantes da terceira geração, entre os quais Maud e Octave Mannoni, Serge Leclaire, François Perrier, Moustapha Safouan, Jenny Aubry, Piera Aulagnier, Solange Faladé, Jean Clavreul etc.

Mas, quanto à geração seguinte, ganhava em quantidade o que perdia em qualidade. Em vez de discípulos com espírito crítico, dialogando com ele em banquetes filosóficos, era agora cercado — salvo notórias exceções — por uma massa de admiradores em busca de um saber feito de certezas, de resultados, de fórmulas. Durante dez anos, ele havia podido exercer um magistério de alto nível, fundado no diálogo com os alunos e alimentado pelo convívio com os melhores pensadores de seu tempo, e eis que aos 63 anos de idade era forçado a assumir um poder de natureza completamente distinta: o de um chefe de escola.

Após ter lutado pela manutenção, no curso das análises didáticas, de um saber clínico clássico e de uma formação filosófica elitista, via-se obrigado a difundir seu ensino a um novo público: o dos psicólogos. A massificação do movimento psicanalítico francês, que estabelecia um nítido corte entre a terceira geração e as seguintes, era uma das conseqüências da democratização do recrutamento universitário. De fato, o crescimento dos efetivos entre 1955 e 1965 era acompanhado de uma forte implantação, na universidade, de matérias provenientes da psicologia. Assim, assistia-se a uma substituição progressiva dos intelectuais pelos tecnocratas.

Até cerca de 1960, o acesso à formação psicanalítica passava por três caminhos possíveis: estudos de medicina seguidos de especialização em psiquiatria ou em neurologia, estudos de letras ou filosofia completados (ou não) por um diploma de psicopatologia, ou então tudo ao mesmo tempo. Ora, o processo de democratização acabava com esse sistema ao favorecer a autonomização dos estudos de psicologia. Os futuros candidatos à formação psicanalítica viram-se *de facto* levados a esse caminho. A progressão do número de ex-estudantes de psicologia não cessará de crescer a partir de 1965 na totalidade dos grupos freudianos, todas as tendências incluídas. Tal terá sido o derradeiro avatar — o mais feroz — da grande luta travada por Freud em favor da *Laienanalyse*: o triunfo da psicologia sobre a medicina.[1]

Para a história do freudismo francês, a substituição dos intelectuais por tecnocratas exprimiu-se portanto na escolha que fizeram os candidatos à análise didática de uma carreira cada vez mais orientada para a psicologia, e perfeitamente adaptada ao ideal de tecnicidade a que aspiram as novas classes médias inscritas na universidade. Tais estudos desembocavam na obtenção de um diploma que dava acesso às diferentes instituições de atendimento: dispensários, centros médico-psicopedagógicos, hospitais-dia etc. E nesse curso, as matérias "nobres" — filosofia, letras, psiquiatria —, consideradas obsoletas, desapareciam em proveito de uma só, a psicologia, que pretendia reunir todas elas em seus diferentes "ramos". Daí o aparecimento, a partir da quarta geração freudiana, de uma certa desculturação que só irá se acentuar, e que terá por conseqüência reforçar uma relação fanática com o saber e amplificar os fenômenos de culto da personalidade em torno dos grandes mestres, entre os quais Lacan. Dito de outro modo, ao passar de uma posição de mestre pensador a um estatuto de chefe de escola, Lacan entrava na lógica de uma evolução tão inelutável quanto incontrolável. Ela o levaria a fazer-se adorar como um deus e a transformar seu ensino em palavra sagrada. Para terminar, o povo lacaniano explodirá numa quantidade de grupos messiânicos.

Essa invasão da psicologia no saber universitário foi denunciada em dezembro de 1956 por Georges Canguilhem. Num artigo que se tornaria famoso, intitulado "O que é a psicologia?", o autor definia esta sob o signo de uma humilhação: ela era, dizia, uma *filosofia sem rigor*, por ser eclética a pretexto de objetividade; uma *ética sem exigência*, por associar experiências sem julgamento crítico; e, enfim, uma *medicina sem controle*, por fundar suas hipóteses sobre a observação de doenças que ela não conseguia tornar inteligíveis: as doenças ditas dos "nervos". O artigo terminava com esta frase: "Quando se sai da Sorbonne pela rua Saint-Jacques, podemos subir ou descer. Se subimos, aproximamo-nos do Panthéon, que é o conservatório de alguns grandes homens; se descemos, dirigimo-nos seguramente para a Chefatura de Polícia".[2] A psicologia tinha assim a escolha entre subir rumo a um Panteão onde psicólogo algum jamais fora enterrado, e descambar para uma tecnologia da perícia...

Em maio de 1961, Michel Foucault defendia sua tese sobre um tema intitulado *Loucura e desrazão. História da loucura na idade clássica*. Perante uma banca na qual figurava Daniel Lagache, ele punha em pedaços os ideais em que se baseava o saber dos historiadores da psicologia: "Este livro não quis fazer a história dos loucos ao lado das pessoas razoáveis, em face delas, nem a história da razão em sua oposição à loucura. Tratava-se de fazer a história de sua partilha incessante, mas sempre modificada". Apoiando-se em Nietzsche e em Bataille, ele negava a idéia de que o surgimento do arsenal conceitual da psicopatologia pudesse explicar a presença da loucura na natureza humana. Para Foucault, era preferível mostrar que esse arsenal construíra-se sobre a ilusão retroativa de uma loucura já dada na natureza. Com isso, a loucura não era um fato de natureza, mas de cultura. Do mesmo modo, a ciência médica só intervinha como uma das formas históricas da relação da loucura com a razão. Georges Canguilhem, que aceitara ser o orientador da tese de Foucault, compreendeu que se tratava de uma revisão radical da maneira psiquiátrica de pensar a loucura: "É portanto a significação dos começos da psiquiatria positivista — antes da revolução freudiana — que está em questão no trabalho do sr. Foucault. E, através da psiquiatria, é a significação do advento da psicologia positiva que é revisada".[3]

Consciente do perigo que representava o avanço da psicologia na cena francesa do freudismo, Lacan mostrou-se muito favorável ao antipsicologismo de Foucault. Embora não fosse foucaltiano, já que achava que a fundação por Descartes do pensamento moderno não excluía o fenômeno da loucura, saudou a publicação da *História da loucura* como um acontecimento maior. Mais do que os psiquiatras de sua geração — Henri Ey em particular —, Lacan havia integrado à sua trajetória a idéia de que a loucura tinha uma lógica própria e que devia ser pensada fora de um monólogo da razão sobre a loucura. Ficará igualmente muito atento às teses sartrianas dos antipsiquiatras anglo-saxões.

No inverno de 1963, consciente de ter perdido parte de seu público, ele se voltou uma vez mais — contra a psicologia —

para a filosofia. Até então, de seu convívio com filósofos e pensadores jamais havia recebido o reconhecimento que esperava. Nem Koyré, nem Merleau-Ponty, nem Bataille, nem Lévi-Strauss, nem Jakobson, nem Heidegger haviam se dado o trabalho de ler realmente sua obra ou de sublinhar sua importância. Apenas Jean Hyppolite e Alphonse de Waelhens arriscaram-se a um verdadeiro diálogo. Ora, tal situação estava em via de mudar com o advento de uma nova geração filosófica alimentada de estruturalismo. Entre eles, Michel Foucault, Louis Althusser, Gilles Deleuze, Jacques Derrida. Ao contrário dos anteriores, estes não se tornaram amigos de Lacan. Freqüentaram menos sua roda familiar e não tiveram grande simpatia pela sacralização que a personagem buscava cada vez mais. Em compensação, foram notáveis leitores de sua obra e, pela crítica que lhe fizeram, deram a esta o reconhecimento tão esperado.

Não existe unidade verdadeira no pensamento estruturalista francês. Se Lévi-Strauss, Lacan, Benveniste, Dumézil e Vernant foram os primeiros a se inspirar no método estrutural, Foucault, Derrida e Althusser fizeram o mesmo depois deles, mas de forma radicalmente diferente. Pode-se portanto resumir a história do estruturalismo francês a partir de dois momentos teóricos: num primeiro momento, a lingüística serve de ciência-piloto nos domínios da psicanálise, da etnologia e da história da Antiguidade; num segundo momento, surgem trabalhos muito diferentes uns dos outros, mas tendo por referência comum a história do estruturalismo saussuriano. No interior dessa segunda configuração, a doutrina lacaniana aparece como uma abertura *científica* à descoberta freudiana: "O ponto de ruptura", assinalava Foucault, "situou-se no dia em que Lévi-Strauss, em relação às sociedades, e Lacan, em relação ao inconsciente, nos mostraram que o 'sentido' provavelmente não era senão um efeito de superfície, uma cintilação, uma espuma, e que o que nos atravessava profundamente, o que estava antes de nós, o que nos sustentava no tempo e no espaço, era o sistema".[4]

Em julho de 1963, Lacan foi atraído por um artigo de Louis Althusser que acabava de sair na *Revue de l'Enseignement Philosophique* e tinha por título "Filosofia e ciências humanas". Nele o autor escrevia:

Marx fundou sua teoria na rejeição do mito do *Homo oeconomicus*, Freud fundou sua teoria na rejeição do mito do *Homo psychologicus*. Lacan viu e compreendeu a ruptura libertadora de Freud. Compreendeu-a no sentido pleno da palavra, tomando ao pé da letra seu rigor e forçando-a a produzir sem trégua nem concessões suas próprias conseqüências. Como qualquer um, ele pode errar no detalhe, ou até mesmo na escolha de referenciais filosóficos: devemos a ele o *essencial*.[5]

Os dois homens jamais haviam se encontrado, mas tinham em comum uma longa história feita de confidências de divã e cruzamentos de destinos.

Na Libertação, Georges Gusdorf, o "crocodilo"* de filosofia da Escola Normal Superior da rua d'Ulm, havia organizado para seus alunos um ciclo de conferências dedicadas à psicopatologia. Convidado entre outros, Lacan falou, em novembro de 1945, da origem da loucura. Althusser achou-o detestável. Sua linguagem rebuscada desagradou-lhe e sua tese de um *cogito* que incluía a loucura pareceu-lhe inadmissível.[6] Desde 1938, Althusser sofria de crises melancólicas que o acometiam todo ano no mês de fevereiro e duravam alguns dias. A primeira hospitalização ocorrera no campo de prisioneiros alemão, durante seus quatro anos de cativeiro. No momento da conferência de Lacan na ENS, ele passava, após um longo processo de desencantamento, do catolicismo radical de sua juventude a um comunismo no qual não tardaria a descobrir o caráter stalinista. Embora já fosse um bom leitor de Freud, não concebia que essa melancolia, que o paralisava periodicamente para em seguida arrastá-lo a uma exaltação inten-

---

* Professor, na gíria dos alunos da Escola Normal Superior. (N. T.)

sa, fosse algo mais do que uma doença mental de origem orgânica. Assim resolve enfrentá-la recorrendo aos mais sofisticados tratamentos farmacológicos e tecnológicos.

Com a idade de trinta anos, Althusser cruza a história da psicanálise e da psiquiatria no espelho de sua loucura. A partir de 1948, será confrontado mais de vinte vezes com aquela saga do encerramento tão bem descrita por seu aluno Michel Foucault, e por toda a vida manterá com o freudismo uma relação de extrema ambivalência, separando sempre seu estatuto de analisando-psiquiatrizado de sua posição de teórico. Por um lado, foi a vítima anuente e horrorizada de uma quimioterapia contra a qual não cessava de se rebelar; por outro, quis-se o defensor de uma doutrina da loucura que denunciava os princípios terapêuticos aos quais ele próprio se submetera.

Em 1946, na casa de Georges Lesèvre, ele conhece Hélène Rytmann, uma judia de origem russa, oito anos mais velha que ele, que era tida por seus amigos como "um pouco doida". Ex-companheira de Resistência de Jean Beaufret e da rede Périclès, havia aderido ao Partido Comunista e depois fora afastada por razões obscuras. Acusavam-na de "desvio trotskista" e de "crimes": diziam que teria participado da execução sumária de ex-colaboracionistas da região de Lyon.

No entreguerras, Hélène havia freqüentado o grupo Outubro, onde certamente cruzou com Sylvia Bataille. A seguir fora assistente de Jean Renoir nas filmagens de *La Marseillaise*, e em Nice, durante a Ocupação, veio a conhecer Jacques Lacan, provavelmente por intermédio de Jean Ballard e da rede dos *Cahiers du Sud*. Mais tarde se desentenderam, quando Lacan censurou-a de não ter ajudado suficientemente Sylvia a encontrar uma casa na Côte d'Azur. Mas antes, numa conversa no Passeio dos Ingleses, ele tivera tempo de propor-lhe que se tornasse psicanalista: apreciava a sutileza de sua escuta e sua capacidade de ouvir outrem. Ela declinou da oferta.[7]

"O âmago de Althusser é místico", sublinha Jean Guitton, "com suas características de amor do absoluto; por isso foi seduzido por aquela que se tornou sua esposa, ela também uma mística absoluta. Ela veio me ver. Parecia Madre Teresa. Ele me disse: 'Mestre, gostaria de lhe apresentar a mulher que amo'. Jantamos juntos. E desde a primeira vez vi que era ela que o dirigia, que era ela sua alma, que ela havia tomado meu lugar enquanto mestre; que ele vivia nela e para ela, e que ela ia orientá-lo para o comunismo".[8] Se Althusser não teve necessidade, como crê Jean Guitton, da "influência" de Hélène para chegar ao comunismo, é certo, em troca, que o amor que essa mulher lhe inspirou era feito da mesma auto-acusação, da mesma repulsa, da mesma mortificação, da mesma exaltação e da mesma fusão que a relação que o unirá, durante quarenta anos, ao mesmo tempo ao Partido Comunista, à instituição manicomial e ao discurso psicanalítico. Sob certos aspectos, o destino de Althusser assemelha-se aos de certos grandes místicos do Islã e da cristandade que quiseram, uns, fundar uma liberdade singular pela abolição da lei e pela instauração de uma comunidade espiritual "sem sujeito", e outros, contestar o princípio da unidade individual, o privilégio da consciência e o mito do progresso.[9]

Dessa perspectiva, a experiência da melancolia foi para Althusser o núcleo de um percurso iniciático que o levou de um catolicismo radical a um marxismo científico, e de uma camisa-de-força química a uma transferência edipiana, para encerrá-lo em seguida no círculo infernal de uma perpétua deploração. Nada portanto foi capaz de vencer essa trágica loucura circular que acabou num assassinato sagrado e tomou a forma de um impossível desejo de revolução. Em vez de se extinguir suavemente, ela pareceu tornar-se mais opaca à medida que desmoronava, para ele e para a geração que ele havia educado, toda esperança de fazer do comunismo uma idéia nova, e do marxismo uma filosofia criadora.

Eis aqui a estrutura genealógica do drama pelo qual se forjou a singular loucura de um sujeito, através de três gerações, numa família da média burguesia católica estabelecida na Argélia após o desastre de Sedan:* no início do século XX, uma jo-

---

* Referência à derrota e à capitulação das tropas francesas na batalha que pôs fim à guerra de 1870 contra os prussianos. (N. T.)

vem, Lucienne Berger, amava um homem chamado Louis Althusser. Caçula da família, este era o preferido da mãe e prometido a todos os êxitos intelectuais. Seu irmão mais velho, Charles, mais rústico e menos admirado, era noivo de Juliette, irmã de Lucienne. Quando veio a guerra de 1914, Louis foi mobilizado e morreu no céu de Verdun a bordo de seu aeroplano de reconhecimento. Ficou então decidido, nas duas famílias, que se obedeceria à antiga lei bíblica do levirato, muito arraigada ainda nos países mediterrâneos, e que obrigava o irmão mais velho que continuasse solteiro a desposar a viúva do caçula falecido. Charles Althusser tomou então por esposa Lucienne Berger, e, quando dessa união nasceu um filho, deram-lhe o prenome do tio Louis. A "loucura" de tal casamento residia não tanto na obediência a uma tradição interiorizada do levirato, e sim no excesso do próprio ato, que ultrapassava a referência à lei. Com efeito, nada obrigava o irmão mais velho a desposar a viúva do caçula falecido, já que este não fora casado com ela. Estranhamente, a história genealógica de Louis Althusser assemelhava-se à de Antonin Artaud: a mesma confusão original, o mesmo espaço mediterrâneo, o mesmo segredo denegado das fantasias originais, o mesmo percurso iniciático através da mística e do monoteísmo: "Eu não tive pai", escreve Louis Althusser, "e indefinidamente brinquei de 'pai do pai' para me dar a ilusão de ter um, na verdade para dar a mim mesmo o papel de um pai em relação a mim [...]. Portanto, também filosoficamente devia tornar-me meu próprio pai. E isso só era possível conferindo-me a função por excelência do pai: a dominação e o *controle* de qualquer situação possível".[10]

O primeiro contato com a psiquiatria foi um desastre: "O drama se precipitou [...] quando Hélène [...], sentada em meu leito a meu lado, me abraçou. Eu jamais havia abraçado uma mulher (com trinta anos!) e sobretudo jamais fora abraçado por uma mulher. O desejo irrompeu em mim, fizemos amor ali mesmo. Era algo novo, surpreendente, exaltante e violento. Quando ela partiu, um abismo de angústia abriu-se em mim e não mais voltou a fechar-se".[11] Pierre Mâle diagnosticou uma de-

406

mência precoce e mandou internar Althusser no pavilhão Esquirol do hospital Sainte-Anne. Habituada às práticas clandestinas, Hélène consegue enganar todos os vigias e vai visitá-lo. Pede também a Julian de Ajuriaguerra para ocupar-se do doente. Este refuta o diagnóstico errôneo de Pierre Mâle e fala pela primeira vez de "psicose maníaco-depressiva". Herdado da nosologia moderna de Kraepelin, esse termo impusera-se no discurso psiquiátrico para designar a melancolia descrita desde a Antiguidade como a loucura dos criadores e dos homens de gênio.[12] Althusser é então submetido a um método freqüentemente utilizado nos hospitais psiquiátricos e do qual Artaud, antes dele, fora vítima: os eletrochoques.

Após uma nova crise, ocorrida em fevereiro de 1950, o filósofo empreende uma narcoanálise com o psiquiatra Laurent Stévenin, que era já o terapeuta de seu amigo Jacques Martin: "Ele tinha muito prestígio para nós (acabou por tratar toda a família, minha irmã, minha mãe e muitos outros amigos próximos), pois mantinha, dizia, relações pessoais, que sempre permaneceram um pouco misteriosas, com médicos soviéticos que lhe enviavam ampolas de 'soro de Bogolometz'".[13] Esse soro em ampola não deixava de lembrar os "pequenos frascos" de um certo doutor Omo, estranho guru marselhês por quem Lucienne Althusser outrora se afeiçoara ao tornar-se vegetariana.

Em julho de 1963, Lacan entra em contato com Louis Althusser, esperando ser convidado por este para ir à ENS. Conhecia o drama de sua loucura pelo relato que lhe fizera Nicole Bernheim-Alphandéry, sua analisanda há alguns anos e amiga próxima de Louis. Lacan lembrava-se bem da conferência de 1945 e sabia, pelo divã, das reações negativas de Louis a seu respeito. Por isso, na primeira carta que lhe dirigiu, na noite de 20 a 21 de novembro de 1963, após ter pronunciado seu seminário de adeus no Sainte-Anne sobre "Os nomes-do-pai", manifestou ao mesmo tempo uma grande frieza e uma forte angústia: "Nossas relações são antigas, Althusser", dizia. Depois evocava a opinião negativa que lhe fora "relatada", para anunciar em seguida que pusera fim a seu seminário: "Eu precisava, estava cansado".

Enfim, mencionava os alunos que gravitavam ao redor do filósofo na ENS e pedia a este para "dizer-lhes alguma coisa" e para vir visitá-lo.[14]

Um curioso diálogo epistolar instaurou-se então entre os dois. Enquanto Althusser enviava a Lacan longas missivas pedagógicas, explicando a significação de seus trabalhos e o papel que neles havia desempenhado o retorno a Freud dos anos 1950, Lacan dirigia a Althusser mensagens lacônicas em que eram abordadas antes de tudo questões concretas: data e hora de seu futuro seminário, agradecimentos diversos etc. Quando recebeu o artigo do filósofo sobre "A dialética marxista", contentou-se em assinalar que o texto o apaixonava porque nele encontrava suas próprias interrogações.[15]

Evidentemente, Lacan não se interessava nem um pouco pelo pensamento de Althusser e não acreditava em seu projeto de uma reelaboração do marxismo. Para ele, uma única coisa estava em jogo nesse encontro: os alunos da ENS. Sabia que Althusser lhes havia chamado a atenção para sua doutrina e esperava encontrar neles futuros discípulos suficientemente formados em filosofia para serem capazes não só de lê-lo, mas também de darem a seu pensamento e a seu movimento um novo alento. Ao contrário, em sua correspondência, Althusser prestava a Lacan uma vibrante homenagem. Explicava que, para seus "obscuros trabalhos sobre Marx, que vinha desenvolvendo há quinze anos", havia se apoiado numa teoria do sujeito descentrado resultante do retorno a Freud. Depois, propunha uma grande aliança: "Eu profetizo; mas nós entramos, em grande parte graças a você, num tempo em que por fim se pode ser profeta em sua terra [...]. Doravante temos esse direito, pois possuímos os meios nessa terra que enfim é nossa".[16]

Desde meados do mês de setembro, Lacan achava-se num estado de terrível agitação. Ora ameaçava suicidar-se ingerindo tranqüilizantes, ora entrava em sombrias cóleras para fustigar os traidores. A 3 de dezembro, quando Althusser bateu à porta da rua de Lille, 5, por volta das oito e meia da noite, encontrou o velho mestre disposto a esbravejar contra seu banimento.

Juntos, foram jantar num restaurante do bulevar Saint-Germain, depois conversaram até tarde da noite enquanto andavam pelas ruas.[17]

Ambos sonhavam converter a juventude francesa, um ao marxismo renovado, o outro a um freudismo de inspiração estrutural. Mas, enquanto Lacan já havia construído um sistema de pensamento coerente, Althusser só havia publicado poucas coisas: uma obra notável sobre Montesquieu e vários artigos anunciadores de uma leitura de Marx fundada em empréstimos conceituais tomados da tradição francesa da história das ciências, especialmente de Gaston Bachelard e Georges Canguilhem. Ele sonhava, pois, com uma "aliança": pensava poder converter Lacan não ao comunismo, mas a uma filosofia capaz de ultrapassar a noção de estrutura. A seu ver, Lacan era ainda demasiado lévi-straussiano.[18]

Por seu lado, Lacan ignorava o jogo althusseriano do "pai do pai" e certamente teria ficado estupefato de ouvir seu parceiro contar esta fantasia de adolescente que irá relatar em sua autobiografia: "Eu sonhava ter o nome de Jacques: o de meu afilhado [...]. Talvez seja um pouco excessivo jogar com os fonemas do significante — mas o J de Jacques era um jato (o do esperma!), o *a* profundo (*J*acques) o mesmo que de Ch*a*rles, prenome de meu pai, o *ques* evidentemente a *cauda* [em francês: *queue*], e Jacques como Jacquerie, o da surda revolta camponesa de cuja existência eu tomava então conhecimento através de meu pai".[19] Lacan e Althusser tinham em comum uma cultura religiosa que certamente não era alheia à sua concepção do sujeito descentrado ou da estrutura como *causalidade ausente*. Não era preciso arrancar-se a si mesmo para fundir-se numa história desembaraçada de toda historicidade, ou no *um* da cadeia significante, a fim de salvar a alma? Do mesmo modo, ambos mantinham com as noções de "pai simbólico" e de "texto fundador" uma relação em espelho.

Próximo da idéia sartriana de ausência de supereu, Althusser tinha se visto como tendo recebido o nome de um morto — o de seu tio Louis — e daí tirara a tese segundo a qual os verdadeiros teóricos, e sobretudo os três pensadores malditos do fim do século XIX — Nietzsche, Marx e Freud —, eram forçados a serem seu próprio pai. Lacan, que se quisera filho de ninguém e tirara da maldição contra o avô alguns de seus conceitos maiores, havia feito um caminho inverso ao de Althusser. Daí seu apego sempre renovado a uma concepção lévi-straussiana da função simbólica. Enquanto Althusser pensava que somente extirpando toda simbólica da filiação era possível chegar a um ato fundador, Lacan mostrava, ao contrário, que essa mesma extirpação produzia discursos lógicos, com certeza, mas invadidos pela psicose.

Durante a noitada de 3 de dezembro, os papéis foram distribuídos não apenas segundo a posição teórica de cada parceiro, mas em função de suas demandas recíprocas. Althusser buscava uma aliança, Lacan, um abrigo. O primeiro representou a cena do *pai do pai*, disposto a ouvir todas as confissões; o segundo, o do queixoso furioso por ter perdido a legitimidade devido à traição de seus próximos. No dia seguinte, numa longa carta à qual o destinatário não respondeu, Althusser fez seu diagnóstico sobre o "caso Lacan":

> Você diz que refletiu sobre o desejo do analista e que constatou que o que diz transforma a atitude de seus alunos e de seus analisandos, assim como a maneira de eles abordarem a realidade psicanalítica [...]. Você traz a cada um uma grande rede cheia de peixes e lhes indica o mar. Eles percebem que lá é o fundo deles, mas que não se pode pegar o mar com a rede. A ignorância teórica deles é tal que querer fazer com que saiam de seu vivido é um empreendimento desesperado. Não se passa sem ruptura de uma prática a seu conceito. Não foi de dentro, mas de fora que a ruptura lhe veio. Agora você está fora e eles permaneceram dentro, lá onde você estava, com eles, quando lhe haviam delegado a incumbência de suas relações exteriores, porque você era alguém de dentro.[20]

Essas palavras resumiam muito bem a situação em que se encontrava Lacan e não caíram no ouvido de um surdo. Eliminado da lista dos didatas devido à aplicação, a 13 de outubro, da "Diretriz" de Estocolmo, Lacan não estava "excluído" da IPA. Não tendo a SFP senão um estatuto de *Study Group*, seus membros não eram verdadeiros membros da IPA. Quanto à eliminação propriamente, ela não implicava *de facto* uma exclusão da IPA. Aliás, depois de 13 de outubro, Lacan, embora privado de seu estatuto de didata, permanecia membro da SFP. O nó da questão era exatamente o dentro e o fora. Se Lacan aceitasse sua destituição e permanecesse no interior da SFP, esta tornava-se uma sociedade componente da IPA. Se recusasse, era forçado à ruptura. No primeiro caso (o dentro), tornava-se membro integral da IPA através do processo de filiação da SFP, e era então um mestre privado de função didática sem no entanto ser proibido de ensinar; no segundo (o fora), perdia toda legitimidade ipeísta, mas tornava-se um mestre livre.[21]

Graças à intervenção de Althusser, Lacan obteve de Fernand Braudel um cargo de conferencista na Escola Prática de Estudos Superiores e pôde realizar seu seminário na sala Dussane da ENS. No Natal, preparou longamente o texto de sua primeira intervenção que haveria de ocorrer em 15 de janeiro de 1964. Ela intitulava-se "A excomunhão" e consistia num longo comentário do *herem* de Spinoza. O diálogo com Althusser havia dado seus frutos, pois Lacan fazia constar sua ruptura com a IPA segundo uma dialética da passagem do dentro para o fora em parte inspirada nas observações do filósofo.[22] Para dar brilho à celebração do que chamaria doravante sua "excomunhão", ele convidou não apenas os discípulos que permaneceram fiéis, mas também numerosas personalidades da cena parisiense. Entre elas, Robert Flacelière, diretor da ENS, Henri Ey, Claude Lévi-Strauss...

Antes, havia ido a Roma para um colóquio sobre a casuística organizado por Enrico Castelli, diretor do Instituto de Filosofia de Roma. Sem preparação, sem ter redigido a menor nota, falou ali da pulsão e do desejo do analista. Havia chegado ao hotel Hassler num estado de grande agitação, e foi nessas circunstâncias que ocorreram as tristes disputas com Paul Ricoeur de que já falamos. A aventura terminou de forma rocambolesca. Lacan convida Ricoeur para jantar no Trastevere e, no final da refeição, exclama: "Pague, Ricoeur, você está lembrado de que, depois de Bonneval, convidei-o para um restaurante de bichas". Consciente da violência do que disse, pede desculpas no dia seguinte a Simone Ricoeur e confessa ter-se comportado como uma pessoa grosseira.[23] Era dizer pouco. Isso não o impediu de comportar-se do mesmo jeito à noite, quando, ao encontrar Maurice de Gandillac, disse: "Não tive tempo de trocar meu dinheiro em liras. Convide-me para jantar. É preciso absolutamente voltar a um restaurante que conheço, onde se come queijo de ovelha". Depois de muito andarem, os dois instalaram-se numa excelente *trattoria*. Gandillac pagou a conta e Lacan sussurrou-lhe no ouvido: "Caro amigo, amanhã você é meu convidado". No dia seguinte, ele havia sumido.[24]

Ao mesmo tempo em que buscava uma aliança com Lacan ajudando-o a romper com a IPA, Althusser propunha aos alunos que estudassem sua obra. No período de 1962-3, ele já havia organizado um ciclo de exposições sobre o tema "As origens do pensamento estruturalista". Ele próprio havia falado de Lévi-Strauss, de Foucault e de Montesquieu. Jacques-Alain Miller argüira sobre a arqueologia do saber em Descartes, e Pierre Macherey, sobre as origens da linguagem. Jacques Rancière, Étienne Balibar e Jean-Claude Milner haviam participado desse seminário no qual estava prevista uma exposição de Michel Tort sobre Lacan. Miller e Milner acompanhavam também o ensino de Roland Barthes na EPHE, onde André Green tinha vindo falar da obra lacaniana.[25]

A exposição pela qual, nesse fim de ano de 1963, Althusser iniciou seus alunos em Freud e em Lacan contrastava singularmente com o que será a seguir sua posição teórica. Ele, que queria lutar ao mesmo tempo contra o subjetivismo e o historicismo, entregou-se a uma longa apresentação do movimento psicanalítico francês desde suas origens. Recordou os nomes de Dalbiez, Hesnard, Wallon, Sartre, Henri Ey e Politzer. Explicou as razões ideológicas da resistência francesa à psicanálise e situou, com um real conhecimento, as cisões internas ao movimento. Enfim, falou das obras de Melanie Klein, Françoise Dolto, Franz Alexander e René Spitz. Além disso, mesmo afirmando querer deixar de lado todo elemento histórico-biográfico, contou a história de seu próprio encontro com o pensamento freudiano.

Em relação a Lacan, a abordagem era igualmente histórica. Althusser recordou a aventura do "estádio do espelho", a concepção de uma "realidade" da loucura, os empréstimos não reconhecidos de Wallon, a hostilidade à psicanálise dita "americana". Concluiu sobre a necessidade de uma aliança: "Lacan", disse, "trava um combate implacável contra o humanismo, o cientificismo e o personalismo; em vista disso, suas teses são essenciais para nós. Elas permitem pensar Freud em termos filosóficos e sair dos impasses politzerianos". Esse elogio da trajetória lacaniana era acompanhado de um retrato lúcido e feroz do "estilo" do mestre e das manias de seus discípulos: "É preciso tê-lo ouvido falar [...] para compreender a malignidade esplêndida em que ele se realiza enquanto indivíduo, tendo passado pelo surrealismo [...]. Se vocês forem ao seminário, verão pessoas as mais variadas em prece diante de um discurso ininteligível para elas. É o método do terrorismo intelectual".[26] Como no intercâmbio epistolar, tratava-se de mostrar que Lacan estava cercado de discípulos incapazes de compreender o valor filosófico de sua obra. Uma "retomada", portanto, era necessária.

Althusser apoiou-se nessa exposição para redigir um belo artigo intitulado "Freud e Lacan". Nele desenvolvia as posições que iam fazer do althussero-lacanismo o ponto de partida simbólico de uma nova apreensão do estruturalismo na história intelectual francesa. Já de saída, Althusser denunciava ao mesmo tempo o *revisionismo* da escola americana, que favorecera a exploração de que a psicanálise era objeto, e os defensores do jdanovismo, que tinham sido as vítimas da ideologia que combatiam ao confundirem esta com a descoberta freudiana. Depois, após ter mostrado que somente Lacan havia inaugurado uma elucidação epistemológica real da obra freudiana, prestava uma vibrante homenagem à solidão spinoziana do personagem:

Daí a paixão, a contenção apaixonada da linguagem de Lacan, que só pode viver e sobreviver em estado de alerta e de prevenção: linguagem de um homem cercado e condenado pela força esmagadora das estruturas e das corporações levadas a antecipar seus golpes, a fingir pelo menos devolvê-los antes de tê-los recebido [...]. Tendo de ensinar a teoria do inconsciente a médicos, analistas ou analisados, Lacan lhes dá, na retórica de sua fala, o equivalente mimético da linguagem do inconsciente que é, como todos sabem, em sua essência última, *Witz*, trocadilho, metáfora malograda ou bem-sucedida.[27]

Antes da publicação em *La Nouvelle Critique*, Althusser enviou a Lacan esse famoso artigo datilografado. Em resposta, recebeu algumas linhas com cumprimentos sobre a pertinência e a profundidade da reflexão, bem como sobre a meditação pessoal concernente à teoria do sujeito.[28] Nessa data, Lacan obtivera o que desejava. Ele, que o tempo todo queria ter em seu divã todos os que se interessavam por sua doutrina, jamais interveio no tratamento de Althusser e não lhe propôs ocupar-se dele.

A verdade é que, graças a Althusser, Lacan conheceu um jovem que ia não apenas transformar sua vida familiar, como também modificar o teor de seu ensino. Nascido em 14 de fevereiro de 1944,[29] Jacques-Alain Miller terminava sua licenciatura em filosofia no momento em que Althusser lhe aconselhou ler Lacan. Ele foi então à livraria da Presses Universitaires e adquiriu todos os números da revista *La Psychanalyse*. Encerrou-se no quarto para decifrar os textos e saiu de lá estupefato: "Eu acabava de descobrir algo inédito".[30] Convertido de vez ao lacanismo, o jovem, que não tinha ainda vinte anos, ficou deslumbrado com o seminário sobre "A excomunhão" ao qual assistiu. Em 21 de janeiro, apresentou na ENS sua primeira exposição sobre a obra do mestre. Duas outras se seguirão.[31]

Se Louis Althusser, Michel Tort e Étienne Balibar procuravam explicar a gênese dos conceitos freudianos, mostrando a seguir como Lacan havia efetuado sua retomada apoiando-se na lingüística estrutural e no antipsicologismo, Jacques-Alain Miller entregava a seus ouvintes uma "doutrina que continha as próprias chaves", construída como uma totalidade sem contradição e inteiramente des-historicizada. O Lacan lido por Miller em janeiro de 1964 era um Lacan no presente, esvaziado de seu passado kojèviano, surrealista e walloniano. Só subsistia, como instrumento de um retorno a Freud, um cortejo de nomes: Jakobson, Benveniste, Saussure. Esse retorno parecia ter caído do céu pela graça de uma simples operação lógica. É verdade que Miller não foi o único na época a ler Lacan desse modo. No núcleo da explosão estruturalista dos anos 1963-8, o conjunto da intelectualidade leu a obra lacaniana através da grade dos textos estruturalistas de Lacan redigidos entre 1950 e 1962. Ela descobre exclusivamente o Lacan do "Discurso de Roma", da instância da letra, da foraclusão etc. Mas Miller foi o único a ir mais longe na representação estritamente "estruturalista" da obra do mestre.

A interpretação milleriana encerrava a obra de Lacan nela mesma e não a via mais como freudiana, mas como já lacaniana. Separados de sua história e arrancados da ambivalência que fizera sua força, os conceitos elaborados por Lacan eram doravante classificados, higienizados, rotulados, ordenados e sobretudo lavados de sua polissemia. De certo modo, estavam prontos para entrar num manual escolar. O *significante*, por exemplo, não aparecia mais a não ser acompanhado de seu "primado", de seu "falo", de sua "perda", de um "outro significante" ou de sua "falta a ser" etc. A tópica do real, do simbólico e do imaginário transformava-se num "logo", num RSI topologizado e selado etc.

Sufocado pela extraordinária capacidade desse jovem orador de fazer surgir uma ordem lógica da grande desordem de

415

seu pensamento, Lacan prestou-lhe homenagem publicamente e anunciou que ia responder a suas questões.[32] Numa carta a Althusser, contentou-se com esta frase lacônica: "Nada mal, o seu rapaz".[33]

Durante o ano de 1964-5, Miller participou da leitura do *Capital* de Marx em que foi coletivamente elaborada a noção de *leitura sintomática*. Forjada a partir do conceito bachelardiano de *corte epistemológico*, ela devia uma parte de sua inspiração à reelaboração lacaniana. Tratava-se, com efeito, de resgatar o caráter intraduzível e impensado da obra de Marx e de separar os textos de juventude ainda marcados pelo hegelianismo, ou, em outras palavras, pela categoria do sujeito, dos textos ditos da "maturidade", que implicavam um avanço em direção à ciência.[34] Um conflito na verdade cômico surgiu no grupo quando Miller acusou Rancière de ter-lhe "roubado" o conceito de *causalidade metonímica*. O jovem teve terríveis acessos de raiva, designou o culpado num quadro mural e exigiu reparação.[35] Esse foi o primeiro sintoma da surpreendente identificação que irá demonstrar a seguir em relação à legendária personalidade de seu sogro, ele também obcecado pela questão do plágio.

Num primeiro momento, como veremos, o teoricismo milleriano teve um efeito benéfico sobre o ensino de Lacan. Permitiu fazer compreender a um público amplo o quanto essa obra hermética, de conceitualidade equívoca, era coerente e rigorosa. Em 1963, Lacan estava sem fôlego. Tendo elaborado o essencial de sua doutrina, ele só podia ser sensível à admiração que lhe votava o aluno de Althusser. Tanto mais que este possuía todas as qualidades requeridas para ser um excelente delfim. Homem de ação com espírito pragmático, Miller desde o início soube propor soluções práticas e idéias concretas a esse mestre que se sentia traído por seus discípulos. Oriundo de uma família de judeus emigrados da Polônia, ele fora educado segundo um ideal em que se revelava um forte desejo de êxito pessoal e de integração social. Seu pai, Jean Miller, era conhecido no meio médico parisiense por sua maneira de colecionar obras pictóricas: "Por que pagar tão caro por um quadro", dizia sem o menor problema a Sylvia, "quando é possível encontrar outros que representam a mesma coisa e que não custam nada?".[36] Dotado de grande inteligência, o filho teve um notável desempenho escolar. Tinha pouco gosto pelas artes e a criação literária, e cultivava os valores do *utilitarismo* tanto em filosofia, onde seu logicismo servia para simplificar a obra lacaniana, quanto em política, onde suas escolhas visaram sempre à eficácia. Assim era exatamente o contrário de Lacan, para quem o desejo de tornar-se um grande burguês havia se traduzido pelo culto das formas mais complexas e mais refinadas do saber erudito. Mas, no momento da cisão, o ensinamento socrático do velho mestre conservava um caráter artesanal, ao passo que o jovem aluno aparecia como um lugar-tenente do futuro.

Sua vontade de chegar às massas, o que o conduzirá ao caminho do maoísmo, correspondia perfeitamente ao espírito da época. Ia no sentido daquela substituição dos intelectuais pelos tecnocratas que invadirá a universidade depois de maio de 1968: "Fiquei impressionado, logo após 1968", sublinha Hervé Le Bras, "com a onda de racionalismo que precipitava massas de estudantes aos cursos de lógica, por exemplo. Esses comportamentos traduziam uma adesão ou uma submissão à força da razão que não se pode deixar de relacionar com a ascensão das preocupações técnicas ou tecnocráticas".[37]

Em janeiro de 1965, Lucien Sebag, um etnólogo aluno de Lévi-Strauss, mata-se com um tiro de revólver no rosto. Tinha 32 anos. Em cima da mesa, deixa uma carta endereçada a Judith Lacan e o número do telefone de uma amiga que o havia abrigado durante um episódio depressivo. Lacan era seu analista há vários anos. Não apenas apreciava suas qualidades intelectuais, mas contava com ele para dar um novo alento à sua doutrina. Sebag pertencia a uma geração anterior à dos alunos de Althusser na ENS. Havia descoberto a psicanálise em textos publicados por *Les Temps Modernes* e acabava de publicar um livro, *Marxismo e estruturalismo*[38] Apesar de todos os esforços, Lacan não conseguira impedir o suicídio e confiou sua angústia a vários interlocutores, entre os quais Louis Althusser:

Uma manhã, bem cedo, batem à porta da Escola. Era Lacan, irreconhecível, num estado lastimável. Mal ouso contar o que se passou. Ele vinha me anunciar, antes que eu ficasse sabendo por "rumores que o colocariam em questão pessoalmente, a ele, Lacan", o suicídio de Lucien Sebag, que ele tinha em análise [...]. Disse-me que acabava de percorrer Paris inteira para explicar a situação a todos que pudesse encontrar a fim de "cortar pela raiz todas as acusações de assassinato ou de negligência de sua parte". Completamente transtornado, explicou-me que não podia mais continuar analisando Sebag desde que ele se apaixonara por Judith: "Por razões técnicas, era impossível". Contou-me que não havia deixado de ver Sebag nos últimos tempos, todos os dias, inclusive na véspera à noite. Dissera a Sebag que responderia a seu chamado a qualquer hora, que possuía uma Mercedes ultraveloz.[39]

No outono do mesmo ano, após uma nova crise melancólica ligada à publicação de *Pour Marx*, Althusser começou uma análise com René Diatkine, sem saber que este fora analisado por Lacan. Temendo para si mesmo um suicídio que jamais efetivou, ele estava convencido de que Lacan não utilizava em sua prática todos os meios farmacológicos ou psiquiátricos necessários para evitar a morte voluntária. Nisso se enganava. Pois, embora seja verdade que Lacan teve em sua carreira de terapeuta mais suicídios que alguns de seus colegas, foi antes de tudo porque aceitava tomar em análise suicidas em potencial recusados alhures. Nesse sentido, não foi mais "criminoso" que aqueles que o acusaram e que muitas vezes não tiveram a coragem de enfrentar essa questão quando ela se apresentou a eles.

Entretanto, assim que entrou em análise com Diatkine e soube que este fora formado outrora por Lacan, Althusser entregou-se, em longas missivas, a um fantástico elogio do analista de seu analista, desempenhando assim, mais uma vez, o papel de "pai do pai" que queria ter a última palavra. Como escreveu a Diatkine:

Por que você se deixa recalcar a obra de Lacan? É um erro, é uma falta que não deve cometer e que no entanto comete. Você me responde pela personagem de Lacan, mas não se trata disso: trata-se de sua obra, e, para além mesmo da obra, trata-se daquilo de que ela é a única prova existente. Trata-se da existência de direito da teoria no domínio analítico. Paris valia bem uma missa. Cá entre nós, a "personagem" de Lacan, seu "estilo" e suas manias, e todos os efeitos que produziram, inclusive as feridas pessoais, *bem que isso vale a teoria*.[40]

2. "EU FUNDO": KANT COM SADE

PARA LANÇAR SUA CONVOCAÇÃO de 21 de junho de 1964 e fundar sua escola, Lacan recorre a um estratagema. Redige um texto e o lê diante de um gravador. Logo corre o rumor, para além da SFP, de que um misterioso encontro reuniria alguns eleitos no apartamento de François Perrier. No dia marcado, cerca de oitenta pessoas comparecem à avenida do Observatoire para assistir ao acontecimento. Todos sabiam que Lacan havia tomado a decisão da ruptura final, e esperavam da parte dele um ato exemplar.

Jean Clavreul anuncia então que o mestre havia registrado uma declaração num gravador. Pede silêncio e põe a funcionar o aparelho, de onde sai uma voz que proclama a fundação da Escola Freudiana de Paris (EFP):

Eu fundo — tão solitário como sempre fui em minha relação com a causa psicanalítica — a Escola Francesa de Psicanálise, da qual assumirei, nos próximos quatro anos, da qual nada no presente me impede de assegurar, pessoalmente a direção. Esse título, em minha intenção, representa o organismo no qual deve se realizar um trabalho — que, no campo aberto por Freud, restaura o choque contundente de sua verdade — que reconduza a práxis original que ele instituiu sob o nome de psicanálise ao dever que lhe cabe em nosso mundo —, que, por uma crítica assídua, nele denuncie os desvios e os compromissos que amortecem seu progresso ao degradarem seu emprego. Esse objetivo de trabalho é indissolúvel de uma formação a dispensar nesse movimento de reconquista. Vale dizer que a ele estão habilitados de pleno direito os que eu mesmo formei, que a ele estão convidados

420

todos os que podem contribuir para pôr à prova a legitimidade dessa formação.[1]

Mal a fita terminara de rodar, um tumulto se produz no fundo da sala: Lacan acabava de entrar em meio aos ouvintes estupefatos. Sempre temendo os complôs, ele havia redigido seu ato de fundação no maior segredo, a ponto de negar-se a divulgar o nome do novo grupo. Segundo Anne-Lise Stern, comunicara seu conteúdo a um pequeno comitê formado pelos amigos mais próximos. Depois, pedira a Perrier que o lesse publicamente, em 21 de junho. Como este se recusasse, a solução encontrada foi o registro em gravador.

Lacan sempre tivera o cuidado de estar fisicamente presente aos acontecimentos importantes da história do freudismo. E eis que, para fundar sua escola, deixava falar em seu lugar o que ele mais detestava: uma gravação. Como não ver, nesse apelo a uma resistência freudiana "lançado nas ondas", a expressão de uma vontade *gaullista*? No momento em que a voz começava a sumir, o mestre aparece portanto em carne e osso para explicar a significação dos termos novos que sua fala fizera surgir: *psicanálise pura*, *ciência afim*, *mais um*, *cartel*, *analista da Escola* (AE), *analista membro da Escola* (AME) etc. Diante dos notáveis da IPA que o haviam forçado à ruptura, ele apresentava-se como o homem providencial, o único capaz de restaurar, em sua dignidade, um verdadeiro pensamento freudiano. O ato era soberbamente redigido e de uma impactante verdade. No entanto, Lacan não estava só. Trazia consigo uns cem membros da antiga SFP (aderentes, estagiários ou convidados) aos quais iam juntar-se cerca de trinta novos.

Em sua fundação, portanto, a EFP não era, por sua composição, uma sociedade nova. Compreendia 134 membros, sendo que apenas um terço deles jamais havia freqüentado os quadros da SFP. Entre os novos, além do grupo de filósofos da ENS, achavam-se padres, pastores, filósofos e muitos psicólogos. Assinalemos os nomes dos que, posteriormente, desempenharão um papel na história: Michel de Certeau, François Roustang, Cornelius Castoriadis, Félix Guattari, Yves Bertherat, Luce Irigaray, Michèle Montrelay.

De fato, a EFP ia reproduzir os costumes da sociedade de que era a herdeira. Assim, Lacan distribuiu os títulos de AE e de AME não em função de um novo regulamento interno, mas em virtude de sua mera vontade e a partir de uma hierarquia já estabelecida. Todos os antigos titulares da SFP receberam o título de AE, assim como um bom número de antigos associados (Bernard This, Octave e Maud Mannoni, Xavier Audouard, Piera Aulagnier, Jean Clavreul, Guy Rosolato) e vários estagiários (Paul Duquenne, René Bargues, Lucien Israël, Louis Beirnaert, Jacques Schotte e Jean-Paul Valabrega). Em relação aos AME, as coisas se passaram da mesma forma. Em geral, os títulos da SFP foram reconfirmados. Entre os AME designados por Lacan, achavam-se alguns membros da quarta geração que desempenharão a seguir um papel importante: entre eles, Charles Melman, Rosine Lefort, Claude Dumézil, Claude Conté, Christian Simatos.[2]

Lacan trabalhou todo o verão na redação dos estatutos de sua escola e acrescentou a seu ato de fundação uma "Nota adjunta" que precisava as modalidades de adesão, e um "Preâmbulo" onde era analisada a significação da palavra *escola*.[3] Com Serge Leclaire, redigiu um quarto texto, não incluído no anuário da EFP, onde apareciam elementos de doutrina. Esse texto foi posto em circulação na EFP em 19 de setembro de 1964, quatro dias antes do registro dos estatutos. E sublinhava Lacan:

> Será preciso afirmar a retificação que é necessária nessa comunidade para que seja preservado, na psicanálise, o essencial: um objeto absoluto. Esse objeto é a realidade do desejo. Trata-se de dar-lhe um estatuto científico. A condição disso é uma disciplina que consiga eliminar os preconceitos que barram sua vinda. Uma disciplina só existe nos sujeitos que ela formou. Um psicanalista pensa seu campo diferentemente de um psicólogo.[4]

Foi nessas circunstâncias que Lacan teve um acidente de carro ao voltar de Guitrancourt. O acontecimento era banal e sem gravidade. Todavia, foi cuidadosamente dissimulado. O mestre não quis que seus discípulos pensassem que lhe pudesse acontecer alguma coisa no momento em que fundava sua escola.[5]

A proposição de 19 de setembro resumia muito bem o que era o projeto lacaniano: pôr em prática a realidade do desejo como objeto da psicanálise, e dar a esta um estatuto científico capaz de distingui-la da psicologia. Assim, mesmo fundando um grupo em que haveria de crescer o número de psicólogos, Lacan reafirmava o princípio de uma radical separação entre o domínio aberto por Freud e o herdado da psicologia. Mas ele mudava também de posição filosófica.

No dia 24 de junho de 1964, consagrou a última sessão de seu seminário anual a uma reflexão sobre a crença, a ciência e a ilusão. A propósito de Auschwitz, empregava a palavra "holocausto" — e não "genocídio" — para dizer que o marxismo e o hegelianismo não permitiam pensar esse drama moderno em que aparecia, segundo ele, a forma suprema do sacrifício ao *Deus obscuro* (assimilado ao grande Outro). Spinoza era então citado como o único filósofo capaz de pensar o sentido eterno do sacrifício no *amor intellectualis*. Lacan reconhecia-lhe desse modo o privilégio de ter passado da servidão à liberdade por amor intelectual, e de ter sabido resistir a toda fascinação pelo sacrifício. Atribuía portanto a Spinoza um lugar excepcional na história da filosofia, testemunhando com isso a importância que ele mesmo dera ao nome e à obra desse filósofo ao longo de seu próprio itinerário.

Na obra spinoziana, ele havia encontrado, entre 1932 e 1946, uma maneira nova de pensar a loucura: louco seria aquele que tem uma idéia adequada da loucura, a ponto de esta não ser uma realidade, mas uma verdade que o homem traz em si como limite à sua liberdade. Em seu seminário de 1959-60 dedicado à "Ética da psicanálise", havia invocado a ética de Aristóteles para falar da de Spinoza, sublinhando a ausência de ontologia na obra freudiana. Para substituir essa "ausência" e construir uma ética freudiana, propusera levar em conta a tragédia do homem moderno no mal-estar da civilização. Assim fundava essa ética na existência do desejo no sentido freudiano e hegeliano: a única coisa de que se pode ser culpado na perspectiva da psicanálise, dizia ele em síntese, é "ceder em seu desejo". Em outras palavras, para Lacan, a ética freudiana é uma ética spinoziana: com efeito, ela vai no sentido de uma verdade do ser como desdobramento do desejo.[6]

Seis meses após sua "excomunhão" e três dias após divulgar seu ato de fundação, Lacan retornava portanto mais uma vez a Spinoza, a propósito de Auschwitz e do *Deus obscuro*. Mas, depois de ter colocado o filósofo numa posição de excepcionalidade, invocava Kant para uma operação de "ultrapassagem" da filosofia pela psicanálise:

> Essa posição [a de Spinoza] não é sustentável para nós. A experiência nos mostra que Kant é mais verdadeiro, e provei que sua teoria da consciência — como ele escreve, da razão prática — só se sustenta se dermos uma especificação à lei moral que, examinada de perto, não é outra coisa senão o desejo em estado puro, aquele mesmo que leva ao sacrifício propriamente dito de tudo o que é o objeto do amor na ternura humana — digo claramente, não apenas à rejeição do objeto patológico, mas a seu sacrifício e a seu assassinato. Por isso escrevi "Kant com Sade".[7]

"Kant com Sade" era o título de um artigo redigido por Lacan em setembro de 1962 e destinado a servir de apresentação ao terceiro volume das obras completas do marquês, publicadas pelo Círculo do Livro Precioso. Nesse volume achavam-se *Justine ou les malheurs de la vertu* [Justine ou os infortúnios da virtude] e *La philosophie dans le boudoir* [A filosofia na alcova]. Esses dois textos eram acompanhados de comentários de Angelo Hesnard, Maurice Heine e Pierre Klossowski. Julgado ilegível,

424

o artigo de Lacan foi retirado do volume por Jean Paulhan e publicado na revista *Critique* em abril de 1963 sob a forma de uma apreciação de leitura da obra junto à qual deveria ter figurado. Por ocasião dessa publicação, Lacan não disse uma palavra da humilhante recusa e contentou-se em assinalar o quanto era difícil na França levar a contento a edição completa das obras de Sade, Kant e Freud...[8]

Esse texto hermético mas admirável era atravessado do começo ao fim pela leitura que Lacan acabara de fazer da *História da loucura*, mas em grande parte inspirado também pelas reflexões de Max Horkheimer e Theodor Adorno. Num livro célebre, escrito nos Estados Unidos em 1944, os dois teóricos da Escola de Frankfurt já haviam aproximado Kant e Sade numa longa digressão sobre os limites da razão e dos ideais do progresso.[9] Em 1962, Lacan não citava esse livro, mas tomava explicitamente de Foucault o sistema das partilhas (razão/loucura) e a noção de "círculo antropológico". Daí a idéia de conciliar amigavelmente Kant e Sade, da mesma maneira como Foucault opunha Pinel, fundador do tratamento moral, a Sade, grande ordenador de um "nada da desrazão" e de uma "abolição soberana de si mesmo". Dessa perspectiva, Lacan sustentava que a obra sadiana era o *passo inaugural* de uma subversão da qual Kant havia sido o *momento de virada*. Assim, *A filosofia na alcova*, publicada em 1795, e na qual se incluía o panfleto "Franceses, um esforço a mais", revelava a verdade da *Crítica da razão prática*, divulgada em 1788.[10] Entre as duas publicações produzira-se um acontecimento maior, a Revolução, a qual, por meio da Declaração dos Direitos do Homem, permitira o advento de um sujeito do direito. Tomando para si a interpretação jacobina, Kant não havia recuado diante do paradoxo segundo o qual o direito se inaugura e se apresenta pelos meios do não-direito. Assim condenou a violência revolucionária como suspensão do direito, embora a aceitasse como condição de uma ordem do direito.[11]

Na interpretação lacaniana de 1962, o *mal* no sentido de Sade era apresentado como um equivalente do *bem* segundo Kant. Os dois autores, com efeito, enunciavam a submissão de um sujeito à lei. Mas, segundo Lacan, enquanto Sade fazia surgir o *Outro* na figura do torturador, deixando aparecer o objeto do desejo (*pequeno a*), Kant fazia desaparecer o objeto ao propor uma teoria da autonomização do sujeito pelo direito. No discurso sadiano era destacada a obrigação do gozo, e o desejo permanecia então adstrito à lei enquanto instrumento voluntário da liberdade humana: "Deves gozar". No discurso kantiano, ao contrário, a mortificação do desejo traduzia-se na lei moral: "Deves arrancar-te da patologia". Desse modo, a moral kantiana era resultante, na interpretação lacaniana, não de uma teoria da liberdade, mas de uma teoria do desejo na qual o objeto era recalcado. Esse recalque era a seguir "iluminado" pelo discurso sadiano. Havia portanto simetria entre o imperativo sadiano do gozo e o imperativo categórico de Kant.

Teria Lacan tomado conhecimento, nessa data, dos artigos de imprensa dedicados em 1961 por Hanna Arendt ao processo de Adolf Eichmann? É difícil saber.[12] O fato é que, a partir de Adorno, e por intermédio do sistema foucaultiano, ele juntava-se à abordagem arendtiana. Com efeito, Hannah Arendt mostrava que o criminoso nazista dizia a verdade ao pretender-se kantiano, uma vez que, para ele, o caráter infame da ordem dada nada significava em relação ao caráter imperativo da ordem mesma. Em conseqüência, Eichmann obedecera sem nenhuma culpa à ordem "aberrante" do genocídio. Lacan não dizia outra coisa ao conciliar o gozo sadiano e o imperativo kantiano.

Em junho de 1964, ele atualizava portanto essa problemática ao citar a si mesmo. Sublinhava que a ética da psicanálise permanece spinoziana quando ela enuncia uma verdade do ser fundada no desdobramento do desejo — "Não cederás em teu desejo" —, mas que ela se torna kantiana quando se trata de teorizar a experiência psicanalítica pela qual o sujeito se depara com um assujeitamento à ordem simbólica. No momento em que Lacan era obrigado a acumular três funções julgadas "impossíveis" por Freud — governar, tratar, educar —, ele reassumia o imperativo kantiano para resolver a contradição política que lhe colocava a fundação de uma escola freudiana: contradição entre um necessário desdobramento do desejo e um não menos necessário limite a esse desejo sob a forma da lei.[13]

Lembremos que, logo após a guerra, Lacan havia tomado em sentido oposto a teoria sartriana da liberdade, ao mostrar que o sujeito humano estava condenado, para tornar-se livre, a integrar-se por um raciocínio lógico à coletividade dos homens. Ora, a tese enunciada em "Kant com Sade" levava adiante essa posição: a uma concepção lógica do pertencimento (1945), cujo modelo era tomado de Bion, tinham vindo juntar-se uma ética spinoziana do desejo (1960), inspirada pela *tragédia* de Antígona, e depois uma doutrina do assujeitamento do sujeito à lei (1962), oriunda de um kantismo retomado pelo discurso sadiano. Disso resultava esta série de proposições: "Pois, a considerar os direitos do homem sob a ótica da filosofia, vemos aparecer aquilo que, de resto, todos sabem agora de sua verdade. Eles se referem à liberdade de desejar. Muito bonito, mas contanto que aí se reconheça nossa liberdade que acaba de brotar, e que se confirme que essa é a única pela qual se morre".[14] E: "É a liberdade de desejar que é um fator novo, não para inspirar uma revolução, é sempre por um desejo que se luta e que se morre, mas para que essa revolução queira que sua luta seja pela liberdade do desejo".[15]

Tal era então a nova tese lacaniana sobre a liberdade humana: o homem só é livre por seu desejo de liberdade (Spinoza), o qual lhe dá a liberdade de morrer (Antígona), mas o obriga a sujeitar-se a uma coletividade em que o bem e o mal se ordenam num mesmo imperativo (Bion/Kant/Sade). Assim Lacan, teórico da verdade em sua doutrina, sofista e dissimulador em sua vida, admirador de Mazarino em política e não tendo escolhido, como Cavaillès, morrer por um desejo de liberdade, vinha prestar homenagem aos regicidas do ano II da Revolução, confrontados ao grande enigma de uma liberdade desejada mas logo transformada em servidão.[16] Ao sublinhar que Saint-Just poderia ter sido um termidoriano triunfante se tivesse permanecido um autor libertino, Lacan na verdade comentava, sem mencioná-la, esta frase célebre dos *Fragments d'institutions républicaines*:

"A revolução cristalizou-se; todos os princípios se debilitaram; restam apenas gorros vermelhos movidos pela intriga. O exercício do terror embotou o crime, assim como as bebidas fortes embotam o paladar".[17]

No entanto, Lacan privilegiava a obra sadiana por ser, segundo ele, o "passo inaugural" de uma outra subversão: aquela trazida por Freud. Ao levar a inversão dos valores da civilização a seu ponto de selvageria mais extremo, Sade teria dado acesso, por antecipação, àquele *Oberland* da pulsão de morte inscrito por Freud no âmago do mal-estar da cultura. E Lacan relacionava essa selvageria com o *entre-duas-mortes* tão característico da tragédia antiga.[18] Segundo ele, o excesso sadiano remetia, pois, ao excesso de Antígona como figura moderna da tragédia; permitia pensar o acontecimento próprio do século XX inclusive em seu horror absoluto: Auschwitz.

Notemos de novo que, em junho de 1964, Lacan apresentava esse acontecimento sob a categoria do *holocausto*. Ao empregar esse termo, ele parecia aderir às diferentes teses de teólogos judeus e não-judeus, segundo os quais o genocídio era comparável seja a um castigo infligido aos judeus, culpados de ter buscado uma redenção na iniciativa humana, seja a uma catástrofe que desafiava a história e anunciava a morte definitiva de Deus. No entanto, essa não era sua interpretação. Lacan só empregava a palavra *holocausto* para mostrar o quanto a teoria spinoziana do desejo, devido a seu desligamento da tradição religiosa judaica, permitia não sucumbir à fascinação exercida pela "idéia de holocausto". Dito de outro modo, ele invocava Spinoza para recusar toda teologização da questão do genocídio, fosse ela religiosa ou atéia: nem descida sacrificial do homem às voltas com uma monstruosa captura, nem acontecimento insensato que abolia a ordem divina. Em vez de ruminar o Talmude em termos neo-heideggerianos, ele preferia portanto universalizar Auschwitz para fazer desse evento a tragédia do século própria da humanidade inteira.[19]

Ao associar a fundação de sua escola ao evento Auschwitz, Lacan despojava simbolicamente a IPA de seu direito a representar a história da diáspora freudiana. Ele, o não-judeu, identificado a Spinoza, vinha dizer aos notáveis do império legitimista, encerrados no ideal adaptativo da psicanálise dita americana, que não eram mais dignos de transmitir a mensagem de dissidência judaica, de rebelião e de contestação da ordem estabelecida que Freud lhes havia legado, mensagem essa que, a partir de Auschwitz, devia ser repensada de maneira radical. Lacan voltará de novo a essa problemática em sua proposição de outubro de 1967 sobre *o passe*.

Todos os textos fundadores da EFP, redigidos entre junho e setembro de 1964 — "Eu fundo", "Nota adjunta", "Preâmbulo", "Nota sobre alguns elementos de doutrina" —, respondiam a essa tese lacaniana da liberdade que tinha sua origem no sofisma dos prisioneiros e sua culminação em "Kant com Sade". Mas eram também atravessados por uma vontade de tomar uma direção oposta ao sistema ipeísta. Na verdade, Lacan abria o caminho a uma nova maneira de internacionalização do freudismo. Chamava *escola* o que o legitimismo chamava *associação*, e qualificava de *freudiana* o que, habitualmente, tinha a denominação de *psicanálise*. Ele *fundava*, no sentido forte da palavra, uma república do espírito em que devia ser posto a funcionar um grande laboratório do pensamento criativo.

Uma tal aventura jamais fora tentada antes de Lacan. Desde 1910, o modo de internacionalização do freudismo havia tomado o caráter de uma expansão de tipo burocrático. Como se sabe, a IPA era composta de sociedades que compreendiam membros não iguais em direito. Cada sociedade admitia em seu interior todas as tendências doutrinais oriundas do freudismo, mas proibia toda transgressão das regras técnicas. Essa organização da transmissão do saber havia levado a uma desintelectualização do freudismo, de seus praticantes e de seus valores doutrinais. Todavia, graças à força tranqüila de sua burocracia, o sistema permanecera sólido.

Os princípios propostos por Lacan para sua escola invertiam inteiramente essa organização. Agora, nenhuma regra técnica era mais imposta aos membros da EFP, que tinham o direito de escolher livremente um didata e um supervisor, sem passar por uma "lista" ou por uma comissão. Do mesmo modo, desaparecia a obrigação relativa às durações. Cada psicanalista podia dispor livremente de seu tempo: não mais sessões cronometradas em quarenta e cinco minutos, nem número de sessões estabelecido de antemão. Ao poderio de um império que fabricava medíocres técnicos da análise, Lacan opunha a desmedida utópica de uma consciência desejante. Os membros de sua escola viram-se assim liberados da servidão das regras técnicas, mas ao preço do assujeitamento a outra forma de servidão: o estudo da doutrina de Freud como um texto sagrado cujo destino apenas a leitura lacaniana soubera reativar. A um sistema legitimista no qual a existência de uma pluralidade de correntes jamais conduzia a uma reforma democrática, sucedia uma escola da ortodoxia em que a ausência de pluralidade doutrinal era acompanhada de uma verdadeira democratização da instituição e, portanto, da formação didática. O mais curioso é que essa escola freudiana, na qual coabitavam uma democracia igualitarista, um poder monárquico e um sistema de pensamento ortodoxo, foi, nos dezesseis anos de sua breve existência, bem mais aberta a todas as grandes correntes da filosofia moderna que suas duas rivais da IPA (SPP e APF).

A estrutura monárquica sobre a qual se construíra a EFP não impedia o desenvolvimento de tendências e de divergências doutrinais. Foi assim que experiências muito diversas realizadas em instituições médicas e psiquiátricas encontraram um eco favorável no interior da família lacaniana, na qual se constituíram livremente grupos que não hesitavam em exercer seu espírito crítico. Entre essas experiências, assinalemos as mais importantes: a de Jenny Aubry no hospital des Enfants-Malades, a de Françoise Dolto no hospital Trousseau, as de Jean Oury na clínica de La Borde em Cour-Cheverny, de Maud Mannoni no Centro Experimental de Bonneuil, e de Claude Jeangirard na clínica de Chailles. Na mesma perspectiva, surgiram várias revistas, ou autônomas, ou diretamente ligadas à escola: *Les Cahiers pour l'Analyse*, na qual se reuniram os normalistas, alunos de Althusser; *L'Inconscient*, que foi a sucessora de *La Psychanalyse* e na qual se reagruparam psicanalistas da SPP com ex-membros da SFP; *L'Ordinaire du Psychanalyste*, ativa base de um espírito libertário, na qual se reuniu uma parte da quinta geração; *Scilicet*, revista da EFP, dirigida por Lacan; *Ornicar?*, que, sob a direção de Miller, sucedeu aos *Cahiers pour l'Analyse*; e, enfim, *Le Coq Héron*, a única a existir ainda hoje, reunindo analistas de vários grupos exteriores à EFP. A isso, é preciso acrescentar *Les Lettres de l'École Freudienne*, onde foram consignadas dia a dia todas as atividades da escola: congressos, discussões, intervenções etc. Os 27 volumes desse enorme boletim interno constituem um documento excepcional sobre a vida cotidiana da instituição criada por Lacan.[20]

Fundada sobre o princípio de uma república das elites e dirigida por um mestre que concedia aos discípulos a igualdade dos direitos sem renunciar ele próprio à menor parcela de poder, a EFP era uma instituição de extrema fragilidade: de um lado, porque sua estrutura não se adaptava ao advento de uma psicanálise de massa; de outro, porque punha em ação um trabalho do desejo, da transferência e do amor cujo único móbil acabava sendo a pessoa de Lacan. Assim ela foi a imagem do que se tornou progressivamente a prática do mestre: uma sessão curta, mais tarde reduzida ao grau zero de sua mais simples expressão. Ao mesmo tempo escola de uma ideologia de massa e da resistência a essa ideologia, ela durou o tempo de uma tragédia. Ao olhar da longa duração da história geral do freudismo, foi a escola do sonho, a escola da utopia, a escola da revolução, a escola do desejo. Nela revelaram-se as esperanças, os conflitos e o sofrimento de uma geração que se formara no freudismo pela via da rebelião libertária e da contestação da ordem estabelecida. Luta anticolonial, combate antiimperialista, renovação do marxismo ou modelo pós-sartriano do engajamento intelectual: tal foi o húmus original que conduziu a quarta e a quinta geração em direção a Lacan, à sua escola, à sua palavra.

Em poucos anos, a EFP foi assim acometida de um prodigioso gigantismo: seu sucesso junto à juventude francesa a fez soçobrar. A progressão rumo a uma massificação incontrolável começou entre setembro de 1966 e janeiro de 1967. A escola recebeu então oitenta novos aderentes e ultrapassou os duzentos membros. Depois de maio de 1968 e da terrível cisão que afastou Aulagnier, Perrier, Valabrega etc., o crescimento acelerou-se. Em 1971, a escola contava com 276 membros; em 1975, com 401; em 1977, com 544; e em dezembro de 1979, às vésperas de sua dissolução, atingira a cifra recorde de 609 membros. Em dezesseis anos de existência, progressivamente havia integrado 468 membros suplementares. Jamais alguma sociedade freudiana havia conhecido tal expansão, e demonstramos, aliás, a que ponto essa progressão foi benéfica para as sociedades ipeístas francesas. Em 1985, com 468 membros, a SPP e a APF reunidas situavam-se em quarto lugar mundial pelo número de terapeutas, depois dos Estados Unidos, Brasil e Argentina, mas em primeiro considerando a distribuição destes por quilômetro quadrado.[21] Nunca será demais dizer o quanto o lacanismo, que foi a expressão maior de uma exceção francesa na história do freudismo internacional, serviu aos interesses expansionistas dos freudianos legitimistas.

Já assinalamos que a crise que começou a afetar a EFP em dezembro de 1966[22] foi contemporânea do início dessa formidável expansão. Ora, uma carta muito interessante, que não conhecíamos, endereçada por Perrier a Lacan em janeiro de 1965, indica que, sete meses após a fundação de sua escola, os atores da história tinham já consciência do mal-estar institucional que os acometia. Eis a carta:

> Você está destruindo o que pretende fundar: que esta seja uma escola ou um pacto de confiança com seus amigos. Não posso em seu lugar buscar a causa e a função dessa sabotagem [...]. Acreditando fazer o processo das sociedades de analistas e de sua "estrutura", você na verdade apenas delineia sua relação de singularidade, de auto-exclusão e de rejeição ante qualquer instituição colegiada. O descarado complô dos ipeístas contra você e a SFP (ou seja, *a sua* sociedade) não o autoriza a esquecer o sucesso evidente da sociedade até

1960 e a fertilidade dos trabalhos e das didáticas na banalidade mesma dos estatutos comuns. Você confunde em suas requisições estruturas e instituições. A única estrutura mencionada em seu ato de fundação é aquela, complexa, eficaz, originalmente fecunda, de você *mais* o divã *mais* o seminário. Mas dela está excluído um quarto componente fundamental: a referência à adversidade [...]. O que manqueja também é que, ao escrever o ato de junho, você institucionalizou sozinho a dita estrutura, privando-a de suas inserções necessárias e de seus suportes tradicionais.

Sua dificuldade de relacionamento com todo grupo independente, sobretudo se ele é composto de amigos verdadeiros, leva-o sempre ao princípio do relacionamento privilegiado, da confidência pessoal que só apóia o pacto a dois na inteligência cúmplice em relação a qualquer terceiro. É assim que você divide para jamais reinar. Sua dificuldade em assumir-se como reconhecido notório e irrecusável leva-o a repetir as operações de comando no terreno mesmo de uma antiga guerra na verdade ganha [...]. O que esperam de você é uma mestria serena, a partir de uma teoria já largamente articulada, e não mais exercícios temerários de ex-resistentes com vocação de *desperados*.[23]

Essa carta era sublime. Embora Perrier não propusesse nenhum projeto para remediar a crise, oferecia um retrato de Lacan muito verdadeiro. Certamente este se apercebeu da justeza das críticas que lhe eram feitas. No entanto, respondeu com palavras que doravante eram as suas nesse tipo de situação: falou de "traição", sublinhou que era obrigado a guardar o "segredo" sobre a confidência que lhe fazia Perrier e anunciou que comunicaria a carta a três pessoas — Leclaire, Clavreul e Aulagnier. Depois queixou-se de sua "solidão", de seu "infortúnio", e lançou anátemas contra os que haviam se afastado dele: "Eu não divido, nem aspiro a reinar", dizia. Terminava com estas palavras: "Ou fiquem *todos* comigo, ou permaneçam juntos: *todos, assim espero*, mas sem mim".[24]

3. OS *ESCRITOS*: RETRATO DE UM EDITOR

EM SUA COMUNICAÇÃO AO COLÓQUIO "Lacan e os filósofos", de junho de 1990, Jacques Derrida recordava as circunstâncias de seu encontro com Lacan no simpósio sobre o estruturalismo organizado em outubro de 1966 por René Girard e Eugenio Donato na universidade Johns Hopkins de Baltimore:[1]

Em Baltimore [...], ele falou-me do modo como pensava que seria lido, em particular por mim, após sua morte [...] a outra inquietação [que ele me confiou] dizia respeito à encadernação dos *Escritos* que ainda não haviam aparecido, mas cuja publicação era iminente. Lacan estava preocupado, um pouco descontente, me pareceu, com os que lhe haviam aconselhado, na Seuil, reunir tudo num só volume de mais de novecentas páginas, cuja encadernação arriscava-se a não ser sólida e portanto a ceder: "Você verá", disse-me ele fazendo um gesto com as mãos, "isso vai acabar se rompendo".[2]

Tal era a angústia que afligia Lacan, tão logo se colocava para ele a terrível questão da publicação. "*Poubellication*",* dirá mais tarde, designando por esse termo o resto, o resíduo ou o dejeto que podia ser, segundo ele, o objeto de seu mais caro desejo. "*Stécriture*",** dirá ainda a propósito de seu seminário, manifestando com um gesto desdenhoso o quanto parecia desprezar a passagem da fala à escrita. Aqui, como alhures, a ambi-

---

* Trocadilho com *poubelle*, "lata de lixo". (N. T.)
** Palavra-valise que associa *sténographie*, "estenografia", a *écriture*, "escrita". A referência é ao fato de que os seminários eram estenografados. (Nota do consultor.)

434

valência era extrema. Da mesma forma que temia o plágio, Lacan buscava conservar secretas suas belas idéias. Mas, em realidade, não cessava de desejar que elas fossem reconhecidas, de um extremo a outro do planeta, com o brilho que mereciam. Invadido pelo medo que lhe inspirava sua própria imagem e sempre com a obsessão de não agradar, esse homem genial manifestava uma espécie de terror à idéia de que sua obra pudesse escapar à interpretação que ele próprio queria lhe dar. Assim só aceitava ver o traço escrito de sua fala no círculo restrito das instituições e revistas freudianas.

Assim como não podia atravessar a porta do apartamento de Sylvia sem lançar um olhar ao espelho, temendo descobrir ali a cada dia os sinais de um inelutável envelhecimento,[3] assim também conservava nos armários os volumes impraticáveis de seus seminários e as cópias de seus artigos, agora inencontráveis, como se jamais conseguisse separar-se deles. Olhava-os lamentando-se — "Que vou fazer de tudo isso?" — ou os distribuía como uma recompensa, acompanhados de dedicatórias sutis ou de confidências equívocas.

Em 1963, portanto, a obra lacaniana não era acessível a quem quisesse lê-la "normalmente", fora dos círculos de iniciados. Quanto à tese de 1932, caíra nos escaninhos da história, sem ter sido reeditada. E quando, por acaso, um exemplar surgia nas prateleiras de uma livraria especializada, Lacan apressava-se a tomá-lo de volta: "Em 1967", escreve Jean Allouch, "tentando conseguir a tese de Lacan, fui à livraria Le François, onde não puderam atender a meu pedido. Interrogado, o livreiro disse-me que numa certa época, que ele não sabia precisar exatamente, o autor teria entrado em sua loja e comprado todos os exemplares ainda disponíveis".[4] Havia nesse grande teórico da perseguição, que temia os livros apesar de ser um bibliófilo, uma mistura do Alceste de Molière [O misantropo] e do Dorian Gray de Oscar Wilde.

É provável que essa situação tivesse perdurado ainda mais não fosse por Lacan ter encontrado um editor excepcional na pessoa de François Wahl. Este tivera por pai um administrador das Galerias Lafayette. Sua mãe havia estudado medicina e fre-qüentado o serviço de psiquiatria do hospital Sainte-Anne. Foi assim que ele entrou em contato com a descoberta freudiana por intermédio de Sophie Morgenstern e Françoise Minkowska, que costumavam jantar com a família: "Aprendi a ler num manual como o de Porot", diz ele.[5]

Vítima enquanto judeu das perseguições anti-semitas, Wahl sentiu-se isento de toda culpa quando descobriu sua homos-sexualidade aos quinze anos, em plena guerra. Em Lyon, onde fora confiada a seu pai a direção das Galerias Lafayette para a região Sul, assistiu ao nascimento dos movimentos de resistên-cia e neles se engajou, ao mesmo tempo que prosseguia brilhan-tes estudos preparatórios para o curso de filosofia. No início de 1943, graças a um amigo beneditino que lhe deu para datilogra-far textos de santo Agostinho em latim, ficou hospedado num convento. Em 8 de setembro desse ano, por denúncia de um fun-cionário, seu pai foi detido e deportado para Auschwitz. Judeu assimilado e ex-combatente da Primeira Guerra, esse homem jamais imaginara que tal coisa pudesse lhe acontecer. Graças à proteção do cardeal Gerlier, François entrou para o seminário menor de Montbrison onde, sob o nome de Bonfils, tornou-se vigia e monitor. Em junho de 1944, juntou-se aos *maquis* e vol-tou a Paris na Libertação.

Em Versailles, onde sua mãe trabalhava para a organização OSE dos filhos de deportados, travou conhecimento com Élie Wiesel. Ajudando-o a preparar-se para as provas de conclusão do segundo grau, descobriu o que era o judaísmo e começou a pensar que os judeus tinham necessidade de um país. Por inter-médio de Robert Misrahi, aderiu então a uma célula parisiense do grupo Stern e militou até 1948 pela criação do Estado de Is-rael. Na Sorbonne, onde prosseguia seus estudos de filosofia, procurou Lagache e falou-lhe de seu desejo de tornar-se analis-ta. Este fez de tudo para dissuadi-lo, mas deu-lhe uma carta de recomendação para Lebovici. Wahl achou Lagache "antipático" e não foi procurar Lebovici. Por intermédio de um amigo, ou-viu então falar de Lacan e assistiu a uma conferência sobre o

"Fim do eu": "Lacan acabava de perder sua mãe, estava fúnebre e muito sofrido. Falou da história de uma paciente do Sainte-Anne que sofrera quedas após a morte de seu pai, porque não se sentia amparada".[6]

Em março de 1954, ficando amigo de um jovem voltairiano que freqüentava o divã de Lacan, foi tomar chá com o "Grande Feiticeiro": "Falamos dos estóicos e Lacan me disse: 'Você já está em análise'".[7] O tratamento começou ao ritmo de três sessões por semana, com uma duração de cinco a dez minutos. No domingo, os dois jovens iam a Guitrancourt numa Vespa e as sessões duravam uma hora. A análise de François Wahl desenrolou-se assim de 1954 a 1960: "Lacan não intervinha, mas escutava. Eu discutia ao mesmo tempo minhas relações com Platão e meus problemas de vida privada".[8]

Em maio de 1957, foi contratado por François-Régis Bastide para se ocupar dos romances das Éditions du Seuil. Seu amor pela Itália o fez descobrir Carlo Emilio Gadda e Giuseppe di Lampedusa, e ligar-se a Italo Calvino e Umberto Eco. Em 1956, por intermédio de Michel Butor, fizera amizade com Roland Barthes. Na primavera de 1961, a análise com Lacan chegou ao fim. François Wahl vivia então com o escritor cubano Severo Sarduy: "Continuei a acompanhar o seminário ao qual Lacan me pedira para assistir em 1959, mas era tempo de parar. Disse isso a ele, que me respondeu: 'É manifesto que você fez uma experiência que parece resolver os problemas'. Não o vi mais, mas ele me telefonava regularmente na Seuil para solicitar livros, dizendo sempre à telefonista que era 'urgentíssimo'".[9]

Sendo ao mesmo tempo um analisando, um ouvinte do seminário e um interlocutor intelectual, Wahl reunia todas as qualidades necessárias para vencer as fobias de Lacan e fazê-lo parir sua grande obra escrita. Mantinha com o mestre relações semelhantes às que este sempre exigira de sua roda. De fato, para ganhar a confiança de Lacan e não ser acusado de plágio ou de traição, era preciso ou permanecer totalmente alheio a seus empreendimentos, ou, ao contrário, integrar-se inteiramente a eles segundo o ciclo divã-seminário-transferência. Lacan respeitava sempre os que o criticavam de fora de seu círculo, mas ficava feroz com os que, após terem se aproximado ou se integrado a esse círculo, buscavam sair.

Wahl beneficiava-se também de sua homossexualidade. Embora sendo um grande sedutor de mulheres, Lacan tinha uma ternura particular pelos homens que gostavam de homens. Não foi por acaso que comentou o amor de transferência a partir do *Banquete* de Platão. Wahl teve a oportunidade de perceber essa empatia quando contou um dia a Lacan a história de um acidente de carro ocorrido em Tânger, em 1968: "Foi um acidente milagroso. Tudo voou pelos ares e saímos sem um arranhão. Durante o acidente, Severo tomou minha mão de um certo modo, terno e protetor, e, quando contei isso a Lacan, ele pôs-se a chorar: 'Deus sabe que não creio no *patos* amoroso', disse ele, 'mas essa história me corta o coração'".[10]

Em 1963, Wahl tornara-se portanto, para Lacan, o homem da situação, como o era Althusser e como o havia sido Leclaire durante toda a negociação com a IPA: um "passador". Convém dizer que Wahl tinha o dom de obrigar "seus" autores, por meio de interrogações pertinentes, a reescrever seus textos até a perfeição. Todos os que se envolveram com ele lembram-se do quanto esse homem era capaz de trabalhar a escrita dos outros com uma paixão e uma intransigência que suscitaram muitos ciúmes. Seus inimigos, cujos manuscritos muitas vezes recusou, acusavam-no de dogmatismo. Talvez tivessem razão, mas contanto que não se esqueça que essa atitude era conseqüência de uma escolha filosófica fundada no amor à lógica e numa crítica ao historicismo. Longe de resultar de uma atitude de censor ou de policial normativo, o dogmatismo wahliano exercia-se de maneira coerente tanto para os que partilhavam sua escolha quanto para os que eram contra. François Wahl jamais publicou uma obra cuja forma e o conteúdo recusasse, jamais simulou reconhecer um talento por razões mercadológicas, e jamais cedeu no que era seu rigor filosófico. Assim assumiu o risco consciente de recusar às vezes um grande livro, ou de defender autores obscuros cujo valor só ele percebia. Para ele, a ética socrática da verdade era preferível ao pragmatismo da ausência de pensamento. Foi um grande editor.

O testemunho de Umberto Eco ilustra o que foi a exigência wahliana da reescrita e da verdade:

De fato [a propósito de *A obra aberta*], tratava-se menos de uma revisão que de uma verdadeira reescrita, pois, pressionado de um lado pelas críticas de Wahl e de outro pelas experiências com grupos semiológicos que estavam se constituindo em Paris — a começar por Barthes —, e absorvido pela leitura de Trubetzkoi e dos formalistas russos, eu estava pouco a pouco em via de retomar meu livro. Foi nesse clima de intensa atividade mental e intelectual que Wahl, com a mesma intensidade, falou-me de Lacan, cujo ensino ele seguia, e de seus esforços para convencê-lo a publicar a coleção de seus escritos [...]. Quando apareceu meu livro *A estrutura ausente* [...], François Wahl, com a franqueza que sempre permitiu que nossas relações fossem amistosas apesar das diferenças de opinião, escreveu-me mais ou menos o seguinte (cito de memória): "Não publicarei tua última obra e não gostaria que ela fosse publicada na França. Já me desagrada bastante que tenha sido publicada na Itália". Eu cometera um crime de lesa-lacanismo.[11]

Essa crítica não impediu Lacan de manter com Eco um relacionamento cordial, a ponto de buscar até seduzi-lo. Por ocasião de um jantar, deu a Eco uma réplica que mudou sua vida: "Come teu *Dasein*", exclamou Lacan. "Com seu faro de animal devorador de almas", escreve Eco, "ele havia compreendido que, ao falar de outra coisa, é de mim que eu falava, e deixou escapar sua observação, embora falando de outra coisa, para me atingir em cheio."[12] Quanto a Eco, ele reconheceu que sua própria crítica visava mais os lacanianos que o próprio Lacan.[13]

Responsável por várias coleções, Wahl continuou sendo até 1989 o verdadeiro responsável pela área de ciências humanas das Éditions du Seuil e, enquanto tal, participou do surto do estruturalismo francês dos anos 1960. Foi o editor de Roland Barthes, de Paul Ricoeur, de Gérard Genette e dos escritores da revista *Tel Quel*. Em seus trâmites difíceis com Lacan, contou com o apoio constante de Paul Flamand, fundador da editora. Este havia adotado uma atitude radicalmente contrária à de Wahl: "Como editor e como presidente", disse ele, "sempre recusei dizer de que livros eu gostava. Toda semana, passava uma hora com cada responsável literário para compreender o que eu publicava".[14]

Flamand percebeu o vínculo privilegiado que unia Lacan a Wahl — "algo de filial e de paternal" — e confiou neste último. Teve com Lacan relações exclusivamente profissionais, e foi junto a Françoise Dolto, de quem era amigo de longa data, que desempenhou um papel mais ou menos idêntico ao de Wahl junto a Lacan: "Ela tinha medo de publicar, consegui convencê-la; eu tinha por ela uma grande admiração. No final, ela publicou bastante".[15] Assim, através da amizade desses dois homens tão diferentes, Lacan e Dolto reuniram-se na mesma casa editorial no momento em que, forçados a deixar a IPA, fundavam juntos a Escola Freudiana de Paris. A Seuil iria tornar-se o lugar privilegiado de expansão desse ramo francês do freudismo que era o lacanismo.

Em junho de 1963, Wahl propôs a Lacan "publicar". A idéia abriu seu caminho, mas foi preciso esperar um ano e a ruptura com a IPA para obter um começo de resultado. Em 3 de abril de 1964, Lacan assinava com a Seuil um contrato para a criação da coleção Le Champ Freudien [O campo freudiano]. No artigo 2, era estipulado que as obras seriam propostas ao editor por Lacan e que nenhum manuscrito poderia ser retido sem sua aprovação. Os honorários do diretor da coleção eram fixados em 2% sobre o preço de capa de cada exemplar. Em relação às obras estrangeiras, Lacan gozava de um direito de inspecionar a tradução.[16] Um mês mais tarde, em 20 de maio, Lacan assinava um novo contrato, que será depois anulado por não ter sido cumprido, no qual propunha uma obra de sua lavra intitulada *Mise en question du psychanalyste* [Questionamento do psicanalista].[17] Nessa data, ainda não se falava da reunião de textos já publicados, mas de uma obra original, que não surgirá jamais. Entretanto, a criação de uma coleção constituía um primeiro passo para uma publicação. Participando da Seuil como diretor de coleção e não como autor, Lacan recebia um tratamento privilegiado: de fato, tinha o direito de decidir livremente quanto à escolha dos manuscritos a publicar, inclusive os seus. O primeiro livro a sair na coleção foi o de Maud Mannoni, *L'enfant arriéré et sa mère* [A criança retardada e sua mãe].

Ainda foi preciso esperar dois anos para que Lacan se decidisse a aceitar a reunião de seus *Escritos* em sua própria coleção. Wahl pressionou com força após a publicação, em 1965, do livro de Paul Ricoeur, *De l'interprétation*, na coleção L'Ordre Philosophique que, aliás, também estava, como Le Champ Freudien, sob sua responsabilidade. Sabe-se que a publicação dessa obra pôs o mestre em fúria: Ricoeur, com efeito, dedicava um livro inteiro a Freud e a seus discípulos sem levar nem um pouco em conta o ensino de Lacan, cujo seminário ele havia acompanhado durante cinco anos.[18]

Incapaz de reunir ele próprio seus textos, Lacan pediu aos discípulos mais chegados que efetuassem o trabalho. Mas, estando a escola já em crise, ninguém quis se ocupar de nada. Por fim, pressionado por Wahl, encarregou Sylvia e Gloria de pesquisarem seus artigos. Elas não conseguiram encontrar a conferência de 1936 sobre "O estádio do espelho". Lacan também não. Por mais que vasculhasse seus armários, não conseguia localizar o texto. Tendo a certeza, como Wahl, de que a noção de *estádio do espelho* estava na base de sua doutrina, propôs incluir no compêndio o artigo da *Encyclopédie française* de 1938 onde estava resumida a intervenção de Marienbad. Wahl rejeitou: a seu ver, o texto não era "lacaniano". Sua feitura era "demasiado freudiana" e ali não se achava o estilo do autor. Wahl queria que a *Opus magnum* fosse exaustiva e perfeitamente inteligível. No inverno de 1965, ele começou a ler os textos impressos nas diferentes revistas. A partir de março de 1966, o trabalho tornou-se mais intensivo e foi então que se travou entre autor e editor um extraordinário corpo-a-corpo teórico que ia culminar no nascimento dos *Escritos*.

Wahl confrontou-se com quatro tipos de textos: artigos já publicados e portanto já impressos; cópias originais desses mesmos textos e portanto anteriores à publicação; novas cópias desses mesmos textos que incluíam correções de Lacan; manuscritos datilografados que jamais haviam sido impressos. Todos os textos foram corrigidos, mas alguns deles muito mais do que outros, como "O tempo lógico", "A coisa freudiana", "Variantes do tratamento padrão", "Posição do inconsciente" e "Kant com Sade". Wahl teve que "inventar" uma pontuação para a quase totalidade dos textos. Quando não compreendia a significação de certas frases, almoçava no Calvet com Lacan, que respondia a suas questões. Durante o verão, ele instalou-se em Argentière, no hotel des Roches-Rouges, levando consigo um milhar de páginas e uma valise de livros, a fim de dar os últimos retoques na versão definitiva. Todo dia, enviava a Lacan um fragmento de texto acompanhado de interrogações e, no retorno do correio, recebia as páginas modificadas com notas suplementares, em rodapé, que eram respostas diretas a suas perguntas: "Eu via chegar o texto escrito e modificado", assinala Wahl, "mas sem saber qual o trajeto de pensamento que levara Lacan até lá".[19]

Jamais em Argentière, na memória de carteiro, se viu circular tantos pacotes entre um remetente e um destinatário. Com freqüência, as remessas eram volumosas: Lacan juntava a elas um livro de referência. Às vezes a troca se fazia por telefone. Lacan realizou um trabalho considerável: pela primeira vez na vida — e a última —, foi obrigado a reler uma obra inteira na qual estava inscrito o essencial de uma existência dedicada a pesquisas eruditas. A maior parte das modificações foi feita entre março e agosto de 1966. De volta a Paris, em setembro, Wahl encontrou sobre sua mesa de trabalho a cópia de uma conferência inédita de 1958: "A significação do falo". Lacan a havia descoberto *in extremis* antes do envio do compêndio à *gráfica*. Sobre um papel gasto e endurecido, havia feito a tinta numerosas correções. Wahl estava exausto, estafado, mas satisfeito. Tinha conseguido arrancar esse homem do domínio de sua própria fala para fazê-lo chegar enfim a uma verdadeira escrita.

Quase todas as modificações textuais haviam sido inspiradas por ele, que no entanto jamais mexera no menor fragmento de texto sem o consentimento do autor. Somente a pontuação trazia a marca de sua intervenção. Houve algumas disputas de braço: Wahl quis às vezes pôr ordem nas subordinadas maneiristas e Lacan não cedeu — era *seu* estilo, *sua* sintaxe, *sua* coisa. Foi Lacan quem escolheu o título, querendo distinguir a obra escrita da obra falada que continuava a enunciar no seminário. Foi ele quem quis acrescentar uma "Abertura" e uma nota biográfica na qual reconstruía, de maneira subjetiva, a história de sua entrada na aventura freudiana. Foi ele, enfim, quem insistiu em colocar no início da obra o "Seminário sobre *A carta roubada*". Wahl não estava de acordo: assim pediu-lhe, não para deslocar o texto, mas para acrescentar-lhe uma seqüência que explicasse retroativamente seu lugar inaugural. Lacan redigiu então uma "Apresentação da seqüência", e depois "O parêntese dos parênteses", verdadeira reformulação lógica de sua exposição.

Em sua nota biográfica, "De nossos antecedentes", ele evocava a acolhida que teve sua tese junto aos surrealistas, reivindicava Clérambault como seu único mestre em psiquiatria, esquecendo que havia tomado o partido de Claude, não citava Kojève nem Wallon, e apresentava-se como o inventor da noção de *estádio do espelho*. Além disso, datava sua entrada no freudismo não da redação de sua tese, mas do congresso de Marienbad, isto é, de sua primeira aparição na cena da IPA na qual se dera o famoso ato falho. Os *Escritos* eram assim comentados num estilo em que a pintura ilusionista de Francesco Borromini servia de fundo ao enigma de um relato no futuro do pretérito. Lacan não apenas interpretava a história de seus textos passados em função de sua doutrina presente, mas reivindicava como necessário o engodo do "já ali". Toda obra, dizia ele em síntese, deve ser lida à luz de seu devir posterior. Em suma, incitava o leitor de 1966 a ler o Lacan de antes da guerra à luz do Lacan estruturalista da "Instância da letra", e o Lacan estruturalista à luz do de 1965.

Sob esse aspecto, o texto que comandava a leitura dos *Escritos* não era tanto o "Seminário sobre *A carta roubada*", e sim suas duas seqüências ("Apresentação" e "Parêntese"), as quais se encadeavam com um texto intitulado "A ciência e a verdade". Esse texto era a versão transcrita da sessão inaugural do seminário do ano 1965-6 sobre "O objeto da psicanálise" e já havia sido publicado no primeiro número dos *Cahiers pour l'Analyse*. Ora, Lacan efetuava ali o que chamamos uma *retomada lógica* de sua teoria estrutural do sujeito e do significante, apoiando-se em parte nos trabalhos de seu velho amigo Alexandre Koyré. Deste, retomava a idéia de que a ciência moderna — da qual o *cogito* procedia — havia provocado uma dramática desvalorização do ser, e de Kurt Gödel tomava emprestado seu segundo teorema da incompletude: a noção de verdade escapa à formalização integral. Lacan constatava que o fracasso dessa formalização tinha a ver com o fracasso em geral da ciência, sempre em busca de sutura. Inferia daí que a experiência da dúvida cartesiana marcava o ser do sujeito com uma divisão entre saber e verdade. A seu ver, o sujeito (dividido, refendido, foracluído etc.) era o correlato da ciência, e esse correlato era chamado *sujeito da ciência*. Se o estruturalismo clássico havia permitido descentrar esse sujeito, como Freud o fizera com sua descoberta, ele corria o risco, ao servir o ideal das ciências humanas, de reconstruir sem saber um humanismo do sujeito pleno, risco tanto maior por negligenciar a posição do inconsciente. Em conseqüência, somente o acesso a uma lógica podia fazer a psicanálise não permanecer em seu estatuto de ciência humana. Mas essa lógica, segundo Lacan, era a lógica da incompletude, ciência do sujeito decaído, ciência do correlato não suturado. Em suma, era a ciência do *sujeito da ciência*, capaz de entender o *sujeito paranóico* rejeitado pela divisão cartesiana e de pôr-se à escuta do sujeito "descentrado" da civilização científica moderna.[20]

Contra o domínio de uma lógica dos lógicos, Lacan lançava aqui o paradoxo de uma lógica da função simbólica. Em nome de um ideal de cientificidade universalista, ele queria combater toda reelaboração psicologista da psicanálise em termos de ciência humana. Sendo assim, a psicanálise devia tomar por objeto o sujeito da ciência, ele próprio efeito do significante. Sob essa condição, ela poderia recusar a magia, de um lado, e a religião, de outro: a primeira porque inclui o sujeito na ordem natural do mundo, a segunda porque o obriga a relacionar a Deus a causa de seu desejo.[21]

A conferência sobre "A ciência e a verdade" era a resposta explícita dada por Lacan a uma exposição feita por Jacques-Alain Miller numa sessão de seu seminário do ano anterior[22] e também reproduzida no primeiro número dos *Cahiers pour l'Analyse* sob o título "A sutura. Elementos de uma lógica do significante".[23] Apoiando-se nos *Fundamentos da aritmética*, obra de Gottlob Frege[24] que ele acabava de descobrir com seu colega Yves Duroux, Miller aproximava a teoria do zero de Frege e seus sucessores à teoria lacaniana do significante, e denominava "sutura" a relação do sujeito com a cadeia. Depois acrescentava que o sujeito figurava nessa cadeia em lugar do zero como "fazendo as vezes de uma falta". Embora assinalasse que a noção de "sutura" não estava presente na doutrina lacaniana, ele afirmava que Lacan, como Frege, excluía a consciência de toda definição do sujeito.

Na mesma perspectiva que a exposição de 1963, a posição milleriana radicalizava portanto o discurso lacaniano. Lá onde Lacan produzia a equivocidade, Miller fabricava uma clarificação, uma univocidade, um fechamento. Lacan apercebeu-se de que aquele que seria seu genro trazia à sua doutrina um logicismo que não lhe correspondia. E por isso, mesmo sem citar a exposição sobre a sutura, referiu-se a ela em sua conferência "A ciência e a verdade" para tomar uma posição contrária à demonstração milleriana. Em vez de denominar "sutura" a relação do sujeito com a cadeia e favorecer seu fechamento, remanejava o termo para anunciar que a ciência fracassava em suturar ou em formalizar integralmente o sujeito.

A retomada lógica de 1965 fora inspirada a Lacan pelo trabalho dos alunos normalistas de Louis Althusser, e mais particularmente pelas reflexões de Miller. Mas, se essa inspiração lhe foi indispensável, ele tomou a direção contrária do que ela enunciava. A lógica lacaniana do sujeito estava fundada na abertura, na equivocidade, na ambivalência e na idéia de um impossível domínio; a leitura milleriana dessa lógica já era o anúncio de todos os dogmas por vir.

No mês de outubro de 1966, quando sua grande obra partira para a gráfica, Lacan telefonou altas horas da noite a Wahl: "É absolutamente necessário fazer um índice!", exclamou. Esgotado por meses de trabalho, Wahl negou-se a mexer outra vez na obra e foi a Miller que Lacan confiou a tarefa, algumas semanas antes do casamento deste com Judith.[25] Ao compor o índice, o jovem cometeu um formidável ato falho: esqueceu de nele incluir o nome de Georges Bataille, não obstante citado no texto.[26] Acrescentou ao conjunto um "Índice ponderado dos conceito maiores" e uma "Tábua comentada das representações gráficas".[27] Esses dois textos eram muito bem redigidos, mas acentuavam a apresentação no futuro do pretérito dos *Escritos* de Lacan. Em vez de inscrever os conceitos na história de seu aparecimento inaugural, e de precisar a seguir suas transformações sucessivas, Miller situava a posição estrutural de cada um deles em sua relação com o conjunto. Procedia assim por "retroação" a partir do último estado da teoria, dividindo o *corpus* em cinco ordens. Enfim, sublinhava que alguns textos, mais densos, escapavam à divisão, enunciando ao mesmo tempo que essa organização do livro constituía sua própria interpretação do lacanismo.[28]

A *Opus magnum* do outono de 1966 trazia, pois, o traço da história de sua lenta elaboração: reescrita de Lacan acionada por Wahl, comentário acrescido de Miller no sentido de uma sutura e de uma univocidade. Em 15 de novembro, a obra era distribuída em todas as livrarias; no dia 30, Lacan assinava um contrato com a Seuil para a publicação dos *Escritos*.[29] Pelo artigo 12, concedia a seu editor um direito de preferência para cinco novas obras.

Desde o primeiro dia de publicação do livro, Lacan recebeu a consagração tão esperada e merecida. Cinco mil exemplares foram vendidos em menos de quinze dias, antes mesmo de saírem resenhas na imprensa. Mais de 50 mil exemplares serão adquiridos na edição corrente, e a edição em formato de bolso baterá todos os recordes de venda para um conjunto de textos tão difíceis: mais de 120 mil exemplares para o primeiro volume, mais de 55 mil para o segundo. Quanto aos artigos na imprensa, uns foram muito elogiosos, outros muito críticos. Entre os mais interessantes, citemos os de Emmanuel Berl, François Châtelet, Lucien Sève, Catherine Clément, Bernard Pingaud, Louis Beirnaert, André Jacob; entre os mais ridículos, os de Jacques Brosse, Jean-François Revel, André Robinet.[30] Em *La Quinzaine Littéraire*, Didier Anzieu lançou-se numa forte polêmica contra seu ex-analista: chamou-o de herético e profetizou seu naufrágio. Charles Melman deu-lhe a réplica num tom dogmático.[31]

Wahl havia portanto ganho a grande batalha da publicação da obra escrita. Doravante, Lacan será reconhecido, celebrado, atacado, odiado ou admirado como um pensador de envergadura, e não mais apenas como um mestre em psicanálise.

Muito rapidamente, ele estreitou ainda mais os vínculos com as Éditions du Seuil. Em março de 1968, criou dentro da coleção do Champ Freudien a revista *Scilicet*, a fim de nela publicar seus próprios textos e os dos membros de sua escola que aceitassem publicar artigos não assinados. O empreendimento resultou num desastre.[32] Daí por diante, nenhuma publicação se fez sem sofrimento, sem violência e sem dificuldade. Mas a cada etapa da publicação de uma obra, Wahl e Flamand conduziram-se de maneira admirável com o autor caprichoso que era Lacan.

Um primeiro conflito surgiu em 1969 por ocasião da publicação, em formato de bolso, de uma coletânea intitulada *Escritos 1*, na qual deviam figurar cinco textos da edição corrente de 1966.[33] Em 9 de janeiro de 1970, Bruno Flamand, o filho de Paul, responsável pela coleção Points, enviou a Lacan as provas de sua obra. Três dias depois, este devolvia a encomenda com um bilhete: "Não me atrasei, suponho".[34] Bruno Flamand enviou então o material para a gráfica, mas, um mês depois, constatou que o quinto artigo, "A instância da letra", tinha se extraviado.

Numa carta a Lacan, sublinhou que assumia a inteira responsabilidade por essa omissão, apontando como uma das causas a urgência em fazer publicar essa obra na Points e a extrema rapidez com que um conjunto de tarefas fora executado. Para reparar o erro, propunha publicar em seguida os *Escritos 2*, na abertura dos quais figuraria "A instância da letra".[35]

Lacan não só não aceitou essa solução, como também ficou furioso. Num longo telefonema a Wahl, enunciou em três pontos a decisão que havia tomado: "Transmitir à Seuil que, se o livro de bolso não for refeito e se exemplares completos não substituírem nas livrarias os incompletos, 1) impedirei que seja publicado o tomo II; 2) não entregarei mais nada à Seuil; 3) quando digo algo desse gênero, não volto atrás". Depois enviou a Bruno Flamand uma carta na qual exigia reparação: para remediar a "absurda negligência" que o estado desse pequeno volume testemunhava, propunha sua retirada com devolução, para todo comprador, de um outro volume corrigido e completo. François Wahl transmitiu a Paul Flamand o resumo de suas conversações com Lacan e acrescentou sua própria conclusão: "Pessoalmente, eu me curvaria sem hesitar".[36] A Seuil curvou-se, de fato. A obra foi inteiramente recomposta e os exemplares defeituosos retirados de circulação.

A publicação da tese colocou um problema diferente. Há muito Wahl pensava numa reedição, mas Lacan opunha-se firmemente. Quando os *Escritos* foram editados, Sylvia fez campanha para convencê-lo: "Você não imagina", disse ela a Wahl, "o quanto aquilo foi importante para minha geração".[37] Por seu lado, o mestre não cessava de fazer alusão a esse texto da juventude, evocando ora o nome de Aimée, ora o de Tosquelles. Às vezes, também, acreditava em complôs ou em plágios. Um dia contou que, depois da guerra, por causa de sua tese, o haviam "marcado"; outro dia, acusou Anzieu de ter-lhe roubado suas idéias: "Estou absolutamente enojado com a forma como aquilo foi retomado num certo livro que saiu sob o título de *Autoanálise*: era o meu texto, mas reformulado de modo a que ninguém compreendesse nada".[38]

Em 1972, o historiador da psiquiatria Jacques Postel propôs-lhe uma reedição para a coleção Rhadamanthe que ele dirigia na Privat. Lacan recusou: "Você diz acertadamente que tenho algo a ver com o fato de ela não ter sido reeditada".[39] Quis no entanto explicar as razões de sua recusa e declarou que não podia publicar nenhuma obra fora da Seuil. Era verdade, já que havia assinado com a editora da rua Jacob um direito de preferência para cinco novos livros. Em 1974, a pedido de Catherine Clément, que há muito se interessava pela paranóia feminina, ele aceitou reeditar um trecho da tese referente ao atentado contra Huguette Duflos e à anamnese do caso. Tratava-se de um número da revista *L'Arc*, em homenagem à sua pessoa, no qual eram reunidas contribuições exclusivamente redigidas por mulheres.[40] Alguns meses mais tarde, enfim, ele assinava com a Seuil um contrato para a reedição da obra, que saiu em maio de 1975. O artigo 12, relativo ao direito de preferência, estava anulado: nessa data, com efeito, Lacan já havia dado a seu editor três seminários, em co-autoria com Jacques-Alain Miller, e o texto de sua entrevista televisada intitulado *Télévision*. A tese era portanto a sexta obra de Lacan publicada em sua própria coleção, sob a autoridade de François Wahl. Voltaremos ao assunto.[41]

Se Wahl foi para Lacan um maravilhoso cúmplice da passagem do oral ao escrito, participou no entanto do empreendimento de des-historicização e de fusão imaginária que marcava a trajetória de Lacan em relação à sua própria doutrina. É assim que, nas duas páginas que dedicou à apresentação da reedição da tese de 1932, enunciou que essa obra não era freudiana nem lacaniana, por ser ainda psiquiátrica, que havia sido redigida numa época em que ainda se acreditava no primado da organicidade na psicose, e que os escritos de Aimée eram analisados segundo um método lingüístico.[42] Nenhuma palavra sobre o que havia sido, em 1932, o real avanço de Lacan na história real do saber psiquiátrico e psicanalítico. Lembremos que este já era freudiano em 1932, mas não da mesma maneira que em 1936, que sua tese era a expressão de um anticonstitucionalismo partilhado por toda a sua geração, e que, enfim, seu méto-

449

do de análise dos textos não era inspirado pela lingüística, mas pelo surrealismo.

Essa apresentação de um Lacan "já alguma coisa" e ainda não "outra coisa", filho de ninguém e inventor solitário de um sistema de pensamento auto-engendrado pela passagem de um estado pré-freudiano a um estado freudiano e depois lacaniano, reforçava a imagem que o mestre queria dar de si mesmo. Mas também estava de acordo com uma visão da história derivada dos ideais de um estruturalismo assimilado pela mídia. Assim ela foi retomada e amplificada pelo conjunto dos comentadores da obra lacaniana entre 1966 e 1975. Na quase totalidade dos artigos dedicados, naqueles anos, seja à obra de Lacan, seja à reedição de sua tese, uma história piedosa era enunciada: Lacan sempre aparecia nela como oriundo da alta burguesia intelectual parisiense, como o inventor do estádio do espelho, como o criador de uma nova concepção da paranóia, ao mesmo tempo heideggeriano e saussuriano, e como tendo um único mestre em psiquiatria: Georges (*sic*) de Clérambault.[43]

Em outras palavras, o processo de des-historicização que jazia no centro da doutrina lacaniana havia conduzido à fabricação de um personagem imaginário tecido de rumores e de fabulações.

4. DA REVOLUÇÃO: JEAN-PAUL SARTRE E JACQUES LACAN, CONTEMPORÂNEOS ALTERNADOS

NUMA ENTREVISTA INÉDITA COM DIDIER ERIBON, Michel Foucault sublinhava em 1981 a que ponto Sartre e Lacan eram "contemporâneos alternados". Assinalava que ambos haviam tomado parte, nos anos 1930, de um mesmo movimento antichauvinista que permitira interrogar de novo o pensamento filosófico alemão. Em outra entrevista da mesma época, publicada pelo *Corriere della Sera*, ele precisava seu pensamento. Dizia o quanto tinha sido importante para ele, nos anos 1950, a descoberta das obras de Lacan e de Lévi-Strauss: "A novidade era a seguinte: descobríamos que a filosofia e as ciências humanas baseavam-se numa concepção muito tradicional do sujeito humano e que não era suficiente dizer, ora, com uns, que o sujeito era radicalmente livre, ora, com outros, que ele era determinado por condições sociais. Descobríamos que era preciso buscar libertar tudo o que se oculta por trás do emprego aparentemente simples do pronome 'Eu'. O sujeito: uma coisa complexa, frágil, da qual é tão difícil falar, e sem a qual não podemos falar". Foucault dizia a seguir que o hermetismo de Lacan vinha de uma vontade de que "a obscuridade de seus escritos fosse a complexidade mesma do sujeito e que o trabalho necessário para compreendê-lo fosse um trabalho a realizar sobre si mesmo". Quanto ao "terrorismo" imputado a Lacan, assinalava que "a influência que se exerce jamais pode ser um poder que se impõe". Em outros termos, Lacan só aterrorizava os que tinham medo.[1]

Contemporâneos alternados: tal era, de fato, a situação histórica, teórica e política desses dois mestres da liberdade que, desde 1943, não haviam cessado de se cruzar, de se confrontar e de se opor sem jamais se encontrarem realmente. No momento da publicação dos *Escritos*, Sartre era amplamente acusado de des-

451

conhecer tanto a psicanálise quanto a obra freudiana. O sublime roteiro sobre Freud, redigido a pedido de John Huston,[2] não havia sido publicado e ninguém podia avaliar a que ponto Sartre conhecia o conteúdo científico e teórico da doutrina vienense. A geração estruturalista dos anos 1960, no que se refere à relação de Sartre com a psicanálise, ativera-se às posições fenomenológicas enunciadas em *O ser e o nada* e às afirmações simples e francas expressas em *Les mots* [As palavras]. A isso juntava-se a caução dada à antipsiquiatria inglesa, que parecia ser um apoio a uma espécie de antifreudismo primário. Além disso, como quase todos os pensadores de sua geração, Sartre não havia lido Lacan: seu Freud era um Freud "sartriano", jamais atravessado pela reformulação lacaniana.

Lacan, em troca, era um excelente leitor da obra sartriana. Sua teoria do sujeito e sua doutrina da liberdade haviam sido construídas, não esqueçamos, *contra* as teses de Sartre. A publicação na Seuil da *Opus magnum* e a mudança de conjuntura intelectual levaram Sartre a medir forças contra esse adversário da sombra que agora ameaçava tornar-se o porta-voz de uma escola de pensamento capaz de rivalizar com o velho existencialismo.

É na revista *L'Arc*, organizada como uma homenagem a Sartre, que Bernard Pingaud apresenta o debate, sublinhando que a filosofia, triunfante quinze anos atrás, tendia doravante a se apagar frente às ciências humanas. Através desse apagamento, a sucessão estava, segundo ele, aberta: "Quando queremos nos livrar de um grande homem, o enterramos debaixo de flores; mas o que fazer se ele recusa o enterro? [...] Em vez de prestar a Sartre uma homenagem inútil, pareceu-nos mais proveitoso tentar situá-lo em relação a uma nova corrente de pensamento que se formou em parte contra ele".[3]

Quanto a Sartre, ele recusava a pretensão das ciências humanas a tomar o lugar da filosofia e a se desembaraçar da história. Indistintamente, acusava Lacan, Foucault e Althusser de quererem erguer uma última barreira "burguesa" contra o marxismo, ao mesmo tempo que salvava da "tina estruturalista" os verdadeiros sábios: Lévi-Strauss, Benveniste e Saussure. Esquecia Dumézil e reconhecia, não obstante, que Lacan era fiel a Freud.[4]

A ocasião era assim propícia para a imprensa opor dois "líderes carismáticos". Numa entrevista concedida a Gilles Lapouge, Lacan respondia, no *Figaro Littéraire*, que era absurdo fazerem-lhe ocupar uma posição simétrica à de Sartre:

> Custo a acreditar que a operação vise dar a Sartre um frescor de atualidade. Sartre continua sendo de fato o representante mais popular do pensamento francês. Mas daí a dizer que o que não é sartriano se define primeiramente pelo fato de não ser sartriano, há uma distância [...]. Gostariam que eu fosse uma espécie de sucessor de Sartre. Permita-me dizer-lhe que isso é fazer uma idéia caricata do que pode me interessar. Sartre teve uma função muito precisa que se pode "cubar", mas que não tem a menor relação com os trabalhos que desenvolvo. Sartre é mais jovem que eu e acompanhei com muita simpatia e interesse sua ascensão. Não me situo em absoluto em relação a ele.[5]

Formidável denegação! Por mais que Lacan recusasse a simetria e afirmasse que seus trabalhos nada tinham a ver com os de Sartre e que sua popularidade jamais atingiria a do filósofo, ele havia se tornado doravante o teórico de um novo modelo de rebelião subjetiva que o obrigaria a confrontar-se, em favor das barricadas de maio de 1968, com a problemática da revolução. Sob esse aspecto, ele acabaria por se envolver, como Sartre, na aventura francesa do maoísmo, segundo essa dialética da alternância muito bem descrita por Michel Foucault.

Após seu encontro com os alunos da ENS, Lacan apôs pela primeira vez sua assinatura em dois manifestos: um em favor da libertação de Régis Debray, em 19 de abril de 1967, o outro em apoio dos estudantes revoltados, em 9 de maio de 1968.[6] Jamais havia se engajado antes dessa maneira, muito embora, várias vezes, tivesse sido solicitado a fazê-lo. O comprometimento político direto sempre representara uma questão importante em sua vida familiar, de um lado porque Sylvia nunca se afastara da extrema esquerda, de outro porque Laurence Bataille, durante a guerra da Argélia, fora uma verdadeira militante.

Ora, ao mudar de tribuna e ao apoiar os trabalhos dos *Cahiers pour l'Analyse*, Lacan via-se confrontado da forma mais extrema com essa problemática. Em sua escola em plena crise, ele reinava sobre uma "família" de discípulos que, desde 1950, haviam sido seus melhores companheiros de estrada. Do lado da ENS, estava cercado por uma vanguarda teoricista e logicista, estranha à outra família tanto por suas aspirações quanto por sua reflexão. Entre os membros da velha guarda, cultivavam-se os valores tradicionais da clínica e pregava-se um lacanismo clássico, sempre ligado a uma leitura séria de Freud. A jovem guarda, ao contrário, queria-se bem mais radical. Não apenas olhava com certo desprezo a antiga geração, julgada inculta, burguesa e incapaz do menor avanço teórico, mas começava a reivindicar o princípio de um lacanismo "puro", tendencialmente separado de suas origens freudianas.

Apesar de numerosas tentativas, feitas sobretudo por Serge Leclaire, para estabelecer vínculos entre a maioria dos clínicos da EFP e a minoria atuante da ENS, o fosso permanecia intransponível e apenas aumentou ao longo dos anos. Consciente dessa situação "bloqueada", Leclaire preferiu voltar-se para a universidade a fim de fundar em 1969, no Centro Experimental de Vincennes-Paris VIII, um departamento de psicanálise, o primeiro na França a ter esse nome, isto é, a libertar-se da tutela da psicologia. Tratava-se para ele de tentar uma nova experiência de transmissão do saber freudiano e de escapar assim à crise que abalava o conjunto das instituições psicanalíticas. Sabe-se que, no início, Lacan recusou apoiar esse empreendimento, para depois assumi-lo, em 1974, com a ajuda de Jacques-Alain Miller.[7]

Em maio de 1968, Lacan não tinha nem a celebridade nem o brilho internacional de Sartre. Além disso, sua doutrina pregava o ceticismo em relação a toda forma de comprometimento subjetivo que não levasse em conta a sujeição do sujeito ao significante. Entretanto, um e outro, e por vias radicalmente antagônicas, iam ser solicitados por essa parcela da juventude intelectual francesa reunida no outono de 1968 sob a bandeira da Esquerda Proletária (Gauche Prolétarienne, GP). Assim como Lacan foi arrancado de sua antiga família após o encontro com os alunos da ENS e com Miller, também Sartre escapará da família sartriana da *Temps Modernes* após a "colaboração" com o filósofo Benny Lévy, ex-líder da GP, que se tornará seu secretário, em 1973, quando ele for acometido de cegueira.

Esse duplo processo de abolição dos tempos antigos pelos novos tempos teve por pano de fundo originário um acontecimento maior: a deflagração na China, em 1966, da Grande Revolução cultural proletária. Pela primeira vez desde outubro de 1917 surgia a esperança de uma possível revolução dentro da revolução, e portanto de uma crítica do comunismo pelo comunismo. Mao Tsé-tung era um chefe que havia sido ao mesmo tempo um pai fundador, um rebelde e um soberano, e eis que, pouco antes de morrer, organizava um levante em massa da juventude de seu país contra os quadros de seu próprio partido, tendo por projeto o ideal de uma regeneração do povo e da nação. Havia aí algo com que fazer sonhar toda uma geração filosófica, herdeira das grandes lutas anticolonialistas e possuída pelo desejo de uma possível divinização da consciência revolucionária. Foi assim que as máximas do Grande Timoneiro seriam tomadas por essa elite intelectual como a expressão da verdade filosófica.

No momento de sua criação, a Esquerda Proletária agrupava militantes vindos de diversos horizontes da esquerda política francesa. Entre eles, os alunos da ENS estavam cindidos em dois ramos: os lacanianos dos *Cahiers pour l'Analyse*, com Jean-Claude Milner, Judith e Jacques-Alain Miller, e os althusserianos dos *Cahiers Marxistes-Léninistes*, especialmente com Robert Linhart. Benny Lévy, que se fazia chamar Pierre Victor, tinha um itinerário um pouco diferente. Judeu sefardita de origem egípcia, era apátrida e haveria de enfrentar os múltiplos problemas administrativos ligados à sua condição. Aos quinze anos, descobrira na obra de Sartre o instrumento necessário para assimilar a língua francesa e forjar-se uma identidade. Ultra-dogmático, parecia fascinado pela mística da chefia e pela submissão a uma lei da qual ele seria a encarnação terrestre. A esse grupo fundador pertenciam também dois filósofos mais jovens marcados pelo althussero-lacanismo: Christian Jambet e Guy Lardreau.[8]

Num primeiro momento, Lacan observou a contestação com humor. Em maio de 1968, sabendo que os estudantes de psiquiatria faziam vir à faculdade de medicina representantes dos diversos grupos psicanalíticos, insistiu junto a Irene Diamantis, jovem terapeuta de sua escola e da equipe de Jenny Aubry, que lhe enviasse os organizadores da confrontação. Tinha vontade de ser convidado ao encontro sem ter que pedir. Dois deles foram então à rua de Lille. Lacan escutou-os durante alguns minutos, mas logo os despachou após invectivar contra a palavra "diálogo" e contra a incultura dos estudantes de medicina que nada conheciam de Freud. Evocando a presença na faculdade de seus rivais das outras escolas, exclamou: "Contentem-se com aqueles piramidais!". Depois telefonou a Irène para queixar-se da pouca consistência dos interlocutores que ela lhe havia enviado.[9] Lacan queria ver um chefe e seu desejo logo foi atendido.

Foi Anne-Lise Stern quem organizou o encontro entre Lacan, seu séquito, e Daniel Cohn-Bendit, por intermédio de Michèle Bargues. Esta fazia parte do Movimento 22 de Março e seus pais eram ambos alunos de Lacan, membros da EFP. Daniel Cohn-Bendit e seus amigos queriam fazer conhecer os objetivos de seu movimento, enquanto os analistas desejavam ouvir contestadores. As duas partes não tinham, portanto, nada de importante a se dizer, e apenas Leclaire colocou uma questão pertinente: "Que farão vocês de seus ex-combatentes? Fundarão uma ENAR (uma Escola Nacional dos Administradores da Revolução)?". Surpreso, Dany explicou que os soldados não eram os mesmos conforme as guerras e que os republicanos espanhóis não eram comparáveis aos soldados de Verdun. Após essa troca de opiniões, os psicanalistas deram dinheiro aos estudantes, que foram em seguida jantar no La Coupole, onde voltaram a encontrar seus doadores.

Naquela noite, Lacan não abriu a boca, mas no dia seguinte interrompe seu seminário sobre "O ato psicanalítico" para atender à palavra de ordem de greve lançada pelo Sindicato Nacional do Ensino Superior. Prestando homenagem a Cohn-Bendit, ele discute com seus alunos: "Venho me matando em dizer que os psicanalistas deveriam esperar alguma coisa da insurreição; há os que retrucam: o que a insurreição poderia esperar de nós? A insurreição responde-lhes: o que esperamos de vocês, no caso, é que nos ajudem a lançar paralelepípedos". Em seguida, Lacan diz que o paralelepípedo e a bomba de gás lacrimogêneo cumprem a função do *objeto a*.

No mês de agosto, numa reunião em Carraro, Daniel Cohn-Bendit diz a Irène Diamantis que só então havia se dado conta do alcance da questão de Leclaire.[10]

No *L'Express*, Françoise Giroud menciona a sessão do seminário de 15 de maio ao publicar um artigo intitulado "Quando o outro era deus". Ela reproduzia a frase dita por Lacan a um de seus interlocutores — "Não há diálogo, o diálogo é uma tolice" — e a comentava assim: "A tolice que a noção de 'diálogo' encobre", segundo ele, "é que jamais existe troca entre dois indivíduos. Há eventualmente troca de informações objetivas, comunicação de informações, que resultam então numa decisão comum [...]. Mas em qualquer outra situação o diálogo não é senão a justaposição de monólogos".[11] Do mesmo modo, Lacan dirá em breve que "não há relação sexual", para mostrar que a relação sexual não é uma relação, ou que "a mulher não existe", para designar a ausência de uma natureza feminina.[12]

Esse artigo de Françoise Giroud fazia aparecer um aspecto central do pensamento lacaniano dos anos 1968-75: a tendência cada vez mais forte a privilegiar a fórmula contra o raciocínio, o slogan contra a demonstração, o neologismo contra o argumento. A partir de 1970, essa mania, acentuando-se ainda mais, acaba por transformar o discurso lacaniano numa caixa de milagres para seitas messiânicas. A dissolução final da obra de Lacan numa tina de fórmulas terá sido portanto o último avatar do encontro do mestre com a elite logicista da ENS, que empreendera des-historicizar seu discurso para exprimi-lo em toda a pureza teórica. Donde este paradoxo: a reformulação lógica, que se pretendia "elitista", acabava, ao contrário, por fabricar receitas simplistas tanto mais acessíveis às massas quanto mais próximas do ideal midiático dos novos códigos de comunicação, ainda que elas pretendessem recusá-los.

Na primavera de 1969, Jacques-Alain Miller, professor em Besançon, engaja-se nas fileiras da GP, que tinha como um dos seus objetivos "destruir a universidade". Mesmo assim continuará a lecionar e conservará seu cargo na universidade de Paris-VIII, no departamento de psicanálise fundado por Leclaire, conforme assinala François Wahl:[13]

Lembro-me da grande virada. Era uma noite de 1968 num anfiteatro da Sorbonne. Jacques-Alain Miller e Jean-Claude Milner estavam numa confusão terrível. Tinham a impressão de terem se enganado completamente. Miller punha em questão todo o Lacan. De Besançon, a seguir, ele voltou como um convertido, excitado, iluminado, pedindo a Paul Flamand livros para os operários. Mais tarde, quando começou para a GP o período clandestino, Lacan ficou inquieto e agitado. Mas aceitou servir de "correio". Assim, numa noite em que eu jantava com ele, recebeu um telefonema de alguém que lhe pedia para transmitir uma mensagem a Miller, o que ele fez o mais depressa que pôde. Em nenhum momento aprovou o maoísmo. Achava que os maoístas se enganavam, mas levava o engajamento de seu genro e de sua filha muito a sério, sem nenhuma derrisão.[14]

Na realidade, o engajamento maoísta do grupo lacaniano dos *Cahiers pour l'Analyse* foi para Lacan um verdadeiro desastre. Na ENS, ele havia se cercado de uma jovem guarda, e eis que agora era abandonado por essa "matilha"[15] na qual depositara todas as esperanças desde o encontro com Althusser. Não apenas se via sozinho para enfrentar a crise de sua escola, como também julgava insuportável, ele, o "letrado" em língua chinesa, que seu ensino pudesse ser preterido pelos aforismos de um timoneiro proletário. Por isso, quando Alain Geismar veio pedir-lhe dinheiro para ajudar a GP, respondeu mais ou menos o seguinte: "A revolução sou eu. Não vejo por que os subvencionaria. Vocês tornam minha revolução impossível e me arrebatam meus discípulos".[16] Todavia, não pôde permanecer alheio à grande efervescência do maoísmo à francesa, que atravessou sua obra de múltiplas maneiras.

Em outubro de 1967, para resolver a crise da EFP, Lacan havia proposto a instauração de um novo modo de acesso ao título de didata. Dava o nome de *passe* a um ritual de passagem que permitia a um simples membro da escola que tivesse feito uma análise chegar ao posto de AE, até então reservado aos que haviam sido "titularizados" oficiosamente em 1964. O procedimento era o seguinte: o candidato ao passe, que era chamado de *passante*, devia testemunhar o que havia sido sua análise junto a dois outros analistas — chamados *passadores* — que tinham a incumbência de transmitir o conteúdo desse depoimento ao júri de aprovação. Esse júri, presidido oficiosamente por Lacan, era constituído de membros da EFP, já constituídos AE, eleitos pela assembléia geral. A proposição de outubro distinguia a noção de *gradus* da de hierarquia, e situava o fim da análise segundo uma dialética do *des-ser* (posição do analista) e da *destituição subjetiva* (posição do analisando). Lacan denominava *queda do sujeito suposto saber* a liquidação da transferência pela qual o analista se via na posição de "resto" após ter sido investido de um saber suposto, de uma onipotência. Ele avançava uma fórmula que faria correr muita tinta nas fileiras dos adversários ipeístas: "O psicanalista só se autoriza por si mesmo". Com isso ele não destacava que qualquer um pudesse tornar-se analista, mas que a "passagem" só podia derivar de uma prova subjetiva ligada à transferência. Em outras palavras, tratava-se de revalorizar de maneira ortodoxa uma espécie de "mística da passagem", que

459

escapasse das listas, das comissões e de toda forma de seleção burocrática.

Sem dúvida nenhuma, esse procedimento foi inspirado a Lacan pela dramática experiência da famosa comissão Turquet. Mas também devia muito à sua própria subjetividade. Marie-Pierre de Cossé-Brissac conta que, por volta de 1950, assistiu a uma cena admirável. Ela freqüentava então a equipe da *Temps Modernes* e uma noite pediram a Lacan para jogar o jogo do passa-passa:

> Com boa vontade, ele cumpriu seu papel, o olhar de soslaio, o sorriso nos lábios, as mãos ágeis e delicadas. Durante um momento, nossas cabeças agitadas de política sossegaram enquanto ele se divertia com nossas perguntas, nossas respostas, nosso mergulho no universo psíquico ou simbólico que pretendíamos desdenhar. Várias vezes voltou a participar dessas noitadas, retomou seu lugar junto à lareira. A cada vez, contra a nossa vontade, voltávamos a ser crianças, ele era um mágico, e esta frase canta em minha cabeça ainda hoje: "Jacques, Jacques, vamos jogar o jogo do passa-passa".[17]

Sabe-se, por outro lado, o quanto ele sempre teve necessidade de um "passador" em todas as tarefas que empreendia, fossem elas intelectuais ou físicas. Enfim, a emergência da Revolução Cultural chinesa, e depois a revolta dos estudantes franceses, influíram sobre a gênese do procedimento e sobre seu modo de aplicação. O passe, com efeito, visava restaurar uma noção de "psicanálise pura", "regenerar" os procedimentos de passagem. Sob esse aspecto, tratava-se, para Lacan, de desencadear uma revolução espiritual e institucional no interior da EFP, na qual os mandarins seriam forçados pela base e pelo chefe a cessar as práticas rotineiras. Em 1967, Lacan apercebeu-se de que chegara o momento de impor a abolição da antiga ordem aos membros da escola. A maior parte dos companheiros de estrada opunha-se a isso. E, embora uma sondagem lhe indicasse que a maioria era favorável, preferiu retirar o projeto para não provocar uma ruptura. Decisão sensata. Após os acontecimentos de Maio, porém, fez votar sua proposição pela base da EFP contra os antigos, provocando assim a partida de Valabrega, Aulagnier e Perrier. Essa terceira cisão na história do movimento psicanalítico francês resultou na criação de um quarto grupo: a Organização Psicanalítica de Língua Francesa (OPLF). Dado o conteúdo do projeto e a maneira como foi aplicado, Lacan teve razão em dizer que "seu" procedimento do passe havia prefigurado as barricadas.[18]

Três outros acontecimentos do ano de 1969 marcaram a implicação de Lacan na história da revolução estudantil: a conferência de Michel Foucault na Sociedade Francesa de Filosofia, em 22 de fevereiro, a expulsão do seminário da sala Dussane, em 26 de junho, e "O improviso de Vincennes", em 3 de dezembro.

Numa conferência dedicada à questão do *autor*, Foucault abordou, na linha direta do ensino canguilhemiano, a distinção entre o autor no sentido literário da palavra e o autor no sentido de fundador de uma discursividade. Designava por esse último termo autores que, como Freud ou Marx, haviam instaurado, por meio de seu nome próprio, uma possibilidade infinita de discurso: "Eles abriram o espaço", dizia, "para outra coisa que não eles, e que no entanto pertence ao que eles fundaram".[19] Foucault fazia a seguir uma segunda distinção entre os instauradores de uma discursividade e os fundadores de uma cientificidade. A instauração de uma discursividade era definida por ele como heterogênea a suas transformações ulteriores. Na fundação de uma cientificidade, ao contrário, a ciência se relacionava à obra do instaurador como a coordenadas fundamentais: "O reexame de um texto de Galileu pode perfeitamente mudar o conhecimento que temos da mecânica, mas jamais mudar a mecânica ela mesma. Em contrapartida, o reexame dos textos de Freud modifica a própria psicanálise, e os de Marx, o marxismo".[20]

Sem citar o nome de Lacan, Foucault entregava-se a um comentário admirável da noção de *retorno a*. Para que haja retorno, dizia, é preciso primeiro que haja um esquecimento constitutivo e essencial. Em conseqüência, o retorno ao texto não é um "suplemento histórico que viria acrescentar-se à discursividade", mas um trabalho efetivo de transformação da própria discursividade. Certamente não foi por acaso que, naquele dia, Foucault não mencionou a trajetória lacaniana, embora falasse longamente da temática do nome próprio e do retorno a Freud. Esse silêncio punha em evidência o ponto cego do discurso lacaniano, isto é, sua incapacidade de pensar a discursividade freudiana como heterogênea a suas transformações ulteriores. É verdade que Lacan se sabia freudiano e sabia que Freud não era lacaniano, como ele próprio o dirá várias vezes. Todavia, obcecado pela problemática do plágio, não cessava de tomar-se como o "autor" (no sentido pleno) dos conceitos que tomava de *corpus* os mais variados. E, de súbito, pelo procedimento do futuro do pretérito, reinventava uma história fantasística da gênese de seus próprios conceitos, que consistia em atribuir a Freud uma terminologia que não era a dele, ou então, às vezes, em afirmar que todos os fundadores de discursividade, de Platão a Heidegger passando por Maquiavel, teriam sido "lacanianos" por antecipação. Lacan pretendia, de fato, reencontrar nos discursos deles um *já ali* de seus próprios enunciados, o que equivalia a negar a diferença entre os discursos deles e o discurso lacaniano. Pelas mesmas razões, e por causa do mesmo procedimento, chamava de "desvios" a quase totalidade das leituras não lacanianas de Freud, em vez de perceber que a história do freudismo devia ser pensada como a história das leituras e das reelaborações da doutrina original.

Presente entre os ouvintes naquela noite, Lacan ficou muito perturbado pela conferência de Foucault. Sublinhou que tinha recebido o convite com atraso — sempre o tempo! — e fez o elogio de sua própria pessoa, persuadido de que respondia assim à homenagem que Foucault acabava de prestar a seu próprio retorno a Freud: "O retorno a Freud é algo que tomei como uma espécie de bandeira, num certo campo, e aí não posso senão lhe agradecer, você respondeu inteiramente à minha expectativa. Ao evocar especialmente a propósito de Freud o que significa o 'retorno a', tudo o que você disse me parece, pelo menos em relação àquilo para o qual pude contribuir, perfeitamente pertinente".[21]

Ao falar da relatividade da noção de autor, Foucault respondia não apenas a Sartre, mas também a seus próprios adversários: aos que o haviam acusado de dissolver o sujeito na estrutura à força de profetizar a morte do homem. Sua teoria da discursividade permitia tomar uma posição intermediária entre os defensores de um sujeito radicalmente livre e os adeptos do primado da determinação. Com isso prestava homenagem à obra de Lacan recusando fazer a apologia do "homem-Lacan".

No debate que se seguiu, Lucien Goldmann repetiu uma oposição bem mais acadêmica: são os homens que fazem a história, disse ele, e não as estruturas. E, para validar tal argumentação, referiu-se a uma frase célebre inscrita em maio de 1968 na lousa de uma sala da Sorbonne: "As estruturas não descem à rua".[22] Se Lacan ficara embaraçado para responder a Foucault, mostrou-se no entanto genial ao replicar a Goldmann: "Não considero que seja de forma nenhuma legítimo terem escrito que as estruturas não descem à rua, porque, se há algo que demonstram os acontecimentos de Maio, é precisamente a descida às ruas das estruturas". E acrescentou que a inscrição dessa frase mostrava bem que "um ato sempre se desconhece a si mesmo".[23]

Lacan tomava aqui o partido de Foucault. Mas, sobretudo, interpretava com exatidão a significação da frase inscrita na lousa em maio de 1968. Na Sorbonne, com efeito, durante o ano de 1967-8, as "estruturas" haviam sido o móbil de um grande debate entre os estudantes de letras e de lingüística. Muitos deles haviam a seguir descido às ruas "em nome" ou "por causa" das estruturas, porque reclamavam que lhes fossem ensinadas, em vez de tolices acadêmicas, as obras de Jakobson, de Barthes e dos formalistas russos. A frase escrita no quadro-negro por um estudante anônimo testemunhava essa luta que opusera, às vésperas de Maio, os adversários e os defensores das estruturas. Aquele que a inscrevera reagia portanto pela negativa a uma realidade com a qual estava em desacordo.[24] E essa realidade referia-se ao fato de que a adesão às teses clássicas do estruturalis-

463

mo não implicava uma recusa sistemática da noção de liberdade humana. A resposta de Lacan a Goldmann exprimia com lucidez a verdade desse acontecimento.

O ensino que Lacan difundia na ENS desde 1964, e que se apoiava nas "estruturas", não tardaria aliás a tornar-se incômodo para os representantes da ordem estabelecida. Em março de 1969, Lacan recebe uma carta da Robert Flacelière, diretor da ENS, anunciando-lhe que a sala Dussane lhe seria retirada e que ele não mais poderia realizar ali seu seminário no ano seguinte. Nenhum motivo sério era dado para essa expulsão, mas sabe-se que Flacelière se queixara de ouvir falar muito de "falo" na escola, e se irritara de ver a calçada da rua d'Ulm atravancada de belos automóveis nas quartas-feiras na hora do almoço. Lacan aguardou até 26 de junho para tornar pública essa carta e fazer seu comentário, com numerosos jogos de palavras com o nome Flacelière. Este era tratado de "Flatulencière", de "Cordelière" [cordão de frade] e de "Ne tire pas trop sur la flacelière" [Não goza demais com a flacelière].

Na realidade, Lacan ficou louco de raiva por ver-se de novo tratado como um cachorro sarnento e expulso dessa poderosa instituição onde conseguira fazer ouvir sua palavra. No ano anterior, Flacelière já havia pensado em expulsá-lo, mas, sob a pressão de Althusser e de Derrida, tivera de renunciar à sua decisão. Logo ao final da leitura da carta, a multidão do seminário resolve ocupar o gabinete do diretor. À frente da turba, acham-se, entre outros, Jean-Jacques Lebel, Antoinette Fouque, Philippe Sollers e Julia Kristeva. A imprensa ocupa-se do caso, e uma petição é assinada em favor de Lacan por vários intelectuais. Quando François Wahl pede a Claude Lévi-Strauss para colocar seu nome, este recusa, observando que uma pessoa convidada a uma sala não devia promover desordens. Por seu lado, Pierre Daix vai à rua de Lille para levar ao mestre o testemunho de solidariedade de Aragon e das *Lettres Françaises*.

Lacan sentia-se muito só. Estava convencido de que um "complô" tinha sido fomentado contra ele e deu a entender a Sollers que Derrida e Althusser não haviam impedido Flacelière de agir. No jornal *L'Express*, almoçou com o escritor acompanhado de Antonella Guaraldi, uma jovem filósofa italiana, e de Françoise Giroud, que redigiu um artigo sobre essa expulsão e recolheu o depoimento de Gilles Deleuze: "O doutor Lacan", declarou este, "é um dos mestres do pensamento atual. Seria extremamente lamentável e inquietante que fosse privado de um lugar de ensino público".[25]

Em dezembro, Lacan dirigiu-se à universidade de Paris-VIII Vincennes. Para ele, tratava-se ao mesmo tempo de "se vingar" da expulsão e de desestabilizar a experiência universitária empreendida por Leclaire. O anfiteatro não estava abarrotado, mas cheio de intervenientes anônimos que bradavam seu desprezo aos chefes, aos tiras e aos psicanalistas. Exigiram de Lacan que fizesse sua "autocrítica". Este não se perturbou e, quando um homem subiu no estrado e começou a despir-se, desafiou-o a ir mais longe. Depois lembrou que havia demonstrado grande simpatia para com o movimento de Maio e reivindicou seu passado surrealista. Enfim, resumiu o essencial do que havia sido sua posição política: "Aquilo a que vocês aspiram como revolucionários é um mestre. Vocês o terão [...]. Não sou liberal, como todo mundo, a não ser na medida em que sou antiprogressista. Com a única exceção de que faço parte de um movimento que merece chamar-se progressista, pois é progressista ver fundar-se o discurso psicanalítico, na medida em que este completa o círculo que poderia talvez permitir-lhes situar aquilo contra que exatamente vocês se revoltam".[26]

Quando desembarcou em Vincennes para esse "improviso", Lacan estava a caminho, no impulso da conferência de Foucault e no prolongamento de sua leitura da *Arqueologia do saber*, de elaborar uma teoria da discursividade que, mais uma vez, ia ser uma resposta tanto à concepção sartriana da liberdade quanto à atitude do filósofo em relação à Esquerda Proletária (GP).

Tendo recusado todo apoio à GP, Lacan, como vimos, contentava-se em servir de "correio" aos membros de sua família. Ao contrário, Sartre havia aceito abandonar em parte a escrita de seu "Flaubert" para tornar-se o protetor oficial das publica-

465

ções esquerdistas e dos grupos maoístas, quando estes passaram à clandestinidade após terem sido dissolvidos na primavera de 1970. Sem partilhar as opiniões dos militantes da GP, Sartre manteve com alguns deles uma extraordinária relação de camaradagem que certamente os impediu de mergulhar no terrorismo. À sua maneira, Lacan assegurou a alternância numa posição radicalmente contrária à do filósofo. Desempenhou antes o papel de um "pai severo",[27] primeiro em seu seminário, ao anunciar o impasse de toda revolução em fazer o sujeito sair de sua servidão, depois por meio do divã, ao tomar em análise um bom número de militantes que ele impediu também, como fizera Sartre, que se voltassem para a luta armada.[28]

Essa posição de "pai severo" ocupada por Lacan foi muito bem percebida por ocasião de duas tentativas de agressão esquerdistas que merecem ser contadas. No final de 1969, Pierre Goldman, de volta da América Latina, imaginou um ataque à mão armada na rua de Lille. Informou-se sobre a disposição das peças e traçou um plano: "O que me interessava nessa agressão é que ela se realizasse na casa de um psicanalista genial". Goldman queria obrigar os analisandos a recitar versos de Antonin Artaud e pensava em interpelar o mestre com uma requintada cortesia, dizendo-lhe que a arma que brandia não era um símbolo fálico e que o pavor que lia em seu rosto não era o sinal de uma angústia de castração. Dirigiu-se, portanto, à casa de Lacan, acompanhado de um negro, armado de um punhal: "Encontramos Lacan acompanhado de sua secretária quando subíamos a escada. Eu o vi descer com majestade. Meu comparsa indicou-me que devíamos atacá-lo ali mesmo [...]. Mas, quando vi esse pensador de cabelos brancos, fiquei imóvel, aturdido, impressionado: jamais poderia dirigir uma arma contra ele. Disse isso a meu comparsa e partimos".[29]

Um ano depois, quando Pierre Goldman fora detido e acusado de assassinato após um atentado numa farmácia, dois homens apresentaram-se no domicílio de Lacan com a firme intenção de executar o ato que não havia sido cometido. Um deles estava em análise num divã lacaniano. Os dois brandiram uma arma sob o nariz do mestre exigindo-lhe dinheiro. Lacan recusou-se a obedecer, dando a entender que na sua idade podia morrer e, de qualquer forma, não tinha muita vontade de viver. Para resolver a questão, Moustapha Safouan, que se encontrava no local e assistia à cena, assinou um cheque de mil francos e se comprometeu a não avisar o banco nem a polícia. Os dois se foram. Imediatamente Lacan, que não havia prometido nada, chamou a polícia. No dia seguinte, Safouan quis dar um tempo aos dois homens para que trocassem o cheque. Assim esperou até a hora do almoço para ir ao banco, mas se encontrou frente a frente com um dos agressores, que em seguida foi preso.[30]

Lacan sabia que a jovem guarda de seus alunos dos *Cahiers pour l'Analyse* abandonava um mestre por outro mestre. Para eles, Mao Tsé-tung era um pai fundador ainda mais fascinante por ser, como Lacan, um chefe rebelde. Artífice de uma revolução dentro da revolução, enunciava o caráter reacionário de todo pensamento separado da prática, a ponto de reduzir os seus a um livro de receitas. Dessa perspectiva, para os lacanianos maoístas, o proletariado, como emblema da luta de classes, permitia a dissolução do todo do pensamento no todo da ação. Ora, era exatamente esse o programa da GP: destruir o todo do pensamento — e sobretudo a universidade — pelo todo da ação, com abolição da lei, anonimato, sociedade secreta, mitologia kojèviana do fim da História.[31]

Em seu debate com o logicismo dos *Cahiers*, Lacan sempre havia sustentado, contra Miller, que o pensamento era um *não-todo*.[32] Mas esse "não-todo" só era possível, para ele, a partir da falha introduzida na ciência pela revolução freudiana: sujeito dividido, objeto decaído, perda, falta etc. Foi pensando portanto que o desejo de revolução se arriscava a ser apenas a expressão do desejo de um mestre que Lacan se dispôs a opor à revolução maoísta — vista como totalitária — a revolução freudiana, a única capaz, segundo ele, de oferecer uma alternativa a um pensamento do todo e a uma ação que buscava destruir o todo do pensamento.

Após várias diligências, ele obteve um anfiteatro na faculdade de direito, defronte ao Panthéon, para ali prosseguir seu seminário no quadro da Escola Prática de Estudos Superiores. O lugar era imenso e a multidão que ali se amontoou, já na primeira sessão de 26 de novembro de 1969, em nada se assemelhava ao público restrito dos discípulos do Sainte-Anne, nem à audiência ampliada da ENS. Doravante, o seminário, como aliás a EFP, era acometido de um verdadeiro gigantismo.

Durante nove anos, de 1969 a 1978, todos os que quiseram escutar o mestre, duas quartas-feiras por mês entre meio-dia e catorze horas, tiveram de chegar com muita antecedência para conseguir lugares sentados no anfiteatro. Esplêndido e majestoso sob a cabeleira branca, Lacan desembarcava no Panthéon vestindo em geral um terno violeta estampado com grandes quadrados, um manto de astracã cinza e uma eterna camisa clara de colarinho oficial. Estava quase sempre acompanhado de Gloria, que se fazia tanto mais discreta na medida em que se tornara indispensável: ela marcava seus encontros, recebia os pacientes, ocupava-se da correspondência e dos manuscritos, administrava em grande parte a conta bancária, ajudada nessas diferentes tarefas por Abdoulaye Yérodia, com quem se casara em 1967. Nascido no Congo em 3 de janeiro de 1933, este conhecia Lacan desde 1963. Filósofo de formação, trabalhava na UNESCO. Desde seu casamento, habituara-se a levar Gloria de carro toda manhã até a rua de Lille, e também a servir de motorista para Lacan. No seminário da praça do Panthéon, tornou-se uma figura familiar da roda do mestre. Reservava os lugares da primeira fila aos convidados de honra e, ao final da sessão, levava o orador de volta para casa. A partir de 1970, Gloria e Abdoulaye foram inteiramente integrados à casa-Lacan. Quando Judith e Jacques-Alain Miller retornaram ao lacanismo, antes mesmo da autodissolução da GP, vínculos de fidelidade indestrutíveis estabeleceram-se entre os dois casais que tinham em comum uma cultura política fundada em práticas clandestinas de tipo ultra-esquerdista.

Já falamos do famoso seminário do ano 1969-70 intitulado "O avesso da psicanálise", no qual Lacan comentava longamente o *Tractatus logico-philosophicus* de Ludwig Wittgenstein, publicado em 1921.[33] Pode-se qualificar de *reformulação matemática* esse segundo momento da *reformulação lógica* efetuada por Lacan em 1965, após seu encontro com a ENS.

O *Tractatus* experimenta os limites da lógica e do logicismo. Para Wittgenstein, o único uso correto da linguagem é exprimir os fatos do mundo. Sendo assim, a filosofia é um jogo de linguagem que permite "curar" a filosofia por uma nova prática dela mesma. Por isso, os aforismos wittgensteinianos propõem uma resposta à questão: o que se pode exprimir? Essa resposta resume-se assim: "O que pode ser dito, deve ser dito claramente, e aquilo de que não se pode falar, deve ser silenciado". O que não se pode dizer é portanto definido como um *resto* e, nesse resto, Wittgenstein inclui o sentido ético e estético designado sob a categoria do inefável ou do indizível. Dois domínios são incompatíveis: o que se diz, de um lado, e o que se mostra, de outro. Com essa incompatibilidade, a filosofia consegue reconhecer a obrigação do silêncio e de uma espécie de *não-todo* que escapa ao *todo* da formalização.

Percebe-se por que essa incompatibilidade entre o dizer e o mostrar interessava a Lacan no ponto em que ele se encontrava em suas próprias pesquisas. Em vez de concluir pela manutenção necessária dos incompatíveis, ele queria, ao contrário, pensar o domínio do inefável integrando nele o *não-todo*. Quando a psicanálise se reduz a uma terapêutica, dizia ele em síntese, ela tende para a magia e para o não-ensinável: torna-se uma prática religiosa. Mas quando ela evolui para o dogma, transforma-se ou numa religião, ou numa Igreja, ou num saber universitário. Para evitar o inefável sem cair no dogma, é preciso assim que o discurso psicanalítico seja capaz de se ensinar. A injunção lacaniana de uma "formalização" dos discursos era portanto uma última tentativa de salvar a psicanálise de suas origens ocultas e hipnóticas (o inefável), mas também de diferenciá-la do saber universitário numa sociedade em que este tendia, segundo Lacan, a substituir a Igreja.

Inspirando-se na noção de *grupo quaternário* e no ensino de seu amigo Georges Th. Guilbaud, que ele freqüentava desde

1950, Lacan construiu então um objeto matemático ao qual deu o nome de *quadrípodes*. Em primeira posição vinha o quadrípode do *discurso do mestre*, verdadeira reformulação da dialética kojèviana de 1936. O S1, ou *significante primordial*, achavase aí em posição de agente, enquanto o S2, ou *saber inconsciente*, estava em posição de "trabalho". Quanto ao $, *sujeito barrado, ou indizível*, figurava em posição de verdade, ao passo que o *objeto a*, falha, perda ou falta, ocupava a posição do "mais-gozar". Duas inversões sucessivas dos quatro termos permitiam a Lacan designar o *discurso histérico* e depois o *discurso psicanalítico*, cada um desses termos ocupando a posição que fora a do outro no discurso precedente. O *discurso universitário* deduzia-se do discurso do mestre por um giro em sentido inverso, o saber inconsciente achando-se então na posição de agente, o *objeto a* em posição de trabalho, o S1 em posição de verdade e o $ em posição de mais-gozar. Moralidade lacaniana: o discurso universitário produz sujeitos aos quais se dirige como a "créditos". Pretende dominar a verdade por meio da técnica e concebe o saber como uma distribuição pluridisciplinar: age portanto em nome do próprio saber, e não no de um mestre capaz de produzir saber. Essa última afirmação permitia a Lacan situar o sistema soviético no discurso universitário e, ao contrário, situar o maoísmo no discurso do mestre, embora mostrasse que o desejo de revolução dentro da revolução acabaria na fabricação de um mestre.

Essa nova teoria da discursividade não fazia senão prolongar uma interrogação que perseguia Lacan desde suas discussões com Bataille e no Colégio de Sociologia, desde sua resposta ao *Entre quatro paredes* de Sartre em 1945: como se constrói o amor das massas pelos tiranos? Por que toda "liberação" é impossível fora de uma adesão à lei? Em outras palavras: diante de Sartre, e na linha direta do ensinamento foucaultiano, Lacan colocava ainda a questão da essência da liberdade humana do ponto de vista da descoberta freudiana: como pode um sujeito pretender a liberdade quando ele é determinado pela existência de um inconsciente que o impede de ser livre em seus atos e em suas palavras, mas jamais o impede de engajar-se em favor de um combate pela liberdade etc.?

Em vez de responder, ele entregava-se a uma longa meditação sobre a natureza da revolução, que dava continuidade a seu comentário de "Kant com Sade". Afirmava que a revolução sempre acabava por engendrar um mestre mais feroz que o que ela havia abolido. A propósito dos acontecimentos de Maio, sublinhava que a contestação conduzira à supressão na universidade da antiga função do mestre para substituí-la por um sistema tirânico fundado no ideal da comunicação e da relação pedagógica. Nada mais verdadeiro, já que se sabe hoje que a revolução das barricadas foi um dos momentos da substituição, na universidade, dos intelectuais pelos tecnocratas.

A atitude de Lacan em relação ao ideal revolucionário ia portanto, aparentemente, em sentido contrário da posição sartriana. Se o teórico do inconsciente se retraía ante a rebelião, jogando a carta do ceticismo político e do pessimismo freudiano, o filósofo do ser e do nada empenhava-se num combate até a negação de si mesmo, que será justamente evitada pela redação do "Flaubert".

Entretanto, se o primeiro só acreditava na liberdade sob a coerção da lei, enquanto o segundo só a via sob o aspecto de uma transgressão, ambos tinham em comum, como Foucault aliás, jamais pregar a resignação a qualquer ordem estabelecida. Assim viram-se no mesmo campo que os rebeldes — e que a revolução em geral — cujo movimento acompanharam, um de maneira fraterna e cúmplice, o outro de forma paterna e autoritária.

O seminário sobre "O avesso da psicanálise" continha assim uma grande lição de lucidez. Deixava transparecer nas entrelinhas um fabuloso auto-retrato do Lacan dos anos 1970, "ao avesso" daquele apresentado no comentário sobre *O banquete* de Platão. Em 1960, Lacan era um mestre cercado de discípulos. Em 1970, tornara-se um tirano adorado por multidões, contestado por rebeldes, servido por cortesãos, e logo defendido pelo círculo restrito de sua nova guarda familiar. Compreende-se então que ele tenha podido, naquele ano, interrogar-se ao mesmo tempo sobre o devir de uma universidade cada vez mais reduzida a uma função psicopedagógica, e sobre as condições de transmissão do saber freudiano numa sociedade em que as massas substituíam doravante as elites. Após ter sido Sócrates, Lacan imaginava-se um rei Ubu, como se já pressentisse, no auge da glória, a implosão crepuscular de seu próprio pensamento.

Uma entrevista feita por Didier Eribon com Guies Deleuze mostra aliás a que ponto Lacan estava exasperado por essa situação. Vários meses após a publicação de *O anti-Édipo*, ele convocou o filósofo a seu apartamento repleto de analisandos e explicou-lhe o quanto seus discípulos eram "nulos", com exceção de Miller. Depois acrescentou: "É de alguém como você que tenho absolutamente necessidade". Deleuze achou graça e lembrou-se que Binswanger contava a mesma coisa a propósito de Freud, que lhe falava mal de Jones, de Abraham etc. Binswanger concluíra que ele próprio teria a mesma sorte quando Freud falasse dele a seus discípulos.[34] Deleuze havia percebido corretamente, pois na mesma época Lacan confiava sua irritação a Maria Antonietta Macciocchi: estava convencido de que *O anti-Édipo* fora fabricado a partir de seus seminários nos quais já se encontrava, segundo ele, a noção de máquina desejante.[35] Ainda o tema do plágio...

VIII
A BUSCA DO ABSOLUTO

1. DESEJOS DE ORIENTE, LUTOS SUCESSIVOS

JACQUES LACAN SEMPRE FORA ATRAÍDO pelo Extremo Oriente e sabe-se que, durante a Ocupação, havia aprendido o chinês na Escola de Línguas Orientais. Em 1969, quando elaborava sua teoria do discurso a partir da divisão wittgensteiniana do dizer e do mostrar, voltou a mergulhar com paixão no estudo da língua e da filosofia chinesas. Foi sua maneira, aí também, de responder ao engajamento maoísta de seus alunos dos *Cahiers pour l'Analyse*. Como sempre, teve necessidade de um "passador" para fazê-lo trabalhar. Assim propôs ao sinólogo François Cheng uma série de entrevistas:

> Em princípio, devíamos nos encontrar uma vez por semana, mas na verdade, quando uma questão urgente o assediava, imediatamente ele me convocava [...]. Ou então me telefonava, às vezes em horários impróprios, à meia-noite ou às sete da manhã [...]. Ele utilizava muito o meio de comunicação da época que era o *pneumatique*,* um meio eficaz que, além de sua rapidez, permitia-lhe traçar palavras chinesas que o preocupavam [...]. Creio que, a partir de um certo período de sua vida, o doutor Lacan não era mais que pensamento. Na época em que trabalhava com ele, eu me perguntava com freqüência se havia um segundo em sua vida cotidiana em que ele não pensasse em algum grave problema teórico.[1]

---

* Antigo sistema de correio parisiense, pelo qual eram enviadas mensagens em cartuchos, utilizando a pressão do ar, por uma rede de tubos instalada na cidade. (N. T.)

No seu mergulho ao cerne do pensamento chinês, Lacan buscava primeiramente resolver um enigma que o obsedava desde a publicação dos *Escritos*: como "escrever", isto é, "formalizar", a famosa tópica do real, do imaginário e do simbólico, que doravante receberia o nome de R.S.I.? Eis o texto de Lao-tsé sobre o qual trabalhou com Cheng: "O Tao de origem engendra o Um/ O Um engendra o Dois/ O Dois engendra o Três/ O Três produz os Dez Mil Seres/ Os Dez Mil Seres se encostam no Yin/ E abraçam o Yang/ A harmonia nasce do sopro do Vazio-mediano".[2]

A interpretação feita por Lacan do pensamento de Lao-tsé era mais ou menos da mesma natureza que a que fizera do comentário heideggeriano do *logos* de Heráclito. Tratava-se, uma vez mais, de mostrar que o um era a fonte do múltiplo para além das existências concretas. Se o Tao é concebido como um vazio supremo, ou seja, como um inefável que não tem nome, dele emana um sopro primordial: o um. E esse um engendra o dois, encarnado pelos dois sopros vitais do yin (força passiva) e do yang (força ativa). Entre o dois e os 10 mil seres encontra-se o três, ou vazio-mediano, que procede igualmente de um vazio original, o único capaz de estabelecer um vínculo entre o yin e o yang. É essa noção de vazio-mediano que será utilizada por Lacan para sua nova definição do real no quadro de sua teoria dos nós.

Em 1973, François Cheng cessou de trabalhar com ele para empreender a redação de um livro. O mestre sentiu-se um pouco desesperado e disse-lhe: "Mas o que vai ser de mim?". Quando os dois voltaram a se ver, alguns anos mais tarde, Lacan pôs a mão no ombro de seu amigo e declarou: "Pelo que sei a seu respeito, você conheceu, por causa do exílio, várias rupturas em sua vida: ruptura em relação a seu passado, ruptura em relação à sua cultura. Você saberá, não é mesmo?, transformar essas rupturas em vazio-mediano ativo e ligar seu presente a seu passado, o Ocidente ao Oriente. Você estará enfim — e sei que já está — em seu tempo".[3]

No momento em que saía desses quatro anos de trabalho

intensivo sobre textos clássicos, Lacan esteve a ponto de se confrontar com a "verdadeira" China do Oriente vermelho. A idéia de tal viagem sempre o interessou, mas a ocasião de realizá-la foi-lhe inspirada pela leitura do livro de Maria Antonietta Macciocchi, *De la Chine*, cujo sucesso junto à intelectualidade francesa fora considerável. Quando ela conheceu Lacan, logo observou que ele não era misógino nem feminista, mas que tinha pelas mulheres "votadas ao sacrifício" uma fascinação tão forte quanto pelas loucas da Salpêtrière. Notou também que as incontáveis preguinhas de suas camisas sem colarinho eram passadas a ferro como vestimentas sagradas e segundo uma espécie de liturgia. Enfim, compreendeu que a amizade que o unia a Louis Althusser excitava-o particularmente: "Por que ele não me pediu para fazer uma análise comigo?", perguntou-lhe. Ela não soube o que responder e pôs-se a interrogá-lo sobre suas origens familiares.

"Minha família é de origem parisiense", disse Lacan, "até meus avós, e posso remontar pela genealogia a Filipe, o Belo. Achava que meus pais eram pequenos burgueses, mas notei que minha mãe tinha 'seu dia' para receber visitas. Curioso, não é? Meu antepassado adorava Napoleão e queria transformar-se em cocheiro para montar guarda diante de sua carruagem durante os Cem Dias. Ele o acompanhava sempre a pé ao lado da carruagem."

Após ter assim evocado a lembrança desse famoso Laurent do ramo paterno que, segundo uma lenda familiar, teria salvo a vida do imperador, Lacan apressou-se a manifestar a Maria Antonietta o quanto era habitado por um desejo de Oriente. E por certo a referência à epopéia napoleônica não surgira aqui por acaso.

"Querida! Não quer ir à China comigo? Isso não a interessa? Está preocupada? Pode ficar sossegada levando junto seu marido."

A jovem buscava sobretudo "compreender a significação da loucura chinesa" que, dizia ela, havia se apoderado da intelectualidade parisiense, e saber se havia "sinceridade" nisso. Lacan caçoou, depois emitiu um julgamento áspero e lúcido sobre algumas figuras célebres, para em seguida fazer a apologia de Marx: "Foi ele quem permitiu ao capitalismo ter uma análise precisa de suas próprias estruturas. De certa maneira, Marx permitiu ao capitalismo assumir sua identidade. E ele unificou o capitalismo no mundo inteiro. Na URSS e no Leste europeu, reconstruíram a mesma estrutura e nada mudou. Eis então, querida, por que a China..."

Maria Antonietta foi convidada ao seminário. Quando ela compareceu para ouvir falar dos "nós", Lacan enviou-lhe da tribuna um beijinho com a ponta dos dedos. À saída, lançou a queixa habitual contra o auditório: "Você os viu. O que é que vêm fazer? O que é que pensam? Há um tal vazio em seus olhos. Os gravadores são como outras tantas armas erguidas ao meu redor! Eles não compreendem; estou absolutamente convencido de que não compreendem nada. Vêm para dizer que prepararam um livro sobre Lacan, uma biografia sobre Lacan". Eis como Lacan traduzia, pela negativa, seu desejo de que fossem escritos os livros mais diversos a seu respeito...

Ele pediu a seguir para encontrar-se com chineses. O jantar foi no La Calèche com Maria Antonietta e dois jovens representantes da embaixada, vestidos de azul e portando a insígnia oficial. Estando no auge a campanha contra Confúcio na China, Lacan lançou-se num elogio ditirâmbico do confucionismo, dizendo que se tratava de uma das grandes filosofias do mundo. Citou textos clássicos diante dos convidados, perplexos, porém desejosos de vê-lo efetuar a viagem.

Certa manhã, uma delegação da embaixada chinesa desembarca na rua de Lille, com carro oficial e bandeirinha. Trazia a Lacan um passaporte, para ele e sua companheira oficial, acompanhado de uma homenagem do Grande Timoneiro. Em troca, o mestre oferece a seus interlocutores um exemplar autografado dos *Escritos* para o Instituto de Ciências de Pequim. A viagem devia se realizar em delegação juntamente com Roland Barthes, François Wahl, Philippe Sollers, Julia Kristeva, Marcellin Pleynet. Tendo aderido ao maoísmo após uma curta aliança com o

PCF, Sollers queria, levando Lacan à China, "romper a aliança objetiva do lacanismo e do revisionismo". De seu escritório na rua Jacob, sede da revista *Tel Quel*, ele participava ativamente da campanha contra Confúcio.

Três dias mais tarde, Lacan telefona a Maria Antonietta: "Querida! Eu teria partido com entusiasmo com você, mas somos uma caravana. Talvez com Sollers, sim, ele é mais célebre que eu, mas...". Lacan cancelou a viagem. Num comunicado, *Tel Quel* anunciou:

> Ele deveria ir conosco à China. É uma pena que, como ele próprio desculpou-se, não tenha tido tempo, antes da partida, de tornar a praticar suficientemente o chinês para isso. Gostaríamos de ter visto Lacan discutindo de improviso com a população. A experiência teria sido interessante. É verdade que Lacan se inquietara com a campanha contra Confúcio e com o fato de este último ser apresentado como ideólogo do escravagismo na China. Mas a crítica da "vontade do céu", do "conhecimento inato", da "moderação para preservar os ritos", pode chocar um psicanalista instituído? Talvez.[4]

Erudito em língua chinesa, Lacan era igualmente fascinado pelo Japão onde, em 1963, havia descoberto com deslumbramento as grandes obras da estatuária budista dos templos de Kyoto e de Nara. Quatro anos antes dele, Alexandre Kojève também havia feito a viagem. No centro desse Oriente extremo, havia se deparado com o "fim da História". Reencontrara então um niilismo que Bataille não teria desaprovado, opondo a um ideal ocidental de sociedade de consumo um modo de vida fundado no refinamento cultural. Seduzido pelas cerimônias do chá, pelos rituais silenciosos de uma polidez requintada e pelos gestos simbólicos de uma teatralidade infinita, Kojève havia encontrado lá uma espécie de "tempo redescoberto" em que a arte de amar, de morrer e de gozar atingia, a seu ver, a forma mais acabada de um niilismo pós-moderno: "Todos os japoneses", sublinhava ele, "estão atualmente em condição de viver em função de valores totalmente formalizados, isto é, completamente esvaziados de qualquer conteúdo 'humano', no sentido de 'histórico'",[5]

Essa visão kojèviana de um Japão idealizado atraiu Lacan no mais alto grau, na medida em que o desejo de Oriente alimentava nele uma verdadeira "busca do absoluto", que consistia tanto em dar uma representação inteiramente formalizada do vínculo social quanto em construir uma noção da liberdade humana fundada no primado da estrutura e do "coletivo".

Em 1971, ele voltou ao Japão para uma viagem de estudo e um seminário no momento em que era preparada uma tradução de seus *Escritos*. Na volta, sentiu-se no dever de definir a "coisa japonesa". Traduzia por esse termo um modo específico de gozo que ele atribuía ao "sujeito japonês" devido à existência de um funcionamento caligráfico de sua escrita. E ilustrava com um simples traço horizontal a pureza dessa caligrafia, impossível de atingir, segundo ele, por um sujeito ocidental. Essa função da letra, ele a teorizava sob o nome de *litoral*, situando-a entre saber e gozo. Dito de outro modo, a referência à "coisa japonesa" permitia a Lacan responder a Jacques Derrida sobre a questão da letra, fazendo da formalização — ou caligrafia da ciência — e da literatura um exercício superior do qual o gozo não seria excluído, mas recuperado em posição de "dejeto", de *objeto a*.[6]

Entre o vazio-mediano e a coisa japonesa, Lacan falava em realidade de seu próprio gozo. Como seu amigo Kojève, mas de maneira bem diferente, ele fora tomado por um desejo de fim da História em que se manifestava um apetite faustiano de ir o mais longe possível no conhecimento abstrato. Portanto, não se contentando em sonhar com o tempo redescoberto de um Oriente imóvel, pôs em prática a realização do sonho. No Japão, ele havia conhecido Maurice Kruk, que residia na Casa Franco-Japonesa de Tóquio e lecionava arquitetura na universidade de Kyoto. Ao voltar, confiou-lhe a tarefa de construir, na Prévôté, num terreno que acabava de adquirir, um pavilhão de repouso no estilo "anara" onde poderia, inteiramente à vontade, iniciar-se na cerimônia do chá. Aliás, para isso havia feito a aquisição de peças raras e antigas, entre as quais uma tigela da época Momo-yama cuidadosamente escolhida por seu antiquário preferido.[7]

Ao longo dos anos, a casa de Guitrancourt havia se tornado um verdadeiro museu. Lacan acumulara ali objetos de arte, pinturas e livros raros de todas as procedências, cultivando assim sua grande paixão de colecionador. Como observa Maurice Kruk:

> Tenho a impressão de que ele as reuniu [as obras de arte] sob seu teto simplesmente para interrogá-las à vontade. Pela maneira como reivindicava às vezes as razões de seu apego a algumas das revelações que elas lhe proporcionavam, em função do poder de provocação delas e das reações que eram capazes de provocar em outras pessoas, sempre me pareceu que tudo o que ele possuía lhe era útil a todo momento para sua reflexão, que a presença das obras e seu contato habitual combinavam com seu modo de viver. O valor delas decorria tanto dos laços familiares ou de amizade, como dos misté-rios e enigmas que elas continham e que o estimulavam.[8]

Dentre as incontáveis maravilhas escondidas nessa grande caverna de Ali Babá, citemos, entre outras coisas, uma biblioteca de 5147 volumes, quadros de Masson, Renoir, Balthus, Derain, Monet e Giacometti, desenhos de Picasso, estatuetas alexandri-nas e greco-romanas, esculturas de marfim, terracotas eróticas, vasos pintados, cerâmicas nazca, bonecas kachina dos índios pueblos, uma edição original da *Encyclopédie* de Diderot etc.[9] A Prévôté era guardada por dois caseiros de origem espanhola, Jésus e Alicia Cordobès, que assim faziam parte, com Gloria e Yeródia, da casa-Lacan.

Entre o momento do mergulho na língua chinesa e a entra-da definitiva na via dos *matemas* e dos *nós*, produziram-se dois acontecimentos trágicos que não deixaram de ter conseqüên-cias sobre o destino último de Lacan. Em dezembro de 1969, Thibaut, casado pela segunda vez, teve seu primeiro filho, um menino, que recebeu o nome de Pierre. Jacques ficou felicíssimo: acabava de nascer um garoto que poderia enfim portar seu nome. A felicidade teve curta duração: a criança morreu três dias após o nascimento.[10]

Outro luto atroz: em 30 de maio de 1973, Caroline morre num acidente automobilístico. Ao atravessar a estrada Nationale para ir à noite ao restaurante Tétou, na praia de Golfe-Juan, é colhida em cheio por um motorista japonês que vinha a toda a velocidade e projetada longe em conseqüência do choque.[11] Bruno Roger, seu marido, dirige-se imediatamente ao local, toma as providências e traz o ataúde a Paris num avião particular.

Lacan encontrava-se então na Albânia com Catherine Millot, cujo pai era embaixador em Tirana. Passava ali alguns dias de férias após uma viagem a Budapeste onde falara longamente de Ferenczi a Imre Hermann, em presença de Jean-Jacques Gorot que lhe servia de intérprete.[12] Assim que recebe a notícia terrível, retorna precipitadamente a Paris e assiste ao enterro da filha na igreja Saint-Philippe-du-Roule. Lá reencontra sua primeira família: Marc-François, Malou, Thibaut, Sibylle, Sylvain Blondin. "Minha mãe jamais se recuperou dessa morte", afirma Sibylle. "Envelheceu dez anos de uma vez só. Diante do ataúde, meu pai tomou a mão de minha mãe e chorou. Só o tinha visto chorar uma única vez antes: no enterro de Merleau-Ponty."[13] A uma carta de condolências de Paul Flamand, Lacan responde com estas palavras: "Sim, meu caro, era minha filha primogênita e estou de luto profundo, profundo".[14]

Bruno Roger decidiu não revelar aos dois filhos, Cyril e Fabrice, então com nove e sete anos, as circunstâncias da morte da mãe. Eles não assistiram ao enterro. Lacan protestou dizendo: "Não se priva os filhos da morte de sua mãe".[15] Respeitou, porém, a ordem de silêncio. Desde 1960, ele havia se aproximado muito da filha mais velha, que vinha seguidamente a Guitrancourt e ocupava-se em parte de seus negócios imobiliários.

Com cerca de treze anos de idade, Cyril pede ao avô materno que o tome em análise. Este recusa, mas depois aceita vê-lo por três sessões. Quanto a Fabrice, ele se lembra da primeira visita de Lacan após a morte de Caroline: "Morávamos então na rua Lisbonne, ele bateu uma vez, depois dez vezes seguidas. Estava impaciente, silencioso, enigmático. Muito abatido, disse-nos alguma coisa sobre a morte de mamãe: para ele era doloroso nos ver. Só mais tarde é que soubemos da existência de Judith".[16]

Foi junto a Malou que os dois filhos de Caroline encontraram o apego materno que lhes faltava, e depois, ao se encontrarem com o tio-avô Marc-François, aproximaram-se progressivamente da fé cristã. Os dois fizeram brilhantes estudos na ENS. Cyril passou no vestibular de ciências sociais e foi admitido na ENA [Escola Nacional de Administração] antes de tornar-se auditor no Conselho de Estado. Após um longo processo, obtiveram o direito de acrescentar a seu patronímico o de Lacan, passando assim a chamarem-se Roger-Lacan: "Quisemos portar o nome de solteira de nossa mãe, mais que o de nosso avô".[17] O que não impede que, por essa mudança ocorrida em 1983, eles sejam hoje os únicos filhos homens da geração de netos de Lacan a portar seu nome. Thibaut, com efeito, teve duas filhas, Ariane e Iris, e Sibylle não tem herdeiros. Quanto aos filhos de Judith, Luc e Eve, levam o nome de Miller.

2. MATEMAS E NÓS BORROMEANOS

"**Estou atrasado em cada coisa** que devo desenvolver antes de desaparecer e tenho dificuldade de avançar."[1] Essa frase pronunciada em 1966 no simpósio de Baltimore resumia de maneira assombrosa uma problemática do ser e do tempo que era um dos temas maiores do destino lacaniano. Prejudicado desde a infância por sua lentidão, suas inibições, suas angústias, Lacan jamais havia cessado de teorizar o *não-todo*, ainda que demonstrasse uma formidável avidez de controlar o tempo, de ler todos os livros, de visitar todos os lugares nobres da cultura, de possuir todos os objetos, de colecionar todas as mulheres. Sua legendária impaciência, sua implacável vontade de sempre obter o que desejava manifestavam-se na vida corrente através de diferentes sintomas que, com a idade, acentuaram-se ainda mais. Ele não só continuava a reduzir a duração das sessões, a dormir menos de cinco horas por noite e a dirigir seu automóvel sem obedecer às regras elementares de segurança, como também era cada vez mais assediado pela fantasia da "pele de onagro".* Temendo os estigmas de uma velhice que ele sabia que acabaria pondo um termo a suas atividades intelectuais e à sua capacidade de sedução, Lacan foi progressivamente tomado por um temor de autodestruição que o levou a interrogar de novo os grandes mitos sobre os quais havia forjado sua leitura da doutrina freudiana: a castração, o dejeto, o sexo, o gozo, a letra, a morte, a mística, a trindade.

Ao publicar, aos 65 anos, a maior parte de sua obra escrita, Lacan havia dado um peso ontológico não a uma simples cole-

---

* No original, *peau de chagrin*, alusão a uma história de Balzac em que uma personagem, de posse de uma pele de animal com poderes mágicos, realiza suas ambições, mas vê seu talismã diminuir de tamanho a cada desejo atendido. (N. T.)

483

tânea de artigos, mas a uma "escrita" no sentido literal de uma inscrição original. E essa inscrição tivera para ele o caráter de um *acontecimento fundador*. Estimulado por Wahl, havia construído seus *Escritos* como um lugar de memória, como um monumento arquitetural, tão subtraído ao que fora sua verdadeira história quanto submisso a uma re-historicização que obedecia ela própria à regra do futuro do pretérito.

Com o passar dos anos, o objeto assim construído como acontecimento fundador adquirira o estatuto de um texto sagrado, tão intocável como uma Bíblia. Tornara-se um "litoral", uma inscrição a partir da qual uma nova elaboração doutrinal podia ser estabelecida. De repente, o "autor" desse texto apresentava o mesmo sintoma que seus discípulos: via-se igualmente obrigado a comentar seu próprio escrito original e a fazer-se o porta-voz de sua própria discursividade. É assim que, por volta de 1970, Lacan põe-se a citar a si mesmo, a falar de si na terceira pessoa, a jogar com os alógrafos e os neologismos que já havia fabricado, a superinterpretar suas próprias posições, a imitar ao infinito seus antigos hábitos verbais segundo um solilóquio digno de uma personagem de Samuel Beckett.

Mas, como era um verdadeiro sábio incapaz de ater-se a uma pura reprodução narcísica do mesmo, ele foi também animado, nos dez anos que lhe restavam a viver, por um grande desejo mallarmiano de chegar ao essencial. Assim organizou de novo a seu redor um fantástico laboratório teórico onde foram também reunidas as condições transferenciais que sempre haviam sido necessárias para suas pesquisas. A mobilização se deu em três locais: a escola, o seminário, o divã, e seu móbil foram dois modos de formalização: o *matema*, de um lado, e os *nós borromeanos*, de outro. De um lado, um modelo de linguagem articulado a uma lógica da ordem simbólica; de outro, um modelo de estrutura fundado na topologia e que operava um deslocamento radical do simbólico para o real.

A elaboração do matema permite a Lacan centrar de novo sua interrogação sobre a questão da ciência no domínio da transmissão do saber psicanalítico. Leva-o a mudar de posição em relação à universidade e a caucionar uma retomada de controle do departamento fundado por Leclaire na Paris VIII-Vincennes. Leva-o também a relançar uma clínica da psicose, e a designar seus herdeiros legítimos: a sua família contra a "família" de seus discípulos.

O mergulho no universo dos nós, ao contrário, tem por efeito destruir o que o matema pretendia construir. Acreditando poder chegar ao núcleo fundamental do pensamento, Lacan entrega-se com paixão à geometria dos nós, das tranças, dos toros e das pontas de barbante, até dissolver-se ele próprio no mudo estupor de uma afasia nietzschiana. À maneira do herói de Balzac, Balthazar Claës, fulminado por suas iluminações alquímicas, ele busca, no centro de uma comunidade de matemáticos irredentistas, o segredo do absoluto, a ponto de renovar, em sua vida mesma, o mito faustiano do pacto com o diabo, do qual nascera, por intermédio do romantismo, a história da descoberta do inconsciente.[2]

Que tal aventura intelectual tenha podido surgir em Paris, em plena ascensão do racionalismo tecnológico, e numa conjuntura em que progressivamente se desfaziam os ideais da Revolução, constitui um dos fenômenos mais singulares da história de nossa modernidade.

Para o ano de 1970, Lacan organizou seu ensino em duas séries de exposições. Uma primeira série, intitulada "...ou pior", abrangia as sessões realizadas na faculdade de direito, e uma segunda série, que tinha por título "O saber do psicanalista", consistia em exposições feitas no hospital Sainte-Anne. Em princípio, os temas abordados não eram os mesmos de parte a parte. Perante o auditório da praça do Panthéon — o seminário propriamente dito —, Lacan concedia uma importância cada vez maior ao real, isto é, ao "pior", ao impossível. No Sainte-Anne, ele se atinha a uma reflexão sobre o saber. No entanto, houve convergência entre as duas séries e os temas foram misturados. Não é por acaso que as duas noções-chaves da última reformulação lacaniana foram elaboradas em dois lugares distintos. A primeira (o matema) dizia respeito à história da loucura: foi portanto "inventada" na cena do asilo. A segunda (o nó) era um verdadeiro desafio lançado à ciência: foi portanto enunciada no quadro de uma instituição universitária clássica.[3]

A palavra *matema* aparece pela primeira vez no discurso de Lacan em 4 de novembro de 1971. Forjada a partir do *mitema* de Claude Lévi-Strauss e da palavra grega *mathêma* (conhecimento), ela não pertencia ao campo da matemática. Lacan partia da loucura de Cantor: se essa loucura, dizia ele em síntese, não é motivada por perseguições objetivas, ela tem a ver com a própria incompreensão matemática, isto é, com a resistência suscitada por um saber julgado incompreensível. Lacan comparava então seu ensino ao de Cantor: a incompreensão que se manifesta em relação a esse ensino será um sintoma? Com isso estava colocada a questão da possibilidade de transmitir um saber que "tem a aparência de não se poder ensinar".

Foi para responder a essa questão que Lacan inventou, após a leitura do *Tractatus*, o termo *matema*. Entre 1972 e 1973, ele deu várias definições desse termo, passando do singular ao plural, depois do plural ao singular. Articulou seus famosos *quadrípodes* do seminário sobre "O avesso da psicanálise" ao matema e mostrou que esse matema era a escrita do que não se diz mas que pode se transmitir. Em outras palavras, Lacan tomava aqui Wittgenstein em sentido oposto: recusando concluir pela separação dos incompatíveis, tentava arrancar o saber do inefável para dar-lhe uma forma integralmente transmissível. Essa forma era precisamente o matema, mas o matema *não fazia as vezes de* uma formalização integral, uma vez que supunha sempre um *resto* que lhe escapa. Assim definido, o matema incluía *os* matemas, ou seja, o conjunto das fórmulas da álgebra lacaniana que permitiam um ensino. Se os discursos não eram mais incompatíveis entre si, tornava-se então possível ensinar a psicanálise na universidade, como um matema, sem reduzir este ao discurso universitário. Donde a virada de Lacan: após ter criticado violentamente a universidade, impôs nela seu ensino por intermédio de Jacques-Alain Miller, transformado em seu porta-voz na Paris VIII-Vincennes em novembro de 1974. Já tivemos a oportunidade de contar essa história.[4]

Na mesma sessão do mesmo seminário em que era proposta a noção de *matema*, Lacan divertiu-se em fabricar a palavra *alíngua* [*lalangue*] a partir do nome de André Lalande, autor de um famoso dicionário de filosofia.[5] Definia por esse termo a articulação do desejo à língua, ou ainda "um saber que se sabe na ignorância de si próprio" e escapa à matematização. Desse modo ele opunha também a idéia de uma transmissão integral — o matema — a seu contrário: o impossível da integralidade, o não-todo, a língua, o resto.

Assim como, no inverno de 1965, a leitura feita por Jacques-Alain Miller da noção de sutura tendia a normalizar o ensino lacaniano, assim também a utilização milleriana do matema se fez numa perspectiva pragmática. Desde que saíra da Esquerda Proletária, o jovem assumiu uma posição cada vez mais importante na família lacaniana. No domínio editorial, instalou sua legitimidade em 1972 ao propor a Lacan que seu seminário fosse transcrito em termos de "matema". Entendia definir assim um método capaz de transmitir integralmente, numa escrita, as flutuações de uma fala.[6] No ano seguinte, um novo passo foi dado quando Miller ocupou o lugar de um interlocutor invisível num filme sobre Lacan realizado por Benoît Jacquot e difundido pela TV em março de 1974. O mestre falava aí exatamente como no seminário, sem fazer a menor concessão. Antes mesmo do programa ir ao ar, o texto era publicado pela Seuil sob o título *Télévision*. Nenhuma disposição particular estava prevista em relação a Miller, mas Paul Flamand, numa carta a Lacan, colocava o problema: "Procedi mal?".[7]

Dez meses mais tarde, o jovem normalista, que era já co-autor dos seminários de seu sogro, fez sua entrada integral na editora da rua Jacob ao tornar-se o diretor de uma coleção intitulada Conexões do Campo Freudiano. A série estava incluída na coleção Le Champ Freudien, mas Miller era seu único responsável, "com o consentimento de Lacan". Recebia honorários. Essa promoção, aliás, o incitou a definir uma "nova aliança" com a Seuil.[8]

A primeira obra a aparecer nessa série foi a de Gérard Miller, irmão mais moço de Jacques-Alain: *Les pousse-au-jouir du maréchal Pétain* [Os empuxos-ao-gozo do marechal Pétain].[9] Tratava-se de um estudo do discurso, mitos e palavras relacionados a essa triste figura, estudo para o qual Roland Barthes redigiu um admirável prefácio, comparando o autor a Michelet e aos maiores criadores do século XX: "Miller transporta assim, na ordem do ensaio, uma prática discursiva eminentemente progressista, que foi a de Diderot, de Brecht e de Eisenstein: captar e exprimir, cercado de uma nódoa pura, o instante pregnante, o *gestus* social, escondido na falsa natureza da frase pétainista".[10] Graças a esse prefácio e a suas qualidades reais, a obra foi saudada como um acontecimento.

No momento em que esta aparecia, consolidando assim a presença da família Miller nas Éditions du Seuil, o matema era convocado por Jacques-Alain à universidade de Paris VIII-Vincennes, tendo em vista uma reorganização bem ordenada do departamento de psicanálise fundado em 1969 por Leclaire: "Se há um matema da psicanálise, algo do que ensina a experiência analítica é efetivamente transmissível *integralmente* [...]. Acontece que o matema é ainda problemático. Em parte nenhuma ele tem forma de manual [...]. A tese do matema implica, pois, que só o engajamento efetivo num trabalho original de elaboração no e a partir do campo freudiano constituirá *título doravante para o exercício de um cargo no departamento*".[11]

Enfim, é com um matema sempre fechado, e portanto nitidamente distinto do de Lacan, que Miller compõe seu "Discurso de Roma",[12] em 31 de outubro de 1974, para o congresso da EFP, no qual oitocentas pessoas irão se comprimir na sala do Conservatório Santa Cecília. Com trinta anos de idade, ele fala naquele dia com extraordinária segurança, consciente de ocupar doravante um lugar de delfim. Censura os antigos companheiros de estrada, acusados de tomar a análise por um "rendimento de situação", e apresenta-se — ele, o não-analisando — como vítima de uma oligarquia ultrapassada no tempo. Nesse discurso milleriano, Lacan era situado nos quatro cantos dos quadrípodes: mestre, analista, universitário, histérico. Vale dizer que era glorificado segundo uma rígida concepção do poder. O Lacan de Miller em nada se assemelhava, de fato, ao Lacan da vida ordinária. Disfarçado de Grande Timoneiro, tendo por dever ir ao povo e afastar dele os maus barões que se aproveitavam de seu saber para enriquecer, esse Lacan transfigurado perdia o humor, o gênio, o porte surrealista, para ser erigido numa espécie de monumento cristalizado num heroísmo de fachada.

Em Roma, Lacan não apreciou muito a imagem que o genro fazia dele,[13] mas deu-lhe total apoio. Estava exausto e decepcionado com os discípulos, eles também esgotados pela aventura do passe. Além disso, Lacan era fascinado pelo pragmatismo desse homem, por sua eficácia, seu dinamismo e sua vontade de conquistar o mundo. Em poucos anos, o brilhante normalista havia reunido a seu redor boa parte da juventude lacaniana formada nessa cultura de massa saída das barricadas de 1968, e pronta a deixar-se governar por fórmulas lógicas. Criou a revista *Ornicar?*, consolidou seu poder na universidade por intermédio de uma *seção clínica* em que o matema foi também o instrumento de uma nova ordem dogmática e, enfim, após uma análise com Charles Melman, encetou ele próprio uma carreira de psicanalista. Às vésperas da dissolução da EFP, tendo feito aliança com parte da velha guarda, Miller dominava todos os postos de poder da comunidade lacaniana.

Desde 1950, Lacan se referira em seu ensino ao saber matemático. Sob esse aspecto, seu encontro com o matemático católico Georges Th. Guilbaud é essencial para compreender a utilização que ele fez progressivamente das figuras da topologia. Esses dois homens, que tinham uma semelhança física evidente, mantiveram durante trinta anos uma grande amizade. Em 1951, Lacan, Benveniste, Guilbaud e Lévi-Strauss começaram a se reunir para trabalhar sobre as estruturas e estabelecer pontes entre as ciências humanas e as matemáticas. Cada um utilizava a seu modo o ensinamento do outro sobre o modo de uma figura topológica. A partir desse trabalho coletivo, Lacan entregou-se cotidianamente a exercícios matemáticos. Às vezes, em viagem, quando encontrava um obstáculo, telefonava a Guilbaud para resolver com ele o problema. Este último jamais foi ao seminário e sua relação com Lacan permaneceu da ordem do jardim secreto. Na intimidade, os dois entregavam-se juntos à mesma paixão, brincando sem parar de atar pontas de barbante, de encher bóias de criança, de trançar, de recortar... Esse domínio já retinha portanto a atenção de Lacan, que ensinava a seu auditório a arte de transcrever sua doutrina em figuras topológicas.[14]

A *banda de Moebius*, sem direito nem avesso, dava assim a imagem do sujeito do inconsciente, assim como o *toro* ou a *câmara de ar* designava o buraco ou a hiância, isto é, o "vazio-mediano" da filosofia chinesa: um lugar constituinte que no entanto não existe. A essas figuras, Lacan acrescenta o *cross cap* ou *boné cruzado*, que permite fechar a banda de Moebius, e a *garrafa de Klein*, que representa uma superfície oca. Durante 25 anos, todas essas figuras permanecem um elemento de ilustração em sua doutrina, sem desembocar numa reformulação teórica. É a leitura de Wittgenstein e a elaboração das duas noções de *matema* e de *alíngua* que levam Lacan, em 1971, a uma nova terminologia destinada a pensar o estatuto do discurso psicanalítico em relação a outras formas de discursividade. E, para pensar tal estatuto, era preciso poder passar do *dizer* ao *mostrar*, ou seja, incitar cada sujeito do auditório — até mesmo o próprio Lacan — a fazer exercícios que não dependessem mais do discurso, mas da "monstração".

Uma nova virada ocorre na sessão do seminário "...ou pior" de 9 de fevereiro de 1972, quando Lacan fala pela primeira vez do *nó borromeano*. Por ocasião de um jantar, ele havia tomado conhecimento, por intermédio da jovem matemática Valérie Marchand,[15] da existência dos brasões da família Borromeu. Os brasões dessa dinastia milanesa eram constituídos de três círculos em forma de trevo, simbolizando uma tríplice aliança. Se um dos anéis for retirado, os outros dois ficam livres, e cada anel refere-se à potência de um dos três ramos da família. Carlos Borromeu, um de seus mais ilustres representantes, foi um herói da Contra-Reforma. Sobrinho de Pio IV, ele reformou, no século XVI, os costumes do clero no sentido de uma maior disciplina. Durante a epidemia de peste de 1576, destacou-se por sua caridade e, ao morrer, o protestantismo fora em parte afastado do Norte da Itália. Quanto às famosas ilhas Borromeanas, situadas no lago Maggiore, foram conquistadas um século depois por um conde Borromeu que lhes deu seu nome e fez delas uma das paisagens mais barrocas da Itália.[16]

Essa descoberta do nó borromeano[17] foi acompanhada, para Lacan, de um encontro decisivo com vários jovens matemáticos da mesma geração que Miller e os alunos da ENS. Também eles haviam percorrido um itinerário político de extrema esquerda. Pierre Soury foi incontestavelmente a personagem mais fascinante desse grupo. Eis como ele é apresentado hoje pelos que o conheceram:

> Comparando-o a seus contemporâneos e aos sábios e pensadores que o precederam, é fácil perceber que Pierre Soury terá seu lugar na história e será considerado em breve como um gigante da cultura ocidental. O conjunto de sua obra científica e filosófica é tão importante quanto a de Wittgenstein [...]. Soury por enquanto só é conhecido pelas mil pessoas que assistiam ao seminário de Lacan de 1975 a 1980, *porque Lacan referiu-se a ele umas trinta vezes e o fez falar em seu lugar em duas ou três oportunidades...*[18]

Nascido em Nîmes, em 28 de agosto de 1942, de uma família de artesãos de religião protestante, Pierre Soury foi admitido em 1961 na Escola Politécnica, licenciando-se em ciências dois anos mais tarde. Físico de formação, é iniciado nas matemáticas por seu colega de quarto Christian Léger. Expulso da escola em 1967 por objeção de consciência, submete-se a uma comissão de peritos psiquiatras e entra em análise com Jean Clavreul. Ao ser integrado no CNRS, já freqüentava o seminário de Lacan, embora vivendo numa comunidade mista cuja regra era permanecer dia e noite na mesma peça e colocar o dinheiro em comum num mesmo chapéu.

Em 1968, numa assembléia geral do Movimento 22 de Março, ele trava conhecimento com Michel Thomé, um estudante de filosofia, filho de um oficial da Marinha, que havia feito seus estudos no colégio La Flèche e ficara conhecendo as obras de Freud e Lacan graças a um notável professor, François Regnault. Após os acontecimentos de Maio, Soury é preso por ter quebrado vitrines. Assim escreverá ele num panfleto:

A tecnocracia é fraca. [...] Eles preferem evitar o combate, declarar a irresponsabilidade do acusado (loucura, psiquiatras). Ou seja, eles mesmos se refugiam na irresponsabilidade. No julgamento a que fui submetido, a Samaritaine era a parte civil pelas vitrines quebradas: ela reclamou um franco por perdas e danos [...]. Fui libertado por loucura, "por ter-me recusado a submeter-me a um exame psiquiátrico" e por ter berrado no tribunal.[19]

Em 1971, após nova tentativa de vida comunitária mista, Thomé e Soury decidem alugar juntos um apartamento na rua Dahomey, no XI distrito. Primeiro instalam-se em três, em companhia de um guitarrista, e logo ficam só os dois. É então que começa a grande aventura dos nós borromeanos: "Éramos suicidas sociais, reconhecíamo-nos numa recusa radical da sociedade".[20] Essa recusa não se traduzia por um engajamento político, mas por uma vontade de manter juntos os três elementos do nó que representavam a forma mínima do vínculo social. "A prática de pequeno grupo", escreveu Pierre Soury, "é a estabilidade das pessoas. É como o casamento [...]. Um pequeno grupo nasce e morre, mas não se entra nele e não se sai dele. Para esse efeito, há o ideal de pequeno grupo borromeano, que provém da comparação entre os pequenos grupos e as cadeias borromeanas."[21]

Obcecado por esse ideal de pequeno grupo, Soury sempre havia sonhado em fundar uma internacional das crianças. E, por fidelidade a essa utopia, recusava tornar-se adulto. Nos dias de festa, levava à casa de seus amigos guirlandas, champanhe, massa de modelar e velas mágicas: "Sinto-me um avô", dizia ele de bom grado,[22] saindo a passear com uma sacola a tiracolo de onde saíam barbantes, cadernos ou frutas da estação. No centro desse laço borromeano situava-se, para os dois amigos, o enigma da sexualidade feminina e da histeria. E a mulher que encarnava esse enigma e suscitava todos os debates tinha o prenome de Judith.

Para colocar em ato essa interrogação, Thomé apresenta Soury às mulheres do grupo Psicanálise e Política, no qual era teorizada, sob a orientação de Antoinette Fouque, uma concepção da feminilidade fundada na noção de *suplemento*. Já traçamos o itinerário dessa noção[23] e será suficiente recordar aqui suas principais balizas. Contra a tese de Simone de Beauvoir — "Não se nasce mulher, torna-se mulher" —, Antoinette havia retomado, depois de maio de 1968, a idéia de um "suplemento" da feminilidade, proposta por Perrier, Granoff e Lacan por ocasião do congresso de Amsterdã de 1960 sobre a sexualidade feminina. Mas ela deslocava a questão para o terreno de um "sexo homossexuado" das mulheres, definido como *libido sexuada*: "Não se torna mulher", dizia ela, "se *é* mulher". Do mesmo modo, descobre-se que se é mulher ao ultrapassar o estádio fálico ou "feminista" para aceder a um estádio genital de redescobertas com a "homossexuação". A tese de Antoinette continuava estrutural: apoiava-se na noção lacaniana de "suplemento" e na derridiana de "diferença". Beauvoir era assim corrigida por Freud, Freud por Lacan, e Lacan por um avanço "pós-falicista", que tomava o aspecto de uma "simbólica homossexuada" perante a "língua" do continente masculino.

Em contato com as mulheres do grupo, Soury recebe um choque: o de ser declarado, enquanto homem, violador. As coisas estão nesse ponto quando, interrogando-se sobre os nós e as mulheres, Thomé, que havia entrado em análise mas estava descontente com o divã, envia uma carta à rua de Lille com a idéia de fazer uma análise com o mestre, e pensando também num encontro entre Soury e Lacan. Surpresa! Em 18 de dezembro de 1973, Lacan responde-lhe numa ponta de papel, ao voltar de seu seminário. Agradecia o envio do livro de Castañeda, *A erva do diabo*, pedia para conhecê-lo melhor e queixava-se de só freqüentar pessoas aborrecidas.[24] Thomé vai à rua de Lille e diz a Lacan: "Os nós enlouquecem". Este responde com uma só palavra: "Sim".[25]

No momento em que ocorre esse encontro, Soury já está designado à direção de estudos de Bernard Jaulin na Escola de Estudos Superiores em Ciências Sociais (EHESS). No início do ano acadêmico de 1973-4, ele começa a ministrar um seminário nos locais da unidade de estudo e de pesquisa de "Didática das disciplinas" na universidade de Paris VII-Jussieu, onde, durante quatro anos, haveriam de reunir-se umas vinte pessoas, entre as quais vários praticantes dos nós: Françoise Gonon, Jean-Claude Terrasson, Pierre Achard e Jean-Michel Vappereau. A eles se juntariam a seguir psicanalistas da EFP ligados à revista *Littoral*: Erik Porge, Jean Allouch, Philippe Julien, Mayette Viltard.[26]

O ensino de Soury, tanto em particular como em público, tinha por objeto construir um modelo matemático que permitisse estudar as preocupações lógicas e topológicas de Lacan: "Qual foi nosso ponto de partida? Houve a passagem do nó à trança no caso especial do nó borromeano. Depois houve a definição de um quebra-cabeça [...]. Um quebra-cabeça é um problema simples e sem preliminar, cuja solução não é facilmente repetível, consciente, transmissível, controlável".[27] Entre a rua Dahomey, a rua de Lille e o grande anfiteatro da praça do Panthéon instaurou-se para os parceiros do jogo topológico uma relação crepuscular que foi o motor de uma busca faustiana do absoluto. Através dela, durante seis anos, Lacan transformou de cima a baixo seu ensino e sua prática da psicanálise, fabricando com o "pequeno grupo" objetos topológicos que utilizava a seguir diante do auditório ampliado do seminário.

Esse processo de troca generalizada estava fundado na monstração do toro, do reviramento do toro, do toro furado, do tetraedro, dos triplos toros, das cadeias de nós e das tranças. À

494

medida que a monstração ia substituindo o discurso, Lacan tornava-se afásico: desenhava em vez de *escrever*, depois brincava com argolas, como uma criança, quando não podia mais desenhar nem falar. O fantástico quebra-cabeça tomou a forma de uma longa relação epistolar entre o mestre e os habitantes do planeta Borromeu: Soury, Thomé, mais tarde Christian Léger, instalado com eles a partir de 1977. Cinqüenta cartas do lado de Lacan, 150 do lado de seus parceiros: uma verdadeira epopéia feita de sofrimento e de melancolia, em que cada um se esgotava para compreender o enigma do inconsciente a golpes de telegramas, de mensagens pelo *pneumatique* ou de simples missivas. Com freqüência, após passar horas desenhando superfícies, torcendo câmaras de ar que mandava encomendar especialmente, ou amontoando num cesto quantidades de pontas de barbante e papéis recortados e coloridos, Lacan pedia a seus destinatários a solução de um problema. Ninguém a encontrava e o quebra-cabeça prosseguia: "Estou ficando raivoso", dizia, "me chamem, por favor, ou venham me ver".[28]

Às vezes, sentindo-se abandonado, ia até a rua Dahomey de onde voltava apaziguado. Felicitava os dois cúmplices por seus achados, para em seguida requisitá-los outra vez, seja no relacionamento privado, seja no seminário. Suas cartas eram repletas de cifras, cálculos, desenhos. Muitas vezes continham apenas uma linha: "Em que ponto vocês estão?".[29] A discussão de conjunto girava em torno da possível constituição de um nó com quatro trevos e da passagem do nó à trança.[30]

Em breve, outro matemático fez sua entrada no planeta dos nós. Aluno de Jean-Toussaint Desanti, Jean-Michel Vappereau tivera em maio de 1968 um engajamento trotskista. Em seguida, foi acolhido no laboratório de etnologia de Robert Jaulin, o irmão de Bernard. Em busca de uma nova racionalidade, ele descobre a obra de Lacan ao mesmo tempo que as de Deleuze, de Derrida e de Saussure. É em 1970 que ocorre seu encontro com Lacan. Tendo lido *Les idéalités mathématiques* [As idealidades matemáticas],[31] este havia pedido a Desanti para redigir-lhe um artigo sobre o intuicionismo. O filósofo entregou-lhe quinze páginas sobre o assunto e Lacan solicitou-lhe então o endereço de alguém entendido em topologia. Desanti indicou Vappereau.[32]

No momento em que recebe o telefonema do velho mestre, o jovem atravessava um episódio depressivo ligado ao pós-Maio e à morte de seu avô. Roland Dumas, com quem era muito ligado, já o havia aconselhado a procurar Lacan e lhe contara como havia acompanhado este nas barricadas da primavera de 1968.

No primeiro encontro, Lacan vem observar Vappereau na sala de espera e coloca-lhe questões de algibeira: "O que é um corpo arquimediano?". Em breve, os dois passam a se encontrar uma vez por mês na rua de Lille. Lacan pedia explicações sobre o intuicionismo e um dia confiou ao jovem uma carta de várias páginas de René Thom sobre as catástrofes: "Os matemáticos", declarou Lacan, "não compreendem o que digo, mas isso não é razão para não lê-los". A discussão gira ao redor da questão das cônicas até o dia em que, em julho de 1972, Vappereau tem alucinações auditivas. Ele pede então a Lacan para tomá-lo em análise: "Ele estava limpando os óculos e os quebrou. Disse-me para voltar em setembro".

Durante o verão, Vappereau confia seus papéis a Roland Dumas e vai instalar-se num *squat* [imóvel ilegalmente ocupado], em Sèvres, com a irmã, o irmão e o cunhado. Durante três anos, vive ali segundo um ideal comunitário de tipo anglo-saxão, ao mesmo tempo que prossegue com Lacan um estranho relacionamento em que se misturam uma análise, feita de sessões demasiado curtas, e um intercâmbio matemático. Encarrega-se de um desses alienados que antipsiquiatras enviam ao *squat* e do qual o próprio Lacan acabará por se ocupar. Durante toda a duração desse relacionamento, Lacan paga o ensino de Vappereau com doações de livros: os *Escritos* ou *Scilicet*, por exemplo. No inverno de 1973, o jovem faz uma reflexão sobre a topologia restrita e Lacan assinala que ele havia encontrado alguma coisa. Na primavera, desenha a história de sua família numa banda de Moebius, explicando que o "buraco da banda se restringia". Lacan exclama: "Como você faz para compreender tão bem o que digo?". Um dia, recebe seu analisando às seis da manhã e o faz trazer um ovo na casca e café quente. Outro dia, deixa-o logo no início da tarde na biblioteca para refletir sobre um livro. Com razão, Vappereau tem a impressão de fazer com Lacan uma análise de criança: "Lacan nos arrastou ao centro da dor de existir. Se ele não tivesse estado lá, eu teria morrido ou enlouquecido. Somos todos doentes mentais, mas nem todos somos obrigados a ser loucos. Louco é aquele que censura o mundo pelas perturbações de sua alma".[33]

Em 1975, Vappereau encontra Clavreul e pede para fazer o passe. Este manda-o de volta a Lacan, que lhe diz: "Vá em frente". Ele retorna a Clavreul, que afirma: "Lacan me disse que você não estava em análise com ele". Muito espantado, Vappereau retorna a Lacan, que admite: "É preciso retomar tudo isso". A análise prossegue. Vappereau paga então suas sessões, torna-se psicanalista, depois segue em Jussieu o ensino de Pierre Soury.[34] Sem integrar-se ao pequeno grupo da rua Dahomey, começa a expor em público seus próprios trabalhos topológicos, continuando ao mesmo tempo a ver Lacan.

Nessa experiência dos limites, o trabalho sobre os nós teve como efeito dissolver as fronteiras entre prática analítica e atividade teórica, a ponto de fazer da própria psicanálise um lugar borromeanizado em que a relação transferencial se literalizava para abrir-se à infância redescoberta dos diferentes protagonistas: infância do jogo, infância da amamentação, infância do vazio, da falta, da hiância e do *não-todo*.[35]

Se a topologia funcionava como uma busca do Graal da qual surgiam os significantes da infância e os fantasmas da loucura, ela também teve por conseqüência uma reelaboração da doutrina da sexualidade. Com efeito, Lacan quis inscrever para a posteridade o que havia sido em 1960 seu avanço maior nesse domínio. Ao mesmo tempo, pretendia responder aos argumentos dos movimentos feministas que não haviam cessado de criticar o falocentrismo freudiano. A partir de março de 1972, logo após ter introduzido o nó borromeano, ele pôs-se a construir um matema da identidade sexual, fazendo entrar no quadrado lógico de Apuleio o que chamava as *fórmulas da sexuação*.[36]

Quatro proposições eram estabelecidas. Na primeira, dita *universal afirmativa*, Lacan traduzia o enunciado: "Todos os homens têm o falo", pela fórmula: "Para todo x, a propriedade Φ aplica-se a x". Na segunda, dita *universal negativa*, ele traduzia o enunciado: "Nenhuma mulher tem o falo", pela fórmula: "Para todo x, a propriedade Φ não se aplica a x". Constatando que as duas fórmulas serviam para definir a identidade feminina, de um lado, e a identidade masculina, de outro, como estando numa relação de complementaridade, Lacan indicava o lugar de um impasse: com efeito, não pode haver complementaridade num domínio onde sempre reina a diferença.

Em conseqüência, ele estabelecia duas outras proposições corretivas. Uma terceira, dita *particular negativa*, servia para retraduzir a fábula freudiana da horda primitiva: os homens constituem um conjunto universal de todos os homens submetidos à castração. Só um homem subtrai-se a ela: o pai da horda, isto é, o pai simbólico. Fabricando um alógrafo, Lacan chamava de *hommoinzin* (*au moins un*) [homenosum (ao menos um)] esse pai encarregado de instituir a fantasia de um gozo absoluto a partir do qual se podia ordenar para todos os outros (homens) o lugar de uma proibição: proibição do incesto, gozo inacessível.

A quarta proposição, dita *particular duplamente negativa*, traduzia o enunciado: "Não existe nenhum x que constitua exceção à função fálica". Lacan sublinhava assim o princípio, no inconsciente, de uma dissimetria radical entre a identidade sexual masculina e a feminina. Para as mulheres, dizia, não existe limite ao gozo. Em conseqüência, *a* mulher no sentido do universal ou da "natureza feminina" não existe. Donde a fórmula: "A mulher não existe", ou ainda: "A mulher é não-toda". Quanto ao gozo feminino, ele se define por ser um gozo "suplementar". A ausência de complementaridade entre os dois modos da identidade sexual era traduzida por Lacan da seguinte forma: "Não há relação sexual".[37]

Na verdade, essas fórmulas de 1973 não eram senão o equacionamento das teses já propostas por Lacan trinta anos antes, e

498

depois retomadas ao longo dos anos. Tratava-se, de novo, de revalorizar a função paterna "rebaixada pela sociedade industrial" e de mostrar a que ponto a potência feminina era esmagadora em relação à fragilidade fálica. Uma vez mais, Lacan tomava em sentido oposto as teses feministas clássicas que faziam da mulher uma vítima da opressão masculina. Em vez de negar essa opressão — que ele não contestava —, Lacan sublinhava que ela podia, do ponto de vista do inconsciente, transformar-se em seu contrário, já que a relação entre os sexos era comandada pelo princípio de uma radical dissimetria. É verdade que ele conservava, com Freud e contra Jones, a idéia de um falicismo original e de uma libido única, mas corrigia-a pela tese do "suplemento", que lhe fora inspirada por Bataille, pelos surrealistas e por seu convívio com a loucura feminina.[38]

Desse modo, ele continuava a experimentar, no final da vida, o mesmo ódio em relação às mães e a mesma fascinação pelas mulheres loucas e místicas. Tudo se passava como se seu próprio romance familiar continuasse a invadir sua doutrina, ainda que ele tentasse dotá-la de um fundamento e de uma formalização capazes de separá-la de qualquer ancoragem afetiva.

Nesse romance familiar, a dominação das mães era sempre apresentada como servindo para abolir ou rebaixar a função do pai. Quanto ao sexo da mulher, Lacan o teorizava, desde seu encontro com Bataille e a leitura de *Madame Edwarda*, como um lugar de horror, um buraco hiante, uma "coisa" dotada de uma oralidade extrema, de uma essência incognoscível: um real, uma heterologia. Em março de 1955, numa deslumbrante leitura do famoso sonho de Freud "A injeção de Irma", ele havia interpretado nesse sentido o relato freudiano, comparando a "boca aberta" de Irma a um sexo hiante de onde surgia uma aterradora cabeça de Medusa. Depois, em 1970, como para condensar numa fórmula única todo o terror que lhe inspiravam as mães e todo o fascínio que sentia pela metáfora animalista de uma mística da oralidade, havia declarado: "Um grande crocodilo em cuja boca vocês estão — é isso a mãe. Não se sabe o que lhe pode suceder de repente, fechar sua válvula. É isso o desejo da mãe". Enfim, jamais ele se exprimiu com tanta violência como quando comentou a biografia de Lytton Strachey, comparando a figura da rainha Vitória a uma imensa vagina dentada: "Que fatalidade fez que um certo Albert de Saxe-Cobourg caísse nas garras da Queen? Não havia nele nenhuma inclinação pelas mulheres. Mas, quando se encontra uma vagina dentada, se posso dizer, do tamanho excepcional da rainha Vitória... Uma mulher que é rainha. É realmente o que se faz de melhor como vagina dentada". Prosseguindo o enunciado de suas fantasias, evocava a vagina dentada de outras rainhas devoradoras: Semíramis, Elisabeth da Inglaterra... O estilo era o mesmo que manifestara às vésperas do congresso de Edimburgo a propósito das "fêmeas" que dirigiam a IPA .[39]

A descoberta do planeta Borromeu havia levado Lacan a redescobrir alguns dos significantes maiores do mundo de sua infância e de sua adolescência. Portanto, não é de espantar que, por meio da prática dos nós, ele tenha posto na cabeça ligar sua própria busca do absoluto à aventura literária mais inovadora do século XX: a de James Joyce. Até então Lacan jamais fizera uma leitura fecunda da obra do grande escritor irlandês. Mas sabemos que chegou a cruzar com ele numa época crucial de sua vida, na qual, rejeitando definitivamente o catolicismo, revoltara-se com violência inusitada contra as figuras paternas da linhagem Lacan, acusadas de haver transformado sua infância num pesadelo: Émile, o avô autoritário, dominado pela mulher, e Alfred, o pai fraco, esmagado pelo pai e igualmente submetido a uma esposa devotada à Igreja. Todas essas figuras, modeladas pelo imaginário de um jovem em busca de identidade, acabaram por encontrar seu lugar, no discurso lacaniano, como os heróis negativos de um romance familiar.

Assim elas estavam ainda presentes, cinqüenta anos mais tarde, quando o velho mestre mergulhou com extrema satisfação na leitura de *Ulisses*, de *Stephen hero* e de *Finnegans wake*.[40] Foi um jovem universitário, Jacques Aubert, que arrastou Lacan por esse caminho, no início de 1975. Bom leitor dos *Escritos*, ele próprio servia-se dos conceitos lacanianos para estudar textos da

500

literatura inglesa. Logo em seguida, propôs a Lacan participar de um simpósio internacional sobre Joyce que devia se realizar em junho, em Paris. Lacan aceitou: "Funcionamos por um sistema de trocas", assinala Aubert, "eu pensava que ele podia estar interessado em tal ou tal coisa, tal frase, e fazia uma anotação. Por seu lado, ele me colocava uma questão, submetia-me uma passagem".[41]

Lacan não se contentou com essa colaboração. Tomou conhecimento de um número considerável de obras dedicadas a Joyce, tanto textos biográficos quanto ensaios críticos. Consultou também os trabalhos dos escritores das revistas *Tel Quel* e *Change*: Philippe Sollers, Jean-Pierre Faye e Jean Paris.[42] "Ele apareceu uma noite à uma da madrugada na casa de Faye", conta Jean Paris, "pois queria utilizar uma palavra-valise que eu havia criado."[43]

Em 16 de junho de 1975, no grande anfiteatro da Sorbonne, Lacan toma a palavra após Maria Jolas para pronunciar uma alocução muito curta, intitulada "Joyce o sintoma".[44] Logo de início, lembra seu encontro com o escritor, não hesitando em identificar-se com ele, com sua errância, seu exílio, seu ódio à família e à religião: "Saindo de um meio bastante sórdido, Stanislas para nomeá-lo — criança de padres, quê!, como Joyce, mas de padres menos sérios que os seus, que eram jesuítas, e Deus sabe o que ele soube fazer deles — em suma, emergindo desse meio sórdido, eis que aos dezessete anos, graças ao fato de eu freqüentar a livraria de Adrienne Monnier, deparei com Joyce. Como também assisti, quando tinha vinte anos, à primeira leitura da tradução que saíra do *Ulisses*". E ele acrescenta: "Acreditamos que dizemos o que queremos, mas é o que quiseram os outros, mais particularmente nossa família, que nos fala [...]. Escuso-me por contar minha história. Mas penso que só o faço em homenagem a James Joyce".[45]

Depois de participar desse colóquio, Lacan dedicou todo o seminário do ano 1975-6 a um comentário da vida e da obra de James Joyce. Deu-lhe por título "Le sinthome". Esse termo era forjado a partir da palavra *symptôme* [sintoma]: "Consultem o

Bloch e Wartburg, dicionário etimológico, que tem um fundamento sólido: lerão aí que o sintoma [symptôme] primeiramente se escreveu *sinthome*. *Joyce le sinthome* faz homofonia com a santidade...".[46] Essa referência à etimologia permitia a Lacan fabricar uma palavra-valise nos moldes de *Finnegans wake* para definir a idéia joyciana de uma redenção pela escrita. A palavra incluía vários termos que eram de algum modo os "significantes" do universo joyciano segundo Lacan: *sin* (o pecado), *homme* ou *home* (*home rule*, lei de autonomia nos combates pela independência irlandesa) e, enfim, *saint Thomas* [são Tomás de Aquino]. Assim também, *sinthome* podia escrever-se *sinthome rule* ou *sinthomadaquin*. O emprego dessas palavras fabricadas remetia ao fato de Joyce ter tomado de são Tomás uma teoria da criação que derivava da *claritas*, isto é, da terceira qualidade do belo, segundo a qual o objeto revela sua essência ao tornar-se a coisa mesma. É a personagem Stephen Dedalus que enuncia essa tese da criação, já chamada por Joyce *epifania* (aparição) desde seus primeiros escritos. Esta é definida como uma "súbita manifestação espiritual que se traduz pela vulgaridade da fala ou do gesto, ou então por alguma frase memorável do espírito mesmo".[47]

Na perspectiva de Lacan, a epifania tomava o nome de *sinthome* ou ainda de "esplendor do ser". Joyce era portanto designado por seu sintoma, transformado em *sinthome*. Dito de outro modo, seu nome confundia-se com essa teoria da epifania que ele fizera sua e que consistia em situar a criação num reino do êxtase místico separado do tempo. Por meio dela, também Lacan reencontrava os temas maiores de sua busca dos anos 1970: busca de uma lógica liberta do tempo e da história, vontade de tocar um "real" cada vez mais impossível, fascinação enfim pela questão do gozo identificado a uma "coisa japonesa", a uma exaltação mística, a uma "literalidade" e, por fim, a uma perversão — escrita *père-version* [pai-versão].

E como essa busca tomava a forma de uma vasta geometria borromeana, Lacan integrou o *sinthome* à nova problemática dos nós. Num primeiro momento, esforçou-se em vão por construir um vínculo tetrádico, isto é, "atar borromeanamente a quatro". Depois lançou um desafio a seus amigos matemáticos, que resolveram o problema. Thomé foi o primeiro a apresentar um desenho de quatro trevos: "Meus sentimentos", sublinhou Lacan, "eram pura e simplesmente de entusiasmo, e creio ter-lhes mostrado um pouco disso quando os vi alguns meses depois. De que maneira o haviam descoberto, eles não puderam me explicar".[48]

Mas, ao acrescentar esse quarto elo, chamado *sinthome*, ao nó a três, ao mesmo tempo Lacan também brincava de introduzir sua doutrina e seu romance familiar na obra joyciana. Com efeito, ele sublinhava que o *sinthome*, ou *père-version*, era uma "versão para o pai". De repente, interpretava o romance *Ulisses* como uma pura autobiografia. Na relação entre os dois heróis, Leopold Bloom e Stephen Dedalus, via uma prova de que Joyce permanecia enraizado em seu pai embora o renegasse. Deduzia disso que o pai do escritor era louco, que o nome-do-pai estava foracluído do discurso joyciano, e que, para suprir essa ausência, Joyce tivera a vontade feroz de "fazer-se um nome", isto é, deixar seu nome à posteridade, obrigando assim os "universitários a escreverem sobre ele durante três séculos": "O desejo de Joyce de ser um artista que ocuparia todo o mundo [...] não é exatamente o compensatório do fato de seu pai jamais ter sido para ele um pai?".[49]

Aplicando a teoria da foraclusão ao "caso Joyce", Lacan sublinhava que a esquizofrenia de Lucia, a filha do escritor, devia ser interpretada em função de uma carência paterna. Joyce, dizia ele, havia de fato considerado sua filha como uma telepata, e a havia defendido contra a ação dos médicos. Ora, essa crença na telepatia, isto é, na idéia de uma produção de linguagem inspirada pelo além, não era senão o sintoma, segundo Lacan, da concepção joyciana da arte que haveria de culminar no *Finnegans wake*, na reconstrução de uma língua fundamental resultante da dissolução da linguagem.

Ao interpretar *Ulisses* como um romance autobiográfico, Lacan identificava-se com Joyce para falar do drama do filho de Alfred, dominado desde sempre pela vontade de se fazer um

503

nome. Mas, ao evocar a esquizofrenia de Lucia, contava também a tragédia de um pai habitado pela culpa de não ter sabido transmitir seu nome à filha. A confrontação com o universo joyciano tinha como efeito, portanto, não apenas tornar a mergulhar Lacan na contemplação fantasística de sua história, mas acentuar o processo de abolição de seu discurso, já amplamente iniciado pela prática dos nós. Se as personagens do romance joyciano serviam para ilustrar o eterno retorno de uma temática da paternidade impossível, os procedimentos de escrita empregados em *Finnegans wake* abriam o caminho da busca de uma metamorfose de linguagem.

Sabe-se que Joyce redigiu durante dezessete anos essa grande obra final, dando-lhe por título *Work in progress*. Nela misturava dezenove línguas, entre as quais o velho islandês, o tibetano, o grego e o sânscrito, e fazia explodir as palavras em múltiplas significações de acordo com o procedimento freudiano da condensação. Para criar trocadilhos e transmutações, Joyce acrescentava a seus conhecimentos lingüísticos os trabalhos dos físicos e dos matemáticos: "Como a simplicidade primitiva dos átomos devia dividir-se em prótons, elétrons, nêutrons [...]", escreve Jean Paris, "as palavras se decompõem em elementos lógicos, fonéticos, semânticos, etimológicos [...]. Algumas, providas de um único elétron, dependerão do trocadilho, como *Rothschild*, que Joyce ortografa *redshields* (escudos vermelhos), ou *goat* (cabra), que ele transforma em *Gott* (Deus)".[50]

O fascínio exercido sobre Lacan por essa obra foi tanto maior quanto ele próprio era há muito um virtuose dos jogos de linguagem. E, como sua própria pesquisa topológica o arrastava a um empreendimento faustiano que se assemelhava ao de Joyce, ele se pôs a escrever e a falar no estilo de *Finnegans wake*. Era como se, após ter buscado nessa obra a fonte secreta da loucura humana, o próprio Lacan cedesse a um exercício linguageiro da psicose, reatando assim, no final da vida, com aquela prática dos *Escritos inspirados* que havia selado, no limiar dos anos 1930, seu ingresso na história da psiquiatria: "Quanto a mim, comecei por escrever *Escritos inspirados*, eis em que não devo me surpreender demais em me ver confrontado a Joyce [...]. Joyce era louco? Mediante o que seus escritos lhe foram inspirados?".[51]

Assim como Lacan sempre havia imitado, com sua fala, o discurso do inconsciente, assim também, a partir de 1975, ele se apodera da escrita joyciana a ponto de dissolver seu ensino numa língua feita quase exclusivamente de trocadilhos, alógrafos, palavras-valises e neologismos que não deixavam de lembrar os significantes fundamentais de sua doutrina e de sua história. Eis alguns deles: *crachose*, para significar ao mesmo tempo a *chose* [coisa] freudiana e o fato de Freud ter inventado uma prática de falar muito (*cracher*, cuspir, salivar); *jaclaque*, a claque de Jacques Lacan, escrito também Jules Lacue (à inglesa); *Aimée de Mathèse*, *folisophie*, *affreud* [de *affreux*, horrível, medonho], *ajoyce* etc.

Para a publicação das atas do colóquio, ele enviou em 1978 um texto redigido desta maneira:

> Joyce o Sintoma a entender como Jesus a codorniz: é seu nome. Podia-se esperar outra coisa de minhemoção: eu nomeio. Que isso faça jovem é uma base de que só quero retirar uma coisa. É que somos z'homens.
>
> LOM: em francês isso diz bem o que isso quer dizer. Basta escrevê-lo foneticamente: assim o faunético (faun...), à sua medida: o eaubsceno. Escrevam eaub... para lembrar que o belo [beau] não é outra coisa. Hissecroibeau a escrever como o hessecabeau sem o qual hihanappat que seja ding! d'nom dhom. LOM se lomeliza a quem chegar primeiro. Molha, dizem-lhe, convém fazê-lo: pois sem molhar não há hessecabeau.[52]

A loucura, o nome-do-pai, o real, o nó, o delírio, o sintoma: tais foram os temas abordados por Lacan em sua terceira viagem ao continente americano, no final do outono de 1975. Nove anos antes, em fevereiro de 1966, ele havia atravessado pela primeira vez o Atlântico, indo a Nova York, Detroit, Chicago e Boston para pronunciar seis conferências sobre o tema do desejo e da demanda. Roman Jakobson havia organizado a visita, prevista para durar três semanas e se ocupara pessoalmente dos convites nas principais universidades americanas. Lacan em seguida fora ao México, e depois, em outubro do mesmo ano, participara do simpósio sobre o estruturalismo em Baltimore.[53] Buscando uma desforra contra o mundo anglo-americano, do qual fora rejeitado pela cisão de 1963, ele não ficou descontente ao constatar, nessa terceira viagem, que seu ensino começava a ser conhecido em algumas universidades especializadas no domínio da literatura francesa e do feminismo. Todavia, continuava a não suportar o sucesso lá obtido por Paul Ricoeur, nem a celebridade alcançada por Derrida.

Na França, em 1975, a glória e a notoriedade de Lacan eram imensas. A EFP resplandecia com todo o seu brilho, apesar da crise do passe; as atividades editoriais estavam no auge; o seminário reunia multidões; além disso, um movimento de reconquista para o lacanismo se iniciava, na universidade de Paris VIII-Vincennes, sob o impulso de Jacques-Alain Miller. Nos Estados Unidos, ao contrário, a celebridade do mestre e o reconhecimento de sua obra progrediam lentamente. A implantação do lacanismo operava-se apenas pela via universitária e não afetava o legitimismo freudiano. Em outras palavras: nos países de língua inglesa, assim como nos da Europa do Norte em geral, a obra de Lacan era considerada como pertencente à história do pensamento filosófico francês, jamais como uma doutrina clínica. Os meios psicanalíticos da esfera anglo-americana permaneciam impermeáveis a qualquer progressão de qualquer movimento psicanalítico de obediência lacaniana.[54]

A partir de 1973, somente um jovem universitário nova-iorquino, Stuart Schneiderman, seguirá em Paris uma análise com Lacan, o que lhe valerá ser considerado durante vários anos como o único psicanalista lacaniano do continente americano. Da França e do grande homem, ele só conhecerá a história sob a forma de uma lenda, e até mesmo de um rumor. Eis aqui, a título de exemplo, como Schneiderman contará, em 1983, os gloriosos feitos e gestos do mestre durante a Ocupação:

Onde se encontrava Lacan durante a guerra? A questão foi seguidamente colocada, e a resposta, tanto quanto posso dizer, é que Lacan escapou da França ocupada em companhia de sua mulher a bordo de um barco que o fez cruzar o rio Loire no meio da noite. No período mais brando da Ocupação, ele morou em Saint-Laurent-du-Var, perto de Antibes. A mulher de Lacan, Sylvia Bataille, era judia, e, a acreditar em Catherine Clément em *Vies et légendes de Jacques Lacan* [Vidas e lendas de Jacques Lacan], ela foi denunciada à Gestapo no começo da Ocupação. Sempre segundo o relato de Catherine Clément, Lacan teria ido à sede da Gestapo para exigir o dossiê feito sobre sua mulher. Acabou por obtê-lo e o levou consigo, mas Clément não indica de que maneira o conseguiu — por roubo ou pela força de sua personalidade. Se é verdade que o comportamento de um homem em situação de crise diz muito sobre seu caráter, há que reconhecer em Lacan um homem cuja conduta ética pessoal foi irrepreensível.[55]

Esse texto mostra a que ponto o processo de des-historicização iniciado pela publicação dos *Escritos* em 1966, mas já presente antes dessa data nos textos e no ensino de Lacan, acabou por produzir devastações no seio da quarta e da quinta geração psicanalítica francesa.

Pamela Tytell conheceu Lacan em julho de 1973 no Reidhall da rua Chevreuse, onde a universidade Columbia organizava um seminário de verão sobre a psicanálise e a literatura: entre os convidados figuravam Gilles Deleuze, Félix Guattari, Denis Hollier, Catherine Clément. Lacan acabava de perder a filha mais velha e, quando chegou sua vez de falar, todos respeitaram seu luto. Após a palestra, no bar, Pamela, que havia lido os *Escritos* e conhecia bem a situação francesa da psicanálise, colocou ao mestre questões muito pertinentes. A seguir ela voltou a trabalhar em seu doutorado, na universidade Columbia. Quando Lacan desembarcou em Nova York para suas conferências, acompanhado de Thérèse Parisot, que representava a EFP, Pamela foi encarregada de ocupar-se dele juntamente com Paul Newman. Este ensinava literatura francesa no colégio Sarah Laurence.

A primeira conferência teve lugar na universidade Yale, em 24 de novembro. Lacan falou de si mesmo, do caso Aimée e da importância da psicose em suas pesquisas: "A psicose é um ensaio de rigor", declarou, "nesse sentido direi que sou psicótico pela simples razão de que sempre procurei ser rigoroso".[56] No debate que se seguiu, ao qual assistiam Soshana Felman e Sherry Turkle, ele sublinhou que toda pesquisa histórica devia ser fundada no traço e no documento escrito: "Sem o documento escrito, vocês sabem que estão num sonho. O que o historiador exige é um texto: um texto ou um pedaço de papel; de qualquer modo, deve haver em alguma parte, num arquivo, algo que certifique pelo escrito e cuja falta torna a história impossível... O que não pode ser certificado pelo escrito não pode ser considerado como história".[57]

Para um homem que passara a vida a privilegiar o ensino oral, a des-historicizar sua história e a falar por alusão e anedota, o desafio lançado ao historiador era de porte, sobretudo num século em que o arquivo oral havia adquirido, devido às novas técnicas de gravação e de comunicação, um estatuto de confiabilidade.

Em Nova York, Lacan se hospedou no hotel Saint-Régis. Como escreve Newman:

> Era a manhã de *Thanksgiving*, dia de ação de graças no calendário americano que remonta aos primeiros colonizadores puritanos — dia de agradecimento e de reconciliação, dia de repouso, dia de reuniões familiares e, em Nova York, dia de silêncio. Ele acabava de levantar-se no hotel Saint-Régis, instalou-se no saguão sem dizer uma palavra, entregou-se ao sofá e a um charuto convenientemente retorcido. Após um longo silêncio, uma reflexão transformou-se numa frase pronunciada de forma perplexa e exausta: "A América me esponja".[58]

Persuadido de ser mundialmente célebre, Lacan quis ter o privilégio de uma visita privada ao Metropolitan: "Digam-lhes que sou Lacan", exclamou diante de seus três interlocutores estupefatos. Pamela Tytell resolveu o problema com um humor muito "lacaniano": telefonou ao administrador da Ópera e anunciou-lhe que Jean-Paul Sartre queria fazer uma visita incógnito. Lisonjeado por receber um visitante tão prestigioso, este logo aceitou. Pamela simplesmente o aconselhou, como se se tratasse de um capricho, a não interpelar o filósofo por seu nome. Contudo, não pôde evitar que, na conversação, fossem pedidas notícias de Simone de Beauvoir. Apesar disso, a tramóia não foi descoberta: Lacan não compreendia suficientemente o inglês para tanto. Quanto a Pamela, recorreu a todo o seu talento de tradutora para prolongar o qüiproquó. A jornada foi memorável e Lacan ficou encantado com a acolhida: "Éramos permanentemente seus intermediários. Entre Nova York e ele, a comunicação passava por nós e estávamos mobilizados a seu serviço desde as oito da manhã".[59]

Obcecado pelo planeta Borromeu, Lacan se apoderava, em todos os restaurantes por onde passava, de guardanapos de papel: ali desenhava nós. Uma tarde, notando que havia esquecido de trazer consigo seus círculos preferidos, confeccionados por Judith, exigiu que dessem um jeito de consegui-los ali mesmo. Pamela foi então à Macy's para comprar argolas de cortina de plástico de várias cores. Procurou também fios de telefone cujas fibras eram maleáveis. Toda orgulhosa de suas compras, voltou exausta ao hotel. Para sua grande surpresa, viu Lacan se enfurecer, atirar o pacote ao chão e deixar o aposento. No dia seguinte, ele havia esquecido tudo e declarou-se satisfeito com os novos brinquedos, achando até mesmo os petrechos tão bons quanto os de Judith.

A cena se desenrolava sempre segundo um ritual perfeitamente ajustado: "Vou pensar", dizia Lacan, dispensando seus hospedeiros para entregar-se às suas atividades borromeanas. Dispunha então cada anel em boa ordem e cada caneta colorida num lugar determinado, depois começava a desenhar em absoluto silêncio. Por toda parte aonde foi em seguida, como na conferência de Columbia, traçava os nós no quadro-negro antes de falar.

Certa noite, ele ficou encantado de reencontrar o escritor Serge Doubrovski e sua companheira. Juntos foram jantar num arranha-céu e Lacan evocou a lembrança de seu bom mestre Clérambault.[60]

Uma manhã, Pamela cruzou com Salvador Dalí no saguão do Saint-Régis, onde um quarto lhe estava reservado o ano todo. Ele estava em Nova York para inaugurar uma retrospectiva de suas obras e ostentava por toda parte um magnífico casaco de vison. Os dois não se viam há quase quarenta anos e caíram nos braços um do outro. Dalí convidou Lacan e os seus para jantar no restaurante Bruxelles, em companhia de Gala, exigindo do maître que não deixasse entrar mais ninguém. Um fabuloso diálogo produziu-se então:

"Eu faço nós", diz o psiquiatra.

"Ah sim! as ilhas Borromeanas", responde o pintor.

Lacan pega um guardanapo de papel que Dalí se apressa a retirar-lhe das mãos: "Deixe-me fazer, isso deve ser desenhado numa certa ordem, senão não funciona, não se separa. Aprendi tudo na Itália. Se você for ao túmulo de Carlos Borromeu, vai entender".

Depois, evocando o famoso encontro sobre a paranóia-crítica, Dalí exclama: "Por que você não disse nada quando nos vimos e eu estava com um esparadrapo no nariz?".

"Porque eu sabia perfeitamente que você não tinha nada."

"É fantástico, você foi o único a não dizer nada!"

Os dois saíram a andar por Manhattan. As pessoas se viravam para olhar Dalí, cuja foto estava estampada em todas as revistas. A cada sinal de reconhecimento, Lacan inclinava a cabeça para agradecer à multidão de admiradores. Quando Dalí comprou os jornais nova-iorquinos para ler os artigos dedicados à sua exposição, Lacan pediu-lhe para não esquecer, no dia seguinte, de lembrá-lo de consultar a imprensa para descobrir as resenhas de suas próprias conferências.[61]

Em Boston, no Massachusetts Institute of Technology, voltou a encontrar Roman Jakobson e falou diante de um auditório composto de matemáticos, lingüistas e filósofos, entre os quais Willard Quine e Noam Chomsky. Aliás, ele havia procurado as obras deste último antes de sua partida, indo à livraria La Répétition, na rua Saint-André-des-Arts, onde era muito conhecido. Lá, havia conversado com charme e cortesia sobre a viagem "às Américas" e o provável encontro com o autor de *A lingüística cartesiana*. Ao mesmo tempo ansioso e excitado pela idéia dessa temporada no outro lado do Atlântico, dissera que esperava explicar bem a Chomsky sua concepção da linguagem. Ao cabo de uma hora, havia partido com um grande pacote de livros debaixo do braço, sem sequer pensar em pagá-los. Diante de um espetáculo tão surpreendente, o caixa não ousara reclamar, certo de receber um cheque no dia seguinte. Ficou esperando em vão.[62]

A verdade é que, no MIT, nenhum estudioso estranhou a questão do rigor matemático a que se expunha Lacan por sua prática dos nós, ou a possível busca dos "fundamentos". Entretanto, nem um único membro dessa comunidade compreendeu o uso lacaniano da topologia. A socióloga Sherry Turkle, que voltava de Paris após uma minuciosa investigação sobre a situação francesa da psicanálise, foi testemunha dessa impossível comunicação entre dois mundos. A uma questão sobre o interior e o exterior, Lacan pronunciou palavras que foram tomadas por um enunciado delirante:

Os dejetos são a única coisa que prova que temos um interior. Os dejetos vêm talvez do interior, mas a característica do homem — e isso contrasta inteiramente com outros animais — é que ele não sabe o que fazer de seus dejetos... Por que ele fica tão embaraçado quando essas coisas são tão discretas na natureza? Claro, é verdade que cruzamos sempre com merda de gato, mas o gato conta como um animal doméstico. Mas se tomarmos os elefantes, é espantoso ver o quanto seus dejetos ocupam pouco espaço, quando, se pensarmos nisso, poderiam ser enormes. A discrição do elefante é uma curiosa coisa. A civilização é o dejeto, *cloaca máxima*.[63]

E, para cúmulo da infelicidade, Lacan responde a uma questão de Chomsky sobre o pensamento, provocando um verdadeiro escândalo: "Acreditamos pensar com nosso cérebro, quanto a mim, penso com meus pés. É somente aí que encontro algo de duro. Às vezes, penso com os subcutâneos da fronte, quando bato a cabeça. Vi eletroencefalogramas o bastante para saber que não há sombra de um pensamento".[64] Ao ouvir essas palavras, Chomsky tomou o conferencista por um louco. Posteriormente, apesar das explicações de sua amiga Mitsou Ronat, que se esforçou durante anos para fazê-lo compreender o caráter metafórico da idéia, ele continuou convencido de que Lacan havia zombado de seu auditório americano, a ponto de querer fazer os estudiosos do MIT pensarem que o cérebro humano tinha sua sede na ossatura ou nas falanges do pé. O caso transformou-se em rumor e o rumor em lenda: Lacan tinha querido converter a América a uma nova "peste" obscurantista, dando a entender uma origem pedestre da inteligência humana.[65]

Ele havia obrigado Pamela Tytell e Paul Newman a irem com ele e Thérèse Parisot a Boston. Depois de o acompanharem ao aeroporto, eles seguiram de ônibus.[66] Na manhã seguinte, Lacan os esperava de pé, no hotel, com um farto café-da-manhã. Eles não foram à conferência do MIT, mas acompanharam Lacan e a assembléia dos professores ao restaurante Ritz, onde o uso de gravata era obrigatório, como em todos os lugares elegantes da Nova Inglaterra. O mestre chegou ao local vestindo uma suntuosa camisa de seda de colarinho alto e uma longa peliça que depositou sobre o encosto da cadeira. Quando o maître veio oferecer-lhe uma gravata, Lacan se enfureceu, derrubou sua cadeira e berrou obscenidades, deixando a seguir o local com os três amigos, sob o olhar assustado das boas damas da sociedade bostoniana. Na rua, lançou imprecações contra a América puritana. Algumas horas depois, havia esquecido por completo o incidente, como se este estivesse "foracluído" de sua memória.[67]

Tal foi portanto a peste trazida por Lacan às Américas. Reatando com o verbo surrealista e niilista da juventude, ele ousou desafiar o Novo Mundo com trocadilhos, jogos de linguagem e cóleras, como se, no limiar da senilidade que começava a espreitá-lo, quisesse atualizar, até a incandescência, a famosa frase transmitida por Jung e sem dúvida jamais pronunciada por Freud.

De volta a Paris, retornou aos nós, ao *sinthome* e à rua Dahomey onde se elaborava a busca do absoluto. Durante três anos, as trocas de cartas prosseguiram entre os três protagonistas do planeta Borromeu.[68]

Um outro homem, alheio ao universo dos matemáticos, trouxe a Lacan, naqueles anos, seu talento, sua juventude, seu entusiasmo e sua inteligência. Nascido em Montpellier em 1943, François Rouan havia se destinado à pintura desde os quinze anos de idade. No ano de seu nascimento, fora tomado como refém com sua mãe pela Milícia e encerrado numa escola onde ginasianos eram torturados: "Ele estava presente no local dessa cena", escreve Denis Hollier, "mas não a viu. Ele fazia parte da geração dos que nasceram durante a guerra mas que não a viram, dos que eram demasiado jovens para registrá-la como uma lembrança da infância".[69]

A idéia de que o "desejo de ver" pudesse confrontar-se a objetos inomináveis manifestava-se em parte na técnica do "entrançamento" ou do "entrelaçamento" utilizada por Rouan desde suas primeiras telas. De fato, tratava-se de mostrar, na linha direta da herança de Matisse, de Mondrian e dos minimalistas americanos, aquilo que, habitualmente, não aparecia no quadro: a materialidade do suporte. Uma primeira tela era imersa numa tintura, depois uma outra, e ambas eram a seguir cortadas e trançadas juntas. Uma terceira operação consistia então em pintar sobre o suporte assim obtido: "Eu estava em estado de inibição diante do trabalho", observa Rouan. "Primeiro, não foi senão um meio de escapar à minha inibição diante da tela branca. Eu tinha necessidade de pintar e *nada* a pintar."[70]

Quando conheceu Jacques Lacan, na Páscoa de 1972, François Rouan estava há um ano em Roma como pensionista na vila Médicis, dirigida por Balthus. Ele havia se afastado do maoísmo desde fevereiro de 1968, e deixado Paris com a intenção de aprender a pintar em contato com a Itália da arte barroca e do Renascimento. Trabalhava numa série de telas, *As saídas de Roma*, ou *Portas*, que utilizavam ainda a técnica do entrançamento propriamente dito. O princípio físico do entrelaçado das telas será abandonado mais tarde em proveito de um entrançamento pintado, isto é, simulado e não mais real. Essa mudança será a conseqüência de um interesse voltado a Poussin e a Lorenzetti, às paisagens, aos jardins e às arquiteturas ligados à tradição pictórica romana.[71]

O encontro ocorreu na casa de Brigitte Courme, pintora e gravadora, amiga de Balthus. Ela gostava muito de Lacan e dizia, gracejando: "Se o diabo existisse, se pareceria com ele". Rouan enfrentava dificuldades com fotógrafos que não conseguiam reproduzir suas *Portas*, e Lacan passou em seu ateliê uma tarde inteira, mostrando-se intrigado pela técnica do entrançamento que ele chamou de *pintura sobre bandas*: "Histórias de quadrículas, de repetições, de em cima e embaixo, de aparecimento, de desaparecimento".[72]

Levou uma série de desenhos, depois enviou ao jovem seus dois primeiros seminários publicados na Seuil. Em *Encore* [Mais, ainda], Rouan descobriu não apenas a existência dos nós borromeanos, que ele desconhecia completamente, mas também uma frase que o impressionou muito. Lacan falava do barroco "como regulação da alma pela escopia corporal", e evocava o sofrimento dos mártires no qual banhavam as igrejas romanas: "Ali estava nossa pintura", dizia Lacan, "até que tivéssemos feito o vazio ao começarmos a nos ocupar seriamente de quadrículas".[73] Os dois passaram a se freqüentar e o relacionamento foi delicioso. Uma noite, Rouan assistiu a um jantar com o correspondente de um jornal conservador que havia obtido para Lacan um privilégio inusitado: o de poder observar às escondidas, graças a uma chave entregue em segredo, uma cerimônia de lavagem dos pés num convento de mulheres.

Algum tempo depois, de passagem por Paris, o jovem pintor fez sua primeira visita à rua de Lille. Lacan queria comprar-lhe *todos* os desenhos, mas um estranho qüiproquó se produziu:

"Meu caro", disse ele, "como vão as coisas?"

"Vão bem, obrigado."

"Escute", replicou Lacan, "não o enviei lá para que você não soubesse de nada!"

"Lá onde?"

"Ora! Ao comitê de leitura da Seuil, para o qual fiz com que te nomeassem!"

Lacan reconheceu ter-se enganado, afirmando a Rouan que o "outro" era seu sósia. Travou-se então um diálogo em torno do preço dos desenhos. Rouan propôs uma quantia razoável e ofereceu um deles de graça, a título de brinde. Lacan quis refletir, pretendendo ter, "como todo o mundo", "problemas de dinheiro". Na manhã seguinte, telefonou bem cedo ao pintor: "Querido! Sou como todo o mundo, sou obrigado a separar-me de dois de seus desenhos".

Dois dias depois, à mesma hora, nova chamada: "Querido! Me é absolutamente impossível separar-me de seus desenhos".

Propôs então comprá-los por 50% de seu valor, ou seja, exatamente o preço que teria pago um proprietário de galeria.[74]

Ao longo dos encontros, Rouan teve a impressão de estar em análise. A cada visita, Lacan o fazia prometer trazer "alguma coisa", demonstrando despeito quando ele chegava sem nada: "Havia sempre um resto a pagar da parte dele. Toda vez ele perguntava se eu não me incomodava de não receber todo o pagamento". Um dia Lacan lhe disse: "Você sabe, sou muito célebre", e pôs-se a refletir que as figuras pictóricas construídas por Rouan eram próximas das suas, isto é, da prática borromeana das "tranças ligadas pelas pontas" cuja paixão partilhava com Soury. Por mais que Rouan insistisse que não pintava sobre "bandas", mas que entrelaçava telas para pintar, Lacan remetia-o à obsessão borromeana, convencido de que o pintor era portador de um enigma que não podia — ou não queria — revelar.

Em duas oportunidades, no ano de 1977, ele foi testemunha das extravagâncias do mestre. Certa vez, foi com ele à casa de Sylvia para almoçar. Na escada, Lacan diz-lhe com orgulho: "Vamos à casa de minha mulher. Como você sabe, trata-se de Sylvia *Bataille*". Tão logo sentou-se, pediu à empregada papel e lápis. Cansada do espetáculo cotidiano dos nós, Sylvia replicou: "Por favor, você não vai continuar. Já foi assim o domingo todo", e deixou a mesa. Outra vez, Rouan foi buscá-lo para jantar: "Estou de regime", disse Lacan, convidando o jovem ao restaurante La Calèche, do qual era freguês. Lá chegando, pediu ao garçom seu prato costumeiro: uma garrafa de vinho Pommard e uma imensa tigela de porcelana branca com uma sopa escura. Lacan deleitou-se ingerindo uma grande quantidade de trufas, especialmente preparadas para ele à maneira de uma *zuppa inglese*.[75]

Da mesma forma que em Joyce, ele buscava na obra pictórica que Rouan vinha elaborando o eco de sua própria trajetória. Quanto à relação com o autor, construiu-a como um vínculo transferencial de natureza fusional. Só bem mais tarde Rouan compreendeu o que esse encontro havia produzido nele. Entre o velho mestre e o jovem criador ocorrera um verdadeiro corpo-a-corpo, feito de prazeres e de iniciação recíproca, que permitiu a Rouan afastar-se dos fenômenos da moda e perceber a significação da topologia: as propriedades de um espaço que permanecem inalteradas quando esse espaço é submetido à deformação.

Lacan havia manifestado o desejo de escrever "algo" a respeito dessa obra que o fascinava. Assim, quando Marcelle Latour, conservador do museu Cantini de Marselha, pediu a Rouan que providenciasse um prefácio para a exposição que pretendia organizar, este procurou Lacan: "Querido! Estou muito a fim, quero absolutamente".

Rouan achou que Lacan não falava a sério, mas logo ficou sabendo por Gloria que ele trabalhava à noite, embora, já afetado pela doença, não conseguisse levar a cabo a escrita do texto. Por fim, em junho de 1978, ele envia o fruto de seu labor a Mar-

516

celle Latour, que o recebe como uma catástrofe: "Não é um texto, são desenhos", disse ela a Rouan no telefone. "Não posso publicar isso, vão zombar de mim." Rouan obrigou a dama a imprimir o "presente" do mestre no catálogo. Mas esta o colocou como posfácio e fez com que o conjunto fosse impresso em papel medíocre e com tinta cor de malva.

Arrasado, Rouan vai a Guitrancourt com Brigitte Courme, sem ousar mostrar o objeto a Lacan. Era esquecer os hábitos do mestre, que fez questão de "ver". No jantar, em presença de Roland Dumas, convidado por acaso aquela noite, ele tem um terrível acesso de fúria, ameaçando a dama marselhesa com os raios de seu amigo Gaston Defferre. Por mais que Rouan tentasse acalmá-lo invocando a ignorância provinciana, não pôde impedir que Lacan se dispusesse a recorrer à Justiça contra o horrível catálogo. O caso não teve desdobramentos: "Ele estava triste como uma criança, esperava seu brinquedo e fora decepcionado".[76]

Esse foi o último texto publicado por Lacan, cujo traçado manuscrito se conserva: seis folhas onde se entrecruzam desenhos e palavras ao longo de uma escrita trêmula, já habitada pela morte.[77]

Em março de 1977, uma jovem analista da EFP, Juliette Labin, põe fim à sua vida num chalé de montanha, ingerindo uma dose fatal de medicamentos cuidadosamente preparada por ela. Pertencente à quinta geração psicanalítica, ela recebia em seu divã uma imensa clientela procedente das barricadas de Maio. A vida toda sentira-se perseguida; mas, para todos os de sua geração, era o símbolo do que o lacanismo havia produzido de melhor: o risco de uma verdadeira escuta do inconsciente. Cansada do dogmatismo, ela se "oferecera" à prova do passe, para lançar um desafio aos membros do júri de aprovação que se recusaram a escutá-la. Esse suicídio desencadeou a maior crise institucional enfrentada pela EFP e acabou por conduzir esta à dissolução, cuja história já relatamos.[78]

Essa crise tem por conseqüência tornar Lacan ainda mais

mudo em relação ao destino de seus companheiros das primeiras horas. No entanto, ele foi o único, com Serge Leclaire, entre os membros do júri de aprovação, a ouvir a verdade do suicídio de Juliette Labin: "Enunciei que o psicanalista só se autoriza por si mesmo. É incontestável, mas comporta um risco. Acrescento que esse risco, no passe, ele não é obrigado a correr. Ele se oferece deliberadamente a ele".[79]

É nesse momento que Christian Léger, que estava em análise com Juliette Labin, reúne-se a Thomé e a Soury na rua Dahomey. A questão dessa coabitação, aliás, fora difícil. Em dezembro de 1976, Soury havia inaugurado um caderno de correspondência ligado ao apartamento e destinado a receber as opiniões dos "Dahometanos", isto é, todos aqueles que estavam de "passagem": "Tenho bancado demais o dono de casa", escreveu ele. "Antes dono de casa vazia, como meu avô, como os pais de família — é duro habitar só —, e de fato é a coletivização de sobrevivência que me interessa."[80]

Soury mostrava-se curioso por todas as formas de terapia. Naquele ano, acompanhado de Thomé, freqüentou em Viena uma comunidade dirigida por um guru chamado Otto Mühl. O homem dizia-se "acionista" e pregava experiências extremas. No interior do grupo, em Friedrichshof, os candidatos à vida comunitária raspavam os cabelos, viviam nus, matavam animais, urravam, gesticulavam e cobriam de tinta o corpo de suas companheiras. Quando Soury contou essa história a Lacan, este escutou sem compreender de que se tratava. Todavia, o trabalho sobre os nós prosseguiu ainda até às vésperas da dissolução da escola.

À medida que Lacan mergulhava no silêncio, a comunidade borromeana se dispersava como essa escola à qual ela jamais havia se integrado de fato. Depois de 5 de janeiro de 1980, Soury quis colocar sua candidatura à nova Causa Freudiana, ao mesmo tempo que pedia a Lacan para tomá-lo em análise: "Não posso me interessar por outra coisa senão seu discurso e a prática da psicanálise". E escreveu também: "Por vários meses fui diversas vezes à rua de Lille, 5, e a senhora Gloria me disse que no momento não era possível".[81]

Nenhuma resposta foi dada a essa grande interrogação e, enquanto Lacan continuava a trançar até a extremidade do silêncio e do crepúsculo, Soury resolve o problema de maneira borromeana: "Tento o suicídio", escreveu ele a seus amigos. "Anexo uma quantia de 5 mil francos confiada a Michel para a administração do apartamento. Ou eu fracasso e então recupero esse dinheiro, ou sou bem-sucedido e esses 5 mil francos mais os 5 mil que confio a Christian poderão servir-lhes para os problemas do apartamento."[82]

Ele prepara uma espécie de cianeto e enche três frascos. Em 2 de julho de 1981, vai de trem até o bosque de Fausses-Reposes, em Versailles. Após uma caminhada no meio da floresta, detém-se no cruzamento de três caminhos. Ali, pega os três frascos e ingere a substância mortal que o fulmina na hora. Tinha 39 anos.

Michel Thomé ocupa-se mais tarde de reunir em três volumes as cartas e os papéis de trabalho daquele que havia sido o último grande companheiro de Lacan: um passador de trevos com sorriso de anjo.

3. PSICANÁLISE, GRAU ZERO

OS ANOS 1977-8 MARCARAM PARA LACAN e para sua escola a entrada num longo crepúsculo. O suicídio de Juliette Labin conduziu a EFP a uma crise institucional que eclodiu em janeiro de 1978 por ocasião do congresso de Deauville.[1] A criação na universidade de Paris VIII-Vincennes de uma seção clínica e o processo de dogmatização induzido pelo avanço milleriano no centro do lacanismo contribuíram para fazer dessa crise o anúncio de uma verdadeira derrocada. Esta foi tanto mais forte na medida em que, naquele ano, o movimento Confrontação, animado por René Major e Dominique Geahchan, adquiria uma amplitude considerável ao reunir os dissidentes das diferentes instituições psicanalíticas descontentes com a burocracia de suas respectivas sociedades.[2]

Em dezembro de 1976, quatro anos após a publicação de *O anti-Édipo*, onde Deleuze e Guattari faziam uma crítica talentosa do conformismo psicanalítico, é a vez de François Roustang atacar num registro bem diferente. Seu *Un destin si funeste* [Um destino tão funesto] era um livro iconoclasta que ridicularizava os efeitos de idolatria próprios do freudismo e do lacanismo.[3] Mas, em vez de se inscrever, como *O anti-Édipo*, na crítica interna à história do estruturalismo, denunciava o conjunto do sistema de pensamento elaborado por Lacan como uma doutrina totalitária, e até mesmo como um Gulag do espírito. Ao mesmo tempo, pretendia revalorizar o ideal de um humanismo fundado numa crítica generalizada à noção de determinismo estrutural.

Essa crítica não era em nada sartriana. Visava reduzir a teoria freudiana a um puro discurso transferencial e a considerar toda doutrina como a arma de uma loucura que serve para enlouquecer o outro. Roustang atacava o que chamava o "anti-humanismo teórico" de Lacan, Foucault e Althusser, para defender uma nova ordem moral: o indivíduo contra a sociedade, o ofício contra a aventura intelectual, o homem contra a teoria suspeita de ditadura.

Em abril de 1977, Cornelius Castoriadis, ex-membro da EFP e próximo do Quarto Grupo, publica na revista *Topique* uma resenha elogiosa de *Un destin si funeste*, onde dizia: "As ideologias que infestaram de uns quinze anos para cá a cena parisiense — e entre elas a 'psicanálise' à Lacan foi um ingrediente essencial — entraram em fase de decomposição".[4] Num longo arrazoado de extrema violência, ele fazia um balanço inteiramente negativo do período estruturalista, acusando indistintamente Foucault, Barthes, Lacan e Althusser "de efetuarem operações diversionistas em favor do PC",[5] ou seja, de se utilizarem da noção de significante para mascarar as monstruosidades do stalinismo e do maoísmo. Atacava também Deleuze e Guattari, qualificados de "bravos e improváveis professores de filosofia, de súbito transformados em profetas da esquizofrenia dos ex-marxistas ortodoxos que tentam aspergir o universo, a despeito de toda economia, com seu fluxo libidinal etc.".[6]

Por trás desse formidável acerto de contas, o documento-testemunho em três volumes de Alexandre Soljenitsin, *O arquipélago Gulag*, publicado em 1974-5, servia de pano de fundo a uma crítica radical do marxismo e do socialismo real. Seguindo essa orientação, Castoriadis propunha uma concepção bastante simplista da história da psicanálise, segundo a qual esta teria sido ao mesmo tempo um fermento da decomposição do mundo ocidental e um produto dessa decomposição. Em 1938, Lacan havia sugerido tese idêntica de forma bem mais complexa e magistral. Nessa perspectiva, Castoriadis reconhecia-lhe o mérito de ter sabido abalar o "cretinismo" dos "pseudo-especialistas" do freudismo mediante um apelo a disciplinas externas. Mas dizia também que Lacan, com o passar dos anos, havia acabado por impedir todo o mundo de pensar, à força de fazer todo pensamento depender de sua própria pessoa. O essencial da diatribe desembocava na questão da duração das sessões:

Essa prática é vergonhosamente pública há vários anos, com [...] a cumplicidade por omissão da grande maioria dos analistas não lacanianos [...]. Roustang não menciona o escândalo das sessões reduzidas sistematicamente a alguns minutos — por muito tempo apanágio do mestre mas que há muito se tornou *a* prática dos lacanianos. Escândalo para o qual se buscaria em vão — e não sem motivo — uma "teorização" qualquer, mas do qual se conhece a dissimulação sob o vocábulo mentiroso de "duração variável".[7]

Em 1977, Lacan havia reduzido de fato a duração da sessão a alguns minutos, e isso constituía realmente um escândalo. Mas Castoriadis enganava-se ao afirmar que *todos* os lacanianos, isto é, *todos* os membros da EFP, o imitavam. Nessa época, ao contrário, somente alguns discípulos do mestre haviam adotado o princípio da dissolução progressiva do tempo da sessão a menos de dez minutos. Alguns haviam escolhido como ponto de referência uma duração de vinte minutos. Mas a grande maioria atinha-se a pelo menos trinta minutos por sessão para as análises no divã realizadas três ou quatro vezes por semana, e 45 minutos para as análises face a face de uma sessão por semana. Por seu lado, os analistas da IPA observavam os 45 ou cinqüenta minutos cronometrados, nisso imitados por alguns lacanianos. Castoriadis também se enganava ao dizer que a prática de Lacan era mascarada em sua escola ou ocultada pelos não lacanianos. Ao contrário, estava claramente exposta, a ponto de ter-se tornado um dos sintomas maiores da crise que atravessava a EFP.

Após a ruptura com a IPA, Lacan ficou liberado de toda coerção institucional. Conservou mais ou menos a mesma técnica de análise, continuando a misturar todos os gêneros e a reduzir a nada as regras clássicas. Não apenas não hesitava em tomar em análise vários membros de uma mesma família, como mantinha com os pacientes relações de amizade: o que não o impedia de separar radicalmente o domínio do afeto do do divã. Tampouco hesitava em analisar suas amantes, ou em escolher estas entre seus discípulos em supervisão ou em análise. Sob esse aspecto, conservava certa coerência. Por exemplo, jamais utilizava o divã para transgredir a proibição da sexualidade; jamais constrangia ou ameaçava alguém, jamais buscava trocar um reconhecimento ou um título por um favor; enfim, jamais obrigava alguém a pagá-lo. Lacan era um *sedutor*, não um *ditador*; governava por meio da fala e segundo a arte da servidão voluntária, jamais pela manipulação, a trapaça ou a corrupção. Assim, por exemplo, jamais serviu-se de seu poder transferencial para explorar um doente mental ou uma pessoa deficiente... Com as mulheres, ou analisava algumas daquelas com as quais tivera ou tinha relações carnais, ou fazia a corte a outras que eram suas pacientes, mas *sempre* fora do local onde se desenrolava a análise.

Animado de uma curiosidade insaciável, ele explorava todas as figuras possíveis do vínculo transferencial. Da análise didática à análise terapêutica, do seminário ao passe e da supervisão à apresentação de doentes, interrogava-se permanentemente sobre a significação profunda da coisa inconsciente. A partir do momento em que se tornou chefe de escola, instaurou com seus "súditos" [*sujets*, sujeitos] uma espécie de monarquia espiritual em que se mesclavam o exercício da liberdade e o princípio do amor socrático. Entre 1964 e 1979, a duração das sessões não cessou de diminuir e de forma considerável. Lacan não recusava ninguém e não punha limite à adoração de que era o objeto. Conduzia-se ao mesmo tempo como criança caprichosa e como mãe nutridora, agindo assim contra sua teoria. Esta denunciava a onipotência do eu, ao passo que ele próprio afirmava o primado de seu eu. Não apenas alguns veteranos da terceira geração prosseguiam com ele uma supervisão interminável, ou uma análise sem fim, ou um segundo segmento de análise, como também os jovens afluíam em massa, a tal ponto a aventura do lacanismo respondia a suas aspirações. Lacan habituou-se assim a não mais marcar sessões com hora fixa, e o apartamento da rua de Lille transformou-se numa espécie de asilo onde todos circulavam entre as revistas de arte, os livros e as coleções.

Numerosos testemunhos, muito diferentes uns dos outros, permitem compreender o que foi a prática de Lacan nos últimos quinze anos de sua vida.[8] O primeiro, intitulado *Le pitre* [O farsista], apareceu em 1973 sob a autoria de François Weyergans. Primeiro romance de um jovem escritor, esse longo relato de análise com Lacan foi também o único publicado enquanto este vivia. Aliás, tratava-se de uma ficção bastante distanciada da realidade. O doutor era chamado de "Grão-Vizir" e assemelhava-se simultaneamente ao marquês de Sade, a Cagliostro e ao Pai Grandet de Balzac. Ele fascinava o narrador por seu amor aos objetos e por sua arte de roubar-lhe dinheiro até mesmo do bolso. Não hesitava em enviá-lo ao bordel ao encontro de uma soberba criatura que haveria de curá-lo de sua impotência.

O segundo testemunho foi o de Stuart Schneiderman. Publicado em Nova York em 1983 sob o título *The death of an intellectual hero* [A morte de um herói intelectual],[9] misturava alegremente as fantasias com os rumores e a hagiografia com as anedotas da vida privada, para apresentar aos americanos a imagem de um Lacan mestre zen. Pela primeira vez, no entanto, era explicada sem desvios romanescos a realidade das sessões reduzidas a alguns minutos: "Havia algo do horror da morte nas sessões curtas, nessas sessões de psicanálise cuja duração não se podia saber de antemão [...]. O efeito conjugado da brevidade das sessões e da imprevisibilidade de seu fim cria uma situação que encoraja muito as tendências à livre associação. Você diz quase de imediato, espontaneamente, tudo o que passa por sua cabeça, pois não tem tempo de ruminar, de buscar a melhor formulação".[10]

Vieram a seguir os testemunhos, muito curtos, por nós reunidos em 1986 no segundo volume da *História da psicanálise na França*.

Em 1989, Pierre Rey redigiu um longo relato intitulado *Une saison chez Lacan* [Uma temporada com Lacan], primeiro livro consagrado à história completa de uma análise com ele. Escrito de forma arguta, simples e elegante, o texto era construído como uma grande reportagem, sem fofocas nem conversa fiada, sem falsas interpretações nem hagiografia. Jornalista do *Paris-Presse* e depois do *Paris-Jour*, Pierre Rey tornou-se mais tarde redator-chefe da revista semanal *Marie-Claire*. Ele havia procurado Lacan a conselho de um amigo analista, que viria a suicidar-se, cognominado "o Gordo". O tratamento começou no final de 1969. Durou até 1978, desenrolou-se face a face e custou um preço exorbitante.[11] "Minha confusão dos valores era total. Tornou-se aberrante no dia em que descobri o jogo por tédio das festas elegantes. Eu deixava cada vez mais cedo a mesa de jantar para ir sentar-me na mesa de jogo. Em pouco tempo, permanecia pregado nela doze horas de enfiada, das três da tarde às três da madrugada, ao ritmo da pulsação do coração dos cassinos, trinta vidas e trinta mortes a cada trinta minutos, entrecortados de purgatórios em que os crupiês baralhavam as cartas antes do início de uma nova rodada."[12]

Ao cabo de três meses, o paciente melhora. Seus sintomas fóbicos haviam desaparecido. A análise prossegue porém a um ritmo alucinante, sempre girando em torno da questão do suicídio, do sexo, do tempo, do dinheiro e das obras de arte. Um dia, Rey encontra uma das amantes de Lacan que prosseguia sua análise na rua de Lille: "De uma beleza exagerada de boneca perfeita, vestida com requinte e com o rosto mais pintado que uma puta, ela irradiava uma aura de magnetismo sexual...".[13] Ele a leva para um hotel e passa a noite com ela. No dia seguinte, conta a história a Lacan, que lhe faz uma cena de ciúme. Outro dia, traz à sessão um álbum de desenhos seus, intitulado *Les enfants de Phallo*. Tratava-se de 69 variações sobre o tema da "falologia". O autor possuía um único exemplar. Lacan olha os desenhos e pede ao paciente para deixar-lhe a coletânea por alguns dias: "Três semanas mais tarde, vendo que ele não fazia menção de devolver, quis recuperá-los. Voltou a dizer-me o quanto os apreciava e perguntou-me com ares de cobiça, numa frase retorcida, se por acaso — isso o deixaria muito sensibilizado — eu não aceitaria oferecê-los a ele. Eu lhe teria dado de bom grado meu sangue, não meus desenhos [...]. Lacan pediu a Gloria para tirar fotocópias".[14]

Uma cena assombrosa mostra os riscos que Lacan corria ao aceitar em seu divã os casos mais difíceis, e notadamente os tratamentos de suicidas potenciais. Uma noite, Pierre Rey acompanha até em casa uma mulher à qual pergunta por que vinha ao doutor. Num tom de voz calmo, ela conta-lhe que havia se jogado do oitavo andar com seu filho nos braços. Protegida por esse "fardo" que "recebera o choque em seu lugar", havia sobrevivido. No consultório de Lacan, ela permanecia longas horas na biblioteca entre suas sessões.

O relato publicado por Jean-Guy Godin, um ano após o de Pierre Rey, sob o título *Jacques Lacan, 5 rue de Lille*, era o primeiro livro a retraçar a história da análise de um psicanalista ao mesmo tempo em supervisão e em tratamento com o mestre. Redigido num estilo um pouco pesado, o texto fornecia não obstante preciosas informações sobre a técnica lacaniana de análise, sobre a organização do apartamento da rua de Lille, sobre a dissolução progressiva do tempo das sessões e, principalmente, sobre a extraordinária avidez de Lacan em relação ao dinheiro: "Aos que vinham pela primeira vez e se inquietavam com o preço a pagar [...], ele sussurrava: 'Você me dará uma coisinha qualquer, meu caro!...', 'Deixe-me então uma coisinha qualquer...', num tom de voz tremelicante, agudo, de um *lazzarone* [indigente] napolitano".[15] Godin sublinhava, aliás, o quanto ele próprio e alguns de seus colegas tinham igualmente uma grande preocupação de rentabilidade em seu desejo de se fazerem analisar pelo célebre doutor: "É que, para cada um de nós, Lacan era uma sociedade, uma sociedade por ações de que detínhamos, cada qual, uma parte; tanto mais que, naquele começo dos anos 1970, sua cotação não cessava de subir. Mas ele não nos pertencia de fato, mesmo se tínhamos a ilusão de pagar uma parte, de comprar um pedaço dele, e por ora aquela ação implicava deveres; quanto aos dividendos, eles viriam — se viessem — mais tarde, bem mais tarde".[16]

No mesmo ano, Françoise Giroud dedica um capítulo de suas *Leçons particulières* [Aulas particulares] ao relato de sua análise com Lacan que havia durado quatro anos, de 1963 a 1967, com quatrocentas sessões, cada uma com duração aproximada de vinte minutos. Nesse período, Lacan ainda não havia adotado o ritmo das sessões ultracurtas como o fará posteriormente. Ele conhecera Françoise Giroud no *L'Express* ao mesmo tempo que Madeleine Chapsal: "Eu havia tentado um suicídio, bem preparado, e fracassara [...]", escreve ela. "Os analistas se protegem dos suicidas potenciais. Um suicídio na clientela causa sempre mau efeito. Lacan os aceitava."[17] Após esse episódio consecutivo à sua ruptura com Jean-Jacques Servan-Schreiber, Françoise Giroud refugiara-se no Sul da França onde Lacan foi procurá-la para levá-la a uma apresentação do *Don Juan* de Mozart, no festival de Aix-en-Provence. No caminho de volta, ela solicitou-lhe uma análise. Ele logo compreendeu que ela corria o risco de reincidir, e a aceitou: "Quando comecei essa análise, minha vida privada era um terreno vago. Quando a terminei, pude reconstruir com um homem uma relação harmoniosa e sólida sobre uma nova base".[18] Essa análise bem-sucedida, e que se desenrolou de uma forma mais clássica, foi conduzida quando Lacan já tinha em análise o filho de Françoise, que haveria de morrer em 1971 num acidente de esqui. Em 1968, ele também recebeu em seu divã Caroline Eliacheff, a filha de Françoise que, após estudos médicos, se tornará psicanalista.[19]

O apartamento da rua de Lille, 5, situado no fundo do pátio, na sobreloja, era ao mesmo tempo um consultório de analista e um domicílio. Lacan dormia num quarto muito confortável. Outras quatro peças serviam para receber visitantes e analisandos. A sala de espera, bem junto à porta de entrada, era sobriamente mobiliada: uma jardineira de metal pintada, uma mesinha de centro talhada em mogno e um porta-revistas em madeira laqueada preta, na qual se dispunham abundantes exemplares de *L'Oeil*, enviados por Georges Bernier.

Essa primeira sala dava para uma peça intermediária, que por sua vez se abria às duas peças seguintes: o consultório de análise, de um lado, e a biblioteca, do outro, apelidada às vezes de "masmorra". Nessa peça intermediária em forma de *no man's land*, onde Lacan preparava às vezes seus seminários, estavam amontoados numerosos livros, bem como uma grande quantidade de objetos dispostos numa vitrine: uma escultura de pedra representando um "nó", terracotas, esculturas de madeira africanas, baixos-relevos egípcios, bronzes do Extremo Oriente etc. Uma tela de André Masson ornava a parede acima da lareira: *Les baigneuses à la cascade* [As banhistas na cascata]. Sobre o mármore da lareira destacava-se uma fabulosa estatueta funerária malgache.

Pela porta da direita, entrava-se na biblioteca que servia de segunda sala de espera e continha dezesseis estantes com quatrocentos livros raros. Guarnecida de uma pequena mesa de mogno, de duas bergères de veludo framboesa e um par de poltronas, ela era dominada por um outro quadro de Masson: *Le joueur de dominos* [O jogador de dominós]. Quanto ao consultório de análise, situado à esquerda da biblioteca, entrava-se nele também pela peça intermediária, verdadeiro lugar de passagem aberto a todos os ventos.

Assim, o apartamento da rua de Lille parecia ilustrar a doutrina lacaniana. As peças estavam dispostas à maneira de quadrípodes, os pacientes circulavam por elas segundo um rito semelhante ao procedimento do passe, e a hierarquia dos aposentos lembrava o princípio do labirinto iniciático. Cada paciente encontrava ali um abrigo conforme a gravidade de seu estado. Uns podiam isolar-se na "masmorra", passar ali várias horas ou reunir-se em comunidade, enquanto outros podiam escolher organizar seu tempo à vontade. Nos períodos de maior afluência, a sessão durava poucos minutos; nas horas vazias, beirava os dez minutos.

Com freqüência, Lacan recebia os pacientes ao levantar da cama, vestido de um elegante robe e calçando chinelos pretos. Após algumas sessões efetuadas a grande velocidade, desaparecia para barbear-se, vestir-se e perfumar-se. Às vezes, pedia a Gloria para cortar-lhe as unhas. Gemia como uma criança a cada movimento da tesoura. Na maior parte do tempo, recebia em casa o alfaiate, a pedicure, o barbeiro, ao mesmo tempo que prosseguia suas análises. Na hora do almoço, deixava o número 5 para fazer suas refeições na casa de Sylvia.

Com essa organização do tempo e do espaço, Lacan havia acabado por abolir as fronteiras entre a vida privada e a profissional. Apesar da memória prodigiosa, com o passar dos anos começou a esquecer quem estava com ele em análise ou em supervisão, quem vinha trazer-lhe nós ou matemas, quem queria apenas visitá-lo. Foi preciso redigir fichas de identidade que Gloria conservava.

Das seis às oito da noite, uma certa Paquita vinha substituir Gloria. Jovem espanhola um pouco surda e fleumática, ela tolerava muito bem a estranha atmosfera da rua de Lille. Lacan deu-lhe o qualificativo de "pobre idiota" e habituou-se a berrar seu nome. Submetia-a a exigências extravagantes que ela cumpria com espantosa indiferença. Ordenava-lhe, por exemplo, que fosse buscar chá, depois chamava-a na metade do caminho porque havia mudado de opinião e queria outra coisa. Ela retornava, para partir com um novo pedido e voltar outra vez, até o esgotamento.

Em tais condições, a análise não ocorria mais no consultório do doutor. Desenrolava-se por toda parte. Primeiro nas diferentes peças da casa, depois no seminário, por fim no café Les Deux Magots onde os analisandos se reuniam para comentar o conteúdo ou a ausência de conteúdo de suas sessões, e para fazer às vezes interpretações rocambolescas dos gestos e das palavras do mestre. Assim, quando Lacan ficou surdo, alguns discípulos recusaram-se a aceitar a fraqueza da grande orelha idolatrada: "Ele não está 'surdoido'", disseram, "ele finge não escutar". Do mesmo modo, quando surgiram em 1978 os primeiros sinais de problemas cardiovasculares, as "ausências", os silêncios, os acessos de raiva, os intempestivos murros de Lacan foram considerados ora como sutis interpretações, ora como sinais de uma fadiga decorrente da idade. A presença do soberano e o chamamento encantatório daquilo que havia feito sua verdadeira grandeza eram suficientes para soldar uma frágil comunidade às voltas com a ameaça de uma morte anunciada.[20] O testemunho mais espantoso que recolhemos desse período é o de Houda Aumont. Ei-lo:

No momento em que decidi fazer uma análise, em 1974, eu era estudante e tinha 25 anos. Emigrada de origem argelina, havia militado em Genebra num grupo próximo da Esquerda Proletária e ficara muito decepcionada. Havíamos trabalhado muito, durante um ano, preparando uma grande manifestação em favor dos emigrados portugueses a título temporário, e, no dia marcado, quando havíamos mobilizado as massas, apenas um deles participou da manifestação. Eu havia entrado no esquerdismo pelo circuito dos "portadores de valises" e foi ao instalar-me em Paris que retomei os estudos. Havia começado a ler o Livrinho vermelho num sentido "antimachista" e acabei por me engajar no feminismo. Eu vivera na França até os quinze anos e, depois da independência, fora morar na Argélia com minha mãe. Não falava o árabe e sentia-me ameaçada pela educação opressiva que era dada às mulheres argelinas: uma exploração tipicamente muçulmana que excluía as mulheres de toda vida social. Após meu engajamento esquerdista, vi-me portanto de volta a Paris, em 1972, no grupo Psicanálise e Política. Sob pretexto de emancipação, achava-me de novo encerrada numa comunidade de mulheres em que a maior parte era homossexual, enquanto eu não o era. Na época, não conseguia ter contato com os outros e não era a comunidade feminina que podia me ajudar: como elas, eu via "homem em toda parte".

Durante certo tempo, nesse grupo, tive a ilusão de fazer uma análise coletiva. Tratávamos do machismo, da masculinidade, da pederastia e quase nada da feminilidade, pois pensávamos que esta era uma armadilha posta pelo homem. Passávamos o tempo a nos analisar, a fazer nossa crítica sob a orientação de Antoinette Fouque, nossa grande sacerdotisa. Havia reuniões que duravam muitas vezes até o sol raiar, com a idéia de fazer emergir uma espontaneidade da fala.

Essas reuniões eram verdadeiras torturas, mas guardei uma boa lembrança das festas entre mulheres em que havia um ambiente caloroso, uma espécie de descontração.

Estava convencida então de que devia começar uma análise com uma mulher. Fui à Escola Freudiana de Paris onde peguei endereços de mulheres analistas e, de passagem, o de Lacan. Claro que não pensava em me aproximar dele, mas havia escolhido ver Radmila Zygouris que também morava na rua de Lille. Ela não tinha horário vago e me passou a uma mulher que fez uma interpretação projetiva a meu respeito e com quem não prossegui. Marquei então consulta com Lacan para compreender o que havia se passado. Eu não o conhecia, mas sabia quem era. No primeiro encontro, a conversa durou cerca de uma hora e Lacan deixou muito claro que meu caso o interessava. No início, eu ia a cada quinze dias. Ele perguntou quanto eu podia pagar e, até o final, o preço da sessão permaneceu módico: de cem francos, nos primeiros anos, a 150, nos dois últimos. Eu chegava às quatro da tarde e, se me atrasava, ele me chamava a atenção. Era sempre muito pontual e colocava-me questões numa linguagem que eu compreendia. Retomava minhas palavras, minhas expressões, sem nenhum jargão.

Um dia, quando quis dar uma de boa aluna falando de fala vazia e fala plena, ele perguntou-me o que eu estava querendo dizer, para em seguida indicar-me que não era útil envolver-me com aquilo. Durante anos, tive a impressão de ser "enfeitiçada", mas Lacan não bancava o guru nem ostentava qualquer magia em sua prática. Tinha uma escuta fantástica, uma aproximação humana cheia de tato; sempre tive a impressão de que ele compreendia meu sofrimento e de que não zombava de mim.

O que me havia levado a Lacan era a história de meu pai. Ele vivia em Lille, e aliás, no mesmo dia em que eu marcara consulta com Radmila Zygouris, fui visitá-lo e aluguei um quarto em Lille. Meu pai era um homem silencioso, operário de profissão; havia se aproximado, durante a guerra de independência, do PPA de Messali Hadj, rival da FLN. Na verdade, ele abandonara a família pela militância. Em análise, descobri, com a ajuda de meu irmão, que meu pai havia matado um homem, um militante da FLN que denunciara à polícia francesa um partidário de Messali Hadj. Foi meu pai que recebeu a ordem de executá-lo. Por isso foi preso e condenado. Depois de alguns anos, e após a independência, saiu da prisão. Como meus pais tinham se divorciado e eu vivera com minha mãe, ignorava tudo aquilo. Minha mãe não nos dizia nada. Ao sair da prisão, meu pai estava inválido, tinha contraído uma doença pulmonar.

Lacan não apenas ensinou-me a reconciliar-me com meu pai, como me fez sair do militantismo feminista. Ele criticava a deriva da psicanálise selvagem, dita "coletiva". Encontrei em minha análise com ele um pai possível, afável, cortês, feliz de me ver e levando-me a agir na realidade, fazendo, por exemplo, que eu fosse ver meu pai com mais regularidade. A partir de 1974, eu havia começado a freqüentar um pouco cedo demais as fileiras da EFP e o círculo próximo de Lacan. Vendo-me um dia num coquetel, ele afastou-me desse meio dizendo-me que aquilo poderia prejudicar o bom andamento de minha análise, que a psicanálise era uma coisa séria e que era preciso dar tempo ao tempo para considerá-la. A partir de 1975, acompanhei seu seminário e as atividades da Escola. Conheci Laurence Bataille e tornei-me amiga dela. Nessa época, alguns analisandos, entre os quais eu, reuniam-se no café ou à beira da calçada para continuar ou recordar as sessões. Havia um clima inacreditável (sobretudo nos últimos anos): cada um permitia-se comentar as intervenções de Lacan à base de interpretações. O que era singular a cada um tornava-se facilmente questão comum.

Em minha análise, foi no outono de 1978 que as coisas desandaram. Em outubro, fiquei sabendo bruscamente que meu pai acabara de morrer de cólera. Cheguei transtornada à sessão e disse: "Meu pai morreu". Lacan permaneceu silencioso, de mármore. Isso, é claro, podia ser uma interpretação, mas tive a impressão de que não me ouvia, que não compreendia sequer o que eu dizia, que não estava lá. Naquele dia, sem esperar o fim da sessão, levantei-me e parti. Depois as sessões continuaram como se nada tivesse acontecido. Minha confiança estava abalada, mas eu mantinha a ficção da análise. Houve então sessões em que Lacan me interrompia logo na primeira frase: "Seria preciso dizer-lhe que...". Ele suspendia a sessão nesse "que", dizendo: "É exatamente isso...". Comecei a ficar deprimida e a chorar a cada saída de sessão. Evidentemente, queria dar um sentido a esse "que". Estava persuadida de que Lacan queria interpretar minha relação com a castração e o luto. Para me consolar, atirava-me então aos chocolates Debauve et Gallais. Em nove meses engordei nove quilos!

Depois compreendi o que me acontecia. Não reconhecia mais em Lacan o grande analista que ele havia sido. Continuava mantendo a ficção da análise, continuava indo às minhas sessões sem nada falar e num clima de loucura generalizada. Lacan fazia os pacientes virem todos os dias e punha alguns deles na rua com violência. Às vezes tinha acessos de cólera terríveis e dava murros. Manifestava "sham-rages" [raivas simuladas] semelhantes a "cóleras de leão". Um dia ele não suportou mais meu silêncio. Enquanto eu estava estendida, precipitou-se sobre mim com sua máscara de cólera e me puxou os cabelos: "Você vai falar!", disse. Eu estava chocada e precisei defender-me contra essa violência. Naquela mesma noite, ele me chamava para desculpar-se por seu gesto, insistia que eu voltasse às sessões. Outra vez, pediu-me que entrasse quando um paciente já estava deitado no divã. Observei isso a ele, que pareceu tomado de pânico e pôs-se a tremer. Estava completamente desorientado. Conduzi-o suavemente à sua mesa, auxiliada por Gloria que, nessas circunstâncias, demonstrava uma presença admirável.

Quando relatei a história dos cabelos puxados a meu pequeno círculo de psicanalistas, disseram-me que era uma interpretação. A mais saborosa foi: "Lacan puxou seus fios de cabelo [*tifs*, em francês]... Sétif [nome de uma cidade da Argélia], foi lá que você nasceu!". Havia um verdadeiro delírio em torno do significante, uma espécie de "beatificação" do significante. Comia-se Lacan, ele estava em nós, e se íamos, por exemplo, ao campo [*à la campagne*], não podíamos nos impedir de evocar "Lacanpagne"!

Interrompi minha análise alguns meses antes da morte de Lacan, percebia-o muito fatigado e queria respeitar o velho que ele era. Sua morte afetou-me muito e chorei. Alguns anos mais tarde, fiz um novo segmento de análise e foi então que pude colocar a questão do fim da análise. De minha parte, aceitava verdadeiramente abrir minha escuta à análise, reinventar minha própria prática, fora de todo mimetismo: abandonei, por exemplo, a prática das sessões curtas.[21]

Eis um outro testemunho, o de Claude Halmos, que seguiu com Lacan uma supervisão entre setembro de 1974 e julho de 1979:

Aos dezessete anos, iniciei uma análise com um terapeuta que utilizava a técnica do sonho acordado. Fiz em seguida uma outra terapia com uma analista em formação na SPP, e foi em 1969 que comecei meus estudos de psicologia e descobri os textos de Lacan. Mais tarde, pensei em tornar-me psicanalista. Minha terapeuta enviou-me então a um didata da SPP. A quantia a pagar por uma análise de formação era exorbitante e o didata propôs dar-me o endereço de um colega, não habilitado a conduzir análises didáticas, mas cujos preços eram menos elevados. A experiência me fez compreender que me era impossível seguir tal caminho para tornar-me analista.

Nessa época, eu dava aulas numa escola paralela para crianças em dificuldade. Lá convivia com pessoas que trabalhavam na Escola Experimental de Bonneuil, criada por Maud Mannoni. Logo entrei nessa escola como estagiária, e foi por intermédio de Christian Simatos, secretário da EFP, que vim a empreender uma análise com Francis Hofstein em 1971. Ignorava que ele havia sido formado no divã de Lacan. Eu não freqüentava o seminário, mas fui procurar Lacan no outono de 1974 para fazer uma supervisão. Para mim, ele era o único supervisor possível, uma espécie de pai. Eu trabalhava então como psicanalista num serviço de psiquiatria infantil na província. Ao telefone, fez-me repetir várias vezes meu nome antes de marcar um encontro.

Eu tinha o hábito de andar com uma grande bolsa que continha várias outras. Ao receber-me, Lacan observou: "Você tem realmente necessidade de tudo isso?". Depois perguntou quem era meu analista e por que eu queria me tornar uma. Querer ser analista estava ligado, para mim, ao fato de meu pai ter sempre recusado ensinar-me sua língua materna: o húngaro. Eu a ouvia sem entender sua significação. Estava em busca de um sentido. A sessão com Lacan durou três quartos de hora, ele fixou um preço e escutei: cem francos. Na verdade, tratava-se de trezentos francos. Lacan acrescentou: "Não gostaria de ser um fardo muito pesado". Era muito caro, mas eu disse que daria um jeito de pagar.

Eu ia uma vez por semana na hora do almoço. Não me lembro quanto tempo duravam as sessões, mas em geral eram longas: de vinte minutos a cerca de meia hora. Eu falava de vários casos. Lacan não demorou a dizer: "Isso é tudo o que tem a me trazer como supervisão?". Compreendi que não devia vir com material bruto, mas refletir previamente sobre as notas tomadas durante as sessões. Várias vezes, ele pontuava da seguinte forma: "Minha querida amiga, você é formidável". Eu ficava doente com isso. Disse-lhe que estava ali para aprender e que não podia acreditar que fosse formidável. Ele respondeu: "É exatamente esse o problema!". A propósito de um garotinho que tinha vários problemas e portava como patronímico um prenome de mulher, resolvi "dar uma de Lacan" e glosar sobre o significante.

Lacan trouxe-me logo de volta à realidade, interrogando-me para saber se eu havia perguntado à mãe se ela havia desejado essa criança. De maneira geral, ele evitava sempre transmitir um saber constituído, não indicava um "bom modo de fazer". Procurava compreender como eu funcionava e me obrigava a ser analista descobrindo de certo modo meu "estilo". Forçava o outro a não fazer economia de sua singularidade e, ao mesmo tempo, era rigoroso quanto aos princípios. Podia-se fazer tudo e dizer tudo, com a condição de manter com o paciente uma distância simbólica: por exemplo, ele não aceitava que se falasse de si a um paciente na análise.

Em 1976, tive de me ocupar de um menino de oito anos, psicótico, que havia feito várias tentativas de defenestração. Ele não sabia ler e fora expulso da escola porque dizia obscenidades de adulto. Essa criança havia tido uma primeira crise de epilepsia aos quatro anos de idade sobre o túmulo do avô paterno, e depois vários comas muito graves, todos inexplicados. Diagnosticaram-lhe encefalite, com um prognóstico bastante sombrio. A criança estava de certo modo condenada à morte pela medicina. Seu delírio consistia em inventar para si um irmão gêmeo ao qual havia dado um nome e que punha em cena colocando-se de ponta-cabeça. Lacan sublinhou que se tratava de um caso limite entre a medicina e a psicanálise. "Há vinte anos, casos como esse não eram tomados em análise", disse, "hoje, é preciso tomá-los." A mãe do menino era delirante, a avó materna era internada com freqüência, assim como o tio materno. O pai era perverso e punha em cena a loucura familiar. Ele me disse logo de saída: "Você não tem a pretensão de salvá-lo, tem?".

"É verdade que é um desafio", disse-me Lacan, "mas é um desses que precisamos enfrentar." Embora seu estado não permitisse dizê-lo claramente, os comentários que o menino fazia durante as sessões sobre seus desenhos e suas modelagens me fizeram pensar que ele havia sofrido e talvez ainda sofresse sevícias sexuais em sua família por parte de um homem: por parte do pai ou do tio, com a cumplicidade da mãe. Tive dificuldade em fazer entender isso a meus colegas e à Justiça; como eu não tinha provas, acreditaram ser fantasias. Entretanto, anos mais tarde, sua irmã mais jovem, que não delirava, chegará um dia na creche mostrando sua calça rasgada e dizendo que os pais haviam "brincado com ela".

Lacan acreditou em mim. Escutou-me sem ter visto as modelagens nem os desenhos e encorajou-me a recorrer à Justiça para retirar a criança de sua família. Ao longo de toda a análise, ajudou-me a agir na realidade para proteger a criança e, ao mesmo tempo, a conduzir com ela uma análise clássica. O tratamento consistiu primeiro em recolocar, para a criança, o mundo sob seus pés, para depois ajudá-la a reconstruir-se. Em breve o menino pediu que eu lhe desse mamadeira. Lacan disse-me que aceitasse: "Faça isso, afinal de contas é um recém-nascido". Ele pôde assim, aos poucos, desembaraçar-se de seu "gêmeo", que dizia ter boa saúde enquanto ele estava doente. A dissociação era tal que um dia tive uma amnésia em sessão: esqueci de avisar o menino de um exame médico. Contei isso a Lacan. Ele me disse: "Talvez ele seja esquizofrênico". As crises de epilepsia cessaram de uma hora para outra assim que ele foi colocado numa casa com interdição das visitas dos pais. Voltaram a se manifestar sempre que os pais conseguiram vencer o bloqueio. Ao cabo de dois anos e meio de tratamento, a criança teve distúrbios neurológicos que levaram à descoberta na medula espinhal de um tumor não maligno mas recidivante, que havia evoluído até então em silêncio. Ela foi operada. Acompanhei-a e, durante esse período, Lacan deu-me seu apoio: telefonava-me todos os dias.

Após a operação, o menino começou a dizer que não queria mais vir às sessões. Na verdade, ele me havia feito ocupar, na transferência, o lugar de uma mãe capaz de dar-lhe a vida, e agora me interrogava para saber se essa mãe podia suportar que ele vivesse sem ela. Mas não o entendi e não sabia o que lhe dizer. Lacan, sem me dar indicações, disse-me: "Você vai descobrir o que é preciso dizer-lhe e me telefonará para me dizer o que lhe disse". Ao falar assim, Lacan indicava-me o que eu devia dizer ao menino: que ele era capaz de se virar sozinho. Disse isso a ele. Ele escolheu continuar a análise e pouco a pouco saiu de sua loucura.

No final de 1978, notei que Lacan estava menos presente na supervisão. Fui incapaz de perceber a realidade de seu estado e de repente pus-me a pensar que seu mutismo e o encurtamento das sessões eram interpretações: uma forma de dizer-me que minha prática não era boa. Atribuía-me todos os erros. Mas meu analista fez uma interpretação que me ajudou: "Há Lacan", disse, "e o Lacan de sua transferência não é a mesma coisa". Decidi interromper a supervisão. Recebi então um bilhete de Lacan com uma rasura e uma escrita trêmula. Pedia-me para voltar e prometia ficar atento. Não voltei. Depois de 1981, fiz uma supervisão com Françoise Dolto e falei de novo daquele menino que tinha então treze anos. Haviam descoberto um tumor no cérebro inoperável. Acompanhei-o até o fim. Em minha última visita, estando ele moribundo, o pai, que estava à cabeceira, voltou-se para mim e disse: "Dessa vez, ele não responderá a você".[22]

À medida que afundava na monstração infinita do planeta Borromeu, Lacan colocava em prática uma fantástica dissolução do tempo da sessão. Pela primeira vez na história da psicanálise, um pensador genial, dotado de senso clínico fora do comum, ousava reduzir a cinzas o grande princípio técnico sobre o qual repousava todo o edifício transferencial construído por Freud. E esse gesto, Lacan cumpria-o em nome de um desafio lançado à ciência. Em poucos anos, de fato, ele transformou, com alguns pacientes, a sessão curta numa *não-sessão*. A passagem ao grau zero da sessão ia de par, aliás, com a tentação faustiana do matema e dos nós. Lacan não apenas permanecia mudo ao exibir cada vez mais suas tranças e seus anéis, como também perdia a escuta da fala efetiva de seus analisandos. Não escutava mais neles nem em si próprio a realidade de uma fala, mas buscava ouvir uma língua fundamental da psicose, semelhante àquela descrita por Schreber em suas *Memórias*: uma língua do *matema*, capaz de reduzir a nada o caráter aleatório de toda fala. A *não-sessão* foi o sintoma dessa busca: diferentemente da sessão curta, ela não permitia ao paciente falar — ele não tinha tempo para isso — nem não falar, já que não tinha tempo a perder.[23]

Muito poucos analisandos dos anos 1977-81 tiveram consciência da realidade da não-sessão; como se a absoluta dissolução do tempo, posta assim em ato, fosse impossível de perceber por aqueles mesmos que foram seus atores e testemunhas. Ainda hoje, a maior parte dos que participaram daquela descida aos infernos conserva a ficção de uma duração mínima.

Em relação ao dinheiro, Lacan tornou-se, com o passar dos anos, cada vez mais ávido, mostrando-se ao mesmo tempo avaro e pródigo. Manifestou também certa atração pelo ouro, a ponto de colecionar lingotes. Ao final da vida, tinha contas em quatro bancos.

Durantes uns dez anos, de 1970 a 1980, ele recebeu uma média de dez pacientes por hora, trabalhando cerca de oito horas por dia e vinte dias por mês, durante dez meses ao ano. Ganhou portanto, graças à psicanálise, cerca de 4 milhões de francos anuais, se contarmos que o preço da sessão de análise oscilava entre cem e quinhentos francos, e o das supervisões entre trezentos e quinhentos francos. Além do imóvel da rua de Lille, era proprietário de dois outros apartamentos: um ocupado por Marie-Louise Blondin, na rua Chazelles, e o outro por uma antiga governanta de Alfred. Quanto à Prévôté, fora estabelecida como sociedade civil imobiliária.[24]

Ao morrer, diferentemente de Balthazar Claës, Lacan era portanto riquíssimo: em ouro, em patrimônio, em dinheiro líquido, em coleções de livros, objetos de arte e quadros.

4. TÚMULO PARA UM FARAÓ

No outono de 1978, Lacan vai a Guitrancourt com Pierre Soury a bordo de seu automóvel. Na via expressa perimetral, a Mercedes branca derrapa e sai da pista. Lacan não sofre nada, mas, para os que o cercam, o pequeno acidente parece deixá-lo abatido. Sua fadiga se acentua e seus silêncios duram cada vez mais. O seminário daquele ano, o 26º, deveria versar sobre "A topologia e o tempo". Na sessão inaugural de 21 de novembro, Lacan perde a fala diante do auditório, que permanece tão silencioso e estupefato quanto ele. Todos olham para o ancião tomado de imenso cansaço e privado daquela voz que havia magnetizado, durante um quarto de século, gerações de intelectuais e psicanalistas. A sala estava à altura da tragédia. Enquanto desenha lentamente no quadro nós e tranças, Lacan confunde-se, volta-se para o público, fala por um instante de seu erro e deixa a sala. "Pouco importa", ouve-se murmurar, "nós o amamos assim mesmo."[1]

Apesar do silêncio que se instalava a cada sessão do seminário, ninguém queria aceitar que o velho mestre talvez estivesse doente. A partir de dezembro de 1979, quando foi decidida a dissolução da EFP,[2] começou-se a falar não da doença de Lacan — que, aliás, não se sabia nomear e não foi objeto de nenhum diagnóstico preciso —, mas de uma fadiga devida à idade. Diziam que o mestre se calava de propósito para melhor escutar, que sua lucidez continuava intacta e sua orelha sublime. Queriam esquecer o terrível sofrimento que o devastava e se exprimia por contrações do rosto: ora o riso, ora o choro.

Aluna de Clovis Vincent, neurologista de formação e amiga de longa data de Jacques e de Sylvia, Jenny Aubry, que sempre havia tido, em sua prática hospitalar, um senso agudo de obser-

540

vação clínica, percebeu, na primavera de 1979, que o mutismo de Lacan certamente devia-se a outra coisa que não uma fadiga decorrente da idade. Durante um almoço em que, por um breve instante, Jacques cessou de reconhecê-la, manifestando a seguir sua angústia por expressões do rosto estranhamente fixas, ela pensou que a paralisia facial que o acometera talvez tivesse sido provocada por rápidos distúrbios vasculares de natureza cerebral.[3] Ela não se enganava. Havia localizado, sem nomear, os sinais premonitórios de uma patologia de evolução muito lenta, que só se tornaria visível por volta de julho de 1980, sem jamais eliminar por completo a lucidez de Lacan: simplesmente, ele terá "ausências", acessos de raiva, automatismos e uma espécie de afasia difícil de atribuir à idade, à fadiga ou a uma depressão de origem psíquica.

Só algumas pessoas se deram conta das primeiríssimas "ausências" de Lacan, negadas por seu séquito. Pamela Tytell foi uma testemunha privilegiada: no final de 1978, foi vê-lo para entregar-lhe o manuscrito de seu livro. Ele a escutou, depois atrapalhou-se com os papéis. A braguilha de sua calça estava aberta e sua apresentação deixava a desejar, coisas absolutamente inconcebíveis num homem tão preocupado com sua pessoa. De repente, ele mirou fixamente a parede e disse: "Borboleta". Tomada de pânico, Pamela falou de sua preocupação a duas amigas que conheciam bem Lacan. Uma delas não quis acreditá-la, mas relatou por telefone o incidente a Miller, que recomendou o silêncio.[4]

Em novembro de 1979, após uma conversa com Sylvia, Jenny Aubry marca uma consulta para 18 de janeiro no serviço de neurologia de um grande hospital parisiense, a fim de que fosse efetuado um check-up do estado de saúde de Lacan.[5] Uma onda de calúnias é despejada sobre aquela que havia ousado apontar que o rei estava nu. Em várias lugares circularam panfletos nos quais, sob o nome de "Senhora A.", Jenny Aubry era acusada de ter dito que "Lacan perdia a cabeça", ou que ele "devia ser operado de um tumor do cérebro em 21 de janeiro".[6]

No dia 8 de janeiro de 1980, os membros da Escola Freudiana de Paris receberam pelo correio a famosa missiva, chamada "Carta de dissolução", datada do dia 5, em que era anunciada a vontade de Lacan de encerrar sua escola. Essa carta teve uma repercussão imediata e enorme na imprensa, e todos se puseram a comentar as passagens do texto: "Falo sem a menor esperança... Eu per-severo*... A estabilidade da religião provém de que o sentido é sempre religioso etc.".[7] Entretanto, a partir desse 8 de janeiro, uma leve dúvida começa a insinuar-se nas fileiras dos partidários da dissolução: naquele dia, Lacan, que há um ano quase não mais falava no seminário, põe-se a ler lentamente a carta com uma voz monocórdia, sem omitir uma única frase, mas enganando-se às vezes na decifração de certas palavras. Depois faz o seguinte comentário, que não figurava no texto enviado aos membros da EFP e divulgado a seguir pela imprensa: "Aí está o que assinei em meu nome, Jacques Lacan, em Guitrancourt, neste 5 de janeiro de 1980. Aí está. Será que é preciso acrescentar alguma coisa?".[8] A indicação era preciosa.

Entre 8 de janeiro e 10 de junho, houve ainda cinco sessões do seminário ao longo das quais a mesma cena se repetia: Lacan falava, é verdade, o que alegrava seu auditório habituado a vê-lo mudo, mas não falava mais como outrora. Lia textos datilografados que, em geral, apareciam logo em seguida no jornal *Le Monde*, e depois na revista *Ornicar?*. O mesmo aconteceu com as alocuções pronunciadas em 18 de março de 1980 no hotel PLM-Saint-Jacques, onde Louis Althusser o comparou a um "arlequim soberbo e lastimável", depois em Caracas, em 12 de julho, onde os "lacano-americanos" foram chamados a se reunir numa nova "causa freudiana".[9] Quanto às cartas e intervenções, assinadas ou não por ele, que acompanham o processo de dissolução e depois a criação da Causa Freudiana (CF), em 21 de fevereiro, e da Escola da Causa Freudiana (ECF), em 23 de outubro, eram da mesma natureza: se nada provava que não haviam sido redigidas por Lacan, também nada provava que ele as houvesse redigido. Por isso a explosão do movimento lacaniano em múl-

---

* No original, *père-sévère*, trocadilho entre "persevero" e "pai severo". (N. T.)

tiplas tendências, que durou de janeiro de 1980 a março de 1981 e se acelerou com a morte de Lacan, teve sempre como móbil recorrente esta interrogação: quem é o autor dos textos lidos por Lacan em seu último seminário? Quem é o autor dos textos enviados à imprensa e aos membros da EFP, trazendo ou não sua assinatura?

Em 1986, tentamos dar um começo de resposta a esse delicado problema ao publicar os testemunhos contraditórios dos dois principais organizadores da dissolução, Solange Faladé e Jacques-Alain Miller. Solange Faladé sublinhava que a decisão de dissolução fora tomada sem entusiasmo por Lacan, no dia 30 de dezembro, na casa de Miller: "Era preciso agir depressa, a fim de criar com ele alguma coisa enquanto ainda era tempo. Lacan não podia mais escrever. Ficou decidido que Miller redigiria a carta e que Lacan a corrigiria. Ele suprimiu as passagens que não desejava. Não voltei a Guitrancourt, mas, no primeiro fim de semana do ano, Miller telefonou-me para anunciar que a carta estava datilografada e pronta para ser enviada".

Jacques-Alain Miller afirmava, ao contrário, que Lacan era de fato o autor da carta: "Foi em 6 de janeiro, em Guitrancourt, que ele me entregou o texto da carta de dissolução, a ser divulgado no dia seguinte. Na manhã de terça-feira, passei na rua de Lille; os telefonemas não paravam; Serge Leclaire enviou um abraço; Lacan fez ainda algumas correções na carta antes de se dirigir ao seminário".[10]

Os dois protagonistas concordavam em dois pontos que ninguém hoje colocaria em dúvida: 1) Lacan estava perfeitamente lúcido quando decidiu, após discussão, dissolver a escola; 2) ele fez correções em sua carta. Quanto ao resto, o testemunho de Solange Faladé confirma a declaração feita por Lacan em 8 de janeiro: "Aí está o que assinei", declaração que aliás não foi jamais publicada. Pode-se sublinhar também que o texto original da carta de dissolução jamais foi divulgado, o que é lamentável em se tratando de documento tão controvertido.[11]

Ao preparar seus seminários e conferências, Lacan redigia sempre um texto, ou pelo menos notas manuscritas. Fazia o mes-

543

mo para os documentos oficiais da escola. Quanto às cartas, foram em geral escritas por ele à mão, com poucas exceções. Sob esse aspecto, não há nenhum motivo, em se tratando de textos tão fundamentais no plano simbólico quanto os desse período, para que Lacan não deixasse vestígio escrito. Não esqueçamos a importância que ele atribuía à fonte *escrita* para a história. É provável que Solange Faladé não se enganasse ao afirmar que Lacan não podia mais escrever em dezembro de 1979. Sabemos, com efeito, as dificuldades que teve para redigir, em junho de 1978, as seis folhas destinadas ao catálogo da exposição François Rouan. Aliás, todas as cartas escritas por sua mão que pudemos consultar, relativas ao período 1980-1, comprovam isso: em geral contêm apenas algumas linhas, cada vez mais trêmulas com o passar dos meses.

No começo de fevereiro de 1980, Lacan passou a hospedar-se na rua d'Assas, no novo domicílio que o genro e a filha acabavam de alugar. Aliás, ele era co-responsável, com Jacques-Alain Miller, pelo contrato de locação previsto para uma duração de seis anos.[12] Passava ali os fins de tarde e as noites, depois voltava à rua de Lille, sempre acompanhado, para receber os pacientes que, pouco a pouco, afastavam-se dele suavemente. Sofrimento atroz de parte a parte: Lacan sentia como um abandono insuportável essas partidas progressivas e fazia de tudo para conservar junto a si seus analisandos, os quais experimentavam uma forte culpa à idéia de abandoná-lo.

Pela força das coisas, e aquela decorrente da legalidade, o poder familiar encarnado pelos Miller, apoiado por Gloria Gonzalès, Abdoulaye Yérodia e, durante certo tempo, Laurence Bataille, tornou-se o único refúgio de Lacan. Nessa época, Miller começava a receber analisandos e a impor-se portanto não apenas como chefe de escola mas como praticante junto à nova geração analítica, pressionada a separar-se dos antigos companheiros do mestre. Co-autor de obras publicadas, co-locatário do domicílio onde habitava Lacan, esposo legítimo de sua filha preferida e pai dos filhos desta, Miller era o melhor situado para controlar a redação dos estatutos da nova Causa Freudiana, cuja criação fora anunciada em fevereiro. É nesse momento que explode a última crise que levaria à ruptura entre a família legal e a família psicanalítica.

Na recepção na Casa da América Latina onde foi festejada a dissolução jurídica da EFP, obtida por votação majoritária em 27 de setembro de 1980, tornou-se evidente que Lacan não tinha mais condições de governar seu grupo. Desde 20 de setembro, os mais próximos sabiam que ele estava com um começo de câncer no cólon. Ele próprio o havia diagnosticado, embora um médico consultado para essa finalidade nada descobrisse no exame retal: "É um idiota", disse Lacan, "sei o que tenho".[13] Na sua idade e no estágio em que se encontrava a doença, não havia risco de vida. O tumor era localizado e não invasivo, e, se a ablação tivesse sido efetuada nesse momento, teria possibilitado a cura. Só que Lacan recusou obstinadamente deixar-se operar. Tinha sempre manifestado uma verdadeira fobia em relação à cirurgia e a doenças físicas em geral, e não suportava nenhum atentado à sua integridade corporal.

A revelação desse câncer teve por efeito acelerar a queda da Causa Freudiana. De fato, uma "verdadeira" doença, identificada, permitia que todos abrissem os olhos para a "outra" doença, jamais nomeada, jamais diagnosticada, cuja existência só era percebida por sintomas espasmódicos inscritos num rosto e logo transformados em rumor. Na recepção da Casa da América Latina, houve portanto, pela primeira vez, uma espécie de tomada de consciência coletiva do que fora recalcado até aquele dia: "Ao anúncio da vitória", escreve Claude Dorgeuille, "Lacan, vagamente sorridente, não deu nenhum sinal de satisfação [...]. Parecia distante, apertando maquinalmente as mãos que se estendiam a ele, nem sempre parecendo reconhecer os que dele se aproximavam. Um breve conselho de administração, o último, teve lugar no primeiro andar, onde foi redigido o comunicado que anunciava que a EFP não mais existia. Lacan partiu sem ter dito uma só palavra".[14]

Octave Mannoni teve uma impressão idêntica: "Ele me fixou longamente como se tentasse me reconhecer, mas permaneceu mudo. Comovido por esse espetáculo, derrubei por descuido uma taça de champanhe. Ele não se deu conta disso. Gloria cuidava dele como de um retardado".[15] E Maud Mannoni: "Seus amigos o haviam levado como um fetiche para celebrar a dissolução de sua própria escola. Ele estava sentado sozinho numa mesa, com Gloria no papel de mãe. Não reconhecia ninguém. Seu olhar era vazio, sua mão inerte. A partir dessa data, durante um ano, será arrastado por seu séquito a múltiplas reuniões para legitimar por sua presença o que se fazia em seu nome. Assistíamos à exibição indecente de um grande doente [...]. Lacan havia emudecido totalmente, mas o impacto de sua lenda era tal que as pessoas sugestionáveis o ouviam falar em seu silêncio".[16]

No dia 10 de outubro, Lacan vai ao Sainte-Anne para sua última apresentação de doentes, organizada há vários anos por Marcel Czermak, membro da EFP e assistente de Georges Daumézon no hospital Henri-Rousselle desde 1972. Czermak percebera, em junho de 1978, que Lacan começava a ter dificuldade de examinar corretamente os doentes. No final do ano, vários colegas psiquiatras do hospital haviam notado um declínio em seu comportamento, que atribuíram a distúrbios cerebrais: foi especialmente o caso do professor Louis Mérienne, neurocirurgião.[17]

No reinício do ano acadêmico de 1980-1, Czermak constatou em Lacan, com tristeza e emoção, uma hiper-salivação anormal, uma assimetria facial, um andar dificultoso em pequenos passos, perturbações do caráter com irritabilidade, uma orientação temporal e espacial deficiente. Para a apresentação de 10 de outubro, Miller pediu que a reunião fosse realizada não no anfiteatro, mas em círculo privado. Fizeram entrar um doente, Lacan escutou-o por alguns segundos, levantou-se, formulou três palavras e deixou o recinto. Depois disso, as apresentações foram interrompidas.[18]

Por seu lado, Jean Clavreul havia notado os mesmos sintomas no verão de 1978: "Uma dificuldade crescente em tomar iniciativas e uma impossibilidade quase completa de enfrentar situações de conflito [...]. Em face dessas manifestações indiscutíveis de doença, é preciso opor o aparente controle durante o seminário de 1979-80 e no congresso de Caracas. Convém observar que esses seminários foram lidos por Lacan, e não falados como ele sempre fizera".[19]

Eis, ao contrário, como Jean-Louis Gault, membro da atual ECF, conta em 1992 a maneira pela qual percebeu os problemas de Lacan, quando se achava em análise com ele entre 1976 e 1980:

Quando diziam que ele não havia redigido seus últimos seminários, isso me parecia completamente grotesco, na medida em que estes se ajustavam perfeitamente ao que ele sempre havia afirmado, ao que se podia adivinhar de seu desejo [...]. Se me tivessem mostrado que uma outra pessoa é quem pronunciava o seminário, isso não teria modificado em nada minha convicção. Eu ia além da constatação empírica (isto é, que era ele que pronunciava seu seminário), constatação que sempre poderia ser questionada. Sempre poderiam acusar-me de ser enganado por meus sentidos, quando eu era arrebatado pela lógica da ação de Lacan, por seu desejo, o que não decorria simplesmente de sua presença física ou de sua força. Não importa que ele tivesse fraquezas físicas, isso não modificava em nada o que eram seu desejo e sua relação com a psicanálise.[20]

Em 13 de novembro de 1980, Lacan ditou e depois assinou perante o tabelião e em presença de duas testemunhas, um médico e Gloria Gonzalès, um testamento datilografado em boa e devida forma, pelo qual instituía como herdeira universal a filha Judith, e, em caso de falecimento anterior, os filhos dela. Nomeava Jacques-Alain Miller executor testamentário de sua obra publicada e não publicada, sem nenhuma instrução concernente a esta.[21]

Um mês mais tarde, a ruptura entre Miller e a maioria dos companheiros de estrada de Lacan se confirmava: motivada, de um lado, pela eventual locação do prédio da EFP à nova Causa

Freudiana; de outro, pela redação dos estatutos. Foi Charles Melman, o analista de Miller e seu aliado durante todo esse período, quem passou ao ataque e acusou este último de usar "textos apócrifos":

A situação atual merece que um "velho" tome a liberdade de dizer onde nos encontramos. A Causa Freudiana, com efeito, vem revelando desde o berço uma malformação que corre o forte risco de dominá-la, quando não de converter-se em monstruosidade. Por quê? Porque tudo nela se decide e se inscreve em nome de Lacan, quando convém saber que este só participa das medidas tomadas por uma assinatura doravante automática. Esse é um fato doloroso. Difícil também de perceber, tanto o dissimula [*sic*] a esperança que têm os discípulos de ver Lacan erguer finalmente uma organização nova e à qual possam invocar com honra. É preciso, porém, reconhecer com constrangimento: a Causa Freudiana se faz sem Lacan, mesmo se temos a chance de tê-lo entre nós. Essa carência devida à idade e à fadiga deixa assim o campo livre aos que dispõem de sua assinatura, e até de sua voz, e deste modo podem fazê-lo endossar, ou mesmo articular, textos apócrifos, postos a serviço de uma causa que é pouco freudiana. É muito espantoso que os exegetas dos escritos de Lacan não tenham notado, com o passar dos meses, o maneirismo um pouco forçado dos textos difundidos em seu nome e a ausência cruel de qualquer idéia nova, com exceção de uma ou duas, retiradas de velhos rascunhos.[22]

Serão necessários doze meses portanto, e uma série de acontecimentos ligados à dissolução, para que enfim seja reconhecida oficialmente, pelo círculo mais próximo de Lacan, a existência de problemas cujos sintomas Jenny Aubry havia percebido e que lhe valeram uma campanha de calúnias.

Para Miller, ao contrário, esses ataques tinham por objetivo "enterrar" o mestre:

Lacan por muito tempo ofereceu aos seus uma imagem soberba de potência, de turgescência vital. É preciso ver como então se congratulavam, como "mais-gozavam", se ouso dizer, por ter como dirigente um homem extraordinário, que analisava multidões da manhã à noite, mas também escritor e sábio, erudito e faustoso, irresistível, intratável, enfim, um homem como não há outro, um homem, isso eu vi, que vivia três segundos em um, como disse Baudelaire. Ei-lo idoso, muito idoso [...]. Muitos dos que o veneravam — por que não o admitem? — prefeririam tê-lo morto, já enterrado, "a dois passos da mais vil terra", está escrito.[23]

Mas não era mais possível, no início de 1981, negar a evidência. E, embora acusasse seus adversários de proferir horrores, Miller foi obrigado a admitir que a Escola da Causa Freudiana (ECF), sucessora da Causa Freudiana e cujos estatutos foram apresentados à prefeitura de Paris em 17 de janeiro, não havia sido fundada por Lacan.[24] Preferiu, para designar esse novo grupo lacano-milleriano, falar de "adoção", e afirmar que Lacan havia desejado que ele fosse a "escola de seus alunos" e não "sua" escola.[25]

Entretanto, o emprego do termo "adoção" colocava um problema, já que Miller se pusera progressivamente na difícil situação de falar e de escrever como Lacan, de ser sua voz e sua orelha, e de encarnar o legitimismo lacaniano. Ora, uma coisa é ser designado pela lei como executor de uma obra, outra é pretender, em nome dessa lei, encarnar a totalidade de uma legitimidade doutrinal. À força de não saber diferenciar os dois domínios, e de querer resolver pelo direito e por processos conflitos políticos e teóricos, Miller acabará levando a ECF a uma orientação dogmática. No momento de sua criação, esta carregou consigo noventa membros da EFP no entusiasmo de uma reconquista ainda não obscurecida pelas acusações levantadas contra sua fundação; dez anos mais tarde, ela continuava às voltas com uma dúvida relativa às suas origens, após ter sofrido uma série de demissões. As questões voltavam de forma recorrente: essa escola podia reivindicar, em face dos outros grupos lacanianos, um estatuto privilegiado? Estava habilitada a se prevalecer de um reconhecimento, pelo fundador, do qual as outras estavam privadas? Era ou não a filha legítima do pai? Tinha ou não o direito de invocar o nome-do-pai?

A esse respeito, um dos mais belos textos redigidos no calor da hora sobre a passagem da dissolução à criação da ECF foi o de Pierre Legendre: "Administrar a psicanálise". O autor mostrava que a transformação de Lacan em chefe de família legitimado pela lei conduzia não apenas ao naufrágio de sua obra, mas ao ódio à sua pessoa camuflado de amor.[26] Voltaremos a falar disso.

Às vésperas de sua morte, o fundador mudo havia juntado os significantes fundamentais de sua história e de sua doutrina sem dar resposta aos que o interrogavam. Como uma esfinge, vagava pelas montanhas do planeta Borromeu, saindo às vezes de seu silêncio para enunciar a verdade sob forma de enigmas.

Em 12 de agosto de 1981, Lacan estava sozinho em Guitrancourt. Judith e Jacques-Alain tinham partido de férias à Córsega, Sylvia estava na ilha de Ré, Gloria fora à Espanha visitar sua mãe entrevada. Quanto a Abdoulaye Yérodia, passava uma temporada em Dacar.

Também sozinho em seu domicílio parisiense, Thibaut recebe, tarde da noite, uma chamada telefônica; reconhece a voz enfraquecida e angustiada de seu pai:

"Por que você ligou?"

"Pelo prazer."

"Onde você está?"

"Em Guitrancourt."

"Quer que eu vá até aí?"

Lacan contentou-se em pedir ao filho que o visitasse dez dias depois. Foi o último diálogo deles: um último encontro falhado.

No dia 21, Lacan teve violentas dores abdominais e uma retenção urinária devidas a uma oclusão intestinal. A operação tornava-se assim indispensável. Gloria, de volta da Espanha desde

550

o dia 15, telefona de imediato ao médico. Este se apressa em levar Lacan a Paris e a hospitalizá-lo sob seu próprio nome, na mesma clínica Hartmann onde sua mãe morrera 33 anos antes. Judith, Jacques-Alain, Sylvia e Abdoulaye voltaram a Paris. Quanto a Thibaut, pediram-lhe que não fosse a Guitrancourt para o encontro previsto. Gloria disse-lhe que "tudo corria bem" e que a hospitalização fora precisa pela necessidade de "fazer exames". Como ele insistisse e se zangasse, ela confessou a verdade, mas afirmou que Lacan "não queria que ela dissesse". Durante todo o dia, o filho permaneceu junto ao leito do pai.[27]

O tumor continuava não sendo invasivo e os problemas vasculares não haviam evoluído. Duas soluções cirúrgicas eram possíveis: ou uma intervenção em duas etapas, com a colocação de um ânus artificial provisório, ou uma única intervenção com uma técnica nova de sutura mecânica. A primeira solução era mais segura, porém mais penosa para o paciente, a segunda mais arriscada, mas sem nenhum sofrimento, mesmo passageiro: era a preferida do cirurgião e de Miller, e foi adotada. Antes da operação, Lacan queixou-se das injeções e manifestou uma grande irritabilidade com as enfermeiras. Depois pareceu perfeitamente bem durante alguns dias. Mas, bruscamente, a sutura mecânica se rompeu, provocando uma peritonite seguida de septicemia. A dor era insuportável. Tal como Max Schur à cabeceira de Freud, o médico tomou a decisão de administrar a dose de morfina necessária a uma morte suave. No último instante, Lacan fuzilou-o com o olhar. Ele morreu na quarta-feira, 9 de setembro, às quinze para a meia-noite. Teve tempo de pronunciar estas palavras: "Sou obstinado [...]. Eu desapareço".[28]

O corpo foi levado em plena noite à rua d'Assas e o atestado de óbito passado em 10 de setembro, às nove horas, no cartório do VI distrito. Ele indicava que Lacan havia morrido "em seu domicílio da rua d'Assas".[29] Avisado por Thibaut, Marc-François vem imediatamente da abadia de Hautecombe, acompanhado da irmã Madeleine. Para seu grande pesar, ele não tivera a possibilidade de assistir o irmão em seus últimos momentos.

Quanto a Sibylle, que estava em Viena, também foi avisada demasiado tarde e não pôde ver o pai antes de este morrer.[30]

Um especialista formado no Instituto Francês de Tanatopraxia foi designado pelo serviço funerário para efetuar a última toalete: vestimenta do corpo, modelagem das carnes e do rosto. Estendido em seu leito de morte, Lacan vestia um terno com quadrados azuis e violetas, e uma gravata borboleta.

Morto sob falso nome, depois declarado morto, no registro civil, num domicílio onde não havia morrido e do qual era simplesmente o co-locatário: tal foi o destino último desse grande teórico da verdade.[31]

Na manhã seguinte, a imprensa falada dava a notícia. Entre os lacanianos, que não tinham podido ver o corpo, os rumores mais insanos circularam. Alguns pensaram que os "inimigos" de Lacan tinham conseguido infiltrar-se nas ondas de rádio para fazer crer que ele havia morrido. Na rádio Europe 1, o apresentador julgou espirituoso afirmar que as más notícias se sucedem: "Lacan morreu e nuvens aproximam-se a oeste". À noite, na televisão, alguns trechos da conferência de Louvain deram dele uma imagem de guru. Somente a imprensa escrita e a TV France-Culture apresentaram matérias consistentes, e apenas o jornal *Libération* teve a audácia de misturar artigos de fundo com slogans redigidos em "estilo lacaniano": "Tout fou Lacan",* ou ainda: "Lacan fait le mort comme tout le monde" [Lacan finge-se de morto como todo o mundo], "Lacan n'est plus, que Lacan même"** etc.[32]

---

* Literalmente, poderia ser traduzido por "louquíssimo Lacan". Mas a frase evoca também a expressão *Tu fous le camp* ("você está se mandando, está caindo fora") e também *Tout fut Lacan* ("Tudo foi Lacan") ou *Tu fus Lacan* ("Você foi Lacan") e outras mais. Esses jogos de palavras foram antes assinalados por Vera Ribeiro na tradução de Elisabeth Roudinesco, *História da Psicanálise na França*, vol. 2. (N. T.)

** "Lacan não é mais que Lacan mesmo." Mas a vírgula e a confusão fonética entre *même* e *m'aime* também sugerem: "Lacan não existe mais, que Lacan me ame". (N. T.)

552

O domicílio da rua d'Assas permaneceu fechado a todos os que haviam sido amigos e discípulos de Lacan. Alguns militantes da ECF foram autorizados a vir homenagear-lhe em delegação. A data dos funerais não foi anunciada publicamente e o lugar só foi conhecido posteriormente, pelo *Le Monde*. Na sexta-feira, quando festejava o cinqüentenário de sua ordenação, Marc-François celebrou uma missa na igreja Saint-François-de-Sales, em presença de Thibaut e dos filhos de Caroline. Sibylle estava ausente, o féretro também. Lacan era ateu, mesmo se, por fanfarronice, havia um dia sonhado com grandes funerais católicos. Marc-François propôs aos fiéis que rezassem pelo irmão. Lembrou que toda a sua obra estava impregnada de cultura católica, embora "a Igreja e o Evangelho não fossem essenciais nela".[33]

No sábado, umas trinta pessoas acompanharam o cortejo fúnebre pelo caminho de aldeia que leva ao cemitério de Guitrancourt. Entre os familiares, amigos de Sylvia: Michel e Louise Leiris, Suzanne Merleau-Ponty. Quanto à comitiva, uma simples delegação da ECF. Nem antigos companheiros, nem amigos pessoais, nem personalidades notórias. Marc-François não compareceu a essa despedida leiga na qual se reencontraram os membros desunidos das duas famílias. Thibaut fez um breve elogio de Lacan, enquanto Judith declarou que o homem ali enterrado era seu pai. Sobre o túmulo orientado em direção à colina e dominando a aldeia, palavras simples estavam inscritas em letras douradas: Jacques Lacan, 13 de abril de 1901 — 9 de setembro de 1981.

Num dia em que conversava com sua amiga Maria Antonietta Macciocchi, Lacan lhe havia dito num tom de confidência e com uma intensa emoção: "Ah! minha cara, os italianos são tão inteligentes! Se eu pudesse escolher um lugar para morrer, é em Roma que gostaria de terminar meus dias. Conheço de Roma todos os ângulos, todas as fontes, todas as igrejas... E, se não fosse Roma, me contentaria com Veneza ou Florença: existo sob o signo da Itália".[34]

A partir da morte de Lacan, as diferentes tendências lacanianas entregaram-se a furiosas batalhas que continuam até hoje. Do lado familiar, os filhos e netos de Marie-Louise Blondin, únicos detentores do patronímico, consideravam-se lesados pelo testamento de Lacan que concedia à família Miller a maior parte da fortuna do mestre e um poder de decisão absoluto sobre a publicação das obras passadas e póstumas. Durante dez anos, os dois ramos da família também se opuseram, por via judiciária, sobre o destino de certas obras de arte e de certas somas de dinheiro. Houve até uma investigação penal que concluiu por improcedência de acusação.

Na América, a notícia do falecimento não ocupou mais que algumas linhas do *New York Times*. Forma francesa do freudismo, o lacanismo havia ganho plenamente a batalha para implantar a descoberta do inconsciente em solo nacional. Mais do que isso, a obra desse mestre incomum era a única no mundo a ter dotado o freudismo de uma verdadeira arquitetura filosófica. Mas faltava ao movimento lacaniano a conquista dos grandes bastiões do freudismo legitimista que dominavam o Novo Mundo.

IX
HERANÇAS

O passado não iluminando mais o futuro, o espírito marcha nas trevas.
Alexis de Tocqueville

1. HISTÓRIA DO SEMINÁRIO

APÓS A PUBLICAÇÃO dos *Escritos* e a abertura da coleção Le Champ Freudien, colocou-se para Lacan a questão da edição de seu Seminário, com os mesmos problemas de retenção e de inibição que haviam surgido em relação a seus outros textos.

Já relatamos em parte a história movimentada da transcrição do Seminário.[1] Novos documentos permitem hoje que sejamos ainda mais precisos. Recordemos primeiramente algumas grandes etapas.

A partir de 1953, Lacan encarrega um estenotipista de transcrever seu seminário. Os textos estenografados são entregues a Wladimir Granoff, que se ocupava da biblioteca, e colocados à disposição dos membros da Sociedade Francesa de Psicanálise. Três anos mais tarde, e até 1959, Jean-Bertrand Pontalis realiza, com a aprovação de Lacan, excelentes resumos de "A relação de objeto", das "Formações do inconsciente" e de "O desejo e sua interpretação".[2]

Na mesma época, Solange Faladé propõe a Lacan os serviços de sua secretária para uma melhor estenotipia. Ela pensava também em utilizar o gravador, o que foi feito em 1962. Além disso, numerosos discípulos tomavam notas que são hoje uma fonte de informação excepcional. Lacan, por seu lado, oferecia facilmente, como brinde, as versões de seu Seminário, as quais corrigia com freqüência. Assim começou a constituir-se um culto da fala do mestre. Com a criação da EFP, desconfiando dos "ladrões de idéias", ele não deposita mais nada em parte alguma, mas deixa circular livremente as múltiplas estenografias executadas por seus ouvintes. Em 1963, uma equipe da clínica de La Borde, sob a direção de Jean Oury e Ginette Michaud, contribui para a difusão de centenas de exemplares dos seminários realizados a partir de gravações. Quando é criada a biblioteca da Escola Freudiana de Paris, a equipe guarda os estênceis no local. Nicole Sels, a bibliotecária, encarrega-se de arquivá-los com a ajuda de Gérôme Taillandier.

Lacan favorecia a difusão dos seminários, mas ao mesmo tempo a temia. Donde uma atitude ambivalente, como em relação à sua obra inteira. Assim como tivera necessidade de um "passador" para editar os *Escritos*, assim também esperava que alguém se encarregasse da transcrição de sua fala. E esse trabalho não podia ser feito por François Wahl, que continuava a ser seu editor na Seuil.

Em 1970, a tarefa é oficialmente confiada a Jacques Nassif, filósofo normalista e aluno de Althusser, que preparava uma tese de terceiro ciclo sob a orientação de Paul Ricoeur.[3] A EFP comprometia-se a pagar-lhe um salário na forma de antecipações de direitos pagos pela Seuil. Nassif propunha transcrever dois seminários por ano.[4] Ele encarregou-se de *D'un Autre à l'autre* [De um Outro ao outro], mas o projeto não teve continuidade.[5]

Em 1972, Jacques-Alain Miller, seduzido pelo sucesso de *O anti-Édipo*, cujo texto se originava de um ensino oral e de uma escrita a dois, aceita o desafio e lança-se ao seminário XI, o mesmo que havia marcado a entrada de Lacan na ENS. Parte para a Itália e redige em um mês uma versão a partir da estenografia. Lacan dá sua aprovação. Um projeto de contrato é então estabelecido pela Seuil, no qual o nome de Lacan aparecia como o único autor da obra a ser publicada numa série intitulada O Seminário.[6]

Lacan toma conhecimento do contrato e logo propõe a Paul Flamand que o modifique. Desejava um título geral mais claro: *O Seminário de Jacques Lacan*, seguido do título e do número de cada volume. Sublinha também que o lugar de Miller era subestimado e pede uma discussão mais precisa das condições a fim de "indicar a participação nos direitos para aquele sobre o qual repousa a continuidade do empreendimento".[7] Um contrato definitivo é então assinado entre todas as partes, estipulando que Miller tornava-se co-autor do *Seminário*, cujo estabelecimento ele assegurava, e pelo qual receberia uma remuneração. Era igualmente previsto que a obra devia aparecer na coleção Le Champ Freudien. Lacan recebia assim uma porcentagem suplementar enquanto diretor da coleção.[8]

A denominação *O Seminário* e a idéia de uma divisão do conjunto em volumes numerados eram de Miller.[9] Quanto à ordem na qual deviam aparecer as obras, ela mostrava uma concepção muito "milleriana" da história do lacanismo. Com efeito, o primeiro seminário publicado, em fevereiro de 1973, era o 11º da lista, ou seja, o do ano 1963-4 que marcava a ruptura de Lacan com a IPA, sua entrada na ENS e seu encontro com o futuro co-autor. O corte de 1963-4, pelo qual começava a instaurar-se uma leitura milleriana da obra de Lacan, servia portanto de pivô "retroativo" para uma separação dessa obra em duas vertentes: uma "anterior a Miller" e outra "posterior a Miller". Donde a adoção de uma dupla temporalidade. Cada ano veria a publicação simultânea de dois volumes: um para o período "pré-milleriano" (1953-63), outro para o período posterior. Em relação ao primeiro período, a ordem cronológica seria respeitada: I a XI partindo de I; em relação ao segundo, ao contrário, seria invertida, já que o seminário mais recente pronunciado por Lacan seria transcrito, retornando-se a seguir até o volume XI.[10]

Tal organização era impossível de respeitar. Primeiro porque Miller logo renuncia a publicar as obras ao ritmo de duas por ano, depois porque ele próprio deixa de obedecer às suas regras. Após a publicação do volume XI em 1973, dois outros volumes são editados em 1975 segundo esse princípio: o volume I (1953-4) e o volume XX (1972-3). Será preciso então esperar três anos para ver aparecer, em 1978, o volume II (1954-5), e mais três anos para o volume III (1955-6). Entre 1974 e 1977, Miller passa a transcrever em sua revista *Ornicar?* fragmentos dos seminários mais recentes (volumes XXII, XXIII, XXIV). Após a morte de Lacan, nada mais permanece da organização prevista no início, e os seminários são transcritos em ordem dispersa e sem nenhuma periodicidade: o volume VII (1959-60) é publicado em

1986, e o volume VIII (1960-1) em 1991, juntamente com o XVII (1969-70).

Ainda que a palavra *estabelecimento*, segundo Miller, tivesse sido tomada da tradição das belas-letras, ela não deixava de remeter à história do maoísmo. Depois de maio de 1968, chamava-se *estabelecimento* o ato pelo qual um militante decidia trabalhar em fábrica e tornar-se um "estabelecido" [*établi*]. Mas esse termo, nas fábricas de automóveis, também designa a mesa de trabalho improvisada em que o operário antigo retoca as portas antes de elas passarem à linha de montagem.[11]

Ao estabelecer o Seminário, Miller oferecia uma transcrição razoável das diferentes estenografias. Eliminava os equívocos, suprimia as redundâncias e inventava uma pontuação. O principal mérito desse trabalho era tornar acessível uma fala que não o era nas outras versões; seu principal inconveniente era aplainar a forma barroca e sempre em gestação da prosa lacaniana. Disso resultava um texto do qual Miller tornava-se o autor e Lacan o garante. Em conseqüência, *O Seminário* não mais se assemelhava inteiramente a uma obra de Lacan, sem ser completamente uma obra de Miller. O texto estabelecido traduzia o conteúdo de uma doutrina que, embora ainda lacaniana, revelava cada vez mais a marca da leitura milleriana.

Se François Wahl havia conseguido, com seu trabalho de editor, fazer dos *Escritos* um acontecimento fundador de longa duração, Jacques-Alain Miller, ao estabelecer o Seminário, obteve um resultado bem diferente. Jamais a edição dos *Escritos* suscitou a menor controvérsia. É verdade que houve muitas críticas, e certamente seria preciso hoje aperfeiçoar a edição dessa *Opus magnum*, acrescentando-lhe outras notas e variantes. Mas se tal revisão fosse efetuada, ela se faria no prolongamento do trabalho de Wahl. De fato, a ninguém ocorreria contestar a autenticidade dessa obra tal como existe há um quarto de século. Todos sabem com certeza que Lacan é seu único e verdadeiro autor, ainda que Wahl tenha deixado nela sua marca. E, quando os pesquisadores querem comparar as diferentes variantes do texto, fazem-no sem sentir a necessidade de desacreditar a versão definitiva. Ninguém jamais pensou em fabricar uma edição pirata dos *Escritos*, da qual se pudesse dizer que seria mais "autêntica" que a de Wahl, sob pretexto de que nela estariam versões ditas "originais" das conferências de Lacan.

Em seu encontro com os *Escritos*, Wahl foi um homem livre, sem outra ligação com o texto do qual se encarregava a não ser sua liberdade de julgamento. Assim deixou Lacan ser o único autor de uma obra que fazia dele o fundador de um sistema de pensamento enfim codificado por uma escrita.

Bem diferente é a situação do *Seminário*. Quando Miller lança a Lacan o desafio de uma possível transcrição, ele já era o representante de uma leitura milleriana de sua obra. Não um editor, como Wahl, mas sujeito investido de uma herança ideológica e familiar, e logo em seguida de um título contratual de co-autor. Em vez de fazer existir o texto por si mesmo, abstraindo-se dele, toma posse — jurídica e teoricamente — de um *corpus*.

Esse desejo de posse, aliás, era visível tanto no método empregado por Miller, que consistia em simplificar uma estenografia problemática, quanto nas escolhas editoriais que acompanharam a publicação. Hostil a toda forma de discurso universitário ainda que ele próprio fosse um puro produto disso, Miller opta por renunciar à erudição, não obstante indispensável a esse tipo de publicação. Na linha direta de seu engajamento político e de seu pragmatismo, faz do *Seminário* um objeto de leitura destinado às "massas", isto é, à nova geração psicanalítica pós-Maio de 1968, da qual ele se tornava assim, por herança, o porta-voz. O Seminário começa portanto a ser editado sem nenhum suporte que permitisse captar suas múltiplas significações ou suas infinitas variações: sem notas, sem índices, sem aparato crítico, sem bibliografia. E, para dar a ilusão de uma legibilidade evidente, Miller raramente corrige os numerosos erros cometidos por Lacan. Assim, por exemplo, deixa o mestre atribuir a Musset ou a Hugo citações de Balzac ou de La Rochefoucauld, empregar conceitos gregos errôneos, ou ainda enganar-se quanto a nomes ou noções. Além disso, não exige de Lacan, como o fizera Wahl, um verdadeiro trabalho de leitura e de reelaboração do texto.

Era como se tudo se resumisse, tendencialmente, a converter um pensamento erudito num instrumento de comunicação do discurso lacaniano.

Incontestavelmente, Lacan deu seu apoio a todo o empreendimento, contemporâneo de sua grande viagem pelo planeta Borromeu. Quando o *Seminário XI* sai da gráfica, ele fica furioso, não com a maneira como era apresentada a obra (com falhas e sem aparato crítico), mas com François Wahl e Paul Flamand, responsáveis, segundo ele, por deixar passar erros de impressão no texto e sobretudo em certos esquemas aos quais, na época, atribuía uma importância central. Qualifica a obra de "lixo realmente excepcional"[12] e pede, à guisa de reparação, a publicação imediata, em sua coleção, de um manuscrito de Pierre Legendre: *L'amour du censeur* [O amor do censor]. Paul Flamand aceita, lembrando aliás a Lacan que jamais tivera a intenção de recusar o referido manuscrito.[13]

Lacan apoiava inteiramente, portanto, o trabalho do genro. Entretanto, não tinha a mesma concepção que ele da noção de estabelecimento. No posfácio ao *Seminário XI*, utilizava a palavra *transcrição* e sublinhava que o trabalho de Miller não era um escrito, que Miller era autor sem ser signatário da obra, e que a transcrição traduzia, sem nenhuma perda, um discurso oral. Dito de outro modo, esta era assimilada por Lacan a um matema: uma tradução integral capaz de reduzir o inefável próprio da fala.

Em breve notícia explicativa, Miller adotava outra posição. Considerava, de um lado, que ele "não se levava em conta" como autor e, de outro, que sua transcrição apagava as estenografias originais: "Quisemos aqui não ser levado em conta e obter, da obra falada de Jacques Lacan, a transcrição que dará fé, e valerá, no futuro, como o original que não existe". Depois acrescentava: "É segundo os mesmos princípios que o texto de todos os anos do Seminário será estabelecido".[14]

As duas concepções eram perfeitamente antagônicas. Lacan fazia de Miller o único autor de uma transcrição que não apagava o original mas o restituía integralmente, ao passo que Miller pretendia não ser levado em conta numa transcrição da qual fazia de Lacan o autor, embora afirmando que doravante ela era a única a ser ao mesmo tempo legal e teoricamente fundadora. Em suma, Lacan dava da transcrição milleriana uma definição verdadeira em termos científicos, enquanto Miller se colocava como legislador, desde então investido de um direito de executor sobre a herança da obra. Nessa data, porém, ele ainda não tinha sido designado como tal por testamento. Além disso, associava a idéia de fundação teórica ao exercício de um direito.

A fusão entre a posição lacaniana e a milleriana ia tornar-se tão forte ao longo dos anos que as contradições se apagarão. Muitos são os que acreditam hoje que Lacan deixou no posfácio ao *Seminário XI* instruções sobre a maneira como devia ser editada sua obra oral, quando essas instruções estão contidas no prefácio de Miller. Devido à força do rumor, da lenda, da influência e de uma leitura errônea, atribui-se assim ao sogro idéias defendidas pelo genro.

Esse poder de legislador, Miller começa a exercê-lo desde a publicação do *Seminário XI*. Ele lhe permite firmar sua posição ao mesmo tempo na universidade de Paris VIII, na EFP e nas Éditions du Seuil, onde, após ter criado uma coleção interna ao Champ Freudien, ocupa progressivamente junto a Lacan o lugar que outrora havia sido o de Wahl. Até 1981, o editor e o transcritor têm uma relação de cumplicidade amistosa. Wahl lê as provas dos seminários, corrige erros, dá sua opinião. Jamais intervém no método utilizado, jamais exige mudança na apresentação editorial. Até mesmo dá a Miller um apoio constante na medida em que havia decidido ser fiel à escolha feita por Lacan: "Quando Miller foi encarregado do *Seminário*", assinala Wahl, "não me senti no direito de intervir. Tinha confiança, mas não me sinto responsável pelos seminários, ao passo que o sou pelos *Escritos*. Corrigi quatro seminários, e uma parte do quinto (*As psicoses*, III), mas não o sexto (*A ética*, VII), em que não intervim".[15] Os cinco primeiros seminários publicados entre 1973 e 1981 (XI, XX, I, II, III) trazem de fato a marca do trabalho editorial de Wahl: são *tecnicamente* menos deficientes que os outros.

A dominação teórica e jurídica sobre a obra de Lacan traduz-se, a partir de 1978, por uma decisão de mover ação judicial contra os divulgadores de textos estenografados que, durante 25 anos, não haviam tido o menor problema com a Justiça. Esses textos eram vendidos tanto nas livrarias quando nas mesas de exposição dos congressos da EFP. Algumas versões medíocres serviam para enriquecer gráficas pouco escrupulosas.

Em virtude da lei da propriedade literária, as Éditions du Seuil decidem processar todos os autores de falsificações, aí incluídos os realizadores de estenografias a partir do momento em que comercializam seu trabalho.

Donde uma bizarra confusão entre dois tipos de problemas: de um lado, a ordem jurídica exigia a aplicação da lei de 11 de março de 1957;[16] de outro, a razão científica queria que fosse reconhecida a existência de textos estenografados originais que eram testemunhos da realidade material da obra oral de Lacan, sendo que a isso juntavam-se os registros em gravador.

Nessa situação, Miller podia recorrer à legislação em vigor para fortalecer sua posição teórica e continuar a afirmar que *somente* seu estabelecimento do Seminário tinha força de lei contra um original julgado *inexistente*. Se a legislação servia *de facto* a sua posição, ela desfavorecia os adversários do método milleriano, os quais julgavam indispensável divulgar para a posteridade o traço da fala original de Lacan, no mínimo para poder comparar as diferentes versões.

Contrariamente a Lacan, Miller efetuava uma fusão radical entre domínio jurídico e domínio teórico. Foi assim que resolveu o problema *teórico* da edição do Seminário de maneira *jurídica*, pedindo às Éditions du Seuil que processassem os autores de publicações piratas. No final do ano de 1977, Lacan assina um texto datilografado enviado a Paul Flamand, no qual reclama o embargo de uma pequena brochura intitulada *Trabalhos e intervenções*, contendo várias de suas conferências inéditas.[17]

Dois anos mais tarde e um mês após a dissolução da EFP, François Wahl propõe a Lacan assinar outra carta, cujo conteúdo ele próprio havia redigido, a fim de empreender uma ação sistemática contra o conjunto das edições piratas.[18]

Na mesma perspectiva, uma mudança ocorre na repartição dos direitos entre os signatários, por ocasião da publicação do *Seminário III*.[19]

Uma carta datilografada, datada de 7 de julho de 1980 e com a assinatura de Lacan, é enviada a François Wahl. Ela estipula que *todos* os seminários vindouros deveriam ser publicados na continuidade dos precedentes: "Não se tratava, evidentemente", escreve François Wahl, "de uma carta espontânea, mas de uma concessão, e bastante restritiva, que me era feita; era portanto uma resposta à inquietude, manifestada pela Seuil através de mim, sobre a não-assinatura de um direito de continuidade [...]. O estilo é sem dúvida nenhuma o de Lacan nesse tipo de correspondência".[20] Em outras palavras: essa carta não fornecia nenhuma instrução quanto à maneira pela qual Lacan teria desejado que fosse editado seu Seminário: visava apenas a renovação de um contrato idêntico. O testamento assinado em novembro tampouco continha instruções.

Ao designar Miller como executor testamentário, Lacan concedia-lhe de fato plena liberdade no domínio editorial. Nenhuma indicação era dada quanto à maneira de apresentar a obra: com ou sem índices, com ou sem aparato crítico, com ou sem correções. Por outro lado, ao instituir Judith herdeira universal, ele restringia a parte que os outros herdeiros teriam a receber, após sua morte, dos direitos provenientes da execução dos contratos.[21]

Com a mudança contratual de outubro de 1980 e a assinatura do testamento um mês depois, os herdeiros resultantes do segundo casamento de Lacan assumem portanto o controle ao mesmo tempo jurídico, financeiro e teórico da obra de Lacan.

Entre 1973 e 1981, quatro seminários haviam sido publicados sem que ninguém, na roda de Lacan, emitisse o menor protesto. A transcrição de Miller foi não apenas aprovada, mas glorificada por aqueles mesmos que se tornariam a seguir seus mais ferozes adversários. Tanto nesse domínio como em outros, nenhuma corrente hostil à leitura milleriana da obra de Lacan foi capaz de se impor na EFP enquanto o mestre vivia. As polêmicas começaram logo após sua morte, por ocasião da publicação do *Seminário III* sobre as psicoses. Este tinha um pouco mais de deficiências que os anteriores. Como a maioria dos membros da comunidade lacaniana considerava que Lacan não era mais, desde janeiro de 1980, o autor dos textos assinados por ele, Miller foi injustamente acusado de servir-se da transcrição para "falsificar" o seminário por meio de "censuras" e de "desvios". A polêmica adquire então um caráter tão passional que mais nenhum debate científico sério pôde efetuar-se sobre esse assunto até 1985.

Já em 1980, partidários de Miller haviam julgado que a presença de um aparato crítico era indispensável para a legibilidade dos seminários. Por isso, alguns deles agruparam-se num cartel, durante todo o processo de dissolução da EFP, e começaram a realizar um índice de nomes e de conceitos para dois seminários: *As psicoses* (III) e *Mais, ainda* (XX). O trabalho foi publicado na revista *Pas tant*, de Toulouse, acompanhado de um longo comentário de Michel Lapeyre: "O índice deve levar em conta a progressão do *Seminário* e certificá-la [...]. Deve inscrever-se na perspectiva de um índice ponderado dos conceitos maiores, e mesmo de um vocabulário. O objetivo do índice é portanto desde o início [...] estabelecê-lo para cada um dos livros: o que garantiria uma vetorização, uma orientação da leitura do conjunto do *Seminário* [...]. O índice é um instrumento de trabalho, está portanto ligado a um método de trabalho que ele traduz e suscita ao mesmo tempo".[22] Se esse índice parecia indispensável aos partidários de Miller, que declaravam aderir a seu método de estabelecimento, por que então publicá-lo numa revista em vez de integrá-lo aos volumes editados pela Seuil onde encontraria seu lugar e sua utilidade?

Confiante de sua legitimidade e atacado de todos os lados como um usurpador, Miller é visto durante vários anos, por seus defensores, como uma espécie de mártir, sobretudo na medida em que os ataques mais virulentos partem do círculo de seu ex-analista. Em vez de procurar reunir as diferentes facções de uma comunidade em luto que se sentia privada de uma herança intelectual pela força da lei, Miller decide guerrear. É por sua orientação que as Éditions du Seuil põem-se então a processar sistematicamente os responsáveis por edições piratas.[23]

Sendo o responsável pela totalidade da obra de Lacan, Miller poderia ter decidido, a partir de 1981, publicar em um ou dois volumes os artigos que François Wahl não havia incluído nos *Escritos* e acrescentar-lhes todas as conferências dispersas em diferentes revistas e difíceis de encontrar. Em vez de entregar-se a essa tarefa, deixa a obra da qual era o encarregado no estado em que se achava antes da morte de Lacan. Reedita vários artigos, não num volume fácil de manipular, mas em diferentes números da revista *Ornicar?*. Donde uma dificuldade suplementar para os que desejavam trabalhar sobre os textos de Lacan. O *corpus* permanecia fragmentado, inencontrável, disseminado, e as edições piratas começam a proliferar.

Quando Miller faz publicar de novo, em 1984, na forma de uma pequena brochura, o grande e belo texto de 1938 sobre a família, ele utiliza os mesmos critérios de apresentação editorial de *O Seminário*: nem aparato crítico, nem notas, nem índice. Suprime a longa bibliografia que indicava as obras a que Lacan se referira para a redação do artigo.[24] Certamente tinha razão de eliminar os intertítulos, na maior parte acrescentados pelos editores da *Encyclopédie*; mas por que esse apagamento do instrumental bibliográfico quando, para a reedição da tese sobre a paranóia, a bibliografia fora mantida?

Com tal orientação, o método editorial de Miller é cada vez mais contestado, tanto sob o aspecto da transcrição da obra oral quanto sob o da gestão da obra escrita.

É em torno da revista *Littoral* que se cria, em 1983, uma associação destinada a transcrever os seminários de Lacan. Ela publica um boletim, *Stécriture*, que reproduz várias sessões do seminário VIII ("A transferência"). A palavra "*stécriture*" havia sido forjada por Lacan. A transcrição assim realizada era uma versão melhorada da estenografia: todos os erros eram corrigidos, inclusive os de Lacan. Eram respeitadas as normas universitárias: notas, aparato crítico, indicação das variantes. O trabalho rompia com o método milleriano e sobretudo com a habitual apresentação editorial do *Seminário*. Muito respeitosa da fala do mestre, essa transcrição tinha o inconveniente de um certo peso de estilo e de uma sacralização. Continha, além disso, demasiados comentários. Todavia, era mais confiável do ponto de vista científico que a de Miller.

Os autores haviam infringido a lei ao comercializarem o boletim para reembolsar seus gastos. Assim foram processados judicialmente pela Seuil e pelo executor testamentário. No final de 1985, foram condenados. O advogado não soube conduzir bem a defesa: ele negava a contrafação ao pretender que o trabalho de *Stécriture* era obra original de um grupo, e não a simples transcrição de um seminário de Lacan!

Miller ganha portanto a batalha jurídica e triunfa. Declara à imprensa que doravante era o único intérprete da fala lacaniana:

> De minha parte [...], devo dizer que tive, desde o início, a reputação de ser aquele que compreendia Lacan [...]. Constato que um seminário só entra na capacidade de compreensão geral assim que o estabeleci. Eu constato. Enquanto esse trabalho, que é de redação, mas sobretudo de logicização, não estiver feito — exceto uns pequenos furtos aqui e ali —, ele não será compreendido [...]. Não se levar em conta é colocar-se numa posição tal que eu possa escrever "eu" e que esse "eu" seja o de Lacan, o que continua o autor, o que o prolonga para além de sua morte.[25]

No processo, Philippe Sollers defende a causa de *Stécriture*. Quanto a Laurence Bataille, também apóia os adversários de seu cunhado, sem chegar a atacá-lo. Em novembro de 1982, ela havia se demitido com alarde da ECF para marcar seu desacordo com a maneira pela qual Miller utilizava as circulares assinadas de Lacan como textos legislativos de uma escola que o mestre não havia fundado: "A utilização dos textos assinados por Lacan a partir de 1980 talvez tenha sido útil em certo momento. Ela se perpetua por sua publicação no anuário. Será que aqueles a quem a Escola dispensa sua formação seriam incapazes de se manter sem esse conforto? Então eles seriam incapazes de se defrontar com seu título de analista — lacaniano, entenda-se. É uma contradição que não posso mais assumir. Não poderia mais ocupar o lugar de analista se continuasse a aceitá-la. Por isso me demito da Escola da Causa Freudiana".[26] Laurence Bataille morrerá de um fulminante câncer de fígado seis meses após o caso *Stécriture*.

François Wahl intervém igualmente no processo, mas em favor de Miller. Redige uma longa carta na qual sublinhava que a aprovação por Lacan do trabalho de seu genro sempre havia sido completa e sem reserva.[27] Esse foi o último testemunho de sua fidelidade para com o grande pensador do qual havia sido o editor. Em 1981, querendo manter certa coesão teórica no núcleo do movimento lacaniano em via de desmembramento, ele havia aceito, por amizade a Contardo Calligaris, que fosse difundido pela Seuil o primeiro número da revista *Le Discours Psychanalytique*. Pusera como condição que ela não contivesse ataque contra o herdeiro legítimo. Charles Melman, responsável pela redação, não respeitou esse desejo e redigiu um editorial não assinado em que se podia ler o seguinte: "O pensamento de Lacan será oferecido ao polimento, à dissertação. Esse embalsamamento, que faz das enunciações de Lacan uma mercadoria, celebra a conciliação entre os construtores de mausoléu e a homenagem oca da mídia".[28]

Antes mesmo de conhecer o conteúdo da revista, Miller havia exigido que a Seuil retirasse seu nome da publicação. Wahl curvou-se dignamente: ele havia tomado consciência da impossibilidade, na posição em que se encontrava, de fazer reinar uma ordem teórica em meio àquele campo de ruínas.[29] Desde aquele dia, viu desmoronar progressivamente o edifício editorial que havia construído, durante longos anos, como responsável por todas as obras publicadas na coleção Le Champ Freudien. Após a morte de Lacan, os autores debandaram. E Miller tornara-se na casa da rua Jacob o único editor da obra póstuma do sogro. Wahl foi obrigado a retirar-se e o fez dignamente. A ruptura foi silenciosa, elegante e definitiva. A partir de 1985, não corrigiu mais nem o manuscrito nem as provas do *Seminário*, contentando-se em emitir aqui e ali algumas observações.

Miller havia ganho sua batalha jurídica. Mas o processo movido contra *Stécriture* havia revelado publicamente que o herdeiro legítimo não era o único conhecedor dos textos lacanianos.

Numa entrevista de 1984 com François Ansermet, reeditada após o processo, ele declarava de novo, como em 1973, que o texto original não existia. Mas ia mais longe: afirmava que o próprio Lacan havia aderido a essa tese da não-existência. Acrescentava que o mestre em pessoa decidira que todos os seus seminários deveriam ser estabelecidos segundo o modelo inicial de 1973, isto é, com o mesmo método e a mesma apresentação editorial: "Lacan jamais considerou a estenografia como texto original [...]. Ficou decidido entre nós que o conjunto dos seminários seria feito dessa forma...".[30] Por essa declaração, Miller atribuía a Lacan seu próprio julgamento. Vimos, com efeito, que as idéias apresentadas por Lacan em seu posfácio ao *Seminário XI* diferiam do que afirmava Miller em sua notícia e nessa nova entrevista.

Assim, a partir de 1985, vulgarizava-se uma tese segundo a qual Lacan teria deixado instruções precisas sobre a maneira como deveria ser editado o Seminário após sua morte. Ora, isso não era verdade: somente a aprovação pelo mestre do trabalho de seu genro fazia jurisprudência, e não disposições explícitas redigidas por sua mão. A nuance era importante.

Na realidade, Miller continuava a confundir ordem jurídica e debate científico. Entrincheirado em sua solidão legitimista, estava igualmente separado da história passada e presente de um lacanismo plural que não era o seu. Em conseqüência, isolou-se progressivamente de todos os finos conhecedores da obra lacaniana que poderiam tê-lo esclarecido. Para o período da SFP em que os seminários não foram gravados, não teve acesso às fontes disponíveis capazes de melhorar sua transcrição, especialmente às notas de ouvintes. Restringiu-se portanto, na maioria das vezes, à simples estenografia que, mesmo corrigida, continua sempre sendo muito deficiente.

Quando publicou *O Seminário VII* (*A ética*), no outono de 1986, não recebeu nenhum ataque. Anestesiados pela derrota jurídica de *Stécriture*, os adversários da transcrição milleriana preferiram provisoriamente manter silêncio. Entretanto, esse seminário tinha mais deficiências que os anteriores. E certamente Miller pressentira o perigo, pois, pela primeira vez, fizera-se auxiliar por várias pessoas: Judith Miller, para as referências gregas, Franz Kaltenbeck, para as citações alemãs. Três universitários haviam efetuado pesquisas e vários amigos haviam corrigido as provas. Um agradecimento era feito a François Wahl por ter relido o manuscrito. Sentindo-se desde então pouco à vontade, este contentara-se em fazer algumas observações.[31] Sempre na mesma perspectiva, Miller declarava ainda que Lacan havia desejado que a edição de seu seminário prosseguisse segundo os "princípios" enunciados em 1973.[32]

Ele envia a obra a Pierre Vidal-Naquet com a seguinte dedicatória: "Ao senhor Pierre Vidal-Naquet, que gostará talvez de ler as três lições sobre 'Antígona', este livro que ele seguramente teria recebido de Jacques Lacan". Vidal-Naquet põe-se imediatamente a ler o soberbo capítulo sobre Antígona e fica estupefato de descobrir pelo menos dez erros por página. Nenhum termo grego era exato, várias citações estavam erradas, o número de erros de impressão era elevado e nenhuma das faltas graves cometidas por Lacan era corrigida.

Preocupado em melhorar o estado da transcrição para uma reimpressão, o grande helenista toma sua pena e envia a Jacques-Alain Miller uma carta de oito páginas em que apontava os erros com comentários de sua lavra. Não recebe nenhuma resposta. Passado algum tempo, tendo de falar com Judith de outro assunto, ele menciona a carta: surpresa, ela responde que não havia chegado a seu destinatário. Judith pede então que Vidal-Naquet redija uma outra, o que ele faz. Jamais recebeu a menor resposta.[33]

Teria Jacques Derrida razão de sublinhar, em sua polêmica sobre Edgar Allan Poe, que algumas cartas podem permanecer em suspenso? Em todo caso, até hoje, duas missivas essenciais relativas à Antígona de Lacan desapareceram.

Miller havia no entanto anunciado, numa notícia de 1986, que desejava que lhe apontassem os erros. Antes mesmo da publicação do *Seminário VII*, seu apelo fora ouvido, já que um especialista em semântica, Gabriel Bergounioux, enviou-lhe em outubro de 1985 uma carta, com documentos de apoio, em que eram arrolados, em relação ao *Seminário II*, sete erros de impressão e uma pontuação incorreta. Bergounioux não corrigia os erros cometidos por Lacan, mas propunha nove modificações maiores (*paradis* [paraíso] em vez de *paradigme* [paradigma], *saut* [salto] em vez de *sceau* [selo, sinal] etc.) e nove menores (*inspection* [inspeção] em vez de *introspection* [introspecção]). Miller encorajou Bergounioux a prosseguir esse trabalho e o convidou a seu seminário. Este enviou então novas propostas de modificações para os seminários III e VII. Para o III (*As psicoses*), os erros maiores elevavam-se a dezesseis e os menores a 21, juntando-se a isso 79 erros de impressão. A progressão dos erros era portanto significativa em relação ao *Seminário II*. Para o *Seminário VII* (*A ética*), Bergounioux fez as mesmas observações que Vidal-Naquet sobre o emprego de termos gregos. Apontou quinze erros maiores, 43 menores e 72 erros de impressão.[34]

No outono de 1985, eclodiu uma polêmica entre Jacques-Alain Miller e John Forrester, o tradutor em língua inglesa dos dois primeiros seminários de Lacan. Brilhante universitário e especialista em história do freudismo, este havia realizado um trabalho notável. Não apenas corrigira a quase totalidade dos erros de Lacan, mas acrescentara ao texto notas, um índice e um aparato crítico que permitiam ao leitor compreender todas as sutilezas da língua lacaniana, as referências, as alusões etc. Forrester havia dado indicações específicas destinadas ao leitor inglês. Aliás, havia assinado um contrato com a Cambridge University Press para que o trabalho fosse efetuado segundo as normas acadêmicas em vigor no mundo anglo-americano, onde se sabe a que ponto a recepção da obra de Lacan suscita dificuldades.

Miller irritou-se e obrigou Forrester a retirar da edição do *Seminário* suas notas, seus comentários e as menções dos erros de Lacan. Só permaneceriam o índice e algumas notas específicas. Miller aceitava que fossem explicitadas as referências freudianas, mas recusava os comentários pessoais. Também não tolerava anotações descabidas do tipo "Lacan se engana" ou "o texto francês é errôneo", e afirmava que os erros de impressão haviam sido, segundo ele, corrigidos no texto mesmo da tradução e em todas as edições estrangeiras; portanto, não tinham por que serem sublinhados em nota.[35] Precisemos bem que Miller referia-se aqui a erros de impressão, pois em geral nenhum dos erros cometidos por Lacan foi corrigido.

Em 1990, François Wahl abandona todas as suas funções nas Éditions du Seuil e aposenta-se definitivamente. Ele não é substituído. Sua herança editorial e intelectual é confiada a uma pessoa que se verifica ser uma amiga de Judith Miller. Esta se encarrega do importante setor da psicanálise, bem como da publicação das obras póstumas de Lacan e de Barthes. Ela se torna assim o editor de Miller.

Após a morte de Françoise Dolto no verão de 1988, sua filha, Catherine Dolto-Tolitch, teve a intenção de continuar ligada à editora da rua Jacob. Mas, em virtude de uma série de conflitos, acabou levando para a Hatier os inéditos e a correspondência daquela que havia sido, com Lacan, a grande figura da psicanálise na Seuil. Esta perdeu assim a obra póstuma de uma autora de envergadura que em vida fora editada por Paul Flamand.

Desde 1981, Le Champ Freudien não tinha mais senão uma existência formal, e somente Moustapha Safouan e Serge Leclaire continuavam a figurar entre os antigos autores de Wahl não pertencentes à corrente milleriana. Foi tomada então a decisão pelo novo presidente da Seuil, Claude Cherki, de confiar a Judith e a Jacques-Alain Miller a direção de um Champ Freudien renovado. Suprimiu-se o artigo, e o antigo Le Champ Freudien tornou-se Champ Freudien. Na primavera de 1991, quatro livros foram lançados sob essa nova denominação: *Le pays de l'Autre* [O país do Outro] de Serge Leclaire, *Psychanalyse 6 heures 1/4* [Psicanálise às 18:15], de Dominique e Gérard Miller, e dois seminários: *A transferência* (*VIII*) e *O avesso da psicanálise* (*XVII*).

Ao publicar o *Seminário VIII* seis anos após o caso *Stécriture*, Miller entregava-se a uma espécie de provocação. Todos achavam que ele mudaria de método e escolheria corrigir a estenografia defeituosa a partir da transcrição proibida que não tinha praticamente erros. Mas ele não o fez. O *Seminário VIII* foi estabelecido segundo o mesmo modelo que os anteriores. Dessa vez, contudo, os erros logo foram identificados, já que todos podiam comparar a versão *Stécriture* com a versão Seuil. A polêmica adquiriu assim uma amplitude excepcional na imprensa escrita e falada. No mês de janeiro, antes mesmo do lançamento dos dois volumes, uma petição assinada por intelectuais, psicanalistas e a quase totalidade da comunidade lacaniana não milleriana solicitava que "o conjunto das versões existentes do Seminário sejam depositadas na Biblioteca Nacional para uma livre consulta". A petição reclamava também um inventário completo das notas de trabalho.[36]

Jacques-Alain Miller recusa-se a tomar parte nos debates científicos que lhe são propostos e considera seus adversários como inimigos. Duas pessoas tomam sua defesa: Catherine Clément e Claude Cherki. A primeira afirma, num artigo do *Magazine Littéraire*, que uma "caça às bruxas" fora organizada contra o herdeiro:

> Abaixo-assinados como para um partido político, processos de intenção, reivindicação de depósito legal na Biblioteca Nacional sem considerar as últimas vontades de Lacan, críticas à edição de Miller (faltaria o "aparato científico" que Lacan não desejava de forma nenhuma), a polêmica está aberta e não visa senão duas pessoas: o genro de Lacan, culpado de casamento, e sua mulher Judith, certamente ainda mais culpada por ter sido engendrada pelo mestre do qual querem a pele morta. A história do movimento psicanalíti-

co apreciará mais tarde o questionamento da família ditado pelo ódio.[37]

O rumor havia percorrido o seu caminho: doravante podia-se afirmar, sem citar nenhuma fonte e sem se basear em nenhuma prova, que Lacan havia "ditado suas últimas vontades" para recusar o emprego de um "aparato científico". Onde se achavam essas vontades? Onde haviam sido enunciadas, transmitidas, depositadas? A autora do artigo não dizia.

Claude Cherki mostrou-se mais prudente, mas igualmente rude, chamando de "ignorante" e "parcial" a autora deste livro, que havia qualificado de "inutilizável" o seminário defeituoso: "A publicação dos novos volumes", escreveu ele, "está inteiramente de acordo com as vontades de Lacan: em particular, nem índice, nem aparato crítico, nem bibliografia num texto que é uma fala transcrita — sempre atual — e não um trabalho escrito de caráter universitário". Em apoio a essa afirmação sobre as "vontades" de Lacan, ele citava uma frase da notícia de Miller: "É segundo os mesmos princípios que o texto de todos os anos do seminário será estabelecido".[38] Uma vez mais, um enunciado do genro servia para atribuir ao sogro instruções que ele jamais enunciara.

Em setembro de 1991, a equipe de *Stécriture* faz publicar, sob o título "A transferência em todas as suas *errata*", a lista dos erros contidos em *O Seminário VIII*: ela abrangia as omissões, as homofonias (*saints d'ex-voto* [santos de ex-votos] em vez de *seins* [seios]), as homofonias aproximativas (*restitue* em vez de *substitue*), os erros com palavras estrangeiras (um *homme* em vez de um *hawk*), as decifrações incorretas da estenografia (*hâtérologie* [pressologia] em vez de *hâte en logique* [pressa em lógica]), as referências errôneas e os erros cometidos por Lacan: ao todo, 587 erros.[39] O dossiê era tão acachapante que Miller teve de reconhecer a existência de pelo menos a quarta parte dos erros. E, pela primeira vez, foi forçado a uma revisão do *Seminário* para a reimpressão e as diversas traduções. Eis aqui, a esse respeito, a entrevista que realizamos com Claude Cherki em setembro de

1992, na qual é de novo enunciado que Lacan teria indicado no posfácio ao *Seminário XI* que sua obra oral devia ser transcrita por Jacques-Alain Miller sem aparato crítico:

Quando assumi minhas funções de presidente na Seuil em 1989, pedi a Jacques-Alain Miller que recomeçasse a trabalhar na transcrição dos seminários. Ele deixara de fazer isso, pois suas relações com os responsáveis pelo setor de psicanálise na Seuil haviam se alterado. Conhecíamo-nos um pouco, freqüentei sua geração de normalistas. Trabalhamos bem juntos, sou solidário com ele. Jacques Lacan assumiu a responsabilidade, enquanto vivia, de dar sua obra oral a transcrever a Jacques-Alain Miller, de quem fez seu executor testamentário. No posfácio do *Seminário XI*, publicado em 1973, enquanto vivia, ele indicou o que desejava para o futuro: o Seminário deveria ser transcrito conforme o mesmo modelo e da mesma maneira, isto é, por Jacques-Alain Miller e sem aparato crítico. Respeitamos essa decisão. Ninguém tem hoje a mesma autoridade moral que tinha François Wahl em relação a Lacan. Quando este era vivo, François Wahl podia permitir-se propor correções. Hoje, estamos numa situação completamente diferente. Jacques-Alain Miller é co-autor dos seminários. Ele faz o que lhe parece desejável para a obra de Lacan. Foi este último que, ainda vivo, lhe deu esse direito. Todas as obras póstumas são difíceis de administrar, sobretudo quando se trata de obras orais. Penso que, no caso de Lacan, é preferível publicar sua obra, mesmo que alguns erros venham a se intrometer, do que não publicar nada.

Com relação ao *O Seminário VIII* sobre a transferência, publicado em 1991, eis o que aconteceu. Jacques-Alain Miller veio espontaneamente falar-me das críticas que lhe fizeram sobre a transcrição. Ele não estava de acordo com bom número delas, mas admitiu que havia erros que deveriam ser corrigidos numa próxima reedição. Foi portanto a pedido dele que resolvi não mais ceder os direitos para traduções, à espera da reedição. Com exceção do editor brasileiro, que já havia iniciado a tradução a partir das provas. Acrescento que jamais recebi o documento que trata das errata. Recebi vários tipos de petições, mas não esse documento. Aliás, não devo me pronunciar sobre os erros eventuais. Eles adquiriram para mim uma existência concreta no dia em que Jacques-Alain Miller veio me ver para corrigi-los. Ele é o gerente legal da obra de Lacan, somos seu editor. Ninguém jamais impediu que outras transcrições existam e sejam depositadas como documento na Biblioteca Nacional, por exemplo.[40]

François Wahl havia sido o editor de Jacques Lacan, Paul Flamand o de Françoise Dolto; Claude Cherki é obrigado a admitir, queira ou não, que, para conservar o "nome-do-pai" em seu catálogo, a Seuil é hoje a editora de um possuidor de direito: Jacques-Alain Miller.

2. FRANÇA FREUDIANA: ESTADO DOS LUGARES

EM 1985, VINTE ASSOCIAÇÕES DIVIDIAM ENTRE SI o território da França freudiana. A Sociedade Psicanalítica de Paris (SPP, 1926), a mais antiga, e a Associação Psicanalítica da França (AFP, 1964) representavam o componente francês do legitimismo freudiano, com 478 psicanalistas reconhecidos pela IPA, aos quais juntava-se o mesmo número de alunos. Duas outras associações encarnavam os valores de um freudismo moderado, afastado ao mesmo tempo do lacanismo e da IPA: a Organização Psicanalítica de Língua Francesa, ou Quarto Grupo (OPLF, 1969), e o Colégio de Psicanalistas (1980): trinta membros na primeira, 120 na segunda. Ambas estavam ligadas à história do lacanismo: a OPLF porque havia se originado de uma cisão com a EFP, o Colégio porque fora criado após a dissolução desta.

Treze outros grupos também haviam resultado dessa dissolução. A Escola da Causa Freudiana (ECF, 1980) representava, com 273 membros, o legitimismo lacaniano (tendência milleriana). As doze outras associações encarnavam os valores de um lacanismo mais moderado, menos dogmático e sempre em via de disseminação. Ei-las aqui na ordem de sua criação: a Associação Freudiana (AF, 1982), com 123 membros; o Centro de Formação e de Pesquisas Psicanalíticas (CFRP, 1982), com 390 membros; o Círculo Freudiano (1982), com cinqüenta membros; os Cartéis Constituintes da Análise Freudiana (CCAF, 1983), com 212 membros; a Escola Freudiana (1983), com cinqüenta membros; a Federação dos Estúdios de Psicanálise (1983), com 117 membros; a Convenção Psicanalítica (CP, 1983), com 212 membros; o Custo Freudiano (1983); o Grupo Regional de Psicanálise (GRP, 1983, Marselha); Errata (1983), com quinze membros;

a Escola Lacaniana de Psicanálise (ELP, 1985), com 45 membros; e, enfim, a Psicanálise Atual (1985).

A essas associações juntavam-se duas sociedades de história: a Sociedade Internacional de História da Psiquiatria e da Psicanálise (SIHPP, 1983), com 165 membros, e a Associação Internacional de História da Psicanálise (AIHP, 1985), com sessenta membros. E, por fim, uma escola de ensino: a Escola Propedêutica para o Conhecimento do Inconsciente (EPCI, 1985).[1]

Entre 1985 e 1993, o aumento do número de grupos oriundos da antiga EFP foi considerável: em oito anos, com efeito, surgiram catorze associações suplementares. Seis delas são criações novas, duas resultaram de cisões, e seis são entidades federativas que visam reunir grupos existentes, seja em escala européia, seja numa perspectiva internacionalista. Há portanto hoje 34 associações freudianas, sem contar as que se criam a cada dia no interior da França e em Paris, e que não pudemos repertoriar.

Aqui está, na ordem de aparecimento, a lista das seis novas associações: a Biblioteca de Pesquisa Freudiana e Lacaniana (Estrasburgo, 1985), os Seminários Psicanalíticos de Paris (1986) com 230 membros, o Campo Psicanalítico e Social (CPS, 1989), a Associação para uma Instância dos Psicanalistas (APUI, 21 de janeiro de 1990), os Intercâmbios Internacionais de Pesquisas Psicanalíticas (março de 1990, Aix-en-Provence), o Traço do Caso (abril de 1991). Esses seis grupos foram fundados por antigos membros da EFP (ou próximos): Juan-David Nasio (os Seminários), Serge Leclaire (APUI), Lucien Kokh (CPS).

Criada em 12 de outubro de 1991, a associação Dimensões Freudianas surgiu de uma cisão da ECF. Quanto à Análise Freudiana, fundada em 24 de fevereiro de 1992, é o resultado de uma espécie de implosão dos CCAF.

As seis associações com visada européia ou internacionalista têm cada uma características diferentes. Criada em janeiro de 1991, a Interassociativa de Psicanálise é um empreendimento da quarta e da quinta gerações psicanalíticas francesas desejosas de "pôr em obra o heterogêneo nascido da pertença a entidades institucionais diversas".[2] Ela reúne hoje dez associações: o CFRP,

578

com 528 membros; os CCAF, com 168 membros; a AF, com 258 membros; a CP, com 184 membros; os Seminários; o CPS; Errata; o Custo Freudiano; e a Psicanálise Atual — ou seja, a quase totalidade das instituições nascidas da antiga EFP, com exceção da ELP e da ECF.

Criada em abril de 1991, a Fundação Européia de Psicanálise é um produto da AF, que se transformou ela própria em Associação Freudiana Internacional. Visa ao mesmo tempo reduzir o eventual poder institucional da Interassociativa — caso esta tenha êxito em seu empreendimento federativo — e combater o internacionalismo milleriano.

Atualmente, o legitimismo lacaniano, representado pela "família Miller" (nos sentidos próprio e figurado), se não é tão sólido quanto o legitimismo freudiano, está organizado segundo o modelo de uma fortaleza burocrática. Até 1989, era ainda o Campo Freudiano, dirigido por Judith Miller, que representava a instância de ligação dos diferentes grupos lacanianos no mundo. Este foi mantido, mas juntou-se a ele outra associação de caráter internacional. Pois uma das características da organização milleriana é sua extraordinária capacidade de multiplicar o número de associações, grupos, redes, escolas, e de fazê-los manterem-se ou autodissolverem-se em função de decisões centrais.

Assim, embora o Campo Freudiano continuasse a existir, Miller decidia, no outono de 1990, criar em Barcelona uma Escola Européia de Psicanálise (EEP, 22 e 23 de setembro de 1990) na qual deveriam em princípio reunir-se diversos grupos do CF. A Espanha era uma terra de eleição, por ser ainda hoje o único país no mundo em que o legitimismo lacaniano permanece amplamente majoritário: com efeito, 80% dos grupos estão ligados a Miller e a suas organizações. Nos demais países, e sobretudo na América Latina, o movimento lacaniano é plural e federativo, e o legitimismo em geral minoritário, embora poderoso. A criação da EEP sucedia à da Escuela del Campo Freudiano (Caracas, 1985). Em 3 de janeiro de 1992, dentro da mesma perspectiva, uma terceira escola surgia em Buenos Aires, na Argentina: a Escuela de la Orientación Lacaniana (EOLCF). Nesse país, onde convivem três grandes associações ipeístas e 69 pequenos grupos lacanianos, ela servia assim para criar uma organização favorável ao legitimismo: apenas dois grupos aceitaram fazer parte dela.

A ECF venezuelana, a ECF francesa, a EEP e a EOLCF formavam, no início de 1992, um conjunto heteróclito: três delas eram de caráter nacional; a quarta tinha uma vocação européia, mas sua existência efetiva limitava-se à Espanha. Para unificar esse conjunto e acrescentar-lhe outros elementos — como a Escola Brasileira de Psicanálise, que viria a ser fundada em abril de 1995 —, Miller foi levado a ir mais longe no processo de internacionalização de seu movimento. Em fevereiro de 1992, criou uma Associação Mundial de Psicanálise (AMP, 1º de fevereiro de 1992) e deu o nome de Pacto de Paris ao texto legislativo pelo qual, pela segunda vez na história do freudismo, era fundada uma internacional com visada expansionista. A língua espanhola é hoje dominante nessa associação, assim como a inglesa domina a IPA dos herdeiros de Freud. A assinatura do Pacto que unia a AMP às quatro outras escolas era acompanhada de uma declaração de guerra em termos bem claros. Como sublinhou François Leguil, presidente da ECF:

Não se trata mais de "equilibrar" a IPA. A institucionalização de nossa extensão, essa nova AMP e seus aliados estão aí para começar a se opor a ela e, no final, a desbancá-la. Não há outra alternativa: onde quer que a Internacional, oriunda da "gangue annafreudiana", domine, a psicanálise arria a bandeira, pede ao Estado que discipline a concorrência, ou seja, que organize o mercado para garantir o negócio e o ganha-pão.[3]

Em 1981, Serge Leclaire havia recusado fundar uma escola, querendo dar lugar à nova geração. Dez anos mais tarde, eis que ele efetua uma grande reviravolta na cena do movimento psicanalítico francês, provocando, como sempre, uma bela polêmica. Sua iniciativa tinha um objetivo unificador e nisso era inovado-

580

ra. Ela comprovava a crise do freudismo francês e buscava criar um asilo para os praticantes da psicanálise de massa, órfãos de Lacan ou dissidentes da IPA, privados de legitimidade, desintelectualizados, dispersos pelo movimento mesmo de uma história em que as ciências ditas humanas pareciam desagregar-se sob o impacto de uma ofensiva organicista ligada ao desenvolvimento da farmacologia e da genética:

Há uns trinta anos, o movimento psicanalítico francês [...] é o melhor e o mais vivo do mundo. Isso é ainda verdade, sobretudo se comparado aos Estados Unidos. Ora, tenho a impressão de que ele se esclerosa numa espécie de guerra de religiões, em debates teóricos que não produzem mais invenção. E não é desejável que o movimento analítico francês chegue ao prazo de 1992 nesse estado de fraqueza [...]. O risco atual é que a análise seja diluída, afogada [...]. A maioria dos analistas na França não tem notoriedade. Não se encontram em aparelhos institucionais. Formam uma geração de 35 a quarenta anos em nada interessada na querela dos antigos. E eles têm necessidade de um lugar, de um conjunto. Essa é a força de nossa iniciativa. Ela não traz a marca de nenhum aparelho.[4]

O projeto de Leclaire estava direcionado corretamente. Ele queria reunir todos os freudianos da França, da IPA à ECF. Situava bastante bem a problemática da dispersão que afetava o movimento lacaniano e, por tabela, o conjunto do freudismo francês, não obstante muito mais estável em suas instituições. Mas esse projeto era ambivalente por causa do emprego do adjetivo "ordinal" que remetia a "ordem", e portanto à Ordem dos Médicos, à idéia de uma possível instância legiferante que viria substituir a liberdade associativa. Assim, Leclaire foi atacado de todos os lados. Mas seu projeto foi retomado por seus adversários e especialmente pelos organizadores da Interassociativa. Também para eles tratava-se de fazer certificar uma situação de crise e de remediá-la por uma tentativa de reunificação. Mas, em

581

vez de vincular indivíduos, a Interassociativa confederou instituições. Os debates foram difíceis. No entanto, por ocasião do colóquio em que pela primeira vez se reuniram no grande anfiteatro da Sorbonne, e dez anos após sua separação, os veteranos da EFP, verificou-se um clima de felicidade, de festa e de harmonia. *Libération* noticiou o acontecimento sob o título: "Os filhos de Lacan estão re-unidos". Patrick Guyomard, que havia criticado Leclaire, não hesitou em declarar: "A iniciativa dele foi o ponto de desencadeamento. Na ocasião, todos foram contra a criação de uma ordem [...]. Mas a análise era correta".[5]

O aumento do número de grupos não corresponde a um aumento real do número de psicanalistas, mas a uma evolução característica do movimento lacaniano desde suas origens. Obrigado à dissidência quando se queria ortodoxo, este foi condenado a uma história marcada por um secessionismo recorrente. Tudo se passa, com efeito, como se o lacanismo se historicizasse segundo o modelo de uma sessão curta, isto é, segundo uma temporalidade habitada pela ruptura, pela subversão, pela revolução. Em face da longa duração da IPA, em que o tempo é construído como a permanência de um eterno retorno, o lacanismo sempre foi e continua sendo a história de uma perpétua passagem ao ato, a aventura de um instante: uma espécie de temporalidade surrealista. Nessa maneira de "agir a história", há o vestígio da famosa exceção francesa de que já falamos. A França continua sendo, de fato, o único país no mundo em que foram reunidas, em cem anos, todas as condições necessárias a uma implantação maciça da psicanálise em todos os setores da vida cultural, tanto pela via intelectual quanto pela via médica, e, sob esse aspecto, o lacanismo é o sintoma dessa exceção na medida em que se construiu em plena consciência como uma subversão, uma transgressão, e portanto como herdeiro de um ideal de contestação da ordem estabelecida proveniente da Revolução Francesa, de um lado, e da luta dreyfusista, de outro.

Essa exceção francesa encontrou seus principais enunciados por intermédio do surrealismo, do grande gesto husserliano da fenomenologia e, por fim, da reformulação estruturalista. Mas sua existência social e política só se tornou possível num mundo europeu marcado primeiro pela vitória do fascismo na Alemanha, que levou ao exílio a vanguarda do pensamento freudiano, e depois pela partilha de Yalta, que congelou todo o desenvolvimento da psicanálise no Leste europeu.

Essa história termina hoje com o desmoronamento do sistema comunista, com a queda do muro de Berlim e com o despertar dos conflitos nacionais nessa Europa central que foi o crisol das origens do freudismo. Ora, foi ela que deu a forma, as referências e a geografia à aventura ocidental da psicanálise. Durante sessenta anos no caso da Rússia e cinqüenta no dos países satélites, o freudismo não teve existência legal: nem movimento, nem doutrina, nem instituições. Esse não é mais o caso em 1993, quando a instauração, mesmo frágil, de um embrião de Estado de direito conduz necessariamente a uma reativação do pensamento freudiano. Mas sob que forma?

Sabemos que o livre exercício da psicanálise, fundado primeiramente na regra de ouro da passagem pelo divã, só é possível se ele próprio for garantido pela existência de um Estado de direito, ou seja, de um Estado que se caracteriza pelos limites que impõe a seu domínio sobre a sociedade e os cidadãos, e pela consciência que tem desses limites. É a existência de um tal Estado de direito que explica por que a psicanálise se desenvolveu nos Estados Unidos, nos países da Europa que melhor resistiram ao fascismo, e nos países da América Latina que se libertaram das ditaduras, enquanto, ao contrário, ela não se implantou nas outras regiões do mundo que conheceram o comunismo e o nazismo, ou que não têm Estado de direito.

Com sua existência garantida por tal Estado, a psicanálise é livre para construir seus modelos de formação, suas regras, seus grupos, suas seitas, suas associações, seus partidos, da mesma forma que os analistas são livres para se digladiarem entre si como fazem os partidos políticos ou as associações de cidadãos.

Essa liberdade associativa fornece regras a si própria mediante dois grandes modelos de formação que dominam atualmente o movimento psicanalítico mundial: a IPA e a AMP. Ambos têm em comum o fato de serem legitimistas, isto é, legal e familiarmente depositários de uma imagem oficial do movimento, de sua doutrina, de sua prática. Durante muito tempo, foi Anna Freud quem encarnou o legitimismo na IPA. Hoje, o peso de sua herança se dissipou. Na internacional lacaniana, é uma família que domina a cena do movimento: com Jacques-Alain Miller como chefe político e executor testamentário de uma obra, com Judith Miller como herdeira de um patrimônio e gerente de comunicações, com Gérard Miller como tesoureiro das instituições.

O modelo ipeísta admite em seu seio todas as divergências doutrinais, mas proíbe toda transgressão das regras técnicas. O modelo milleriano, ao contrário, não tolera qualquer divergência doutrinal, mas não impõe nenhuma regra técnica em matéria de formação didática. A experiência mostra que a coesão de um império psicanalítico é melhor garantida pela exigência de obediência a regras técnicas do que pela de um alinhamento doutrinal: isso se deve a que a primeira é mais favorável que a segunda ao exercício das liberdades democráticas essenciais à prática psicanalítica. O alinhamento doutrinal acaba sempre no fechamento, a obrigação técnica na esclerose, o que não é a mesma coisa. Sob esse aspecto, é pouco provável que o internacionalismo milleriano possa algum dia alcançar a força da IPA.

Nascida de uma subversão e de um desejo de transgressão, a reformulação lacaniana está votada por essência à fragilidade e à dispersão. Esse é também o motivo por que, ao contrário do legitimismo freudiano, o legitimismo lacaniano (milleriano) permanece minoritário na quase totalidade dos países onde se implantou após a morte de Lacan. Ao querer impor uma estrutura centralizada ao extremo, uma glorificação da figura do mestre e uma linha teórica, ele se pôs em contradição com a essência da reelaboração original, plural, prometéica, barroca, inapta à univocidade.

Nesse sentido, sua força institucional aparente não é senão a máscara de sua fraqueza interna e de sua dificuldade em aceitar a contradição. Para existir em escala planetária, o lacanismo milleriano é assim obrigado a enfrentar no exterior essa adversidade que ele recusa deixar manifestar-se em seu interior. É por essa razão que não cessa de levantar armas contra a IPA, que representa sempre, a seu ver, o outro absoluto, o diabo, a "gangue" que ousou "excluir" o deus do panteão dos deuses. Estocolmo, trinta anos depois, continua sendo um pesadelo para a família do mestre, como se a história tivesse um dia se detido diante das grades do castelo de Gripsholm.

A grande batalha do futuro será portanto a do Leste europeu, a partir de agora colonizado pelos dois modelos. E, já que o legitimismo lacaniano é hoje minoritário, isso quer dizer que existe no núcleo dessa forma francesa de renovação do freudismo uma terceira força: a do lacanismo plural, amplamente majoritário na França graças às dezenove associações espalhadas pelo território nacional. Aliás, ela existe também na Argentina, no Brasil e na Itália, onde numerosos grupos conseguiram se implantar apesar da desastrosa política de Lacan, que, em vida, deu seu apoio a Armando Verdiglione.[6] Entre eles, citemos a Cosa Freudiana, o Centro Lacaniano Napoli, a Associazione Freudiana de Torino.[7]

Na França, de uns vinte anos para cá, a psicanálise não é mais o apanágio de uma elite, como fora nos anos 1950 quando só tinham acesso à cultura freudiana brilhantes médicos e filósofos. Ao mesmo tempo, ela afastou-se do terreno que permitira sua implantação: o terreno psiquiátrico, de um lado, que lhe deu o brilho de uma tradição humanista proveniente do alienismo e da filosofia das Luzes; o terreno intelectual, de outro, que lhe deu um caráter subversivo e teórico. Ao separar-se desse duplo alicerce e ao tornar-se uma prática de massa, ela perdeu seu elitismo para cair num profissionalismo marcado por um vocabulário de tecnocratas, tendencialmente ilegível. Tal é, na França, a forma que parece tomar o fim da história da exceção francesa.

As sociedades psicanalíticas são em parte atravessadas pelos problemas que afetam a sociedade inteira. Tendo cessado de se pensar como uma vanguarda e não tendo mais os meios de se ver como uma elite, seus membros partilham os ideais do meio no qual desenvolvem suas atividades: gosto do êxito individual, amor à norma, ausência de julgamento crítico, angústia narcísica, submissão voluntária aos notáveis do escalão superior. Quanto ao grupo psicanalítico ele próprio, seja qual for sua tendência, doravante é instituído segundo o modelo de um casulo protetor. O vocabulário muda conforme os círculos, mas o jargão é sempre o mesmo: ele arremeda um elitismo irremediavelmente perdido cujo luto não se consegue fazer.[8]

O fim da exceção francesa traduz-se no campo do neolacanismo contemporâneo por uma estranha clivagem. Do lado do discurso filosófico e do saber universitário, a obra de Lacan tornou-se um *objeto de pensamento*, separado de toda implicação clínica e de toda disputa institucional. Nessa perspectiva, ela é *laicizada* ao mesmo tempo que inscrita na história intelectual francesa, ao lado das de Barthes, de Foucault e de Lévi-Strauss. O melhor exemplo dessa leitura laicizada de Lacan foi dado em maio de 1990 por ocasião do colóquio internacional organizado por René Major no Colégio Internacional de Filosofia. O encontro tinha por tema "Lacan e os filósofos"[9] e reunia psicanalistas de todas as procedências, filósofos, historiadores, lógicos, especialistas da Antiguidade: Alain Badiou fez uma exposição sobre a maneira como Lacan utilizava Platão; Philippe Lacoue-Labarthe e Nicole Loraux falaram de Antígona; René Major, da corrente derridiana na psicanálise; e Jacques Derrida, das questões de relacionamento que teve com Lacan. Quanto a Jean-Claude Milner, propôs uma reflexão sobre o estatuto da ciência. No centro do debate, no qual foi questionada a utilização por Lacan da filosofia heideggeriana, estava o problema geral do estatuto filosófico de sua teoria.

Esse colóquio, do qual participaram também Bertrand Ogilvie, Pierre Macherey, Étienne Balibar, Mikkel Borch-Jacobsen — ou seja, de maneira geral, todos os herdeiros ao mesmo tempo de Althusser, de Foucault, de Canguilhem e de Derrida —, mostrou o quanto a obra de Lacan ainda dividia seus diferentes leitores. As polêmicas em torno da interpretação dessa obra foram tão acirradas quanto no meio psicanalítico.[10]

Notemos ainda que, no quadro dessa laicização da obra de

Lacan pela filosofia e o saber universitário, dois grandes livros vieram à luz na última década: *Les noms indistincts* [Os nomes indistintos], de Jean-Claude Milner, e *La grande résurrection d'Alamût* [A grande ressurreição de Alamût], de Christian Jambet.[11] Seus autores, ambos veteranos da Esquerda Proletária, tornaram-se lingüista, o primeiro, e o outro especialista do Islã xiita, na descendência de Henry Corbin de quem Jambet foi aluno. Esses dois livros, muito bem escritos, utilizam maravilhosamente o "último Lacan", o do RSI (real-simbólico-imaginário), para falar da melancolia de nosso tempo, do fim da revolução, do suicídio, da loucura e da perda de identidade própria a uma geração que foi a do estruturalismo, e finalmente das formas mais extremas da liberdade, tendo por pano de fundo o Irã do século XII. E se o planeta Borromeu está presente nesses dois livros, não é sob a forma de história em quadrinhos ou fórmula, mas sim como a busca do funcionamento de um absoluto, o mesmo que dominou os últimos dias do mestre da rua de Lille.

Do lado do movimento psicanalítico, ao contrário, a obra de Lacan é investida como um texto sagrado. Lugar transferencial por excelência, ela age à maneira de uma discursividade fundadora à qual cada grupo se refere em sua gestão institucional. Essa clivagem entre duas maneiras de apreender o pensamento lacaniano não existia de forma tão pronunciada enquanto o mestre era vivo: de um lado, porque este sempre havia buscado uma extraterritorialidade; de outro, porque a massificação do movimento ainda não era tão completa quanto o é hoje.

Isolada em sua fortaleza, a ECF produz sobretudo textos apologéticos desligados da tradição científica e erudita. O modo de estabelecimento do seminário é portanto honrado na maior parte das publicações da galáxia milleriana: nem notas, nem aparato crítico, nem referências. Nessa escola, o grupo e o anonimato tomaram o lugar dos sujeitos cuja ambição é fundir-se na massa. Assim François Leguil gosta de se definir como um "psicanalista de bairro", detestando o elitismo e todas as formas de chefia.[12]

Em conseqüência, as duas principais obras sobre Lacan provenientes da corrente legitimista são coletâneas de artigos militantes, publicadas sob a responsabilidade da família reinante: a primeira de Gérard Miller, a segunda de Judith Miller. Ao que se junta um álbum de belas fotografias, realizado, por suas legendas, na mais pura tradição da vida dos santos.[13] Na introdução do *Lacan* de 1986, pode-se ler, sob a pena de Gérard Miller, uma longa apologia de Jacques-Alain Miller: "Ele não é um dos co-autores deste livro. É muito mais. Há mais de dez anos, seu curso e seu seminário semanal na universidade de Paris VIII abrem o caminho a uma leitura racional e consistente da obra de Jacques Lacan. Cada um dos redatores desta obra segue, ou seguiu, esse ensino e foi marcado pelo comentário que ele faz dos *Escritos* e dos seminários, cuja tarefa de estabelecer o texto lhe foi dada por Lacan".[14] A obra encerra-se com referências bibliográficas nas quais *O Seminário* é apresentado numa página inteira como a obra maior de Lacan, graças ao estabelecimento milleriano. Os *Escritos* são citados em segundo lugar, e despachados em três linhas sem nenhuma menção do nome de François Wahl. Quanto à coletânea propriamente, consiste numa recensão escolar dos principais teoremas lacanianos. Em *Connaissez-vous Lacan?* [Você conhece Lacan?], de 1992, onde se encontram textos que celebram o décimo aniversário da morte do mestre, este é apresentado como um Grande Timoneiro, "implacável parteiro do ser" que teria "salvo Freud do desastre, do esquecimento e da traição".[15]

A prática generalizada da autarcia separou os membros da ECF da história do lacanismo. É aliás um Lacan revisitado por Miller que doravante é objeto de referência. Na hora do almoço e de forma regular, o próprio genro mantém um seminário no qual comenta e imita os seminários do sogro. Essa missa é assistida por um auditório simpático composto de umas quatrocentas pessoas: metade hispanófonos, metade francófonos. Órfãos de uma saga, os que se identificam assim com a réplica viva do pai morto têm a impressão de ver surgir de um nada atemporal a lembrança de uma fala para sempre perdida, mas subitamente reativada na longa vibração de uma catarse em *trompe-l'oeil*. Contrariamente aos outros lacanianos, os militantes da ECF raramente deixam o território de suas instituições, mesmo se reconhecem a existência de um lacanismo plural. Para supervisões ou eventuais segmentos suplementares de análise, não pensam em procurar os veteranos da EFP ou analistas de outros grupos. Assim analisam-se entre si, entre "irmãos" da mesma geração, como faziam os pioneiros. Por isso manifestam tamanha sede de promover um ensino clínico.

Certamente existe aí, como aliás em outros grupos lacanianos, uma maneira de certificar o fato de que Lacan, contrariamente a Freud e aos grandes expoentes do movimento angloamericano, jamais publicou casos (com exceção de sua tese na qual, como se sabe, ele não "tratou" sua paciente). Do mesmo modo que situava seu gesto teórico como um retorno ao sentido de Freud, ele elaborou sua clínica comentando os grandes casos da história do freudismo. Donde um problema para os herdeiros, condenados a inventar uma clínica lacaniana a partir de um comentário do comentário.

A maior parte dos líderes da ECF foram analisados por Lacan entre 1970 e 1980. Assim viveram a vertigem da progressiva dissolução do tempo da sessão. E como jamais confessaram essa vertigem, a não ser na forma de uma epopéia hagiográfica, eles repetem com seus analisandos o que foi outrora sua experiência na caverna da rua de Lille. Nenhum deles, até hoje, ousou abolir radicalmente o tempo da sessão, mas o quarto de hora tornou-se na ECF o modelo do tratamento padrão. Alguns não dão mais consulta com hora marcada, e outros reduziram o tempo a cinco minutos. Um bom número de latino-americanos fazem sua análise nesses moldes em Paris, tomando o avião e permanecendo ali um mês por ano: as sessões de um quarto de hora sucedem-se então ao ritmo de três ou quatro por dia durante um mês. Desse modo é assegurada a centralização do império.

Quanto à instituição propriamente, ela é organizada à maneira de um Estado centralizador no qual se articulam redes e células. Dez instâncias de pesquisa correspondem assim a um corte do saber e do poder em que se misturam intimamente a ECF e o departamento de psicanálise da universidade de Paris-

VIII: a Seção Clínica e de Estudos Aprofundados, dirigida por Gérard Miller, é a matriz de todas as outras. A Instância de Reflexão sobre os Matemas Analíticos (IRMA) assegura uma racionalização da doutrina lacaniana, tendo por horizonte "a transmissão integral ou o matema possível". Ela é coordenada por Jacques-Alain Miller. O Céréda é uma rede destinada a promover uma clínica lacaniana internacional para a psicanálise de crianças. No Comitê de Iniciativa, estão Rosine Lefort, Jacques-Alain Miller e Judith Miller. O Greps é um grupo de pesquisas psicossomáticas, do qual Jacques-Alain Miller é um dos conselheiros. O Greta ocupa-se de toxicomania e de alcoolismo. O Grupo de Pesquisa em Topologia Clínica (GRTC) estabelece nós borromeanos. Os seminários do Champ Freudien garantem em todos os países uma fiel transcrição da doutrina. O Grupo de Pesquisa e de Aplicação dos Conceitos Psicanalíticos à Psicose opera na França e no estrangeiro no terreno da psiquiatria. O Colégio Freudiano organiza a formação permanente, tendo por responsável Dominique Miller (juntamente com Serge Cottet). Enfim, a rede Scilicet II assegura junto à revista *Ornicar?*, cuja publicação foi não obstante interrompida, a ligação entre todas as publicações do Campo Freudiano no mundo.[16] Acrescentemos que existe desde 1992 uma Associação Causa Freudiana (ACF) encarregada de promover a psicanálise milleriana nas províncias francesas, evidentemente relacionada à ECF.[17]

A complexidade burocrática da internacional milleriana está portanto em completa contradição com a simplicidade estatutária e a transparência institucional desejadas por Lacan em 1964. E se há tal proliferação de redes, grupos e células, é que a ECF continua assediada, dez anos após ter sido criada, pelo problema de sua legitimidade original. A dúvida que pesa sobre a autenticidade dos textos fundadores da escola adotada por um Lacan afásico continua sendo, desde a demissão de Laurence Bataille, uma questão essencial na curta história do neolacanismo milleriano. E a grande crise do inverno de 1989, que teve por conseqüência a exclusão de Gérard Pommier e a demissão de Catherine Millot, tinha efetivamente por pano de fundo essa suspeita.

Em setembro de 1989, Pommier publica um livro intitulado *La névrose infantile de la psychanalyse* [A neurose infantil da psicanálise], no qual podia-se ler o seguinte:

Embora sua orientação tenha sido rejeitada pela maior parte dos psicanalistas, J.-A. Miller, genro de Lacan, continua assumindo o tom da legitimidade, seja nos meios de comunicação, junto aos poderes públicos ou na universidade [...]. No livro recente de Jean Clavreul, *Le désir et la loi* [O desejo e a lei], pode-se ler que "a carta de dissolução de 5 de janeiro de 1980, assim como todo o seminário lido publicamente por Lacan nos meses seguintes, foram redigidos por J.-A. Miller". Esse fato não é ilegal em si, e tem precedentes; mas então por que J.-A Miller sempre o negou? Por que não reconhecer que Lacan lhe pediu para ajudá-lo, quando não porque esse período e esses textos lhe permitiram estabelecer uma legitimidade?[18]

O ataque era deselegante, sobretudo vindo de um homem que havia apoiado Miller em seus empreendimentos. Nas jornadas da ECF, o livro foi retirado de venda por Gérard Miller, e Pommier virou as mesas. Através desse incidente era colocado o problema de fundo, o que não escapou a Jacques-Alain Miller. Por isso, ele deu início a uma ofensiva para efetuar, na escola, uma revolução cultural na mais pura tradição de seu passado maoísta. Lança a operação dita "Acier l'ouvert",* durante a qual explica que a crise da Escola era "uma crise de seus fundamentos [...]. As peripécias que a aceleraram importam pouco em face da sua lógica. No ponto onde nos encontramos, percebe-se de fato que essa crise era fatal. Quero dizer: inscrita desde a origem de seu programa genético e transmitida da Escola número 1 à Escola número 2".

---

* A expressão funde os sentidos de mostrar a espada e de agir às claras (*à ciel ouvert*). (N. T.)

Seguia-se uma espécie de relato autobiográfico no qual Miller exigia que lhe respondessem sem poupá-lo:

Falei, durante dez anos, *se* [on], e me empenhei em desaparecer na assinatura coletiva das instâncias da Escola, em dar a seus textos esse tom impessoal e seguro que exprimia aqui uma vontade geral. Foi em vão que o fiz. É "Jacques-Alain Miller de nome" que exigem. Perseguem-no, acossam-no, fazem-no sair da toca, à base de cócegas, de lancetadas, de canhão, de lança-chamas. Muito bem, vocês ganharam. Aqui estou. Doravante, falo *eu* na Escola. Vejam se ganham com a mudança.

Miller evocava a seguir o passado e a EFP, chamando esta de "hidra":

São de fato vocês que me fazem sair de minha reserva? Não, é Ela. A Besta. A Hidra da Efepê. Seguidamente me defrontei com ela desde meus vinte anos. Acreditei tê-la vencido, e que suas cabeças haviam se separado, que o animal não mais existia, e eis que a vejo de repente erguer-se de novo à minha frente bem no meio da Escola, muito viva, semelhante a ela mesma, com todas as suas garras e todas as suas cabeças, com seus guinchos, suas caretas, seus berros, tentando lançar sobre mim uma infame túnica de Nesso.[19]

Durante alguns meses, a ECF foi tomada por um turbilhão insurrecional sem que nada fosse modificado em seu sistema. Um grupo considerável de praticantes, entre os quais veteranos da EFP, fiéis a Miller por fidelidade à escolha de Lacan, abandonaram o barco para fundar um novo grupo: Dimensões Freudianas. Sua ruptura teve por motivo a questão do passe.

A partida de Catherine Millot foi sentida como um drama, tanto maior por repetir o de Laurence Bataille. Ela era bela, inteligente, talentosa e respeitada. Havia sido adotada pela família Miller no momento de sua entrada em análise com Lacan, em 1971, após estudos de filosofia na Sorbonne. Membro da EFP, e depois professora na Paris-VIII, ela portanto fazia parte, há duas décadas, do serralho legitimista. Com a morte de Lacan e por fidelidade a suas decisões, havia aderido à ECF, onde fez uma supervisão com Michel Silvestre e um segundo segmento de análise com Brigitte Lemérer.[20] Eis o que ela escreveu à guisa de carta de despedida a todos aqueles dos quais se sentia próxima nessa escola marcada na origem por "uma dúvida fundadora":

> Estabelecer textos fundadores, escritos sobre cuja autenticidade projetara-se a sombra de uma dúvida, era fazer deles o objeto de um ato de fé. Cada um de nós, por sua adesão à ECF, era assim levado a portar-se como garante de uma autenticidade [...]. Era ao mesmo tempo fazer desses textos o objeto de uma hipnose coletiva: fascinado pela questão de saber se eles são falsos, verdadeiros ou verdadeiros e falsos ao mesmo tempo, não se percebe o objetivo da operação. Trata-se de um verdadeiro lance de prestidigitação, instaurando um supereu coletivo que garante a submissão voluntária de cada um às supostas vontades últimas de Lacan, vontades cujos intérpretes seriam as instâncias da Escola e das quais o "herdeiro por direito moral" se faz na ocasião o porta-voz.[21]

Se efetuou uma leitura unívoca da obra lacaniana, Miller não levou porém o movimento que lidera a uma ruptura com o pacto fundador que esteve na origem do gesto de Lacan. Em outras palavras, a corrente milleriana se quer ainda freudiana. Ela conserva a idéia de que Lacan está ligado à história do freudismo por seu retorno ao texto vienense. Quanto tempo resistirá essa capacidade de vincular a leitura lacaniana à conceitualidade freudiana, se persistir a confusão entre a conceitualidade lacaniana e sua leitura milleriana? Ou se é capaz de dissociar o *corpus* original de Freud da interpretação dada por Lacan, e conseqüentemente se poderá dissociar o ensino de Lacan do de seu genro, ou então se faz com que sejam fundidos esses dois ensinos, com o risco de se ter alucinações e acreditar que Freud já era lacaniano...

Aí está o problema teórico maior colocado pela "dúvida fundadora" que pesa sobre a origem da ECF e atravessa por inteiro a história da publicação dos seminários. Sob esse aspecto, todos os lacanianos da França são tendencialmente ameaçados dessa ruptura do pacto, na medida em que o próprio Lacan jamais soube teorizar o estatuto da leitura que efetuou do pensamento freudiano. Mostramos várias vezes como ele atribuía a Freud suas próprias inovações.

Uma leitura atenta de todos os textos hoje consagrados ao conceito lacaniano de *foraclusão* indica a presença de tal perigo. No melhor dos casos, os comentadores percebem que a foraclusão não existe, enquanto conceito, na obra de Freud. Designam então a *Verwerfung* como uma noção freudiana de rejeição, conceitualizada a seguir por Lacan. Mas, ou eles não fazem nenhuma menção ao empréstimo de Pichon e ao debate sobre a escotomização, ou o problema é tratado de maneira inversa e Pichon é reconhecido como tendo efetuado uma leitura "já lacaniana" do inconsciente freudiano. No pior dos casos, os comentadores "alucinam" a presença de um conceito de foraclusão em Freud, que eles denominam *Verwerfung*, e sublinham que Lacan o traduziu sob o nome de *foraclusão*, dando-lhe uma extensão no domínio da apreensão das psicoses. A referência a Pichon, nesse caso, é inteiramente passada em silêncio.[22] Nesse contexto, não surpreende que um número crescente de leitores venha solicitar, nas melhores livrarias especializadas, os "famosos" textos de Freud dedicados à foraclusão: "Essa demanda é cada vez mais freqüente desde a morte de Lacan", assinala Thierry Garnier.[23]

Evidentemente, do lado dos freudianos não-lacanianos, antilacanianos ou "deslacanizados", não há nenhuma confusão desse tipo, mas existe um perigo inverso: o de desconhecer inteiramente a leitura lacaniana, e mesmo de "superinterpretá-la" e acreditar que se pode retornar a um Freud original, representante de uma "germanidade", afinal livre da "ganga" de francidade que lhe teriam imposto primeiro Pichon e depois Lacan. Tal foi a questão de um projeto de tradução das obras completas de Freud pela equipe de Jean Laplanche e de André Bourguignon, que suscitou em 1988 uma avalanche de polêmicas.[24]

A Escola Lacaniana de Psicanálise (ELP) é hoje a mais ameaçada de uma ruptura do pacto. Não obstante, foi em suas fileiras que se produziram os trabalhos mais originais dedicados à obra de Lacan, sobretudo por parte de Erik Porge, de Philippe Julien, de Guy Le Gaufey, de Danièle Arnoux, de Jean Allouch e de vários autores da revista *Littoral*.[25] Contudo, como essa escola foi a primeira a tomar a resolução de ruptura chamando-se "lacaniana" e não mais "freudiana", ela corre o sério risco, caso venha a ser governada por sua linha mais "superinterpretativa", de abolir a continuidade histórica entre o *corpus* freudiano e o gesto lacaniano, e de fazer funcionar a teoria de Lacan como uma hermenêutica alucinatória e mística.

No centro do movimento psicanalítico francês dos anos 1990, o Centro de Formação e de Pesquisas Psicanalíticas (CFRP) tornou-se a associação mais representativa de um lacanismo plural aberto a todos os componentes do freudismo, até mesmo a IPA. Por isso, está em progressão constante e ameaçado de gigantismo. Duas razões maiores estão na base desse êxito espetacular, imprevisível em 1985: o abandono do passe e a colegialidade. Renunciando a esse procedimento sem dúvida sublime, mas que conduz à loucura, esse grupo aceitou a idéia de um lacanismo moderado no plano da formação didática: uma mistura de IPA e de antiga EFP, comportando seguramente um risco de ecletismo. Quanto à colegialidade, ela permitiu à quarta e à quinta gerações ocuparem de fato postos de poder sem precisarem brigar permanentemente com os veteranos, como foi o caso nos outros grupos dirigidos pelos companheiros de Lacan (terceira geração). Sob esse aspecto, Maud Mannoni, que continua sendo membro da IPA por intermédio de sua filiação à sociedade belga, desempenha um papel unificador comparável ao de Serge Leclaire. Que seja uma mulher que tenha encontrado as condições possíveis de um retorno conflitivo da herança freudiana ao interior de uma herança lacaniana, ela mesma conflitiva, com certeza não é algo alheio ao brilho do empreendimento.

Resta uma interrogação: onde se encontram hoje os praticantes do inconsciente que jamais escrevem livros e que recusam tanto o jargão quanto o alinhamento ou a burocracia? Difícil dizê-lo. No entanto, eles existem e trabalham. Ora permanecem em seus respectivos grupos, por fidelidade, evitando ao mesmo tempo enquadrar-se em normas, ora se retiram das associações e se recolhem numa situação de exílio interior, lembrando-se de que Freud foi antes de tudo um judeu dissidente assediado permanentemente pela dúvida.

Alguns circulam livremente em todos os grupos, em busca de uma diferença: donde a emergência, nova na França, de uma espécie de "culturalismo", que consiste tanto em interrogar-se sobre a história da psicanálise — esse domínio está, aliás, em plena efervescência — para encontrar na confrontação com o passado uma resposta a questões atuais, quanto em interrogar outras técnicas de escuta. Esses praticantes estudaram a clínica em Freud, Winnicott, Melanie Klein, Dolto, Lacan, Ferenczi. Trabalham em instituições de atendimento com emigrados, loucos, marginais, crianças, doentes de AIDS e, em seus consultórios, com o comum da neurose e da depressão. De todas as idades e de todos os credos, eles são o futuro da psicanálise, sua honra e sua paixão.

Uma coisa é certa, em todo caso: eles não crêem mais, como outrora, na superioridade de uma técnica sobre outra, e, embora querendo-se rigorosamente freudianos, tentam modificar sua escuta do inconsciente levando em conta as transformações ocorridas de dez anos para cá não apenas no movimento psicanalítico mas na fala mesma dos analisandos. Pois estes mudaram: seu mal-estar é mais visível e sua demanda de ajuda é tanto maior na medida em que são confrontados cada dia com os poderosos ideais do êxito social, do consenso liberal, do fanatismo, do oculto e do cientificismo. E eles reclamam algo mais do que uma escansão, um matema ou um cronômetro. Também eles perderam as referências que permitiam à geração precedente escolher tal técnica, tal teoria, tal escola. Esses praticantes e seus analisandos, é provável que dêem força, uma vez mais, à invenção freudiana.

Que este livro seja uma homenagem prestada à história silenciosa deles.

ABREVIAÇÕES

INSTITUIÇÕES E REVISTAS

AAAP American Association for the Advancement of Psychoanalysis
AAGP Allgemeine Arztliche Gesellschaft für Psychotherapie
AE Analista da Escola (EFP)
AF Association Freudienne
AIHP Association International d'Histoire de la Psychanalyse
AME Analista membro da Escola (EFP)
AMP Association Mondiale de Psychanalyse
AP Analista praticante (EFP)
APA American Psychoanalytic Associaton
APF Association Psychanalytique de France
APUI Association pour une Instance des Psychanalystes
BPS British Psychoanalytical Society
CCAF Cartels Constituant de l'Analyse Freudienne
CERF Centre d'Études et de Recherches Freudiennes
CERM Centre d'Études et de Recherches Marxistes
CF Champ Freudien
CFRP Centre de Formation et de Recherches Psychanalytiques
CHU Centre Hospitalo-Universitaire
CNRS Centre National de la Recherche Scientifique
CP Convention Psychanalytique
CPP Centre Médico-Psycho-Pédagogique
DPG Deutsche Psychoanalytische Gesellschaft
DPV Deutsche Psychoanalytische Vereinigung
DSM III *Diagnostic and Statistical Manual of Mental Disturbances* (APA)
ECF École de la Cause Freudienne
EEP École Européenne de Psychanalyse
EF École Freudienne
EFP École Freudienne de Paris
ELP École Lacanienne de Psychanalyse
EMP Externat Médico-Pédagogique
ENS École Normale Supérieure
EP Évolution Psychiatrique (grupo)
EP *Évolution Psychiatrique* (jornal)

EPCI	École Propédeutique à la Connaissance de l'Inconscient
ESI	Éditions Sociales Internationales
FAP	Fédération des Ateliers de Psychanalyse
FEP	Fédération Européenne de Psychanalyse
GEP	Groupe d'Études de la Psychanalyse (Study Group)
GP	Gauche Prolétarienne [Esquerda Proletária]
GRP	Groupe Régional de Pscyhanalyse
IJP	*International Journal of Psychoanalysis*
IMP	Internat Médico-Pédagogique
IP	Institut de Psychanalyse
IPA	International Psychoanalytical Association
ME	Membro da Escola (EFP)
MLF	Mouvement de Libération des Femmes
NC	*La Nouvelle Critique*
NRF	*Nouvelle Revue Française*
NRP	*Nouvelle Revue de Psychanalyse*
OPLF	Organisation Psychanalytique de Langue Française (Quarto Grupo)
PCF	Partido Comunista Francês
NFP	*Revue Française de Psychanalyse*
NHLF	*Revue d'Histoire Littéraire de la France*
RIHP	*Revue Internationale d'Histoire de la Psychanalyse*
SASDLR	*Le Surréalisme au Service de la Révolution*
SBP	Société Belge de Psychanalyse
SFP	Société Française de Psychanalyse
SHC	Sciences Humaines Cliniques
SIHPP	Société Internationale d'Histoire de la Psychiatrie et de la Psychanalyse
SPP	Société Psychanalytique de Paris
TM	*Les Temps Modernes*
TQ	*Tel Quel*
UEC	Union des Étudiants Communistes
UER	Unité d'Enseignement de Recherche
UJCML	Union des Jeunesses Communistes Marxistes-Léninistes
UV	Unité de valeur [Unidade de valor, crédito]
WPA	World Psychiatrie Association

PRINCIPAIS ARQUIVOS

E. R.	Elisabeth Roudinesco
J. A.	Jenny Aubry
J.-A. M.	Jacques-Alain Miller
J.-L. D.	Jean-Luc Donnet
R. E.	Renée Ey

R. M. René Major
S. L. Serge Leclaire
W. G. Wladimir Granoff
X. A. Xavier Audouard
J. S. Jacques Sédat
L. A. Louis Althusser
F. D. Françoise Dolto
M.-F. L. Marc-François Lacan
S. La. Sibylle Lacan
IMEC Institut Mémoire de l'Édition Contemporaine

REFERÊNCIAS BIBLIOGRÁFICAS E EDITORIAIS

HPF, 1 e 2 Elisabeth Roudinesco, *Histoire de la psychanalyse en France. La bataille de cent ans*, 2 vols. (Paris: Seuil, 1986).

A PROPÓSITO DE JACQUES LACAN

J. L. Jacques Lacan
E. *Écrits*
TPP *De la psychose paranoïaque dans ses rapports avec la personnalité* (tese de J. L., reed. 1975)
S. *Séminaire* (o algarismo romano que segue a letra *S* refere-se à numeração dos seminários)
F. Artigo sobre "La famille" na *Encyclopédie française*

NOTAS

I. FIGURAS DE PAIS

1. NEGOCIANTES DE VINAGRE [pp. 14-29]

1. Charles Billon & Georges Costes, *La Vinaigrerie Dessaux* (Orléans: Comission Régionale de l'Inventaire Centre, 1984). *Journal de la Sologne et de ses environs* 47 (jan. 1985), p. 36. *Orléans*, jornal de informação editado pela prefeitura, 4/3/1990, pp. 52-5. Michelle Perrot, *Jeunesse de la grève* (Paris: Seuil, 1984).

2. Cagliostro sempre foi confundido com Franz Anton Mesmer, autor de *Le magnétisme animal* (Paris: Payot, 1970). Antes da Revolução, ambos pertenceram a lojas maçônicas e freqüentaram círculos iluministas. Mas Mesmer era um autêntico sábio e médico, fundador da primeira psiquiatria dinâmica. Ver *HPF*, 1, pp. 51-84.

3. Entrevista com M.-F. L, out. 1990.

4. Entrevistas separadas com M.-F. L., 1/12/1991, e com Henri Dessaux, 30/4/1990.

5. J. L., *S. IX*, sessão de 6/12/1961. Transcrição: Michel Roussan.

6. Carta de M.-F. L. a E. R., 3/10/1986. Ver também abaixo, parte VI, cap. 5.

7. Entrevistas com M.-F. L., 5/10/1990 e 21/12/1991.

8. M.-G. Château & J. Milet, *Collège Stanislas*, resumo histórico, ed. do Colégio, nov. 1979.

9. Madeleine Barthelemy-Madaule, *Marc Sangnier* (1873-1950) (Paris: Seuil, 1973).

10. Jean Calvet, *Visage d'un demi siècle* (Paris: Grasset, 1959).

11. Robert de Saint Jean, *Passé pas mort* (Paris: Grasset, 1983), p. 47.

12. Entrevista com M.-F. L, 5/10/1990.

13. Robert de Saint Jean, op. cit., p. 47.

14. Arquivos do Colégio Stanislas, ver Anexos. Entrevista com Louis Leprince-Ringuet, 17/1/1990.

15. Carta de M.-F. L. a E. R., 3/10/1986.

16. Ver *HPF*, 2, parte I, cap. 4.

17. Jean Baruzi, *Exposé de titres pour la chaire d'histoire des religions au Collège de France*; *Saint Jean de la Croix et le problème de l'expérience mystique* (Paris: Alcan, 1931).

18. Alexandre Koyré, *L'École Pratique des Hautes Études* (1931), e Pietro Redondi (ed.), *De la mystique à la science* (Paris: EHESS, 1986), pp. 6-15.

19. Ibid., p. 14.

20. Jean Baruzi, *Saint Jean de la Croix*, op. cit., "Prefácio", p. iv.

21. Augustin Gazier, *Histoire du jansénisme*, Catálogo da biblioteca de J. L. em Guitrancourt, arq. Sibylle Lacan. E entrevista com M.-F. L.

22. Entrevista com M.-F. L., 5/10/1990.

23. Entrevista com Georges Bernier a partir de um testemunho de Lise Deharme, 2/10/1991.

24. Ver *HPF*, 2, p. 119.

25. Robert de Saint Jean, op. cit., p. 47.

26. Entrevista com M.-F. L., 5/10/1990, e carta de M.-F. L. a E. R., 3/10/1986.

27. Entrevista com Madeleine Lacan-Houlon, 4/3/1983.

2. PERFIS DA SALA DE PLANTÃO [pp. 30-7]

1. Ver *HPF*, 1, pp. 269-435.

2. Henri F. Ellenberger, *À la découverte de l'inconscient* (Villeurbanne: Simep, 1974).

3. Sobre Janet e Bergson, ver *HPF*, 1, pp. 223-69.

4. Sigmund Freud, *Trois essais sur la théorie de la sexualité*, trad. (1923) por Blanche Reverchon-Jouve, col. Idées (Paris: Gallimard, 1962). Nova tradução por Philippe Koeppel (Gallimard, 1987).

5. Sobre a questão da "via intelectual", ver *HPF*, 2, pp. 19-115.

6. J. L., *Revue Neurologique* (1926), ver Bibliografia.

7. Ver *HPF*, 1, parte IV.

8. Michel Collée & Olivier Husson, "Entretien avec Julien Rouart", *Frénesie* (outono de 1986), p. 109.

9. Carta de H. Ellenberger a E. R. Entrevista com Paul Sivadon, 24/1/1990. Paul Sivadon, trecho de entrevista, *Ornicar?* 37 (verão de 1986), p. 143.

10. Paul Sivadon, "J'étais interne des asiles de la Seine 1929-1934", *Actualités Psychiatriques* 2 (1981).

11. Sigmund Freud & Joseph Breuer, *Études sur l'hystérie*, trad. A. Berman (1956) (Paris: PUF, 1967).

12. Sobre o itinerário de Edouard Toulouse e de Georges Heuyer, ver *HPF*, 1, pp. 206-10 e 344.

13. J. L., "Abasie chez une traumatisée de guerre", *Revue Neurologique* (1928), ver Bibliografia.

14. Texto reeditado em *TPP* (1975), ver Bibliografia.

15. Ver *HPF*, 1, pp. 66-73.

16. S. Freud, "Fragment d'une analyse d'hystérie" (Dora), em *Cinq Psychanalyses*, trad., M. Bonaparte e R. Loewenstein (Paris: PUF, 1967).

17. H. Codet & R. Laforgue, "L'influence de Charcot sur Freud", *Progrès Médical* 22 (30/5/1925). Ver *HPF*, 1, p. 75.

18. André Breton, *Oeuvres complètes*, col. La Pléiade, 1 (Paris: Gallimard, 1988), p. 949. Ver *HPF*, 2, p. 23.

3. MESTRES EM PSIQUIATRIA [pp. 38-47]

1. Claude Lévi-Strauss, *Tristes tropiques* (Paris: Plon, 1955), pp. 5-6.

2. Jean Delay, "L'oeuvre d'Henri Claude", *L'Encéphale* 4 (1950), pp. 373-412. Claude Quétel & Jacques Postel, *Nouvelle histoire de la psychiatrie* (Toulouse: Privat, 1983). Henri Claude, "Les psychoses paranoïdes", *L'Encéphale* (1925), pp. 137-49. Paul Bercherie, *Les fondements de la clinique* (Paris: Navarin, 1980).

3. Prefácio a R. Laforgue & R. Allendy, *La psychanalyse et les névroses* (Paris: Payot, 1924).

4. Gaëtan Gatian de Clérambault, *Oeuvres psychiatriques* (Paris: Frénésie-édition, 1988). Silvia Elena Tendlarz, *Le cas Aimée. Étude historique et structurale*, tese de doutorado sob a orientação de Serge Cottet, 2 vols., universidade de Paris-VIII, junho de 1989. *HPF*, 2, pp. 121-7. Elisabeth Renard, *Le docteur G. G. de Clérambault, sa vie et son oeuvre (1872-1934)*, prefácio de Serge Tisseron (Paris: Delagrange, 1992). Danièle Arnoux, "La rupture entre Lacan et de Clérambault", *Littoral* 37 (primavera de 1993).

5. Entrevista com Paul Sivadon, 24/1/1990.

6. J. L., reed. *Ornicar?* 44 (1988), ver Bibliografia.

7. P. Sérieux & J. Capgras, *Les folies raisonnantes* (Marselha: Laffitte Reprints, 1982).

8. Jules de Gaultier, *Le bovarysme* (Paris: Mercure de France, 1902). Sobre as fontes psiquiátricas da obra de J. L., ver a tese de S. Tendlarz, op. cit.

9. J. L., "Structures des psychoses paranoïaques", op. cit., reed. *Ornicar?* 44 (1988), p. 7, ver Bibliografia.

10. Ibid., p. 10.

11. Ver *HPF*, 2, p. 124. Entrevista com Julien Rouart, Jan. 1984, e com Renée Ey, 30/9/1983. H. Ellenberger, carta a E. R., cit.

12. J. L, "Folies simultanées" (1931), ver Bibliografia.

13. J. L., "Écrits inspirés: schizographie", reed. *TPP* (1975), ver Bibliografia.

14. J. L., ibid., *TPP* (1975), pp. 379-80. Sobre o surrealismo e a psicanálise, *HPF*, 2, pp. 19-49.

15. Tese de S. Tendlarz, op. cit., 1, pp. 85-93.

16. Henri Delacroix, *Le langage et la pensée* (Paris: Alcan, 1930).

17. Ferdinand de Saussure, *Cours de linguistique générale* (Paris: Payot, 1965).

II. LOUCURAS FEMININAS

1. HISTÓRIA DE MARGUERITE [pp. 50-67]

1. *SASDLR* 1 (jul. 1930), reed. J.-M. Place (Paris: 1976).
2. Ver *HPF*, 2, cap. 1.
3. *SASDLR*, op. cit.
4. Patrice Schmitt, "Dali et Lacan dans leurs rapports à la psychose para-noïaque", *Cahiers Confrontation* (outono de 1980), pp. 129-35.
5. Sarane Alexandrian, *Le surréalisme et le rêve* (Paris: Gallimard, 1976).
6. *RFP* (1932), V, nova trad. sob o título *Névrose, psychose, perversion* (Paris: PUF, 1973).
7. Sobre a questão das traduções na SPP dessa época, ver *HPF*, 1, pp. 376-95. Em relação ao caso Schreber, *RFP* (1932), V, 1.
8. O. Fénichel, ver J. L., *TPP*, p. 258, nota 7.
9. J. L., *TPP*, p. 154.
10. *Le Journal*, 19/4/1931. Ver também S. Tendlarz, op. cit., e Jean Al-louch, *Marguerite ou l'Aimée de Lacan* (Paris: EPEL, 1990).
11. *Le Temps*, 21/4/1931.
12. Ibid.
13. Sobre o mito da Atlântida, ver P. Vidal-Naquet, "Athènes et l'Atlanti-de", *Revue des Études Grecques*, t. XXVII (Paris: Les Belles Lettres, 1964).
14. J. L, *TPP*, p. 156.
15. Ibid., p. 204.
16. De acordo com Didier Anzieu, eu não havia reconstruído, em *HPF*, 2, a história de Marguerite. Doravante é possível fazê-lo graças às novas fontes e testemunhos. J. Allouch, op. cit. S. Tendlarz, op. cit. D. Anzieu, *Une peau pour des pensées*, entrevista com G. Tarrab (Paris: Clancier-Guénaud, 1986). "Histo-rique du cas Marguerite", *Littoral* 27-28 (abr. 1989).
17. D. Anzieu, *Une peau*, op. cit., p. 16.
18. J. L, *TPP*, p. 224.
19. Ibid., p. 159.
20. D. Anzieu, *Une peau*, op. cit., pp. 8-9.
21. Jean Allouch & Danièle Arnoux, "Historique du cas Marguerite, sup-pléments, corrections, lectures", *Littoral* 37 (primavera de 1993).
22. J. L, *TPP*, p. 161.
23. Ibid., p. 162.
24. Sobre o caso Daudet, ver *HPF*, 1, pp. 59-67.
25. J.L, *TPP*, pp. 295-6.
26. Ver *HPF*, 1, pp. 340-2.
27. Trechos do romance, publicados por J. L., *TPP*, p. 182.
28. Ibid., p. 195.

29. Ibid.

30. S. Tendlarz, op. cit., pp. 330-1.

31. J. L, *TPP*, p. 171.

2. ELOGIO DA PARANÓIA [pp. 68-77]

1. J. L., *TPP*, p. 178. E entrevista com Françoise de Tarde-Bergeret, 4/9/1991. Observemos que Jacques Rivière havia publicado em 1922 uma novela intitulada Aimée e dedicada a Proust. Não é impossível que Lacan tenha conhecido esse texto.

2. Georges Politzer, *Critique des fondements de la psychologie* (Paris: PUF, 1968). *HPF*, 2, pp. 71-87.

3. Ramon Fernandez, *De la personnalité* (Paris: Au sans pareil, 1928).

4. J. L, *TPP*, pp. 42-3.

5. Sobre o itinerário de E. Minkowski, ver *HPF*, 1, pp. 413-35.

6. Karl Jaspers, *Psychopathologie générale* (Paris: Alcan, 1928). Ver também François Leguil, "Lacan avec et contre Jaspers", *Ornicar?* 48 (1980). G. Lantéri-Laura, "La notion de processus dans la pensée psychopathologique de K. Jaspers", *EP*, t. 27, 4 (1962), pp. 459-99. E "Processus et psychogenèse dans l'oeuvre de Lacan", *EP*, t. 2, 4 (1984), pp. 975-90.

7. Ibid.

8. F. Leguil, op. cit.

9. J. L, *TPP*, pp. 277-9.

10. Ibid., p. 253.

11. Ibid., p. 265.

12. Ver Bertrand Ogilvie, *Lacan, le sujet* (Paris: PUF, 1987).

13. J. L, *TPP*, p. 266.

14. Foi assim que o qualifiquei, *HPF*, 2, p. 129.

15. J. L, *TPP*, p. 280.

16. Sobre a leitura da segunda tópica, ver abaixo.

17. J. L, *TPP*, p. 303.

18. J. Allouch, op. cit., p. 551.

3. LEITURA DE SPINOZA [pp. 78-90]

1. Spinoza, *Éthique*, nova trad, por B. Pautrat (Paris: Seuil, 1988), p. 296. Robert Misrahi, "Spinoza en épigraphe de Lacan", *Littoral* 3-4 (fev. 1989). E. R., "Lacan et Spinoza, essai d'interprétation", em O. Bloch (ed.), *Spinoza au XXe. siècle* (Paris: PUF, 1992).

2. J. L., *TPP*, p. 337.

3. B. Ogilvie, op. cit., p. 63.

4. J. Allouch, *Lettre pour lettre* (Toulouse: Erès, 1984), p. 186.

5. G. Lantéri-Laura & Martine Gros, *Essai sur la discordance dans la psychiatrie contemporaine* (Paris: EPEL, 1992).

6. *HPF*, 1, p. 131.

7. J. L, *TPP*, p. 342.

8. Citado por Misrahi, op. cit., p. 75.

9. J. L., *TPP*, p. 343.

10. *Éthique*, trad. Pautrat, op. cit., p. 299. Notemos que, na tradução da Pléiade (Paris, 1954), R. Caulois traduz *affectus* por "sentimento" e *discrepat* e *differt* por um verbo único: "diferir" (p. 465).

11. Entrevista com Célia Berlin, 20/1/1989, e com M.-F. L., 5/10/1990.

12. Sobre a viagem ao Marrocos, ver Judith Miller, *Visages de mon père* (Paris: Seuil, 1991), e nota inédita de Baber Johansen para E. R. Ver D. Desanti, *Drieu la Rochelle ou le Séducteur mystifié* (Paris: Flammarion, 1978). E P. Drieu la Rochelle, *Journal 1939-1945* (Paris: Gallimard, 1992), p. 96.

13. Entrevista com Olesia Sienkiewicz, 8/3/1990. Olesia é o diminutivo de Alexandra.

14. Entrevistas separadas com Olesia Sienkiewicz, 8/3/1990; Julien Rouart, jan. 1984; Paul Sivadon, 24/1/1990; e Renée Ey, 30/9/1983.

15. J. L, *E.*, pp. 67 e 162.

16. Ver *Ornicar?* 29 (verão de 1984).

17. Henri Ey, *L'Encéphale*, t. 2 (1932), pp. 851-6.

18. *L'Humanité*, 10/2/1933. Ver também A. Cohen-Solal, *Paul Nizan, communiste impossible*, em colab. com H. Nizan (Paris: Grasset, 1980).

19. *HPF*, 2, p. 70. René Crevel, *Le clavecin de Diderot* (Paris: Pauvert, 1966), pp. 163-4. E "Note en vue d'une psycho-dialectique", *SASDLR*, reed. J.-M. Place (Paris: 1976), pp. 48-52.

20. *Le Minotaure* 1 (1933), reed. s. d., Skira.

21. Michel Surya, *Georges Bataille, la mort à l'oeuvre* (Paris: Librairie Séguier, 1987), reed. Gallimard, 1992.

22. Philippe Robrieux, *Histoire intérieure du PCF*, 1 (Paris: Fayard, 1980). E entrevista com Olesia Sienkiewicz, cit. Ver também, apesar das inexatidões, o prólogo de B. Souvarine à reed. de *La Critique Sociale* (Paris: La Différence, 1983).

4. AS IRMÃS PAPIN [pp. 91-6]

1. O texto de J. L. publicado em *Le Minotaure* está reed. em *TPP* sem alteração.

2. Já relatei, de uma perspectiva diferente, a história das irmãs Papin (*HPF*, 2, pp. 140-1). Ver Francis Dupré (Jean Allouch), *La solution du passage à l'acte* (Toulouse: Erès, 1984). Paulette Houdyer, *Le diable dans la peau* (Paris: Julliard, 1966). Frédéric Pottecher, *Les grands procès de l'histoire* (Paris: Fayard, 1981).

3. Não concordo com a opinião de M. Borch-Jakobsen, *Lacan, maître absolu* (Paris: Flammarion, 1990), que atribui a Lacan uma interpretação inteira-

mente hegeliana do caso Aimée, quando este não havia lido uma linha sequer de Hegel até o momento da redação de sua tese (ver pp. 42-3). Tampouco concordo com o ponto de vista de Jean Allouch, segundo o qual Lacan teria mudado de teoria clínica entre Aimée e as irmãs Papin. A mudança é a passagem a uma referência hegeliana.

III. A IDADE VIRIL

1. VIDA PRIVADA, VIDA PÚBLICA [pp. 98-115]

1. J. L., *Du discours psychanalytique*, universidade de Milão, 12/5/1972, inédito. *Scilicet* 6/7 (1975), p. 9, ver Bibliografia.

2. Ver *HPF*, 2, pp. 124-38.

3. Sobre o itinerário de Rudolph Loewenstein, ver *HPF*, 1, pp. 343-62. Célia Bertin, *La dernière Bonaparte* (Paris: Perrin, 1982). Elisabeth Roudinesco, "Entretien avec Philippe Sollers", *L'Infini* 2 (primavera de 1983).

4. Encontrei Germaine Guex (†) em Genebra em junho de 1982.

5. *RFP*, 2, 1 (1928), e 4, 2 (1930-31). *HPF*, 1, pp. 356-7. E. R., "Loewenstein", *Ornicar?* 31 (1985).

6. Entrevista com Catherine Millot, 17/6/1992.

7. Carta de J. L. a Olesia Sienkiewicz, 26/8/1933.

8. Carta de J. L. a Olesia Sienkiewicz, 31/8/1933.

9. J. L, *L'Encéphale* 11 (1933), pp. 686-95, ver Bibliografia.

10. Carta de J. L. a Olesia Sienkiewicz, 24/10/1933.

11. Entrevistas separadas com Sibylle Lacan, 3/5/1990; Célia Bertin, 4/2/1990; e Marc-François Lacan, 5/10/1990. Jacques Mialaret, "Sylvain Blondin (1901-1975)", *Bulletin de l'Académie Nationale de Médecine*, t. 159, 5, sessão de 6/5/1975.

12. Telegrama de J. L. a Olesia Sienkiewicz.

13. Entrevista com Alicia Borinsky, out. 1990. Literalmente: "Ele era o amantezinho da mulher de Drieu".

14. Entrevista com Paul Sivadon, 24/1/1990.

15. Claude Girard, "Histoire de la formation dans la SPP", *RIHP* 2 (1989).

16. Entrevista com Georges Bernier, cujo nome verdadeiro é Georges Weinstein. Ele mudou de patronímico após a Segunda Guerra Mundial, ao voltar dos Estados Unidos.

17. "Journal inédit" de Marie Bonaparte. O nome de Lacan não figura nesse diário.

18. J. L., "Interventions à la SPP", reed. em *Ornicar?* 31 (1984), ver Bibliografia.

19. Ver abaixo.

2. O FASCISMO: DERROCADA DA SAGA VIENENSE [pp. 116-22]

1. Sobre essa questão, ver *HPF*, 2, pp. 165-78, com bibliografia completa. *Psychanalyse et psychanalystes durant la Deuxième Guerre mondiale*, *RIHP* 1 (1988). E. R., "Réponse à Alain de Mijolla à propos de l'affaire Laforgue", *Frénésie* 6 (outono de 1988). Documentos sobre o caso Laforgue em *Confrontation* 3 (primavera de 1986), e *Psyche* 12 (dez. 1988) [Frankfurt]. G. Cooks, *La psychothérapie sous le Troisième Reich* (Paris: Les Belles Lettres, 1987).

2. Richard Sterba, *Réminiscences d'un psychanalyste viennois* (Toulouse: Privat, 1986). Max Schur, *La mort dans la vie de Freud* (Paris: Gallimard, 1975). Thomas Mann, "Freud et l'avenir" (6/5/1936), primeira trad. francesa, *La Table Ronde* 108 (dez. 1956); *Freud et la pensée moderne* (Paris: Aubier-Flammarion, 1970).

3. Harald Leupold Löwenthal, "L'émigration de la famille Freud en 1938", *RIHP* 2 (1989), pp. 459-60.

4. "Journal inédit" de Marie Bonaparte. Célia Bertin, op. cit., p. 323. *HPF*, 2, p. 148.

5. Discurso de Ernest Jones, "Bulletin of the IPA", *IJP* (1939), pp. 116-27.

6. David Steel, "L'amitié entre Sigmund Freud et Yvette Guilbert", *NRF* 352 (1/5/82), pp. 84-92.

7. Célia Bertin, op. cit., p. 382.

8. Carta de R. Loewenstein a Jean Miel, 12/9/1967, The Collections of the Manuscript Division, Library of Congress, Washington. Ver também: "The education of an analyst", Selection from an interview with Rudolph Loewenstein, MD. By Bluma Swerdloff and Ellen Rowntree. E rascunho de carta de R. L. a Henri de Sauguet de 4/12/1966, Library of Congress, comunicado por Nadine Mespoulhès para um artigo a ser publicado sobre Adrien Borel.

3. A ESCOLA DA FILOSOFIA: EM TORNO DE ALEXANDRE KOYRÉ [pp. 123-51]

1. *Littoral* 27-28 (abr. 1989), pp. 197-8. Entrevista com Pierre Verret, 14/12/1989.

2. Ibid., e carta de J. L. a Pierre Verret de 13/11/1933, p. 199.

3. Jean Audard, "Du caractère matérialiste de la psychanalyse", reed. *Littoral*, op. cit. Ver *HPF*, 2, p. 67.

4. Alexandre Koyré, *De la mystique à la science*, em *Cours, conférences, documents, 1922-1962*, ed. Pietro Redondi, op. cit., p. 3.

5. *Cahiers de l'Herne* 39 (Paris: 1981), número especial sobre Henry Corbin. Étienne Gilson, *La philosophie et la théologie* (Paris: Fayard, 1960).

6. A. Koyré, *Études d'histoire de la pensée philosophique*, col. Tel (Paris: Gallimard, 1973), p. 11.

7. A. Koyré, "Entretiens sur Descartes", em *Introduction à la lecture de Platon* (Paris: Gallimard, 1962).

608

8. Sobre esse ponto, ver Christian Jambet, "Y a-t-il une philosophie française?", *Annales de Philosophie* (1989) [universidade Saint-Joseph, Beirute].

9. Edmund Husserl, *La crise des sciences européennes et la philosophie transcendantale* (Paris: Gallimard, 1976), p. 383.

10. Michel Foucault, "La vie, l'expérience et la science", *Revue de Métaphysique et de Morale* 1 (Paris: Armand Colin, 1985), pp. 3-14.

11. Ver François Dosse, *L'histoire en miettes* (Paris: La Découverte, 1987). Jacques Revel, "L'histoire sociale dans les *Annales*", *Lendemains* 24 (1981). André Burguière, "La notion de 'mentalité' chez Marc Bloch et Lucien Febvre: deux conceptions, deux filiations", *Revue de Synthèse* 111-2 (jul.-dez. 1983). Bronislaw Geremek, "Marc Bloch, historien et résistant", *Annales ESC* 5 (set.-out. 1986), pp. 1091-105.

12. Lucien Febvre, *Pour une histoire à part entière* (Paris: EHESS, 1962), p. 844.

13. Ver André Burguière, loc. cit., p. 38.

14. Jean-Paul Sartre, *Critique de la raison dialectique* (Paris: Gallimard, 1985), p. 28.

15. Vincent Descombes, *Le même et l'autre* (Paris: Minuit, 1979). E *HPF*, 2, pp. 149-56. Jean Wahl, *Le malheur de la conscience chez Hegel* (Paris: Rieder, 1928).

16. P. Redondi (ed.), op. cit., p. 24.

17. *La Critique Sociale*, reimpr. (Paris: La Différence, 1983), p. 123.

18. Ver *HPF*, 2, parte I, cap. 1.

19. Georges Bataille, "Figure humaine" e "Le bas matérialisme de la gnose", *Documents* (Paris: Mercure de France, 1968). Raymond Queneau, "Premières confrontations avec Hegel", *Critique* 195-6 (ago.-set. 1963), Minuit, pp. 694-700.

20. *Revue de Métaphysique et de Morale* (jul.-set. 1931). *La Critique Sociale*, op. cit., p. 6.

21. *Cahiers de l'Herne*, especial Henry Corbin, op. cit., p. 6.

22. *Bifur* 8 (s.d.), Ed. du Carrefour.

23. Georges Bataille & Raymond Queneau, "Les fondements de la dialectique hégélienne", *La Critique Sociale*, op. cit., pp. 209-14.

24. A. Koyré, "État des études hégéliennes en France" (1931), "Note sur la terminologie hégélienne" (1931) e "Hegel à Iéna" (1934), em *Études d'histoire de la pensée philosophique*, op. cit. Ver também P. Redondi (ed.), op. cit., p. 42. G. W. F. Hegel, *La phénoménologie de l'esprit*, 2 vols., trad. Jean Hyppolite (Paris: Aubier, 1939-41); nova trad., por Jean-Pierre Lefebvre (1991). *Logique et métaphysique* (Paris: Gallimard, 1980).

25. A. Koyré, "Hegel à Iéna", op. cit., p. 189.

26. *Cahiers de l'Herne*, especial Henry Corbin, op. cit., p. 44.

27. *Recherches Philosophiques* 7, reed. (Paris: Vrin, 1965).

28. J. L, *S. VII* (Paris: Seuil, 1991).

29. Georges Bataille, *Oeuvres complètes*, 6 (Paris: Gallimard), p. 416. E Do-

minique Auffret, *Alexandre Kojève, la philosophie, l'État, la fin de l'Histoire* (Paris: Grasset, 1990).

30. Dominique Auffret, op. cit., p. 45.

31. Ibid., pp. 46-9.

32. Ibid., p. 90.

33. Entrevista de A. Kojève com Gilles Lapouge, *La Quinzaine Littéraire* (jul. 1968). Michel Surya, *Georges Bataille, la mort à l'oeuvre* (Paris: Séguier, 1987), p. 197; reed. (Gallimard, 1992), p. 231. Cito as páginas das duas edições.

34. Dominique Auffret, op. cit., p. 154.

35. Ibid., p. 238.

36. Entrevista de A. Kojève, *La Quinzaine Littéraire*, op. cit.

37. Denis Hollier, *Le Collège de Sociologie*, col. Idées (Paris: Gallimard, 1979), pp. 165-77.

38. Pierre Macherey, "Lacan avec Kojève, philosophie et psychanalyse", em *Lacan avec les philosophes* (Paris: Albin Michel, 1991), pp. 315-21.

39. Jean-Luc Pinard-Legry, "Kojève, lecteur de Hegel", *Raison présente* 68 (1980). Vincent Descombes, op. cit. Dominique Auffret, op. cit. E Pierre Macherey, Cursos inéditos (1980-2) sobre a introdução do hegelianismo na França. A. Kojève, *Introduction à la 'Phénoménologie de l'esprit'* (Paris: Gallimard, 1947).

40. Ver *HPF*, 2, pp. 153-5.

41. Sobre E. Minkowski, ver *HPF*, 1, pp. 413-31.

42. *Recherches Philosophiques* 5 (1935-6), p. 425.

43. Ibid., p. 430. Lacan faz a mesma operação de auto-hagiografia em 1935 na resenha do livro de Henri Ey, *Hallucinations et délires*, ver Bibliografia.

44. Carta de J. L. a Henri Ey, 4/5/1935, arq. R. E., comunicada por Patrick Clervoy.

45. Documento inédito redigido por Alexandre Kojève. Comunicado por Dominique Auffret.

46. Ver Dominique Auffret, *Alexandre Kojève*, op. cit., p. 447. E "Genèse de la conscience de soi", manuscrito de A. Kojève.

47. Aqui também M. Borch-Jacobsen comete um erro ao afirmar que a fonte principal de Lacan sobre a questão do *cogito* é o artigo de Sartre, "La transcendance de l'ego". Esse artigo foi publicado em *Recherches Philosophiques* depois que Lacan se lançou nessa mesma área de reflexão. E se a terminologia é idêntica, é porque ambos inspiravam-se na mesma fonte alemã: Husserl, Heidegger. Lacan lerá o artigo de Sartre bem mais tarde. Por outro lado, Jean Allouch, *Lettre pour lettre*, op. cit., e Philippe Julien, em *Le retour à Freud de Jacques Lacan* (Toulouse: Erès, 1985), minimizam a importância do ensino de Kojève no hegelianismo de J. L. Quanto a Alain Juranville, *Lacan et la philosophie* (Paris: PUF, 1984), ele não aborda a questão.

4. MARIENBAD [pp. 152-67]

1. Ver *HPF*, 1, pp. 158-9. Elisabeth Young-Bruehl, *Anna Freud* (Paris: Payot, 1991). Phyllis Grosskurth, *Melanie Klein, son monde et son oeuvre* (Paris: PUF, 1989).

2. Phyllis Grosskurth, op. cit., p. 131. Erich e Hans, cujos casos foram denominados *Fritz* e *Félix*. Melanie Klein, *La psychanalyse des enfants* (Paris: PUF, 1959).

3. Ibid., pp. 259-60.

4. Ibid., p. 257.

5. Sigmund Freud, "Le petit Hans", em *Cinq psychanalyses*, op. cit. Hermine von Hug-Hellmuth, *Journal psychanalytique d'une petite fille* (Paris: Denoël, 1975), reed. 1987; *Essais psychanalytiques*, apresentados e traduzidos por Dominique Soubrenie, prefácio de Jacques Le Rider, posfácio de Yvette Tourne (Paris: Payot, 1991). Pamela Tytell, *La plume sur le divan* (Paris: Aubier, 1982).

6. Hanna Segal, *Melanie Klein. Développement d'une pensée* (Paris: PUF, 1982).

7. Ibid., p. 37.

8. Melanie Klein emprega "fhantasia" no sentido de fantasia inconsciente.

9. Sobre o histórico da noção de "estádio do espelho", ver *HPF*, 2, pp. 143-9.

10. J. L, *E.*, p. 67.

11. Ver Henri Wallon, *Les origines du caractère chez l'enfant* (Paris: Boivin et Cie, 1934), pp. 190-207. E Bertrand Ogilvie, op. cit., pp. 96-119.

12. J. L, *Ornicar?* 31, p. 11, ver Bibliografia.

13. Sobre essa questão em René Laforgue, ver *HPF*, 1, pp. 289-97.

14. Phyllis Grosskurth, op. cit., p. 288.

15. J. L, *E.*, pp. 184-5.

16. J. L., *La Psychanalyse* 6 (1961), p. 163, ver Bibliografia.

17. Notas inéditas de Françoise Dolto, 16/6/1936. Arq. F. D.

18. Elisabeth Young-Bruehl, op. cit., p. 468.

19. J. L., "Psychiatrie anglaise" (1947), ver Bibliografia.

20. "Journal inédit" de Guillaume de Tarde, 9/6/1936. Comunicado por Françoise de Tarde-Bergeret.

21. J. L, *E*, p. 73.

IV. HISTÓRIAS DE FAMÍLIAS

1. GEORGES BATAILLE E CIA. [pp. 170-95]

1. Michel Surya, op. cit., Séguier, p. 109, e Gallimard, p. 127. Michel Leiris, *Journal 1922-1989*, com notas de Jean Jamin (Paris: Gallimard, 1992).

2. *HPF*, 1, pp. 343-62.

3. Michel Surya, op. cit., pp. 474 e 622.

4. Ibid., pp. 105 e 122.

5. As obras completas de Georges Bataille estão publicadas na Gallimard. Aqui, "Note autobiographique", *Oeuvres complètes*, 7, p. 45.

6. Michel Surya, op. cit., pp. 109 e 127. Madeleine Chapsal, *Envoyez la petite musique* (Paris: Grasset, 1984).

7. Théodore Fraenkel, *Carnets 1916-1918* (Paris: Ed. des Cendres, 1990), p. 7. *HPF*, 1. Marguerite Bonnet, *André Breton et la naissance du surréalisme* (Paris: Corti, 1975).

8. Entrevista com Michel Fraenkel, 21/11/1991.

9. *Carnets*, op. cit., p. 65.

10. Entrevista com Michel Fraenkel, cit.

11. Ibid.

12. Laurence Bataille, *L'ombilic du rêve* (Paris: Seuil, 1987), p. 67.

13. Entrevistas separadas com Laurence Bataille (†), Michel Fraenkel e Michel Surya.

14. Michel Surya, op. cit., pp. 158 e 185.

15. André Bazin, *Jean Renoir* (Paris: Champ Libre, 1971), pp. 210-1.

16. Célia Bertin, *Jean Renoir* (Paris: Perrin, 1986), p. 99.

17. Georges Bataille, *Oeuvres complètes*, 3, p. 60; 4, pp. 433-4; 2, p. 130.

18. Ibid., 3, p. 161.

19. Ibid., p. 60.

20. Michel Leiris, "L'impossible 'Documents'", *Critique* 195-6 (ago.-set. 1963).

21. *Jean Renoir*, op. cit., p. 145.

22. René Gilson, *Jacques Prévert, des mots et merveilles* (Paris: Belfond, 1990).

23. Jean Renoir, *Ma vie, mes films* (Paris: Flammarion, 1974), p. 103.

24. Bernard Chardère, "Jacques Prévert et le groupe Octobre", *Premier Plan* 14 (nov. 1960).

25. Jean Renoir, "Entretiens et propos", *Les Cahiers du Cinéma*, p. 156.

26. Georges Bataille, *Oeuvres complètes*, 4, p. 403.

27. Ibid., 3, p. 403.

28. Georges Bataille conta o episódio, ibid., 5, p. 514. "Notes au *Coupable*", 21/10/1939.

29. Laurence Bataille, op. cit., p. 55.

30. Ibid., p. 57.

31. André Masson, *Correspondance 1916-1942*. Les années surréalistes, apres. e notas de Françoise Levaillant (Paris: La Manufacture, 1990).

32. Michel Leiris, *Journal*, op. cit. Pierre Assouline, biógrafo de Kahnweiler, não menciona esse detalhe em *L'homme de l'art*: *Daniel Henry Kahnweiler* (Paris: Balland, 1988). Louise Godon nasceu em 22/1/1902 e casou-se com Leiris em 2/2/1926. Lucie e Daniel casaram-se em 2/7/1919.

33. Georges Bataille, *Oeuvres complètes*, 3, p. 395.

34. Michel Leiris, *À propos de Georges Bataille* (Fourbis, 1988), p. 239.

35. Cartas de Boris Souvarine a Olesia Sienkiewicz. Certamente.

36. Jean Renoir, "Entretiens", op. cit., p. 156.

37. Guy de Maupassant, *Boule de suif et autres contes*, col. Folio (Paris: Gallimard, 1973), p. 197.

38. André Bazin, *Jean Renoir*, op. cit., p. 47.

39. *Les Cahiers du Cinéma* 8 (jan. 1952), p. 45.

40. *Acéphale* 1 (24/6/1936), reed. Jean-Michel Place, 1980.

41. Ibid.

42. *HPF*, 2, pp. 116-56.

43. *Acéphale* 2-3 (jan. 1937).

44. Pierre Boudot, *Nietzsche et l'au-delà de la liberté* (Paris: Aubier-Montaigne, 1970). Dominique Bourel & Jacques Le Rider, *Nietzsche et les juifs* (Paris: Cerf, 1991). Geneviève Bianquis. Nietzsche en France (Paris: Alcan, 1928).

45. Marguerite Bonnet, op. cit., p. 52.

46. Charles Andler, *Nietzsche*, 3 vols. (Paris: Gallimard, 1958).

47. H.-F. Peters, *Nietzsche et sa soeur Élisabeth* (Paris: Mercure de France, 1978), p. 316.

48. Karl Jaspers, *Nietzsche. Introduction à sa philosophie*, trad. de 1950 com prefácio de Jean Wahl, col. Tel (Paris: Gallimard, 1978). Ver também P. Hebber-Suffrin, *Le Zarathoustra de Nietzsche* (Paris: PUF, 1988).

49. Pierre Macherey, "Bataille et le renversement matérialiste", em *À quoi pense la littérature?* (Paris: PUF, 1980), pp. 97-114.

50. Georges Bataille, *Oeuvres complètes*, 1, p. 389.

51. *HPF*, 2, pp. 19-37.

52. José Pierre, *Tracts surréalistes*, 1 (Paris: Le terrain vague, 1980), p. 298.

53. Michel Surya, op. cit., pp. 229 e 274.

54. Georges Bataille, *Oeuvres complètes*, 2, pp. 62-3.

55. Denis Hollier, *Le Collège de Sociologie*, op. cit., p. 17. Ver também Caroline Dean, "Law and sacrifice; Bataille, Lacan and the critic of the subject", *Représentations* 13 (inverno 1986), pp. 42-62.

56. Entrevista com Sibylle Lacan, 14/4/1990.

57. Entrevista com Thibaut Lacan, 14/4/1991.

58. Entrevistas separadas com Sylvia Lacan, fev. 1984; Laurence Bataille (†), mar. 1983; e Jenny Aubry (†).

59. Entrevista com Thibaut Lacan, 14/4/1991.

60. Entrevistas separadas com Célia Bertin e Frédéric François, 14/11/1991.

61. Entrevista com Sibylle Lacan. E conversa privada.

62. *Balthus* (Paris: Centro Georges-Pompidou, 1983), p. 328.

63. André Masson, *Correspondance*, op. cit., p. 430. Quadro reproduzido em Judith Miller, *Visages de mon père*, op. cit.

2. ENTRE LUCIEN FEBVRE E ÉDOUARD PICHON [pp. 196-209]

1. *HPF*, 2, p. 156. Quanto aos títulos e aos intertítulos da contribuição de J. L., ver a Bibliografia no final do volume.

2. Designo o texto por F. e cito a edição da *Encyclopédie*. O memorando de Lucien Febvre é datado de 5/2/1937. Ele me foi comunicado por Peter Schöttler, que o descobriu nos arquivos do historiador. A ser publicado em *Genèses* 13 (set. 1993).

3. Lucien Febvre, memorando, V, sublinhado por L. F.

4. Entrevista com H. Gratiot-Alphandéry, 11/1/1990.

5. Jocrisse é uma personagem de teatro que faz o papel do tolo e do crédulo.

6. Sobre a reedição do texto por Jacques-Alain Miller, ver a parte IX.

7. Trata-se do artigo de Melanie Klein, "Les stades précoces du conflit oedipien" (1928), trad. para o francês com esse título na *RFP* em 1930. Reed. em *Essais de psychanalyse* (Paris: Payot, 1967).

8. Jakob von Uexküll é citado em *TPP* e não em F.

9. Bertrand Ogilvie, op. cit., p. 61. Não é por desconhecimento de Lacan, já que este cita Comte e Bonald em sua bibliografia.

10. Thomas Mann, *Freud et la pensée moderne* (Paris: Aubier-Flammarion, 1970), p. 115.

11. J. L, F. seção A, 8ª 40-6.

12. Ibid., 8ª 40-8.

13. Ibid., 8ª 40-15.

14. Ibid., 8ª 40-16.

15. Jacques Le Rider, *Modernité viennoise, crises de l'identité* (Paris: PUF, 1990).

16. Édouard Pichon, "La famille devant M. Lacan", reed. *Cahiers Confrontation* 3 (primavera de 1980).

17. Carta de Édouard Pichon a Henri Ey, 21/7/1938. Arq. Renée Ey.

18. Édouard Pichon, loc. cit.

19. Ibid., pp. 134-5.

V. A GUERRA, A PAZ

1. MARSELHA, VICHY, PARIS [pp. 212-36]

1. Marie Bonaparte, "Journal inédit", op. cit.

2. *HPF*, 1, Epílogo. Sobre a morte de Freud, Max Schur, op. cit., e Peter Gay, op. cit.

3. *L'Oeuvre*, 28/9/1939. Ver *Nervure* 1, t. 3 (fev. 1990). Dossiê reunido por Chantal Talagrand.

4. Alain de Mijolla, "La psychanalyse et les psychanalystes entre 1939 et 1945", *RIHP* 1 (1988), pp. 168-223. Ver também *HPF*, 2, pp. 166-78.

5. Célia Bertin, *La dernière Bonaparte*, op. cit.

6. *HPF*, 1, p. 430. E. R., "Laforgue ou la collaboration manquée: Paris/Berlin 1939-1942", *Cahiers Confrontation* 3 (primavera de 1980).

7. *HPF*, 2. Alain de Mijolla, op. cit.

8. Alain de Mijolla, op. cit., p. 170.

9. Entrevista com Georges Bernier, 2/10/1991.

10. Carta de J. L. a Sylvain Blondin, 24/10/1939. Arq. T. Lacan.

11. Carta de J. L. a Sylvain Blondin, 29/5/1940. Arq. T. Lacan.

12. Jacques Mialaret, "Sylvain Blondin, éloge", *Bulletin de l'Académie Nationale de Médecine*, t. 159-5, sessão de 6/5/1975.

13. Michel Surya, op. cit., pp. 301 e 364.

14. Ibid., pp. 288 e 344.

15. Judith Miller, *Visages de mon père*, op. cit., p. 54.

16. Célia Bertin, *Jean Renoir*, op. cit., p. 229.

17. Entrevistas separadas com Sylvia Lacan, fev. 1984; e Georges Bernier, 2/10/1991.

18. *HPF*, 2, p. 161.

19. Entrevista com Catherine Millot, 18/12/1989.

20. Entrevista com Daniel Bordigoni, 20/7/1989.

21. Sobre Saint-Alban e a psicoterapia institucional, ver *HPF*, 2, pp. 203-4. E François Tosquelles, *Psychiatries* 21 (maio-jun. 1975). Citado por Jean Allouch, *Marguerite*, op. cit., p. 523.

22. Entrevista com Georges Bernier, cit.

23. Julien Green, *Le langage et son double*, col. Points (Paris: Seuil, 1987), p. 181.

24. Entrevista com Georges Bernier, cit.

25. Entrevista com Nadia Pastré, 18/9/1991. Ver também Michel Guiraud, *La vie intellectuelle et artistique à Marseille à l'époque de Vichy et sous l'occupation*. 1940-1944 (Marselha: CRDP, 1987).

26. Entrevista com Nadia Pastré, cit., e com Flavie Alvarez de Toledo, 12/9/1991.

27. Entrevista com Georges Bernier, cit. E Simone de Beauvoir, *La force de l'âge*, col. Folio (Paris: Gallimard, 1960), pp. 579 e 595.

28. Entrevista com Sibylle Lacan, 16/9/1991.

29. Entrevista com Célia Bertin.

30. Entrevistas separadas com Sibylle Lacan, cit.; Thibaut Lacan, 14/4/1991; e Marc-François Lacan, 5/10/1990.

31. Entrevista com Georges Bernier, cit.

32. Entrevista com Françoise Choay, 22/10/1991.

33. Entrevista com Sibylle Lacan, cit.

34. Entrevista com Bruno Roger, 8/6/1991.

35. Sibylle Narbatt, *Le "Réseau allemand" des Cahiers du Sud*, atas do colóquio dos dias 6-8/12/1990 sobre as relações culturais franco-alemãs, t. 2, p. 511.

Jacques Grandjonc & Theresia Grundtner (eds.), *Zone d'ombres 1933-1944* (Aix-en-Provence: Alinéa, 1990). Duas cartas de J. L. a Jean Ballard, *RIHP* 1, op. cit..

36. Entrevista com Georges Bernier, cit.

37. André Masson, *Correspondance*, op. cit., p. 475. Masson partiu em 1/4/1941 e Breton em 25/3.

38. Conversa privada, 14/9/1991.

39. Michel Surya, op. cit., pp. 350 e 425.

40. Entrevista com Claude Lévi-Strauss, 13/11/1990.

41. Jacques Decour, *Comme je vous en donne l'exemple*, textos apresentados por Aragon (Paris: Éditions sociales, 1945). Entrevista com Sibylle Lacan.

42. G. W. F. Hegel, *Phénoménologie de l'esprit*, publicada em dois volumes pela Aubier em 1939 e 1941. Ver Jacques D'Hondt, "Le destin français de l'oeuvre", *Magazine Littéraire* 293 (nov. 1991), p. 32.

43. Simone de Beauvoir, *La force de l'âge*, op. cit., p. 640.

44. Michel Leiris, *Haut mal* (Paris: Gallimard, 1943).

45. Michel Surya, op. cit., pp. 315, 317, 379 e 382.

46. Ver Herbert R. Lottman, *La rive gauche* (Paris: Seuil, 1981). Deirdre Bair, *Simone de Beauvoir* (Paris: Fayard, 1991).

47. *Les Lettres Françaises* 12 (dez. 1943; ed. clandestina).

48. Simone de Beauvoir, *La force de l'âge*, op. cit., p. 643.

49. Jean-Paul Sartre, *Situation* I (Paris: Gallimard, 1947).

50. Ibid., p. 174.

51. Georges Bataille, *Oeuvres complètes*, 6, p. 90.

52. Pablo Picasso, *Documents iconographiques* (Genebra: Pierre Cailler, 1954).

53. Deirdre Bair, op. cit., p. 337.

54. Entrevista com Zanie Campan, 4/12/1991.

55. Simone de Beauvoir, *Le deuxième sexe*, col. Idées, 1 (Paris: Gallimard, 1985), p. 287. *HPF*, 2, p. 517.

56. Françoise Gilot, *Life with Picasso* (Nova York: 1964). Arianna Stassino-poulos Huffington, *Picasso creator and destroyer* (Nova York: Simon and Schuster, 1988), p. 300.

57. Entrevista com Georges Bernier, cit.

2. REFLEXÃO SOBRE A LIBERDADE HUMANA [pp. 237-47]

1. Ele próprio o diz na correspondência com seu cunhado, cit.

2. J. L., *La psychiatrie anglaise et la guerre* (1947), ver Bibliografia.

3. J. L., "Le temps logique et l'assertion de certitude anticipée — Un nouveau sophisme", *Cahiers d'Art* (1940-44). reed. em *E.* com numerosas modificações, ver Bibliografia. "Propos sur la causalité psychique", em Vv. aa., *Les problèmes de la psychogenèse des névroses* (Paris: Desclée de Brouwer, 1950). reed. em *E.* com raras modificações, ver Bibliografia. Ver também "Le nombre 13 et la forme logique de la suspicion".

4. Sigmund Freud, "Psychologie des foules et analyse du moi", em *Essais de psychanalyse* (Paris: Payot, 1981).

5. Michel Plon, "Au-delà et en deçà de la suggestion". *Frénésie* 8 (out. 1989), p. 96.

6. Myriam Revault d'Allonnes, "De la panique comme principe du lien social", *Les Temps Modernes* 527 (jun. 1990), pp. 39-55.

7. J. L., "Propos sur la causalité psychique", loc. cit., *E.*, p. 168.

8. Ibid.

9. Notas de J. L. sobre o sofisma, 27/2/1935. Arq. J.-A. Miller. Entrevista com Françoise Choay, cit. E. Porge, *Se compter trois, le temps logique chez Lacan* (Toulouse: Érès, 1989).

10. J. L, *Cahiers d'An*, op. cit., p. 32.

11. E. R., "Sartre lecteur de Freud", *Les Temps Modernes*, Témoins de Sartre, 1 (1990).

12. J. L., "Le temps logique [...]", op. cit., p. 42. Em *E.*: "indeterminação existencial" foi substituída por "determinação essencial", o que apaga a referência de 1945 a Sartre, ao existencialismo e à fenomenologia.

13. Georges Canguilhem, *Vie et mort de Jean Cavaillès*, Les carnets de Baudasser (Ville-franche: Pierre Laleur éditeur, 1976), p. 39.

3. DUPLA VIDA [pp. 248-63]

1. Entrevistas separadas com Célia Bertin, 4/2/1990; e Thibaut Lacan, 14/4/1991.

2. Entrevista com Frédéric François, cit.

3. Entrevista com Sibylle Lacan, 30/11/1989.

4. Entrevista com Bruno Roger, cit.

5. Entrevista com Thibaut Lacan, 14/4/1991.

6. Ibid.

7. Entrevista com Marc-François Lacan, 5/10/1990.

8. Ibid.

9. Judith Miller, *Visages de mon père*, op. cit., p. 27.

10. Entrevistas separadas com Marc-François Lacan, 5/10/1990; e Madeleine Houlon, 22/4/1991 e 21/5/1991.

11. Carta de J. L. a Ferdinand Alquié, 17/12/1948.

12. Entrevista com Marc-François Lacan, 1/12/1991.

13. Entrevista com Madeleine Houlon, 21/5/1991.

14. Entrevista com Marc-François Lacan, 1/12/1991.

15. Catálogo do Museu Courbet, Ornans, 1991. Peter Webb, *The erotic arts* (Nova York: Farrar, Strauss, Giroux). *HPF*, 2, p. 305.

16. Madeleine Chapsal, *Envoyez la petite musique* (Paris: Grasset, 1984).

17. Judith Miller, *Visages de mon père*, op. cit., p. 34.

18. Ibid., p. 152.

19. Entrevista com Thibaut Lacan, cit.

20. Entrevista com Célia Bertin, cit.

21. Entrevista com Cyril Roger-Lacan, 3/7/1991.

22. Entrevista com Sibylle Lacan, 10/9/1991.

23. *Balthus*, op. cit., p. 324.

24. Entrevista com Laurence Bataille (†) em março de 1983. Carta de J. L. a D. W. Winnicott, *Ornicar?* 33 (verão 1985), p. 10. *HPF*, 2, pp. 305-6.

25. *HPF*, 2, pp. 135-6.

26. Entrevista com Sven Follin, 11/1/1990. Jacques Chazaud, "Vestiges du passage à Ville-Evrard d'une aliénée devenue illustre", *EP* 55, 3 (1990), p. 633. *Littoral* 37 (abr. 1993).

27. Marie-Magdeleine Chatel, "Faute de ravage, une folie de la publication", *Littoral* 37, op. cit.

28. Entrevista com Annie Anzieu, 15/10/1992.

29. Carta de Didier Anzieu a E. R., 14/10/1986.

30. Jean Allouch, *Marguerite*, op. cit., p. 552.

31. Entrevista com Christine Anzieu, 4/2/1993.

4. ENCONTRO FALTOSO COM MELANIE KLEIN [pp. 264-72]

1. Riccardo Steiner, "La politique de l'émigration des psychanalystes", *RIHP* 1, op. cit., p. 302. Carta de Strachey a Glover, 28/4/1940.

2. D. W. Winnicott, *Lettres vives* (Paris: Gallimard, 1989), p. 195.

3. *HPF*, 2, p. 187.

4. Carta de Melanie Klein a C. Scott, 28/1/1948. Phyllis Grosskurth, op. cit., pp. 486-7.

5. Carta de J. L. a Henri Ey, s.d. Arq. Renée Ey.

6. J. L., "L'agressivité en psychanalyse", *RFP* 3 (1948). reed. em *E.* com mudança da primeira frase, ver Bibliografia.

7. J. L., "Le stade du miroir [...]", *RFP* 4 (1949). Reed, em *E.* com várias mudanças: o advérbio *diretamente* (proveniente de toda filosofia do cogito) substitui *radicalmente*, ver Bibliografia.

8. *HPF*, 2, e Phyllis Grosskurth, op. cit., p. 499. Henri Flournoy, "Le congrès international de Zurich", *RFP* 14-1 (1950), pp. 129-37.

9. Phyllis Grosskurth, op. cit., pp. 486-7 e 503-6. Ver também correspondência de Melanie Klein com Daniel Lagache: cartas de 6/9/1957, 2/10/1957, 17/3/1958, 28/4/1958, 7/11/1958, 27/3/1959. Arq. W. G. Carta de J.-B. Boulanger a E. R., 18/6/1992.

VI. ELEMENTOS DE UM SISTEMA DE PENSAMENTO

1. TEORIA DA ANÁLISE ESTRUTURAS DO PARENTESCO [pp. 274-97]

1. Sobre a cisão de 1953, ver *HPF*, 2, pp. 236-65.

2. Carta original, de 15/3/1953, publicada em "La scission de 1953", *Ornicar* 7, suplemento (1976), p. 72.

3. Sobre essa terceira geração, ver *HPF*, 2, pp. 288-304.

4. "Anúncio" da conferência de J. L., ver Bibliografia. Reunião do CA, 2/3/1953, *Analytica* 7 (Paris: Navarin, 1978), p. 10. Juliette Favez-Boutonier, *Documents et Débats*, 11/5/1975, p. 60. *HPF*, 2, p. 244.

5. Sobre a prática de Lacan nos anos 1950, ver *HPF*, 2, pp. 245-7.

6. Carta de J. L. a M. Balint de 6/8/1953; arq. André Haynal. M.-C. Beck, "Correspondances", *Le bloc-notes de la psychanalyse* 10 (1991) [Genebra], p. 171.

7. Para as diferentes versões do "Discurso de Roma", ver bibliografia: "Fonction et champ de la parole [...]" (1953).

8. *HPF*, 2, p. 272.

9. Carta de J. L. a M.-F. L., Páscoa de 1953.

10. Sobre a questão psicanálise e Igreja, ver *HPF*, 2, pp. 206-18.

11. Carta de J. L. a M.-F. L., set. 1953.

12. *HPF*, 2, p. 273.

13. Claude Lévi-Strauss, *Les structures élémentaires de la parenté*, 1ª ed. (Paris: PUF, 1949); 2ª ed. (Paris-Haia: Mouton, 1967).

14. Ver Bertrand Pulman, "Les anthropologues face à la psychanalyse: premières réactions", *RIHP* 4 (1991); "Aux origines du débat ethnologie/psychanalyse: W. H. R. Rivers (1864-1922)", *L'homme* 100 (1986); "C. G. Seligman (1873-1940)", *Gradiva* 6 (1989).

15. Ver George W. Stocking, "L'anthropologie et la science de l'irrationnel. La rencontre de Malinowski avec la psychanalyse freudienne", *RIHP* 4 (1991). Bronislaw Malinowski, *Journal d'ethnographe* (Paris: Seuil, 1985).

16. Bronislaw Malinowski, *La sexualité et sa répression*, col. PBP (Paris: Payot, 1969). Ernest Jones, *Essais de psychanalyse appliquée*, 2 (Paris: Payot, 1973). Gezà Roheim, *Psychanalyse et anthropologie* (Paris: Gallimard, 1969).

17. Jean Jamin, "L'anthropologie et ses acteurs", em *Les enjeux philosophiques des années cinquante* (Paris: Centre Georges-Pompidou, 1989). Maurice Merleau-Ponty, "De Mauss à Claude Lévi-Strauss", em *Éloge de la philosophie*, col. Folio (Paris: Gallimard, 1960).

18. Claude Lévi-Strauss, *Les structures*, op. cit., p. 29.

19. Claude Lévi-Strauss, "Place de l'anthropologie dans les sciences sociales et problèmes posés par son enseignement", em Idem, *Anthropologie structurale* (Paris: Plon, 1958).

20. Entrevista com Claude Lévi-Strauss, 13/1/1990.

619

21. Didier Eribon & Claude Lévi-Strauss, *De près et de loin* (Paris: Odile Jacob, 1988), p. 107.

22. Claude Lévi-Strauss, "De quelques rencontres", *L'Arc*, especial Merleau-Ponty, reed. Duponchelle, 1990, p. 43.

23. Entrevista com Jacques Sédat, 6/2/1992.

24. Sobre o caso Rudolf Hess, entrevista com Madeleine Delay, 22/10/1992. Ver Denis Hollier, prefácio à reed., do *Collège de Sociologie*, a ser publicado.

25. *De près et de loin*, op. cit., p. 108. Claude Lévi-Strauss cita uma única vez o nome de Lacan em *Introduction à l'oeuvre de Marcel Mauss*. Merleau-Ponty cita-o somente três vezes em *Les relations avec autrui chez l'enfant* (Paris: CEDES, 1975). E em *Le visible et l'invisible*, col. Tel (Paris: Gallimard, 1979).

26. Claude Lévi-Strauss, "Le sorcier et sa magie", em Idem, *Anthropologie structurale*, op. cit., p. 202.

27. Ibid., p. xxxii. Ver também Robert Georgin, *De Lévi-Strauss à Lacan* (Cistre, 1983).

28. J. L, "Intervention sur l'exposé de Claude Lévi-Strauss", 21/5/1956, p. 109, ver Bibliografia.

29. J. L., *S. II* (Paris: Seuil, 1977), pp. 46-8. Comentário a propósito da conferência de Claude Lévi-Strauss no hospital Sainte-Anne, em 30/11/1954, sobre a função simbólica.

30. Ver *HPF*, 2, p. 267. E E. R., *Études d'histoire du freudisme*, a ser publicado. J. L., "Le symbolique, l'imaginaire et le réel", conferência inédita; "Le mythe individuel du névrosé", *Ornicar?* 17-8 (1979), pp. 289-307; "La chose freudienne ou le sens d'un retour à Freud", *EP* 1 (1956) (retomado em *E.* com modificações consideráveis), ver Bibliografia.

31. Sigmund Freud, *Cinq psychanalyses*, op. cit. Patrick Mahony, *Freud et l'homme aux rats* (Paris: PUF, 1991).

32. J. L., "Mythe individuel du névrosé", op. cit., pp. 305-6.

33. J. L., "Intervention sur Claude Lévi-Strauss", *Bulletin de la Société française de philosophie* 3 (1956).

34. Dan Sperber, "Le structuralisme en anthropologie", em *Qu'est-ce que le sructuralisme?* (Paris: Seuil, 1968), p. 173. Patrick Mahony, op. cit., p. 70. *De près et de loin*, op. cit., p. 147.

35. Sigmund Freud, *Cinq psychanalyses*, op. cit., p. 70.

36. J. L., *E.*, op. cit., p. 315. Sobre as numerosas discussões suscitadas por essa intervenção de J. L em Roma, ver *HPF*, 2, pp. 275-80, notadamente com as intervenções de Didier Anzieu, Serge Leclaire e Wladimir Granoff.

2. VIBRANTE HOMENAGEM A MARTIN HEIDEGGER [pp. 298-315]

1. Hugo Ott, *Martin Heidegger. Une biographie* (Paris. Payot, 1990), pp. 196-7. Victor Farias, *Heidegger et le nazisme* (Paris: Verdier, 1987).

2. Hugo Ott, op. cit., p. 342. Ver também Karl Löwith, *La marche à l'étoile* (Paris: Hachette, 1988).

3. Hugo Ott, op. cit., p. 343.

4. Jean-Paul Sartre, "À propos de l'existentialisme: mise au point", 29/12/1944, em Michel Contat & Michel Rybalka, *Les écrits de Sartre* (Paris: Gallimard, 1970), p. 654.

5. *Les Temps Modernes* (nov. 1946-jul. 1947). E Alexandre Koyré, "L'évolution philosophique de Heidegger", *Critique* 1 e 2 (jun. e jul. 1946). G. Friedmann, "Heidegger et la crise de l'idée de progrès entre les deux guerres", em *Éventail de l'histoire vivante*, I, *Hommage à Lucien Febvre* (Paris: Armand Colin, 1953). Martin Heidegger, "Le discours du Rectorat: l'université allemande envers et contre tout, elle-même", e "Le Rectorat, faits et réflexions", *Le Débat*, 27/10/1983. "Martin Heidegger", *Les Cahiers de l'Herne* 45 (1983). *Magazine Littéraire* 235 (nov. 1986), especial Heidegger.

6. Ver Georges Friedmann, op. cit.

7. Jacques Havet, *Nécrologie de Jean Beaufret*, Annuaire de l'Association Amicale des Anciens Élèves de l'ENS (1984), pp. 82-94. Joseph Rovan, "Mon témoignage sur Heidegger", *Le Monde*, 8/12/1987.

8. Jean-Michel Palmier, "Heidegger et le national-socialisme", *Les Cahiers de l'Herne*, op. cit., p 351.

9. Jean Beaufret, *Dialogue avec Heidegger*, 4 vols. (Paris: Minuit, 1977-85).

10. Martin Heidegger, *Lettre sur l'humanisme* (Paris: Aubier, 1964). Ver também Mouchir Aoun, "Approches critiques de la Lettre sur l'humanisme de Heidegger", *Annales de Philosophie* (1989) [universidade Saint-Joseph, Beirute].

11. Hugo Ott, op. cit., p. 371.

12. Conversa privada, 21/12/1989.

13. Entrevistas separadas com Kostas Axelos, maio 1985; e Françoise Gaillard, 26/3/1992.

14. Marie-Claude Lambotte, "Entretien avec Jean Beaufret", *Spirales* 3 (abr. 1981).

15. Martin Heidegger, "Logos", trad. por J. L., *La Psychanalyse* 1 (1956), PUF.

16. Jean-Paul Aron, *Les modernes* (Paris: Gallimard, 1984). Jean Beaufret, *Dialogue avec Heidegger*, op. cit., 4, pp. 75-88. Lucien Goldmann, carta, *Le Monde*, 25/1/1988.

17. Infelizmente não pude consultar os arquivos de Jean Beaufret depositados no IMEC. Mas é pouco provável que este tenha colaborado na tradução de "Logos" tal como afirma Judith Miller em *Visages de mon père*, op. cit., p. 86. Como diz o próprio Beaufret, ele trabalhou em Guitrancourt na tradução da conferência de Cerisy. Sobre a viagem a Chartres, ver *HPF*, 2, pp. 309-10.

18. A tradução de Lacan é a primeira publicada na França. Naquela que fará posteriormente, André Préau não a menciona e parece inclusive tê-la ignorado por completo. Ver Martin Heidegger, *Essais et conférences*, col. Tel (Paris: Gallimard, 1958). Notemos que Nicolas Rand, que faz dois comentários suces-

sivos de "Logos", tampouco menciona a tradução de Lacan; ver *Cahiers Confrontation* 8 (Paris: Aubier, 1982), e Nicolas Rand, *Le cryptage et la vie des oeuvres* (Paris: Aubier, 1989). Por outro lado, é somente na segunda versão de seu comentário de "Logos", isto é, após a publicação do livro de Victor Farias, que Nicolas Rand mostra que o texto de Heidegger contém vestígios de seu engajamento nazista. Ver E. R., "Vibrant hommage à Martin Heidegger", em *Lacan avec les philosophes*, op. cit.

19. Jean Bollack & Heinz Wismann, *Héraclite ou la séparation* (Paris: Minuit, 1979). Jean Bollack, "Heidegger et l'incontournable", *Actes de la Recherche en Sciences Sociales* 5-6 (1975). E "Réflexions sur les interprétations du logos héraclitéen", em *La naissance de la raison en Grèce*, atas do congresso de Nice, maio de 1987. Sou devedora a Jean Bollack no que concerne aqui à tradução feita por Lacan de "Logos". Entrevista de 16/4/1992.

20. André Préau traduzirá o termo por *non-occultation*, em *Essais et conférences*, op. cit., p. 254, e Jean Beaufret, por *ouvert sans retrait* [aberto sem recuo], em *Dialogue* [...], op. cit., 4, p. 78.

21. Foi Bertrand Ogilvie quem me fez notar a existência dessa amputação. Stoian Stoianoff chamou-me a atenção a seguir para a diferença entre as duas versões: 1) *Festschrift für Hans Jantzen* (Berlim: Geb. Mann, 1951), e 2) *Vorträge und Aufsätze* (Pfullingen: Gunther Neske, 1954).

(22. J. L, *S. VIII*, ver Bibliografia.

23. J. L., "Liminaire", *La Psychanalyse* 1 (1956), p. vi.

24. J. L., "L'instance [...]", *La Psychanalyse* 3 (1957). Retomado em *E*. com algumas modificações, ver Bibliografia.

25. Ibid., p. 528.

26. A paixão pode ser lida no cartão-postal enviado a Judith e datado de 29/2/1956, no qual Lacan escreve estas palavras, no momento em que acaba de sair sua tradução de "Logos": "Devíamos ver Martin Heidegger hoje, mas o mau tempo nos impediu. Para me consolar, leio-o o dia todo e explico-o à tua mãe" (*Visages de mon père*, op. cit., p. 88).

27. Carta a Jean Wahl, 26/3/1958 (IMEC). Episódio contado publicamente por Maurice de Gandillac em 18/3/1988.

28. Citado por G. Granel e por S. Weber, conforme *Sein und Zeit*, ed. alemã, p. 348. *Lacan avec les philosophes*, op. cit., pp. 52 e 224.

29. Entrevista com Catherine Millot, maio 1990.

3. DESTINOS CRUZADOS: JACQUES LACAN E FRANÇOISE DOLTO [pp. 316-32]

1. F. D., *Correspondance 1913-1918*, com notas de Colette Percheminier (Paris: Hatier, 1991).

2. Ibid., p. 106. Carta de Anastase Demmler, 29/3/1921.

3. Ibid., p. 125. Carta de Suzanne Marette, 20/10/1922.

4. Escrevo "psicanálise de criança" para designar o domínio de um ponto de vista conceitual. O emprego do plural é reservado à prática.

5. F. D., *Enfances*, col. Point-Actuels (Paris: Seuil, 1986).

6. F. D., Correspondance, op. cit., p. 51. Respeito a ortografia da carta.

7. Ibid., p. 57.

8. Ibid., pp. 44, 53, 64.

9. Ibid., p. 215.

10. A análise com Laforgue durou de 17/2/1934 a 12/3/1937. No depoimento que F. D. me havia dado para *HPF*, 2, as datas eram incorretas.

11. F. D., *Correspondance*, pp. 560-74. Carta de 15/6/1938.

12. Ibid., p. 571.

13. Em *Enfances*, F. D. não faz nenhuma alusão às opiniões maurrassianas de sua família. Não fala nem do racismo nem do anti-semitismo, ao mesmo tempo que evoca muito bem todas as dificuldades de relacionamento.

14. Tive a ocasião de colocar-lhe a questão.

15. F. D., *Psychanalyse et pédiatrie* (Paris: Seuil, 1971).

16. Notas manuscritas de Édouard Pichon sobre a tese de F. D., e troca de cartas. Arquivos F. D.

17. Sobre a comissão do vocabulário na SPP, ver *HPF*, 1, pp. 376-395. Édouard Pichon, *Développement psychique de l'enfant et de l'adolescent* (Paris: Masson, 1938).

18. F. D. & E. R., "Des jalons pour une histoire, entretien", em *Quelques pas sur le chemin de Françoise Dolto* (Paris: Seuil, 1988), p. 12.

19. Ibid. Na época em que realizei essa entrevista, não dispunha dos arquivos capazes de verificar a confiabilidade da lembrança de F. D. Ora, o encontro não consta em sua agenda e não é mencionado por Marie Bonaparte.

20. Marie Bonaparte, "Journal inédit".

21. E. R. & Philippe Sollers, "Entretien sur l'histoire de la psychanalyse en France", *L'Infini* 2 (primavera de 1983).

22. Claude Halmos, "La planète Dolto", em *L'enfant et la psychanalyse*, col. (Paris: Esquisses Psychanalytiques/CFRP, 1993).

23. Jean-Chrysostome, nascido em 20/2/1943, futuro "Carlos".

24. Em *Quelques pas* [...], op. cit., F. D. acha que foi antes uma grande estima do que uma verdadeira amizade.

25. Lembranças pessoais.

26. *HPF*, 2, pp. 277-8. E F. D., *Au jeu du désir* (Paris: Seuil, 1981), pp. 133-94.

27. *La Psychanalyse* 1, op. cit., pp. 226 e 250.

28. Ibid., p. 224.

29. Num colóquio de Royaumont em maio de 1986.

30. Cartas de J. L. a F. D. Arquivos F. D.

31. Entrevista com Catherine Dolto-Tolitch, 3/3/1993.

4. O BANQUETE, A TEMPESTADE [pp. 333-54]

1. Para a história da terceira geração psicanalítica francesa e as negociações entre a SFP e a IPA, ver *HPF*, 2, pp. 288-376.

2. Sobre Daniel Lagache, ibid., pp. 218-36.

3. Entrevista com F. D., *HPF*, 2, p. 329.

4. Entre as regras-padrão, há aquelas que são escritas e concernem à técnica, e aquelas que são "orais" ou "implícitas" e concernem à moral. É em virtude de uma regra "oral" que os homossexuais são excluídos na IPA de toda prática didática.

5. *HPF*, 2, p. 331. O comitê fez duas séries de interrogatórios: a primeira entre 15 de maio e fim de junho de 1961; a segunda em janeiro de 1963 (um quinto membro, Solms, havia se juntado ao comitê de origem). Já relatei em detalhe esses interrogatórios.

6. Phyllis Grosskurth, op. cit., pp. 540-3.

7. Encontrei Ilse Hellmann em Londres, em 1982: ela não havia mudado de opinião.

8. Sobre a "troika", ver *HPF*, 2, pp. 288-96.

9. Os dois relatórios de Pierre Turquet permanecem secretos até hoje. Conhecemos o teor do primeiro pelas cartas trocadas entre Granoff, Leclaire, Turquet, Lacan, Perrier, e do segundo pelas notas de Granoff e de Perrier. Nas duas séries de notas, é estipulado que o corte de Lacan é permanente e sem retorno. Lacan chamará esse ato de "excomunhão maior" ao se referir ao *herem* de Spinoza. Somente as notas de Perrier foram publicadas. Ver "L'excommunication", suplemento a *Ornicar?* 8 (1977), pp. 41-5. Quanto às "Recomendações" de Edimburgo e à "Diretriz" de Estocolmo, pp. 19, 81, 82. E *HPF*, 2.

10. Eles se agruparão na moção dita dos "mocionários": J. Laplanche, J.-L. Lang, J.-B. Pontalis, D. Widlöcher, R. Pujol, V. Smirnoff, J.-C. Lavie.

11. Sobre o procedimento do passe, ver *HPF*, 2, pp. 450-68.

12. J. L., "Variantes de la cure type", retomado em *E.* com modificações consideráveis, ver Bibliografia. Sobre o debate com Maurice Bouvet, ver *HPF*, 2, pp. 280-5.

13. E. R., "L'Amérique freudienne", *Magazine Littéraire* 271 (nov. 1989).

14. J. L., "Situation de la psychanalyse", retomado em *E.* com poucas mudanças, ver Bibliografia.

15. J. L, *E.*, p. 483.

16. J. L., "La direction de la cure et les principes de son pouvoir", retomado em *E.* sem grandes mudanças, ver Bibliografia.

17. J. L, *E.*, p. 601.

18. Sobre a fantasia de roubo de idéias e de plágio na história da psicanálise, ver *HPF*, 1, pp. 102-3, e Michel Schneider, *Blessures de mémoire* (Paris: Gallimard, 1981).

19. São os termos empregados numa carta a Serge Leclaire, s.d., da mes-

ma época. Em "Situation de la psychanalyse", ele escreve: "Nenhum obstáculo deve ser colocado à confissão do desejo".

20. A edição do *Banquete* utilizada por Lacan era a de Henri Estienne de 1578, da qual ele possuía um exemplar original. Vendido em leilão em 5/10/1991; catálogo G. Loudmer, p. 14.

21. Ver Jean-Louis Heurion, *L'agalma: la référence platonicienne dans le discours de Lacan*, dissertação apresentada para obtenção de diploma da EHESS, sob a orientação de Heinz Wismann (Paris: 1989) (Paris: Point Hors-Ligne, 1993).

22. J. L, *S. XII*, março de 1965.

23. J. L., Debate com Jean Hyppolite, ver Bibliografia. E *S. I*, op. cit., pp. 63-78. Pierre Macherey, "Le leurre hégélien", *Bloc-notes de la psychanalyse* 5 (1985) [Genebra].

24. *L'inconscient*, atas do colóquio de Bonneval (Paris: Desclée de Brouwer, 1966). Sobre o desenrolar do colóquio e a polêmica entre Laplanche e Lacan, bem como sobre a redação do texto de Merleau-Ponty, ver HPF, 2, pp. 317-28.

25. Carta de J. L. a Wladimir Granoff, 27/7/1961; arq. W. G. Carta de Marie Bonaparte a Anna Freud, 20/6/1961, e ao conselho da IPA, 14/7/1961, Library of Congress, Washington.

26. Sobre o fato de ter sido "negociado", ver *S. XIII* (Paris: Seuil, 1973), sessão de 15/1/1964.

27. Carta de Jean Laplanche a J. L.; arq. S. L. Entrevista com Daniel Widlöcher, *HPF*, 2, pp. 366-7.

28. Sobre a maneira como Lacan defende Christian Simatos, ver arq. W. G., e *HPF*, op. cit.

29. Carta de S. L. a J. L., 24/6/1963, transmitida a W. G; arqs. S. L. e W. G.

30. Carta de J. L. a S. L., 24/6/1963, arq. S. L.

31. Carta de J. L. a Paula Heiman, 27/6/1963. Não enviada; arq. S. L. Essas três cartas são citadas em *HPF*, 2, p. 356.

32. *HPF*, 2, p. 359.

33. A propósito de Hesnard, ver E. R., "À propos d'une lettre de A. Hesnard", *Les Carnets de Psychanalyse 2* (inverno de 1991-2), pp. 159-62.

34. Raymond de Saussure morrerá em 1971, e Rudolph Loewenstein, em 1976.

35. Françoise Dolto, *La Croix*, 12/9/1981.

5. A *ESTRUTURA*, O *NOME-DO-PAI* [pp. 355-96]

1. As entrevistas de Madeleine Chapsal foram reunidas sob o título *Envoyez la petite musique* (Paris: Grasset, 1984).

2. Entrevista com Madeleine Chapsal, 21/11/1991.

3. Madeleine Chapsal, *La chair de la robe* (Paris: Fayard, 1989).

4. *Envoyez* [...], op. cit., p. 36.

5. Entrevista com Madeleine Chapsal, cit.

6. Cartas de J. L. a Madeleine Chapsal, 28/12/1956 e 18/1/1956.

7. *Envoyez* [...], op. cit., p. 37.

8. A entrevista foi reeditada em *L'Ane* 48 (out.-dez. 1991), sem menção do nome de Madeleine Chapsal.

9. Sigmund Freud, "Une difficulté de la psychanalyse", em *Essais de psychanalyse appliquée*, col. Idées (Paris: Gallimard, 1971).

10. *Envoyez* [...], op. cit., p. 41.

11. *HPF*, 2, pp. 105-8.

12. Ver E. R., *Études d'histoire du freudisme*, a ser publicado.

13. C. G. Jung, *L'homme à la découverte de son âme* (Paris: Albin Michel, 1987).

14. Entrevista com Roland Cahen, 21/11/1989.

15. Só havia sido publicado (em inglês) o primeiro volume da biografia de Jones, que termina antes da ruptura entre Jung e Freud.

16. J. L., "La chose freudienne [...]", amplamente modificado em *E*. Ver também *S. III* (Paris: Seuil), pp. 83 e 266. Sobre as diferentes versões do texto, ver Bibliografia.

17. Nenhum historiador do freudismo menciona essa frase. Ver Pamela Tytell, *La plume sur le divan* (Paris: Aubier, 1982).

18. Richard Sterba, *Réminiscences*, op. cit. E "Vienne et la psychanalyse", *Austriaca* 21 (nov. 1985), textos reunidos por Jacques Le Rider, universidade de Haute-Normandie.

19. J. L. retorna numerosas vezes ao "Wo Es war". *S. I*, op. cit., p. 257. *S. VII, S. XVII, S. XIV*, sessões de 11/1/1967 e 15/3/1967. Debate com Angelo Hesnard, *La Psychanalyse* 3 (1957), em 6/11/1953. *HPF*, 1, p. 380. Sigmund Freud, "La décomposition de la personnalité psychique", em *Nouvelles Conférences d'introduction à la psychanalyse* (Paris: Gallimard, 1984), p. 110. (Trad.: "Lá onde era id, deve advir ego.")

20. M. Merleau-Ponty, *Éloge de la philosophie*, op. cit., p. 56.

21. *El*, o filme de Luis Buñuel, foi lançado em 1953.

22. J. L., *S. I*, op. cit., pp. 271-95.

23. J. L., *S. II* (Paris: Seuil), pp. 207-24, 225-40, 276-302. E *S. X*, sessão de 10/1/1962.

24. J. L., *S. II* (Paris: Seuil), p. 248, ver Bibliografia. "L'instance [...]" será retomado em *E*., p. 818. Ver também *S. IX*, sessão de 6/12/1961.

25. J. L., "Subversion du sujet [...]", *E.*, p. 819. *S. IX*, sessão de 6/12/1961.

26. As comunicações ao colóquio de Royaumont foram publicadas em *La Psychanalyse* 6 (Paris: 1961). A intervenção de Lacan, redigida na Páscoa de 1960, será retomada em *E*. Daniel Lagache, "Structure de la personnalité", em D. Lagache, *Oeuvres complètes*, 4 (Paris: PUF, 1982). Para os outros textos marcantes dessa segunda reelaboração estruturalista, ver *E.*, "Position de l'inconscient", "La métaphore du sujet", "Séminaire sur les noms-du-père" (20/11/1963, inédito); *S. V, VI, IX, X*, ver Bibliografia.

27. Foi sobre esse tema da carta roubada que Derrida comentou o texto de Lacan. A questão já foi amplamente abordada em *HPF*, 2.

28. Sobre o histórico do termo *Spaltung*, ver *HPF*, 1, pp. 115-33.

29. Roman Jakobson, *Langage enfantin et aphasie* (Paris: Minuit, 1969).

30. J. L, *E.*, pp. 517 e 800.

31. Anika Lemaire, *Jacques Lacan* (Bruxelas: Mardaga, 1977). E "Radiopho-nie" (1970), ver Bibliografia.

32. J. L., *E.*, p. 799. Primeira introdução do "ponto de basta", *S. III*, sessão de 6/6/1956. Sobre a junção feita por Lacan entre Saussure e Pichon, ver *HPF*, 2, pp. 317-9. Françoise Gadet, *Saussure, une science de la langue* (Paris: PUF, 1987).

33. Roman Jakobson & Jean-José Marchand, "Entretiens", *Archives du XXe. siècle* (10/2/1972, 2/1/1973, 14/7/1974). Difundidas novamente por La Sept em 7/10/1990. Ver também "Jakobson", *L'Arc* 60 (1975). *Poétique* (1971). Roman Jakobson, *Russie, folie, poésie* (Paris: Seuil, 1986). E Roman Jakobson & K. Pomorska, *Dialogues* (Paris: Flammarion, 1980). "Entretien avec Robert Georgin", *Les Cahiers Cistre* (Lausanne: 1978). François Dosse, *Histoire du structuralisme*, 1 (Paris: La Découverte, 1991), pp. 76-83. *Hypothèses*, col. Change (Paris: Seghers-Laffont, 1972). Dominique Desanti, *Les clefs d'Elsa* (Paris: Ramsay, 1983).

34. Xavier Dauthie, "La filiation de Husserl" e Léon Robel, "Les années de formation", *Cahiers Cistre*, op. cit. Elmar Holenstein, *Jakobson* (Paris: Seghers, 1975).

35. Tzvetan Todorov, *Théorie de la littérature*, textos dos formalistas russos (Paris: Seuil, 1966). *Action Poétique* 63 (1975).

36. S. Tretiakov, *Dans le front gauche de l'art*, textos apresentados por Henri Deluy (Paris: Maspero, 1977). *Action Poétique* 48 (1971).

37. Roman Jakobson, "Structuralisme et téléologie", *L'Arc* 50, op. cit.

38. Nicolas Troubetzkoy, *Principes de phonologie* (Paris: Klincksieck, 1949). "Thèses du cercle de Prague", *Change* 4 (1969). Roman Jakobson, "Formalisme russe, structuralisme tchèque", *Change* 3 (1969), pp. 59-60.

39. Apoiando-me num testemunho de Olivier Flournoy, eu havia sublinhado em *HPF*, 1, que Jakobson revelara a Raymond de Saussure a importância da obra de seu pai. Claude Lévi-Strauss, Mireille Cifali e Henri Vermorel matizaram essa proposição. H. Vermorel, "Notice inédite de Raymond de Saussure, avec citation de deux lettres de Claude Lévi-Strauss" e Mireille Cifali, "Présentation d'une lettre de Raymond de Saussure à Bally", *Bloc-notes de la psychanalyse* 5 (1985) [Genebra], p. 147.

40. "Entretien avec Robert Georgin", loc. cit., p. 17.

41. *De près et de loin*, op. cit., p. 41.

42. J. L., *S. XIV*, sessão de 10/2/1967.

43. R. J., "Entretien avec Robert Georgin", op. cit., p. 17.

44. Entrevista com Robert Georgin, 3/3/1992.

45. Théodore Flournoy, *Des Indes à la planète Mars* (Paris: Seuil, 1983). Sobre o segundo Saussure e os anagramas, Françoise Gadet, op. cit., e Jean Starobinski, *Les mots sous les mots* (Paris: Gallimard, 1971).

46. *HPF*, 2, pp. 190-202.

47. Entrevista com Hélène Gratiot-Alphandéry, 11/1/1990.

48. René Zazzo, "Nécrologie de A. Léontiev", *L'Année Psychologique* 82 (1982), p. 541.

49. Ver A. Massuco Costa, *La Psychologie soviétique* (Paris: Payot, 1977).

50. Entrevistas separadas com Maurice de Gandillac e Ivan Svagelski, 10/6/1992.

51. Carta de Jean Lacouture a E. R., 4/11/1985.

52. *De près et de loin*, op. cit., p. 85, e carta de Claude Lévi-Strauss a E. R., 20/1/1992.

53. Entrevista com Françoise Giroud, 31/1/1992. Françoise Giroud, *Leçons particulières* (Paris: Fayard, 1991), p. 132.

54. A lei de 3/1/1972 relativa à filiação evita hoje esse tipo de imbróglio.

55. Carta de Edmonde Charles-Roux a E. R., 8/1/1992.

56. O enterro realizou-se em 19 de outubro. Entrevistas separadas com Madeleine Houlon, mar. 1983; Marc-François Lacan, 3/5/1990; e Sibylle Lacan, 4/6/1990.

57. J. L., *S. VIII*, op. cit., p. 329. Frase restabelecida corretamente em *Le Transfert dans tous ses Errata* (Paris: EPEL, 1991), p. 121.

58. Madeleine Chapsal, *Envoyez* [...], op. cit., p. 75.

59. J. L, *S. III* (Paris: Seuil), 1981.

60. Ibid., p. 361.

61. J. Damourette & É. Pichon, "Sur la signification psychologique de la négation en français", reed. *Le Bloc-notes de la psychanalyse* 5 (1985) [Genebra]. Correspondência Freud/Laforgue, apresentada por André Bourguignon, *NRP* 15 (primavera de 1977). André Bourguignon & A. Manus, "Hallucination, déni de la réalité et scotomisation", *Annales Médico-Psychologiques* 138 (2/2/1980). Sigmund Freud, "La négation", *RFP* 8, 2 (1934). Maurice Merleau-Ponty, *Phénoménologie de la perception*, col. Tel (Paris: Gallimard, 1976). *HPF*, 1, pp. 314-20, 376-95. *HPF*, 2, pp. 310-2. J. L., "Introduction au commentaire de Jean Hyppolite sur la *Verneinung* de Freud" e "Réponse au commentaire de Jean Hyppolite sur la *Verneinung* de Freud", seminário de 10/2/1954, *La Psychanalyse* 1 (Paris: 1956), reed. em *E*. Ver também *S. I*, op. cit., pp. 53-73. "D'une question préliminaire [...]", *La Psychanalyse* 4 (Paris: 1957), reed. em *E*. Ver também *S. III*, op. cit., pp. 21-36l, ver Bibliografia.

62. André Green, "L'objet (a) de Lacan, sa logique et la théorie freudienne", exposição pronunciada em 21/12/1965 no *S. XIII*, *Cahiers pour l'Analyse* 3 (Paris: Seuil, 1966).

63. *S. I*, op. cit., sessões de 24 e 31/3/1954, e 7/4/1954.

64. Herman Nunberg, *Principes de psychanalyse* (Paris: PUF, 1957).

65. J. L., *S. I*, op. cit., p. 161. Foi a propósito disso que Lacan utilizou o esquema dito do "buquê invertido".

66. J. L., *S. III*, op. cit., p. 329.

67. J. L., *S. IX*, sessão de 6/12/1961, transcrição de Michel Roussan.

68. D.-P. Schreber, *Mémoires d'un névropathe*, trad. P. Duquenne e N. Sels (Paris: Seuil, 1975). Octave Mannoni, "Schreber als schreiber", em *Clefs pour l'imaginaire* (Paris: Seuil, 1969). A. Tabouret-Keller, "Une étude: la remarquable famille Schreber", *Scilicet* 4 (Paris: Seuil, 1973). *Schreber inédit*, col. de textos apresentados por H. Israëls e J. Quackelbeen (Paris: Seuil, 1986). Maud Mannoni, *Éducation impossible* (Paris: Seuil, 1973). Sigmund Freud, "Remarques psychanalytiques sur l'autobiographie d'un cas de paranoïa", em *Cinq Psychanalyses*, op. cit. *Correspondance Freud/Ferenczi* (Paris: Calmann-Lévy, 1992), p. 249.

69. *HPF*, 1, pp. 127-8.

70. *Correspondance Freud/Ferenczi*, op. cit., p. 331. *Correspondance Freud/Jung*, 2 (Paris: Gallimard, 1975), p. 118. Henri Ellenberger, op. cit., pp. 450-1. Chawki Azouri, *J'ai réussi là où le paranoïaque échoue* (Paris: Denoël, 1991). O autor pensa que Freud deixou de falar do pai de Schreber porque, encobrindo deste modo a paternidade, este se toma por pai de sua obra. Donde a idéia de que a teoria da homossexualidade como origem da paranóia seria uma resistência à questão do pai. Hipótese muito interessante com a qual não concordo inteiramente.

71. Vv. aa., *Le cas Schreber* (Paris: PUF, 1979). Em particular o artigo de Ida Macalpine & Richard Hunter (1953). Henri Ellenberger, op. cit., p. 450. Peter Gay, *Freud* (Paris: Hachette, 1991), pp. 377-8.

72. Cronologia da leitura do caso Schreber por J. L.: *S. I*, sessão de 5/5/1954, p. 185. *S. II*, sessão de 25/5/1955. *S. III*, sessões de 16/11/1955 e 4/7/1956. "D'une question préliminaire [...]", redação em dezembro de 1957-8, *La Psychanalyse* 4 (1959). Reed. em *E*. com numerosas modificações. As *Mémoires* foram publicadas em folhetim nos *Cahiers pour l'Analyse*, e Lacan fez uma apresentação delas em 1966. Reed. *Ornicar?* 38, Navarin, 1986, ver Bibliografia.

VII. O PODER E A GLÓRIA

1. DIÁLOGO COM LOUIS ALTHUSSER [pp. 398-419]

1. Sobre a história da *Laienanalyse*, ver *RIHP* 3 (Paris: 1990).

2. Georges Canguilhem, "Qu'est-ce que la psychologie?", em *Études d'histoire et de philosophie des sciences* (Paris: Vrin, 1968).

3. Michel Foucault, *Folie et déraison. Histoire de la folie à l'âge classique*, reed. (Paris, Gallimard, 1972). Didier Éribon, *Michel Foucault* (Paris: Flammarion, 1989).

4. Michel Foucault, "Entretien avec Madeleine Chapsal", *La Quinzaine littéraire* 15 (15/5/1966).

5. Louis Althusser, *Revue de l'Enseignement Philosophique* 5, 13º ano (jul. 1963), nota 14.

6. Yann Moulier-Boutang, *Louis Althusser. Une biographie* (Paris: Grasset, 1992), p. 363. E entrevista com Yann Moulier-Boutang, 6/11/1991.

7. Louis Althusser, *L'avenir dure longtemps* (Paris: Stock, 1992), pp. 113-4. E entrevista com Louis Althusser (†), 18/1/1985.

8. Citado por Yann Moulier-Boutang, op. cit., p. 375.

9. Ver a esse respeito Michel de Certeau, *La fable mystique* (Paris: Gallimard, 1982).

10. Louis Althusser, *L'avenir* [...], op. cit., p. 163.

11. Ibid., p. 116.

12. Raymond Klibansky, Erwin Panofsky & Fritz Saxl, *Saturne et la mélancolie* (Paris: Gallimard, 1989).

13. Louis Althusser, *L'avenir* [...], op. cit., p. 125.

14. Carta de Jacques Lacan a Louis Althusser, 21/11/1963, IMEC. Ver também *Magazine Littéraire* 304 (nov. 1992). Na entrevista que fiz com Louis Althusser antes de sua morte, ele datava por engano seu primeiro almoço com Lacan de julho de 1963. Engano repetido em *L'avenir* [...], p. 178. As agendas depositadas no IMEC e a carta de 21/11/1963 mostram que o almoço foi na verdade um jantar, que se realizou em 3/12/1963, como o indica aliás a carta de Louis Althusser de 4/12/1963. Ver *HPF*, 2, p. 387.

15. Carta de J. L. a Louis Althusser, 1/12/1963. O artigo foi publicado em *La Pensée* e retomado em *Pour Marx* (Paris: Maspero, 1965).

16. Carta de Louis Althusser a J. L., 26/11/1963.

17. Pode-se reconstituir essa noitada graças à carta de Louis Althusser de 14/12/1963, IMEC.

18. Como ele explicará numa carta de 2/7/1966, incitando Lacan a ler *O capital*, IMEC.

19. Louis Althusser, *L'avenir* [...], op. cit.

20. Carta de Louis Althusser a J. L, 4/12/1963, IMEC.

21. Corte de Lacan de 13/10/1963. Ver *Excommunication*, op. cit., p. 87. *HPF*, 2, p. 363.

22. Sobre a interpretação por Lacan da excomunhão de Spinoza, ver *HPF*, 2, pp. 368-81.

23. Relatei o episódio em *HPF*, 2, p. 398. E J. L., *E.*, pp. 851-4. Entrevistas separadas com Paul Ricoeur, 7/3/1985, e Jean-Paul Ricoeur, 12/7/1985. Numa carta de 20/8/1991, Charles Reagan, biógrafo de Paul Ricoeur, assinalame que este não conservou nem cartas nem fotos de Lacan.

24. Entrevista com Maurice de Gandillac, 10/11/1989.

25. Sobre esse período, ver *HPF*, 2, pp. 381-93. Entrevistas separadas

com Jacques Rancière, 1/3/1985, e Etienne Balibar, 7/2/1985. Notas de curso de Étienne Balibar.

26. Louis Althusser, curso inédito, IMEC.

27. Retomado em *Positions* (Paris: Éditions sociales, 1973), p. 13. Reedição em *Écrits sur la psychanalyse. Freud et Lacan* (Paris: Stock, 1993).

28. Carta de J. L. a Louis Althusser, 6/7/1964.

29. Em Châteauroux.

30. Jacques-Alain Miller, "Entretiens avec François Ansermet sur le Séminaire" (Paris: Navarin, 1985), p. 21.

31. Notas de Louis Althusser sobre a exposição de Jacques-Alain Miller dos dias 21 e 28/1/1964, e 4/2/1964, IMEC. Notas de curso de Étienne Balibar. Pouco antes de Jacques-Alain Miller, Étienne Balibar havia falado da tese de 1932 e do conceito de foraclusão. Nota de Louis Althusser de 17/12/1963, IMEC.

32. J. L, *S. XI*, sessão de 29/1/1964 (Paris: Seuil, 1973).

33. Carta de J. L. a Louis Althusser, 22/2/1964, IMEC.

34. *Lire le Capital*, coletivo, e Louis Althusser, *Pour Marx* (Paris: Maspero, 1965). Donald Martel, *L'Anthropologie d'Althusser*, Éd. de l'Université d'Ottawa, 1984.

35. Louis Althusser, *L'avenir* [...], op. cit., p. 201.

36. Jenny Aubry, lembranças pessoais.

37. *Le Débat* 50 (maio-ago. 1988) [Paris].

38. Lucien Sebag, *Marxisme et structuralisme* (Paris: Payot, 1967).

39. Louis Althusser, *L'avenir* [...], op. cit., p. 180. Louis Althusser havia me dado o mesmo testemunho em 1985. Ver *HPF*, 2, pp. 292-3. E entrevistas separadas com Hélène Gratiot-Alphandéry, 11/1/1990, e Marie-Claire Boons, 6/1/1985.

40. Louis Althusser, carta a D..., 18/7/1966, IMEC, a ser publicada pela Stock.

2. "EU FUNDO": KANT COM SADE [pp. 420-33]

1. O ato de fundação foi publicado pela primeira vez no anuário da EFP de 1965. A história do gravador é contada no boletim da CP por René Major, "Depuis Lacan", *Césure* l (Paris: 1991), p. 178; e, no boletim de ligação do SNPP e da AFPEP, por Dominique Bonnet, "Ces grands médecins", *Dire et Agir* 45 (dez. 1986). Não falaremos aqui da história da EFP nem da terceira geração que conduziu à criação da OPLF, assunto já abordado em *HPF*, 2, pp. 425-82. Sabe-se que a Escola Freudiana de Paris foi fundada sob o nome de Escola Francesa de Psicanálise.

2. Ver *HPF*, 2, p. 440.

3. Textos publicados no primeiro anuário da EFP, em 1965.

4. Circular da EFP de 19/9/1964. Os rascunhos mostram que o texto é de autoria de Lacan; arq. S. L.

5. Entrevista com François Wahl, 19/11/1991.

6. J. L., *S. VII* (Paris: Seuil, 1986). E. R., "Lacan et Spinoza, essai d'inter-prétation", comunicação ao colóquio *Spinoza au XXe. siècle*, sob a direção de Olivier Bloch (Paris: PUF, 1993).

7. J. L, *S. XI*, op. cit., pp. 237-47.

8. J. L., publicado em *Critique*, retomado em *E.* com grandes modificações, ver Bibliografia.

9. Em *E.*, a referência à *Histoire de la folie é* suprimida. Max Horkheimer & Theodor Adorno, *Dialectique de la raison*, col. Tel (Paris: Gallimard, 1989). Sobre o impacto dessas teses na história da literatura francesa, ver Jean-Pierre Salgas, "Métamorphoses de Lazare, écrire après Auschwitz", *Art Press* 173 (out. 1992).

10. Emanuel Kant, *La critique de raison pratique*, trad. Picavet (Paris: PUF, 1960).

11. Ver André Tosel, *Kant révolutionnaire, droit et politique* (Paris: PUF, 1988), p. 18. Hans Dieter Gondek, *Angst Einbildungskraft Sproche, Kant, Freud, Lacan* (Munique: Boer Verlag, 1990).

12. Ver Hannah Arendt, *Eichmann à Jérusalem* (Paris: Gallimard, 1965).

13. Marcelle Marini, *Lacan* (Paris: Belfond, 1986), foi a primeira a observar a analogia de pensamento entre Lacan e Arendt. Philippe Julien, "Trois réponses à la folie des passions", *Littoral* 27-28 (abr. 1989). Myriam Revault d'Allonnes, *"Amor mundi*, la persévérance du politique", em *Ontologie et politique* (Paris: Tierce, 1989).

14. J. L., "Kant avec Sade", op. cit. Na versão de 1966, Lacan acrescenta "em vão" após "liberdade de desejar" e substitui "a única pela qual se morre" por "a liberdade de morrer". Ele acentua assim, dois anos após a fundação da EFP, seu pessimismo quanto a uma possível liberdade real do sujeito. *E.*, p. 783.

15. Ibid., p. 785.

16. Sobre essa questão, Myriam Revault d'Allonnes, *D'une mort à l'autre* (Paris: Seuil, 1989).

17. Saint-Just, *Oeuvres complètes* (Paris: Gérard Lebovici, 1984), p. 979.

18. Amos Funkenstein, "Interprétations théologiques de l'Holocauste: un bilan", em *L'Allemagne nazie et le génocide juif* (Paris: Gallimard-Seuil, 1985).

19. J. L., *S. XI*, op. cit., p. 246. O "Kant com Sade" foi popularizado no meio universitário norte-americano por um certo Slavoj Zizek, ligado à ECF, que fez uma interpretação bastante estranha desse texto, assimilando o Sade de Lacan a uma figura do totalitarismo stalinista à qual se poderia opor, simetricamente, o "sujeito libidinal da sociedade neoliberal". Maneira de transformar Lacan em ideólogo da "pós-modernidade". Ver Slavoj Zizek, "Sur le pouvoir politique et les mécanismes idéologiques", *Ornicar?* 34 (1985), pp. 41-60. Ver também *The sublime object of ideology* (Londres: Verso, 1989).

20. Sobre a história dos grupos e das revistas, ver *HPF*, 2, dados e tabelas.

21. Serge Leclaire *et alii*, *État des lieux de la psychanalyse* (Paris: Albin Michel, 1991).

22. Sobre a demissão de François Perrier do diretório da EFP, ver *HPF*, 2, pp. 450-68.

23. Rascunho da carta de François Perrier a J. L., 12/1/1965, arq. J. S.

24. Cartas de J. L. a François Perrier, 12/1/1965, arq. J. S.

3. OS *ESCRITOS*: RETRATO DE UM EDITOR [pp. 434-50]

1. Ver *HPF*, 2, pp. 414-25.

2. Jacques Derrida, "Pour l'amour de Lacan", em *Lacan avec les philosophes*, op. cit., pp. 406-7.

3. Entrevista com François Wahl, 8/9/1992.

4. Jean Allouch, *Marguerite*, op. cit., p. 43. Jenny Aubry viu-se na mesma situação e conseguiu que Lacan fizesse datilografar passagens de sua tese num volume que ela conservou em sua biblioteca.

5. A. Porot, *Manuel alphabétique de psychiatrie* (1951) (Paris: PUF, 1975). Entrevista com François Wahl, 9/3/1990.

6. Entrevista com François Wahl, 9/3/1990.

7. Ibid.

8. Ibid.

9. Ibid.

10. Entrevista com François Wahl, 19/11/1992.

11. Umberto Eco, *L'Ane* 50 (abr.-jun. 1992), p. 13. *L'oeuvre ouverte*, col. Points (Paris: Seuil, 1979). *La structure absente* (Paris: Mercure de France, 1984).

12. *L'Ane*, op cit., p. 14.

13. Umberto Eco, prefácio à ed. italiana de *La structure absente*, não retomado em francês.

14. Entrevista com Paul Flamand em 4/12/1989.

15. Ibid.

16. Contrato para a coleção Le Champ Freudien, 3/4/1964.

17. Contrato de 20/5/1964, não registrado.

18. Ver cap. 1.

19. Entrevistas com François Wahl, 9/3/1990, 19/11/1991 e 10/9/1992. *HPF*, 2, p. 421.

20. *HPF*, 2, p. 413.

21. Ibid.

22. J. L., *S. XII*, exposição de Jacques-Alain Miller, sessão de 24/2/1965.

23. O texto publicado em *Cahiers pour l'Analyse* foi muito modificado em relação à exposição de 24/2/1965.

24. Gottlob Frege, *Les fondements de l'arithmétique* (Paris: Seuil, 1969).

25. O casamento realizou-se no cartório de Guitrancourt em 12/11/1966.

26. O nome de Georges Bataille figura em *E.* à p. 583.

27. A tábua havia sido publicada em *Cahiers pour l'Analyse* 2 (1966).

28. J. L., *E.*, p. 894.

29. Contrato para *E.* de 30/11/1966, assinado no momento da publicação da obra.

30. André Robinet, *Les Nouvelles Littéraires*, 9/2/1967; Lucien Sève, *La Nouvelle Critique* (mar. 1967); François Châtelet, *Le Nouvel Observateur*, 11 e 17/1/1967; Louis Beirnaert, *Études* (mar. 1967); Jean-François Revel, *L'Express*, 18-25/12/1986.

31. Didier Anzieu, *La Quinzaine Littéraire* (15/11/1966).

32. Contrato para *Scilicet* de 11/3/1968.

33. 1 — "Le Séminaire sur *La lettre volée*". 2 — "Le stade du miroir". 3 — "Fonction et champ [...]". 4 — "La chose freudienne". 5 — "L'instance de la lettre".

34. Carta de Bruno Flamand a J. L, 9/1/1970. Carta de J. L. a Bruno Flamand, 12/1/1970. Resposta de Bruno Flamand, 19/1/1970.

35. Carta de Bruno Flamand a J. L., 13/2/1970.

36. Nota de François Wahl, 21/2/1970. Carta de J. L. a Bruno Flamand, 24/10/1970.

37. Entrevista com François Wahl, 3/3/1990.

38. J. L., conferência em Milão em 12/5/1972, *Lacan in Italia* (La Salamandra, 1978), p. 42. *S. XIX*, sessão de 14/6/1972. Encontrar-se-ão em Jean Allouch, *Marguerite*, op. cit., todas as menções de *TPP*, pp. 511-6. Didier Anzieu, *L'auto-analyse de Freud*, 2 vols. (Paris: PUF, 1975).

39. Carta de J. L. a Jacques Postel, 3/3/1972.

40. *L'Arc* 58 (1974).

41. J. L., *TPP*. Contrato de 19/3/1975.

42. Apresentação da reed. de *TPP*, documento de 27/3/1975. Ver também François Wahl, prefácio a Alain Badiou, *Conditions* (Paris: Seuil, 1992).

43. Georges de Clérambault em vez de Gaëtan Gatian de Clérambault.

4. DA REVOLUÇÃO: JEAN-PAUL SARTRE E JACQUES LACAN, CONTEMPORÂNEOS ALTERNADOS [pp. 451-72]

1. Entrevista inédita realizada por Didier Éribon logo após a morte de Lacan, set. 1981. A entrevista de Foucault ao *Corriere della Sera* foi traduzida em *L'Ane* 37 (jan.-mar. 1989).

2. Jean-Paul Sartre, *Le Scénario Freud* (Paris: Gallimard, 1984).

3. Bernard Pingaud, *L'Arc*, reed. (Duponchelle, 1990), pp. 3-4.

4. Ibid., pp. 87-96.

5. J. L., entrevista com Gilles Lapouge para *Le Figaro Littéraire*, 9/12/1966.

6. Jean-François Sirinelli, *Manifestes et pétitions au XXe. siècle* (Paris: Fayard, 1990), p. 231.

7. *HPF*, 2, pp. 551-83.

8. A história da GP ainda está por ser feita. Sobre a relação de Sartre com Benny Lévy, leiam-se os relatos contraditórios de Annie Cohen-Solal, *Sartre*

(Paris: Gallimard, 1985), e de Deirdre Bair, *Simone de Beauvoir*, op. cit. Simone de Beauvoir, *La cérémonie des adieux* (Paris: Gallimard, 1974). Hervé Hamon e Patrick Rotman, *Génération*, 2 vols. (Paris: Seuil, 1987-8). Sobre Lacan e o maoísmo, o único livro interessante é o de Bernard Sichère, *Le moment lacanien* (Paris: Grasset, 1983). Ver também Philippe Soulez, "L'action de la formule: une contribution à la lecture de la 4e. question de 'Radiophonie'", *Littoral* 36 (out. 1992). Ernest Gellner, *La ruse de la déraison* (Paris: PUF, 1990). Sherry Turkle, *La France freudienne* (Paris: Grasset, 1982).

9. Entrevista com Irène Diamantis, 5/10/1992. Essa história é contada com numerosas inexatidões por Samuel Lepastier, "La rencontre entre psychanalystes et étudiants à la faculté de médecine de Paris en mai de 1968", *RIHP* 5 (1992), pp. 404-5.

10. Sessão de 15/5/1968. Ver *HPF*, 2, p. 461. E entrevista com Irène Diamantis, cit.

11. Françoise Giroud, "Quand l'autre était dieu", reed. *RIHP* 5, op. cit.

12. J. L, "Radiophonie", op. cit. *S. XIX*, inédito; *S. XX* (Paris: Seuil), ver Bibliografia.

13. Carta de Serge Leclaire a Jacques-Alain Miller, 9/7/1969, e de Serge Leclaire a Michel Foucault, *HPF*, 2, p. 557.

14. Entrevista com François Wahl, 19/11/1991.

15. A palavra "matilha" é a empregada por Lacan diante de Sollers para designar sua jovem guarda da ENS.

16. Hervé Hamon & Patrick Rotman, *Génération*, op. cit., 2, p. 182.

17. Marie-Pierre de Cossé-Brissac, "Lacan ou l'heur' de la vie", em Vv. aa., *Connaissez-vous Lacan?* (Paris: Seuil, 1992), p. 18. *HPF*, 2, p. 456 ss. A fórmula "O analista só se autoriza por si mesmo" se acha na segunda versão do projeto. *Scilicet* 1 (Paris: Seuil, 1968).

18. A cisão ocorreu nos dias 25 e 26/1/1969. Em 17 de março foi criada a OPLF, Quarto Grupo.

19. Michel Foucault, "Qu'est-ce qu'un auteur?", reed. *Littoral* 9 (jun. 1983). Ver também, no mesmo número, o comentário de Jean Allouch, "Les trois petits points du retour à".

20. Esse tema será desenvolvido em *L'archéologie du savoir*, que Foucault estava terminando de redigir nessa data (Paris, Gallimard, 1969). Sobre o lugar de Foucault na história do movimento psiquiátrico e psicanalítico, ver Maurice Pinguet, "Les années d'apprentissage", *Le Débat* 41 (set.-nov. 1986).

21. Ibid., p. 31. E Jean Allouch, "Freud ou quand l'inconscient s'affole", *Littoral* 19-20 (abr. 1986).

22. Ibid., p. 28.

23. Ibid., p. 32. Ver também François Dosse, *Histoire du structuralisme*, op. cit., 2, pp. 159-61.

24. Eu mesma estava entre os estudantes de lingüística da Sorbonne que, em maio de 1968, "desceram à rua" para defender as "estruturas".

25. *HPF*, 2, pp. 542-3.

26. J. L., *S. XVII* (Paris: Seuil, 1990, p. 239. *HPF*, 2, pp. 557-83.

27. A palavra *"père-sévère"* é de Lacan, cf. "Petit discours aux psychiatres", ver Bibliografia.

28. Ver a esse respeito os testemunhos de Roland Castro e de Jean-Michel Ribettes, *HPF*, 2, p. 431.

29. Pierre Goldman, *Souvenirs obscurs d'un juif polonais né en Prance* (Paris: Seuil, 1975), pp. 87-8.

30. Entrevista com Moustapha Safouan, 7/2/1985.

31. *HPF*, 2, p. 558.

32. Alain Badiou comparou essa lógica a uma metafísica; ver "Marque et manque: à propos du zéro", *Cahiers pour l'Analyse* 10 (1969). Ver também *L'être et l'évènement* (Paris: Seuil, 1988).

33. *HPF*, 2, pp. 563-6. Ludwig Wittgenstein, *Tractatus logico-philosophicus*, trad. de Pierre Klossowski (Paris: Gallimard, 1961).

34. Notas de Didier Éribon para um livro sobre os intelectuais e a política. Entrevista com Gilles Deleuze.

35. Maria Antonietta Macciocchi, diário inédito.

VIII. A BUSCA DO ABSOLUTO

1. DESEJO DE ORIENTE, LUTOS SUCESSIVOS [pp. 474-82]

1. François Cheng, "Entretien avec Judith Miller", *L'Ane* 48 (dez. 1991), p. 48.

2. Lao-tsé, *Le Livre de la Voie et de sa vertu* (Paris: Maisonneuve, 1953), cap. 42. K. T. Houang & Pierre Leiris, *Lao-tseu, la Voie et sa vertu* (Paris: Seuil, 1949).

3. François Cheng, "Entretien [...]", op. cit., p. 54.

4. *Tel Quel* 59 (1974), p. 7. Philippe Sollers, *Femmes* (Paris: Gallimard, 1983), pp. 87-9. Viagem à China de 20/5/1974. Diário inédito de Maria Antonietta Macciocchi. O retrato de Laurent Lacan se encontra em Judith Miller, *Visages de mon père*, op. cit., p. 14. M. A. Macciocchi, *De la Chine* (Paris: Seuil, 1971).

5. Dominique Auffret, *Alexandre Kojève*, op. cit., p. 34l.

6. Ver a brilhante exposição de Jacques-Alain Miller sobre essa questão em "Lacan et la chose japonaise", *Analytica* (Paris: 1988). J. L., "Avis au lecteur japonais", 2/1/1972, *Lettre mensuelle de l'ECF*, set. 1981. *S. XVIII*, sessão de 12/5/1971. E "Lituraterre", *Littérature* 3 (out. 1971).

7. Carta de J. L. a Maurice Kruk, 26/4/1971, e depoimento escrito de Maurice Kruk; arq. Thibaut Lacan.

8. Ibid.

9. Inventário para a sucessão, arq. Sibylle Lacan. E Guy Loudmer, catálogo de 27-28/6/1991.

10. Pierre Lacan, nascido em 16/12/1969, morto em 19/12/1969. Entrevista com Thibaut Lacan, 23/3/1991.

11. Entrevistas separadas com Bruno Roger, 8/6/1991, e Sibylle Lacan, 14/4/1990.

12. Entrevista com Catherine Millot, 17/6/1992.

13. Entrevista com Sibylle Lacan, cit.

14. Carta de J. L. a Paul Flamand, 14/6/1973.

15. Entrevista com Cyril Roger-Lacan, 3/7/1991.

16. Entrevista com Fabrice Roger-Lacan, 11/9/1991.

17. Ibid.

2. MATEMAS E NÓS BORROMEANOS [pp. 483-519]

1. Exposição no simpósio de Baltimore, 1966, ver Bibliografia.

2. Não esqueçamos que o cientista berlinense Wilhelm Fliess e o escritor Otto Weininger também procuraram construir uma matemática da sexualidade humana. Ver Jacques Le Rider, *Le cas Otto Weininger. Racines de l'antisémitisme et de l'antiféminisme* (Paris: PUF, 1982). E Frank Sulloway, *Freud biologiste de l'esprit* (Paris: Fayard, 1981).

3. J. L., *S. XIX*, e "Le savoir du psychanalyste" (1971-2), ver Bibliografia.

4. A propósito do matema, ver *HPF*, 2, pp. 566-7. Sobre a retomada do departamento de psicanálise de Paris VIII, pp. 557-83.

5. A. Lalande, *Vocabulaire technique et critique de la philosophie* (Paris: PUF, 1976).

6. Ver abaixo.

7. O programa foi ao ar dois sábados seguidos (9 e 16 de março) às onze da noite, como parte de uma série intitulada "Un certain regard". Contrato assinado por J. L. em 19/2/1974. Carta de Paul Flamand a J. L., 29/2/1974.

8. Contrato "Connexions du champ freudien", 28/1/1975. Carta de François Wahl a Paul Flamand, 20/12/1974.

9. Gérard Miller, *Les pousse-au-jouir du maréchal Pétain* (Paris: Seuil, 1975).

10. Ibid., p. 9.

11. Circular de J.-A. Miller e de Jean Clavreul, set. 1974; ver *HPF*, 2, p. 576.

12. J.-A. Miller, "Théorie de Lalangue", *Ornicar?* 1 (jan. 1975).

13. *HPF*, 2, p. 577.

14. Entrevista com G. Th. Guilbaud, *HPF*, 2, pp. 564-5. *Abords topologiques*, na revista *Littoral* 5/6 (maio 1982). F. Tingry, *Recherches logiques et linguistiques pour la psychanalyse. Nom propre et topologie des surfaces*, tese de terceiro ciclo, UER de Ciências Humanas Clínicas, Paris VII, 1983.

15. Entrevista com Michel Thomé, 8/6/1990.

16. *HPF*, 2, p. 567.

17. A topologia está presente nos seminários XVIII a XXVI.

18. Pierre Soury, *Chaînes et noeuds*, 3 vols., 1988, ed. por Michel Thomé e Christian Léger.

19. Ibid., 3, doc. 30.

20. Entrevista com Michel Thomé, cit.

21. Pierre Soury, op. cit., 3, doc. 46.

22. Testemunhos de Dolores Jaulin e Christine Thibault, ibid., 2, docs. 230 e 232.

23. *HPF*, 2, pp. 511-30.

24. Carlos Castañeda, *L'herbe du diable et la petite fumée* (Paris: Soleil Noir, 1972).

25. Entrevista com Michel Thomé, cit.

26. Philippe Julien, Erik Porge, Mayette Viltard, *Littoral*, op. cit.

27. Relatório de Bernard Jaulin, 14/6/1977; Pierre Soury, op. cit., 2, docs. 236 e 104.

28. Carta de J. L. a Pierre Soury, 9/2/1976, arq. Michel Thomé.

29. Ibid., carta de 25/2/1977.

30. A partir das teses do matemático Émile Artin, *The collected papers* (Addison-Wesley Publishing Company, 1965). Ver também M. Gardner, *Le paradoxe du pendu et autres divertissements mathématiques* (Paris: Dunod, 1971).

31. Jean-Toussaint Desanti, *Les idéalités mathématiques* (Paris: Seuil, 1968).

32. Entrevista com Jean-Toussaint Desanti, 5/2/1990.

33. Entrevistas com Jean-Michel Vappereau, 7/5/1991 e 5/12/1991. Carta de Jean-Michel Vappereau a E. R., nov. 1992.

34. Ibid.

35. Jean-Michel Vappereau, "Début de la lecture de Jacques Lacan", *Cahiers de Lecture Freudienne* 5 (out. 1984), Lysimaque, pp. 25-44; "D'un calcul dans les champs d'existence du noeud", *Ornicar?* 28 (jan. 1984), pp. 133-43. *Essaim, fascicule de résultats n. 1* (Paris: Point Hors-Ligne, 1985); *Étoffe, Topologie en extension*, 2 (Paris: 1988).

36. J. L., "...ou pire" e "Le savoir", sessões de 3 e 8/3/1972. Sobre essa questão, ver a boa apresentação de Joël Dor, *Introduction à la lecture de Lacan*, 2 (Paris: Denoël, 1992); Pierre Lavalle, "Les négations et les univers du discours", em *Lacan avec les philosophes*, op. cit.

37. J. L., *S. XX*, sessões de 20/2/1973 e 13/3/1973.

38. J. L., sobre o romance *Lol V. Stein* de Marguerite Duras (1965), ver Bibliografia.

39. Sigmund Freud, *L'interprétation des rêves*, op. cit., p. 98. J. L, *S. II*, sessões de 9 e 16/3, op. cit. *S. XVII*, sessão de 11/3/1970, op. cit. Ver Perry Meisel, Walter Kendrick, *Bloomsbury—Freud. James et Alix Strachey, correspondance 1924-1925* (Paris: PUF, 1990). J. L., *S. XXII*, sessão de 11/2/1975, *Ornicar?* 4 (out. 1975), p. 94.

40. Obras de James Joyce publicadas pela Gallimard: *Ulysse*, trad. Valéry Larbaud (Paris: 1937); *Stephen le héros*, trad. L. Savitzky (Paris: 1948); *Finnegans Wake*, trad. A. du Bouchet, introdução de Michel Butor (Paris: 1962).

41. "Entretien avec Jacques Aubert", *L'Ane* 6 (out. 1982), p. 6.

42. Jean Paris, *Joyce par lui-même* (Paris: Seuil, 1967). E *Tel Quel* 30 (verão de 1967). Sobre *Finnegans Wake*, ver *Change* 1 (1968). *L'Arc* 36 (1968), especial Joyce. *Change* 11 (maio 1972), com o artigo de Jean Paris, "L'agonie du signe".

43. Entrevista com Jean Paris, 1/12/1992.

44. O texto reproduzido nas atas do simpósio (ed. do CNRS, Lille III, 1979) não é o que foi pronunciado por J. L. naquele dia, mas um outro, redigido três anos mais tarde. O texto pronunciado é conhecido sob forma de uma transcrição realizada por Jacques-Alain Miller a partir de notas de Éric Laurent e intitulado "Joyce, le symptôme I", em *Joyce avec Lacan* (Paris: Navarin, 1987). O que foi publicado nas atas intitula-se "Joyce, le symptôme II".

45. Ibid., pp. 22-3.

46. Ibid., p. 22.

47. Catherine Mulot, *La vocation de l'écrivain* (Paris: Gallimard, 1991).

48. J. L., "Le sinthome", *Ornicar?* 7 (jun.-jul. 1976), sessão de 16/12/1975, p. 3. E entrevista com Michel Thomé, 14/11/1992.

49. *Ornicar?* 8 (inverno de 1976-7), sessão de 10/2/1976, p. 13. *Ornicar?* 7, op. cit., sessão de 16/2/1975. Ver também Éric Laurent, "Jouissance le symptôme", *L'Ane* 6 (outono de 1982), p. 8.

50. Jean Paris, *Joyce par lui-même*, op. cit., p. 173.

51. *Ornicar?* 8, op. cit., p. 6, sessão de 10/2/1976.

52. Atas do colóquio, retomadas em *Joyce avec Lacan*, op. cit.

53. Sobre a primeira viagem aos Estados Unidos, ver J. L., *S. XIII*, sessão de 23/3/1966.

54. Principais textos de J. L. traduzidos em inglês nessa época: "The mirror-phase as formative of the function of the I", trad. Jean Roussel, *New Left Review* 51, pp. 71-7. "The function of language in psychoanalysis", trad. Anthony Wilden, *The language of the Self* (Baltimore: Johns Hopkins Press, 1968). "The insistence of the letter in the unconscious", trad. Jan Miel, *Structuralism* (Nova York: Doubleday Anchor, 1970), pp. 101-37. Seminar at Johns Hopkins University: "Of structure as an immixing of an otherness pre-requisite to any subject whatever", *The structuralist controversy* (Baltimore: Johns Hopkins Press, 1970). "The purloined letter", trad. Jeffrey Mehlman, *Yale French Studies* 48 (1974).

Principais obras em língua inglesa sobre J. L., publicadas após essa data: John P. Muller e William J. Richardson, *Lacan and language. A reader's guide to Ecrits* (Nova York: International Universities Press, 1982). Trad. fr. (Toulouse: Erès, 1989). Bice Benvenuto & Roger Kennedy, *The works of Jacques Lacan. An introduction* (Nova York: St. Martin's Press, 1986). David Macey, *Lacan in Contexts* (Londres: Verso, 1988). Slavoj Zizek, *The sublime object of ideology*, op. cit. Ellie Ragland-Sullivan & Mark Bracher, *Lacan and the subject of language* (Nova York: Routledge, 1990).

55. Stuart Schneiderman, trad. fr. *Lacan, maître zen?* (Paris: PUF, 1986). Catherine Clément também conta a mesma lenda, com exceção da história do bar-

co, em *Vies et légendes de Jacques Lacan* (Paris: Grasset, 1981), p. 30. Comecei a restabelecer a verdade em 1986 graças aos depoimentos de Sylvia Lacan e Laurence Bataille.

56. Entrevista com Pamela Tytell, 13/11/1992. *Scilicet* 6/7 (1976), p. 9.

57. Ibid., p. 20.

58. Paul Newman, "Lettre d'Amérique", *Ornicar?* 7, op. cit., p. 103.

59. Entrevista com Pamela Tytell, cit.

60. Entrevista com Serge Doubrovsky, 24/11/1992.

61. Entrevista com Pamela Tytell, cit.

62. Presenciei a cena.

63. Ver Sherry Turkle, *La France freudienne*, op. cit., p. 293, e *Scilicet* 6/7, op. cit., para transcrição resumida.

64. Essa passagem não consta na transcrição de *Scilicet*. Robert Georgin a reproduziu em "Jakobson", *Cahiers Cistre*, op. cit., p. 129.

65. Essa história me foi várias vezes contada por Mitsou Ronat, que recolheu o depoimento de Noam Chomsky a respeito. Sherry Turkle não fala do caso, mas evoca outro diálogo entre os dois homens, em *La France freudienne*, op. cit., p. 300.

66. Célebre empresa de ônibus nos Estados Unidos.

67. Sherry Turkle, op. cit., p. 276, e entrevista com Pamela Tytell, cit.

68. A correspondência entre J. L. e Pierre Soury (e os outros) começa em 18/12/1973 e termina em 2/3/1979.

69. Denis Hollier, *La figure du fond* (Paris: Galilée, 1992), p. 104.

70. François Rouan, "Entretien avec Bernard Noël", *La Quinzaine Littéraire*, 15/6/1976. Ver também Hubert Damisch, "La peinture est un vrai trois", Catálogo da exposição do Museu de Arte moderna, Centre Georges-Pompidou, 1983.

71. Denis Hollier, op. cit., p. 55, e Edward Fry, catálogo, op. cit., p. 87.

72. Entrevista com François Rouan, 17/2/1992. François Rouan, "Voyage autour d'un trou", conferência publicada na revista da ECF, *Actes* (19/11/1991), p. 136.

73. J. L., *S. XX*, op. cit., sessão de 8/5/1973, p. 105.

74. Entrevista com François Rouan, cit.

75. Ibid.

76. Ibid.

77. Reproduzido no catálogo do Centre Georges-Pompidou, op. cit. Posteriormente, Lacan só escreverá com o próprio punho cartas muito curtas ou desenhos.

78. *HPF*, 2, pp. 636-41. Não voltarei a falar aqui da história da dissolução da EFP.

79. Carta de J. L. a E.R. (4/3/1977), publicada em *HPF*, 2, p. 638.

80. Pierre Soury, op. cit., 3, docs. 55 e 57.

81. Ibid., docs. 59 e 61. Entrevista com Michel Thomé, cit.

82. Pierre Soury, op. cit., 3, doc. C, p. 2.

3. PSICANÁLISE, GRAU ZERO [pp. 520-39]

1. Sobre o congresso de Deauville, ver *HPF*, 2, pp. 639-41.

2. Sobre a experiência de Confrontation, ibid., pp. 583-618.

3. François Roustang, *Un destin si funeste* (Paris: Minuit, 1976). Sobre *L'anti-Oedipe*, ver *HPF*, 2, p. 635.

4. Cornelius Castoriadis, "La psychanalyse, projet et élucidation. 'Destin' de l'analyse et responsabilité des analystes", *Topique* 19 (abr. 1977).

5. Ibid., p. 73.

6. Ibid., p. 74.

7. Ibid., pp. 28-9.

8. Eis a lista das obras nas quais se podem ler relatos de análise com Lacan: François Weyergans, *Le Pitre* (Paris: Gallimard, 1973), único texto publicado enquanto Lacan vivia; Stuart Schneiderman, *Jacques Lacan, maître zen?* (Paris: PUF, 1986; ed. americana, 1983); Pierre Rey, *Une saison chez Lacan* (Paris: Laffont, 1989); Jean-Guy Godin, *Jacques Lacan, 5, rue de Lille* (Paris: Seuil, 1990); Françoise Giroud, *Leçons particulières* (Paris: Fayard, 1990). Ver também os testemunhos que publiquei em *HPF*, 2: Didier Anzieu, Octave Mannoni, Anne-Lise Stern, Francis Hofstein, Antoinette Fouque, Danièle Arnoux, Gérard Pommier, Jean-Michel Ribettes, Roland Castro, Colette Soler, Rosine Lefort. Ver igualmente Jean Allouch, *132 bons mots avec Jacques Lacan* (Toulouse: Erès, 1988).

9. Trad. fr. cit.

10. Ibid., pp. 161-2.

11. Entrevista com Pierre Rey, 22/1/1992.

12. *Une saison* [...], op. cit., p. 32.

13. Ibid., p. 132.

14. Ibid., p. 113.

15. *Jacques Lacan, 5, rue de Lille*, op. cit., p. 155.

16. Ibid., p. 109.

17. *Leçons particulières*, op. cit., p. 124.

18. Ibid., p. 128.

19. Entrevista com Françoise Giroud, 31/1/1992.

20. Ver a esse propósito os diferentes testemunhos publicados em *Revue de l'École de la Cause Freudienne* 20 (fev. 1992).

21. Entrevista com Houda Aumont, 30/9/1992.

22. Entrevista com Claude Halmos, 13/5/1993.

23. Formulei essa proposição em *Action Poétique* 82-3 (1980).

24. Entrevistas separadas com Thibaut Lacan, 8/9/1991; Sibylle Lacan, 3/9/1991; e Cyril Roger-Lacan, 3/7/1991.

4. TÚMULO PARA UM FARAÓ [pp. 540-54]

1. Catherine David, *Le Nouvel Observateur*, 12/10/1981.

2. Não relato aqui a história da dissolução da EFP, já exposta em detalhe em *HPF*, 2, pp. 648-77. Essa história serve de pano de fundo ao presente capítulo.

3. Jenny Aubry teve a oportunidade de contar-me várias vezes a história desse almoço. O diagnóstico de paralisia facial me foi confirmado por um dos médicos que tratavam Lacan (ele teve vários), que pediu para permanecer no anonimato. O acidente vascular cerebral regressivo foi constatado em agosto de 1980. Entrevista em 10/2/1990.

4. Entrevista com Pamela Tytell, 13/11/1992.

5. Jenny Aubry, "Mémorandum", manuscrito inédito.

6. *Almanach de la dissolution* (Paris: Navarin, 1986), p. 11.

7. Carta publicada em *Le Monde*, 9/1/1980. Retomada em *Ornicar?* 20/21 (1980).

8. Os registros das sessões do seminário do ano de 1980 me foram comunicados por Patrick Valas.

9. O texto da intervenção de Louis Althusser na reunião do hotel PLM-Saint-Jacques se encontra no IMEC. Em relação aos últimos textos de J. L., consultar a Bibliografia.

10. Os dois depoimentos foram publicados em *HPF*, 2, p. 654. Entrevistas separadas com Solange Faladé, 13/2/1986, e Jacques-Alain Miller, 11/5/1985. A tese de Solange Faladé sempre foi confirmada por Laurence Bataille; entrevista em 15/5/1985. Sobre a evolução da escrita e da assinatura de J. L., ver Jacqueline Pinon, "Présentation d'écriture" a partir de documentos confiados por E. R., *La Graphologie*, caderno 2, 202 (abr. 1991), pp. 13-28:

11. Pedi em 1985 a Jacques-Alain Miller para confiar-me o texto original da carta de dissolução. Em vão.

12. Compromisso de locação, 1/2/1980. Arquivos da sucessão, Sibylle Lacan.

13. Entrevista com Catherine Millot, 10/11/1992.

14. Claude Dorgeuille, *La seconde mort de Jacques Lacan* (Paris: Actualité freudienne, 1981), p. 26.

15. Testemunho manuscrito de Octave Mannoni, 27/9/1986; arq. J. A.

16. Testemunho datilografado de Maud Mannoni, 8/3/1982, arq. J. A.

17. Carta de Louis Mérienne a Thibaut Lacan, 22/4/1982. Carta de Marcel Czermak a Thibaut Lacan, 9/3/1982; arq. J. A.

18. Marcel Czermak, ibid.

19. Testemunho datilografado de Jean Clavreul, 3/3/1982, arq. J. A.

20. Testemunho de Jean-Louis Gault, *Revue de l'École de la Cause Freudienne* 20, op. cit., p. 125.

21. Testamento de J. L, arq. Sibylle Lacan.

22. Claude Dorgeuille, *La seconde mort*, op. cit., pp. 28-9.

23. Entrevista com Jacques-Alain Miller, 14/2/1981. *Almanach de la dissolution*, op. cit., p. 75.

24. Todos esses acontecimentos foram longamente relatados em *HPF*, 2, pp. 648-79. Os estatutos da ECF, ratificados pela prefeitura de Paris em 19/1/1981, fo-

ram reproduzidos em *La seconde mort*, op. cit., e na *Revue de l'École de la Cause Freudienne*, op. cit., pp. 85-6. Eles trazem as iniciais de J. L., que era declarado seu presidente.

25. Ver *Revue de l'École de la Cause Freudienne* 20, op. cit., p. 86. E Jacques-Alain Miller, "Acier l'ouvert", *L'Ane* 42 (abr.-jun. 1990), p. 21.

26. Pierre Legendre, "Administrer la psychanalyse", *Pouvoirs* 11 (Paris: 1981), pp. 205-18.

27. Entrevista com Thibaut Lacan, 14/4/1991.

28. Ver *HPF*, 2, p. 679.

29. O atestado de óbito indica que Lacan era domiciliado na rua d'Assas, 74.

30. Entrevistas separadas com Sibylle Lacan, 3/9/1991, e Marc-François Lacan, 3/1/1993.

31. Trata-se de providências comuns amplamente praticadas hoje. Informações comunicadas pelo Instituto Francês de Tanatopraxia, fundado em 1963. Sejam quais forem as razões invocadas sobre as condições dessa morte, o paradoxo permanece.

32. Noticiário de imprensa relativo à morte de Lacan, ver *HPF*, 2, pp. 680-2.

33. Entrevista com Marc-François Lacan, cit.

34. Maria Antonietta Macciocchi, diário inédito.

IX. HERANÇAS

1. HISTÓRIA DO SEMINÁRIO [pp. 556-76]

1. *HPF*, 2, pp. 568-73.

2. Ver bibliografia dos seminários de J. L.

3. A tese de Jacques Nassif será finalmente publicada pela Galilée, *Freud l'inconscient* (Paris: 1977).

4. Carta de François Wahl, 21/4/1970.

5. *HPF*, 2, p. 570.

6. Contrato de 19/10/1972, anulado.

7. Carta de J. L. a Paul Flamand, 6/11/1972.

8. Contrato para o *S. XIII*, 29/11/1972, arq. Sibylle Lacan. Ver igualmente Jacques-Alain Miller, *Entretien sur le Séminaire avec François Ansermet* (Paris: Navarin, 1985).

9. Entrevista com Jacques-Alain Miller, 27/10/1985. *HPF*, 2, p. 568.

10. Entrevista com François Wahl, 19/11/1991.

11. Ver Robert Linhart, *L'Établi* (Paris: Minuit, 1978).

12. Em sua dedicatória a Jenny Aubry. Ver *HPF*, 2, p. 571.

13. Cartas de J. L. a Paul Flamand, 13/2/1973, e de Paul Flamand a J. L, 14/2/1973.

14. Notícia de Jacques-Alain Miller, *S. XI*, p. 249. Posfácio de J. L., pp. 251-4 (Paris: Seuil, 1973).

15. Entrevista com François Wahl, 19/11/1991.

16. Trata-se da lei sobre a propriedade literária e artística de março de 1957.

17. Carta de J. L. a Paul Flamand, 6/12/1977.

18. Esboço de carta, 14/2/1980. Não encontrei a resposta de J. L.

19. Contrato para o *S. III*, 23/10/1980, arq. Sibylle Lacan.

20. Carta de François Wahl a E. R., 25/5/1992.

21. Documento do tabelionato, 28/8/1987, arq. Sibylle Lacan.

22. Em relação à polêmica, ver *HPF*, 2, p. 690. E Michel Lapeyre, "Constitution d'un index du *Séminaire* de Jacques Lacan: observations et avertissements", *Pas tant* (jun. 1982-jul. 1983) [Toulouse].

23. Carta de Jacques-Alain Miller a François Wahl, 6/5/1982.

24. O livro foi publicado com o título *Les complexes familiaux* (Paris: Navarin, 1984).

25. *Libération*, 14-15/12/1985.

26. Carta de Laurence Bataille a Colette Soler, 25/11/1982. *HPF*, 2, p. 693. Antes de sua morte, Laurence Bataille confiou-me suas cartas de demissão com a resposta dos interlocutores.

27. Testemunho escrito de François Wahl, 27/7/1985.

28. *Le Discours Psychanalytique* 1 (out. 1981).

29. Cartas de François Wahl a Contardo Calligaris e a Jacques-Alain Miller, 29 e 30/9/1981.

30. Jacques-Alain Miller, *Entretien sur le Séminaire*, op. cit., pp. 14 e 17.

31. Entrevista com François Wahl, 19/11/1991.

32. J. L., *S. VII* (Paris: Seuil, 1986), p. 377.

33. Entrevista com Pierre Vidal-Naquet, 4/11/1992. Pude obter a cópia das correções feitas por ele em seu exemplar. Ver igualmente Annick Bouillaguet, "Remarques sur l'usage du grec prêté à Jacques Lacan par les éditeurs de son VIIe, séminaire: l'éthique de la psychanalyse", *Psychiatries* 79 (1987/4). Na primavera de 1984, Miller publicou dezenove folhas de rascunho do *S. VII* corrigidas pelo punho de J. L. Ele os havia encontrado numa pasta; ver *Ornicar?* 28 (primavera de 1984), pp. 7-18.

34. Cartas e documentos inéditos de Gabriel Bergounioux, 1/10/1985, 1/11/1985 e 15/6/1987. Do mesmo autor: "Comment la sémantique se fit un nom", *Ornicar?* 42 (outono de 1987-8).

35. Book I e Book II do Seminário de J. L., traduzidos por John Forrester e Sylvana Tomaselli (CUP, 1988). Troca de cartas entre John Forrester e Jacques-Alain Miller, arq. John Forrester. Carta de Jacques-Alain Miller a John Forrester, 26/9/1985. Carta de J. F. a J.-A. M., 2/2/1986. Carta de J. F. a E. R., 11/2/1993. Notemos também que até hoje (março de 1993) a reed. de *Radiophonie* está bloqueada em função da recusa de Miller em fazer constar o nome de Robert Georgin na capa. Entrevista com Robert Georgin, 26/1/1992.

36. Petição publicada em *Le Monde*, 14/1/1991.

37. Catherine Clément, *Magazine Littéraire* 288 (maio 1991), p. 99.

38. Artigo de E. R., "Lacan retranché", *Liberation*, 7/3/1991. Direito de resposta de Claude Cherki, 21/3/1991, seguido de uma resposta de E. R. indicando que J. L. não deixou nenhuma instrução.

39. Vv. aa., *Le transfert dans tous ses errata* (Paris: EPEL, 1991). (Ver em particular Danièle Arnoux, "À qui la faute?".) Catherine Millot, "Lacan au jugé", *L'Infini* 34 (verão de 1991).

40. A entrevista foi realizada em 22/9/1992 em gravador. A versão aqui publicada foi revisada e corrigida por Claude Cherki a quem pedi, numa carta datada de 17 de outubro, que me precisasse a passagem do posfácio do *S. XI* na qual ele se apoiava para atribuir a Lacan tais afirmações. Juntei à minha carta uma cópia desse posfácio. Sobre essa questão, não recebi qualquer resposta. Por outro lado, Dominique de Liège, responsável pelas edições EPEL, confirmou-me que não havia enviado a Claude Cherki exemplar de *Transfert dans tous ses errata*.

2. FRANÇA FREUDIANA: ESTADO DOS LUGARES [pp. 577-97]

1. Sobre os efetivos atuais dos grupos psicanalíticos, ver anexos. Ver também Serge Leclaire e APUI, *État des lieux de la psychanalyse* (Paris: Albin Michel, 1991).

2. *Bulletin de l'Inter-Associatif de Psychanalyse* 1 (out. 1991).

3. François Leguil, "L'école en famille nombreuse", *L'Ane* 51 (jul.-set. 1992), p. 35. Ver também, sobre essa questão, carta de Roberto Harari a E. R., 9/2/1992. Entrevista com Isidoro Vegh, 16/2/1990. Sobre a história da psicanálise na Argentina, Hugo Vezzetti (ed.), *Freud en Buenos Aires 1910-1939* (Punto Sur, 1989). A. Cucurullo, H. Faimberg, Leonardo Wender, "La psychanalyse en Argentine", em Roland Jaccard (ed.), *Histoire de la psychanalyse*, 2, (Paris: Hachette, 1982). Oscar Masotta, "Sur la fondation de l'EF de Buenos Aires", *Ornicar?* 20/21 (1980).

4. Serge Leclaire, entrevista, *Libération*, 17/1/1990. Documento fundador: "Association pour une instance ordinale des psychanalyses", assinado por Jacques Sédat, Serge Leclaire, Lucien Israël, Philippe Girard, Danièle Lévy. *Le Monde*, 15/12/1989. Reações polêmicas: *Le Monde*, 23/1/1990; Jacques-Alain Miller, "Le paradoxe du psychanalyste", *Le Monde*, 22/2/1990; Jean Clavreul, "Mais si! Les psychanalystes aiment l'ordre", *Libération*, 26/1/1990; outras reações em *Libération*, 22/1/1990; André Green, "Instance tierce ou rapport du tiercé", *Le Monde*, 10/2/1990.

5. *Libération*, 21/1/1991.

6. Sobre o itinerário de Armando Verdiglione, ver *HPF*, 2, pp. 547-50.

7. Entrevista com Muriel Drazien, 15/6/1991.

8. E. R., "Repli individuel et malaise collectif", *Magazine Littéraire* 264 (abr. 1989).

645

9. *Lacan avec les philosophes*, op. cit.

10. Uma parte das polêmicas foi publicada no final do volume.

11. Jean-Claude Milner, *Les noms indistincts* (Paris: Seuil, 1983). Christian Jambet, *La grande résurrection d'Alamût* (Lagrasse, Verdier, 1990). E. R., "Entretien avec Christian Jambet", *Les Lettres Françaises* (nov. 1990). Notemos também o excelente livro de Bertrand Ogilvie, *Lacan, le sujet*, op. cit. Ver também Alain Juranville, *Lacan et la philosophie*, op. cit. A. Kremer-Marietti, *Lacan et la rhétorique de l'inconscient* (Paris: Aubier-Montaigne, 1978). Sobre o livro de Anika Lemaire, *Jacques Lacan*, op. cit., ver *HPF*, 2, pp. 325-6. Em relação às críticas mais violentas contra Lacan, ver François George, *L'effet 'yau de poêle* (Paris: Hachette, 1979), e François Roustang, *Lacan, de l'équivoque à l'impasse* (Paris: Minuit, 1986). Assinalemos também o livro de Luc Ferry & Alain Renaut, *La Pensée 68*, em que a doutrina de Lacan é interpretada como um anti-humanismo nietzsche-heideggeriano da mesma forma que as de Derrida e de Foucault, isto é, na ótica dos autores, como um pensamento antidemocrático, hostil à razão e às Luzes, e enfim, obscurantista (Paris, Gallimard, 1985).

12. Entrevista com François Leguil, 20/11/1992.

13. Gérard Miller (ed.), *Lacan* (Paris: Bordas, 1986). *Connaissez-vous Lacan?*, op. cit. Judith Miller, *Visages de mon père*, op. cit.

14. *Lacan*, op. cit., p. 6.

15. Fazem exceção à hagiografia os textos de Françoise Giroud e de Marie-Pierre de Cossé-Brissac.

16. Ver *Programme de psychanalyse* (Paris: Analytica, 1990-1).

17. *Le Courrier de l'ECF* (set. 1992). Sobre a prática da análise na ECF, ver o testemunho espantoso de Helena Schulz-Keil, "A trip to Lacania", *Hystoria, Lacan Study Notes 6-9* (Nova York—Paris: 1988).

18. Gérard Pommier, *La névrose infantile de la psychanalyse* (Paris: Point Hors-Ligne, 1989), pp. 59-60. Jean Clavreul, *Le désir et la loi* (Paris: Denoël, 1987), p. 49.

19. Jacques-Alain Miller, "Acier l'ouvert", 9-11/12/1988, *La Lettre Mensuelle* 85 (jan. 1990), p. 4. Ver também os testemunhos de Judith Miller, Serge Cottet, Éric Laurent, *L'Ane* 42 (abr.-jun. 1990).

20. Entrevistas com Catherine Millot, 17/6/1992 e 10/11/1992.

21. Catherine Millot, "Du symptôme de l'École de la Cause Freudienne", *L'Infini* 29 (primavera de 1990), pp. 29-30.

22. Sol Aparicio, "La forclusion, préhistoire d'un concept", *Ornicar?* 28 (primavera de 1984). Joël Dor, *Introduction à la lecture de Lacan*, 1 (Paris: Denoël, 1992), pp. 123-7. Juan David Nasio, *L'enseignement de sept concepts cruciaux de la psychanalyse* (Paris: Rivages, 1989), pp. 227-49. Nasio é o único a "ver" um conceito de foraclusão em Freud. Ver também, como contraponto, Claude Rabant, "Déni et forclusion, thème conceptuel", que, ao contrário, separa os conceitos freudianos dos de Lacan, em *Inventer le réel* (Paris: Denoël, 1992). Ver também, desse ponto de vista, Marie-Claude Lambotte, *Le discours mélancolique* (Paris:

Anthropos, 1993). No artigo "Forclusion" do *Grand dictionnaire de la psychologie* (Larousse, 1991), Pascale Dégrange (membro da Associação freudiana) identifica a *Verwerfung* como um conceito freudiano que Lacan teria traduzido (p. 310). Sobre a gênese desse amálgama, que remonta em parte à tentativa de elaborar um dicionário dos conceitos no quadro da EFP e sob a direção de Charles Melman, ver *HPF*, 2, p. 472. Ver também o projeto de um *Livre compagnon de Lacan*, arq. EFP.

23. Entrevista com o livreiro Thierry Garnier, fev. 1993.

24. Jean Laplanche, André Bourguignon, Pierre Cotet & François Robert, *Traduire Freud* (Paris: PUF, 1988). E E. R., "Freud à vos souhaits", *Libération*, 14/4/1988.

25. Todas essas obras já foram citadas.

BIBLIOGRAFIA GERAL
DOS TRABALHOS DE JACQUES LACAN

1. LIVROS, ARTIGOS, INTERVENÇÕES (1926-1978)

1926
Com Th. Alajouanine e P. Delafontaine
"Fixité du regard avec hypertonie, prédominant dans le sens vertical avec conservation des mouvements automatico-réflexes; aspect spécial du syndrome de Parinaud par hypertonie associé à un syndrome extrapyramidal avec troubles pseudo-bulbaires" [Fixidez do olhar com hipertonia, predominante no sentido vertical com conservação dos movimentos automático-reflexos; aspecto especial da síndrome de Parinaud por hipertonia associada com uma síndrome extra-piramidal com distúrbios pseudo-bulbares], *Revue Neurologique* II (1926), pp. 410-18.

1928
Com M. Trénel
"Abasie chez une traumatisée de guerre" [Abasia numa traumatizada de guerra], *Revue Neurologique* I (1928), pp. 233-7.
Com J. Lévy-Valensi e M. Meignant
"Roman policier. Du délire type hallucinatoire chronique au délire d'imagination" [Romance policial. Do delírio tipo alucinatório crônico ao delírio de imaginação], *Revue Neurologique* I (1928), pp. 738-9; *Annales Médico-Psychologiques* I (1928), pp. 474-6; *L'Encéphale* 5 (1928), pp. 550-1.

1929
Com L. Marchand e A. Courtois
"Syndrome comitio-parkinsonien encéphalitique" [Síndrome comicial-parkinsoniana encefalítica], *Revue Neurologique* I (1928), pp. 233-7; *Annales Médico-Psychologiques* II (1929), p. 185; *L'Encéphale* 5 (1929), p. 672.
Com G. Heuyer
"Paralysie générale avec syndrome d'automatisme mental" [Paralisia geral com síndrome de automatismo mental], *L'Encéphale* 9 (1929), pp. 802-3.
Com R. Torgowla
"Paralysie générale prolongée" [Paralisia geral prolongada], *L'Encéphale* 1 (1930), pp. 83-5.

1930

Com A. Courtois

"Psychose hallucinatoire encéphalitique" [Psicose alucinatória encefalítica], *Annales Médico-Psychologiques* I (1930), pp. 284-5; *L'Encéphale* 4 (1930), p. 331.

Com P. Schiff e sra. Schiff-Wertheimer

"Troubles mentaux homodromes chez deus frères hérédosyphilitiques" [Distúrbios mentais homódromos em dois irmãos heredossifilíticos], *L'Encéphale* 1 (1931), pp. 151-4.

"Crises toniques combinées de protusion de la langue et du trismus se produisant pendant le sommeil chez une parkinsonienne post-encéphalitique. Amputation de la langue consécutive" [Crises tônicas combinadas de profusão da língua e de trismo que se produz durante o sono numa parkinsoniana pós-encefalítica. Amputação da língua consecutiva], *L'Encéphale* 2 (1931), pp. 145-6; *Annales Médico-Psychologiques* II (1930), p. 420.

1931

"Structures des psychoses paranoïaques" [Estruturas das psicoses paranóicas], *Semaine des Hôpitaux de Paris*, 7/7/1931, pp. 437-45; *Ornicar?*44 (primavera de 1988), pp. 5-18.

Com H. Claude e P. Migault

"Folies simultanées" [Loucuras simultâneas], *Annales-Médico-Psychologiques* I (1931), pp. 483-90.

"Écrits inspirés: schizographie" [Escritos inspirados: esquizografia], *Annales Médico-Psychologiques* II (1931), pp. 508-22. Publicado em *De la psychose paranoïaque dans ses rapports avec la personnalité* (1932). 2a éd. (Paris: Seuil, 1975), pp. 362-82.

Com J. Lévy-Valensi e P. Migault

"Troubles du langage écrit chez une paranoïaque présentant des éléments délirants du type paranoïde (schizographie)" [Distúrbios da linguagem escrita numa paranóica apresentando elementos delirantes do tipo paranóide (esquizografia)], Resumido em *Annales Médico-Psychologiques* II (1931), pp. 407-8; resumido em *L'Encéphale* (sob o título: "Délire et écrits à type paranoïde chez une malade à présentation paranoïaque").

Com H. Ey

"Parkinsonisme et syndromes démentiels (protusion de la langue dans un des cas)" [Parkinsonismo e síndromes demenciais (protusão da língua em um dos casos)], *Annales Médico-Psychologiques* II (1931), pp. 418-28.

1932

Com H. Claude e P. Migault

"Spasme de torsion et troubles mentaux post-encéphalitiques" [Espasmo de torsão e distúrbios mentais pós-encefalíticos], *Annales Médico-Psychologiques* I (1932), pp. 546-51.

Tradução de "De quelques mécanismes névrotiques dans la jalousie, la paranoïa et l'homosexualité" (Sigmund Freud, 1922), *Revue Française de Psychanalyse* 3 (1932), pp. 391-401.

De la psychose paranoïaque dans ses rapports avec la personnalité (tese de doutorado em medicina, Faculdade de Medicina de Paris) [Ed. bras.: *Da psicose paranóica em suas relações com a personalidade*, Rio de Janeiro, Forense-Universitária, 1987], (Paris: Le François, 1932). 2ª ed. (Paris: Seuil, 1975), e coleção Points, 1980.

1933

"Hiatus Irrationalis" (poema), *Le Phare de Neuilly* (1933), revista de Lise Deharme; *Magazine littéraire* 11 (1977), p. 121.

Com H. Claude e G. Heuyer

"Un cas de démence précocissime" [Um caso de demência precocíssima], *Annales Médico-Psychologiques* 1 (1933), pp. 620-4.

Com G. Heuyer

"Un cas de perversion infantile par encéphalite épidémique précoce diagnostiquée par un syndrome moteur fruste" [Um caso de perversão infantil por encefalite epidêmica precoce diagnosticada por uma síndrome motora frustra], *Annales Médico-Psychologiques* 11 (1933), pp. 221-3.

Com G. Heuyer

"Alcoolisme subaigu à pouls normal ou ralenti. Coexistence du syndrome d'automatisme mental" [Alcoolismo subagudo com o pulso normal ou lentificado. Coexistência da síndrome de automatismo verbal], *Annales Médico-Psychologiques* II (1933), pp. 531-46.

"Le problème du style et la conception psychiatrique des formes paranoïaques de l'expérience" [Ed. bras.: "O problema do estilo e a concepção psiquiátrica das formas paranóicas da experiência", em *Da psicose paranóica em suas relações com a personalidade* (Rio de Janeiro: Forense-Universitária, 1987), pp. 375-80]; *Le Minotaure* 1 (1933), pp. 68-9; publicado em *De la psychose paranoïaque dans ses rapports avec la personnalité* (1932). 2ª ed. (Paris: Seuil, 1975), pp. 383-8.

"Motifs du crime paranoïaque: le crime des soeurs Papin" [Ed. bras.: "Motivos do crime paranóico: o crime das irmãs Papin", em *Da psicose paranóica em suas relações com a personalidade*, op. cit., pp. 381-90]; *Le Minotaure* 3/4 (1933), pp. 25-8; *Obliques* (1972), pp. 100-3; publicado em *De la psychose paranoïaque dans ses rapports avec la personalité* (1932); 2ª ed. (Paris: Seuil, 1975), pp. 389-98.

"Exposé général de nos travaux scientifiques" [Ed. bras.: "Exposição geral de nossos trabalhos científicos", em *Da psicose paranóica* [...], op. cit., pp. 393-9], publicado em *De la psychose paranoïaque dans ses rapports avec la personalité* (1932); 2ª ed. (Paris: Seuil, 1975), pp. 399-406.

Resumo da 84ª assembléia da Sociedade Suíça de Psiquiatria realizada em Nyon-Prangins, *L'Encéphale* 11 (1933), pp. 686-95.

Intervenção sobre o relatório de J. Piaget: "La psychanalyse et le développement intellectuel" [A psicanálise e o desenvolvimento intelectual], VIII Congresso de Psicanalistas de Língua Francesa (19/12/1933); *Revue Française de Psychanalyse* 1 (1934), p. 34; *Ornicar?* 31 (1984), p. 8 ("Valeur représentative du crime paranoïaque").

1934
Intervenção sobre a exposição de Ch. Odier:
"Conflits instinctuels et bisexualité" [Conflitos instintivos e bissexualidade], *Revue Française de Psychanalyse* 4 (1935), p. 683; *Ornicar?* 31 (1984), p. 8 ("Psychose et perversion").
Intervenção sobre a exposição de M. Friedman:
"Quelques réflexions sur le suicide" [Algumas reflexões sobre o suicídio], *Révue Française de Psychanalyse* 4 (1935), p. 686; *Ornicar?* 31 (1984), p. 9 ("Le suicide").

1935
Intervenção sobre a exposição de P. Schiff:
"Psychanalyse d'un crime incompréhensible" [Psicanálise de um crime incompreensível], *Revue Française de Psychanalyse* 4 (1935), pp. 690-1; *Ornicar?* 31 (1984), pp. 9-10.
Resenha de *Hallucinations et délires* de H. Ey, *Évolution Psychiatrique* 1 (1935), pp. 87-91.
Resenha de *Le Temps vécu. Études phénoménologiques et psychologiques* de E. Minkowski, *Recherches Philosophiques* 5 (1935-6), pp. 424-31.
Intervenção sobre a exposição de O. Codet:
"À propos de trois cas d'anorexie mentale" [A propósito de três casos de anorexia mental], R*evue Française de Psychanalyse* 1 (1936), p. 127; *Ornicar?* 31 (1984), p. 10 ("L'anorexie mentale").

1936
"Le stade du miroir. Théorie d'un moment structurant et génétique de la constitution de la réalité, conçu en relation avec l'expérience et la doctrine psychanalytique" [O estádio do espelho. Teoria de um momento estruturante e genético da constituição da realidade, concebido em relação com a experiência e a doutrina psicanalítica], Comunicação ao XIV Congresso Psicanalítico Internacional, Marienbad, 2-8/8/1936 (não entregue para publicação); Índice do título da comunicação: "The looking-glass-phase", em *International Journal of Psychoanalysis* 1 (1937), p. 78; e notas manuscritas de F. Dolto de 16/6/1936.
"Au-delà du principe de réalité" [Mais além do princípio de realidade] (Marienbad/Noirmoutier), *Évolution Psychiatrique* 3 (1936), número especial, pp. 67-86; publicado em *Écrits* (Paris: Seuil, 1966), pp. 73-92.
Intervenção sobre a exposição de P. Mâle:
"La formation du caractère chez l'enfant (la part de la structure et celle des

651

événements)" [A formação do caráter na criança (a parte da estrutura e a dos eventos)], *Évolution Psychiatrique* 1 (1936), pp. 57-8.

Intervenção sobre a exposição de H. Kopp:

"Les troubles de la parole dans leurs rapports avec les troubles de la motricité" [Os distúrbios da fala em suas relações com os distúrbios da motricidade], *Évolution Psychiatrique* 2 (1936), pp. 108-10.

Intervenção sobre a exposição de J. Rouart:

"Du rôle de l'onirisme dans les psychoses de type paranoïaque et maniaque-dépressif' [Do papel do onirismo nas psicoses de tipo paranóico e maníaco-depressivo], *Évolution Psychiatrique* 4 (1936), pp. 87-9.

1937

Intervenção sobre a exposição de M. Bonaparte:

"Vues paléobiologiques et biopsychiques" [Pontos de vista paleobiológicos e biopsíquicos], *Révue Française de Psychanalyse* 3 (1938), p. 551; *Ornicar?* 31 (1984), pp. 10-1 ("L'angoisse et le corps morcelé").

Intervenção sobre a exposição de D. Lagache:

"Deuil et mélancolie" [Luto e melancolia], *Revue Française de Psychanalyse* 3 (1938), pp. 564-5; *Ornicar?* 31 (1984), p. 11 ("Fixation maternelle et narcissisme").

1938

Intervenção sobre a exposição de R. Loewenstein:

"L'origine du masochisme et la théorie des pulsions" [A origem do masoquismo e a teoria das pulsões], x Conferência dos Psicanalistas de Língua Francesa, 21-22/2/1938; *Revue Française de Psychanalyse* 4 (1938), pp. 750-2; *Ornicar?* 31 (1984), pp. 12-3 ("L'instinct de mort").

"La famille", *Encyclopédie française* (Paris: Larousse, 1938), tomo 8.40.3-16 e 42.1-8; reedição com o título *Les complexes familiaux dans la formation de l'individu* (Paris: Navarin, 1984), sem os intertítulos nem a bibliografia. [Ed. bras.: *Os complexos familiares* (Rio de Janeiro: Jorge Zahar, 1987).]

"De l'impulsion au complexe" [Do impulso ao complexo], Resumo de uma intervenção, *Revue Française de Psychanalyse* 1 (1939), pp. 137-41; *Ornicar?* 31 (1984), pp. 14-9.

Intervenção sobre a exposição de H. Ey: "Les problèmes physiopathologiques de l'activité hallucinatoire" [Os problemas fisiopatológicos da atividade alucinatória] (11/1/1938), *Évolution Psychiatrique* 2 (1938), pp. 75-6.

1939

Intervenção sobre a exposição de H. Baruk:

"Des facteurs moraux en psychiatrie. La personnalité morale chez les aliénés" [Dos fatores morais em psiquiatria. A personalidade moral nos alienados], *Évolution Psychiatrique* 2 (1939), pp. 32-3.

1945

"Le temps logique et l'assertion de certitude anticipée: un nouveau sophisme" [Ed. bras.: "Tempo lógico e a asserção de certeza antecipada — um novo sofisma", em *Escritos* (São Paulo: Perspectiva, 1978), pp. 69-86]; *Cahiers d'art* (1940-44), pp. 32-42; publicado em *Écrits*, op. cit., pp. 197-213.

Conferência na ENS da rua d'Ulm em um ciclo organizado por Georges Gusdorf em novembro. Inédito.

1946

"Le nombre treize et la forme logique de la suspicion" [O número treze e a forma lógica da suspeição], *Cahiers d'art* (1945-6), pp. 389-93; *Ornicar?* 36 (1986), pp. 7-20; *Bulletin de l'Association Freudienne* 16 (1986), pp. 3-12.

"Propos sur la causalité psychique" [Proposições sobre a causalidade psíquica], Jornadas Psiquiátricas de Bonneval, 28/9/1946, publicado em *Le problème de la psychogénèse des névroses et des psychoses*, com L. Bonnafé, H. Ey, S. Follin e J. Rouart (Paris: Desclée De Brouwer, 1950), pp. 123-65 (discurso de encerramento, pp. 215-6); publicado em *Écrits*, op. cit., pp. 151-94 (sem discurso de encerramento).

Intervenção sobre a exposição de A. Borel:

"Le symptôme mental. Valeur et signification" [O sintoma mental. Valor e significação] (jan. 1946), *Évolution Psychiatrique* 1 (1947), pp. 117-22.

Intervenção sobre a exposição de G. Ferdière:

"Intérêt psychologique et psychopathologique des comptines et formulettes de l'enfance" [Interesse psicológico e psicopatológico das cançonetas e formulazinhas da infância] (maio 1946), *Évolution Psychiatrique* 3 (1947), pp. 61-2.

1947

"La psychiatrie anglaise et la guerre" [Ed. bras.: "A psiquiatria inglesa e a guerra", em *A querela dos diagnósticos* (Mo de Janeiro: Jorge Zahar, 1989), pp. 11-26]; *Évolution Psychiatrique* 1 (1947), pp. 293-312; *Bulletin de l'Association Freudienne* 22, 9/16/1987; publicado em *La querelle des diagnostics* (Paris: Navarin, 1986), pp. 15-42.

Resposta a questões a propósito da exposição: "La psychiatrie anglaise et la guerre", *Évolution Psychiatrique* 1 (1947), pp. 317-8.

Intervenção sobre a exposição de L. Bonnafé:

"Le personnage du psychiatre (étude méthodologique)" [O personagem do psiquiatra (estudo metodológico)] (25/3/1947), *Évolution Psychiatrique* 3 (1948), pp. 52-5.

Texto dedicado aos "Problèmes psychosomatiques en chirurgie" [Problemas psicossomáticos em cirurgia] (1947), *Annuaire de l'Académie de Chirurgie de Paris* 73 (1947), pp. 370-3.

1948

Intervenção sobre a exposição de F. Pasche:

"La délinquance névrotique" [A delinqüência neurótica], *Revue Française de Psychanalyse* 2 (1949), p. 315; *Ornicar?* 31 (1984), p. 19 ("Délinquance et passage à l'acte").

Intervenção sobre a exposição de J. Leuba:

"Mère phallique et mère castratrice" [Mãe fálica e mãe castradora], *Revue Française de Psychanalyse* 3 (1949), p. 317.

Intervenção sobre a exposição de J. R. Cuel:

"Place nosographique de certaines démences préséniles (types Pick et Alzheimer)" [Lugar nosográfico de algumas demências pré-senis (tipos Pick e Alzheimer) (25/6/1948), *Évolution Psychiatrique* 2 (1948), p. 72.

Intervenção sobre a exposição de H. Hécaen:

"La notion de schéma corporel et ses applicatrion en psychiatrie" [A noção de esquema corporal e suas aplicações em psiquiatria], *Évolution Psychiatrique* 2 (1948), pp. 119-22.

"L'agressivité en psychanalyse" [A agressividade em psicanálise], XI Congresso de Psicanalistas de Língua Francesa, maio de 1948, Bruxelas; *Revue Française de Psychanalyse* 3 (1948), pp. 367-8; publicado em *Écrits*, op. cit., pp. 101-24.

"Essai sur les réactions psychiques de l'hypertendu" [Ensaio sobre as reações psíquicas do hipertenso], Congresso Francês de Cirurgia (4-9/10/1948); *Actes du Congrès*, pp. 171-6.

Intervenção sobre a exposição de Ziwar:

"Psychanalyse des principaux syndromes psychosomatiques" [Psicanálise das principais síndromes psicossomáticas], *Revue Française de Psychanalyse* 2 (1949), p. 318.

Intervenção sobre a exposição de S. A. Shentoub:

"Remarques méthodologiques sur la socio-analyse" [Observações metodológicas sobre a socioanálise], *Revue Française de Psychanalyse* 2 (1949), p. 319.

1949

"Règlement et doctrine de la Commission de l'Enseignement de la Société Psychanalytique de Paris" [Regulamento e doutrina da Comissão de Ensino da Sociedade Psicanalítica de Paris], *Revue Française de Psychanalyse* 3 (1949), pp. 426-35; publicado em *La Scission de 1953*, suplemento de *Ornicar?* 7 (1976), pp. 29-36.

"Les conseillers et les conseillères d'enfants agréés par la Société Psychanalytique de Paris" [Os conselheiros e conselheiras de crianças admitidos pela Sociedade Psicanalítica de Paris], *Revue Française de Psychanalyse* 3 (1949), pp. 436-41.

Intervenção sobre a exposição de R. Held:

"Le problème de la thérapeutique en médecine psychosomatique" [O problema da terapêutica em medicina psicossomática], *Revue Française de Psychanalyse* 3 (1949), p. 446.

"Le stade du miroir comme formateur de la fonction du Je, telle qu'elle nous est révélée dans l'expérience psychanalytique" [O estádio do espelho como formador da função do Eu, tal como ela nos é revelada na experiência psicanalítica], XVI Congresso Internacional de Psicanálise, Zurique (17/7/1949); *Revue Française de Psychanalyse* 4 (1949), pp. 449-55; publicado em *Écrits*, op. cit., pp. 93-100.

Intervenção sobre a exposição de F. Dolto:

"À propos de la poupée-fleur" [A propósito da boneca-flor], *Revue Française de Psychanalyse* 4 (1949), p. 566; *Ornicar?* 31 (1984), pp. 21-2 ("La poupée-fleur de F. Dolto").

Intervenção sobre a exposição de J. Fretet (colab. com R. Lyet):

"La relation hallucinatoire" [A relação alucinatória], *Évolution Psychiatrique* 2 (1949), pp. 151-2.

Intervenção sobre a exposição de J. Rouart:

"Délire hallucinatoire chez une sourde-muette" [Delírio alucinatório numa surdo-muda], *Évolution Psychiatrique* 2 (1949), pp. 236-8.

Intervenção sobre a exposição de M. Bonaparte:

"Psyché dans la nature ou les limites de la psychogénèse" [Psique na natureza ou os limites da psicogênese], *Revue Française de Psychanalyse* 4 (1949), p. 570; *Ornicar?* 31 (1984), p. 22 ("Le vivant et son *Umwelt*").

Intervenção sobre a exposição de M. Bouvet:

"Incidences thérapeutiques de la prise de conscience de l'envie du pénis dans des cas de névrose obsessionnelle féminine" [Incidências terapêuticas da tomada de consciência da inveja do pênis em casos de neurose obsessiva feminina], Revue Française de Psychanalyse 4 (1949), pp. 571-2; *Ornicar?* 31 (1984), p. 22 ("La mère phallique").

1950

Com M. Cenac

"Introduction théorique aux fonctions de la psychanalyse en criminologie" [Introdução teórica às funções da psicanálise em criminologia], XIII Conferência de Psicanalistas de Língua Francesa (29/5/1950), *Revue Française de Psychanalyse* 1 (1951), pp. 5-29; publicado em *Écrits*, op. cit., pp. 125-49.

Resposta de Lacan às intervenções à XIII Conferência, *Revue Française de Psychanalyse* 1 (1951), pp. 5-29; *Ornicar?* 31 (1984), pp. 23-7 ("Psychanalyse et criminologie").

Intervenção no I Congresso Mundial de Psiquiatria (Paris, 18-27/9/1950); publicado nas atas do Congresso (Paris: Hermann et Cie, 1952); *Ornicar?* 30 (1984), pp. 7-10.

1951

Intervenção sobre a transferência:

XIV Conferência dos Psicanalistas de Língua Francesa (1951), *Revue Française de Psychanalyse* 1/2 (1952), pp. 154-63; publicado em *Écrits*, op. cit., pp. 215-

26 [Ed. bras.: "Intervenção sobre a transferência", em *Escritos* (São Paulo: Perspectiva, 1978), pp. 87-99].

"Some reflections on the Ego" [Algumas reflexões sobre o Ego], British Psychoanalysis Society (2/5/1951), *International Journal of Psychoanalysis* 34 (1953), pp. 11-7; *Le Coq Héron* 78 (1980), pp. 3-13.

Intervenção sobre a exposição de G. Amado:

"Éthique e psychologie d'un groupe d'adolescents inadaptés" [Ética e psicologia de um grupo de adolescentes inadaptados], *Revue Française de Psychanalyse* 1 (1951), pp. 28-9.

Intervenção sobre a exposição de P. Fouquet:

"Réflexions cliniques et thérapeutiques sur l'alcoolisme" [Reflexões clínicas e terapêuticas sobre o alcoolismo], *Revue Française de Psychanalyse* 2 (1951), pp. 260-1.

Intervenção sobre a exposição de A. Berge:

"Psychothérapie analytique et psychanalytique" [Psicoterapia analítica e psicanalítica], *Revue Française de Psychanalyse* 3 (1951), p. 382.

Intervenção sobre a exposição de S. Lebovici:

"À propos du traumatisme sexuel chez la femme" [A propósito do trauma sexual na mulher] (19/6/1951), *Revue Française de Psychanalyse* 3 (1951), pp. 403-4.

Intervenção sobre a exposição de F. Pasche:

"Cent cinquante biographies de tuberculeux pulmonaires" [Cento e cinqüenta biografias de tuberculosos do pulmão], *Revue Française de Psychanalyse* 4 (1951), pp. 554-6.

"Psychanalyse dialectique?" [Psicanálise dialética?], primeira conferência na SPP (dez. 1951). Inédito. Noticiado em *IJP*, vol. 35, parte 3.

1952

Intervenção sobre a exposição de J. Dreyfus-Moreau:

"Étude structurale de deux cas de névrose concentrationnaire" [Estudo estrutural de dois casos de neurose concentracionária], *Évolution Psychiatrique* 2 (1952), pp. 217-8.

Intervenção sobre as exposições de M. Benassy:

"Sur la théorie des instincts" [Sobre a teoria dos instintos], e de M. Bouvet: "Le Moi dans la névrose obsessionnelle, relations d'objets et mécanismes de défense" [O Eu na neurose obsessiva, relações de objeto e mecanismos de defesa], XV Conferência dos Psicanalistas de Língua Francesa (Paris, 1952), não publicado. Cf. *Revue Française de Psychanalyse* 1 (1953), p. 212.

"Psychanalyse dialectique?" [Psicanálise dialética?], segunda conferência na SPP (jun. 1952). Inédito.

1953

Estatutos propostos para o Institut de Psychanalyse (jan. 1953), publicado em *La Scission de 1953*, suplemento de *Ornicar?* 7 (1976), pp. 57-63.

Intervenção sobre a exposição de J. Aubry:

"Les formes graves de la carence de soins maternels" [As formas graves da carência de cuidados maternos] (23/1/1953), *Revue Française de Psychanalyse* 1 (1955), p. 31.

"Psychanalyse dialectique?" [Psicanálise dialética?], Terceira conferência na SPP (fev. 1953). Inédito.

Com R. Lévy e H. Danon-Boileau

"Considérations psychosomatiques sur l'hypertension artérielle" [Considerações psicossomáticas sobre a hipertensão arterial], *Revue Française de Psychanalyse* 3 (1953), pp. 397-409; *Ornicar?* 43 (1987), pp. 5-16.

"Le mythe individuel du névrose ou Poésie et Vérité dans la névrose" [Ed. bras.: "O mito individual do neurótico", em *Falo* 1 (Salvador: Fator, 1987), pp. 9-19], Collège Philosophique, *Centre de documentation unversitaire*, 1953. Estabelecimento: Jacques-Alain Miller, *Ornicar?* 17/18 (1979), pp. 289-307. Transcrição: Michel Roussan.

"Le Symbolique, l'Imaginaire et le Réel" [O simbólico, o Imaginário e o Real], *Bulletin de l'Association Freudienne* 1 (1982), pp. 4-13.

"Fonction et champ de la parole et du langage en psychanalyse" [Ed. bras.: "Função e campo da fala e da linguagem em psicanálise", em *Escritos*, op. cit., pp. 101-87], Congresso de Roma (26-27/9/1953), *La Psychanalyse* 1 (1956), pp. 81-166; publicado em *Écrits*, op. cit., pp. 229-322.

"Discours et réponse aux interventions" [Discurso e resposta às intervenções], Congresso de Roma (26-27/9/1953), *La Psychanalyse* 1 (1956), pp. 202-11 e 242-55.

1954

"Introduction au commentaire de Jean Hyppolite sur la *Verneinung* de Freud" [Introdução ao comentário de Jean Hyppolite sobre a *Verneinung* de Freud], e "Réponse au commentaire de Jean Hyppolite sur la *Verneinung* de Freud" [Resposta ao comentário de Jean Hyppolite sobre a *Verneinung* de Freud], Seminário de 10/2/1954, *La Psychanalyse* 1 (1956), pp. 17-28 e 41-9; publicado em *Écrits*, op. cit., pp. 363-7 e 369-99.

1955

Intervenção sobre a exposição de J. Favez-Boutonier:

"Psychanalyse et philosophie" [Psicanálise e filosofia], Société Française de Philosophie (25/1/1955), resumido em *Bulletin de la Société Française de Philosophie* 1 (1955), pp. 37-41; *Rencontres psychanalytiques d'Aix-en-Provence* (mar. 1984), (Paris: Belles Lettres, 1985).

"Variante de la cure type" [Variantes do tratamento padrão], *Encyclopédie médico-chirurgicale* (EMC); *Psychiatrie*, 3/2/1955, nº 37812-C-10. (Texto suprimido da *EMC* em 1960.) Publicado em *Écrits*, op. cit., pp. 323-62.

"Le séminaire sur *La lettre volée*" (26/4/1955) [Ed. bras.: "Seminário sobre *A carta roubada*", em *Escritos*, op. cit., pp. 17-67]; *La Psychanalyse* 2 (1957), pp. 1-44; publicado em *Écrits*, op. cit., pp. 9-61.

Ver também:

"Le Moi dans la théorie de Freud et dans la technique de la psychanalyse" [Ed. bras.: *O Eu na teoria de Freud e na técnica da psicanálise* (Rio de Janeiro: Jorge Zahar, 1985)], *Le Séminaire*, livro II, 1954-55 (Paris: Seuil, 1978), pp. 225-40.

"La chose freudienne ou Sens du retour à Freud en psychanalyse" [A coisa freudiana ou Sentido do retorno a Freud em psicanálise], Retomada de uma conferência feita na clínica neuropsiquiátrica de Viena (7/11/1955), *Évolution Psychiatrique* 1 (1956), pp. 225-52; publicado em *Écrits*, op. cit., pp. 401-36.

Intervenção no colóquio sobre a anorexia mental (28/11/1955). Inédito. Indexado em *La Psychanalyse* 1 (1956), p. 290.

1956

Tradução de um texto de M. Heidegger: "Logos", *La Psychanalyse* 1 (1956), pp. 59-79 (a última parte do texto não foi traduzida).

Com W. Granoff

"Fetishism: the Symbolic, the Imaginary and the Real" [Fetichismo: o Simbólico, o Imaginário e o Real], publicado em *Perversions: Psychodynamics and therapy* (Nova York: Random House, 1956); 2ª ed., ed. S. Lorand & M. Balint (Londres: Ortolan Press, 1965), pp. 265-76.

Intervenção sobre a exposição de C. Lévi-Strauss:

"Sur les rapports entre la mythologie et le rituel" [Sobre as relações entre a mitologia e o ritual], Société Française de Philosophie (21/5/1956), *Bulletin de la Société Française de Philosophie* 3 (1956), pp. 113-9.

"Situation de la psychanalyse et formation du psychanalyste en 1956" [Ed. bras.: "Situação da psicanálise e formação do psicanalista em 1956", em *Escritos*, op. cit., pp. 189-222]; *Études Philosophiques* 4 (1956), número especial, pp. 567-84; publicado em *Écrits*, op. cit., pp. 459-91.

Intervenção sobre a exposição de A. Hesnard:

"Réflexions sur le *Wo Es war, soll Ich werden*, de S. Freud" [Reflexões sobre o *Wo Es War, Soll Ich werden*, de S. Freud], *La Psychanalyse* 3 (1957), pp. 323-4.

1957

Intervenção sobre a exposição de D. Lagache:

"Fascination de la conscience par le moi" [Fascinação da consciência pelo eu], *La Psychanalyse* 3 (1957), p. 329.

Intervenção sobre a exposição de G. Favez:

"Le rendez-vous avec le psychanalyste" [O encontro com o psicanalista], *La Psychanalyse* 4 (1958), pp. 308-13.

"La psychanalyse et son enseignement" [A psicanálise e seu ensino], Société Française de Philosophie (23/2/1957), *Bulletin de la Société Française de Philosophie* 2 (1957), pp. 65-101; publicado em *Écrits*, op. cit., pp. 437-58; *Ornicar?* 32 (1985), pp. 7-22 ("Dialogue avec les philosophes français").

Intervenção sobre a exposição de J. Favez-Boutonier:

"Abandon et névrose" [Abandono e neurose], Société Française de Psychanalyse (7/5/1957), *La Psychanalyse* 4 (1958), pp. 318-20.

"L'instance de la lettre dans l'insconscient ou la raison depuis Freud" [Ed. bras.: "A instância da letra no inconsciente ou a razão desde Freud", em *Escritos*, op. cit., pp. 223-59], Grupo de filosofia da Fédération des Étudiants ès Lettres, Sorbonne-Paris (9/5/1957), *La Psychanalyse* 3 (1958), pp. 47-81; publicado em *Écrits*, op. cit., pp. 493-528.

Intervenção sobre a exposição de P. Matussek:

"La psychothérapie des schizophrènes" [A psicoterapia dos esquizofrênicos], *La Psychanalyse* 4 (1958), p. 332.

Entrevista com Madeleine Chapsal para o jornal *L'Express*, sob o título "Clefs pour la psychanalyse" [Chaves para a psicanálise]. Reed. em M. Chapsal, *Envoyez la petite musique* (Paris: Grasset, 1984), pp. 38-66; e *L'Ane* 48 (1991) (sem menção do nome de M. Chapsal).

"D'une question préliminaire à tout traitement possible de la psychose" [De uma questão preliminar a todo tratamento possível da psicose] (redigido em dez. 1957-jan. 1958), *La Psychanalyse* 4 (1958), pp. 1-50; publicado em *Écrits*, op. cit., pp. 531-3.

1958

"Jeunesse de Gide ou la lettre et le désir" [Juventude de Gide ou A letra e o desejo], *Critique* 131 (1958), pp. 291-315; publicado em *Écrits*, op. cit., pp. 739-64.

"Die Bedeutung des Phallus" (La signification du phallus) [Ed. bras.: "A significação do falo", em *Escritos*, op. cit., pp. 261-73], Instituto Max Planck, Munique (9/5/1958); publicado em *Écrits*, op. cit., pp. 685-95.

"La direction de la cure et les principes de son pouvoir" [A direção do tratamento e os princípios de seu poder], Colóquio Internacional de Royaumont (10-13/7/1958), *La Psychanalyse* 6 (1961), pp. 149-206; publicado em *Écrits*, op. cit., pp. 585-645.

Observações sobre o relatório de Daniel Lagache:

"Psychanalyse et structure de la personnalité" [Psicanálise e estrutura da personalidade], Colóquio Internacional de Royaumont (10-13/7/1958), *La Psychanalyse* 6 (1961), pp. 111-47; publicado em *Écrits*, op. cit., pp. 647-84.

Intervenção no IV Congresso Internacional de Psicoterapia, Barcelona (outubro de 1958), *L'Ane* 51 (jul.-set. 1992), sob o título "La psychanalyse vraie et la fausse".

Intervenção sobre a exposição de S. Leclaire:

"L'obsessionnel et son désir" [O obsessivo e seu desejo] (25/11/1958), *Revue Française de Psychanalyse* 3 (1959), pp. 409-11.

1959

"À la mémoire d'Ernest Jones: sur sa théorie du symbolisme" (jan.-mar. 1959), *La Psychanalyse* 5 (1959), pp. 1-20; publicado em *Écrits*, op. cit., pp. 697-717.

1960

"Éthique de la psychanalyse. La psychanalyse est-elle constituante pour une éthique qui serait celle que notre temps nécessite?" [Ética da psicanálise. Será a psicanálise constituinte para uma ética que seria aquela que nosso tempo necessita?], Facultés Universitaires de Saint-Louis, Bruxelas (9-10/3/1960), *Quarto*, suplemento belga a *La Lettre Mensuelle de l'École de la Cause Freudienne* 6 (1982), pp. 5-24.

Intervenção sobre a exposição de C. Perelman:

"L'idée de rationalité et la règle de justice" [A idéia de racionalidade e a regra de justiça], Société Française de Philosophie (23/4/1960), *Bulletin de la Société Française de Philosophie* 1 (1961), pp. 29-33; publicado também sob o título "La métaphore du Sujet" [Ed. bras.: "A metáfora do Sujeito", em *Escritos*, op. cit., pp. 337-42], em *Écrits*, op. cit.

"Propos directifs pour un congrès sur la sexualité féminine" [Proposições diretivas para um congresso sobre a sexualidade feminina], Colóquio Internacional de Psicanálise, Universidade Municipal de Amsterdam (5-9/9/1960), *La Psychanalyse* 7 (1964), pp. 3-14; publicado em *Écrits*, op. cit., pp. 725-36.

"Subversion du sujet et dialectique du désir dans l'inconscient freudien" [Ed. bras.: "Subversão do sujeito e dialética do desejo no inconsciente freudiano", em *Escritos*, op. cit., pp. 275-311], Congresso de Royaumont. Os colóquios filosóficos internacionais (19-23/9/1960); publicado em *Écrits*, op. cit., p. 793-827.

"Position de l'inconscient" [Ed. bras.: "Posição do inconsciente no Congresso de Bonneval retomada de 1960 a 1964", em *Escritos*, op. cit., pp. 313-35], Congresso de Bonneval (31/10-2/11/1960); resumido em *L'inconscient* (Paris: Desclée De Brouwer, 1966), pp. 159-70; publicado em *Écrits*, op. cit., pp. 829-50.

1961

"Maurice Merleau-Ponty", *Les Temps Modernes* 184/185 (1961), pp. 245-54. Intervenção nas jornadas provinciais de outubro, SFP. Registro: Wladimir Granoff.

1962

"Kant avec Sade" [Kant com Sade], *Critique* 191 (1963, pp. 291-313; publicado em *Écrits*, op. cit., pp. 765-90 (sem a nota de introdução).

Intervenção nas jornadas provinciais de março, SFP. Inédito.

Conferência na EP, "De ce que j'enseigne" [Daquilo que eu ensino] (23/1/1963). Transcrição: Michel Roussan.

1963

Conferência sobre "Les noms du père" [Os nomes do pai] (título do seminário 1963-4, interrompido pela segunda cisão, 20/11/1963).

Notas de Françoise Dolto, Nicole Guillet, Jean Oury. Transcrição: versão Laborde.

1964

"Du *Trieb* de Freud et du désir du psychanalyste" [Do *Trieb* de Freud e do desejo do psicanalista], Colóquio "Technique et casuistique" (7-12/1/1964), Universidade de Roma, *Archivio di filosofia, técnica e casistica* (Pádua: Cedam, 1964), pp. 51-3 e 55-60; publicado em *Écrits*, op. cit., pp. 851-4.

Intervenção sobre a exposição de P. Ricoeur:

"Technique et non-technique dans l'interprétation" [Técnica e não-técnica na interpretação], Colóquio "Technique et casuistique", ibid., p. 44.

Intervenção sobre a exposição de A. de Waelhens:

"Note pour une épistémologie de la santé mentale" [Nota para uma epistemologia da saúde mental], Colóquio "Technique et casuistique", ibid., pp. 87-8.

Intervenção sobre a exposição de Filiasi Carcano:

"Morale tradizionale et societa contemporânea" [Moral tradicional e sociedade contemporânea], Colóquio "Technique et casuistique", Ibid., p. 106.

Intervenção sobre a exposição de R. Marlé:

"Casuistique et morales modernes de situation" [Casuística e morais modernas de situação], Colóquio "Technique et casuistique", ibid., p. 117.

Ato de fundação da École Freudienne de Paris (21/6/1964). Nota adjunta. Preâmbulo. Funcionamento e administração. Primeiro Anuário da École Freudienne de Paris, 1965, e seguintes. Nota sobre alguns elementos de doutrina (19/9/1964), Circular da École Freudienne de Paris, não assinada. Rascunho do texto manuscrito por Lacan, redigido em colaboração com Serge Leclaire. Arq. S. L.

"Le Sujet" [O Sujeito], Conferência na ENS da rue d'Ulm, notas do curso de Etienne Balibar (11/12/1964). Arq. Etienne Balibar.

1965

"Hommage fait à Marguerite Duras du *Ravissement de Lol V. Stein*" [Homenagem feita a Marguerite Duras de *O deslumbramento*], *Cahiers Renaud-Barrault* 52 (Paris: Gallimard, 1965), pp. 7-15; *Ornicar?* 34, pp. 7-13.

"La science et la vérité" [A ciência e a verdade], *Cahiers pour l'Analyse* 1 (1966), pp. 7-30; publicado em *Écrits*, op. cit., pp. 855-77.

1966

"Réponse à des étudiants en philosophie" (9/2/1966) [Ed. bras.: "Resposta aos estudantes de filosofia", em Carlos Henrique de Escobar (ed.), *Psicanálise —*

ciência e prática (Rio de Janeiro: Editora Rio, 1975), pp. 45-55], *Cahiers pour l'Analyse* 3 (1966), pp. 5-13.

Seis conferências em universidades americanas sobre o tema:

"Le désir et la demande" [O desejo e a demanda] (fev.-mar. de 1966). Inédito.

"Of structure as an inmixing of an otherness prerequisite to any subject whatever" [Ed. bras.: "Da estrutura como intromistura de um pré-requisito de alteridade a um sujeito qualquer", em Richard Macksey & Eugênio Donato (eds.), *A controvérsia estruturalista* (São Paulo: Cultrix, 1986), pp. 198-212], Intervenção e discussão no simpósio da Universidade Johns Hopkins (18-21/10/1966), *The structuralist controversy* (Baltimore: Johns Hopkins University Press, 1970), pp. 186-201. Tradução francesa anônima.

Intervenção no Collège de Médecine sobre:

"La place de la psychanalyse dans la médecine" [O lugar da psicanálise na medicina], com G. Raimbault, J. Aubry, P. Royer e H. P. Klotz, *Cahiers du Collège de Médecine* 12 (1966), pp. 761-724; *Lettres de l'École Freudienne* 1 (1967), pp. 34-61 (sob o título "Psychanalyse et médecine"); *Le Bloc-notes de la Psychanalyse* 7 (1987) [Genebra].

Écrits [Escritos] (Paris: Seuil, 1966). Coletânea de artigos e de intervenções já mencionadas e acrescida de textos inéditos (34 títulos ao todo).

Textos inéditos:

"Ouverture de ce recueil" [Abertura desta coletânea]

"Présentation de la suite" [Apresentação da seqüência]

"Parenthèse des parenthèses" [Parêntese dos parênteses]

"De nos antécédents" [De nossos antecedentes]

"Du sujet enfin en question" [Do sujeito enfim em questão]

"D'un dessein" [De um desígnio]

"D'un syllabaire après-coup" [De um silabário a posteriori]

"La métaphore du Sujet" (2ª ed.) [A metáfora do sujeito].

Com um índice dos conceitos mais importantes e uma tábua comentada das representações gráficas (2ª ed.), por Jacques-Alain Miller. Trabalho editorial: François Wahl.

Apresentação da tradução de P. Duquenne:

Mémoires d'un névropathe (D. P. Schreber), *Cahiers pour l'analyse* 5 (1966), pp. 69-72; *Ornicar?* 38 (1986), pp. 5-9, não utilizada para a publicação do livro, traduzido por P. Duquenne e N. Sels (Paris: Seuil, 1975).

Entrevista com Pierre Daix,

Les Lettres Françaises, 26/11/1966.

Entrevista com Gilles Lapouge

"Un psychanalyste s'explique. Auteur mystérieux et prestigieux: Jacques Lacan veut que la psychanalyse redevienne la peste" [Um psicanalista se explica. Autor misterioso e prestigioso: Jacques Lacan quer que a psicanálise se torne a peste novamente], *Le Figaro Littéraire*, 1/12/1966.

662

"Petit discours à l'ORTF" [Ed. bras.: "Pequeno discurso na ORTF", *Falo* 1 (Salvador: Fator, 1987), pp. 25-28] (2/12/1966), *Recherches* 3/4 (1976), pp. 5-9.

Entrevista para a RTB (14/12/1966), *Quarto* 7 (1982), pp. 7-11.

Entrevista com Gilles Lapouge, "Sartre contre Lacan: bataille absurde" [Sartre contra Lacan: batalha absurda], *Le Figaro Littéraire*, 22/12/1966.

Entrevista com François Wahl, Transmitida pelo rádio em 8/2/1967, *Bulletin de l'Association Freudienne* 3 (1986), pp. 6-7.

1967

Proposição de 9 de outubro de 1967, primeira versão, *Analytica* 8 (1978), pp. 3-26.

Proposição de 9 de outubro de 1967 sobre o psicanalista da École, *Scilicet* 1 (1968), pp. 14-30.

Discurso de encerramento das Jornadas sobre as Psicoses na Criança, Paris (22/10/1967), *Recherches* (dez.), número especial; *Enfance aliénée* 2 (1968), pp. 143-52; publicado em *Enfance aliénée*, col. 10/18 (Paris: UGE, 1972), pp. 295-306; depois em *Enfance aliénée, l'enfant, la psychose et l'institution* (Paris: Denoël, 1984), pp. 255-67.

"Petit discours aux psychiatres" [Pequeno discurso para os psiquiatras] (10/11/1967), Círculo Psiquiátrico H. Ey — Sainte-Anne.

Entrevista à *Fiera Letteraria* (1967), pp. 11-8.

Discurso na École Freudienne de Paris (6/12/1967), *Scilicet* 2/3 (1970), pp. 9-24.

"La méprise du Sujet supposé savoir" [O engano do Sujeito suposto saber] (14/12/1967), Institut Français de Naples, *Scilicet* 1 (1968), pp. 31-41.

"Une procédure pour la passe" [Um procedimento para o passe] (9/10/1967), *Ornicar?* 37 (1986), pp. 7-12.

"De Rome 53 à Rome 67: La psychanalyse. Raison d'un échec" [De Roma 53 a Roma 67: A psicanálise. Razão de um fracasso], Universidade de Roma (15/12/1967), *Scilicet* 1 (1968), pp. 42-50.

"De la psychanalyse dans ses rapports avec la réalité" [Da psicanálise em suas relações com a realidade] (18/12/1967), Institut Français de Milan, *Scilicet* 1 (1968), pp. 51-60.

1968

"Introduction de *Scilicet* au titre de la revue de l'École Freudienne de Paris" [Introdução de *Scilicet* a título da revista da Escola Freudiana de Paris], *Scilicet* 1 (1968), pp. 3-13.

"Jacques Lacan commente la naissance de *Scilicet*" [Jacques Lacan comenta o nascimento de *Scilicet*], Entrevista com R. Higgins, *Le Monde*, 16/3/1968.

Intervenção no Congresso da École Freudienne de Paris sobre:

"Psychanalyse et psychothérapie" [Psicanálise e psicoterapia], Estrasburgo (12/10/1968), *Lettres de l'École Freudienne* 6 (1969), pp. 42-8.

Intervenção sobre a exposição de P. Benoît:

"Thérapeutique — Psychanalyse — Objet" [Terapêutica — Psicanálise — Objeto], Congresso de Estrasburgo (12/10/1968), *Lettres de l'École Freudienne* 6 (1969), p. 39.

Intervenção sobre a exposição de M. Ritter:

"Du désir d'être psychanalyste, ses effets au niveau de la pratique psycho-thérapique de l'élève analyste" [Do desejo de ser psicanalista, seus efeitos no nível da prática psicoterápica de aluno analista], Congresso de Estrasburgo (12/10/1968), *Lettres de l'École Freudienne* 6 (1969), pp. 92-4.

Intervenção sobre a exposição de J. Nassif:

"Sur le discours psychanalytique" [Sobre o discurso psicanalítico], Congresso de Estrasburgo (12/10/1968), *Lettres de l'École Freudienne* 7 (1970), pp. 40-3.

Intervenção sobre a exposição de M. de Certeau:

"Ce que Freud fait de l'histoire. Note à propos d'‘Une névrose démoniaque au XVIIe siècle' " [O que Freud faz da história. Nota a propósito de "Uma neurose demoníaca no século XVII"], Congresso de Estrasburgo (12/10/1968), *Lettres de l'École Freudienne* 1 (1970), p. 84.

Intervenção sobre a exposição de J. Rudrauf:

"Essai de dégagement du concept psychanalytique de psychothérapie" [Ensaio de resgate do conceito psicanalítico de psicoterapia], Congresso de Estrasburgo (12/10/1968), *Lettres de l'École Freudienne* 7 (1970), pp. 136-7.

Intervenção sobre a exposição de J. Oury:

"Stratégie du sauvetage de Freud" [Estratégia do salvamento de Freud], Congresso de Estrasburgo (12/10/1968), *Lettres de l'École Freudienne* 7 (1970), pp. 146 e 151.

"En guise de conclusion" [À guisa de conclusão), Discurso de encerramento do Congresso de Estrasburgo (12/10/1968), *Lettres de l'École Freudienne* 7 (1970), pp. 157-66.

1969

Moção ao júri de acolhimento da EFP na Assembléia antes de seu voto (25/1/1969), *Scilicet* 2/3 (1970), pp. 49-51.

Intervenção sobre a exposição de M. Foucault:

"Qu'est-ce qu'un auteur?" [O que é um autor?], Société Française de Philosophie, 22 de fevereiro de 1969, *Bulletin de la Société Française de Philosophie* 3 (1969), p. 104; *Littoral* 9 (1983), pp. 31-2.

Textos de J. Lacan entregues a J. Aubry (out. 1969), publicados em *Enfance abandonnée. La carence de soins maternels* (Paris: Scarabée, A.-M. Métailié, 1983); *Ornicar?* 37 (1986), pp. 13-4 ("Deux notes sur l'enfant").

Resposta ao pedido de informações biobibliográficas, D. Hameline & H. Lesage (eds.), *Anthologie des psychologues français contemporains* (Paris: PUF, 1969), pp. 322-3.

664

Primeiro improviso em Vincennes:

"Le discours de l'universitaire" [O discurso do universitário] (3/12/1969), primeira de quatro conferências que deveriam ser pronunciadas no quadro do seminário de 1969-70 e reunidas sob o título "Analyticon", *Magazine Littéraire* 121 (1977), pp. 21-4.

Apresentação da publicação de *Écrits I* (14/12/1969), *Écrits I*, col. Points (Paris: Seuil, 1970). "Préface" (Natal de 1969) [Ed. bras.: "Prefácio", em Anika Lemaire, *Jacques Lacan. Uma introdução* (Rio de Janeiro: Campus, 1979), pp. 17-27]; publicado em Anika Lemaire, *Jacques Lacan*, 2ª ed. (Bruxelas: P. Mardaga, 1970).

1970

Segundo improviso de Vincennes:

"Des unités de valeur" [Das unidades de valor] (14/3/1970), segunda das quatro conferências que deveriam ser pronunciadas no seminário de 1969-1970 e reunidas sob o título "Analyticon", ver *L'Envers de la psychanalyse*, *Séminaire*, livro XVII. As duas últimas conferências não foram pronunciadas.

Intervenção sobre a exposição de Ph. Rappard:

"De la conception grecque de l'éducation et de l'enseignement de la psychanalyse" [Da concepção grega da educação e do ensino da psicanálise], Congresso da École Freudienne de Paris sobre "L'enseignement de la psychanalyse" (17-19/4/1970), *Lettres de l'École Freudiennes* (1971), pp. 8-10.

Intervenção sobre as exposições de M. Montrelay e F. Baudry:

"Sur l'enseignement de la psychanalyse à Vincennes" [Sobre o ensino da psicanálise em Vincennes], Congresso da École Freudienne de Paris (17-19/4/1970), *Lettres de l'École Freudienne* 8 (1971), pp. 187.

Intervenção sobre a exposição de Ch. Melman:

"Propos à prétention roborative avant le Congrès" [Proposições de pretensão roborativa antes do Congresso], Congresso de École Freudienne de Paris (17-19/4/1970), *Lettres de l'École Freudienne* 8 (1971), pp. 199 e 203-4.

Discurso de encerramento do Congresso da École Freudienne de Paris (19/4/1970), *Scilicet* 2/3 (1978), pp. 391-9; *Lettres de l'École Freudienne* 8 (1971), pp. 205-17.

"Radiophonie" [Radiofonia], realizada por Robert Georgin (5, 10, 19 e 26/6/1970 — RTB, 7/6/1970 — ORTF), *Scilicet* 2/3 (1970), pp. 55-99. Primeira versão lida em 8/4/1970. Ver *Le Séminaire*, livro XVII. Texto datilografado da versão original. Arq. Robert Georgin.

Liminaire [Liminar] (set. 1970), *Scilicet* 2/3 (1970), pp. 5-6.

Comentário ao discurso da EFP de 6/12/1967 (1/10/1970), *Scilicet* 2/3 (1970), pp. 24-9.

Exposição na casa do doutor G. Daumézon, *Bulletin de l'Association Freudienne* (jan. 1987).

1971

Intervenção sobre a exposição de Ch. Bardet-Giraudon:

"Du roman conçu comme le discours même de l'homme qui écrit" [Do romance concebido como o discurso mesmo do homem que escreve], Congresso da École Freudienne de Paris sobre "La technique psychanalytique", Aix-en-Provence (20-23/5/1971), *Lettres de l'École Freudienne* 9 (1972), pp. 20-30.

Intervenção sobre a exposição de P. Lemoine:

"A propos du désir du médecin" [A propósito do desejo do médico], Congresso da École Freudienne de Paris sobre "La technique psychanalytique", Aix-en-Provence (20-23/5/1971), *Lettres de l'École Freudienne* 9 (1972), pp. 69 e 74-8.

Intervenção sobre a exposição de J. Guey:

"Contribution à l'étude du sens du symptôme épileptique" [Contribuição para o estudo do sentido do sintoma epilético], Congresso da Ecole Freudienne de Paris sobre "La technique psychanalytique", Aix-en-Provence (20-23/5/1971), *Lettres de l'École Freudienne* 9 (1972), pp. 151-5.

Intervenção sobre a exposição de S. Ginestet-Delbreil:

"La psychanalyse est du côté de la vérité" [A psicanálise está do lado da verdade], Congresso da École Freudienne de Paris sobre "La technique psychanalytique", Aix-en-Provence (20-23/5/1971), *Lettres de l'École Freudienne* 9 (1972), p. 166.

Intervenção sobre a exposição de A. Didier-Weil e M. Silvestre:

"À l'écoute de l'écouté" [À escuta do escutado], Congresso da École Freudienne de Paris sobre "La technique psychanalytique", Aix-en-Provence (20-23/5/1971), *Lettres de l'École Freudienne* 9 (1972), pp. 176-82.

Intervenção sobre a exposição de P. Mathis:

"Remarques sur la fonction de l'argent dans la technique analytique" [Observações sobre a função do dinheiro na técnica analítica], Congresso da École Freudienne de Paris sobre "La technique psychanalytique", Aix-en-Provence (20-23/5/1971), *Lettres de l'École Freudienne* 9 (1972), pp. 195-6 e 202-5.

Intervenção sobre a exposição de S. Zlatine:

"Technique de l'intervention: incidence de l'automatisme de répétition de l'analyste" [Técnica da intervenção: incidência do automatismo de repetição do analista], Congresso da École Freudienne de Paris sobre "La technique psychanalytique", Aix-en-Provence (20-23/5/1971), *Lettres de l'École Freudienne* 9 (1972), pp. 254-5 e 260.

Intervenção sobre a exposição de C. Conté e L. Beirnaert:

"De l'analyse des résistances au temps de l'analyse" [Da análise das resistências ao tempo da análise], Congresso da École Freudienne de Paris sobre "La technique psychanalytique", Aix-en-Provence (20-23/5/1971), *Lettres de l'École Freudienne* 9 (1972), pp. 334-6.

Intervenção sobre a exposição de J. Rudrauf:

"De la règle fondamentale" [Da regra fundamental], Congresso da École

Freudienne de Paris sobre "La technique psychanalytique", Aix-en-Provence (20-23/5/1971), *Lettres de l'École Freudienne* 9 (1972), p. 374.

Intervenção sobre a exposição de S. Leclaire: "L'objet a dans la cure" [O objeto a no tratamento] Congresso da École Freudienne de Paris sobre "La technique psychanalytique", Aix-en-Provence (20-23/5/1971), *Lettres de l'École Freudienne* 9 (1972), pp. 445-50.

Intervenção sobre a exposição de P. Delaunay:

"Le moment spéculaire dans la cure, moment de rupture" [O momento especular no tratamento, momento de ruptura], Congresso da École Freudienne de Paris sobre "La technique psychanalytique", Aix-en-Provence (20-23/5/1971), *Lettres de l'École Freudienne* 9 (1972), pp. 471-73.

Écrits II, coleção Points (Paris: Seuil, 1971).

Discurso de encerramento do Congresso de Aix-en-Provence (20-23/5/1971), *Lettres de l'École Freudienne* 9 (1972), pp. 507-13.

Opinião de Jacques Lacan sobre "Un métier de chien" de D. Desanti, *Le Monde*, 19/11/1971.

"Lituraterre" [Lituraterra], *Littérature* 3 (1971), pp. 3-10. Ver le *Séminaire*, livro XVIII, sessão de 12/5/ 1971; *Ornicar?* 41 (1984), p. 513.

1972

"Avis aux lecteurs japonais" [Advertência aos leitores japoneses], prefácio à tradução de *Écrits* em japonês, *La Lettre de l'École de la Cause Freudienne* 3 (1981), pp. 2-3.

"L'Étourdit" [O aturdido] (14/7/1972), *Scilicet* 4 (1973), pp. 5-52.

Discurso de abertura das Jornadas da École Freudienne de Paris (29-30/9/1972 e 1/10/1972), *Lettres de l'École Freudienne* 11 (1972), pp. 2-3.

Intervenção sobre a exposição de C. Conté:

"Sur le mode de présence des pulsions partielles dans la cure" [Sobre o modo de presença das pulsões parciais no tratamento], Jornadas da École Freudienne de Paris (29-30/9/1972 e 1/10/1972), *Lettres de l'École Freudienne* 11 (1972), pp. 22-4.

Intervenção sobre a exposição de M. Safouan:

"La fonction du père réel" [A função do pai real], Jornadas da École Freudienne de Paris (29-30/9/1972 e 1/10/1972), *Lettres de l'École Freudienne* 11 (1972), pp. 140-1.

Intervenção sobre a exposição de J. Allouch:

"Articulation entre la position médicale et celle de l'analyste" [Articulação entre a posição médica e a do analista], Jornadas da École Freudienne de Paris (29-30/9/1972 e 1/10/1972), *Lettres de l'École Freudienne* 11 (1972), p. 230.

Intervenção durante mesa redonda reunida em torno de J. Clavreul,

Jornadas da École Freudienne de Paris (29/30/9/1972 e 1/10/1972), *Lettres de l'École Freudienne* 11 (1972), p. 215.

"Propos en guise de conclusion aux Journées de l'École Freudienne de Paris" [Proposições à guisa de conclusão nas Jornadas da Escola Freudiana de Paris] (1/10/1972), *Lettres de l'École Freudienne* 11 (1972), p. 215.

"Du discours psychanalytique" [Do discurso psicanalítico], Universidade de Milão, Instituto de Psicologia da Faculdade de Medicina (12/5/1972), extraído da coletânea *Lacan in Italia, 1953-1978* (Milão: La Salamandra, 1978); *Bulletin de l'Association Freudienne* 10 (1984), pp. 3-15.

"La mort est du domaine de la foi" [A morte é do domínio da fé], Grande anfiteatro da Universidade de Louvain (13/10/1972), *Quarto*, suplemento belga a *Lettre Mensuelle de l'École de la Cause Freudienne* 3 (1981), pp. 5-20; *Océaniques*, FR3, transmissão de 11/1/1988 (filme difundido pela MK7).

"Jacques Lacan à l'École Belge de Psychanalyse" [Jacques Lacan na Escola Belga de Psicanálise], Sessão extraordinária da École Belge de Psychanalyse (14/10/1972), *Quarto*, suplemento belga a *Lettre Mensuelle de l'École de la Cause Freudienne* 5 (1981), pp. 4-22.

1973

"La psychanalyse dans sa référence au rapport sexuel" [A psicanálise em sua referência à relação sexual], Museu da Ciência e da Técnica, Milão, Scuola Freudiana (3/2/1973), *Bulletin de l'Association Freudienne* 17 (1986), pp. 3-13.

Intervenção na reunião organizada pela Scuola Freudiana, Milão (4/2/1973), *Bulletin de l'Association Freudienne* 18 (1986), pp. 3-13.

Entrevista de B. Poirot-Delpech com Lacan: "Propos élucidés" [Proposições elucidadas], *Le Monde*, 5/4/1973.

"Note italienne" [Nota italiana] (1973), *Ornicar?* 25 (1982), pp. 7-10. Também sob o título: "Lettre adressée à trois psychanalystes italiens" (abr. 1974), *Spirales* 9 (1981), p. 60; *Lettre Mensuelle de l'École Freudienne* 9 (1982), p. 2.

Intervenção sobre a histeria, Jornadas de estudos da Aliança Francesa (jun. 1973). Inédito.

Declaração de Lacan a France-Culture a propósito do XXVIII Congresso Internacional de Psicanálise (Paris, jul. 1973), *Le Coq Héron* 46/47 (1974), pp. 3-8.

Introdução à edição alemã de *Écrits*, Walter-Verlag (7/10/1973), *Scilicet* 5 (1975), pp. 11-7.

Intervenção na sessão de trabalho sobre "L'École Freudienne en Italie", Congresso da École Freudienne de Paris, La Grande-Motte (1-4/11/1973), *Lettres de l'École Freudienne* 15 (1975), pp. 235-44.

Intervenção sobre as exposições de introdução de J. Clavreul e J. Oury, Congresso da École Freudienne de Paris, La Grande-Motte (1-4/11/1973), *Lettres de l'École Freudienne* 15 (1975), pp. 16-9.

Intervenção sobre a exposição de introdução de S. Leclaire, Congresso da École Freudienne de Paris, La Grande-Motte (1-4/11/1973), *Lettres de l'École Freudienne* 15 (1975), pp. 26-8.

Intervenção, Congresso da École Freudienne de Paris, La Grande-Motte (1-4/11/1973), *Lettres de l'École Freudienne* 15 (1975), pp. 69-80.

Intervenção em debate sobre "La formation des analystes" [A formação dos analistas], Congresso da École Freudienne de Paris, La Grande-Motte (1-4/11/1973), *Lettres de l'École Freudienne* 15 (1975), pp. 132-9.

Intervenção na sessão de trabalho sobre "o passe", Congresso da École Freudienne de Paris, La Grande-Motte (1-4/11/1973), *Lettres de l'École Freudienne* 15 (1975), pp. 185-93; *Ornicar?* 12/13 (1977), pp. 117-23 ("Sur l'expérience de la passe").

Intervenção na sessão de trabalho sobre "Le dictionnaire", apresentada por Ch. Melman, Congresso da École Freudienne de Paris, La Grande-Motte (1-4/11/1973), *Lettres de l'École Freudienne* 15 (1975), pp. 206-10.

1974

Télévision [Ed. bras.: *Televisão* (Rio de Janeiro: Jorge Zahar, 1993)], Entrevista com Jacques-Alain Miller, filmada por Benoît Jacquot, transmitida pela ORTF em 9 e 16/3/1974. Texto publicado sob o título *Télévision* (Paris: Seuil, 1974). Videocassete: Vision-Seuil, 1990.

"L'Éveil du printemps" [Ed. bras.: "Lacan sobre Wedekind — O despertar da primavera", *Falo* 4/5 (jan.-dez. 1989), Salvador, Fator, pp. 7-9], prefácio à peça de Wedekind, publicado em *L'Éveil du printemps* (Paris: Gallimard, 1974).

"La logique et l'amour" [A lógica e o amor], Clínica de Doenças Nervosas e Mentais, Roma (21/3/1974). Inédito.

Intervenção, Centro Cultural Francês, Roma (22/3/1974). Inédito.

Intervenção, Scuola Freudiana, Milão (30/3/1974). Inédito.

Carta dirigida a três psicanalistas italianos (abr. 1974), *Spirales* 9 (1981), p. 60; *La Lettre Mensuelle de l'École de la Cause Freudienne* 9/2/1982. Figura também sob o título: "Note italienne", datada de 1973, em *Ornicar?* 25 (1982), pp. 7-10.

Intervenção em uma reunião sob a sigla "La Cause Freudienne", Milão, 1/6/1974. Inédito.

Conférence de presse [Conferência de imprensa], VII Congresso da École Freudienne de Paris, Roma (31/10-3/11/1974), *Lettres de l'École Freudienne* 16 (1975), pp. 6-26.

Discurso de abertura do Congresso, Congresso de Roma (31/10-3/11/1974), *Lettres de l'École Freudienne* 16 (1975), pp. 27-8.

La Troisième [A terceira], intervenção no Congresso de Roma (31/10-3/11/1974), *Lettres de l'École Freudienne* 16 (1975), pp. 177-203.

Discurso de encerramento do Congresso, Congresso de Roma (31/10-3/11/1974), *Lettres de l'École Freudienne* 16 (1975), pp. 360-1.

1975

"Peut-être à Vincennes?" [Talvez em Vincennes?], Proposição de Lacan (jan. 1975), *Ornicar?* 1 (1975), pp. 3-5.

Resposta de Lacan a uma questão feita, Estrasburgo (26/11/1975), *Lettres de l'École Freudienne* 17 (1976), pp. 221-3.

Discurso de abertura das Jornadas da École Freudienne de Paris, Paris (12-13/4/1975), *Lettres de l'École Freudienne* 18 (1976), pp. 1-3.

Resposta de Lacan a M. Ritter, Jornadas da École Freudienne de Paris (12-13/4/1975), *Lettres de l'École Freudienne* 18 (1976), pp. 8-12.

Intervenção na sessão de trabalho sobre:

"Les concepts fondamentaux et la cure" [Os conceitos fundamentais e o tratamento], Jornadas da École Freudienne de Paris (12-13/4/1975), *Lettres de l'École Freudienne* 18 (1976), pp. 35-7.

Intervenção na sessão de trabalho sobre:

"La forclusion" [A foraclusão], Jornadas da École Freudienne de Paris (12-13/4/1975), *Lettres de l'École Freudienne* 18 (1976), p. 89.

Intervenção na sessão de trabalho sobre:

"L'éthique de la psychanalyse" [A ética da psicanálise], Jornadas da École Freudienne de Paris (12-13/4/1975), *Lettres de l'École Freudienne* 18 (1976), p. 154.

Intervenção na sessão de trabalho sobre:

"Du plus un" [Do mais-um], Jornadas da École Freudienne de Paris (12-13/4/1975), *Lettres de l'École Freudienne* 18 (1976), pp. 220-45.

"Introduction à cette publication" [Introdução a esta publicação], apresentação de RSI, *Ornicar?* 2 (1975), p. 88.

Intervenção na sessão de trabalho sobre:

"Du plus un et de la mathématique" [Do mais-um e da matemática], Jornadas da École Freudienne de Paris (12-13/4/1975), *Lettres de l'École Freudienne* 18 (1976), pp. 246-57.

Discurso de encerramento das Jornadas da École Freudienne de Paris, Paris (12-13/4/1975), *Lettres de l'École Freudienne* 18 (1976), p. 258.

"Joyce, le symptôme" [Joyce, o sintoma], *Actes du 5e symposium James Joyce* (Paris: Éditions du CNRS, 1979; *L'Ane* 6 (1982), pp. 3-5; Jacques Aubert (ed.), *Joyce avec Lacan* (Paris: Navarin, 1987), pp. 31-6, sob o título "Joyce, le symptôme II".

"Joyce, le symptôme I" [Joyce, o sintoma I], Abertura do V Simpósio Internacional James Joyce (16/6/1975). Texto estabelecido por Jacques-Alain Miller a partir de notas tomadas por Éric Laurent, publicado em *Joyce avec Lacan*, op. cit., pp. 21-9.

Conferência em Genebra sobre "Le symtôme" [O sintoma] (4/10/1975), *Le Bloc-notes de la Psycahanalyse* 5 (1985), pp. 5-23.

Columbia University — Auditorium, School of International Affairs (1/12/1975), *Scilicet* 6/7 (1975), pp. 53-63. Transcrição inédita de Pamela Tytell.

Massachusetts Institute of Technology (2/12/1975), *Scilicet* 6/7 (1975), pp. 53-63. Complementos: Thérèse Parisot, transcrição inédita; Sherry Turkle, *La France freudienne* (Paris: Grasset, 1982), p. 293; Robert Georgin, *Jakobson, Cahiers Cistre* 5 (Lausanne: L'Age d'Homme, 1978), p. 129.

Discurso de abertura, Jornadas de estudos da École Freudienne de Paris (14-15/6/1975), *Lettres de l'École Freudienne* 24 (1978), p. 7.

Intervenção sobre a exposição de A. Albert: "Le plaisir et la règle fondamentale" [O prazer e a regra fundamental], Jornadas de estudos da École Freudienne de Paris (14-15/6/1975), *Lettres de l'École Freudienne* 24 (1978), pp. 22-4.

"Freud à jamais" [Freud para sempre], Entrevista com Emilio Granzotto, Roma. Inédito.

Discurso de encerramento, Jornadas de estudos da École Freudienne de Paris (8-9/11/1975), *Lettres de l'École Freudienne* 24 (1978), pp. 247-50.

Conferências e entrevistas nas universidades norte-americanas, Yale University, Kanzer Seminar (24/11/1975), *Scilicet* 6/7 (1975), pp. 7-37.

Yale University — Law School Auditorium (25/11/1975), *Scilicet* 6/7 (1975), pp. 38-41.

Entrevista sobre "Freud y el psicoanalisis", *Biblioteca Salvat* 28 (Barcelona: 1975), pp. 10-9.

1976

Intervenção nas conferências do Champ Freudien (9/3/1976), *Analytica*, suplemento de *Ornicar?* 9 (1977).

Discurso de encerramento do VIII Congresso da École Freudienne de Paris, Estrasburgo (21-24/3/1976), *Lettres de l'École Freudienne* 19 (1976), pp. 555-9.

"Faire mouche" [Acertar na mosca], a propósito do filme de Benoît Jacquot: *L'assassin musicien*, *Le Nouvel Observateur*, 29/3/1976.

Prefácio à edição inglesa do *Seminário*, livro II: "Les quatre concepts fondamentaux de la psychanalyse" (17/5/1976), *Ornicar?* 12/13 (1977), pp. 124-6.

Nota liminar à apresentação da cisão de 1953, publicado em *La Scission de 1953*, suplemento de *Ornicar?!* (1976), p. 3.

Intervenção sobre a exposição de M. Ritter:

"À propos de l'angoisse dans la cure" [A propósito da angústia no tratamento], Jornadas da École Freudienne de Paris (31/10-2/11/1976), *Lettres de l'École Freudienne* 21 (1977), p. 89.

Intervenção sobre a exposição de J. Petitot: "Quantification et opérateur de Hilbert" [Quantificação e operador de Hilbert], Jornadas da École Freudienne de Paris (31/10-2/11/1976), *Lettres de l'École Freudienne* 21 (1977), p. 129.

Resposta de Lacan às questões sobre os nós e o inconsciente, Jornadas da École Freudienne de Paris (31/10/1976-2/11/1976), *Lettres de l'École Freudienne* 21 (1977), pp. 471-5.

Discurso de encerramento, Jornadas da École Freudienne de Paris (31/10-2/11/1976), *Lettres de l'École Freudienne* 21 (1977), pp. 506-9.

1977

"Ouverture de la Section clinique" [Abertura da Seção Clínica] (5/1/1977), *Ornicar?* 9 (1977), pp. 7-14.

"Propos sur l'hystérie" [Proposições sobre a histeria], Bruxelas (26/12/1977),

Quarto, suplemento belga a *Lettre Mensuelle de l'École de la Cause Freudienne* 2 (1981), pp. 5-10.

"C'est à la lecture de Freud" [É na leitura de Freud], Prefácio ao livro de Robert Georgin, *Lacan, Cahiers Cistre* (Lausanne: L'Age d'Homme, 1977).

Discurso de encerramento, Jornadas de estudos da École Freudienne de Paris (23-25/9/1977), *Lettres de l'École Freudienne* 22 (1978), pp. 499-501.

1978

Intervenções sobre a exposição de M. Safouan:

"La proposition d'octobre 1967 dix ans après" [A proposição de outubro de 1967 dez anos depois], Sessões da École Freudienne de Paris sobre: "L'expérience de la passe", Deauville (7-8/1/1978), *Lettres de l'École Freudienne* 23 (1978), pp. 19-21.

Intervenção por ocasião do 23º centenário de Aristóteles na UNESCO (1/6/1978). Inédito.

Intervenção sobre a exposição de J. Guey: "Passe à l'analyse infinie" [Passe para a análise infinita], Sessões da École Freudienne de Paris sobre: "L'expérience de la passe", Deauville (7-8/1/1978), *Lettres de l'École Freudienne* 23 (1978), p. 94.

Discurso de encerramento das sessões da École Freudienne de Paris sobre: "L'expérience de la passe", Deauville (7-8/1/1978), *Lettres de l'École Freudienne* 23 (1978), pp. 180-1.

Discurso de encerramento do IX Congresso da École Freudienne de Paris, Paris (6-9/7/1978), *Lettres de l'École Freudienne* 25 (1979), pp. 219-20.

"Objets et représentations" [Objetos e representações], Hospital Sainte-Anne, service Deniker (10/11/1978). Inédito.

"Lacan pour Vincennes" [Lacan pró Vincennes] (22/10/1978). *Ornicar?* 17/18 (1979), p. 278.

Texto para o catálogo da exposição de François Rouan, Marselha, museu Cantini (1978); republicado no *Catalogue du Musée National d'Art Moderne* por ocasião da exposição François Rouan, organizada pelo Museu Nacional de Arte Moderna do Centro Georges-Pompidou (27/10/1983-2/1/1984), pp. 88-94.

Projetos

"Morale de la psychanalyse", anunciada em *NRF*, 1/4/1935.

"Essai de logique collective", anunciada em "Le temps logique et l'assertion de certitude anticipée: un nouveau sophisme", 1945.

"Le cas Rudolf Hess", anunciado em *Critique* (1947).

2. O SEMINÁRIO (1951-79)

Recenseamento não exaustivo de notas, estenografias e transcrições
26 volumes
1953-63: Hôpital Sainte-Anne.
1964-69: École Normale Supérieure.
1969-80: Faculté de Droit du Panthéon. De 1964 a 1980, o Seminário
  ocorreu no quadro de uma cátedra de conferência da École Pratique
  des Hautes Études.
Seminário 1: O homem dos lobos
Seminário 0: O homem dos ratos
1951-1953.
Para estes dois seminários anteriores ao Seminário, dispomos de:
Notas manuscritas de Jacques Lacan.
Notas dos ouvintes.
Livro I: *Os escritos técnicos de Freud* (1953-4)
  Estenografia: versão Jacques Lacan (J. L.)
  Estabelecimento: Jacques-Alain Miller (J.-A. M.) (Paris: Seuil, 1975)
Livro II: *O eu na teoria de Freud e na técnica psicanalítica* (1954-5)
  Versão J. L.
  Estabelecimento: J.-A. M. (Paris: Seuil, 1977)
  Correções: Gabriel Bergounioux (G. B.)
Livro III: *Estruturas freudianas nas psicoses* (1955-6)
  Versão J. L.
  Notas de Jean Laplanche (J. La.)
  Estabelecimento: J.-A. M. (Paris: Seuil, 1981), sob o título *Les psychoses*
  Correções: G. B. e Marcel Czermak, *Le Discours Psychanalytique* 2 (jun.
  1983)
Livro IV: *A relação do objeto e as estruturas freudianas* (1956-7)
  Versão J. L.
  Notas de J. La.
  Notas de Paul Lemoine (P. L.)
  Resumo de Jean-Bertrand Pontalis (J.-B. P.), *Bulletin de pscychologie*, t. X, 7,
  10, 12, 14 (1956-7); t. XI, 1 (1957-8).
  Estabelecimento: J.-A. M., no prelo
Livro V: *As formações do inconsciente* (1957-58)
  Versão J. L.
  Notas de J. La.
  Resumo de J.-B.P., *Bulletin de psychologie*, t. XI, 4, 5 (1957-8); t. XII, 2, 3, 4
  (1958-9)
  Notas de P. L.
  A sessão de 5/3/1958 foi publicada em *Magazine Littéraire* 313 (set. 1993).
  Estabelecimento: J.-A. M.

673

Livro VI: *O desejo e sua interpretação* (1958-9)
Versão J. L.
Notas de J. La.
Resumo de J.-B. P., *Bulletin de psychologie*, t. XIII, 5, 6 (1959-60).
Gravação incompleta
Livro VII: *A ética da psicanálise* (1959-60)
Versão J. L.
Notas de J. La.
Transcrição: Moustapha Safouan
Gravação
Versão manuscrita: Jean Oury (J. O.)
Versão Laborde.
Estabelecimento: J.-A. M. (Paris: Seuil, 1986).
Correções: G. B., Annick Bouillaguet, "Remarques sur l'usage du grec prêté à Jacques Lacan", *Psychiatries* 79 (1984), p. 4.
Pierre-Vidal Naquet: correções do capítulo sobre Antígona. Duas cartas a Jacques-Alain Miller.
Sinopse com interpolações do seminário sobre a ética. Notas de J. L. *Ornicar?* 28 (1984), pp. 7-18.
Livro VIII: A transferência em sua disparidade subjetiva, sua pretensa situação, suas excursões técnicas (1960-1)
Versão J. L.
Notas de J. La.
Notas de P. L.
Gravação: J. O.
Estenografia: versão Laborde.
Estenotipia: sra. Brivette.
Transcrição: *Stécriture* (1983-5), com correções, notas e aparato crítico.
Estabelecimento: J.-A. M. (Paris: Seuil, 1991), sob o título *Le transfert*.
Le transfert dans tous ses errata (Paris: EPEL, 1991). Correções feitas a partir da edição Seuil.
Livro IX: *A identificação* (1961-2)
Versão J. L.
Estenografia: versão Monique Chollet (M. C.)
Estenotipia.
Notas de Claude Conté, P. L., Irène Roubleff, J. La.
Transcrição: Michel Roussan, com correções, notas, aparato crítico, índice.
Livro X: *A angústia* (1962-3)
Versão J. L.
Gravação: Solange Faladé (S. F.)
Os nomes do pai (sessão única), 20/11/1963.
Versão Laborde
Notas de Monique Guillet

Notas de Françoise Dolto
Versão manuscrita: J. O.
Livro XI: *Os quatro conceitos fundamentais da psicanálise* 1 (1964)
Versão J. L.
Gravação, estenotipia EFP: S. F.; estenotipista: sra. Pierakos.
Estabelecimento: J.-A. M. (Paris: Seuil, 1973); com posfácio de J. L. (Paris: Points-Seuil, 1990).
Resumo: Anuário da EPHE.
Notas de Louis Althusser para quatro sessões (27/5; 3, 10 e 17/6), IMEC.
Livro XII: *Problemas cruciais da psicanálise* (1964-5)
Título inicial: As posições subjetivas da existência e do ser
Gravação, estenotipia EFP: S. F.
Versão J. L.
Versão Laborde
Notas de Jenny Aubry (J. A.)
Resumo: Anuário da EPHE.
Livro XIII: *O objeto da psicanálise* (1965-6)
Gravação, estenotipia EFP: S. F.
Versão J. L.
Versão Laborde
Resumo EPHE
Livro XIV: *A lógica da fantasia* (1966-7)
Gravação
Estenotipia EFP: S. F.
Versão J. L.
Versão Laborde
Versão Patrice Fava (P. F.)
Notas de J. A.
Resumo: Anuário do EPHE
Jacques Nassif: Sinopse,
Lettres de l'École Freudienne 1, 2, 3 (1967), pp. 11-7, 7-23, 3-33.
Livro XV: *O ato psicanalítico* (1967-8)
Gravação
Estenotipia EFP: S. F.
Versão J. L.
Versão Laborde
Versão P. F.
Notas de J. A.
Resumo: Armário do EPHE
Jacques Nassif: Sinopse,
Lettres de l'École Freudienne 4 (1967), pp. 23.
Livro XVI: *De um Outro ao outro* (1968-9)
Gravação: Patrick Valas (P. V.)

Estenotipia e gravação EFP: S. F.
Versão J. L.
Versão Laborde
Versão P. F.
Notas de J. A.
Transcrição: Jacques Nassif
Versão M. C.
Notas dos ouvintes
Resumo EPHE
Extratos da sessão de 26/2/1969, *Littoral* 9 (1983)

Livro XVII: *O avesso da psicanálise* (1969-70)
Gravação: P. V.
Estenotipia
Versão Laborde
Versão Patrick Guyomard (P. G.), Lucien Kokh
Versão M. C.
— Sessão de 3/12/1969, publicada sob o título "Premier impromptu de Vincennes", *Magazine Littéraire* 121 (fev. 1977).
Sessão de 8/4/1970: primeira versão de "*Radiophonie*".
Estabelecimento: J.-A. M. (Paris: Seuil, 1991).

Livro XVIII: *De um discurso que não seria semblante* (1970-1)
Estenotipia
Gravação: P. V.
Versão M. C.
Versão P. G.
A sessão de 12 de maio foi publicada com o título "Lituraterre", em *Littérature* 3 (1971), e republicada em *Ornicar?* 41 (1984).

Livro XIX: *...ou pior (O saber do psicanalista)* (1971-2)
Estenotipia
Gravação P. V.
Versão M. C.
Versão P. G.
Resumo EPHE.
Duas séries alternadas de exposições, algumas pronunciadas no Hospital Sainte-Anne e outras na Faculdade de Direito.

Livro XX: *Mais, ainda* (1972-3)
Estenotipia
Gravação P. V.
Versão M. C.
Estabelecimento: J.-A. M. (Paris: Seuil, 1975).

Livro XXI: *Os não-tolos erram* (1973-4)
Estenotipia
Gravação P. V.

Versão M. C.
Versão P. G.
Livro XXII: RSI (1974-5)
Estenotipia
Gravação P. V.
Versões M. C., P. G.
Estabelecimento: J.-A. M., *Ornicar?* 2, 3, 4 e 5 (1975)
Livro XXIII: *O sinthomem* (1975-6)
Estenotipia
Gravação P. V.
Versões M. C., P. G.
Estabelecimento: J.-A. M., *Ornicar?* 6, 7, 8, 9, 10 e 11 (1976-7)
Transcrição: equipe de *Littoral*
Livro XXIV: *L'insu que sait de l'une bévue s'aile a mourre* [O insucesso do inconsciente é o amor] (1976-7)
Estenotipia
Registro P. V.
Versões M. C., P. G.
Estabelecimento: J.-A. M., *Ornicar?* 12/13, 14, 15, 16 e 17/18 (1977-9)
Livro XXV: *O momento de concluir* (1977-8)
Estenotipia
Gravação P. V.
Versões M. C., P. G.
Estabelecimento: J.-A. M., uma sessão, 15/11/1977, com o título "Une pratique de bavardage", *Ornicar?* 19 (1979)
Livro XXVI: *A topologia e o tempo* (1978-9)
Estenotipia
Gravação P. V.
seminário silencioso

3. TEXTOS DATILOGRAFADOS OU IMPRESSOS COM O NOME OU A ASSINATURA DE JACQUES LACAN (1980-1)

Carta de dissolução (5/1/1980),
lida no seminário de 8/1/1980.
Gravação: Patrick Valas (P. V).
Le Monde, 9/1/1980.
Ornicar? 20/21 (1980), pp. 9-10.
Anuário e textos estatutários de 1982 (ECF).
"O outro falta" (15/1/1980),
lido no seminário.

Gravação: P. V.

Le Monde, 26/1/1980.

Ornicar? 20/21 (1980), pp. 11-12.

Anuário e textos estatutários de 1982 (ECF).

Carta ao jornal *Le Monde* (24/1/1980),

Le Monde, 26/1/1980.

Ornicar? 20/21 (1980), p. 13.

Armário e textos estatutários de 1982 (ECF).

"Delenda est" (10/3/1980),

Le Monde, 17/3/1980.

Delenda (Bulletin temporaire de la Cause Freudienne), 1980.1.1.

"Descolamento" (11/3/1980),

lido no seminário.

Gravação: P. V.

Ornicar? 20/21 (1980), pp. 14-6.

Anuário e textos estatutários de 1982 (ECF).

Alocução pronunciada por Lacan em PLM-Saint-Jacques.

Le Matin, 18/3/1980.

"Senhor A" (18/3/1980),

lido no seminário.

Gravação: P. V.

Ornicar? 20/21 (1980), pp. 17-20.

Anuário e textos estatutários de 1982 (ECF).

Carta dirigida aos membros da EFP (24/3/1980).

(Catálogo "Lacan" para a eleição do Conselho da Assembléia Geral Ordinária de 27/4/1980.)

Circulação dentro da EFP.

"Luz" (15/5/1980),

lido no seminário.

Gravação: P. V.

Delenda (Bulletin temporaire de la Cause Freudienne), 1980.4.1-4.

Ornicar? 22/23 (1981), pp. 7-10.

"O mal-entendido" (10/6/1980),

lido no seminário.

Gravação: P. V.

Courrier de la Cause Freudienne (jul. 1980).

Ornicar? 22/23 (1981), pp. 11-14.

Carta dirigida aos membros da EFP,

Circulação dentro da EFP.

Apresentação do último seminário (10/6/1980)

para inaugurar o primeiro número do *Courrier de la Cause Freudienne* (29/6/1980).

Courrier de la Cause Freudienne 1 (jul. 1980).

O seminário de Caracas
>(Encontro sobre o ensino de Lacan e a psicanálise na América Latina), Caracas (12-15/7/1980).
>*L'Ane* (1981), pp. 30-1.

Convite ao Encontro Internacional de fevereiro de 1982 em Paris,
>Encontro de Caracas (12/15/7/1980).
>*Courrier de la Cause Freudienne* 2 (set. 1980).

Carta: "Há recalcado, sempre, é irredutível..."
>(Carta para a Cause Freudienne, 23/10/1980).
>*Courrier de la Cause Freudienne* 3 (out. 1980).
>Anuário e textos estatutários de 1982 (ECF).

Carta dirigida aos membros da SCI (4/12/1980),
>*Courrier de la Cause Freudienne* (dez. 1980).

Carta: "Eis que há um mês cortei com tudo, exceto com minha prática..."
>(Primeira carta ao Fórum, 26/1/1981).
>*Actes du Forum de l'École de la Cause Freudienne* (28-29/3/1981).
>*Courrier de l'École de la Cause Freudienne* (jan. 1981).
>Armário e textos estatutários de 1982 (ECF).

Carta: "Meu forte é saber o que esperar significa..."
>(Segunda carta ao Fórum, 11/3/1981).
>*Courrier de l'École de la Cause Freudienne* (mar. 1981).
>*Actes du Forum de l'École de la Cause Freudienne* (28-29/3/1981).
>Anuário e textos estatutários de 1982 (ECF).

>*N.B.* Os textos publicados no anuário de 1982 foram suprimidos dos anuários seguintes.

4. TÍTULOS E INTERTÍTULOS DO ARTIGO SOBRE A FAMÍLIA DE 1938

1. Título do manuscrito original (1938):
>*Situação da realidade familiar*

2. Título mantido por Jacques-Alain Miller (1984):
>*Os complexos familiares na formação do indivíduo*

Subtítulo: *Ensaio de análise de uma função em psicologia*

Intertítulos:
>O complexo, fator concreto da psicologia familiar
>Os complexos familiares em patologia.

3. Títulos e intertítulos da edição da *Encyclopédie française* (1938)

Seção A
A FAMÍLIA

Introdução. *A instituição familiar, estrutura cultural da família humana*
hereditariedade psicológica
parentesco biológico
a família primitiva: uma instituição
Capítulo I: *O complexo, fator concreto da psicologia familiar*
Definição geral do complexo
O complexo e o instinto
O complexo freudiano e a imago

1) O COMPLEXO DE DESMAME

O desmame enquanto ablactação
O desmame, crise do psiquismo
A imago do seio materno
Forma exteroceptiva: a presença humana
Satisfação proprioceptiva: a fusão oral
Mal-estar interoceptivo: a imago pré-natal.
O desmame: prematuração específica do nascimento
O sentimento de maternidade
O apetite da morte
O laço doméstico
A nostalgia do Todo

2) O COMPLEXO DE INTRUSÃO

O ciúme, arquétipo dos sentimentos sociais
Identificação mental
A imago do semelhante
O sentido da agressividade primordial
O estádio do espelho
Potência segunda da imagem
Especular
Estrutura narcísica do eu

O DRAMA DO CIÚME, O EU E O OUTRO

Condições e efeitos da fraternidade

680

3) O COMPLEXO DE ÉDIPO

Esquema do complexo
Valor objetivo do complexo
A família segundo Freud
O complexo de castração
O mito do parricídío original

AS FUNÇÕES DO COMPLEXO: REVISÃO PSICOLÓGICA

Capítulo II: *Os complexos familiares em patologia*

1) AS PSICOSES DE TEMA FAMILIAR
Formas delirantes do conhecimento
Funções dos complexos nos delírios
Reações familiares
Temas familiares
Determinismo da psicose
Fatores familiares

2) AS NEUROSES FAMILIARES
Sintoma neurótico e drama individual
Da expressão do recalcado à defesa contra a angústia
Deformação específica da realidade humana
O drama existencial do indivíduo
A forma degradada do édipo

MATURAÇÃO DA SEXUALIDADE

CONSTITUIÇÃO DA SEXUALIDADE

REPRESSÃO DA SEXUALIDADE
Origem materna do supereu arcaico

SUBLIMAÇÃO DA SEXUALIDADE
Originalidade da identificação edipiana
A imago do pai

O COMPLEXO E A RELATIVIDADE SOCIOLÓGICA
Matriarcado e patriarcado
O homem moderno e a família conjugal
Papel da formação familiar
Declínio da imago paterna

NEUROSES DE TRANSFERÊNCIA
A histeria
A neurose obsessiva
incidências intelectuais das causas familiares

NEUROSES DE CARÁTER
A neurose de autopunição
Introversão da personalidade e esquizonóia
Desarmonia do casal parental
prevalência do complexo de desmame
Inversão da sexualidade
Prevalência do princípio masculino

5. CORRESPONDÊNCIA

Recenseamento não exaustivo: 247 cartas
Para:

Louis Aragon, Uma carta de 15/9/1967; Um cartão de visita (Fundo Elsa Triolet-Aragon, CNRS)

Ferdinand Alquié, Seis cartas de 1928 a 1956, entre as quais uma importante de 1956 sobre Descartes (Biblioteca Municipal de Carcassonne, 60817-ALQ MS 34)

Louis Althusser, Oito cartas, 1963-4 (MEC. Duas cartas publicadas na *Magazine Littéraire* 304 (nov. 1992). (E em Louis Althusser, *Écrits sur la psychanalyse*, Paris: Stock, 1993)

Jenny Aubry, Três cartas, 1953-78, (Jenny Aubry. Uma carta publicada em *La Scission de 1953* por Jacques-Alain Miller, 1977)

Xavier Audouard, Cinco cartas, 1963-9, sobre a cisão e a crise do passe (Xavier Audouard)

Jean Ballard, Duas cartas, 1941-52 (*RIHP* 1 (1988), p. 179)

Michaël Balint, Três cartas de 1953, das quais uma muito longa de 6/8/1953 sobre a cisão e Roma (André Haynal), Uma carta de 14/7/1953 (Publicada em *La Scission de 1953*, op. cit.)

Georges Bataille, Um cartão-postal (Biblioteca Nacional)

François Baudry, Uma carta de 16/10/1974 (François Baudry)

Georges Bernier, Seis cartas de 1934 a 1949 (Georges Bernier)

Silvain Blondin, Duas cartas de 1939 e 1940, sobre a derrocada da França (Thibaut Lacan)

Madeleine Chapsal, Dezessete cartas, de 1955 a 1974, Cartas amorosas com poemas (Madeleine Chapsal)

Irène Diamantis, Uma carta de 13/7/1969 (Irène Diamantis)

Françoise Dolto, Treze cartas, de 1960 a 1979 (Arq. Françoise Dolto)

Jean-Luc Donnet, Uma carta de 17/3/1969 (Jean-Luc Donnet, publicada em *HFP*, 2, pp. 589-90)

Georges Dumézil, Uma carta de 4/3/1969 (Didier Eribon)

Henri Ey, Dez cartas, de 1935 a 1977 (Renée Ey)

Michel Foucault, Uma carta de 8/3/1968 (Publicada em *Foucault, une histoire de la vérité* (Paris: Syros, 1985))

Claude Frioux, Uma carta de 10/11/1974, sobre a criação do departamento de psicanálise de Paris VIII (Jacques-Alain Miller, publicada em *HFP*, 2, p. 578)

Wladimir Granoff, Nove cartas, de 1953 a 1963, uma das quais com sete páginas de 24/7/1961. As mais longas e mais políticas para compreendei a segunda cisão (Wladimir Granoff, citadas em *HFP*, 2, pp. 288-368)

Heinz Hartmann, Uma carta de 21/6/1953, *La Scission de 1953*, op. cit.

Paula Heimann, Uma carta em inglês não enviada de 27/6/1963 (Serge Leclaire, citada em *HFP*, 2, pp. 356-7)

Lucien Israël, Uma carta de 20/1/1981, Escrita trêmula, algumas palavras (Sibylle Lacan)

Maurice Kruk, Duas cartas de 16/4/1971 (Thibaut Lacan)

Marc-François Lacan, Três cartas, de 1953 a 1962, das quais uma de 17/6/1953 para marcar encontro com o papa (Marc-François Lacan)

Sibylle Lacan, Dezoito cartas, de 1959 a 1973 (Sibylle Lacan)

Daniel Lagache, Uma carta de 26/6/1958 (Wladimir Granoff)

Serge Leclaire, Uma carta de 10/11/1963, e dezesseis muito longas, de 1959 a 1963, indispensáveis para a compreensão da segunda cisão (Publicada em *L'excommunication*. Documentos editados por J.-A. Miller, 1977. Serge Leclaire, citadas em *HFP*, 2, pp. 288-368)

Michel Leiris, Quatro cartas de 1935 a 1976 (Fundo Jacques Doucet)

Rudolph Loewenstein, Uma carta de 14/7/1953 (*La Scission de 1953*, op. cit.)

Maria Antonietta Macchiocchi, Uma carta de 23/6/1972 (Maria Antonietta Macciocchi)

Maud Mannoni, Seis cartas, de 1970 a 1976 (Maud Mannoni)

Sacha Nacht, Uma carta de 16/1/1953 (Marc Nacht)

Jenny Pdosse, Duas cartas, de 1960 a 1966 (Jenny Pdosse)

François Perrier, Cinco cartas, de 1964 a 1969 (Jacques Sédat)

Niccolo Perrotti, Uma carta de 14/7/1953 (*La Scission de 1953*, op. cit.)

Michel Plon, Duas cartas, das quais uma de 17/5/1976, sobre a teoria dos jogos (Michel Plon)

Jacques Postel, Uma carta de 23/3/1972, sobre a reedição da tese (Jacques Postel)

Robert Pujol, Duas cartas de 1963 (Robert Pujol)

Elisabeth Roudinesco, Uma carta de 14/3/1977, sobre o suicídio de Juliette Labin (Elisabeth Roudinesco)

Ramon Sarro, Uma carta de 26/10/1972 (*Freudiana* 4, 5 (Barcelona, 1992), e *L'Ane* 51 (jul.-set. 1992))

Jacques Sédat, Uma carta de 10/10/1977 (Jacques Sédat)

Tomás Segovia, Algumas cartas sobre a tradução espanhola de *Écrits* (Tomás Segovia)

Olesia Sienkiewicz, Cinco cartas, 1933-4, Belíssimas cartas de amor (Olesia Sienkiewicz)

Pierre Soury e Michel Thomé, 53 cartas, de 1973 a 1979 (Michel Thomé)

Guillaume de Tarde, Um cartão-postal de 1/4/1951 (Françoise de Tarde-Bergeret)

Pamela Tytell, Cinco cartas, de 1975 a 1976 (Pamela Tytell)

Alphonse de Waelhens, Cinco cartas, de 1954 a 1959 (Instituto Superior de Filosofia da Universidade de Louvain)

François Wahl, Paul Flamand, Bruno Flamand, Dezessete cartas, de 1968 a 1978

Jean Wahl, Uma carta de 26/3/1958 (IMEC)

Donald W. Winnicott, Uma carta de 5/8/1960 (*Ornicar?* 33, pp. 7-10)

Carta aos membros da assembléia da SPP (*La Scission de 1953*, op. cit.)

Destinatário desconhecido, Uma carta de 28/1/1981, Escrita trêmula, algumas palavras (Sibylle Lacan)

Carta administrativa de 27/10/1965 (Judith Miller, *Visages de mon père* (Paris: Seuil, 1991)

Médico-chefe do Hospital dos Franciscanos de Pau, Uma carta de 24/6/1940 Ibid.

"Pour Vincennes", Duas cartas-circulares de 18/10/1974 e 20/9/1976 (Jacques-Alain Miller)

Cartas datilografadas com a assinatura de J. L.

François Wahl, Uma carta de 7/7/1980

Préfecture de police, Uma carta de 21/2/1980, três páginas com rubricas e menção "certifié conforme"

Declaração de *La Cause Freudienne* (Jenny Aubry)

Aos administradores da SCI da EFP, Uma carta de 18/12/1980 (Jenny Aubry)

Aos membros da EFP, Uma carta de 16/6/1980 (Jenny Aubry)

6. FONTES BIBLIOGRÁFICAS

1. Michel de Wolf, "Essai de bibliographie complète", *Magazine Littéraire* 121 (fev 1977).

2. Joël Dor, *Bibliographie des travaux de Jacques Lacan* (Paris: Interéditions, 1983). Complementos: *Esquisses Psychanalytiques* 9 (primavera de 1988). reed., EPEL, 1993.

3. Marcelle Marini, *Lacan* (Paris: Belfond, 1986).

4. Gérôme Taillandier, "Chronique du Séminaire", *Littoral* 13, 18, 22, 23/24, 26 (Toulouse: Erès, jun. 1984, abr. 1987 e out. 1987).

"Le Phallus: une note historique", *Esquisses Psychanalytiques* 9 (primavera de 1988).

5. *Le transfert dans tous ses errata*, coletivo da École Lacanienne de Psychanalyse (Paris: EPEL, 1991).

6. Angel de Frutos Salvador, *Revisión en Écrits de Jacques Lacan. Elementos para una edición crítica*, Faculdade de Psicologia, Universidade Complutense de Madri, tese de doutorado, setembro de 1990. Editado no outono de 1993, Siglo XXI, Espanha.

7. Michael Clark, Jacques *Lacan: An annotated bibliography*, 2 vols. (Nova York-Londres: Garland Publishing, 1988).

8. Heinrich Hans-Jürgen, "Bibliographie der Schriften von Jacques Lacan", *Psyche* 34 (1980).

9. Anthony Wilden, "Jacques Lacan: A partial bibliography", *Yale French Studies* 36-37 (1966).

10. John Muller & William Richardson *Lacan and language: A reader's guide to Ecrits* (Nova York: IUP, 1982).

11. "Index Séminaire III — Les psychoses", conceitos, noções, nomes próprios, e "Index Séminaire XX — Encore", *Pas tant* 8/10 (jun. 1982-jul. 1983) [Toulouse]. Trabalho realizado sob a direção de Michel Lapeyre no quadro de um "cartel" composto por Michel Bousseyroux, Pierre Bruno, Marie-Jean Sauret, Éric Laurent.

12. *Thésaurus Jacques Lacan*, no prelo, EPEL.

7. TRADUÇÕES

Écrits
Japão, Kobundo, 1972
Itália, Einaudi, 1974
Espanha e America Latina, Siglo XXI Mexico, 1971, Tradutor: Tomás Segovia

Écrits (seleção)
Alemanha, Quadriga (2 vols.), 1986
Dezessete títulos em 34, Walter (1 vol.), 1980
  O seminário sobre "A carta roubada"
  O estádio do espelho como formador da função do Eu
  Função e campo da palavra e da linguagem em psicanálise
  A direção do tratamento e os princípios de seu poder
  A instância da letra e o inconsciente
  A metáfora do sujeito
  De uma questão preliminar a todo tratamento possível da psicose

A significação do falo
Kant com Sade
Subversão do sujeito e dialética do desejo no inconsciente freudiano
Posição do inconsciente
A ciência e a verdade
De nossos antecedentes
O tempo lógico e a asserção de certeza antecipada
Introdução ao comentário de Jean Hyppolite sobre a "Verneinung" de
    Freud
Resposta ao comentário de Jean Hyppolite sobre a "Verneinung" de
    Freud
Proposição diretiva para um Congresso sobre a sexualidade feminina

Acréscimos:
A família (1938)
Maurice Merleau-Ponty (1961)

Brasil, Perspectiva, 1976, tradutor: Inês Oseki-Depré, onze títulos em 34:
    Abertura da coletânea
    O seminário sobre "A carta roubada"
    Tempo lógico e a asserção de certeza antecipada — um novo sofisma
    Intervenção sobre a transferência
    Função e campo da fala e da linguagem em psicanálise
    Situação da psicanálise e formação do psicanalista
    A instância da letra no inconsciente ou a razão desde Freud
    A significação do falo
    Subversão do sujeito e dialética do desejo no inconsciente freudiano
    Posição do inconsciente
    A metáfora do sujeito

Estados Unidos, Grã-Bretanha, Norton
Tradutor: Alan Sheridan, Tavistock, 1977
Nove títulos em 34:
    O estádio do espelho como formador da função do Eu
    A agressividade em psicanálise
    Função e campo da fala e da linguagem em psicanálise
    A coisa freudiana
    A instância da letra no inconsciente
    De uma questão preliminar a todo tratamento possível da psicose
    A significação do falo
    A direção do tratamento e os princípios de seu poder
    Subversão do sujeito e dialética do desejo no inconsciente freudiano

Sérvia, Prosveta, 1983, sete títulos em 34:
O estádio do espelho como formador da função do Eu
Função e campo da fala e da linguagem em psicanálise
A coisa freudiana
A instância da letra no inconsciente
A direção do tratamento e os princípios de seu poder
A significação do falo
Subversão do sujeito e dialética do desejo no inconsciente freudiano

Noruega, Gyldendal Norsk, 1985, sete títulos em 34:
Intervenção sobre a transferência
Função e campo da fala e da linguagem em psicanálise
Variantes do tratamento padrão
A coisa freudiana
A direção do tratamento e os princípios de seu poder
Do *Trieb* de Freud e do desejo do psicanalista
Posição do inconsciente

Suécia, Natur och Kultur, 1989, três títulos em 34:
O estádio do espelho como formador da função do Eu
Função e campo da fala e da linguagem em psicanálise
A instância da letra no inconsciente

Acréscimos:

O mito individual do neurótico
Estabelecimento: Jacques-Alain Miller,
Ornicar? 17/18 (1979)
"Jacques Lacan", por Jacques-Alain Miller,
Encyclopaedia Universalis, 1979,
reed. em *Ornicar?* 24 (1981)

Televisão

Estados Unidos e Grã-Bretanha, Norton, 1990
Alemanha, Quadriga, 1988
Itália, Einaudi, 1982
Espanha e América Latina, Anagrama, 1977
Holanda, Psychanalystische Perspektieven (Universidade de Gand), 1990
Israel, Et Vasefer, 1992
Japão, Soldo Sha, 1992
Brasil, Zahar

Da psicose paranóica em suas relações com a personalidade

Itália, Einaudi, 1980
Espanha e América Latina, Siglo XXI México/1976
Brasil, Forense Universitária, 1987
Japão, Asahl Shuppan Sha, 1987

O Seminário

Livro I: *Os escritos técnicos de Freud*
Estados Unidos, Norton, 1988
Grã-Bretanha, Cambridge University Press, 1988
Alemanha, Quadriga, 1990
Itália, Einaudi, 1978
Espanha e América Latina, Paidos, 1981
Brasil, Zahar, 1979
Portugal, Dom Quixote, 1986
Japão, Iwanami Shoten, 1991
Livro II: *O eu na teoria de Freud e na técnica da psicanálise*
Estados Unidos, Norton, 1988
Grã-Bretanha, Cambridge University Press, 1988
Alemanha, Quadriga, 1991
Itália, Einaudi, 1991
Espanha e América Latina, Paidos, 1983
Brasil, Zahar, 1985
Livro III: *As psicoses*
Itália, Einaudi, 1985
Espanha e América Latina, Paidos, 1984
Brasil, Zahar, 1985
Japão, Iwanami Shoten, 1987 (t. I), 1991 (t. II)
Livro VII: *A ética da psicanálise*
Estados Unidos e Grã-Bretanha, Norton, 1992
Espanha e América Latina, Paidos, 1988
Brasil, Zahar, 1988
Eslovênia, Delavska Enotnost, 1988
Livro VIII: *A transferência*
Brasil, Zahar, 1992
Livro XI: *Os quatro conceitos fundamentais da psicanálise*
Estados Unidos, Norton, 1978
Grã-Bretanha, Hogarth Press, 1977, Chatto & Windus, 1979, Penguin (bolso), 1979
Alemanha, Quadriga, 1987
Itália, Einaudi, 1979

Espanha e América Latina, Paidos, 1986
Catalunha, Edicions 62, 1990
Brasil, Zahar, 1979
Servo-Croácia, Naprijed, 1986
Eslovênia, Cankarjeva Zalomba, 1980
Grécia, Kedros, 1983
Livro XVII: *O avesso da psicanálise*
Espanha e América Latina, Paidos, 1992
Brasil, Zahar, 1992
Livro XX: *Mais, ainda*
Alemanha, Quadriga, 1986
Itália, Einaudi, 1983
Espanha e América Latina, Paidos, 1981
Brasil, Zahar, 1982
Eslovênia, Problemi, 1986

ANEXOS

1. INTERNATIONAL PSYCHOANALYTICAL ASSOCIATION (1993)

ASSOCIAÇÕES REGIONAIS DA IPA

American Psychoanalytic Association
Affiliate Societies of the American Psychoanalytic Association
Approved Training Institutes of the American Psychoanalytic Association

SOCIEDADES COMPONENTES DA IPA

Argentine Psychoanalytic Association
Australian Psychoanalytical Society
Belgian Psychoanalytical Society
Brazilian Psychoanalytical Society of Rio de Janeiro
Brazilian Psychoanalytical Society of São Paulo
British Psychoanalytical Society
Buenos Aires Psychoanalytical Association
Canadian Psychoanalytical Society
Chilean Psychoanalytical Association
Colombian Psychoanalytic Society
Danish Psychoanalytical Society
Dutch Psychoanalytical Society
Finnish Psychoanalytical Society
French Psychoanalytical Association
German Psychoanalytical Association
Hungarian Psychoanalytical Society
Indian Psychoanalytical Society
Israel Psychoanalytic Society
Italian Psychoanalytical Society
Japan Psychoanalytic Society
Madrid Psychoanalytical Association
Mendoza Psychoanalytic Society
Mexican Psychoanalytic Association
Norwegian Psychoanalytical Society
Paris Psychoanalytical Society

Peru Psychoanalytic Society
Porto Alegre Psychoanalytic Society
Portuguese Psychoanalytical Society
Rio de Janeiro Psychoanalytic Society
Spanish Psychoanalytical Society
Swedish Psychoanalytical Society
Swiss Psychoanalytical Society
Uruguayan Psychoanalytic Association
Venezuelan Psychoanalytic Association
Viennese Psychoanalytical Society

SOCIEDADES PROVISÓRIAS DA IPA

Caracas Psychoanalytic (Provisional) Society
Cordoba Psychoanalytic (Provisional) Society
Institute for Psychoanalytic Training and Research (IPTAR) (Provisional
    Society)
Los Angeles Institute and Society for Psychoanalytic Studies (LAISPS) (Pro-
    visional Society)
Monterrey Psychoanalytic (Provisional) Society
New York Freudian (Provisional) Society
Psychoanalytic Center, California (PCC) (Provisional Society)

GRUPOS DE ESTUDO DA IPA

Hellenic Psychoanalytical Study Group
Pelotas Psychoanalytical Study Group
Recife Psychoanalytical Study Group

Europa

Áustria, Viennese Psychoanalytical Society
Bélgica, Belgian Psychoanalytical Society
Dinamarca, Danish Psychoanalytical Society
Finlândia, Finnish Psychoanalytical Society
França, French Psychoanalytical Association
Paris Psychoanalytical Society
Alemanha, German Psychoanalytical Association
Grécia, Hellenic Psychoanalytical Study Group
Hungria, Hungarian Psychoanalytical Society
Itália, Italian Psychoanalytical Society
Holanda, Dutch Psychoanalytical Society

Noruega, Norwegian Psychoanalytical Society
Portugal, Portuguese Psychoanalytical Society
Espanha, Spanish Psychoanalytical Society
Madrid Psychoanalytical Association
Suécia, Swedish Psychoanalytical Society
Suíça, Swiss Psychoanalytical Society
Reino Unido, British Psychoanalytical Society

América Latina

Argentina, Argentine Psychoanalytic Association
Buenos Aires Psychoanalytical Association
Cordoba Psychoanalytic (Provisional) Society
Mendoza Psychoanalytic Society
Brasil, Brazilian Psychoanalytical Society of Rio de Janeiro
Brazilian Psychoanalytical Society of São Paulo
Rio de Janeiro Psychoanalytic Society
Pelotas Psychoanalytic Study Group
Porto Alegre Psychoanalytic Society
Recife Psychoanalytic Study Group
Chile, Chilean Psychoanalytic Association
Colômbia, Colombian Psychoanalytic Society
Peru, Peru Psychoanalytic Society
Uruguai, Uruguayan Psychoanalytic Association
Venezuela, Caracas Psychoanalytic (Provisional) Society
Venezuelan Psychoanalytic Association

América do Norte

Canadá, Canadian Psychoanalytic Society
México, Mexican Psychoanalytic Association
Monterrey Psychoanalytic (Provisional) Society
EUA, American Psychoanalytic Association
Affiliate Societies of the American Psychoanalytic Association
Approved Training Institutes of the American Psychoanalytic Association
Institute for Psychoanalytic Training and Research (IPTAR) (Provisional Society)
Los Angeles Institute and Society for Association Studies (LAISPS) (Provisional Society)
New York Freudian (Provisional) Society
Psychoanalytic Center, California (PCC) (Provisional Society)

Oriente Médio e Extremo Oriente

Índia, Indian Psychoanalytical Society
Israel, Israel Psychoanalytic Society
Japão, Japan Psychoanalytic Society

Austrália

Austrália, Australian Psychoanalytic Society

2. IPA: REPARTIÇÃO MUNDIAL

Instituições	Número de associados	1985	1992
Estados Unidos	Institute for Psychoanalytic Training and Research*	78	
	Los Angeles Institute and Society for Psychoanalytic Studies*	42	2947
	The N. Y. Freudian Society*	168	
	Psychoanalytic Center of California*	20	
	American Psychoanalytic Association	2100 2639	
	35 sociedades filiadas		
	4 grupos de estudos		
	27 institutos		
Canadá	Canadian Psychoanalytic Society (Société Canadienne de Psychanalyse)	270	342
	6 ramos: CPS — Montreal — Toronto — Ottawa — Alberta — Ontário		
Argentina	Asociación Psicoanalitica Argentina	420	693
	Asociación Psicoanalitica de Buenos Aires	160 592	273 1005
	Asociación Psicoanalitica de Mendoza	12	27
Brasil	Sociedade Brasileira de Psicanálise do Rio de Janeiro	150	128
	Sociedade Psicanalítica do Rio de Janeiro	140	150
	Sociedade Brasileira de Psicanálise de São Paulo	200 520	251 626
	Sociedade Psicanalítica de Porto Alegre	30	42
Chile	Asociación Psicoanalitica Chilena	30	36
Colômbia	Sociedad Colombiana de Psicoanálisis	30	36
Uruguai	Asociación Psicoanalitica del Uruguay	46	82
Venezuela	Asociación Venezolana de Psicoanálisis		
	Sociedad Psicoanalitica de Caracas*	64	41
Bélgica	Belgische Vereniging voor Psychoanalyse (Société Belge de Psychanalyse)	50	49
Grã-Bretanha	British Psychoanalytical Society	378	418
Dinamarca	Dansk Psykoanalytisk Selskat	26	30
Holanda	Nederlandse Vereniging voor Psychoanalyse	164	195
Finlândia	Suomen Psykoanalyyttinen Yhdistys		
	Finlands Psykoanalytiska Förening	84	138
México	Asociación Psicoanalitica Mexicana		90
	Asociación Regiomontana de Psicanálisis	124	28
França	Association Psychanalytique de France (APF)	50	51 + 100 alunos
	Société psychanalytique de Paris. Institut de psychanalyse (SPP)	418	419
República Federal Alemã	Deutsche Psychoanalytische Vereinigung 12 institutos	390	651

Itália	Società Psicoanalitica Italiana		
	8 ramos: Roma (2) — Milão — Bolonha —		
	Florenca — Palermo — Nápoles — Veneza	300	428
	3 institutos		
Espanha	Asociación Psicoanalitica de Madrid	30 ⎫ 53	50 ⎫ 105
	Sociedad Española de Psicoanálisis (Barcelona)	23 ⎭	55 ⎭
Noruega	Norsk Psykoanalytisk Forening	38	44
Suécia	Svenska Psykoanalytiska Föreningen	114	138
Portugal	Sociedade Portuguesa de Psicanálise	23	31
Suíça	Schweizerische Gesellschaft für Psychoanalyse		
	(Société Suisse de Psychanalyse)	120	123
Áustria	Wiener Psychoanalytische Vereinigung	25	54
Índia	Indian Psychoanalytical Society	36	30
Israel	Hahevra Hapsychoanalitite Be-Israel	70	74
Japão	Nippon Seishin-Bunseki Kyokai	22	31
Austrália	Australian Psychoanalytical Society	35	55
Hungria	Ideiglenes Magyar Pzichoanalitikus Tarsasag	23	31
Peru	Sociedad Peruana de Psicoanálisis		24
	Grupos de estudos		
	Grupo de Estudos Psicanalíticos de Pelotas		8
	Grupo de Estudos Psicanalíticos de Recife		19
	Hellenic Psychoanalytical		10

Total 1992 = 8435

* Sociedades provisórias

CONGRESSOS DA IPA (1908-1993)

	Ano	*Lugar*	*Presidente*
1º Congresso	1908	Salzburg, Áustria	Encontro informal
2º Congresso	1910	Nuremberg, Alemanha	Carl G. Jung
3º Congresso	1911	Weimar, Alemanha	Carl G. Jung
4º Congresso	1913	Munique, Alemanha	Carl G. Jung
		1914-1918: PRIMEIRA GUERRA MUNDIAL	
5º Congresso	1918	Budapeste, Hungria	Karl Abraham
6º Congresso	1920	Haia, Holanda	Ernest Jones (Prov. Pres.)
7º Congresso	1922	Berlim, Alemanha	Ernest Jones
8º Congresso	1924	Salzburg, Áustria	Ernest Jones
9º Congresso	1925	Bad Homburg, Alemanha	Karl Abraham
10º Congresso	1927	Innsbruck, Áustria	Max Eitingon
11º Congresso	1929	Oxford, Inglaterra	Max Eitingon
12º Congresso	1932	Wiesbaden, Alemanha	Max Eitingon
13º Congresso	1934	Lucerne, Suíça	Ernest Jones
14º Congresso	1936	Marienbad, Tcheco-Eslováquia	Ernest Jones
15º Congresso	1938	Paris, França	Ernest Jones
		1939-1945: SEGUNDA GUERRA MUNDIAL	
16º Congresso	1949	Zurique, Suíça	Ernest Jones
17º Congresso	1951	Amsterdam, Holanda	Leo Bartemeier
18º Congresso	1953	Londres, Inglaterra	Heinz Hartmann
19º Congresso	1955	Genebra, Suíça	Heinz Hartmann
20º Congresso	1957	Paris, França	Heinz Hartmann
21º Congresso	1959	Copenhague, Dinamarca	William H. Gillespie
22º Congresso	1961	Edimburgo, Escócia	William H. Gillespie
23º Congresso	1963	Estocolmo, Suécia	Maxwell Gitelson
24º Congresso	1965	Amsterdam, Holanda	William H. Gillespie & Phyllis Greenacre
25º Congresso	1967	Copenhague, Dinamarca	P. J. van der Leeuw
26º Congresso	1969	Roma, Itália	P. J. van der Leeuw
27º Congresso	1971	Viena, Áustria	Leo Rangell
28º Congresso	1973	Paris, França	Leo Rangell
29º Congresso	1975	Londres, Inglaterra	Serge Lebovici
30º Congresso	1977	Jerusalém, Israel	Serge Lebovici
31º Congresso	1979	Nova York, EUA	Edward D. Joseph
32º Congresso	1981	Helsinque, Finlândia	Edward D. Joseph
33º Congresso	1983	Madri, Espanha	Adam Limentani
34º Congresso	1985	Hamburgo, Rep. Fed. da Alemanha	Adam Limentani
35º Congresso	1987	Montreal, Canadá	Robert S. Wallerstein
36º Congresso	1989	Roma, Itália	Robert S. Wallerstein
37º Congresso	1991	Buenos Aires, Argentina	Joseph Sandler
38º Congresso	1993	Amsterdã, Holanda	Joseph Sandler
39º Congresso	1995	San Francisco, EUA	R. Horacio Etchegoyen

3. SOCIEDADES OU GRUPOS NÃO PERTENCENTES À IPA

Número de associados		
França + extensão	*1985*	*1992*
Organisation Psychanalytique de Langue Française (Quatrième Groupe) (1969) OPLF	25	
Collège de Psychanalystes (1980)	122	153
Champ Freudien CF École de la Cause Freudienne (1982) ECF AMP	273	França: 246 Bélgica: 41 Outros países 315 Outros países 27 18
Association Freudienne (1982) tornada "international" em 1992, AF	123	258
Centre de Formation et de Recherches Psychanalytiques (1982) CFRP	390	273 (membros + 255 (outros) = 528
Cercle Freudien (1982)	5 fundadores	78
Cartels Constituants de l'Analyse Freudienne (1983) CCAF	212	168
École Freudienne (1983)	50	
Fédération des Ateliers de Psychanalyse (1983)	54 + 63	
Convention Psychanalytique (1983) Besançon	212	184
Le Coût Freudien (1983)		
Groupe Régional de Psychanalyse (1983) Marselha, GRP		
Errata (1983)	15	15
Société Internationale d'Histoire de la Psychiatrie et de la Psychanalyse (1983) SIHPP	165	263
Bibliothèque de Recherche Freudienne et Lacanienne (1985) Estrasburgo	15	
École Lacanienne de Psychanalyse (1985) ELP	45	120
Escuela del Campo freudiano (1985) Caracas-Venezuela AMP		

Número de associados		
França + extensão	*1985*	*1992*
École Propédeutique à la Connaissance de l'inconscient (1985) EPCI		
Association Internationale d'Histoire de la Psychanalyse (1985) AIHP	60	466 + 23 associações
La Psychanalyse Actuelle (1985)		
Séminaires Psychanalytiques de Paris (1986) SéPP		230
Champ Psychanalytique et Social (1989)		
Association pour une Instance des Psychanalystes APUI (22/1/1990)		120
Échanges Internationaux de Recherches Psychanalytiques (mar. 1990) Aix-en-Provence		
École Européenne de Psychanalyse EEP (22-23/9/1990) Paris-Barcelona AMP		
l'Inter-Associatif de Psychanalyse (jan. 1991)		federação de 10 associações
Fondation Européenne pour la Psychanalyse (abr. 1991)		
Le Trait du Cas (abr. 1991)		
Dimensions Freudiennes (12/10/1991) Cisão da ECF		
Escuela de la Orientación Lacaniana del Campo Freudiano (3/1/1992) Buenos Aires — Argentina AMP		
Association Mondiale de Psychanalyse (1/2/1992) *Pacte de Paris*	AMP ECF Venezuela EEF Espanha ECF França EOLCF Argentina	
Analyse Freudienne (24/2/1992) Cisão dos CCAF		
França + extensão 32 associações + 2 IPA		Total 34

Em projeto: Escola Brasileira (AMP) e Associação Russa (IPA).

PRINCIPAIS REVISTAS CRIADAS A PARTIR DE 1985

École de la cause freudienne:
Palea, Estrasburgo.
L'Impromptu Psychanalytique de Picardie, 1987.
Pas tant, Toulouse.
Convention Psychanalytique:
Le Feuillet, Estrasburgo, 1986.
Huit intérieur, Aix-en-Provence.
Césure, 1991.
Association Freudienne Internationale:
Le Trimestre Psychanalytique, Grenoble, 1987.
L'Éclat du jour, 1987.
École Lacanienne de Psychanalyse:
L'Unebévue, 1992.
Errata:
Les Carnets de Psychanalyse, 1991.
Association Internationale d'Histoire de la Psychanalyse:
Revue Internationale d'Histoire de la Psychanalyse. 5 números (1988-92).
Le Curieux, Estrasburgo, 1985.
Trames, Nice, 1986.
Cahiers pour la Recherche Freudienne, 1986, Universidade de Paris X-Nanterre.
Apertura, Estrasburgo, 1987.
L'Agenda de la Psychanalyse: 2 números (1987-8).
Io, 1992.

BIBLIOGRAFIA DO ARTIGO DE JACQUES LACAN SOBRE A FAMÍLIA. A ENCYCLOPÉDIE FRANÇAISE (1938)

OBJETOS DE ATIVIDADE PSÍQUICA

A família

Definição sociológica. — Bonald. *Démonstration philosophique du principe constitutif de la société* (Le Clerc, 1830). — Idem, *Essai analytique sur les lois naturelles de l'ordre social* (Le Clerc, 1840). — Comte, A. *Système de politique positive* (1854), vols. 2 e 4. — Buytendijk, F. *Psychologie des animaux*, tr. Bredo (Payot, 1928). — Durkheim, E. *La famille conjugale* (ds Rev. philosophique, 1921). — Engels, F. *L'origine de la famille, de la propriété privée et de l'État*, tr. Bracke (Costes, 1931). — Espinas, A. *Des sociétés animales*, 2ª ed. (1878). — Fauconnet, P. *Les institutions juridiques et morales. La famille* (Curso da Sorbonne, 1932). — Frazer, J. G. *Les origines de la famille et du clan*. — Fustel de Coulanges. *La cité antique*

699

(Hachette, 1864). — Le Play, *La réforme sociale en France*, vol. 3: *La famille* (Tours: Mame, 1878). — Lowie, R. *Traité de sociologie primitive*, tr. Metraux (Payot, 1935). — Picard, *Les phénomènes sociaux chez les animaux* (Colin, 1933). — Rivers, Art.: "La mère" (ds Hastings, *Encyclopédie de religion et de morale*). — Westermarck (ed.). *Histoire du mariage*, tr. Varigny (Guillaumin, 1895). — Zuckermann, S. *La vie sexuelle et sociale des singes*, tr. Petitjean (Gallimard, 1937).

Complexos familiares. — Sevrage et intrusion: Baudoin, C. *L'âme infantine et la psychanalyse* (Neuchâtel: Delachaux, 1931). — Idem (av. Baar, Danzinger, Falf, Gedeon & Hortner). *Kind und Familie* (Iena: Fischer, 1937). — Buhler, C. *Kindheit und Jugend, Genese des Bewusstseins* (Leipzig: Hirsel, 1931). — Buytenjijk, F. J. J. "Les différences essentielles des fonctions psychiques de l'homme et des animaux", ds *Cahiers de Philosophie de la Nature*, t. 4 (Vrin, 1930). — Freud, S. *Au-delà du principe du plaisir*, ds *Essais de psychanalyse*, tr. Jankélévitch (Payot, 1927). — Guillaume, *La psychologie de la forme* (Flammarion, 1937). — Isaacs, S. "Psychologie sociale des jeunes enfants", ds *Journ. de psych.* (1931). — Kellogg, W. N. & Kellogg, L. A. *The ape and the child* (Nova York-Londres: Wittlesey House-McGraw Hill, 1933). — Lacan, J. "Le stade du miroir", Congrès internat. de Marienbad (1936). — Luquet, G. H. *Le dessin enfantin* (Alcan, 1935). — Preyer, W. *L'âme de l'enfant*, tr. Varigny (Alcan, 1837). — Rank, O. H. *Don Juan. Une étude sur le double*, tr. S. Lautman (Denoël, 1932). — Idem. *Le traumatisme de la naissance*, tr. Jankélévitch (Payot, 1928). — Ruyer, R. *La conscience et le verbe* (Alcan, 1937).

Édipo. Bachofen. "Le droit de la mère", pref. do livro *Das Mutterrecht* (1861), tr. fr. do Group Français d'Études Féministes (1903). — Declareuil. "Rome et l'organisation du droit", Bibl. de synthèse historique, t.19. — Durkheim, E. "Introduction à la sociologie de la famille", ds *Ann. de la Faculté des Lettres de Bourdeaux* (Leroux, 1888). — Idem. "La prohibition de l'inceste et ses origines", ds *Année social.* (1897). — Ferenczi, S. "Die Anpassung der Familie an das Kind", ds *Zeitschrift f. Psychoanalytische Pädagogik* (1928). — Freud, S. *Totem et tabou*, tr. Jankélévitch (Payot, 1925). — Idem. "Psychologie collective et analyse du moi", ds *Essais de psychanalyse*, ibid. — Klein, L. "Les premiers stades du conflit oedipien", ds *Rev.fr. de psychanalyse* (1930-1). — Idem. *Die Psychoanalyse des Kindes* (Viena: Internat. Psychoanalytischer Verlag, 1932). — Lefebvre, C. *La famille en France dans le droit et dans les moeurs* (Giard, 1920). — Malinowski, B. *La sexualité et sa répression dans les sociétés primitives*, tr. Jankélévitch (Payot, 1932). — Idem. *La vie sexuelle des sauvages du nord-ouest de la Mélanésie*, tr. Jankélévitch (Payot, 1930). — Morgenstern, S. "La psychanalyse infantile", ds *Hygiène Mentale* (1928). — Raglan, lord. *Le tabou de l'inceste*, tr. Rambert (Payot, 1935). — Richard. *La femme dans l'histoire* (Doin, 1909). — Russel, B. *Le mariage et la morale* (Gallimard, 1930). — Sombart, W. *Le bourgeois* (Payot, 1926). — *Studien über Autorität und Familie*, av. résumés fr. (Alcan, 1936).

Patologia familiar. — Psicoses: Ceillier, A. "Les influences, syndromes et psychoses d'influence", ds *Encéphale* (1924). — Clérambault, G. de. "Les délires passionnels, érotomanie, revendications, jalousie", ds *Bull. Soc. de Médecine Mentale* (1921). — Guiraud, P. "Les meurtres immotivés", ds *Évolution Psychiatrique* (1931). — Kretschmer, E. *Die sensitive Beziehunghwahn* (Berlim: Springer, 1927). — Lacan, J. *De la psychose paranoïaque dans ses rapports avec la personnalité* (Le François, 1932). — Idem. "Motifs du crime paranoïaque", ds *Minotaure* (1933). — Laforgue, R. "Schizophrénie et schizonoïa, ds *Rev. Franç. de Psychanalyse* (1927). — Legrand du Saulle. *Le délire des persécutions* (Paris: Plon, 1871). — Loewenstein, R. "Un cas de jalousie pathologique", ds *Rev. Fr. de Psychanalyse* (1932). — Meyer, A. "The treatment of paranoic and paranoid states", ds White & Jelliffe, *Modern treatment of nervous and mental diseases* (Londres: 1913). — Minkowski, E. "Jalousie pathologique sur fond d'automatisme mental", ds *Ann. Méd.-Psych.* (1920). — Schiff, P. "Les paranoïas et la psychanalyse", ds *Rev. Fr. de Psychanalyse* (1935). — Sérieux & Capgras, J. *Les folies raisonnantes. Le délire d'interprétation* (Alcan, 1909). — Idem. "Les interprétateurs filiaux", ds *Encéphale* (1910).

Neuroses: Freud, S. (ver também *Introd. La psychanalyse*). "Hemmung, Sympton und Angst", *Neurosenlehre* (1926). — Idem. *Cinq psychanalyses*, tr. fr. M. Bonaparte & R. Loewenstein (Denoël, 1936). — Hesnard, G. & Laforgue, R. "Les processus d'autopunition en psychologie des névroses et des psychoses", ds *Rev. Fr. de Psychanalyse* (1936). — Laforgue, R. "La névrose familiale", C. R. Conf. des Psychanalystes de Langue Fr. — Leuba, J. "La famille névrotique et les névroses familiales", ds *Rev. Fr. de Psychanalyse* (1936). — Odier, C. "La névrose obsessionnelle", ds. *Rev. Fr. de Psychanalyse* (1927). — Pichon, É. "Sur les traitements psychothérapiques courts d'inspiration freudienne chez les enfants", ds *Rev. Fr. de Psychanalyse* (1928). — Idem. *Le développement psychique de l'enfant et de l'adolescent* (Masson, 1936). — Pichon, E. & Laforgue, R. *La névrose et le rêve: la notion de schizonoïa, ds Le rêve et la psychanalyse* (Maloine, 1926). — Pfister, O. "Die Behandlung schwererziehbarer und abnormer Kinder", ds *Schriften zur Seelenkunde und Erziehungskunst* (Berna-Leipzig: 1921). — Idem. "Die Liebe des Kindes und ihre Fehlentweicklungen", Ibidem (1922).

AGRADECIMENTOS

Um grande obrigado a Sibylle Lacan, que esteve presente ao longo de toda a elaboração deste livro e pôs à minha disposição lembranças e arquivos pessoais.

Agradeço igualmente a Marc-François Lacan, que me ajudou durante dez anos por meio de um diálogo constante e de uma longa relação epistolar.

Um grande obrigado também a Thibaut Lacan pela presença amiga, o apoio e os múltiplos testemunhos.

Enfim, agradeço a Cyril Roger-Lacan, Fabrice Roger-Lacan e Bruno Roger, assim como a Madeleine Lacan-Houlon, pelas contribuições a esta obra.

Agradeço igualmente às seguintes pessoas, que permitiram a realização deste livro:

Georges Bernier e François Wahl, cujos testemunhos me foram indispensáveis.

Angel de Frutos Salvador, que pôs à minha disposição toda a sua erudição sobre as variantes da obra escrita de Lacan.

O conjunto dos serviços da Éditions du Seuil, que, desde 1986, me abriu os arquivos da casa.

Jean Bollack, pela interpretação do *logos* lacaniano.

Olivier Corpet e François Boddaert, que me deram acesso aos arquivos de Louis Althusser no IMEC (Institut Mémoire de l'Édition Contemporaine).

Catherine Dolto-Tolitch e Colette Percheminier, que me abriram os arquivos de Françoise Dolto.

Madeleine Chapsal, Olesia Sienkiewicz, Célia Bertin, Maria

Antonietta Macciocchi, Catherine Millot, pelas amáveis contribuições.

Didier Eribon, que me transmitiu notas, pesquisas e numerosas fontes.

Yann Moulier-Boutang, com quem mantive proveitosas conversações.

Didier Anzieu, Annie Anzieu, Christine Anzieu, que aceitaram falar da história de Marguerite.

Renée Ey e Patrick Clervoy, pelo acesso aos arquivos de Henri Ey.

Peter Schöttler, pelas pesquisas sobre Lucien Febvre.

Henri Febvre, pelo testemunho.

Michel Surya, pela ajuda a propósito de Georges Bataille.

Pamela Tytell, Michel Thomé, François Rouan e Jean-Michel Vappereau, que me possibilitaram redigir a parte final deste livro.

Sra. Muriel Brouquet, pelos conselhos e pela presença.

Dominique Auffret, que pôs à minha disposição manuscritos de Alexandre Kojève.

Caterina Koltäi, pela participação constante nesta obra.

Céline Geoffroy, pelo trabalho em meu manuscrito.

Michel-Edmond Richard, por seus talentos de genealogista.

Per Magnus Johansson, pelas observações pertinentes.

Élisabeth Badinter, que leu o manuscrito; Claude Durand, que me acolheu calorosamente na Fayard; Jacques Sédat, que corrigiu as provas e me abriu sua biblioteca e seus arquivos.

Reutilizei para a presente obra os arquivos, testemunhos e documentos que me haviam sido confiados por ocasião da realização dos dois volumes da *Histoire de la psychanalyse en France*. Especialmente os das seguintes pessoas:

Jenny Aubry (†).

Laurence Bataille (†).

Serge Leclaire, Wladimir Granoff, Jacques Derrida, Paul Ricoeur, Jean Laplanche, René Major, Jean-Bertrand Pontalis, Robert Pujol, Daniel Widlöcher, Solange Faladé, Moustapha Safouan, Sylvia Lacan, Jacques-Alain Miller, Julien Rouart, Kostas Axelos, Georges Canguilhem, Xavier Audouard, Maud Mannoni.

Agradeço também a todos aqueles que me deram alguma ajuda ou testemunho:
Julien Green.
Claude Lévi-Strauss.
Louis Leprince-Ringuet, da Academia Francesa.
Abade Jean Milet, colégio Stanislas.
Henry Cohen e Peter Swales, Library of Congress, Washington, D.C.
Michaël Moinar, Freud Museum, Londres.
Jean-Éric Green, Florence Bellaiche, Dominique Bonnet, Silvia Elena Tendlarz, Hélène Gratiot-Alphandéry, Jean Allouch, Sven Follin, Paul Sivadon, Jacques Postel, Geneviève Congy, Claude Dumézil, Léon Poliakov, Françoise Bernardi, Dominique Desanti, Jean-Toussaint Desanti, Stella Corbin, Christian Jambet, Jeffrey Mehlman, John Forrester, Henri F. Ellenberger (†), Michel Ellenberger, Muriel Drazien, Flavie Alvarez de Toledo, Nadia Papachristopoulos, nascida Pastré, Françoise Choay, René Gilson, Gabriel Boillat, Jean Jamin, Frédéric François, Zanie Campan, Baber Johansen, Pierre Rey, Françoise Giroud, Robert Georgin, Raffaella di Ambra, Françoise de Tarde-Bergeret, Renaud Barbaras, Deirdre Bair, Jean Schuster, Jean-Baptiste Boulanger, Paul Roazen, Irène Diamantis, Florence Delay, Madeleine Delay, Nadine Mespoulhes, Jean-Pierre Bourgeron, Claude Cherki, Anne-Lise Stern, Houda Aumont, Patrick Aumont, Thérèse Parisot, Jean Paris, François Leguil, Pierre Vidal-Naquet, Patrick Valas, Serge Doubrovsky, Maud Mannoni, Mario Cifali, Michel Coddens, Bertrand Ogilvie, Pierre Macherey, Michel Plon, Didier Cromphout, Marie-Magdeleine Chatel, Danièle Arnoux, Guy Le Gaufey, Erik Porge, Claude Halmos, Roberto Harari, Denis Hollier, Paul Henry, Jacques Le Rider, Roland Cahen, Michel Fraenkel, Julia Borossa, Jean Lacouture, Pierre Verret, Jean-Pie Lapierre, Daniel Bordigoni, Charles Reagan, Edmonde Char-

les-Roux, Pierre Morel, Jean Szpirko, Michel Roussan, Thierry Garnier, Alain Vanier, Phyllis Grosskurt, Jean-Pierre Salgas, Françoise Gadet, Jacqueline Pinon, Sandra Basch, André Haynal, Maurice de Gandillac.

ÍNDICE REMISSIVO

A (Grande), 366
a (pequeno), 366, 387, 426
ab-reação, 288
Abraham, Karl, 102-3, 116, 153, 155, 165, 472
Achard, Pierre, 494
acting-out, 342
Adler, Alfred, 165, 232, 392
Adorno, Theodor, 425-6
afeto, 81-2, 288
Agostinho, santo, 381, 436
Aichhorn, August, 362
"Aimée" *ver* Anzieu, Marguerite
Ajuriaguerra, Julian de, 407
Alajouanine, Théophile, 32
Albert, príncipe, 500
Alexander, Franz, 102-3, 268, 413
alienação, 96, 146
alíngua [*lalangue*], 487, 490
Allendy, René, 32, 88, 114, 119, 170, 213, 241
Allouch, Jean, 77, 262, 435, 494, 595
Alquié, Ferdinand, 252
Althusser, Charles, 406, 521
Althusser, Louis 1, 406-8
Althusser, Louis 2, 333, 365, 402-6, 408-18, 431, 438, 445, 452, 459, 464, 476, 521, 542
Althusser, Lucienne (nascida Berger), 406-7
alucinação negativa [*hallucination*], 384
análise (ou formação) didática, 99, 235, 240, 277, 334-5, 339, 341-2, 400, 523; leiga [*Laienanalyse*], 398-9

Andersen, Hans Christian, 173
Andler, Charles, 185-6
Aníbal, 14, 359
"Anna O.", 99, 262, 278
annafreudismo, 267, 270, 274, 341
Ansermet, François, 569
Anzieu, Annie (nascida Péghaire), 261
Anzieu, Christine, 263
Anzieu, Didier, 77, 261-2, 353, 447-8
Anzieu, Marguerite (nascida Pantaine), 52-68, 71-4, 77, 85, 88, 90, 94-6, 98-9, 106, 260-3, 449
Anzieu, René, 58-9, 61
Appuhn, Charles, 81
Aragon, Louis, 88-9, 171-2, 180, 228, 374, 376, 464
Arendt, Hannah, 426
Aristófanes, 139
Aristóteles, 381, 423
Arnoux, Danièle, 595
Aron, Raymond, 190
Artaud, Antonin, 170, 406-7, 466
Asclepíades, 75
Aubert, Jacques, 500
Aubier, Jean, 233
Aubry, Jenny Roudinesco (nascida Weiss), 224, 328-9, 334, 377, 398, 430, 456, 540-1, 548
Audard, Jean, 124
Audouard, Xavier, 422
Auffret, Dominique, 149
"Augustine", 37
Aulagnier, Piera, 398, 422, 432-3, 461
Aumont, Houda , 530

automatismo mental, 35, 40-1, 46, 69, 79, 83

autopunição, 68, 74, 94-5, 199

Axelos, Kostas, 308

Babinski, Joseph, 36, 43

Bachelard, Gaston, 409

Badiou, Alain, 586

Balibar, Étienne, 412, 415, 586

Balint, Michael, 264, 278, 341

Ballard, Jean, 224-5, 404

Bally, Charles, 375

Balthus, Balthasar Klossowski de Rola, dito, 195, 224, 227, 259, 480, 514

Balzac, Honoré de, 28, 485

Baquet, Maurice, 176

Bardèche, Maurice, 301

Bargues, Michèle, 456

Bargues, René, 422

Baron, Jacques, 89

Barrault, Jean-Louis, 233

Bartemeier, Léo, 270

Barthes, Roland, 365, 412, 437, 439-40, 463, 477, 488, 521, 572, 586

Baruzi, Jean, 26-7, 125, 134

Bastide, François-Régis, 437

Bataille, Aristide 174

Bataille, Diane (nascida Kotchoubey), 227, 255

Bataille, Georges, 89, 124, 134-8, 142, 144, 167, 170-1, 173-5, 177-80, 183-91, 194, 207, 216, 218, 224, 226, 229-30, 232-4, 237, 241, 255, 259, 284, 296, 306, 356, 360, 381, 387, 401-2, 446, 470, 478, 499

Bataille, Judith ver Miller, Judith

Bataille, Julie, 255

Bataille, Laurence, 175, 178, 218, 225, 227, 253, 255-60, 381, 454, 532, 544, 567-8, 590, 592

Bataille, Marie-Antoinette (nascida Tournadre), 174

Bataille, Sylvia (nascida Maklès) ver Lacan, Sylvia

Batcheff, Pierre, 176

Baudelaire, Charles, 24, 360, 549

Baudoin, Charles, 213

Baudry, Charles, 20

Baudry, Émilie ver Lacan, Émilie

Baudry, Joseph, 22

Baudry, Marie ver Langlais, Marie

Baudry, Marie-Anne (nascida Favier), 20

Baumgarten, Eduard, 298

Bazin, André, 182

Beaufret, Jean, 301-8, 311-2, 314, 404

Beaussart, abade, 24, 28

Beauvoir, Simone de, 228-9, 231-5, 287, 356, 493, 509

Beckett, Samuel, 484

Beethoven, Ludwig van, 186

Beirnaert, Louis, 422, 447

Bellmer, Hans, 225

bem (soberano), 345

Benda, Julien, 190, 238

Benjamin, Walter, 190, 224

Benoit, Pierre, 53-4, 62-5, 95

Bento, são, 29

Benveniste, Émile, 307, 402, 415, 452, 489

Berger, Juliette, 406

Berger, Lucienne ver Althusser, Lucienne

Bergerot, Marie-Thérèse, 83-5, 107-8, 193, 255

Bergounioux, Gabriel, 571

Bergson, Henri, 30, 51, 125, 204-5

Berl, Emmanuel, 447

Bermann, Anne, 363

Bernhardt, Sarah, 57, 62

Bernheim, Hippolyte, 384

Bernheim-Alphandéry, Nicole, 407

Bernier, Georges, 113-4, 123, 215, 220-1, 223-5, 227, 235-6, 382, 527

707

Bernier, Jean, 89-90, 92, 124, 134
Bernini, Giovanni Lorenzo, 111, 171
Berr, Henri, 129
Berry, Jules, 181
Bertherat, Yves, 422
Bertin, Célia, 248
Betti, Ugo, 259
Binswanger, Ludwig, 70, 472
Bion, Wilfred, 239, 241-2, 427
Bismarck, príncipe Otto von, 185, 390
Blanchot, Maurice, 230
Bleuler, Eugen, 33, 79-80, 392, 395
Bloch, Marc, 129-30, 132, 502
Blondel, Charles, 38, 196
Blondin, família, 111, 192, 194, 224, 228, 258
Blondin, Madeleine (nascida Simon), dita Linette, 248-9
Blondin, Marie-louise ver Lacan, Marie-Louise
Blondin, Sylvain, 108-9, 192-3, 195, 216-7, 223, 228, 237, 244, 248-9, 252-3, 258, 481
Bloy, Léon, 87, 146, 202
Blum, Léon, 230
Boehm, Felix, 116-7
Boehme, Jacob, 126
Bollack, Jean, 309-10
Bonald, Louis, visconde de, 201
Bonaparte, Marie, 32, 36, 63, 99, 102, 114-6, 119, 121, 159, 162, 212-4, 270, 275, 283-4, 288, 325-6, 334-6, 347, 352, 363
Bonin, Louis, dito Lou Tchimoukoff, 176
Bonnafé, Lucien, 279, 378
Borch-Jacobsen, Mikkel, 586
Bordigoni, Daniel, 219
Borel, Adrien, 32, 39, 170-1, 180, 212, 241
Borromeu, Carlos, 490, 510
Borromeu, família, 490
Borromini, Francesco, 443

Boss, Medard, 315
Bossuet, Jacques Bénigne, 24
Boulanger, Françoise (nascida Girard), 271-2
Boulanger, Jean-Baptiste, 271-2
Bourguignon, André, 595
Bouvet, Maurice, 340
bovarismo, 42-3, 95, 185
Braque, Georges, 109, 233, 375
Brasillach, Robert, 301
Brassaï, Gyula Halász, dito, 233
Braudel, Fernand, 411
Braunberger, Pierre, 181-2
Brauner, Victor, 225
Brecht, Bertolt, 176, 488
Bréhier, Émile, 125
Breton, André, 28, 31, 46, 50, 83, 88-9, 113, 134, 172, 175, 180, 183, 185, 187-9, 225, 227
Breton, Simone (nascida Kahn), 173, 180, 227
Breuer, Joseph, 34-5, 262, 278
Brière, Germaine, 93
Brik, Lili (nascida Kagan), 373, 376
Brik, Ossip, 373-4, 376
Broca, Paul, 284
Brock, Werner, 298-9
Brome, Vincent, 362
Brosse, Jacques, 447
Brunius, J.-B., 176
Brunschvicg, Léon, 125
Bullitt, William, 116, 119
Buñuel, Luis, 176, 364
Bussières, Raymond, 176
Bussy, Dorothy, 221
Butor, Michel, 437
cadeia significante, 369, 372, 409, 445
Cagliostro, Joseph Balsamo, dito, 19, 524
Cahen, Roland, 360-1
Caillois, Roger, 138, 184, 189, 284
Calligaris, Contardo, 568

Calvet, abade Jean, 24

Calvino, Italo, 437

Campan, Zanie, 233-4

Camus, Albert, 228, 232-3, 287

Canguilhem, Georges, 129, 232, 247, 380, 400-1, 409, 586

Cantor, Georg, 486

Capgras, Joseph, 42, 69, 393

Carné, Marcel, 176, 183

Carpeaux, Louis, 170-1

cartel, 421

Caruso, conde Igor, 363

Castañeda, Carlos, 494

Castelli, Enrico, 411

Castoriadis, Cornelius, 421, 521-2

castração, 199, 338, 384, 386, 466, 483, 498, 533

causalidade, 69, 71; ausente, 409; metonímica, 416; psíquica, 150, 239, 243

Cavaillès, Jean, 129, 231-2, 247, 427

Céline, Louis-Ferdinand Destouches, dito Louis-Ferdinand, 356

Celli, Rose, 196-7, 199

Certeau, Michel de, 421

Champollion, Jean-François, 359

Chanès, doutor, 260

Chaplin, Charles, 173, 176

Chapsal, Madeleine, 171, 355-6, 363, 381, 383, 527

Chaptal, Jean Antoine, 15

Char, René, 225

Charcot, Jean Martin, 11, 30-1, 36-7, 39, 262

Charles-Roux, Edmonde, 222, 382

Chaslin, Philippe, 79

Châtelet, François, 447

Chaumont, Marcelle, 356

Chazaud, Jacques, 261

Cheng, François, 474-5

Cherki, Claude, 572-4, 576

Chklovski, Viktor, 374

Choay, Françoise, 224

Chohen, Nathalie *ver* Maklès, Nathalie

Choisy, Maryse, 280

Chomsky, Noam, 511-2

civilização, 30, 92, 131, 200, 208-9, 294, 309, 363, 365, 369, 424, 428, 444, 512

Clair, René, 181

Claude, Henri, 38-41, 43-4, 75, 85, 110, 112, 199, 243, 443

Claudel, Paul, 28, 383

Clavreul, Jean, 398, 420, 422, 433, 491, 497, 546, 591

Clément, Catherine, 447, 449, 507, 573

Clérambault, Gaëtan Gatian de, 38, 40-6, 55, 69, 75, 147, 199, 243, 356, 393, 443, 450, 510

clivagem do eu, 80-1, 369

Codet, Henri, 32, 36, 39, 208, 212

Codet, Odette, 215

cogito, 127-8, 141, 149-50, 233, 269, 314, 364, 369, 371, 403, 444

Cohn-Bendit, Daniel, 456-7

Colette, Sidonie Gabrielle Colette, dita, 62, 64

Colombe, 34

Colombo, Cristóvão, 359

Comenius, Jan Amos, 134

complexo, 115, 159, 202, 206, 283-4

Comte, Auguste, 201, 295

condensação, 371, 504

Confúcio, 24, 477-8

conhecimento paranóico, 82, 147, 392-3

consciência de si, 96, 142, 148-51, 158, 360, 365

Conté, Claude, 422

conteúdo latente e manifesto do sonho, 371

contratransferência *ver* transferência

Copérnico, Nicolau, 369

Corbin, Henry, 26, 124-5, 134-5, 137-8, 142, 333, 587

709

Cordobès, Jésus e Alicia, 480

Cossé-Brissac, Marie-Pierre de, 460

Cottet, Serge, 590

Courbet, Gustave, 254

Courme, Brigitte, 514, 517

Courtenay, Baudouin de, 373

Courtois, Adolphe, 35

Cousin, Victor, 133, 147

Crevel, René, 88, 90, 92, 170, 190

cultura, 208-9; *ver também* natureza/cultura

culturalismo, 205, 281, 283, 326, 596

Cuny, Alain, 259

Czermak, Marcel, 546

Daix, Pierre, 464

Daladier, Édouard, 190

Dalbiez, Roland, 413

Dalbus, Fernand, 24

Dalí, Gala, 510

Dalí, Salvador, 50-1, 83, 89-90, 92, 190, 510

Damourette, Jacques, 385

Darwin, Charles, 369

Dasté, Jean, 176

Daudet, Philippe, 62

Daumézon, Georges, 546

Dausse, doutor, 170

Dautry, Jean, 188

Davezies, Robert, 259

Debray, Régis, 453

Decour, Daniel Decourdemanche, dito Jacques, 228, 232

Decourdemanche, Denise, 248

defesa, 156, 266

Defferre, Gaston, 221, 382

Delacroix, Henri, 46, 281, 378

Delay, Jean, 222, 268, 287

Deleuze, Gilles 308, 402, 465, 472, 495, 507, 520-1

demanda, 506

Demmler, Pierre, 318

Demmler, Suzanne *ver* Marette, Suzanne

denegação, 346, 384-5

depressiva (posição), 156

Derain, André, 480

Derrida, Jacques, 312, 333, 402, 434, 464, 479, 495, 506, 571, 586

des-ser, 459

Desanti, Dominique, 231

Desanti, Jean-Toussaint, 231, 495-6

Descartes, René, 24, 126-7, 141, 148-50, 202, 244, 269, 369, 401, 412

desconhecimento [*méconnaissance*], 246

desconstrução, 130

desejo, 72-3, 104, 106, 108, 142, 144, 149-50, 185, 277, 281, 296, 306, 311, 341, 343, 345, 349, 353, 371-2, 387, 422-4, 426-8, 431, 476, 479, 484, 505

Desnos, Robert, 46

Dessaux, Charles, 18

Dessaux, Charles-Laurent, 15

Dessaux, Charles-Prosper, 15

Dessaux, família, 15

Dessaux, Jules, 15

Dessaux, Ludovic, 16-8

Dessaux, Marie Julie *ver* Lacan, Marie Julie,

Dessaux, Marie-Thérèse Aimée (nascida Greffier-Vandais) 15

Dessaux, Paul 1, 16

Dessaux, Paul 2, 18

destituição subjetiva, 459

desvelamento, 304, 310-1, 313-4; do desejo, 306, 341

Diaghilev, Serge de, 222

Diamantis, Irene, 456-7

Diatkine, René, 271-2, 352, 418

didática (formação), 266-7, 271, 274, 430, 584, 595

Diderot, Denis, 88, 480, 488

diferença, 493

discordância, 68, 79-81, 133, 208, 346, 369

discursividade, 55, 461-3, 465, 470, 484, 490, 587
discurso *ver* histérico; mestre (discurso do); psicanalítico; universitário
dissociação, 79-80
divisão, 80, 309, 350, 364, 370, 444,
Dolto, Boris, 328, 334
Dolto, Françoise (nascida Marette), 161, 212, 215, 274, 316-23, 325-9, 331-3, 335-6, 347, 351-3, 413, 430, 440, 538, 572, 576, 596
Dolto-Tolitch, Catherine, 572
Domachy, 14
Don Juan, 527
Donato, Eugênio, 434
Donnadieu, Jeanne *ver* Pantaine, Jeanne,
"Dora", 293
Dorgeuille, Claude, 545
Doriot, Jacques, 225
Dostoiévski, Fiodor Mikhailovitch, 142, 297
Double de Saint-Lambert, barão, 222
Doubrovski, Serge, 510
Doumer, Paul, 45
doutrina das constituições, 43, 50, 156, 239, 243, 260, 393
Dreyfus, Alfred, 360, 385-6
Dreyfus, Dina, 314
Dreyfus, Jean-Pierre *ver* Le Chanois, Jean-Paul,
Drieu la Rochelle, Olesia (nascida Sienkiewicz) *ver* Sienkiewicz, Olesia
Drieu la Rochelle, Pierre, 83-5, 90, 109, 112-3, 190
Du Camp, Maxime, 254
Duclaux, Henri, 111
Duflos, Hermance Hert, dita Huguette, 52-4, 57, 61-2, 64, 449
Duhamel, Marcel, 176
Dullin, Charles, 172, 231
Dumas Filho, Alexandre, 84

Dumas, Georges, 38-9, 41, 89, 113, 170, 196
Dumas, Roland, 259, 381-2, 496, 517
Dumézil, Claude, 422
Dumézil, Georges, 138, 402, 453
Dupré, Ernest, 39, 69
Duquenne, Paul, 422
Durkheim, Émile, 130, 136, 188, 282
Duroux, Yves, 445
Eco, Umberto, 437, 439
ego psychology, 156, 158, 269, 341, 366
Eichmann, Adolf, 426
Eikhenbaum, Boris, 374
Einstein, Albert, 130, 212
Einstein, Carl, 175
Eisenstein, Serguei Mikhailovitch, 488
Eitingon, Max, 165
Eliacheff, Caroline, 527
Eliot, T. S., 220
Elisabeth I da Inglaterra, 500
Ellenberger, Henri Frédéric, 33, 44, 362
Éluard, Paul, 46, 83, 93
entre-duas-mortes, 428
Eribon, Didier, 451, 472
erotomania, 41-2, 64, 73, 95, 392
escotomização [*scotomisation*], 384-6, 594
escrita automática, 50
especular [*spéculaire*], 158, 162
Esquirol, Jean Étienne Dominique, 75
esquizofasia [*schizophasie*], 46
estabelecimento do Seminário, 556-65, 587-8
estádio do espelho [*stage du miroir*], 115, 148, 150, 152, 157-9, 162, 164, 192, 199, 203, 269, 291, 328-9, 343, 388, 413, 441, 443, 450
estado de direito, 583
Esterhazy, Marie Charles Ferdinand Walsin, 385

711

estrutura, 42, 46, 70, 74, 202; de linguagem, 289, 313; elementar, 285, 287, 289, 292, 364; significante, 294; topológica do sujeito, 366

ética, 338, 423-4, 426-7, 438

eu [*je*], 150, 162, 167, 200, 246, 269, 289, 363-4, 371

eu [*moi*], 150, 199-200; ideal, 387; imaginário, 364; moderno, 369

exceção francesa, 353, 359, 362, 432, 582, 585-6

excomunhão [*herem*], 382, 411, 415, 424

existencialismo, existencial, 232, 246-7, 287, 300, 303, 452

Ey, Henri, 33-4, 39, 69, 86, 108, 138, 148, 207, 214, 243, 268, 328, 340, 360, 401, 411, 413

Faguet, Émile, 24

fala [*parole*], 275, 278, 280, 289, 297, 307, 312, 314, 329, 344, 364, 366, 375, 389, 434, 502, 531, 539

Faladé, Solange, 351, 398, 543-4, 556

falo [*phallus*], 415, 464, 497-8

falta, 387, 445, 467, 470, 497; a ser, 345, 415

fase [*phase*], 203

Favez, Georges, 261, 349, 353

Favez-Boutonier, Juliette, 268, 274, 333-4, 349, 352-3

Favier, Marie-Anne *ver* Baudry, Marie-Anne

Faye, Jean-Pierre, 501

Febvre, Lucien, 129-32, 196-9, 201, 208-9

Felman, Soshana, 508

Fenichel, Otto, 51

fenomenologia [*phénomenologie*], 69, 79, 91, 95-6, 106, 128, 138, 147, 313, 365, 373, 385, 582

Ferenczi, Sandor, 155, 165, 239, 324, 341, 343, 362, 392, 481, 596

Fernandez, Ramón, 69

Feyder, Jacques, 176, 183

fim da história, 137, 143-4, 207, 467, 478

Flacelière, Robert, 411, 464

Flamand, Bruno, 447-8

Flamand, Paul, 440, 447-8, 458, 481, 487, 557, 561, 563, 572, 576

Flaubert, Gustave, 95

Flechsig, Paul, 390-1

Fliess, Wilhelm, 99, 262, 392, 395

Flournoy, Henri, 270

Flournoy, Théodore, 377

Follin, Sven, 260

fonema [*phonème*], 375, 409

foraclusão [*forclusion*], 383, 385-6, 395, 444, 503, 512, 594

Forel, Auguste, 33

fórmulas da sexuação, 498

Forrester, John, 571-2

Forster, Elisabeth, 186-7

Foucault, Michel, 312, 365, 401-2, 404, 412, 425, 451-3, 461-3, 465, 471, 521, 586

Fouque, Antoinette, 464, 493, 530

Fraenkel, Bianca (nascida Maklès), dita Lucienne Morand, 171-3, 179

Fraenkel, Théodore, 171-3, 299

Fraisse, Paul, 379

Francisco de Assis, são, 29

François, Samson, 222

Frazer, James George, 281-2

Frege, Gottlob, 445

Freud, Anna, 117-8, 152-3, 156, 160, 163, 240, 256, 264-70, 324, 326, 334, 336-7, 347, 584

Freud, Dolfi, Mitzi, Paula e Rosa,118

Freud, Sigmund, 11, 28, 30-1, 34-6, 39-42, 51, 69, 73, 79-81, 86, 88-9, 91, 99, 103, 116-20, 134, 148-50, 152-4, 156-7, 159-60, 162-5, 167, 183-4, 188, 190, 193, 202, 204-6, 209, 212, 232, 235, 237,

240-2, 244, 246, 256, 262, 264-6, 276, 279, 281-3, 288-96, 306, 310, 313, 321, 325, 327, 334, 337, 341, 344, 346, 356, 358-64, 369-70, 372, 384-9, 391-5, 399, 403, 408, 410, 412-3, 415, 420, 423, 425-6, 428-30, 441, 444, 452-4, 456, 461-2, 472, 492-3, 499, 505, 513, 538, 551, 580, 588-9, 594-6

freudo-marxismo, 124

Friedmann, Georges, 131, 300

Gadda, Carlo Emilio, 437

Gagarin, Yuri, 379

Gales, príncipe de, 41, 54, 64, 66-7, 73

Galilei, Galileu, 126-7, 369, 461

Gandillac, Maurice de, 300, 308, 314, 412

Garbo, Greta, 109

Garnier, Thierry, 594

Gaston, chofer, 22

Gaulle, Charles de, 24

Gault, Jean-Louis, 547

Gaultier, Jules de, 42-3, 185

Gay, Peter, 362

Gazier, Augustin, 27

Gazier, Cécile, 20, 27

Geahchan, Dominique, 520

Gebhardt, Carl, 81

Geismar, Alain, 459

Genette, Gérard, 440

Genil-Perrin, 42-3

gênio latino, 39

genocídio, 302, 423, 426, 428

Georgin, Robert, 377

Gerlier, cardeal, 436

Giacometti, Alberto, 229, 480

Gide, André, 28, 185

Gillespie, William, 160

Gilson, Étienne, 26, 125

Girard, Françoise ver Boulanger, Françoise

Girard, René, 434

Giroud, Françoise, 381, 457, 465, 526-7

Glover, Edward, 152-3, 159-61, 266, 336

Glover, James, 153

Gödel, Kurt, 444

Godin, Jean-Guy, 526

Godon, Louise ver Leiris, Louise

Godon, Lucie, 180

Goethe, Johann Wolfgang von, 186, 290-1

Gogol, Nikolai Vassilievitch, 142

Goldman, Pierre, 466

Goldmann, Lucien, 308, 463-4

Goncourt, Edmond e Jules Huot de, 254

Gonon, Françoise, 494

Gonzales, Gloria Yérodia, 253, 441, 468, 480, 516, 518, 525, 528-9, 533, 544, 546-7, 550-1

Göring, Matthias Heinrich, 116-7, 120, 214, 351

Gorot, Jean-Jacques, 481

Goullin, Francis, 28

Goya y Lucientes, Francisco de, 107

gozo [jouissance], 191, 426, 479, 483, 498, 502

Granoff, Wladimir, 270, 337-8, 347-8, 350, 353, 493, 556

Gratiot-Alphandéry, Hélène, 379

Green, André, 412

Green, Julien, 25, 221

Greenacre, Phyllis, 334

Greffier-Vandais, Marie-Thérèse Aimée ver Dessaux, Marie-Thérèse Aimée

Grégoire, abade, 102

grupo quaternário, 469

Guaraldi, Antonella, 465

Guattari, Félix, 422, 507, 520-1

Guerlain, Madeleine, 251

Guex, Germaine, 103

713

Guilbaud, Georges Th., 469, 489-90
Guilbert, Yvette, 120
Guitton, Jean, 404-5
Guller, Youra, 222
Gusdorf, Georges, 403
Guynemer, Georges, 24
Guyomard, Patrick, 582
Hale, Nathan G., 362
Halle, Morris, 370
Halmos, Claude, 326, 534
Hans, Herbert Graf, dito o pequeno, 152, 293, 325
Hartmann, Heinz, 120, 213, 267, 334, 336, 347
Hartmann, Nicolai, 135
Haskil, Clara, 222
Head, Henry, 46
Hegel, Georg Friedrich Wilhelm, 91, 95, 124, 133-4, 136-9, 141-4, 147-50, 159, 164, 167, 183, 229, 244, 381, 396
hegelianismo, 133-5, 186-8, 190, 209, 229, 243, 416, 423
Heidegger, Elfriede, 308
Heidegger, Martin, 91, 95, 124, 129, 133-5, 138, 144, 147, 190, 298-315, 333, 402, 462
Heimann, Paula, 336, 340, 350
Heine, Maurice, 424
Heinemann, Fritz, 138
Hellman, Ilse, 337
Heráclito, 304, 308-11, 475
hereditariedade-degenerescência, 53, 75, 78
Hermann, Imre, 481
Herr, Lucien, 134
Hesnard, Angelo, 32, 39, 212, 351-2, 363, 413, 424
Hess, Rudolf, 287
Hessling, Catherine, 173
heterologia, 189, 191, 387, 499
Hetzel, Jules, 83-4
Heuyer, Georges, 35, 323, 325

Hilbert, David, 125
Hipócrates, 75
histeria, 31, 35-7, 43, 493
histérico (discurso), 470
Hitler, Adolf, 164, 186, 189-90, 230, 301-2
Hitschmann, Eduard, 160
Hoffer, Willi, 334
Hofstein, Francis, 535
Hollier, Denis, 190, 507, 513
holocausto, 423, 428
Horkheimer, Max, 425
Houlon, Jacques, 29
Houlon, Madeleine (nascida Lacan), 20, 29, 252-3, 551
Hug-Hellmuth, Hermine von, 153
Hugo, Victor, 560
humanismo, 233, 282, 300, 303, 413, 444, 520
Hunter, Richard, 393
Hus, Jan, 134
Husserl, Edmund, 51, 70, 91, 95, 124-5, 127-8, 133-5, 138, 141, 147, 298, 301
Huston, John, 452
Huysmans, Joris-Karl, 184
Hyppolite, Jean, 229, 307, 333, 346, 380, 385-6, 402
ideal do eu, 73, 94, 205, 239-40, 387-9
identificação, 158-9, 167, 188, 237, 239-42, 294, 416; mental, 167, 199, 203; simbólica, 167
imaginário, 106, 156-9, 167, 200, 289-90, 294, 296, 388, 415, 475
imago, 155, 199-200, 202-6, 239, 241-2, 389
imperativo kantiano, 426
impossível, 175, 185, 191, 446, 485, 487, 502
incesto, 281, 283-6, 289, 388, 498
inconsciente (teoria do), 31, 346, 359, 414

instância da letra *ver* letra
Irigaray, Luce, 377, 422
"Irma", 499
Israel, Lucien, 422
isso [*ça*], 155, 158, 167, 266-7, 269, 340, 363-4
Jacob, André, 447
Jacob, Max, 234
Jacquot, Benoît, 487
Jaime I da Inglaterra, 220-1
Jakobson, Roman, 313, 346, 365-6, 370-8, 394, 402, 415, 463, 506, 511
Jambet, Christian, 456, 587
Janet, Pierre, 30-1, 36, 38, 187, 196, 262, 268, 334, 385
Jaspers, Karl, 51, 70-1, 91, 141, 187, 298-9
Jaulin, Bernard, 494-5
Jaulin, Robert, 495
jdanovchtchina, 378
Jeangirard, Claude, 430
Jeanson, Henri, 52
Joana d'Arc, 45, 194
Jolas, Maria, 501
Jones, Ernest, 116-20, 152-3, 160-2, 165, 212, 214-5, 264, 270, 283, 335, 347, 362, 472, 499
Jouve, Pierre Jean, 31
Jouvet, Louis, 85
Joyce, James, 28, 500-5, 516
Joyce, Lucia, 503-4
Julien, Philippe, 494, 595
Jung, Carl Gustav, 33, 108, 165, 213, 232, 360-2, 388, 392, 395, 513
Kagan, Elsa *ver* Triolet, Elsa
Kagan, Lili *ver* Brik, Lili
Kagan, Yuri, 373
Kahn, família, 179
Kahn, Jeanine *ver* Queneau, Jeanine
Kahn, Simone *ver* Breton, Simone
Kahnweiler, Daniel-Henry, 180, 195
Kahnweiler, família, 179

Kaltenbeck, Franz, 570
Kamm, Bernard, 117
Kandinsky, Vassili, 140
Kant, Immanuel, 307, 424-7
Karcevski, Serguei, 374
Keaton, Buster, 176
Khalil-Bey, 254
Khlebnikov, Velimir, 373, 376
Kierkegaard, Soren Aabye, 118, 185, 187
Klein, Melanie, 152-9, 161, 167, 199, 204, 240, 264-6, 268-72, 274, 324-6, 336, 340, 347, 413, 596
kleinismo, 240, 264, 267, 274, 340, 351
Klossowski de Rola, Balthasar *ver* Balthus
Klossowski, Pierre, 138, 185, 187, 224, 424
Kochno, Boris, 195, 222
Kock, Paul de, 19
Kojève, Alexandre, 91, 95-6, 106, 115, 124, 134, 136-46, 148-50, 158-9, 164, 183-4, 188, 190, 198-9, 206, 228, 230, 234, 306, 333, 372, 443, 478-9
Kojevnikov, Vladimir, 140
Kokh, Lucien, 578
Kosma, Joseph, 176
Kotchoubey, Diane *ver* Bataille, Diane
Koyré, Alexandre, 26-7, 91, 96, 115, 124-7, 129, 131-2, 134-8, 141-3, 148-9, 188, 190, 198, 229, 234, 286, 300, 308, 333, 369, 372, 376, 380, 402, 444
Kraepelin, Emil, 42, 46, 116, 407
Krafft-Ebing, Richard von, 134, 174
Kris, Ernst, 161, 267, 334, 342-3
Kristeva, Julia, 464, 477
Kruk, Maurice, 479-80
Kurt, Franz, 118
La Boétie, Étienne de, 241
La Fontaine, Jean de, 24

La Rochefoucauld, François, duque de, 560

Labin, Juliette, 517-8, 520

Lacan, Ariane, 482

Lacan, Caroline *ver* Roger, Caroline

Lacan, Charles Marie *Alfred*, 18-22, 25, 28-9, 251-2, 257, 260-2, 322, 382, 389, 500, 539

Lacan, Émile, 18-22, 25, 382, 389, 500

Lacan, *Émilie* Philippine Marie (nascida Baudry), 19-22, 27-9, 251-2, 322, 382

Lacan, Eugénie, 18, 21

Lacan, Iris, 482

Lacan, Judith *ver* Miller, Judith

Lacan, *Madeleine* Marie Emmanuelle *ver* Houlon, Madeleine

Lacan, Marc-Marie ou Marc-François, 20-2, 28-9, 251-2, 258, 280, 389, 481-2, 551, 553

Lacan, Marie Julie (nascida Dessaux), 18-9, 21, 382

Lacan, Marie, 18, 21

Lacan, Marie-Louise (nascida Blodin), dita Malou, 108-12, 164, 192-4, 216-7, 223-4, 226, 228, 248-52, 255-7, 328, 382, 481-2, 539, 554

Lacan, Pierre, 480

Lacan, Raymond, 20

Lacan, René, 18

Lacan, Sibylle, 223, 228, 248-50, 257-8, 380, 481-2, 552-3

Lacan, Sylvia Bataille (nascida Maklès), depois Sylvia, 171-5, 177-83, 192-5, 216-9, 223, 225-7, 233-5, 248-51, 253-5, 257-8, 279-80, 287, 305, 308, 356, 376, 379, 382, 404, 417, 435, 441, 448, 454, 507, 516, 529, 540-1, 550-1, 553

Lacan, Thibaut, 193, 216-7, 248-50, 253, 257-8, 480-2, 550-1, 553

Lacoue-Labarthe, Philippe, 586

Lacouture, Jean, 381

Laforgue, René, 32, 36, 39-40, 99, 102, 199, 208, 214-5, 223, 321, 323-5, 335, 351-2, 384-7

Lagache, Daniel, 115, 119, 162, 196, 212, 214, 270, 272, 274-5, 279-80, 328, 330, 333-4, 349-50, 353, 360, 366, 388, 401, 436

Laignel-Lavastine, 268

Lalande, André, 487

Lamartine, Alphonse de, 29

Lamennais, Félicité Robert de, 23

Lampedusa, Giuseppe Tomasi di, 437

Lampl de Groot, Jeanne, 334, 336, 347

Lancelin, Geneviève, 92-4

Langlais, Anne-Marie, 22

Langlais, Jean, 22

Langlais, Marcel, 22

Langlais, Marie (nascida Baudry), 22

Langlais, Robert, 22

Langlais, Roger, 22

Lanson, Gustave, 24

Lanzer, Ernst, 292-3

Lanzer, Heinrich, 292-3

Lanzer, Rosa, 293

Lao-tsé, 475

Lapeyre, Michel, 565

Laplanche, Jean, 349, 353, 382, 595

Lapouge, Gilles, 453

Lardreau, Guy, 456

Latour, Marcelle, 516-7

Laure, dom, 111, 251

Lautréamont, Isidore Ducasse, dito conde de, 360

Lavie, Jean-Claude, 353

Lavisse, Ernest, 129

Lavoisier, Antoine Laurent de, 15

Lazareff, Pierre, 357

Le Bon, Gustave, 242

Le Bras, Hervé, 417

Le Chanois, Jean-Pierre Dreyfus, dito Jean-Paul, 176

Le Gaufey, Guy, 595
Lebel, Jean-Jacques, 464
Lebouc, Madeleine, 262
Lebovici, Serge, 352, 436
Leclaire, Serge, 280, 337-8, 348, 350-1, 398, 422, 433, 438, 454, 456-8, 465, 485, 488, 518, 543, 572-3, 578, 580-2, 595
Lefebvre, Marie-Félicité, 63-4, 93
Lefort, Rosine, 422, 590
Legendre, Pierre, 550, 561
Léger, Christian, 491, 495, 518-9
Léger, Fernand, 109
legitimismo freudiano, 278, 283, 341, 344, 346, 351, 506, 577, 579, 584
legitimismo lacaniano, 549, 577, 579, 584-5
Leguil, François, 71, 580, 587
Leiris, Louise (nascida Godon), dita Zette), 180, 229, 234, 553
Leiris, Michel, 89, 170, 175, 179-80, 184, 189, 229-34, 284, 287, 553
leitura sintomática, 416
Lemérer, Brigitte, 593
Leonardo da Vinci, 392
Leontiev, Alexis, 379-80
Leprince-Ringuet, Louis, 25
Lesèvre, Georges, 404
letra, 368-9, 479, 483; instância da, 313, 366, 368, 415, 444
Leuba, John, 215, 270
Lévi-Strauss, Claude, 38, 209, 257, 281, 284-92, 294-5, 313-4, 333, 346, 376, 378, 381, 387, 402, 411-2, 417, 451-2, 464, 486, 489, 586
Lévi-Strauss, Monique (nascida Roman), 287
Lévinas, Emmanuel, 138
Lévy, Benny, dito Pierre Victor, 455
Lévy-Bruhl, Lucien, 132, 282
Lévy-Valensi, Jean, 35, 45
Lewitzky, Anatole, 229

Lhermitte, Jean, 268
libido, 162, 394, 493, 499
Limbour, Georges, 233-4
língua, 366, 377, 487
linguagem, 278, 280, 307, 309-11, 330, 346, 364, 366, 369-70, 377, 383, 388
Linhart, Robert, 455
Loewenstein, Rudolph, 32, 36, 77, 96, 98-106, 114-5, 119, 121, 145, 156, 162, 193, 213, 262, 267, 276, 336, 347
lógica, 444, 446, 469, 484; estrutural do incosciente, 370, 382-3, 386, 393, 581-2; matemática, 469; ortodoxa do freudismo, 290, 330, 341
logicismo, 417, 445, 467, 469
logos, 309-10, 312, 475
Logre, Benjamin, 93-4
Loraux, Nicole, 586
Lorenzetti, Pietro, 514
Löwith, Karl, 300
Luria, Alexandr, 379
Maar, Dora, 233-5
Macalpine, Ida, 393
Macciocchi, Maria Antonietta, 472, 476-7, 553
Mach, Ernst, 282
Macherey, Pierre, 144, 412, 586
Maiakovski, Vladimir, 373-4, 376
Maïer, Hans, 33
Major, René, 520, 586
Maklès, Bianca ver Fraenkel, Bianca
Maklès, Charles, 172
Maklès, Henri, 172
Maklès, Nathalie (nascida Chohen), 172, 227
Maklès, Rose ver Masson, Rose
Maklès, Simone ver Piel, Simone
Maklès, Sylvia ver Lacan, Sylvia
Mâle, Pierre, 33, 328, 406-7
Malherbe, François de, 24

Malinowski, Bronislaw, 282-4

Mallarmé, Stéphane, 24, 122, 134, 311

Malraux, André, 221, 228, 231, 356

Mandelstam, Ossip, 374

Mann, Klaus, 224

Mann, Thomas, 117, 202

Mannoni, Maud, 398, 422, 430, 441, 534, 546, 595

Mannoni, Octave, 398, 422, 545

Mao Tsé-tung, 455, 467

Maquiavel, 241, 368, 381, 462

Marcel, Gabriel, 308

"Marcelle", 45-6

Marchand, Valérie, 490

Mareschal, Pierre, 33

Marette, Françoise *ver* Dolto, Françoise

Marette, Henry, 318-9, 321

Marette, Jacqueline, 318, 320

Marette, Philippe, 321

Marette, Pierre, 320, 323

Marette, Suzanne (nascida Demmler), 317-20

Martin, Jacques, 407

Marx, Karl, 89, 91, 144, 244, 403, 408-10, 416, 461, 477

massificação *ver* psicanálise de massa

Masson, André, 179, 183-4, 195, 218, 222, 225, 227, 229, 245, 254-5, 257, 279, 480, 528

Masson, Diego, 259

Masson, Rose (nascida Maklès), 172, 179, 218, 222, 225, 255, 257, 279

Massonaud, Renée, 217

matema, 480, 484-90, 497, 529, 538-9, 561, 590, 597

Matisse, Henri, 513

Maulnier, Thierry, 301

Maupassant, Guy de, 177, 181

Mauriac, François, 381

Maurras, Charles, 28, 87, 102, 146, 185, 201, 205, 295

Mauss, Marcel, 188, 200, 284, 289

Mazarino, cardeal Jules, 380, 427

Melman, Charles, 422, 447, 489, 548, 568

Mendès France, Pierre, 381

mentalidade, 132, 282

Mérienne, Louis, 546

Merleau-Ponty, Marianne, 235

Merleau-Ponty, Maurice, 129, 231-2, 234-5, 255, 257, 286-8, 308, 346, 364, 382-3, 385, 402, 481

Merleau-Ponty, Suzanne, 235, 255, 286-7, 553

Messali Hadj, 532

mestre (dialética do), 142-4; discurso do, 470

metáfora, 313, 366, 370-2, 377

metonímia, 313, 366, 370-2, 377

Michaud, Ginette, 556

Michelet, Jules, 488

Mignault, Pierre, 44-5

Miller, Dominique, 573, 590

Miller, Eve, 482

Miller, Gérard, 488, 573, 584, 588, 590-1

Miller, Jacques-Alain, 263, 382, 412, 414-6, 431, 445-6, 449, 454-5, 458, 467-8, 472, 487-9, 491, 506, 541, 543-4, 546-51, 554, 557-6, 579-80, 584, 588, 590-3

Miller, Jean, 416

Miller, Judith (nascida Bataille-Lacan), 226-7, 235, 248, 250, 252-3, 255-9, 314-5, 351, 379-83, 417-8, 446, 455, 468, 482, 493, 509, 547, 550-1, 553, 564, 570, 572-3, 579, 584, 588, 590

Miller, Luc, 482

Millot, Catherine, 106, 219, 315, 481, 590, 592

Milner, Jean-Claude, 412, 455, 458, 586-7

Minkowska, Françoise, 436

Minkowski, Eugène, 70, 138, 146-7, 196

Misrahi, Robert, 78, 436

Mitterrand, François, 381

Mollet, Guy, 259

Mondrian, Pieter Cornelis Mondriaan, dito Piet, 513

Monet, Claude, 480

Monfort, Sylvia, 259

Monnerot, Jules, 190

Monnier, Adrienne, 28, 228, 501

Montesquieu, 409, 412

Montrelay, Michèle, 422

Monzie, Anatole de, 196-8

Morand, Lucienne *ver* Fraenkel, Bianca

Morane, Jacques, 25

Moré, Marcel, 233

Morgenstern, Laure, 214

Morgenstern, Sophie, 119, 214, 325-6, 436

Moulin de Labarthète, Henri du, 225

Mouloudji, Marcel, 233

Moussinac, Léon, 176

Mozart, Wolfgang Amadeus, 527

Mühl, Otto, 518

Müller-Braunschweig, Carl, 116-7

Murat, princesa Dolly (nascida Pastré), 222, 235

Murat, príncipe, 222

Musset, Alfred de, 560

Nacht, Sacha, 212, 215, 235, 270, 274-5, 280, 328, 360

nada, 129, 133, 135-6, 141, 144-5, 188, 303, 342-3, 425, 471

não-todo [*pas-tout*], 467, 469, 483, 487, 497

Napoleão I, 143

Napoleão, príncipe, futuro Napoleão III, 15

Nasio, Juan-David, 578

Nassif, Jacques, 557

Nathan, Marcel, 288

natureza/cultura, 285, 378, 388, 401

negação, 175, 185, 371, 384-5

negatividade, 133, 136, 141, 143-4, 146, 150, 184, 384

neofreudismo, 270, 398

Newman, Paul, 508, 512

Nicolau de Cusa, 134

Nietzsche, Friedrich, 28, 51, 91, 100, 117, 124, 135, 141, 185-7, 190, 232, 304, 401, 410

niilismo, 143, 145, 163, 185, 188, 200, 300, 478

Nizan, Paul, 70, 87-8, 90, 92

nó borromeano, 484-6, 490-5, 497, 500, 502-5, 510-1, 513-4, 516, 518-9, 524, 528-9, 538, 540, 590

Noailles, Charles de, 195

Noailles, Marie-Laure de, 195, 222, 356

nome-do-pai, 22, 226, 290, 366, 387-9, 394, 396, 503, 505, 550, 576

Nordau, Max, 172

Novalis, Friedrich von Hardenberg, dito, 117

Nunberg, Hermann, 387-8

Oberndorf, Clarence, 362

objeto, 387, 422; a, 365, 457, 470, 479; bom e mau, 155, 329; relações de, 156-7

Ocampo, Victoria, 83, 113

Odier, Charles, 32, 102-3, 114-5, 162, 213

Ogilvie, Bertrand, 201, 586

Omo, doutor, 407

organodinamismo, 243

ortodoxia, 344, 348, 351, 430

Oswald, Marianne, 235

Oury, Jean, 377, 430, 556

outra cena, 46

Outro (grande A), 387-8, 426

outro (pequeno a), 200, 204

Pagnol, Marcel, 224

Pankejeff, Serguei, 386-7

719

pansexualismo, 30-1
Pantaine, Élise, 56, 58-61
Pantaine, Eugénie (Nène), 56
Pantaine, Guillaume, 57-8
Pantaine, Jean-Baptiste, 56
Pantaine, *Jeanne* Anna (nascida Donnadieu), 56
Pantaine, Marguerite 1, 56
Pantaine, Marguerite 2, dita "Aimée" *ver* Anzieu, Marguerite
Pantaine, Maria, 56
Papin, Christine e Léa, 92-6, 124, 393
Pappenheim, Bertha *ver* "Anna O."
Paquita, 529
Paracelso, 131, 213
paralelismo, 68, 78-9
paranóia, 42-3, 45, 50-1, 55, 68, 70, 72-4, 79, 82-3, 94-5, 99, 114, 204, 263, 269, 383, 386, 392-5, 449-50, 510, 566
Parcheminey, Georges, 32, 162, 215
Paris, Jean, 501, 504
Parisot, Thérèse, 508, 512
Parmênides, 244, 304, 308-9
Pascal, Blaise, 24, 232
passe, passante, passador, 339, 429, 459-61, 517-8
Pasternak, Boris, 374
Pasteur, Louis, 16
Pastré, conde Jean, 222
Pastré, condessa Lily, 222
Pastré, Dolly *ver* Murat, Dolly
Pastré, Nadia, 222
Pastré, Pierre, 222
Paulhan, Jean, 190, 228, 425
Pauline, governante, 20
Pautonnier, abade, 23
Pautrat, Bernard, 82
Peignot, Colette, dita Laure, 89, 180-1, 226
Pelorson, Georges, 230, 301
Péret, Benjamin, 46, 93

Perrault, Charles, 327
Perret, Léonce, 62
Perrier, François, 270, 351, 398, 420-1, 432-3, 461, 493
personalidade, 68-9, 71, 74, 78-82, 86, 91, 96, 108, 241, 243, 266, 281, 366, 388
peste, 361-3, 512-3
Pétain, Philippe, 183, 212, 219, 225, 488
Pfersdorff, 46
Pfister, Oskar, 270
Picasso, Pablo, 109, 180, 195, 227, 229, 233-5, 375, 480
Picavet, François, 125-6
Pichon, Édouard, 32, 86, 100, 102, 106, 114-5, 119-21, 138, 156, 199, 207-9, 212, 281, 324-5, 363, 371, 378, 384-7, 594-5
Piel, Jean, 89, 121, 179
Piel, Simone (nascida Maklès), 172, 179
Pilniak, Boris, 89
Pinel, Philippe, 74-5, 425
Pingaud, Bernard, 447, 452
Pio IV, 491
Pio XII, 280
Pirandello, Luigi, 172
Piscator, Erwin, 176
pitiatismo, 36
Platão, 83, 139, 304, 312, 345-6, 437-8, 462, 471
Pleynet, Marcellin, 477
Plon, Michel, 241
Poe, Edgar Allan, 342, 366, 571
Politzer, Georges, 68, 124, 228, 232, 413
Polivanov, Evgueni, 373-4, 376
Pommier, Gérard, 590-1
Pontalis, Jean-Bertrand, 353, 355, 556
ponto de basta [*point de capiton*], 372
pontuação, 297, 372

Porge, Erik, 494, 595
Postel, Jaques, 449
Poulenc, Francis, 222
Poussin, Nicolas, 514
Préau, André, 312
Prévert, Jacques, 175-6, 181, 183
Prévert, Pierre, 176
princípio de prazer, — de realidade, 167
processo, 68-70
Proudhon, Pierre Joseph, 134
psicanálise de massa, massificação, 344, 398-9, 432
psicanalítico (discurso), 405, 465, 469-70, 490
Psichari, Henriette, 197
psicogênese/psicogenia, 68-9, 108, 241
psiquiatria dinâmica, 30, 33, 75, 94, 106
Puech, Henri-Charles, 138
Pujol, Robert, 353
quadrípodes, 470, 486, 488, 528
Queneau, Jeanine (nascida Kahn), 173, 180
Queneau, Raymond, 89, 135, 137-8, 140, 170-1, 179-80, 190, 227, 232, 234, 721
Quine, Willard Van Orman, 511
Racine, Jean, 24
Ramnoux, Clémence, 307
Rancière, Jacques, 412, 416
Rank, Otto, 165
Raymond, Fulgence, 39
real, 191, 203, 290, 295, 394, 475, 502
realidade psíquica, 158, 296, 413, 423
recalque [refoulement], 262, 266, 384-6, 426, 721
refenda [refente], 370
reformulação [relève], 80, 82, 413, 452
Regnault, François, 492
relação de objeto ver objeto
Renan, Ernest, 24
renegação [déni], 384
Renoir, Auguste-Pierre, 174

Renoir, Jean, 173, 176-7, 181-2, 218, 404, 480
Renoir, Pierre, 85
resistência, 76-7, 105, 156, 335, 372, 431
retorno a, 290, 408, 461-2
Revel, Jean-François, 447
Reverchon-Jouve, Blanche, 274, 347
Rey, Abel, 131
Rey, Pierre, 524-6
Rickman, John, 239
Ricoeur, Paul, 308, 333, 412, 440-1, 506, 557
Ricoeur, Simone, 412
Rimbaud, Arthur, 24, 360
Rivarol, Antoine Rivaroli, dito conde de, 102
Rivers, William, 282
Rivet, Paul, 284, 287
Rivière, Georges-Henri, 175
Roazen, Paul, 362
Robinet, André, 447
Roger, Bruno, 249, 258, 481
Roger, Caroline (nascida Lacan), 192-3, 217, 248-50, 258, 481-2, 553
Roger-Lacan, Cyril, 481-2
Roger-Lacan, Fabrice, 481
Roheim, Geza, 283-4
Rolland, Romain, 31
Rollin, Denise, 218, 224, 226-7
Romains, Jules, 28
Ronat, Mitsou, 512
Rosay, Françoise, 183
Rosenberg, 186
Rosolato, Guy, 422
Rostand, Edmond, 24
Rouan, François, 513-7, 544
Roudinesco, Jenny (nascida Weiss) ver Aubry, Jenny
Rousseau, Caroline, 192
Roustang, François, 421, 520, 522
Rovan, Joseph, 301
Russell, Bertrand, 366

721

Rytmann, Hélène, 404-7
saber absoluto, 142
Sachs, Hanns, 99, 103, 165
Sade, Donatien Alphonse François, marquês de, 185, 191, 254, 424-8, 524
Safouan, Moustapha, 398, 467, 572
Saint Jean, Robert de, 25, 28
Saint-Just, Louis Antoine Léon, 427
Salacrou, Armand, 233
Sangnier, Marc, 23
Sarasin, Philipp, 270
Sarduy, Severo, 437
Sartre, Jean-Paul, 47, 70, 93, 129, 132-3, 138, 190, 228-9, 231-4, 245-6, 287, 299-301, 308, 312-3, 356, 413, 451-6, 463, 465-6, 470, 509
Saussure, Ferdinand de, 47, 281, 313, 364-5, 368, 372, 374-5, 377-8, 415, 452, 495
Saussure, Raymond de, 32, 213, 288, 375
Saxe-Cobourg, Albert de ver Albert, príncipe,
Schiff, Paul, 114, 162, 196, 214, 241
Schlumberger, Marc, 215
Schmideberg, Melitta, 159-61, 266, 342
Schneiderman, Stuart, 506, 524
Schopenhauer, Arthur, 118
Schotte, Jacques, 422
Schreber, doutor Daniel Gottlob Moritz, 390, 392, 394-5
Schreber, presidente Daniel-Paul, 293, 386, 390-1, 393-5, 539
Schur, Max, 116, 362, 551
Sebag, Lucien, 417-8
Segal, Hanna, 154
Ségur, condessa de, 248
Seignobos, Charles, 129
Seligman, Charles, 282
Sels, Nicole, 557
Semíramis, 500

Sennett, Mack, 176
ser [être], 128-9, 133, 135, 137, 149-50, 188, 301, 303, 309-12, 390, 424, 426, 444, 471, 483, 502, 588
ser-para-a-morte [être pour la mort], 143, 291, 300, 340
Sérieux, Paul, 42, 69, 393
Servan-Schreiber, Jean-Jacques, 355, 381, 527
sessão curta, 276, 431, 538-9, 582
Sève, Lucien, 447
Sèze, Paul de, 25
Sharpe, Ella, 160
Shoutak, Cécile, 141-2
Sienkiewicz, Olesia, 83-5, 90, 107-12, 180-1, 193, 255
significado, 368, 371-2
significante, 289, 308, 313-4, 364-6, 368-72, 378, 386-8, 394, 409, 415, 444-5, 455, 470, 497, 500, 502, 505, 521, 534-5, 550
signo (teoria do), 364; lingüístico, 368
Silvestre, Michel, 593
Simatos, Christian, 422, 534
simbólico, função simbólica, 132, 158, 203, 284, 289-91, 295, 297, 368, 378, 386, 388-9, 395, 410, 413, 415, 426, 444, 460, 475, 478, 484, 544, 587
simbolismo, 162, 282
símbolo, 289, 297, 329
Simiand, François, 129
Simon, Madeleine ver Blodin, Madeleine
sintoma [sinthomem], 69, 342, 371, 502
Sivadon, Paul, 34
Smirnoff, Victor, 353
Smith, Hélène, 377
Smith, Robertson, 281
Sócrates, 140, 142, 244, 304, 345-6, 472
Sokolnicka, Eugénie, 32, 39, 214, 324

Soljenitsin, Alexandre, 521
Sollers, Philippe, 464, 477-8, 501, 567
Solms, Wilhelm, 363
Solomon, Georges, 228
Soupault, Philippe, 28
Soury, Pierre, 491-5, 497, 515, 518-9, 540
Souvarine, Boris, 89, 124, 134, 180-1
Spaïer, Albert, 138
Spinoza, Baruch de, 26-7, 51, 78, 80-2, 91, 100, 411, 423-4, 427-9
Spitz, René, 213, 413
Stálin, Iosif V. Djugatchvili, dito, 143, 230, 378
Starobinski, Jean, 308
Stein, Conrad, 178
Sterba, Richard, 118
Stern, Anne-Lise, 421, 456
Stévenin, Laurent, 407
Strachey, James, 265
Strachey, Lytton, 500
sujeição [assujettissement], 425-7, 430, 455
sujeito, 127-9, 133, 144, 155-9, 162, 202-3, 246-7, 261, 267, 269, 291, 294-7, 338, 352-3, 364-6, 372, 378, 382, 384, 386, 405, 416, 444-5, 451, 455, 463; descentrado, 269; divisão do, 350; do inconsciente, 369, 371; estatuto do, 106; intencionalidade do, 386; relação do — com a verdade, 238, 281, 341; suposto saber, 297, 459; teoria do, 115, 167, 414, 444
Sully Prudhomme, 24
supereu, 155, 167, 199, 267, 387, 409, 593
supervisão [contrôle], 331, 339, 526
suplemento, 493, 499
Surya, Michel, 173, 230
sutura [suture], 444-6, 487
Taillandier, Gérôme, 557

Taine, Hippolyte, 30, 78
Tannery, Paul, 126
Tarde, Guillaume de, 68, 165
tempo lógico, 239, 245, 442; para compreender, 246-7, 296
Teresa, madre, 405
Terrasson, Jean-Claude, 494
Tessier, Valentine, 85
Teulié, Guilhem, 46
This, Bernard, 422
Thom, René, 496
Thomé, Michel, 492-5, 503, 518-9
Tiago de Compostela, são, 107
Tocqueville, Charles Alexis Clérel de, 205, 555
Toller, Ernst, 224
Tolstói, conde Leo, 373
Tomás de Aquino, são, 502
topologia, 484, 489, 496-7, 511, 516, 540, 590
Tort, Michel, 412, 415
Tosquelles, François, 219, 448
totemismo, 281
Toulouse, Édouard, 34, 53
Towarnicki, Frédéric de, 300
traço unário, 366, 378
transcrição do Semináro, 556-7, 559-61, 564, 567, 570, 573, 575
transferência, 106, 266, 335, 337, 339; contratransferência, 337
Trautner, Édouard, 89
Trénel, Maurice, 35-6
Triolet, André, 374
Triolet, Elsa (nascida Kagan), 374, 376
Trotski, Léon, 89
Trubetzkoi, príncipe Nicolas, 373, 375, 378, 439
Truelle, doutor, 52
Tucholsky, Kurt, 351
Turkle, Sherry, 508, 511
Turquet, Pierre, 336-40, 348, 350, 363, 460
Tytell, Pamela, 507, 509, 512, 541

Tzara, Tristan, 356
Uexküll, Jakob von, 200-1
um, 309, 366, 409
universalismo, 102, 131, 205, 209, 289, 354
universitário (discurso), 470, 486, 560
Vacher, Joseph, 93
Valabrega, Jean-Paul, 422, 432, 461
Valde, Pierre, 259
Valéry, Paul, 185
Van der Leeuw, Pieter Jan, 337
Vappereau, Jean-Michel, 494-7
Varin, René, 220
Varte, Rosy, 259
Vasto, Lanza del, 222
Vélasquez, Diego, 107
verdade, 144, 238, 281, 306, 310-2, 325, 341, 424, 426, 444, 470
Verdiglione, Armando, 585
Vernant, Jean-Pierre, 402
Verne, Júlio, 83
Verret, Pierre, 123-4
Vezelay, Paule, 179
Vidal de La Blanche, Paul, 130
Vidal-Naquet, Pierre, 570-1
Vildé, Boris, 229
Viltard, Mayette, 494
Vincent, Clovis, 540
Vinci, Leonardo da *ver* Leonardo da Vinci
Vionnet, Madeleine, 356
vitalismo, 75
Vitória, rainha, 500
Waelhens, Alphonse de, 300, 402

Wahl, François, 435-43, 446, 448-9, 458, 464, 477, 484, 557, 559-62, 564, 566, 568-70, 572, 575-6, 588
Wahl, Jean, 134-5, 190, 229, 315, 366
Wallon, Henri, 115, 157-8, 164, 167, 196, 199, 295, 343, 379, 413, 443
Weber, Max, 298
Weil, Éric, 134, 300
Weil, Simone, 301
Weiss, André, 224, 244
Weiss, Colette, 224
Weiss, Jenny *ver* Aubry, Jenny
Weiss, Louise, 329
Weyergans, François, 524
Widlöcher, Daniel, 349, 353
Wiesel, Élie, 436
Winnicott, Donald Woods, 260, 266-7, 334-6, 596
Winterstein, Alfred, conde von, 362
Witt, Georges, 141
Wittgenstein, Ludwig, 468-9, 486, 490-1
Wittmann, Blanche, 262
"Wo Es war", 363
Woolf, Virginia, 109
Wundt, Wilhelm, 282
Yérodia, Abdoulaye, 544, 550-1
Yeródia, Gloria *ver* Gonzales, Gloria
Zao Wou-ki, 195
Zazzo, René, 379
Zervos, Christian, 245
Zola, Émile, 62
Zygouris, Radmila, 531

ELISABETH ROUDINESCO, historiadora e psicanalista, é filha de Jeanne Aubry, uma das pioneiras da psicanálise infantil na França. Professora na École Pratique des Hautes Études, é autora de mais de vinte livros, entre os quais os dois volumes da *História da psicanálise na França* (1994), o *Dicionário de psicanálise* (com Michel Plon, 1997), o ensaio *A família em desordem* (2002) e *A parte obscura de nós mesmos* (2008).

COMPANHIA DE BOLSO

Karen ARMSTRONG
Uma história de Deus

Marshall BERMAN
Tudo que é sólido desmancha no ar

David Eliot BRODY, Arnold R. BRODY
As sete maiores descobertas científicas da história

Italo CALVINO
O cavaleiro inexistente
Fábulas italianas
Por que ler os clássicos

Bernardo CARVALHO
Nove noites

Jorge G. CASTAÑEDA
Che Guevara: a vida em vermelho

Ruy CASTRO
Chega de saudade
Mau humor

Jung CHANG
Cisnes selvagens

Catherine CLÉMENT
A viagem de Théo

Joseph CONRAD
Coração das trevas
Nostromo

Rubem FONSECA
Agosto
A grande arte

Meyer FRIEDMAN, Gerald W. FRIEDLAND
As dez maiores descobertas da medicina

Jostein GAARDER
O dia do Curinga

Jostein GAARDER, Victor HELLERN,
Henry NOTAKER
O livro das religiões

Luiz Alfredo GARCIA-ROZA
O silêncio da chuva

Eduardo GIANNETTI
Auto-engano
Vícios privados, benefícios públicos?

Edward GIBBON
Declínio e queda do Império Romano

Carlo GINZBURG
O queijo e os vermes

Marcelo GLEISER
A dança do Universo

Tomás Antônio GONZAGA
Cartas chilenas

Philip GOUREVITCH
Gostaríamos de informá-lo de que amanhã seremos mortos com nossas famílias

Milton HATOUM
Dois irmãos

Albert HOURANI
Uma história dos povos árabes

Henry JAMES
Os espólios de Poynton
Retrato de uma senhora

Ismail KADARÉ
Abril despedaçado

Franz KAFKA
O processo

John KEEGAN
Uma história da guerra

Amyr KLINK
Cem dias entre céu e mar

Jon KRAKAUER
No ar rarefeito

Milan KUNDERA
A insustentável leveza do ser

Danuza LEÃO
  Na sala com Danuza

Paulo LINS
  Cidade de Deus

Naghib MAHFOUZ
  Noites das mil e uma noites

Patrícia MELO
  O matador

Ana MIRANDA
  Boca do Inferno

Vinicius de MORAES
  Livro de sonetos
  Nova antologia poética

Fernado MORAIS
  Olga

Vladimir NABOKOV
  Lolita

Friedrich NIETZSCHE
  Além do bem e do mal
  Ecce homo
  Humano, demasiado humano
  O nascimento da tragédia

Michael ONDAATJE
  O paciente inglês

Malika OUFKIR, Michèle FITOUSSI
  Eu, Malika Oufkir, prisioneira do rei

Amós OZ
  A caixa-preta

Adauto NOVAES (Org.)
  Ética

José Paulo PAES (Org.)
  Poesia erótica em tradução

Fernando PESSOA
  Livro do Desassossego
  Poesia completa de Alberto Caeiro
  Poesia completa de Álvaro de Campos
  Poesia completa de Ricardo Reis

Décio PIGNATARI (Org.)
  Retrato do amor quando jovem

Edgar Allan POE
  Histórias extraordinárias

Darcy RIBEIRO
  O povo brasileiro

João do RIO
  A alma encantadora das ruas

Philip ROTH
  Adeus, Columbus
  O avesso da vida

Elizabeth ROUDINESCO
  Jacques Lacan

Oliver SACKS
  Um antropólogo em Marte

Carl SAGAN
  Bilhões e bilhões
  O mundo assombrado pelos demônios

Edward W. SAID
  Orientalismo

José SARAMAGO
  O Evangelho segundo Jesus Cristo
  A jangada de pedra

Moacyr SCLIAR
  A mulher que escreveu a Bíblia

Susan SONTAG
  Doença como metáfora / AIDS e suas metáforas

I. F. STONE
  O julgamento de Sócrates

Drauzio VARELLA
  Estação Carandiru

Caetano VELOSO
  Verdade tropical

Erico VERISSIMO
  Clarissa
  Incidente em Antares

XINRAN
  As boas mulheres da China

Edmund WILSON
  Rumo à estação Finlândia

1ª edição Companhia das Letras [1994] 1 reimpressão
1ª edição Companhia de Bolso [2008] 3 reimpressões

Esta obra foi composta pela Verba Editorial em Janson Text e
impressa pela Gráfica Bartira em ofsete sobre papel Pólen da
Suzano S.A. para a Editora Schwarcz em junho de 2024

A marca FSC® é a garantia de que a madeira utilizada na fabricação
do papel deste livro provém de florestas que foram gerenciadas
de maneira ambientalmente correta, socialmente justa e econo-
micamente viável, além de outras fontes de origem controlada.